Geschichten aus Buchhorn und Friedrichshafen

Geschichten aus Buchhorn und Friedrichshafen

Historisches Lesebuch für die Jugend der Stadt

vorgelegt vom Arbeitskreis für Heimatgeschichte
an den Schulen Friedrichshafens,
Leitung: Norbert Steinhauser

Dritte, stark erweiterte und überarbeitete Auflage

1996
Schriftenreihe des Stadtarchivs Friedrichshafen Band 2

Herausgeber: Stadt Friedrichshafen

Redaktion: Ruth Maskow-Mehlmann, Norbert Steinhauser, Dr. Georg Wieland.

An der Ausarbeitung der Texte waren beteiligt: Willi Bernhard, Hans Bertele, Elisabeth Bodenmüller, Anne-Greth Bucher, Sr. Concordia Buchmaier, Oswald Burger, Bernd Caesar, Ludwig Eberle, Gertrud Franz, Gisela Frey, Ortrun Haller, Siegmund Harder, Hermann Himpel, Alinde Krumm, Bernd Küppers, Ruth Maskow-Mehlmann, Ulrich Paret, Gerhard Raichle, Karin Raue, Susanne Ritzel, Rolf Schlegel, Gaby Schmidt, Renate Scholl, Karl Schweizer, Norbert Steinhauser, Dr. Georg Wieland, Brigitte Winteroll.

Umschlagabbildung: Der württembergische Raddampfer „Kronprinz" läuft in den neuen Hafen von Friedrichshafen ein; links im Vordergrund die Beamten der Kgl. Württ. Dampfschiffahrtsverwaltung (Ausschnitt aus dem großen Ölbild von Franz Seraph Stirnbrand im Zeppelin-Museum, um 1850).

Herstellung: Robert Gessler GmbH & Co. KG, Friedrichshafen
Printed in Germany

ISBN 3-926162-88-0

Inhaltsverzeichnis

Geleitwort

Liebe Jungen und Mädchen in und um Friedrichshafen!

Gerne gebe ich Euch die Neuauflage dieses Buches mit jetzt 51 „Geschichten aus Buchhorn und Friedrichshafen" in die Hände. Meine Gedanken zur Erstauflage von 1986 sind auch heute noch unverändert gültig: Das „Geschichtenbuch" will Euch auf unterhaltsame, ja oft spannende Weise mit der Geschichte unserer Stadt vertraut machen und in ihre Entwicklung von der Urzeit bis zur Gegenwart einführen. Sicher werdet Ihr das Buch nicht nur zuhause, sondern auch in der Schule, vor allem im Heimatkunde- und Geschichtsunterricht, immer wieder zur Hand nehmen. Ich wünsche Euch, Euren Eltern und Lehrern viel Vergnügen und auch besinnliche Gedanken beim Lesen. Das Buch ist so aufgebaut, daß Ihr bei jedem einzelnen Text anfangen könnt. Probiert es nur aus! Es hat lustige Geschichten im Buch, aber auch solche, die nachdenklich und traurig stimmen und von denen wir hoffen: So etwas kommt nie wieder!

Die Stadt Friedrichshafen darf stolz sein auf dieses heimatkundliche Lesebuch. Unser von Lehrkräften und Heimatfreunden vorgelegtes „Geschichtenbuch" hat nicht nur in den Friedrichshafener Schulen, sondern auch in der gesamten Bevölkerung breiten Eingang gefunden. Das Konzept unseres „Historischen Lesebuchs für die Jugend der Stadt" war so überzeugend, daß sich in der Nachbarstadt Ravensburg ein vergleichbarer Personenkreis zur Erarbeitung des Buches „Um Mehlsack und Martinsberg – Geschichten zur Geschichte des Schussentals" zusammengefunden hat, das Ende 1991 erschienen ist.

Nachdem in wenigen Jahren 4000 Exemplare verkauft worden sind, ist unser Buch seit 1992 vergriffen. Eine ständige Nachfrage aus dem Buchhandel hat uns veranlaßt, ab 1993 eine Neuauflage in Angriff zu nehmen. Die Neuauflage ist um nicht weniger als zwölf neue Texte erweitert. Insgesamt 126 Abbildungen, davon viele in Farbe, ergänzen die 51 Geschichten.

Mein Dank gilt allen 27 Autorinnen und Autoren sowie den Mitgliedern der Redaktion für die Zeit, die sie beim oft mühsamen Recherchieren und Schreiben aufgewandt haben. Sie haben es Euch zuliebe gemacht.

Es grüßt Euch herzlich Euer

Dr. Bernd Wiedmann
Oberbürgermeister

Vorwort

Liebe Eltern, Erzieher und andere Geschichtsinteressierte!

Im November 1986 konnte im Rahmen eines kleinen Schülertheaters die aus 39 Texten bestehende und mit bescheidenen 65 Schwarz-weiß-Illustrationen versehene erste Auflage dieses Buches der Öffentlichkeit vorgestellt werden. Auf eine 1984 vom damaligen Landrat Dr. Bernd Wiedmann gegebene Anregung hin hatte sich eine Arbeitsgemeinschaft aus Lehrern und weiteren Geschichtsfreunden zusammengefunden, um heimatkundliche Unterrichtsmaterialien zunächst für die Stadt Friedrichshafen zu erarbeiten. Nach genau zwei Jahren lag das druckfrische Ergebnis vor.

Die erste Auflage (2000 Exemplare) war innerhalb von sechs Wochen verkauft; die zweite Auflage (2000) ist seit Anfang 1992 vergriffen. Ständige Nachfragen aus der Bevölkerung und aus dem Buchhandel haben uns zu einer dritten Auflage ermutigt. Sie gibt Gelegenheit, nun auch Themen zu behandeln, für die sich 1984/86 noch kein Bearbeiter gefunden hat, die uns zur Vervollständigung des stadtgeschichtlichen Rundgangs aber doch wichtig scheinen. Es sind elf Geschichten und eine Sage mit folgenden Themen:

- Grafen von Buchhorn und Stiftung des Frauenklosters Hofen,
- Bauernkrieg am Bodensee,
- Buchhorner Salzhandel im 18. Jahrhundert,
- Weinbau im Raum Buchhorn,
- Weißenauer Blutritt nach Manzell,
- Umbruch in Schwäbisch-Österreich unter Kaiser Joseph II.,
- Die Revolution 1848/49 in Kluftern,
- Gründung einer Ortsgruppe der Metallarbeiter-Gewerkschaft,
- Widerstand gegen die nationalsozialistische Diktatur,
- KZ-Häftlinge beim Stollenbau für Friedrichshafener Rüstungsunternehmen im Überlinger Felsen,
- Fischerei auf dem Bodensee heute,
- Glockensage von Hofen.

Es soll in diesem „Geschichtenbuch“ nur verbürgtes Geschichtswissen vermittelt werden, allerdings in einem kindgemäßen Blickwinkel und mit den dadurch notwendigen Vereinfachungen und Verkürzungen. Wo der Stoff zu diesem Zweck in eine erfundene Rahmenhandlung eingebaut wurde (das war nicht immer notwendig), stellten die Bearbeiter Kinder als „Helden“ und „Beobachter“ in die Geschichte. Die Erzählung ist somit oft nur Verpackung für den schwierigeren Stoff der geschichtlichen Wirklichkeit. Damit das Buch dem Anspruch der Stichhaltigkeit auch gerecht wird, hat der Stadtarchivar die Geschichten sehr gründlich auf den Wahrheitsgehalt und die Wahrscheinlichkeit ihres Handlungskerns überprüft.

Das generelle Konzept des Buches bleibt in der Neuauflage unverändert: Es handelt sich um 51 in sich abgeschlossene, in ihrer Handlung nicht miteinander verknüpfte Beiträge. Es werden 45 Themen aus der Stadt- und Regionalgeschichte und sechs Sagen aus der Heimat behandelt, beginnend mit der Entstehung der Bodenseelandschaft und endend mit der Klufterner Sage vom Göhrenlöchner. Geschichte muß nicht weit zurückliegen; schon das Gestern ist Geschichte. Am Anfang des Buches steht ein Märchen. In kleinen Zeitgemälden werden dann die Steinzeit, die Kelten- und Römerzeit und die frühen alemannischen Buchhorner vorgestellt. Es folgen viele markante Episoden der Stadtentwicklung, so die Erhebung Buchhorns zur Reichsstadt, der Erwerb von Eriskirch, ein Stadtbrand, die schwedische Besetzung im Dreißigjährigen Krieg, der Neubau des Klosters Hofen, die Bildung der Stadt Friedrichshafen, der Beginn der Dampfschiffahrt, der Bahnbau, Beginn und Höhepunkte der Zeppelin-Ära. Auch die Erhebung der Bauern gegen ihre Herren 1525, die Revolutionen von 1848/49 und 1918, die nationalsozialistische Machtergreifung und die Zerstörung der Stadt im Zweiten Weltkrieg sind nicht ausgespart. Andere Beiträge wollen eine vergangene Lebenswelt nachvollziehbar machen: die Bedrohung durch Raubritter, den Warenumschlag in Buchhorn, das religiöse Leben mit Wallfahrten und Klöstern, Weinbau am See, die Sommerresidenz im Schloß, Hütekinder um die Jahrhundertwende und Schulalltag in den 20er- und 30er-Jahren unseres Jahrhunderts. Das Seehasenfest, die Seegfrörne von 1963 und die Bodenseefischerei dürfen in einem Häfler Jugendbuch nicht fehlen.

Die meisten Beiträge beruhen auf anderen Veröffentlichungen, die im Anhang zusammengestellt sind. Mit einer Reihe von Texten wird das Buch aber selbst zur Quelle für die Geschichtsforschung. In mehreren Erzählungen sind authentische Quellentexte abgedruckt (Buchhorn wird Reichsstadt, Wallfahrt nach Eriskirch, Bildung der Stadt Friedrichshafen, Revolution 1848/49, Bodenseegürtelbahn, Widerstand in der NS-Zeit, Häftlingslager Friedrichshafen und erstes Seehasenfest). Auch die Abbildungen haben zu einem großen Teil Quellenwert. Darüber hinaus enthält das Buch auch die erstmalige Veröffentlichung von Erinnerungen. Es sind Geschichten über König Wilhelm II., die Erzählung vom verpaßten Fackelzug in Fischbach bei der Einweihung der Bodenseegürtelbahn, der Rückblick auf die Verhältnisse im alten Schulhaus bei der Nikolauskirche, die Aufzeichnungen über die Seegfrörne 1963 und am ausführlichsten die „Erinnerungen einer ehemaligen Schülerin“ an den wichtigen Zeitraum 1934 bis 1947.

Bei der Zusammenstellung des Buches stand seine Verwendung im Heimatkunde- und Geschichtsunterricht immer im Vordergrund. An diesem Anspruch wurden die Geschichten und ihre methodische Aufbereitung stets gemessen. Es hat sich jedoch gezeigt, daß nicht alle Themen auf ein einheitliches Verständnisniveau reduziert werden können. So gibt es neben Geschichten, die bedenkenlos mit 8- bis 10jährigen Kindern gelesen werden können (Bodan und Mainau beim Eiskönig, Pfeilspitze, Bussu-Marus, Römischer Gutshof, Beat Obser, Blutritt nach Manzell, Weinbau, Entstehung der Bahnverbindungen, altes Schulhaus, Schulprüfung,

Seegfrörne, Fischerei) auch solche, die wegen ihrer komplexeren Thematik eher für ältere Schüler geeignet sind (Ende des Grafenhauses, Erhebung zur Reichsstadt, Kloster Löwental, Aufklärung in Schwäbisch-Österreich, Revolutionen 1848/49 und 1918, standhafter Bürgermeister, Erinnerungen einer ehemaligen Schülerin ab 1934, Widerstand und Stollenbau).

So mag auch die nach Texten und Illustrationen stark erweiterte Neuauflage, wie wir hoffen, in den Schulen von Friedrichshafen Eingang finden. Alles in allem bietet das „Geschichtenbuch" ein inhaltlich und methodisch breites Spektrum. Die Mitarbeiter hoffen, daß ihr Werk bei den Adressaten – den Kindern und Jugendlichen der Stadt, aber auch allen Geschichtsinteressierten – eine gute Aufnahme findet. Auf jeden Fall wünschen sie viel Spaß bei der Lektüre!

Friedrichshafen, im Juli 1996

Norbert Steinhauser
Rektor a.D.

Dr. Georg Wieland
Stadtarchivar

Bodan und Mainau beim Eiskönig

Ein Märchen zur Entstehung der Bodenseelandschaft

Vor vielen, vielen tausend Jahren, als in den dichten Wäldern um den See herum noch Bär und Mammut hausten, lebten in einer kleinen Hütte am Seeufer ein Fischer mit seiner Frau und seinen zwei Kindern. Es waren Bodan, ein pfiffiger Bub, der immer gut aufgelegt war, und Mainau, das schönste und lieblichste Mädchen weit und breit, das mit den Vögeln um die Wette sang.

Eines Tages waren Bodan und Mainau auf den hohen Bergen am Südufer des Sees unterwegs, um zu jagen und um Beeren und Früchte zu sammeln. Während sie so durch den Wald sprangen, erblickten sie plötzlich in der Ferne ein gewaltiges, schneeweißes Schloß. Neugierig gingen sie auf dieses Schloß zu, aber der Weg war weit und mühsam. Als sie schließlich am Tor angelangt waren, stand die Sonne schon tief am Horizont. Das Tor war ein einziger, gewaltiger Eisblock und funkelte rot in den letzten Strahlen der Sonne. Verwundert und zaghaft klopfte Bodan an, mußte dann aber lange warten, bevor sich das Tor knirschend öffnete. Heraus trat ein großer Eisbär, der die Kinder brummend nach ihrem Begehr fragte. „Wir haben uns verirrt“, stotterte Bodan, „und wir möchten hier gerne die Nacht verbringen, wenn es erlaubt ist.“ – „Eure Namen?“ – „Bodan und Mainau.“ – „Bodan und Mainau“, ritzte der Bär kritz kratz in einen Eisblock, „dann kommt mal mit mir.“ „Wer wohnt denn in diesem prächtigen Schloß?“, fragte Bodan neugierig. „Was, das weißt du nicht? Hier wohnt der Eiskönig, der Herr der Berge und Gletscher.“

Inzwischen waren sie in dem großen gewölbten Thronsaal angelangt. Das Eis an den Wänden schimmerte bald kobaltblau, bald smaragdgrün, je nachdem wie das Licht es traf. Auf einem Thron aus glitzerndem Bergkristall saß der Eiskönig. Er war in einen schneeweißen Mantel gehüllt, und er spielte mit den Eiszapfen in seinem Bart, so daß sie leise klirrten. Seine gletschergrünen Augen blickten die beiden Kinder zunächst böse an, aber als er die liebliche und scheue Mainau näher betrachtete, milderte sich sein Blick, und er lud die beiden an seine Tafel. Bei dem guten Wein wurden sie allmählich vergnügt, und Mainau sang mit ihrer glockenhellen Stimme ihre schönsten und fröhlichsten Lieder. Dann begaben sich alle zur Ruhe.

Als Bodan am nächsten Morgen aufwachte, rieb er sich verwundert die Augen. Er lag nicht mehr in seinem Bett, sondern auf dem harten Boden im finsteren Wald. Von seiner Schwester war weit und breit keine Spur zu sehen.

Bodan begriff sofort, daß der Eiskönig sie betrogen hatte und die liebliche Mainau für sich behalten wollte. Er dachte nach, und bald darauf hatte er eine Idee. Nach kurzem Suchen fand er in einem alten Baum einen Bienenstock. Er trennte die Honigwaben so geschickt heraus, daß die Bienen nichts davon bemerkten. Damit begab er sich vor das Schloß des Eiskönigs. Hinter der Schloßmauer hörte er seine Schwester Mainau ein trauriges Lied singen, begleitet vom tiefen Grunzen des Eisbären. Flink sammelte Bodan Holz im Wald, schichtete es vor der Eismauer auf, und bald loderten die Flammen empor. Die Mauer begann zu schmelzen. Als das Loch groß genug war, schlüpfte Bodan hindurch und stand wieder im Schloßhof. Der Bär stürzte sich mit bösem Gebrumm auf ihn, aber Bodan schleuderte ihm den Honig vors Maul, ergriff seine Schwester bei der Hand, und beide flohen, so schnell sie konnten, zurück ins Tiefland an den See.

Als der Eiskönig den dreisten Raub bemerkte, tobte er vor Wut und sann auf Rache. „Na wartet", schrie er, „ihr Fischottern vom See sollt mich noch kennenlernen!"

Dann ließ er es schneien, wochenlang, monatelang. Bald füllten sich die Gebirgstäler mit gewaltigen, mehrere hundert Meter hohen Schneemassen an, die nach und nach zu Eis erstarrten. Der Druck wurde immer stärker, und durch ihr großes Gewicht kamen die riesigen Eismassen an den Berghängen schließlich ins Rutschen, quollen aus den Bergen und drangen unaufhaltsam in das fruchtbare Tiefland vor. Nichts konnte dieser Eiswalze widerstehen. Alles, was sich ihr in den Weg stellte, wurde zermalmt und mit riesigen Mengen von mitgeführtem Gestein, Lehm und Sand verschüttet. Menschen und Tiere gerieten in Panik, flohen entsetzt nach Norden und ließen alle Habseligkeiten zurück. Aber auch weiter im Norden ließ die Kälte, die mit dem Eis aus den Bergen kam, nichts mehr wachsen, und alle waren dem Hungertode nahe.

Schließlich konnte die kleine Mainau das Elend um sich herum nicht mehr ertragen. Sie schlich sich eines Nachts von zu Hause fort und gelangte nach einem langen, mühsamen Weg über Gletscherspalten, durch Schneewehen und eisige Winde halbtot an das Schloß des Eiskönigs. Sie warf sich dem Eiskönig zu Füßen und bat zitternd um Mitleid. Dabei weinte sie so herzzerbrechend, daß dem Eiskönig vor Rührung die Eiszapfen im Barte schmolzen.

„Nun gut", sprach er endlich, „wenn du mir versprichst, mich jeden Winter hier in meinen Bergen zu besuchen, dann werde ich das Eis zurückrufen aus eurem Land."

Und so geschah es. Das Eis wich langsam zurück, und Bodans und Mainaus Eltern konnten wieder in ihr Land ziehen. Aber als sie es erreichten, sahen sie mit entsetzten Blicken, was aus ihm geworden war. Ihre Äcker waren von meterhohen Gesteins-, Lehm- und Sandschichten bedeckt, die einst blühende Landschaft war nun ein trostloses Hügelland geworden. Überall lagen große Felsbrocken herum, die das Eis aus den Bergen mitgeschleppt hatte. Am meisten aber staunten sie über den See: Aus ihrem kleinen See war ein riesiges Meer geworden, dessen gegenüberliegendes Ufer nicht mehr zu sehen war

Nun begann eine harte Zeit für Bodans Eltern, aber bald merkten sie, daß der Boden wieder fruchtbar wurde und sich ihr Land allmählich in ein kleines Paradies verwandelte. Der Eiskönig wollte den Schaden nämlich wieder gutmachen. Jahr um Jahr rief er die warmen Föhnwinde aus Italien herbei und auch bei der Sonne legte er ein gutes Wort für die Heimat der beiden Kinder ein.

Mainau und Bodan aber besuchten, wie versprochen, jeden Winter den einsamen Eiskönig in seinen Bergen, und das Herumtollen mit ihm auf den verschneiten Hängen machte ihnen so viel Spaß, daß sie bald auch andere Kinder mitnahmen. Noch heute freuen sich alle Kinder, wenn die ersten Flocken fallen und es Winter wird, und noch heute macht es ihnen großen Spaß, wenn sie den einsamen Eiskönig in seinen Bergen besuchen dürfen. Und Bodan, der dem Bodensee seinen Namen gegeben hat, hält auch heute noch die liebliche Mainau schützend in seinen Armen.

Was ist nun wahr an unserem eiszeitlichen Märchen? Was ist vor vielen tausend Jahren wirklich geschehen?

Nun, die Eiszeit hat es tatsächlich gegeben, und nicht nur eine, sondern gleich vier. Damals lagen die Temperaturen um 8 – 10 Grad Celsius niedriger als heute. „Das ist ja nicht viel", werdet ihr sagen, aber es führte dazu, daß die Alpengletscher immer mächtiger wurden.

Der Rheingletscher war bei Bregenz über tausend Meter hoch. Auf seinem Grunde waren dicke Felsblöcke eingeschlossen. Wenn der Gletscher in Bewegung geriet und sich nach vorne schob, arbeiteten diese mächtigen Gesteinsblöcke wie ein riesiger Hobel. So schürfte und hobelte der Rheingletscher ein großes, tiefes Becken aus, das Bodenseebecken.

Das mitgeführte Material: Gestein, Schotter, Sand und Lehm lagerte der Gletscher im heutigen Oberschwaben ab. Es sind die sogenannten Drumlins oder Moränenhügel. Unter dem Eis bildeten sich die Grundmoränen, am Eisrand die Seiten- und Endmoränen.

Dem Rheingletscher verdanken wir also den Bodensee, die hügelige Landschaft Oberschwabens, die kleinen Badeseen und auch die gewaltigen Gesteinsblöcke, die wir überall in unserer Landschaft finden.

Pfeilspitze, ein Junge aus der Steinzeit

Das Leben im Pfahldorf am Bodensee – Dem Wolf auf der Spur

Pfeilspitze war ein Junge von etwa zehn Jahren. Er lebte vor langer, langer Zeit, nämlich vor 5000 Jahren, also 3000 Jahre vor Christi Geburt, in einem Pfahlbauerndorf am Ufer des Bodensees, ungefähr da, wo heute das MTU-Werk II im Stadtteil Manzell steht. Die Bewohner hatten aus Holz eine Plattform auf Pfählen errichtet. Darauf standen ihre Häuser, die wir heute allerdings eher Hütten nennen würden. Sie waren ebenfalls aus Holz gebaut und ziemlich klein.

Warum hatten diese Menschen sich überhaupt die Mühe gemacht, ihre Häuser auf Plattformen ans Ufer zu stellen? Nun, ihr werdet es gleich erfahren. Man darf nämlich nicht denken, das Seeufer hätte damals schon so ausgesehen wie heute. Es gab noch keine Uferstraße und noch keinen weichen Rasen, auf dem man wie heute im Strandbad zum Ufer gehen konnte. Nein! Rund um den See wuchsen dichte Urwälder, durch die man sich nur mühsam einen Weg bahnen konnte. War man endlich in Ufernähe angelangt, so sah man zuerst kaum Wasser, denn überall im flachen Wasser wuchs Schilf, der Boden war oftmals sumpfig und schwer begehbar. Da war es schon besser, einige Bäume des Urwaldes zu fällen, sie durch das Schilf zu flößen und sein Dorf am Wasser zu haben. Dort band man auch gleich sein Boot an und stieg nach dem Fischfang auf einer Leiter in die Hütte hinauf.

Aus dem See oder aus einem nahen Bach konnte man jederzeit frisches Wasser schöpfen. Damals war das Wasser noch sauber. Natürlich wohnten in dem kleinen Pfahlbauerndorf nicht so viele Menschen wie heute in all den Städten und Dörfern rund um den See. In jedem Dorf lebten nur einige Familien, die meist miteinander verwandt waren. Solche verwandten Familien nannte man eine Sippe. Es gab aber noch einen anderen Grund, das Dorf am See zu bauen. Viele Menschen zogen im Land umher auf der Suche nach Dingen, die ihnen gefielen. Es gab auch früher schon Streit unter den Menschen. Sie überfielen und beraubten einander.

Im Pfahlbauerndorf, das einen hohen Zaun aus dicken Pfählen hatte, war man geschützt. Feinde, die sich auf dem Wasser nähern mußten, konnte man sehen und abwehren, besser als in einem Dorf am Rande des Urwaldes.

Pfeilspitzes Vater war der Häuptling des Dorfes. Das war er geworden, weil er am besten Waffen, Werkzeuge und andere Geräte aus Stein herstellen konnte. Seine steinernen Pfeilspitzen verfehlten selten ihr Ziel. Deshalb wurde er von allen Leuten des Dorfes „Adlerauge" genannt.

Damals benützten die Menschen viele Dinge, die aus Stein waren: Steinbeile, Steinsicheln, Pfeilspitzen aus Stein. Deshalb nennen wir sie heute „Steinzeitmenschen". An verschiedenen Stellen unserer Stadt, besonders in der Nähe des Bodenseeufers, wurden solche Steinzeitwerkzeuge und Steinwaffen gefunden.

„Adlerauge" war so klug und mutig wie keiner, wenn es galt, die wilden Tiere auf der Jagd zu erlegen oder den Feinden im Kampf gegenüberzustehen. Über alles liebte es Pfeilspitze, mit seinem Vater auf die Jagd zu gehen. Das erlaubte ihm der Vater leider nicht immer, obwohl er sich schon recht geschickt im Umgang mit Pfeil und Bogen zeigte. Ging es nämlich auf die Jagd nach Wolf oder Bär, die damals noch in den dichten Wäldern hausten, so schien es dem Vater doch zu gefährlich, Pfeilspitze mitzunehmen.

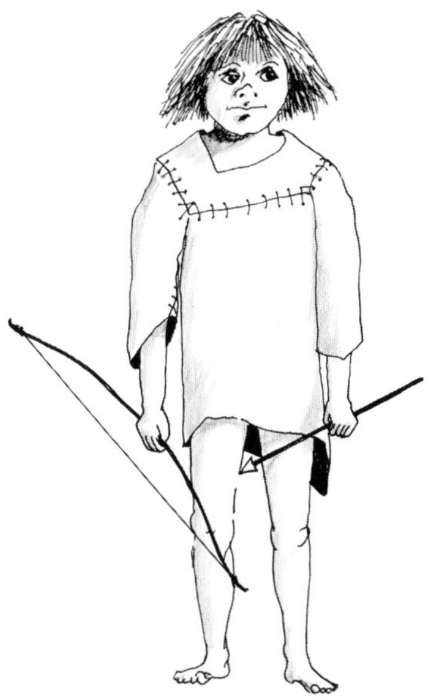

Abb.1: Pfeilspitze, der Sohn des Häuptlings Adlerauge.

Pfeilspitze durfte nicht den ganzen Tag mit Pfeil und Bogen üben, obwohl er manche Wildente oder Wildgans, ja sogar Fische erlegte. Im Pfahlbauerndorf gab es genug andere Arbeit für einen zehnjährigen Jungen. Kühe, Schafe, Ziegen und Schweine mußten versorgt werden. Diese lebten nicht im Dorf, sondern auf eingezäunten Wiesen in Ufernähe. Bei der Arbeit mit den Haustieren wurde Pfeilspitze meist von seinem Hund Farko begleitet, den er sehr liebte. Außer der Betreuung der Tiere mußte er aber auch die Arbeit auf dem Feld erlernen. Dort wurde Getreide und Gemüse gepflanzt. Ja, sogar Apfel- und Birnbäume baute man an.

Am schönsten aber waren doch die Abende. Die ganze Familie saß am Feuer beisammen. In der Hütte gab es nur einen Raum mit einer großen Bettstelle aus Stroh und Fellen, in der alle Familienmitglieder schliefen. Das wichtigste am ganzen Haus war die Feuerstelle. Sie nahm den meisten Platz ein, denn das Feuer war für die Steinzeitmenschen sehr wichtig. Es wärmte sie, wenn es kalt war, es kochte ihr Essen, und es gab ihnen Licht an den langen finsteren Winterabenden.

Jeder hatte etwas zu tun: Die Mutter und die Schwestern saßen am Webrahmen, flochten Matten aus Stroh und Schilf oder nähten mit langen Knochennadeln Tierhäute und Felle für Decken und Winterkleidung zusammen. Der Faden dazu war eine Tiersehne oder ein Fellstreifen von einem erlegten Tier. Sie woben aber auch Kleider aus der Wolle ihrer Schafe und fertigten Kämme aus Knochen, um ihre Haare zu frisieren. Ja, sie waren sehr erfinderisch, diese Steinzeitmenschen.

An den Abenden besserte Vater seine Werkzeuge aus oder feilte mit einem besonders scharfen Stein an einer neuen, steinernen Pfeilspitze. Die Großmutter erzählte Geschichten aus längst vergangenen Zeiten – von den Vorfahren, von großen Helden, Krieg, Kampf und Sieg.

So sah Pfeilspitzes große Welt aus, und er fühlte sich darin sehr wohl.

Erleben wir noch einen aufregenden Tag mit Pfeilspitze und seinem Hund Farko.

Die Sonne ist gerade aufgegangen. Häuptling Adlerauge tritt vor die Tür seiner Hütte. Pfeilspitze reibt sich den Schlaf aus den Augen. „Heut' ist der Vater früh aufgestanden", denkt er.

„Der Wolf treibt sich wieder in der Gegend herum", sagt der Vater und kehrt in die Hütte zurück. „Heute nacht hat er zwei Schafe gerissen. Ich muß ihm auf die Spur kommen."

„Kann ich nicht mitgehen?", bettelt Pfeilspitze. Er hätte den Vater so gerne begleitet. „Heute nicht, in den Wäldern ist es zu gefährlich für dich. Übe fleißig mit Pfeil und Bogen und schau dann nach den Tieren auf der Weide."

Pfeilspitze verspricht dem Vater, alles so zu machen. Traurig schaut er ihm nach. „Bald bin ich groß", denkt er, „dann kann ich dem Vater zeigen, daß ich ein mutiger Jäger bin."

Später zieht er seine Pfeile aus dem Köcher und betrachtet prüfend die Spitzen. Eine ist so gut wie die andere. Der Vater hat sie ja angefertigt.

Pfeilspitze wetteifert mit den anderen Jungen des Dorfes. Sie zielen auf einen Tierschädel, den sie auf einen Ast gesteckt haben. Übermütig kläffend rennt sein Hund Farko den Pfeilen hinterher und kehrt, freudig mit dem Schwanze wedelnd, wieder zu Pfeilspitze zurück. Der trifft sein Ziel immer ganz genau. Die anderen Jungen sind nicht neidig. Das muß so sein, Pfeilspitze ist doch der Sohn des besten Jägers weit und breit.

Die Sonne steht schon hoch am Himmel. Pfeilspitze will noch vor Mittag auf die Weide gehen und nach dem Rechten sehen. Vielleicht kann er dann später noch in seinem Einbaum zum Fischfang auf den See hinausfahren.

Farko rennt ihm schon weit voraus über das freie Feld. Da ändert er plötzlich seine Richtung, hält die Schnauze dicht am Boden und läuft aufgeregt am Waldrand hin und her. Mit einem Satz verschwindet er im Dickicht. „Er ist einem Tier auf der Spur", denkt der Junge. Alles Rufen nützt nichts. Vorsichtig biegt Pfeilspitze Äste und Zweige auseinander und späht in den dunklen Wald hinein. Er zwängt sich durch das Strauchwerk und entdeckt einen schmalen Pfad.

„Hier muß der Vater auch gegangen sein. Ich will noch ein Stückchen weitergehen, bis Farko zurückkommt", denkt der Junge. Aber von Farko ist nichts zu hören und zu sehen. Langsam, Schritt für Schritt dringt Pfeilspitze in die Wildnis vor. Die Sonnenstrahlen können kaum durch das dichte Blattwerk dringen. – Pfeilspitze zuckt zusammen. Da! – Äste knacken – ein Laut – ein Vogel fliegt auf. – Erleichtert geht der Junge weiter. Immer wieder ruft er: „Farko! Farko!"

Da – wieder! Er glaubt ein Tappen und Schnaufen zu hören. „Ein Bär? Der Wolf?", durchzuckt es ihn. – Aber dann ist alles wieder still.

Endlich dringt aus der Ferne Farkos Bellen an sein Ohr und kommt immer näher. Voller Freude springt der Hund an ihm hoch, läuft aber gleich wieder in der Gegenrichtung aufgeregt davon. „Was hat er nur? Will er mir etwas zeigen? Der Vater – vielleicht ist dem Vater etwas zugestoßen!"

Pfeilspitze hastet vorwärts, stolpert über eine Wurzel, rappelt sich wieder auf und folgt so schnell er kann seinem Hund. Erschrocken hält er inne – schwach hört er des Vaters Stimme. „Ist er in Gefahr?" Der Junge geht in die Richtung, aus der er die Stimme vernommen hat. – Da erblickt er schon Farko, laut bellend umkreist er einen Baumstamm. – „Vater!", schreit Pfeilspitze und sinkt neben ihn auf den Boden. „Vater, was ist passiert?"

Häuptling Adlerauge liegt an den Baumstamm gelehnt. Sein Gesicht ist blutüberströmt. Er öffnet die Augen und lächelt seinen Jungen an. – „Ein Bär – plötzlich stand er vor mir, ich – ich habe mit ihm gekämpft. – Seine Tatze" – er deutet auf seine Schulter – „und auch der Fuß! Meine Pfeile haben den Bär getroffen, er ist im Gebüsch verschwunden. Lauf mit Farko zurück und hole Hilfe im Dorf."

Der kluge Farko weiß, daß er Pfeilspitze helfen muß, den Heimweg schnell zu finden. Schon rennt er los. Der Junge folgt dem treuen Tier so schnell er kann. „Tappt da nicht der Bär?" – „Nein – nichts!" Endlich erreichen sie das Dorf. „Häuptling Adlerauge ist verwundet!", ruft er den Dorfbewohnern zu.

Eilig machen sich die Männer auf den Weg. Voller Angst und Sorge blicken ihnen die Frauen nach. Als sie schließlich ihren Häuptling erreichen, liegt er erschöpft am Boden. Der Blutverlust hat ihn geschwächt. Er hat die Augen geschlossen. Pfeilspitze erschrickt: „Vater, Vater, du darfst nicht sterben!", ruft er. Die anderen sagen ihm, daß der Vater nur schläft.

Nahe der Schulter hat er tiefe Risse von den Krallen des Bären. Immer noch rieselt das Blut aus den Wunden. Rasch drücken die Männer getrockneten Pilzschwamm darauf, den sie bei ihren Jagdzügen immer bei sich haben. Dann legen sie ein großes Blatt der Mondraute auf die Wunden und einen weichen Bausch von Farnkräutern. – Pfeilspitze lauscht und späht umher. „Soll der Bär nur kommen, ich werde es ihm schon zeigen!" Rasch bauen die Männer aus starken Ästen der Eibe, aus Fichtenzweigen und Waldreben eine Tragbahre. Behutsam legen sie ihren verwundeten Häuptling darauf. Der Rückweg ist mühsam. Nur langsam kommen sie auf dem schmalen Pfad voran.

Zu Hause angelangt, legen sie Adlerauge auf sein Lager. Die Mutter flößt ihm einen stärkenden Trank ein. Sie waschen die Wunden aus und streuen Wundpulver aus Heilkräutern darauf. Dann legen die Männer einen neuen Verband auf die schmerzende Schulter. Bald schlägt der Vater wieder die Augen auf. Dankbar schaut er seine Leute an. Dann fällt sein Blick auf Pfeilspitze. „Komm her, mein Sohn", sagt er mit leiser Stimme. – „Du warst heute sehr leichtsinnig, du bist alleine in den Wald gegangen. Aber du hast mir vielleicht das Leben gerettet, – mein kleiner, tapferer Häuptling."

Pfeilspitze ist stolz und glücklich. Zärtlich streichelt er seinen Farko, der sich an ihn geschmiegt hat.

Früh am Morgen streifen die Männer wieder durch den Wald auf der Suche nach dem getroffenen Bären. Gegen Mittag kehren sie schwerbeladen mit dem toten Bären ins Pfahlbaudorf zurück. Er hängt an zwei dicken, mannshohen Fichtenstangen, die sie auf den Schultern tragen. Nicht weit vom Kampfplatz haben sie ihn gefunden. Dort muß er bald tot zusammengebrochen sein. Adlerauges Pfeilspitzen waren ihm tief in die Brust gedrungen.

Die Männer haben noch gute Nachricht von den Jägern des befreundeten Nachbardorfes. Der Wolf, den Adlerauge verfolgt hat, ist in eine Fallgrube gestürzt. Sie haben ihn getötet.

Ihr Häuptling wird seinem Freund Adlerauge als Belohnung bald den schönen Wolfspelz überbringen.

Aufregende Ereignisse im Leben des Keltenjungen Bussu-Marus

Ich heiße Bussu-Marus, das heißt Großlippe, und bin ein Kelte vom Stamm der Vindelicer. Der Name meines Wohnorts ist Callufduron (Kluftern). Unsere Siedlung liegt in der Nähe eines großen Sees, der bei den fremden Völkern Lacus Venetus (Bodensee) genannt wird. Liebe Kinder am Bodensee! Bis ihr meinen Bericht lesen oder hören könnt, werden von heute an noch rund 2500 Jahre vergehen! So lange muß ich warten, bis sich die Leute für meine Erlebnisse interessieren!

Eine Fahrt zum großen Markttag wird vorbereitet

Bald geht die Sonne unter, und damit beginnt bei uns Kelten ein neuer Tag. Er wird für mich besonders aufregend werden. Wenn ich ausgeschlafen habe, darf ich mit meinem Vater auf den großen Markttag nach Brigantion (Bregenz). Vom Süden über die Alpen führt nämlich ein uralter Handelsweg zum See. Einmal im Jahr treiben etruskische Händler ihre schwer mit Waren beladenen Maultiere auf dieser alten Handelsroute bis hierher. Wenn sie in Brigantion ankommen, strömen die Menschen von nah und fern auf dem Handelsplatz zusammen.

Mein Vater ist mit unserem Sklaven Ruodolfo, den wir von einem germanischen Stamm, den Sueben, erbeutet haben, draußen vor dem Haus. Sie beladen einen langen, vierrädrigen „Carros" (Karren) mit Waren, die in unserem Dorf geerntet oder hergestellt worden sind: große Tongefäße mit Getreide, Felle und Leder und mächtige Ballen aus gewebtem buntem Wollstoff.

Großmutter kommt mit rundem selbstgemachtem Käse und einem Holzgefäß mit Butter gefüllt. Meine Mutter bringt einen großen Topf voll Honig, mit dem wir alle Speisen süßen. Auch wird aus Honig Met gemacht, den ich aber noch nicht trinken darf, weil man davon einen Rausch bekommt. Mutter fragt, ob sie nicht noch einen Topf mit Seife holen soll. Wir Kelten haben nämlich die Seife erfunden, und bei anderen Völkern ist sie nun eine sehr begehrte Handelsware.

Mein Vater wartet schon ungeduldig. Ich muß mich beeilen, damit ich fertig werde. Die Mutter hat mir gerade noch gründlich den Hals mit Seife gewaschen und mir einen neuen Halsreif umgelegt. Wir nennen ihn „Torques". Diesen tragen alle Kelten, denn er beschützt vor Dämonen und bösen Geistern.

Meine rotblonden, langen Haare hat Mutter das erste Mal mit Gipswasser gestärkt und zurückgekämmt. Ich betrachte mich in ihrem Bronzespiegel und finde, daß ich aussehe wie ein kleiner Waldteufel. Schnell ziehe ich meine Hose an sowie ein blusenartiges Hemd. Aus dem Pferdestall hole ich mein kleines Reitpferd und lege ihm das Zaumzeug um.

Vater hat bereits unsere kleine Karawane aufgestellt. Ein Maultier ist mit Lebensmitteln für unterwegs beladen, damit wir auch etwas zum Vespern dabei haben. Aber nun kommt die Hauptsache.

Mein Vater holt drei gefangene Kelten aus einem Verschlag. Sie wurden beim letzten Kriegszug erbeutet. Wir Kelten sind kein einheitliches Volk, sondern in viele Stämme zersplittert, die sich oft gegenseitig bekämpfen. Die Hände der Gefangenen sind auf den Rücken gebunden. An den Knöcheln sind die Füße so mit Stricken gefesselt, daß sie nur kleine Schritte machen können. Auf dem großen Markt sollen die Kriegsgefangenen als Arbeitssklaven gegen andere Waren getauscht werden.

Noch vor kurzer Zeit hat man Kriegsgefangenen die Köpfe abgeschlagen. Wir glauben nämlich, wenn man den Kopf seines Feindes besitzt, habe man auch dessen Macht. Aber nun verlangen die südlichen Länder immer mehr Sklaven. Deshalb werden sie nicht mehr getötet, sondern auf den Sklavenmarkt gebracht.

Endlich ist unsere kleine Karawane abmarschbereit. Mein Vater führt sie an. Er sitzt auf dem „Carros“ und hält die Zügel von zwei kleinen Pferden. Ich reite mit meinem am Schluß. Mutter und Großmutter stehen unter der Haustüre und winken uns zum Abschied.

Der Weg führt durch dunkle Wälder, und im Gebüsch raschelt es verdächtig. Es gibt bei uns noch wilde Tiere: Hirsche, Wildschweine, Wölfe, Luchse und viele andere.

Nun kommen wir durch eine Sumpfniederung mit Auwäldern, in denen der Sumpfbiber haust. Den hat mein Vater schon oft von der Jagd mit nach Hause gebracht. Wir essen ihn sehr gern.

Unser Weg führt uns jetzt über einen Prügeldamm aus Baumstämmen und Ästen, damit der Wagen nicht im Moor stecken bleibt. Wir kommen an einer kleinen Lichtung mit einer Quelle an und machen hier Rast. Der Vater verteilt Fladenbrot und Käse. Dazu trinken wir das kühle, klare Wasser der Quelle. Wir sprechen ein Dankgebet zu Sirona, der Quellgöttin. Dann geht es weiter.

Wir folgen nun einem Bachlauf bis zum See, wo unsere Leute eine Landestelle eingerichtet haben. Wir binden die Pferde an die nächsten Bäume und laden unsere Waren auf ein Schiff um. Immer in Ufernähe rudern wir der Sonne entgegen, die langsam höher steigt.

Markttag in Brigantion

Nach einigen Stunden sind wir beim großen Handelsplatz Brigantion und treffen dort viele Leute aus unseren Nachbardörfern. Es gibt ein Gedränge und Geschiebe, denn jeder will zuerst die Waren der fremden Händler sehen. Ich dränge mich durch die Menge und bleibe vor einem Kelten aus Noricum (Österreich) stehen. Er hat flache Kuchen aus „Salanus“ (Salz) vor sich ausgebreitet. Das brauchen wir zum Würzen unserer Speisen. Daneben sitzt ein Grieche aus Massalia (Marseille) und bietet in riesigen Amphoren süßen, köstlichen Wein an, den mein Vater besonders gern mag.

Das Wetter ist schwül. Über dem Markt schwebt eine Dunstwolke von Kuhdung und Knoblauch. Ganz am Ende des Marktes befindet sich ein Zelt, das mich am meisten interessiert. Davor sitzt ein Mann mit Schlitzaugen und kleinen Zöpfchen auf dem Kopf. Er zeigt mir echte Seidenfäden aus China. Ich hole meinen Vater, der in der Zwischenzeit mit Ruodolfo unsere Waren ausgeladen hat. Mein Vater ist gerade dabei, fünf Hirschlederfelle gegen eine Amphore Wein zu tauschen. Überall wird gehandelt und getauscht. Unsere Kriegsgefangenen hat mein Vater gegen ein wundervolles Bronzeschwert getauscht. Bronze besteht aus neun Teilen Kupfer und einem Teil Zinn.

Wir haben schon fast alle unsere Waren getauscht. Die Wolldecken, die meine Mutter selbst hergestellt hat, gibt Vater gegen Stücke aus Bernstein. Aus diesen will er später Perlen für Halsketten machen, um sie wieder gegen andere Sachen zu tauschen.

Plötzlich hören wir ein eigenartiges Geschrei. Es klingt wie „Kikeriki". Alle Leute drängen und schieben sich in die Richtung, aus der dieser Ruf erschallt, den wir vorher noch nie gehört haben. Da sitzt ein Händler mit untergeschlagenen Beinen auf dem Boden. Vor sich hat er einen Käfig. In dem Käfig ist ein bunter Vogel mit einer Geschwulst auf dem Kopf. Neugierig wie ich bin, frage ich den Händler, wie denn der Vogel heißt, den ich noch nie gesehen habe. Zur Antwort bekomme ich „Cocul" (Gockel).

Schon erregt wieder etwas Neues meine Aufmerksamkeit. Gegenüber dem Vogelhändler sitzt ein dunkelhäutiger Mann mit einem weißen Turban auf dem Kopf. Vor sich hat er einen großen Korb, mit einem Deckel darauf. Der Mann nimmt aus seinem weiten Gewand einen hölzernen Gegenstand und führt ihn an seine Lippen. Er bläst hinein und entlockt dem Instrument seltsame Töne. Eiskalt läuft es mir über den Rücken, als sich wie von Geisterhand der Deckel des Korbes öffnet. Eine riesige Schlange kriecht heraus und beginnt sich nach dem Rhythmus der Melodie hin und her zu wiegen.

Und schon wieder kommt eine neue Sensation. Gaukler mit weiten Pluderhosen und spitzen Schnabelschuhen halten brennende Fackeln in den Händen. Sie schieben sie in den Mund und schlucken das Feuer. Kaum haben sie es verschlungen, kommt es wieder zum Munde heraus. Sprachlos stehe ich da und kann es gar nicht fassen, daß die Kerle sich nicht ihre Zunge dabei verbrennen.

Mein Vater packt mich an der Hand und zieht mich weiter, denn er will unbedingt noch unseren Käse tauschen. Er hat einen Händler entdeckt, der bronzene Arm- und Fußringe anbietet sowie Fibeln, das sind Broschen, die man zum Schließen der Mäntel benützt.

Ruodolfo packt alle eingetauschten Waren auf unser Schiff, und am anderen Morgen geht es wieder heimwärts. Wir sind nicht mehr weit entfernt von unserem Dorf, als wir von ferne ein mächtiges Donnern hören. Das ist der Gott Taranis; er will ein Opfer. Vater verspricht dem Gott Taranis: „Wenn wir wieder gut nach Hause kommen, werden wir dir einen Eber opfern."

Kaum hat der Vater dieses Opfer versprochen, verzieht sich das Gewitter hinüber zu unseren Nachbarn, den keltischen Helvetiern.

Heimkehr nach einem erlebnisreichen Tag

Unser Dorf ist von einem Wall und Palisaden umgeben und hat ein großes Tor. Unter dem geöffneten Tor warten bereits Mutter und Großmutter und schauen sehnsüchtig nach uns aus. Ich habe viel zu erzählen, aber meine Großmutter hört mir gar nicht zu. Sie ist so begeistert über die bronzenen Fußringe, die sie als Reisegeschenk bekommen hat. Die Fußreifen sind innen mit Leder gefüttert. Außen haben sie große, dicke Wülste, so daß Großmutter immer wieder stolpert, wenn sie die Fußringe anlegt. Ich lache mich halbtot, weil sie sich beim Gehen immer an mir festhalten muß.

Vater hat unterwegs von dem neuen süßen Wein probiert und ist bei bester Laune. Meiner Mutter ist das gar nicht recht, und sie fragt: „Marus, hast du zu viel Wein getrunken?“ Verschmitzt lächelnd holt Vater eine griechische Trinkschale aus dem Reisegepäck und schenkt sie Mutter. Diese freut sich sehr darüber und ist wieder versöhnt.

Ruodolfo, unser Sklave, wird auch belohnt. Er bekommt einen schönen Ledergürtel, der mit Bronzenieten beschlagen ist. Ruodolfo hat ja in der letzten Zeit tüchtig auf unseren Feldern arbeiten müssen.

Alle Waren sind nun abgeladen und in einem Lagerschuppen verstaut. Beim Nachtessen sitzen wir auf Fellen, die auf dem Boden ausgebreitet sind. Großmutter hat einen Hirsebrei gekocht, den ich aber nur mag, wenn ich etwas Honig hinein bekomme. Nach dem Nachtessen gehen wir noch in den Stall und bringen unserer Pferdegöttin Epona ein Dankopfer: eine Schale mit Obst und Blumen.

Von dem anstrengenden Tag bin ich reichlich müde und strecke mich auf meinem Lager aus Farnblättern aus. Meine Großmutter deckt mich mit einer Wolldecke zu und erzählt mir noch eine Gutenachtgeschichte vom „Cucullatus“ (Kapuzenmännchen). Das ist unser Sandmännchen, das den Kindern den Schlaf bringt.

Auf der Jagd

Am nächsten Morgen weckt mich mein Vater sehr früh, denn wir wollen auf die Jagd gehen. Er hat einen großen Speer aus Bronze dabei. Bald haben wir ein Rudel Wildschweine erspäht. Vater schleicht sich durch das Gebüsch und wirft mit sicherer Hand den Speer auf einen Eber. Ich stehe mit Ruodolfo hinter einem Baum und sehe, wie der Eber getroffen zu Boden stürzt. Mit ein paar schnellen Schritten ist mein Vater bei dem todwunden Tier und sticht mit seinem Bronzedolch dem Eber mitten ins Herz. Ruodolfo muß die Beine des Ebers mit Stricken zusammenbinden. Dann steckt er eine Stange aus Holz durch die zusammengebundenen Füße des Tieres. Die Stange liegt auf den Schultern von Vater und Ruodolfo. In der Mitte hängt der tote Eber.

Ich gehe hinterher und trage stolz Vaters Speer. Vor lauter Staunen über den großen Eber übersehe ich eine Baumwurzel, stolpere und falle so unglücklich hin, daß ich mir mein Knie aufschlage. Weil mir das Knie arg weh tut, bringt meine Großmutter mich gleich zu unserem Druiden. Der kocht aus Mistelblättern einen stinkenden Brei und schmiert mir das Zeug auf die Wunde. Dabei ertönt von seinen Lippen ein Singsang. Es klingt wie: „Heile, heile Segen, drei Tag' Regen, drei Tag' Schnee – und morgen, da tut's nicht mehr weh." Die Zahl drei ist bei uns Kelten heilig. Am nächsten Tag ist mein Knie besser, und ich sage zu meiner Großmutter: „Ich will auch einmal Druide werden." Aber sie lacht und meint: „Da mußt du zwanzig Jahre lang alles auswendig lernen, was ein Druide wissen muß. Denn ein Druide ist nicht nur Arzt, sondern auch Sänger, Wissenschaftler, Richter und vor allen Dingen Priester."

Vor der Hütte brennt ein Holzfeuer. Holzpflöcke sind so aufgestellt, daß man die Stange, an welcher der Eber hängt, über dem Feuer drehen kann. Mir läuft schon das Wasser im Munde zusammen, denn „Gebratener Eber" ist meine Leibspeise. Natürlich hat man zuerst den Kopf des Ebers abgeschnitten und als Opfergabe für den Donnergott Taranis in das Feuer geworfen.

Aus der Ferne hört man Musiker, die auf der „Carnix", unserer keltischen Schlachttrompete üben. Ein großer, keltischer Feiertag rückt näher.

Meine Sippe

Für uns junge Kelten, die wir uns selbst „Celtae", die Erhabenen, die Hervorragenden, nennen, bringt jeder Tag etwas Neues. Oft reiten wir auf unseren kleinen Pferden zum Fluß Schussina (Schussen). Wir nehmen große Netze mit, um Fische zu fangen. An den Netzen sind zum Beschweren Tonscherben als Netzsenker befestigt.

Manchmal gehen wir in den Wald und sammeln Beeren. Wir kommen dabei an einem Hügel vorbei. Dort werden unsere Toten bestattet. Weil wir an ein Weiterleben nach dem Tode glauben, geben wir unseren Verstorbenen alles das mit ins Grab, was sie zu Lebzeiten besessen haben.

Der wichtigste Mann nach dem Druiden ist im Dorf der Schmied. Unlängst ist unser alter Schmied gestorben. Nun mußte seine ganze Familie und Verwandtschaft benachrichtigt werden. Dazu hat man auf den Drumlins, das sind kleine Hügel aus der Eiszeit, Feuer angezündet und mit Rauchzeichen Signale gegeben. Zu der großen Beerdigung kam die ganze Sippe von weit her: von Brigantion (Bregenz), von Cambodunon (Kempten) und von dem schönen Flusse Arguna (Argen).

Viele wohlhabende Männer aus unseren Nachbardörfern haben sich zu einer Vereinigung zusammengeschlossen. An der Rotach entlang haben sie gemeinsam aus Lehm große Feueröfen errichtet, in denen das Raseneisenerz geschmolzen wird. Auf dem Mageto Briga (Heiligenberg) hat man vor kurzem ein großes Lager von roter, eisenhaltiger Erde entdeckt. Unsere Leute haben aus Fellen Säcke gemacht und holen in diesen die wertvolle eisenhaltige Erde vom Berg herab.

Mein Onkel gehört auch zu den reichen Männern. Er hat ein großes Warenlager mit Eisenbarren. Seine Gehilfin ist ein junges Mädchen aus Helvetien. Sie muß den ganzen Tag die Eisenbarren zählen und auf ein Holzbrettchen Kerben machen.

Unser Dorfältester hat die Fremden, die im Dorf arbeiten, zu überwachen. Seit drei Tagen ist die Helvetierin spurlos verschwunden und mit ihr einige Eisenbarren. Man hat schon lange vermutet, daß die Helvetierin eine Spionin ist. Alles ruft nach dem Dorfältesten, der gegen die Spionage eingesetzt ist, aber auch er ist spurlos verschwunden. Das ist schlimm, denn unser Dorfältester wußte von unserem Geheimnis der Raseneisenerzgewinnung. Jetzt richten unsere Krieger ihre Ausrüstungen: Lanzen und große Schilde. Es wird nicht mehr lange dauern, bis ein neuer Kriegszug stattfindet. Das kommt ja bei uns Kelten oft vor.

Unser großes Kultfest

In Raderei (Raderach) befindet sich unser großes „Nemeton", eine Kultstätte in einem heiligen Hain. Sie ist viereckig angelegt und hat außen herum einen Wall mit Graben. An einer Seite ist ein Holztor in den Erdwall eingelassen. In einer Ecke des

Abb.2: Eine keltische Kultstätte (Viereckschanze); in den Ecken sind der Tempel und der Kultschacht zu sehen.

Innenraumes steht ein Tempel aus Holz. Darin bewahrt der Druide seine Gerätschaften auf. Die Krieger legen einen runden, tiefen Kultschacht an.

Heute feiern wir nun unser großes Fest. Einige Krieger haben deshalb gestern schon einen hohen Baum gefällt. Die Äste wurden abgehauen und der Baumstamm mit Laub umwickelt.

Ich darf nun das erste Mal mit zu einer Kulthandlung. Alle Leute im Dorf ziehen ihre beste Kleidung an. Dann stellen sie sich zu einem Festzug auf. An der Spitze steht der Druide. Hinter ihm kommen Krieger. Auf dem Kopf tragen sie Helme mit Tierfiguren, darunter auch den heiligen Eber. Es folgt eine Musikgruppe mit den Schlachttrompeten. Die Musiker blasen einen Marsch. Teti, den ich gut kenne, bläst immer einen falschen Ton. Eine Gruppe Krieger schließt sich an. In der einen Hand hält jeder seinen großen Schild, mit der anderen tragen sie zusammen den langen bekränzten Maibaum. Dahinter gehen viele Leute. Der Druide gibt ein Zeichen, und der Umzug setzt sich in Bewegung. An dem heiligen Hain angekommen, stellen wir uns alle auf den Wall und schauen zu, was im Heiligtum vor sich geht. Die Krieger versenken den großen Maibaum in dem tiefen Kultschacht. Dann führen sie einen Kulttanz zu Ehren der großen Erdmutter auf, wobei sie mit den Schwertern auf die Schilde schlagen und große Sprünge machen. Schaurig blasen dazu die Schlachttrompeten. Vom Volk werden Weihegaben in den Kultschacht hinuntergeworfen. Sie dienen als Dankopfer für die Fruchtbarkeitsgöttin der Felder und des Viehes.

Meine Großmutter hat mir einmal erzählt, daß zu ihrer Jugendzeit anläßlich dieses Festes noch Menschenopfer dargebracht worden sind. Heute schlachten wir nur noch heilige Eber als Dankopfer.

Das ganze Volk lagert jetzt um die Viereckschanze. Große Feuer brennen, überall riecht es nach verbranntem Schweinefleisch. Dazu gibt es Honigmet, und am Ende sind alle betrunken und verprügeln sich.

Das hat mir gefallen. Das war der schönste Tag in meinem Leben.

Auf einem römischen Gutshof

Zwei ungleiche Freunde – Die verlorene Münze

Dort, wo heute im Werk I der Zahnradfabrik die Kantine steht, lag um das Jahr 100 nach Christi Geburt ein großes quadratisches Wasserbecken, von hellen Sandsteinplatten eingefaßt und mit einem rötlich schimmernden Boden. Zwei Buben, zwölf und dreizehn Jahre alt, spritzten und tunkten sich bei dem warmen Sommerwetter übermütig darin. Brüder konnten die beiden kaum sein, denn der ältere derbe Rätorix hatte rote Haare, der jüngere, zart gebaute Markus war ein schwarzer Krauskopf. Seine Kleider, aus bestem Stoff, lagen schön zusammengefaltet am Beckenrand. Rätorix dagegen besaß nur ein Kleid aus grobem Leinen. Er hatte es unter einem Busch versteckt.

Markus war aus dem nahegelegenen, vornehmen Haus herübergekommen. Das einstöckige Steinhaus, die Römer nannten es „Villa", hatte weiß verputzte Wände, und das Dach war mit mächtigen roten Ziegelplatten gedeckt.

Diese Dachplatten wurden in der Ziegelei auf der anderen Seite der nahen Rotach hergestellt. Die Ziegelei gehörte dem Vater von Markus. Er hieß Fusko und war als Offizier der römischen Besatzungstruppe aus dem warmen Oberitalien ins Land gekommen. Nach seiner Entlassung aus der Armee hatte er hier mit Unterstützung des römischen Staates eine moderne Ziegelei aufgebaut. Das Geschäft ging gut, denn er besaß viele Sklaven. Diese mußten aus den nahegelegenen Gruben den Lehm heraufschaffen und ihn dann in Holzformen streichen. Die geformten, aber noch weichen Ziegel kamen zum Trocknen in offene Hütten. Hier legte man sie auf ein lockeres Geflecht langer Schilfrohre. – Noch heute findet man gelegentlich in diesem Gelände Ziegelstücke, auf denen der Abdruck dieser Schilfrohre noch zu erkennen ist. Fusko besaß aber nicht nur die Ziegelei, die Villa und das Bad, sondern um den Hof herum standen Ställe, Speicher, Scheunen, Keller und zahlreiche schilf- und strohgedeckte Hütten für Knechte und Sklaven.

Es war nicht üblich, daß Römerkinder mit den Einheimischen befreundet waren. Diese waren Nachfahren der einstmals mächtigen und kriegerischen Keltenstämme. Da ihre Fürsten sich aber häufig gegenseitig bekämpft hatten, war es den Römern nicht schwer gefallen, sie nach und nach zu unterwerfen. Aber Rätorix, der neben Keltisch auch gut das Lateinisch der zugewanderten Römer sprach, wurde ab und zu von Fusko als Dolmetscher benötigt. So war er mit den vornehmen Römern in Berührung gekommen und hatte Markus kennengelernt. Der stolze Fusko wollte die Freundschaft seines Sohnes mit einem „Barbaren" zunächst nicht leiden. Aber schließlich hatte er nachgegeben. Der neue Hauslehrer Prudentius aus Argentorate (Straßburg) hatte nämlich ein Buch mitgebracht und daraus vorgelesen, daß auch Sklaven wertvolle Menschen sein können, so gut wie die freien Bürger. Nur noch

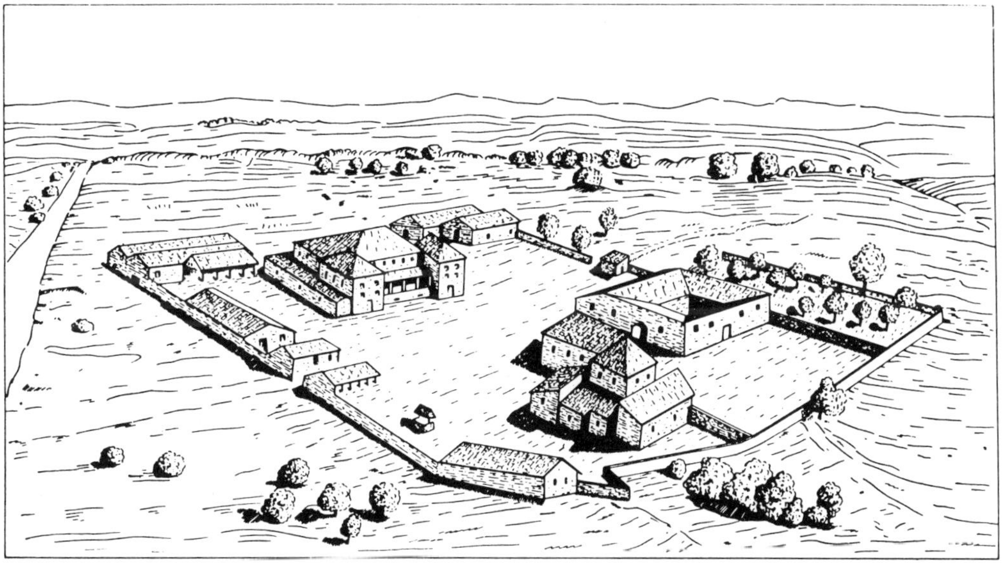

Abb.3: Ein römischer Gutshof; in der linken Hälfte das Wohnhaus („villa"), rechts die landwirtschaftlichen Gebäude.

die würdige Tante Julia war dagegen. Sie setzte es wenigstens durch, daß Rätorix verschwinden mußte, wenn die Töchter Antonia und Drusilla im Garten spielen wollten. Und daß sie dann ja nicht badeten!

Der Vater von Rätorix arbeitete für den Römer. Auch beim Bau des Beckens hatte er mitgeholfen. Für Rätorix war das ein Wunderwerk, wie es weit und breit kein anderes gab. Der Vater erzählte, daß sich Fusko die teuren Sandsteinplatten eigens aus Arbor felix (Arbon) im Helvetierland auf großen Schiffen kommen ließ. In Augusta Vindelicum (Augsburg) hatte er dann schwere, teure Bleirohre für die Wasserleitungen bestellt. Starke Gäule brachten sie auf Wagen auf der seenahen Straße über die neue Schussenbrücke hierher. Die Römer verstanden es nämlich, für das Militär und den Handel in ihrem „Weltreich" gut befestigte Straßen zu bauen. Noch mehr als der Straßenbau erstaunte die Einheimischen aber, wie die Römer es schafften, auch große Flüsse mit Brücken zu überwinden.

Heute waren die Römer weggefahren, um Verwandte auf einem Gutshof in der Nähe – im späteren Jettenhausen – zu besuchen.

Nur Markus war zu Hause geblieben. Er wollte mit seinem keltischen Freund spielen, der immer voller Ideen war, alle Tiere kannte und richtige Hütten auf die Bäume bauen konnte.

Immer schon hätte Rätorix gerne gewußt, wie es hinter den weiß verputzten Hauswänden aussah, die nur von schmalen Lichtschlitzen durchbrochen waren. Er bat deshalb Markus, ihm heute einmal sein Haus zu zeigen. Gerne erfüllte Markus den Wunsch, zumal der gutmütige Sklave Lukrio, der auf das Haus aufzupassen hatte, den Keltenjungen auch mochte.

So etwas hatte Rätorix noch nie gesehen: Das große Haus besaß einen kleinen, mit herrlichen Figuren geschmückten Innenhof, durch den das Licht die inneren Räume erhellte. Wie riß der Kelte die Augen auf, als er den Fußboden betrachtete: statt grauem festgestampftem Lehm, wie in seiner Wohnhütte, entdeckte er lauter kleine weißschimmernde Mosaikwürfel. Sie überdeckten den ganzen Boden und waren zu herrlichen Mustern zusammengesetzt. Als der junge Gast nach oben schaute, sah er keine schwarzen Wände wie zuhause vom offenen Herdfeuer. Hier strahlten sie leuchtend rot. – Hätte er gewußt, daß noch nach über 1800 Jahren Brocken dieser Wände ihre alte Farbenpracht behalten haben, er wäre aus dem Staunen nicht herausgekommen. Zahlreiche Fundstücke zeigen dies.

Andere Räume hatten einen weißen Verputz mit weinroten Streifen, auch mit gelben, schwarzen und grünen. Ja, sogar einen frischen Zweig mit grünen Blättern hatte der Handwerker auf eine Wand gezaubert.

Ehe sein Freund es verhindern konnte, hatte Rätorix gleich zwei prächtige Schüsseln in die Hand genommen. „Cave ne demittas!", konnte Markus nur noch rufen. „Laß mir ja nichts fallen! Vater hat sie um teures Geld in Argentorate gekauft." Die Schüsseln waren leuchtend rot und glänzten. Rätorix aber spürte gleich, daß sie nicht überall glatt waren. Kleine Tiere, Pflanzen und um die ganze Rundung herumlaufende Verzierungen ragten als schwache Erhebung über die Schüsselfläche heraus. Sie machten das Gefäß zu einem lustigen Bilderbuch.

In der Küche staunte Rätorix über hohe Krüge mit breiten Rändern und seitlichen Henkeln. „Das sind Amphoren. In denen bewahren wir das Öl und den Wein aus Italien auf. Damit alles frisch bleibt, stecken die anderen Krüge drunten im Keller tief im Sand."

Rätorix konnte seinen Freund nicht genug ausfragen, aber eines beschäftigte ihn am meisten: „Bei euch ist alles so schön farbig und sauber, nirgends sind Schmutzflecken. Unsere Holzwände sind schwarz vom Rauch. Wo ist denn bei euch die Feuerstelle? Müßt ihr im Winter nicht entsetzlich frieren?" – „Nein, das müssen wir nicht. Komm mit, der alte Lukrio wird dir zeigen, wie wir unser Haus warm machen." Der Sklave stieg mit den beiden nach unten. Er hielt vor einem großen schwarzen Loch neben einem Stoß grober Holzscheite zum Feuermachen. „Das ist unsere Heizung", erklärte Lukrio.

„Über diesem Heizloch wird die Luft erwärmt und von hier aus in vielen Kanälen durch Böden und Wände geleitet. Unter dem Dach entweicht die Luft dann ins Freie. Kalte Füße haben wir im Winter nie, denn der Fußboden ist immer warm."

Begeistert erzählte Lukrio noch, wie er als Bub seinem Vater beim Bau eines römischen Hauses geholfen hatte, besonders bei der Anlage der vielen Heizkanäle. „In jedem römischen Haus ist die Heizung ein kleines Wunderwerk, auf das die Bewohner besonders stolz sind."

Am späten Nachmittag bummelten die Buben auf der Straße der sinkenden Sonne entgegen. Bei der Holzbrücke über die Rotach kamen den beiden die heimkehrenden Ausflügler entgegen. Da gab's viel zu erzählen, von Onkel Claudius und seinem schönen Haus. „Die Zimmerwände haben einen viel schöneren Verputz als bei uns", platzte Drusilla gleich heraus, die bei Bekannten immer alles schöner fand als daheim. Und dann fing sie an zu schluchzen: „Der Onkel hat mich beim Spielen einen so schönen Denar gewinnen lassen, und jetzt hab ich ihn im Gras verloren; warum ist er aber auch so klein gewesen?" – „Also, da hast du nicht viel verloren!", spottete Markus. „Sei bloß still, mein Denar war aus Silber. Dein As, das du kürzlich verloren hast, war nur aus Kupfer. Mein Stück zeigte die feinen, klugen Gesichtszüge des Kaisers Nerva, und hinten drauf war eine edle Dame. Auf deinem As aber war nur der dicke Bauernschädel des Kaisers Vespasian." – Erst rund 1800 Jahre später, im Jahre 1936, fand der zwölfjährige Bruno Diesch den verlorenen Denar Drusillas auf dem Friedhof von Jettenhausen, wo einst das Landgut des Römers Claudius gestanden war.

Abb.4: Silberdenar mit dem Profil des Kaisers Nerva, aus dem Jahr 98 nach Christus (Vorder- und Rückseite); 1936 in der Nähe des ehemaligen römischen Gutshofs in Jettenhausen gefunden.

Antonia schwärmte vom Vetter Sempronius, einem Offiziersanwärter, der gerade auf Urlaub da war. Er war „Zenturio" und hatte eine Abteilung Militär auf der großen Straße von Norden an den See zu kommandieren gehabt: stämmige Infanteristen, „Legionäre" genannt, germanische Reiter und allerlei Fahrzeuge. Er begleitete jetzt seine Verwandten zurück und erzählte von seiner Kaserne am Nicer (Neckar), und daß unten im Ort allerlei „los sei".

Es war kaum fünfzehn Jahre her, daß die Römer ihre Grenze vom Mons Alba (Schwäbische Alb) an den Nicer vorgeschoben hatten. Stolz berichtete Sempronius vom Plan, einen viele Meilen langen „Limes" (Grenzwall) noch weiter ins Land vorzuschieben. Er sollte aus einer dichten Pfahlreihe bestehen mit zahlreichen Wachttürmen dazwischen. Davor soll sogar noch ein tiefer Graben gezogen werden.

„Denk dir, Onkel Fusko, dort sieht man in ein Land hinein mit ärmlichen kleinen Holzhütten, ohne Ziegeldach, nur mit Schilf oder Stroh gedeckt. Keine Mauern, keine Stadt, keine rechte Straße, schlecht bebaute Felder, kleines Viehzeug. Und erst die Menschen! Die „Germanen"! Wenige Männer haben ein Schwert, die meisten besitzen nur einen Holzspieß mit einer Eisenspitze, dabei sind sie stolz darauf, Krieger zu sein. Und erst die herumlungernden Buben, die haben jetzt im Sommer fast nichts an."

Der Onkel schüttelte manchmal den Kopf. „Sei vorsichtig, Sempronius, wenn sie auch nur Holzspieße besitzen, du bist noch nie im Kampf mit ihnen gestanden. Das Lachen wäre dir vielleicht vergangen. Immerhin sind dir die Germanen als Reiterschwadron in unseren Legionen gut genug. Es kann sein, daß deinen Enkeln ein solcher Wall nichts mehr nützen wird, auf den du so stolz bist."

Fusko kramte alte Erinnerungen aus, wie sein Vater unter einem General des Kaisers Claudius bis zum Danubius (der Donau) marschiert war, und wie die Römer dort bei der Rusia (Riß) ein festes Lager gebaut hatten. Als Veteran hatte der Vater dann mit einer Ziegelei viel Geld verdient, als die Römer die Stadt Brigantia (Bregenz) mit geraden Straßen, großen Plätzen, herrlichen Tempeln und vielen Häusern neben dem alten Keltendorf Brigantion bauten.

„Kürzlich bin ich an dem Lager unweit der Rusia vorbeigekommen", begann Sempronius wieder. „Die Mauern des Lagers stehen noch. Aber seit die Grenze bis zum Nicer vorgeschoben ist, wird dort nur noch Landwirtschaft betrieben. Ein Gutshof ist mitten ins alte Kastell hineingebaut worden."

Onkel und Neffe waren sich nicht in allem einig. Doch beide waren stolz, dem „Römischen Reich", dem „Imperium Romanum" anzugehören und den römischen Frieden, die „Pax Romana" zu genießen. Und stolz waren sie auch, das Kelten- und Germanengesindel, wie sie es nannten, zur Ordnung gebracht, das heißt unterworfen zu haben.

Fusko, der sorgenvolle Onkel des Zenturio Sempronius, hat mit seiner Warnung und Ahnung recht behalten. Immer wieder durchbrachen Germanenvölker mit ihren Kriegerscharen den Grenzwall „Limes". Um das Jahr 260 mußten die Römer den anstürmenden Alemannen das Land zwischen Limes, Rhein und Bodensee endgültig überlassen. Nur bei den Helvetiern, südlich des Bodensees, dauerte die Herrschaft der Römer noch zweihundert Jahre länger. Von den Alemannen, aber auch von den vorher schon ansässigen Kelten, stammen die heutigen Schwaben ab.

Der Alemanne Otbert und sein Enkel

Bauern, Handwerker und Krieger in Buchhorn – Das Zeichen des Christengottes

Wißt Ihr, wo das ursprüngliche Buchhorn lag? – Nein, nicht auf dem Boden unserer Altstadt. Es lag auf einem mit Buchen bewachsenen „Horn“. So ein „Horn“, in manchen Gegenden sagt man dazu auch „Landzunge“, ist ein Uferstreifen, der sich wie ein Horn oder wie eine Zunge in den See erstreckt. – Wo also konnte das alte Buchhorn liegen? – Dort, wo heute das Schloß und die Schloßkirche stehen. Bei diesem einst mit Buchen bewachsenen Landstück hatten landeinwärts an einer alten römischen Straße, der heutigen Wera- und Hochstraße, Alemannen ihre Hütten gebaut.

Das größte Haus war vom Dorf auffallend abgerückt und lag ganz nahe am Ufer, mitten auf dem „Buchenhorn“. Schauen wir uns doch an, wie es um das Jahr 600 dort ausgesehen hat: Das lange, nur ein Stockwerk hohe Haus lag mitten in einem großen Hofplatz. Die Straße, die in der Nähe daran vorbeiführte, war eher ein Weg, ohne Pflaster oder Teerung. Von Pferden oder Ochsen gezogene Wagen hatten tiefe Geleise in den Boden gedrückt. Nach langem Regen mußten sich Menschen und Tiere mühsam durch den Morast arbeiten, und an heißen Sommertagen wirbelte jeder Windstoß ganze Staubwolken in die Höhe.

Das Haus hatte keine Fenster, nur Läden. Kein Stein war daran, es war ganz aus Holz gebaut. Das Dach trug keine Ziegel, es war mit Stroh gedeckt. Im vorderen Teil des Hauses wohnte der alte Otbert mit der Familie seines Sohnes. Aus dem hinteren Teil hörte man das Stampfen der Pferde und das Brüllen der Kühe und Ochsen. Es waren auch noch einige Nebengebäude zu sehen. Dort wurden Heu und Korn für den Winter gespeichert. In der Mitte des Hofes lag der gemauerte Brunnenschacht. Ein Balken war darübergelegt und ein hölzerner Eimer mit einem Strick daran gebunden. Den Eimer ließ man am Strick hinab, wartete, bis er vollgelaufen war, zog ihn wieder hoch und leerte ihn in die langen hölzernen Tröge daneben, um das Vieh zu tränken. Für die Menschen holten die Mägde sauberes Wasser in Krügen aus dem Brunnen, der weiter oben bei einer Linde sprudelte.

Heute saß der Alte vor dem Haus, auf einer Bank in der Sonne. Er war aus vornehmer Familie, stolz auf seine Ahnen, besaß die meisten und besten Felder und hatte auch einige Knechte und Mägde. Sein Hof war der größte, in seiner Rüstkammer hingen die schönsten Waffen. So war er Dorfherr geworden wie sein Vater. Ein anderer hätte sich gegen ihn nie durchsetzen können. Aber jetzt hatte er Hof und Dorfherrschaft an seinen Sohn Ekkehard abgegeben. Ekkehard war heute auf dem Gerichtsplatz. Er hatte, wie so oft, einen Streit zu schlichten. Außerdem wurde der Fürst erwartet. Deshalb mußten sich alle freien Männer einfinden, das waren die, deren Eltern keine Knechte waren und die Besitz hatten. Wenn sie ein Bote nicht dreimal eingeladen hätte, wären sie beleidigt gewesen und nicht erschienen. Zu Beginn mußten sie bei den Göttern schwören, ein gerechtes Urteil abzugeben.

Heute wurde zwischen zwei großen Bauern entschieden, die sich über die Grenzen ihrer Kornfelder und Weiden nicht einig werden konnten. Noch hundert Jahre früher hätte ein Zweikampf den Streit entschieden. Aber heutzutage wird ein Urteil ohne Blutvergießen gefällt. Nach der Gerichtsverhandlung prüfte der Fürst die Waffen der Männer und lobte sie.

Der Herzog am Neckar und der Frankenkönig hatten Streit miteinander. Der Fürst wollte dem Herzog helfen und fragte die bewaffneten Männer, ob sie mitmachen wollten. Sie hatten zwar Freude am Krieg und am Dreinschlagen. Wenn sie aber keine Beute machen konnten, wollten sie nicht kämpfen: Und wenn schon Krieg sein sollte, dann erst im Herbst, auf keinen Fall jetzt vor der Ernte.

Weiterhin legte der Dorfherr im Gespräch mit den Männern fest, was sie in den einzelnen Feldbezirken, „Gewannen", im nächsten Jahr anbauen sollten. In dem einen Gewann mußten alle Bauern auf ihrem Acker das Korn im Herbst einsäen, das war die Winterfrucht; im nächsten alle im Frühling, das war die Sommerfrucht. An Getreide baute man Dinkel, Gerste und Hafer an. Das dritte Gewann blieb unbebaut, damit der Boden sich erholen konnte. Man nannte es „Brache". Das Unkraut, das darauf wuchs, ließ man von den Rindern abfressen. – Alle mußten sich an diese Ordnung halten, keiner durfte aus der Reihe tanzen.

Oft ging der Streit um die gemeinsame Weide, die „Allmende", wieviel Stück Vieh jeder dort hinschicken dürfe, und um den Wald, wieviel Holz er schlagen dürfe. Über alles wurde geredet, doch die Entscheidung hatte der Dorfherr Ekkehard. Aber man erwartete von ihm auch, daß er das Dorf vor räuberischem Gesindel beschützte und die Männer in Krieg und Streit anführte. Er hatte deshalb viele Ausgaben und besaß darum auch den größten Hof. Auch mußten ihm die Dörfler manche Arbeit abnehmen, ihm „fronen".

Auf dem Hof trat jetzt zu dem alten Otbert sein Enkel, der auch Otbert hieß. Er kam vom Ufer, wo er am „Buchenhorn" mit seinen Freunden gebadet hatte. Sie waren ebenfalls Söhne freier Bauern. Da erhob sich aus einer Ecke des Hofes ein lautes Geschrei und das Gekläff eines Hundes. „Obbilo komm, Obbilo komm! Mach mit, fang das Wiesel!" Es waren drei Buben, die sich dort im Staub balgten. Aber der junge Otbert gönnte seinen alten Spielkameraden keinen Blick. Jetzt war Schluß mit „Obbilo". Er war fünfzehn geworden, da hörte das Spiel mit Buben von Unfreien auf. Er war der Sohn eines Freien, durfte jetzt eine Waffe führen, trug eine richtige weite Jacke und lange, weite Hosen.

Der alte Otbert ließ seinen Enkel neben sich auf die Bank sitzen. „Brav von dir", fing der Alte an, „wie du bei der letzten Jagd den Wolf mit der bloßen Stange und dann mit der Keule von der Herde vertrieben hast." „Ja", versetzte der Junge, „ich wäre noch schärfer auf ihn losgegangen, hätte ich bloß meinen Spieß schon gehabt. Die Holzstange ist ja schon fertig. Die eiserne Spitze will mir Schmied Wieland bald machen." „Warum dauert denn das so lange?", fragte der Großvater. „Ich habe das

Eisen noch nicht beieinander gehabt. Beim Eichensteg über die Rotach, unter den Dornen und Hecken mit den vielen Vögeln, habe ich zwischen den Steinen immer wieder alte, rostige Nägel und Klammern gesammelt. Da stehen noch ein paar verfallene Mauern, die unter den Heckenrosen bunt und rot zu erkennen sind. Unten liegen große, gelbrote zerbrochene Platten neben vielen solchen Splittern herum. Da habe ich zwei merkwürdige eiserne Dinger gefunden mit groben Zacken und einem gebogenen Stiel, wie zum Kratzen oder zum Striegeln der Rosse. Der Wieland hat auch nicht gewußt, was das war." „Diese Dinger hat man, als noch ganz andere Leute im Lande wohnten, durch einen Schlitz in die Türe hineingesteckt und mit den Zacken einen großen Riegel vorgeschoben, so daß man die Türe ohne ein solches Ding nicht mehr öffnen konnte." Das erklärte der Großvater. „Wir haben so etwas nicht nötig, und zum Anfertigen von Wänden brauchen wir keine Steine, dazu haben wir Holz genug." „Später", fing der Enkel wieder an, „wünsche ich mir für meinen runden Holzschild noch einen eisernen Buckel in der Mitte, und dann möchte ich zusammen mit den anderen zu einem Kriegszug ausrücken. Im Bogenschießen bin ich schon recht geübt. Freilich, an das lange zweischneidige Schwert, das mein Vater führt, die Spatha in der hölzernen Scheide, darf ich noch lange nicht denken." „Ja", meinte nach längerem Schweigen der Alte, „ich weiß nicht, ob noch so etwas kommt wie vor über 200 Jahren. Da war mein Ururahn dabei. Unsere Leute, die Lentienser (Linzgaubewohner), führten einen großen Krieg mit den Römern, die wieder über den Rhein gekommen waren, in der Gegend, wo sich der hohe Bergklotz Twiel erhebt. Dorthin und auf die Nachbarberge haben sich die Unseren zurückgezogen, als viele im Kampf umgekommen waren. Aber von dort konnten uns die Feinde nicht vertreiben, und schießlich sind sie über den Rhein in ihr Land zurückgekehrt."

„Ich habe gemeint", fing der junge Otbert wieder an, „wir heißen Schwaben." „Du hast recht, so heißt unser ganzes Volk, und von den Nachbarn im Westen und Süden lassen wir uns Alemannen nennen. Unser Volk besteht aber aus vielen Stämmen. Wir Buchhorner gehören zum Stamm der Lentienser. Dieser Name kommt vom Flüßchen Lentia (Linz), das bei unseren Verwandten in Uhldingen in den See mündet und neuerdings auch ‚Aach' genannt wird."

Während dieses Gespräches trat Mutter Berta in den Hof. Sie trug eine Jacke aus feinem Wollstoff und einen halblangen Rock. Am Gürtel mit der silbernen Schnalle hing an einem langen, feingeflochtenen Band eine goldglänzende Bronze-Scheibe herab. Silberne Schnallen schlossen auch die Schuhe über den Knöcheln. Um Hals und Schultern lag eine dreifache Kette aus Glas- und Bernsteinperlen. Ein Händler aus weiter Ferne hatte sie herbringen müssen. Oben hatte Frau Berta ihre Jacke mit einer großen runden Brosche, der Fibel, verschlossen, auf der ein Goldschmied in Silberblech rätselhafte Vögel eingestanzt hatte.

„Wo kommst du her, Berta?", fragte der Alte. „Von dort, wo man noch die ‚Hohe Straße' der Römer sehen kann, die schon vor Urzeiten über See und Rhein geflohen sind. Den alten Bernhard haben sie zu Grabe getragen, noch in einem Totenbaum mit einer langen geschnitzten Schlange auf dem Deckel, die vorne und hinten einen

Kopf hatte. Sie haben ihn, wie die andern, in die Reihe gelegt, das Gesicht der aufgehenden Sonne zu. Aber denk' dir, seine Tochter Irmgard hat ihm ein sonderbares Ding auf die Brust gelegt, aus ganz dünnem Goldblech, mit vier gleich langen Armen, die nach außen immer breiter werden. Sie heißen's ‚Kreuz'. Teuer hat es Irmgard von einem Händler gekauft, der über die Berge aus dem Langobardenland kam. Das sei das Zeichen des neuen Christengottes der Franken. Der sei kräftiger als unsere Götter, der habe den Franken immer den Sieg über uns gegeben." „Du magst recht haben, Berta, aber ich in meinen alten Jahren komme da nimmer mit. Wenn ihr einmal meine Leiche hinauftragt zu den anderen, dann legt mir, wie meinen Ahnen, Speer, Spatha, Kramasac und Schild auf die Seiten, den Gürtel mit den goldenen Riemenzungen um den Leib und an die Füße die Schuhe mit den goldenen Schnallen, die mir meine Sieglinde geschenkt hat. Wo die hingegangen ist, will ich auch sein."

Nun kamen die Knechte vom Feld in den Hof zurück. Auch Vater Ekkehard war wieder zur Stelle und achtete darauf, daß vor allem die Rosse gut versorgt wurden. Die Mägde trugen schöne, mit hölzernen Reifen gebundene Kübel in die Ställe, um die Kühe zu melken. Berta sorgte dafür, daß alle fleißig arbeiteten. Als dann allmählich die Sonne sank, versammelte Ekkehard im Haus seine Familie mit Knechten und Mägden am gemeinsamen Tisch. Nach dem arbeitsreichen Tag hatten sie das abendliche Mahl alle wohlverdient.

Otbert und seine Leute konnten nicht ahnen, was sich aus dem stattlichen Hof noch entwickeln sollte. Ein paar Jahrhunderte später bauten die Linzgaugrafen auf dem „Buchenhorn" eine einfache Burganlage, zuerst aus Holz, später aus Stein. In dieser Burg hielten die Grafen auch Gericht. Da die Bewohner inzwischen Christen geworden waren, ließen die Grafen hier auch das erste Kirchlein unserer Stadt bauen. Es war dem Apostel Andreas geweiht. Um das Jahr 1085 gründete die Grafenfamilie, kurz bevor sie ausstarb, in der Burganlage das Frauenkloster Buchhorn.

Wie aber kommt es, daß unser späteres Städtlein Buchhorn an einem ganz anderen Platz lag, auf dem Boden der heutigen Altstadt, um die Nikolauskirche herum?

Viele Buchhorner verdienten ihr tägliches Brot als Fischer. Andere waren als Schiffsleute tätig und fuhren gegen Bezahlung Waren über den See. Am Horn bei der Burg aber gab es bei jedem Sturm hohe Wellen. Das Horn eignete sich nur schlecht als Anlegestelle für die Schiffe. Schon früh entdeckten die Schiffsleute einen wesentlich günstigeren Platz zum Bau einer geschützten Landestelle in einer Bucht östlich der heutigen Altstadt. Diese Bucht ist erst im letzten Jahrhundert zugeschüttet worden, und heute steht dort der Hafenbahnhof.

Immer mehr Menschen bauten hier ihre Häuser, und um das Jahr 1200 herum wurde der neuen Siedlung das Recht verliehen, Märkte abzuhalten. Zu den Fuhrmännern und Schiffsleuten gesellten sich nun auch Händler und Handwerker. Da die neue Siedlung mit Alt-Buchhorn durch gemeinsame Felder und Wiesen verbunden war, nannte man sie ebenfalls „Buchhorn". Für Alt-Buchhorn kam zur besseren Unterscheidung allmählich ein neuer Name auf, der bis zum heutigen Tag erhalten blieb: Hofen.

Schreckensbotschaften am Grafenhof

Die Klostergründung der Gräfin Bertha von Buchhorn – Das schlimme Ende ihres Sohnes Otto – Störung seiner Totenruhe

Es ist Spätherbst des Jahres 1089. Heute ist zwar schon der 1. Dezember, doch die Sonne hat sich noch einmal durchgesetzt und einen warmen Tag beschert. Werner und Konrad, zwei etwa 12jährige Söhne von Dienstmannen des Grafen von Buchhorn, sitzen in einem Ruderboot, das sie unweit von der Grafenburg tief in das Schilf des Bodenseeufers geschoben haben. Seit zwei Jahren stehen sie in den Diensten des jungen Grafen Otto II., um hier die ritterliche Lebensart zu erlernen und sich auf die spätere Übernahme der väterlichen Besitzungen vorzubereiten. Sie sind stolz auf den Dienst am angesehenen Buchhorner Grafensitz.

Vor etwa 40, 50 Jahren hat Graf Otto I., ein Sproß des Bregenzer Grafenhauses, den alten Herrenhof von Buchhorn zum Mittelpunkt seines ererbten großen Besitzes gemacht. In diesem Herrenhof ist seit Jahrhunderten von den Grafen des Linz- und Argengaus im Namen des Königs Recht gesprochen worden. Doch zum dauernden Wohnsitz einer gräflichen Familie ist er erst von Otto auserkoren worden. Als erstes hat der Graf ein stattliches Steinhaus mit großen Gewölbekellern errichten lassen. Sein Schmuckstück ist der große Saal im Obergeschoß; er bietet eine wundervolle Aussicht über den Bodensee. Danach sind am Platz der abgebrochenen alten Hofanlagen neue große Stallungen, Scheunen und Wohnräume für die Bediensteten entstanden. Sie gruppieren sich nun um den geräumigen Innenhof; eine hohe Mauer umschließt die ganze Anlage. Sie liegt nur einen Steinwurf weit vom Seeufer entfernt. An dieser Stelle – dem alten „Buchenhorn" – springt das Ufer spornartig in den See vor. Es ist ein schöner Platz; seine günstige Lage in der Mitte des Obersees verspricht den Buchhorner Grafen eine gute Weiterentwicklung ihrer Machtstellung. Graf Otto I. hat seinen Einfluß ständig ausbauen können; bald war er nicht nur Graf im Linzgau, sondern auch in Oberrätien im Churer Rheintal.

Im Ringen zwischen Papst und Kaiser um die Oberherrschaft im Abendland, das schon 14 Jahre andauert, war Graf Otto I. von Buchhorn ein wichtiger Bundesgenosse Kaiser Heinrichs IV. in den Kämpfen am Bodensee. Die päpstliche Partei hat schon zweimal einen Gegenkönig aufgestellt. Es ist eine unruhige Zeit, sie hat schon viel Leid mit sich gebracht. Viele Ritter sind gefallen, und wenn kein offener Kampf möglich ist, werden die Dörfer der Gegner verbrannt. Der Riß geht mitten durchs Land und durch die Familien.

Der junge Graf Otto II. hält wie sein verstorbener Vater zum Kaiser. Vor zehn Jahren, als der Vater noch lebte, ist er in einem Kriegszug, den der papsttreue Welfe ins Rheintal unternahm, besiegt worden. Damals mußte er sich mit seinen Edlen dem

Abb.5: Graf Otto I. von Buchhorn, der Vater des letzten Grafen Otto II. Seine Witwe Bertha hat das Kloster Hofen gegründet. (Aquarell des Weingartner Paters Gabriel Bucelin, 1627).

Gegenkönig Rudolf unterwerfen. Doch bald hat er sich von diesem wieder losgesagt und bei der Rückeroberung der Burg Markdorf mitgeholfen.

Der immer wieder auflebende Kampf der beiden großen Parteien bildet das Gesprächsthema der Buben. Es ist klar, daß sie mit ihrem gräflichen Herrn ganz auf der Seite des Kaisers stehen und von den Gegnern sehr abschätzig reden. Konrad stammt aus dem nahen Eichstegen, wo seit einigen Jahrhunderten eine alte Holzbrücke über die Rotach führt; Werner ist der Sohn des Dienstmannen von Ailingen. Konrads Onkel ist beim Sturm auf Markdorf gefallen. Die jungen Dienstmannen gehen keiner ruhigen Zukunft entgegen.

Wie alle Bediensteten des Grafenhofs unterstehen die Buben der Aufsicht des Hofmeisters. Dieser geht mit den jungen Söhnen der Dienstleute recht streng um; er will sie zu tüchtigen Rittern heranbilden. Unnachgiebig verlangt er, daß sie alle, auch die einfachsten und schmutzigsten am Grafenhof anfallenden Arbeiten von Grund auf kennenlernen. „Nur so“, sagt er immer, „werdet ihr begreifen, was ihr später euren eigenen Knappen und Knechten abverlangen könnt.“

Heute sind vier Buben zum Pferdeputzen im Stall eingeteilt. Die wärmende Sonne zieht sie jedoch aus dem kühlen Stall nach draußen. Am liebsten würden sie Drachen steigen lassen. Weil der Stallmeister in Markdorf zu tun hat und der Hofmeister nirgends zu sehen ist, haben die Buben sich abgesprochen, daß jeweils zwei im Wechsel für eine Stunde verschwinden können, um am See frische Luft zu schöpfen. Rupert und Ortolf sind bereits in den Stall zurückgekehrt. Nun sind Werner und Konrad an der Reihe; sie genießen den wohl letzten warmen Sonnentag des Jahres. Dann soll es wieder an die Arbeit gehen. Auch Graf Otto hat es bei dem schönen Herbstwetter nicht in Buchhorn ausgehalten; zusammen mit etlichen Rittern ist er am Vormittag zu einer Jagd an den Gehrenberg aufgebrochen; der befreundete Graf von Heiligenberg hat ihn schon mehrfach eingeladen, in seinem schönen Wildbestand wieder einmal zu jagen.

Als sich Stimmen nähern, ducken sich die Buben tiefer in das Schilf, um nicht entdeckt zu werden. Beim Näherkommen erkennen sie die Stimmen der Gräfin Bertha und des Hofmeisters; von dem dürfen sie sich auf keinen Fall erwischen lassen! So bleiben sie mucksmäuschenstill und werden unfreiwillige Zeugen des Gesprächs zwischen ihren Vorgesetzten.

„Nun sind bald alle Umbauten für das Frauenkloster abgeschlossen“, berichtet der Hofmeister der Gräfin. „Ihr könnt auf Eure fromme Stiftung stolz sein! Sie findet großen Anklang bei den Töchtern der oberschwäbischen Edlen; die Leiterin des Klosters – die Schwestern nennen sie die ‘Meisterin’ – erhält immer neue Eintrittsangebote. Dabei ist das Kloster ja noch kaum drei, vier Jahre alt!“ „O ja, es freut mich sehr“, sagt nun die Gräfin, „daß sich die junge Gründung so gut entwickelt. Unser Grafenhof nimmt immer mehr Gestalt an. Ihr wißt, daß mich die mächtige, vom Schwarzwaldkloster Hirsau ausgehende Bewegung für eine kirchliche Erneuerung zur Stiftung veranlaßt hat. Der neue Schwung, der von Hirsau ausgeht, hat in jüngster Zeit auch andernorts eine Reihe von Klostergründungen zustandegebracht. Mein Ziel war daher nicht in erster Linie die Versorgung von Töchtern unserer Lehensleute. Das Kloster soll geistlicher Schwerpunkt unseres Grafensitzes werden. Mein verstorbener Mann hat mit dem Umbau des alten Herrenhofs zu einem Grafensitz den ersten Schritt zur Entwicklung eines neuen Herrschaftsmittelpunkts am nördlichen Seeufer getan. Als Grablege für die Angehörigen meiner Familie erfüllt das Kloster eine wichtige Aufgabe im weiteren Ausbau unseres Hofes, denn wir hoffen ja auf eine Entfaltung über viele Generationen hinweg. Nicht weniger wichtig ist mir das immerwährende Gebet für meine Familie, denn ihrer Stifterfamilie fühlen sich die Klöster stets besonders eng verbunden. Meinem Mann, der ein rechter Haudegen war, kann eine regelmäßig vor Gott getragene Fürbitte um sein Seelenheil gewiß nicht schaden! Als Graf im Linzgau und in Oberrätien ist er mitunter wohl zu hart aufgetreten, um seine Machtstellung auszubauen."

„Ja, der junge Graf Otto hat die forsche Art des Vaters geerbt. Auch er ist ein rechter Draufgänger", ergänzt der Hofmeister. „Der Sohn ist mir eher zu stürmisch", läßt sich die Gräfin nach einer Pause vernehmen. „Er macht mir immer wieder Kummer. Nach seiner Hochzeit, mit der er uns vor einigen Monaten überrascht hat, habe ich ein bitteres Schreiben vom Grafen Ludwig von Pfullendorf erhalten, der uns entfernt verwandt ist. Was ich da zu lesen bekam, war erschütternd. Ich habe es zunächst kaum gewagt, Otto und seine junge Frau zur Rede zu stellen. Ihr seid nach den beiden der erste, dem ich davon Andeutung mache, weil mich die Sorgen seither nicht mehr verlassen wollen!" Der Hofmeister fragt vorsichtig: „Hat die Sache damit zu tun, daß der junge Herr vor einigen Wochen von unserem Bischof Gebhard von Konstanz gemaßregelt worden ist? In einigen benachbarten Pfarrkirchen ist verkündet worden, daß Graf Otto 'aus bekannten Gründen' vom Abendmahl ausgeschlossen bleibt, bis er von seiner Sünde abgelassen und die angemessene Buße geleistet hat. Der hiesige Pfarrer hat nicht gewagt, die bischöfliche Anweisung von der Kanzel herab bekanntzumachen. Es heißt, daß er sie dem Grafen unter vier Augen eröffnet hat."

Die Gräfin antwortet: „Der Zusammenhang ist richtig vermutet. Laßt mich die Vorwürfe kurz berichten und sagt mir dann, wie Ihr darüber denkt!" Dann erzählt sie, daß Graf Ludwig von Pfullendorf geschrieben hat, die junge Frau Ottos habe ihm zuerst die Ehe versprochen; Otto sei ein frevlerischer Ehebrecher, der noch seiner gerechten Strafe entgegensehen werde. „Wie hat sich die junge Gräfin zu diesem schwerwiegenden Vorwurf geäußert?", will nun der Hofmeister wissen. „Sie behauptet stets, daß sie vor der Heirat mit Otto keine andere Ehe eingegangen sei." „Nun, dann wäre immerhin denkbar, daß sie mit dem Pfullendorfer verlobt war. Das kann schon geschehen sein, als sie noch ein kleines Mädchen war. Auch in diesem Fall kann sie eine gültige Ehe nur dann eingehen, wenn das alte Eheversprechen zuvor von ihrem Verlobten gelöst worden ist. Hat sich die junge Frau auch hierzu geäußert?" „Leider nein, aber Eure Frage könnte den Kern der Sache treffen. Otto hat seine Frau bei einem Fest auf der Burg Heiligenberg kennengelernt. Ihre Herzen haben sich wohl bald gefunden, dabei haben sie sich vielleicht über ältere Bindungen einfach hinweggesetzt."

„Meint Ihr wirklich, daß der junge Herr und seine Frau klare kirchliche Gebote bewußt mißachtet haben?“, gibt nun der Hofmeister zu bedenken. „Ich will es nicht ausschließen; unsere Zeit bietet leider den Boden für solches Handeln. Der unselige Machtkampf zwischen Kaiser und Papst, der nun schon so lange andauert, hat in unserer kaiserlichen Partei eine ungute Stimmung gegen die Kirche, ihre Gebote und Druckmittel aufkommen lassen. Otto ist nicht wählerisch in seinen Ausdrücken, wenn er über die päpstliche Partei lästert. Das tut mir weh, denn dieser Machtkampf ändert nichts an Gottes heiligen Geboten. Die Reformbewegung aus Hirsau ist ein Hoffnungszeichen. Gebe Gott, daß das Ringen bald ein Ende hat, damit Recht und Ordnung wieder im Land Einzug halten können.“

Der Hofmeister und die Gräfin wenden sich um und gehen zur Burg zurück; ihre Stimmen werden langsam leiser. Erst als sie im Burgtor verschwunden sind, wagen sich Werner und Konrad aus dem Schilf heraus. Bedrückt schleichen sie in den Stall. Sie wissen recht gut: Was sie gehört haben, war nicht für ihre Ohren bestimmt. Sie machen sich wieder ans Putzen der Pferde, sind mit den Gedanken aber nicht bei der Arbeit. Ist es wirklich wahr, was die Gräfin angedeutet hat? Jetzt erst ahnen sie, warum der junge Graf seit Wochen keine Messe mehr besucht. Der Bischof hat ihn als „Ehebrecher“ mit dem Kirchenbann, der schwersten Kirchenstrafe belegt! Und doch stellt sich die Frage: Hat der Bischof, ein machtbewußter Herzogssohn von Zähringen, etwa vorschnell falschen Anschuldigungen geglaubt? Vielleicht kamen ihm die Klagen des Pfullendorfers gerade recht, um einen politischen Gegner, einen Kaisertreuen, in die Enge zu treiben?

Die Sonne ist schon am Sinken, als vor dem Tor plötzlich großer Lärm entsteht. Noch bevor sie recht begriffen haben, was vor sich geht, sehen die Jungen zwei Ritter, die am Morgen mit dem jungen Grafen ausgeritten sind, in den Hof galoppieren, vor dem Steinhaus abspringen und hastig die Außentreppe hinaufeilen. Erschrocken sieht Werner, daß die Obergewänder der beiden Ritter blutverschmiert sind. Schon nach wenigen Minuten wird die Sturmglocke geläutet, die alle waffenfähigen Männer des Grafenhofs verpflichtet, so rasch wie möglich gerüstet vor dem Steinhaus zu erscheinen. Die engeren Vertrauten der Grafenfamilie eilen nach oben in den Saal, den die alte und die junge Gräfin soeben schluchzend verlassen. Der Hofmeister gebietet Ruhe. Die Wunden der beiden abgekämpften Ankömmlinge sind nur notdürftig verbunden, doch sie wollen noch nicht versorgt werden. Erst möchten sie ihre Schreckensnachricht vor den gerüsteten Freunden wiederholen.

Der ältere Ritter, vom Erlebten deutlich gezeichnet, erzählt stockend: „Wir sind mit Graf Otto bei unserem Jagdausflug am Nordhang des Gehrenbergs in einen Hinterhalt geraten. Eine starke Gruppe von Bewaffneten hat uns an einer unübersichtlichen Stelle erwartet. Der junge Herr hat sich im Jagdeifer wie immer an die Spitze unseres Trupps gesetzt. In einer Talenge mußten wir eine Reihe bilden, damit wir uns im flotten Trab nicht in die Quere kamen. Wir beide kamen als Nachzügler, weil wir erlegtes Wild aufgeladen hatten. Graf Otto war gerade in einem baumbestandenen Seitental verschwunden, als wir Waffenlärm vernahmen. So schnell es nur ging, stürmten wir vorwärts. Es war zu spät! Der Angriff kam offenbar so überraschend und in solcher Übermacht, daß Graf Otto und die nachfolgenden Freunde ihn unmöglich abwehren konnten. Die vordersten drei Begleiter – Marquard, Kuno und Gottfried – wollten ihm schnell zu Hilfe kommen. Sie wurden von der Meute abgedrängt und gleich erschlagen. Den nachkommenden Freunden gelang es nicht mehr, bis zum Grafen vorzudringen. Goswin fiel dabei durch einen Schwerthieb, die anderen sind alle verwundet.

Die Gegner hatten in der Zwischenzeit den Grafen eingekesselt und sein Pferd zu Fall gebracht, so daß er nicht mehr fliehen konnte. Dann hieben sie trotz tapferster Gegenwehr von allen Seiten auf ihn ein. In seiner Jagdkleidung war er ein leichtes Opfer. Als er schon aus vielen Wunden blutete und sein Schwert nicht mehr halten konnte, ist er regelrecht hingerichtet worden. Enthauptet haben sie ihn, wie einen Verbrecher! Wir mußten, von den Gegnern überwältigt und hilflos am Boden liegend, in ohnmächtiger Wut zusehen. Offenbar wollten sie uns als Zeugen des schrecklichen Geschehens am Leben lassen." Bei diesen Worten erhebt sich zorniges Stimmengewirr im Saal. Der Hofmeister klopft mit seinem Schwert unwillig auf den Boden, damit der Ritter fortfahren kann.

„Der Rest ist schnell erzählt. Als Graf Otto tot am Kampfplatz lag, wandten sich die Angreifer ab und verschwanden so schnell wie sie gekommen waren. Im Wegreiten", schließt der Ritter seinen Bericht und senkt die Stimme, „rief uns der Anführer noch zu: 'Bestellt der jungen Gräfin: Der Mann, dem sie die Treue gelobt, wird sie bald an ihr Wort erinnern; auch sie soll den verdienten Lohn empfangen!' – Luitold ist als Totenwache zurückgeblieben, Arnulf ist nach Markdorf geritten, um Hilfe zu holen. Wir beide sind hierher geeilt, um die traurige Nachricht zu überbringen!"

„Das waren die Leute des Pfullendorfers!", stößt der Hofmeister wütend hervor. Dann gibt er rasche Anweisungen. Eine große bewaffnete Gruppe wird zum Ort des Überfalls gesandt, um die Toten noch in der Nacht abzuholen. Eine zweite Gruppe wird zur Verstärkung des Wachdienstes in Buchhorn eingeteilt, andere sollen die rasche Versorgung der Verwundeten übernehmen und eine würdevolle Beisetzung der Toten vorbereiten.

Im Lauf des nächsten Vormittags kehrt ein trauriger Zug nach Buchhorn zurück. Der Graf und vier tote Begleiter werden in der Klosterkirche aufgebahrt. Da Graf Otto zur Stifterfamilie des jungen Klosters gehört, soll er im Chor der Kirche bestattet werden; die vier Getreuen erhalten Ehrengräber auf dem Buchhorner Pfarrfriedhof.

Schon am Tag nach der feierlichen Beisetzung wird der jungen Gräfin eine Vorladung nach Konstanz überbracht. Auf Klage des Grafen Ludwig von Pfullendorf wegen gebrochenen Eheversprechens soll sie vor dem strengen Bischof Gebhard Rede und Antwort stehen. So begibt sie sich bald nach Konstanz, nicht ahnend, daß sie nie mehr nach Buchhorn zurückkehren wird. Der Bischof gibt der Klage des Pfullendorfers statt, erklärt ihre Ehe mit Graf Otto von Buchhorn für nichtig und verurteilt sie zu lebenslanger Buße in einem strengen Frauenkloster. Dort soll sie, so der Bischof, über den Wert der Treue nachdenken und zu einer zuverlässigeren Braut Gottes heranreifen.

Zwei Wochen sind seit der Beisetzung vergangen. Gräfin Bertha verläßt gerade die Frühmesse in der Klosterkirche. Jedesmal, wenn sie dort das frische Grab sieht, überkommt sie von neuem der tiefe Schmerz über das unglückliche Ende ihres Sohnes. Auch die zweite erlittene Schmach – daß Ottos Ehe nach dem Urteil des Bischofs nie rechtmäßig bestanden hat – trifft sie ins Herz. Die junge Gräfin könnte das Urteil noch anfechten, dann müßte die Klage des Pfullendorfers vor einer Diözesansynode neu verhandelt werden, das ist eine vom Bischof einberufene Versammlung von Priestern aus der ganzen Diözese. Doch die junge Frau will sich lieber in ihr hartes Schicksal fügen; anscheinend drückt sie nun ihr Gewissen. Bleibt die Entscheidung des Bischofs endgültig, dann ist nicht mehr die junge Gräfin, sondern die Mutter Bertha die Erbin des erschlagenen Grafen. Aus seiner Ehe sind noch keine Kinder hervorgegangen. Wenn die junge Frau schwanger wäre und in einigen Monaten ein Kind zur Welt brächte, würde das nichts mehr ändern, denn nach der Annullierung der Ehe wäre das Kind „unehelich" geboren und somit nicht erbberechtigt.

So bleibt der alten Gräfin keine rechte Zeit zum Trauern; sie muß nun die Zügel am Buchhorner Grafenhof in die Hand nehmen. Mit verweinten Augen steigt sie die Stufen zum Rittersaal hoch, um dort mit dem treuen Hofmeister erste Vorschläge zur künftigen Verwaltung der großen Besitzungen durchzusprechen. Bald werden die Dienstmannen und die adligen Lehensleute nach Buchhorn kommen, um sich ihre Güter nach dem Tod des bisherigen Herren neu verleihen zu lassen. Es wird nicht einfach sein, ohne einen männlichen Nachkommen die Rechte und Besitzungen der Grafenfamilie zusammenzuhalten und die Erbschaft friedlich zu regeln. Das ist Bertha aber ihrer Ehre und auch ihrer Tochter schuldig, die mit dem Grafen von Kirchberg an der Iller verheiratet ist und bereits zwei Söhne geboren hat; einer heißt sogar Otto – nach dem Großvater und dem eben verstorbenen Onkel.

Der nächste Verwandte im Mannesstamm der Familie, Graf Ulrich X. von Bregenz, hat schon beim Begräbnis seine Ansprüche als Vetter des Ermordeten angemeldet. Er sieht nun eine günstige Gelegenheit, um die vor 50 Jahren von den Vätern vollzogene Besitzteilung rückgängig zu machen. Ulrich kann immerhin triftige Gründe für seine Ansprüche anführen. Zweifelhafter sind dagegen die Forderungen des Grafen von Pfullendorf. Auch er entstammt einer Seitenlinie des Bregenzer Grafenhauses, doch diese ältere Linie hat sich schon vor drei Generationen abgetrennt. Unter dem Deckmantel der Stammesverwandtschaft geht es dem Pfullendorfer doch nur um eine äußerliche Wiedergutmachung der Schmach, die er in der Untreue seiner Verlobten erlitten hat!

Geradezu unglaublich, ja unverfroren und maßlos erscheinen die von Welf IV., dem Herrn von Altdorf und Ravensburg, geltend gemachten Ansprüche! Die Buchhorner Erbschaft würde seine bisherigen Besitzungen im Schussenbecken vorteilhaft nach Süden abrunden und die welfische Machtstellung am nördlichen Bodensee bedeutend vergrößern. Doch sein Landhunger müßte eigentlich längst gestillt sein, ist er doch vor bald 20 Jahren zum Herzog von Bayern aufgestiegen! Nun behauptet er hartnäckig, Otto habe ihm schon zu Lebzeiten alle Besitzungen übertragen, über die er unbeschränkt verfügen konnte! Der schlaue Fuchs verlangt also nicht die Lehen, die Otto – vor allem vom Kaiser, vom Bischof und von der Reichsabtei St. Gallen – empfangen hatte. Bei den Lehen hätte Otto zu einer Übertragung nämlich das Einverständnis der Lehensherren einholen müssen, bei ihnen könnte man Welfs Behauptung also leicht überprüfen. Wenn die Ansprüche des Herzogs auf den Eigenbesitz der Buchhorner nicht erfunden sind, dann muß die Übertragung schon vor zehn Jahren erfolgt sein, als der junge Otto in einem Kriegszug dem Welfen unterlag und auch dem Gegenkönig huldigen mußte. Doch damals war der Vater noch am Leben und Otto noch gar nicht berechtigt, über sein Erbe zu verfügen. Außerdem haben Zugeständnisse, die unter Druck abgepreßt wurden, vor Gericht kaum Bestand. Bertha wird notfalls die Hilfe des Kaisers anrufen; sie rechnet sich aus, daß sie die Ansprüche Welfs IV. erfolgreich abwehren kann.

Als sich die Gräfin mit dem Hofmeister zusammensetzt, schickt sie Rupert und Ortolf, die heute Hofdienst haben, hinaus. Die beiden freuen sich über die freie Stunde. Sie ziehen sich die Mäntel über und gehen in den Hof hinunter. In der vergangenen Nacht ist viel Schnee gefallen; in einer Woche ist schon Weihnachten. Die Buben unterhalten sich mit dem Torwärter. Da sehen sie über die verschneiten Äcker hinweg auf der Meersburger Straße einen Reiter näherkommen. Als der Fremde das Pferd kurz vor dem Tor zügelt, können die Knaben das Wappen auf seinem Obergewand erkennen: ein rotes Kreuz im weißen Schild. „Ein Bote des Bischofs von Konstanz!", rutscht es Rupert unwillkürlich heraus. „So ist es", sagt der Ankömmling und springt vom Pferd. „Ich habe eine wichtige Botschaft vom Hochwürdigsten Herrn Bischof an die Gräfin Bertha von Buchhorn; ich darf sie nur ihr persönlich vortragen. Die Meisterin des Frauenklosters und der Ortspfarrer sollen auch anwesend sein! Ich bitte, mich anzumelden und vorzulassen!"

Die beiden Buben stürmen im Wettlauf davon, um den Fremden zu melden. Als sie der Gräfin einen Boten des Bischofs ankündigen, vermutet diese sofort einen Zusammenhang mit dem Ehegerichtsverfahren und schrickt zusammen. Doch als die Buben hinzufügen, daß auch die Leiterin des Klosters und der Pfarrer zugegen sein sollen, hellt sich Berthas traurige Miene auf. Sollte der Bote die lang ersehnte bischöfliche Bestätigung ihrer Klostergründung mitbringen? Sie wartet sehnlich darauf, denn nur mit der Anerkennung durch den Bischof hat das Kloster Aussicht, den Tod der Stifterin zu überdauern – und sie ist nicht mehr die Jüngste. Mit ihren etwa 60 Jahren ist sie dem Lebensende sicher nicht mehr fern; unter ihren Zeitgenossen gibt es nur wenige, die älter werden.

Rasch läßt Bertha die Vorsteherin des Klosters und den am Grafenhof wohnenden Pfarrer von Buchhorn herbeiholen. Als der Bote eingelassen wird und sich vor der Gräfin verbeugt, fragt sie neugierig: „Bringt Ihr uns gute Nachricht, so kurz vor Weihnachten?“ An der ernsten Miene des Gefragten erkennt sie aber sofort, daß sie sich falsche Hoffnungen gemacht hat. Der Bote schüttelt den Kopf und fragt sogar vorsichtig, ob sie Kraft genug hat, jetzt gemeinsam mit der Meisterin und dem Pfarrer eine schlimme Nachricht entgegenzunehmen. Die Gräfin wird blaß. Was kann zum Kloster denn vom Bischof Schlimmes kommen?, überlegt sie kurz. Will er meine Stiftung ablehnen? Welche Gründe sollte er dafür haben?

Dann nimmt sie alle Kraft zusammen; sie hat schon viel durchgelitten und will auch heute dem Unglück ins Auge sehen. Auf ihren Wink hin bringt Ortolf drei Lehnstühle herbei. Die Gräfin setzt sich zuerst, der Hofmeister tritt an ihre Seite. Dann fordert Bertha die Meisterin und den Priester auf, Platz zu nehmen. Rupert und Ortolf halten sich im Hintergrund und werden so ebenfalls Zeugen der bischöflichen Botschaft.

„Nun denn, in Gottes Namen! Walte deines Amtes!“, sagt die Gräfin zu dem Boten. Dieser verbeugt sich erneut vor der Gräfin, dann vor der Meisterin und dem Pfarrer. Anschließend zieht er ein Pergament aus der umgehängten Tasche und beginnt zu lesen; jedes Wort wirkt wie ein Hammerschlag: „Gebhard, von Gottes Gnaden päpstlicher Legat in Deutschland und Bischof von Konstanz, an Bertha Gräfin von Buchhorn, an die Meisterin des neu gestifteten, noch nicht bestätigten Frauenklosters Buchhorn und an den Pfarrer von St. Andreas in Buchhorn. Wie jedermann weiß, läßt sich Gott nicht herausfordern; schwere Sünden wird er hart bestrafen. Es ist offenkundig, daß sich Graf Otto der Junge von Buchhorn großer Vergehen schuldig gemacht hat. Durch frevelhafte, den Geboten der heiligen Kirche widersprechende Handlungen hat er die Gemeinschaft der Glaubenden wiederholt und in schlimmer Weise beleidigt. Es war daher unsere Pflicht, ihn durch den Ausschluß vom Abendmahl an sein sündhaftes Tun zu erinnern und zur schleunigen Umkehr und Buße aufzufordern. Doch der übermütige und schamlose Sünder hat unsere Ermahnungen mißachtet und sein böses Handeln fortgesetzt. Gott hat ihn für den gezeigten Starrsinn mit einem gewaltsamen Tod bestraft. Nachdem der Graf es mutwillig versäumt hat, sich zu Lebzeiten vom Bann der heiligen Kirche zu lösen, ist er der ewigen Verdammnis heimgefallen.“

Der Bote macht eine Pause und blickt in die schreckensbleichen Gesichter der Versammelten. Dann fährt er mit erhobener Stimme fort: „Wie allgemein und jedem unserer Priester – auch dir, Pfarrer Konrad von Buchhorn ! – bekannt ist, dürfen Leute, die im Fluch der heiligen Kirche gestorben sind, nicht in geweihter Erde beigesetzt werden. Ihr drei aber, Gräfin Bertha, Meisterin und Pfarrer von Buchhorn, ihr habt dieses alte und klare kirchliche Gebot sträflich mißachtet. Ihr habt es sogar gewagt, den Verdammten in eurer Klosterkirche, also im Angesicht unseres Herrn und Heilands, zu begraben! Euer Ungehorsam betrübt mich aufs tiefste und ich erwarte dich, Pfarrer Konrad, und dich, Meisterin Ita, bald zum Empfang der verdienten Buße in Konstanz. Dir aber, Gräfin Bertha, trage ich schon heute die notwendige Buße auf: Binnen zwei Tagen hast du dafür zu sorgen, daß dein Sohn aus seinem unverdienten Grab herausgeholt und in ungeweihter Erde – außerhalb des Buchhorner Friedhofs – bestattet wird. Nur so kannst du meinen gerechten Zorn wieder von dir abwenden! Mein Bote hat den Auftrag, zwei Tage in deinem Hof zu verweilen und mir dann den Vollzug zu melden!"

Als der Bote geendet hat, ist es im Saal zunächst totenstill. Erst nach einer Weile will die Gräfin zu einer heftigen Entgegnung aufspringen. Doch der Hofmeister hält sie sanft zurück; sie könnte die Lage nur noch verschlimmern. Bertha sinkt stumm in den Stuhl zurück und vergräbt ihr Gesicht in den Händen. Nun gibt der Hofmeister dem Boten das Zeichen zum Abtreten.

In der Abenddämmerung des folgenden Tages klingen dumpfe Schläge aus der Klosterkirche. Einige Diener sind dabei, den schrecklichen Auftrag des Bischofs auszuführen; eine Mißachtung seiner Anweisung würde böse Folgen für die Gräfin, den Pfarrer und das Frauenkloster nach sich ziehen. Bertha hat entschieden, den schweren Auftrag nicht zur belebten Tageszeit hinter sich zu bringen; ein Zusammenströmen neugieriger Zuschauer soll vermieden werden.

Zuerst müssen die Arbeiter die schwere Sandsteinplatte, mit der Ottos Grab abgedeckt ist, entfernen. Dann schaufeln sie den aufgefüllten Boden weg, bis der Eichensarg zum Vorschein kommt. Verwesungsgeruch steigt auf. Nach einer Stunde ist der Sarg ganz freigelegt. Inzwischen ist die Nacht hereingebrochen; der flackernde Schein von Fackeln und Kerzen erhellt das Geschehen nur noch schwach. Der Sarg wird aus dem Grab gehoben, auf dem steinernen Chorboden abgestellt und gereinigt. Dann ziehen die Diener einen kleinen, mit schwarzem Tuch bedeckten Wagen in den Chorraum und heben den Sarg hinauf; hier soll er in der Nacht verbleiben.

Zur Nacht- und Totenwache sind einige der nächstgelegenen Lehensleute des Grafen angefordert worden, darunter die Dienstmannen von Ailingen, Hirschlatt und Hefigkofen. Auch Ruperts Vater, der Edle von Teuringen, ist erschienen. Die vier Freunde haben vom Hofmeister die Erlaubnis erhalten, sich abwechselnd an der Nachtwache zu beteiligen. Auch die Nonnen wollen mit einer durchbeteten Nacht für das Seelenheil des Grafen eintreten, denn es ist nicht verboten, für lebende oder verstorbene Sünder zu beten. Sie versprechen auch, das jährliche Bittgedenken für den jungen Herrn an seinem Todestag in alle Zukunft beizubehalten.

Im Morgengrauen wird der Wagen mit dem Sarg an eine von Bertha ausgesuchte Stelle im Burggarten gefahren; dort ist am Vorabend bereits ein neues Grab im halb gefrorenen Boden ausgehoben worden. Außer den Mitgliedern der Nachtwache und dem Boten des Bischofs sind nur wenige Zeugen zugegegen. Pfarrer Konrad kann sich nicht beteiligen, denn der Eindruck einer zweiten kirchlichen Beerdigung darf auf keinen Fall erweckt werden. Bertha nimmt stumm an der schlichten neuen Beisetzung in ungeweihter Erde teil; ein dichter Schleier verdeckt ihren großen Schmerz.

Die tiefe Erniedrigung des Toten spricht sich wie ein Lauffeuer im Land herum. Nun gibt es für alle, die auf Teile des Buchhorner Erbes und Besitzes geschielt haben, kein Halten mehr. Neid und Mißgunst gegen die zuvor so erfolgreichen Grafen von Buchhorn brechen offen durch; gehässige Leute verbreiten sogar das Gerücht, Graf Otto habe sein zweites Grab auf dem „Schindanger" erhalten, wo verendete Pferde, Esel und andere Haustiere verscharrt werden. „Ein Eselsgrab hat er erhalten!", wird am Pfullendorfer Grafenhof triumphierend erzählt. Jetzt kann man die Freunde der Buchhorner bald an einer Hand abzählen.

Die Grafen von Bregenz und Pfullendorf sowie die Beauftragten Welfs IV. aus Altdorf und Ravensburg – allesamt auf der Seite des Papstes – verteilen das Erbe, ohne noch lange mit Bertha zu verhandeln. Im gegenseitigen Wettlauf nehmen sie die bisherigen Buchhorner Lehensleute in ihre Pflicht. Widerstrebende Ritter werden mit Drohungen gefügig gemacht. Andere Lehensleute empfinden den Treueschwur für die Buchhorner Grafenfamilie, die ohnehin bald aussterben wird, nun selbst als lästig. Sie gehen – was für Bertha besonders bitter ist – freiwillig, ja mit „fliegenden Fahnen" zu den neuen Herren über. Sie versprechen sich von den mächtigen Nachbarn für die Zukunft mehr Vorteile als von der schwach gewordenen Gräfin. Nur mit Mühe gelingt es Bertha, für ihre Tochter und den Schwiegersohn in Kirchberg noch einen Teil des Erbes zu sichern. So kann der Graf von Kirchberg wenigstens Graf im Linzgau, Argengau und Alpgau werden, doch der eigentliche Familienbesitz – die Dörfer, Höfe und Dienstmannen – geht ihm verloren. Das meiste fällt an Herzog Welf IV.; die Bregenzer und Pfullendorfer müssen sich mit kleineren Anteilen zufriedengeben. 20 Jahre lang flackern immer wieder Kämpfe um das Erbe auf, doch sie ändern nicht mehr viel an der Umverteilung.

Nur was dem jungen Frauenkloster überschrieben ist, wagt niemand anzutasten; an Kirchengut will sich keiner offen vergreifen. Die Güter des Klosters liegen verstreut in Graubünden, Vorarlberg, im Raum Buchhorn, bei Dillingen, Herrenberg und Nagold. Dieser kleine Rest zeugt noch lange vom einst weit gespannten Besitztum der Grafen von Buchhorn. Gegen Berthas Willen übernimmt Welf jedoch die Schutzvogtei über das Frauenkloster. So kann er später dafür sorgen, daß seinem eigenen Hauskloster Weingarten in Buchhorn keine ernsthafte Gefahr erwächst; er wird veranlassen, daß das Frauenkloster der Aufsicht der Weingartner Mönche unterstellt und dadurch immer unbedeutend bleiben wird.

Nur wenige treue Diener bleiben am Buchhorner Grafenhof zurück. Dazu zählen der Hofmeister und die vier Freunde, die ihre einsam gewordene Herrin nicht im Stich lassen wollen. Für Werner, Konrad und Ortolf ist es jedoch ein Verbleiben auf Abruf; wenn der neue Herr ihrer Familie sie anfordert, müssen sie ihm unverweilt Folge leisten. Konrads Dienstmannenfamilie von Eichstegen ist welfisch geworden, ebenso Ortolfs Familie in Rammetshofen. Werners Ailinger Familie untersteht nun dem Grafen von Pfullendorf. Nur Rupert kann als Sohn der edelfreien Familie von Teuringen seinen Dienstherrn frei auswählen. Das in Buchhorn Erlebte hat ihn jedoch so erschüttert, daß er mit dem Gedanken spielt, das Herrenleben aufzugeben und ins Kloster Petershausen bei Konstanz einzutreten.

Es dauert nur wenige Jahre, bis die von Trauer gebeugte Bertha stirbt. Die Nonnen des Buchhorner Klosters bereiten ihrer Stifterin ein würdevolles Begräbnis; sie werden fortan jährlich am 31. Januar ihres Todes gedenken und für sie beten. Herzog Welf IV. wartet als neuer Schutzvogt nicht lange, bis er seine alten Pläne in die Tat umsetzt. Bereits im Jahr 1101 verschenkt er das Frauenkloster mit allen Rechten und allem Besitz an das Männerkloster Weingarten. Nun hat nicht mehr die Meisterin, sondern der Abt von Weingarten das letzte Wort, wenn es um innere Angelegenheiten des Klosters und um die Regelung von Besitzfragen geht. Damit die Klosterfrauen am kurzen Zügel gehalten werden können, wird später ein Weingartner Mönch als Propst nach Buchhorn gesandt.

Nach lange ertragener Unterordnung versuchen spätere Nonnen am Beginn des 15. Jahrhunderts, die Abhängigkeit von Weingarten zu lockern. Die Antwort des Männerklosters ist hart: Mit Hilfe des Konstanzer Bischofs werden die Weingartner Rechte 1419 wiederhergestellt; die Klosterfrauen müssen sich gleichzeitig verpflichten, keine jungen Schwestern mehr aufzunehmen. So ist es nur noch eine Frage der Zeit, bis das Kloster ausgestorben ist; übrig bleibt am Schluß nur der weingartische Propst von Hofen.

Abb. 6: Blick von Westen auf das Kloster Hofen, vor der Zerstörung durch die Schweden 1634; vorne die Wirtschaftsgebäude, in der Mitte das vierflügelige ehemalige Frauenkloster mit Kirche (Neubau von 1215); rechts daneben das große Steinhaus, die ehemalige Burg; dahinter die Pfarrkirche St.Andreas (Aquarell von P. Gabriel Bucelin).

Buchhorn wird Reichsstadt

Der Landvogt überbringt eine bedeutsame Urkunde

Ganz Buchhorn ist auf dem Marktplatz versammelt. Alle tragen ihre besten und schönsten Gewänder: die rund 70 Bürger, ihre Frauen und Kinder. Die Männer haben den Brustharnisch und die Waffen angelegt, denn das gehört zu ihrer Festtagskleidung. Nur die Torwächter sind nicht dabei; sie müssen auch an Festtagen ihren Wachdienst verrichten.

Gleich wird es von der Pfarrkirche St. Andreas, die in Hofen drüben beim Frauenkloster liegt, zu Mittag läuten. Dann soll, so hat es ein berittener Bote angekündigt, die Abordnung zurückkommen, welche die Bürger zum König nach Konstanz geschickt haben. Der gestrenge königliche Landvogt wird sie begleiten. Es gibt demnach Wichtiges zu verkünden! Viele fragen sich nun, wie die Vorsprache beim König wohl ausgegangen ist. Der Bote sagte nur, daß alle in Festkleidung warten sollen. Für den Landvogt müsse ein Festmahl vorbereitet werden.

Fünf von den zwölf Ratsherren haben den Buchhorner Stadtammann nach Konstanz begleitet. Die Ratsherren sind aus der Bürgerschaft gewählt, der Stadtammann dagegen ist ein königlicher Amtsträger. Er ist deshalb vom Landvogt im Auftrag des Königs in sein Amt eingesetzt worden. Er entstammt einer angesehenen staufischen Dienstmannenfamilie.

König Rudolf von Habsburg weilt für ein paar Tage am Bodensee und hat in Konstanz beim Bischof Quartier bezogen. Der Landvogt von Oberschwaben und die königlichen Ammänner aus den Städten rund um den See müssen ihm Bericht erstatten. Die Buchhorner Bürger haben die Gelegenheit beim Schopf ergriffen und gleich eine ganze Ratsabordnung zum König geschickt, die ihm verschiedene Sorgen vortragen soll, denn vieles ist ungewiß in der weiteren Entwicklung der Stadt.

Jene Ratsherren, die in Buchhorn zurückgeblieben sind, begeben sich nun zum Untertor, um die Heimkehrer und vor allem den hohen Herrn Landvogt mit seinem Gefolge zu erwarten. Auf der Landstraße, die von Hofen herüberführt, ist noch nichts zu sehen. So nutzen die Wartenden die Gelegenheit zu einem Plausch.

„Gottfroh müssen wir sein", meint Heinrich Salman, „daß wir wieder einen König in Deutschland haben! Die letzten zwanzig Jahre waren eine schreckliche Zeit. Sie begann, als der große Staufenkaiser Friedrich II. und bald darauf sein Sohn Konrad starben. Der Enkel Konradin war noch zu jung, um Nachfolger zu werden, und die deutschen Fürsten wählten zuletzt gar einen Engländer und einen Spanier zu Königen. Diese beiden haben sich nie bei uns sehen lassen!" – „Sie taten es nur", fällt Konrad Wagen ein, „um das erlauchte Haus der Hohenstaufen vom angestammten Thron zu verdrängen. Sie wollten keinen Herrn mehr über sich haben und selber so mächtig sein wie vordem unsere Könige und Kaiser!" – „Der Kampf um die Macht hat aber schon unter Kaiser Friedrich begonnen. Erinnere dich nur an die Feldzüge, an denen unser seliger Vater vor vierzig Jahren teilgenommen hat", gibt Konrads Bruder Philipp zu bedenken.

„Gerade wir Buchhorner verdanken den Staufern sehr viel!", läßt sich Konrad Mutzili vernehmen. „Von den Grafen von Buchhorn ist das Dorf Alt-Buchhorn drüben mit dem Kloster" – er zeigt in Richtung Hofen – „an die Welfen auf der Ravensburg gefallen, und die haben es vor knapp hundert Jahren den Staufern weitervererbt. Auf staufischem Besitz ist unsere neue Siedlung von Fischern, Schiffsleuten, Händlern und Handwerkern entstanden. Unsere Vorfahren haben den Namen Buchhorn von der alten Siedlung übernommen, die man jetzt immer öfter ‚Hofen' nennen hört. Und war es nicht der verewigte Kaiser Friedrich II., der dieser neuen Siedlung vor rund 60 Jahren das Marktrecht und bald darauf das Stadtrecht verliehen hat? Das Recht zur Abhaltung des Wochenmarkts hat unserem neuen Buchhorn großen Auftrieb gegeben. Nun kommen die Bauern aus Alt-Buchhorn, aus Jettenhausen, Waggershausen, Schnetzenhausen, Fischbach, Ailingen und von weiter her, um bei uns Woche für Woche ihre Erzeugnisse zu verkaufen. Auch der übrige Handel hat seither ständig zugenommen. Es sind viele Steuern und Abgaben zusammengekommen. Als wir das Stadtrecht bekamen, hat das Geld sogar ausgereicht, um einen Mauerring um unser Städtlein zu ziehen! Seht doch nur das wehrhafte Tor an, vor dem wir eben stehen!" – „Im Schutz der Mauern werden wir am Handel noch viel verdienen, denn keine Stadt am Bodensee liegt so vorteilhaft wie die unsrige. Wir haben die besten und kürzesten Wege über den See in alle Richtungen!", meint nun Heinrich Muris, der Sohn des Stadtammanns.

„Die Staufer waren mächtige Herren", beginnt Konrad Wagen wieder, „Deutschland, Italien, Sizilien haben sie regiert. Auf ihre schwäbische Heimat sind sie aber immer stolz gewesen. Herzöge von Schwaben sind sie gewesen, bevor sie die Königskrone erhielten, und sind es geblieben, bis der blutjunge Herzog Konradin vor sieben Jahren in Italien sterben mußte. Hier, vor unseren Toren, hat er sein Heer zum Zug nach Italien gesammelt, der ihm den Tod bringen sollte." – „Es war für Schwaben und seine Städte ein großer Vorteil, daß die Herzöge in den letzten 80 Jahren zugleich deutsche Könige waren! Wir unterstanden deshalb direkt dem König und seinen Verwaltern, kein Fürst konnte uns bevormunden!", fügt Heinrich Salman hinzu. – „Am Schluß, nach dem Tod des Königs Konrad im Jahr 1254, war es aber anders", korrigiert Hermann Löser. „Da hatten wir wieder einen Herzog, das Kind Konradin, über uns. Der war nicht mehr deutscher König!" – „Das könnte jetzt wieder so werden. Wer weiß, ob wir nicht bald einem neuen Herzog huldigen müssen! König Rudolf ist noch keine zwei Jahre im Amt, hat aber schon energisch aufgeräumt in den deutschen Landen. Im letzten Jahr hat er in Schwaben zwei mächtige Grafen als Landvögte eingesetzt, am Neckar seinen eigenen Schwager Graf Albrecht von Hohenberg als Landvogt von Niederschwaben und auf der Ravensburg unseren Nachbarn Graf Hugo von Werdenberg-Heiligenberg als Landvogt von Oberschwaben. Die sind nun seine Vertreter. Sie sprechen Recht in seinem Namen. Er hat sie beauftragt, allen Besitz und alle Rechte zurückzufordern, die dem Reich und dem Herzogtum in der herrscherlosen Zeit entfremdet worden sind! Wie man hört, hat er die Absicht, das Herzogtum Schwaben wieder aufzurichten und es einem seiner Söhne zu verleihen! Dann unterstehen wir Buchhorner fortan wieder einem Herzog von Schwaben!" Ulrich Brügel hat dies gesagt. Er sieht immer besorgt in die Zukunft.

„Ich glaube, es wird anders kommen", wendet nun Heinrich Muris ein. Durch seinen Vater, den Stadtammann, weiß er meist mehr als die anderen Bürger. „Der König ist zwar energisch und an einer Wiederherstellung aller früheren Königs- und Herzogsrechte interessiert. Aber er weiß seine Grenzen einzuschätzen. Die Fürsten werden sich nicht mehr alles abnehmen lassen, was sie sich in der herrscherlosen Zeit angeeignet haben. König Rudolf wird Zugeständnisse machen müssen. Er baut aber auf die Städte. Wenn er die Städte stärkt, werden sie ihm zu einer wichtigen Stütze gegen die Fürsten. Schon in den ersten Monaten nach seiner Wahl, im April des letzten Jahres, hat er die mächtige Stadt Ulm als ‚Reichsstadt' anerkannt. Gleiches ist im vergangenen Dezember mit Lindau geschehen. Im Stadtrat haben wir in den letzten Wochen beschlossen, das gleiche Ziel anzustreben; deshalb hat mein Vater ja einige Ratsfreunde mit nach Konstanz genommen. Auch die Überlinger wollen es diesmal beim König versuchen! Falls das Herzogtum Schwaben unter einem Habsburger wieder auflebt, dann werden die vornehmsten Städte des Landes nicht mehr der Gewalt des Herzogs unterstehen!"

Während die Ratsherren so sprechen, sind ein paar Lausbuben auf die Stadtmauer geklettert. Plötzlich hört man ihren Ruf: „Sie kommen! Sie kommen!" Tatsächlich: eine Staubwolke verrät die von Hofen heranreitende Schar. Jetzt lassen sich die Bürger nicht mehr auf dem Marktplatz halten. Alles drängt zum Untertor. Der Stadtknecht versucht aufgeregt Ordnung in die Menge zu bringen. Schweißgebadet scheucht er die neugierigen Kinder hinter die Röcke ihrer Mütter und schiebt die Älteren unsanft beiseite, bis schließlich eine Gasse vom Tor bis zum Marktplatz gebildet ist. Ja, der Stadtknecht hat es an so einem Tag nicht leicht!

Da sind die zehn Reiter auch schon am Tor angelangt und werden von den wartenden Ratsherren freudig begrüßt. Durch das Spalier erwartungsvoll dreinschauender Menschen gelangen sie zum Marktplatz.

Stadtammann Hermann Muris hält eine kurze Ansprache. Er sagt, daß er mit seinen Begleitern den Auftrag der Bürger beim König ausgeführt hat. „Wir haben den Wunsch der Bürgerschaft vorgetragen, in Zukunft dem König unmittelbar unterstellt zu bleiben. König Rudolf ist sehr huldvoll gewesen und hat das mitgebrachte ansehnliche Geldgeschenk dankend angenommen. Er hat uns mehr bewilligt, als wir hoffen und erwarten konnten. Aber", so schließt der Ammann, „es steht unserem Herrn Landvogt zu, die frohe Nachricht zu verkünden!"

Nun tritt der kostbar gekleidete Graf von Werdenberg, des Königs Landvogt in Oberschwaben, vor. Er entbietet allen Bürgern von Buchhorn die Huld des Königs und fährt dann fort: „Weil das Geschlecht der früheren Stadtherren, der Staufer, erloschen ist, untersteht die Stadt Buchhorn von nun an und für immer direkt dem König und dem Reich! Unser erhabener König hat Buchhorn gestern mit Brief und Siegel zur freien ‚Reichsstadt' erhoben!"

Ein unbeschreiblicher Jubel bricht los. Die Menschen fallen sich in die Arme, die Jungen hüpfen vor Freude, die Männer schlagen mit den Schwertern an ihren Brustharnisch, daß es nur so klirrt. Schließlich stimmen sie alle ein in das Hoch auf den König, das der Stadtammann anstimmt.

Nach einer Weile sorgt der Ammann für Ruhe. Dann gibt der Landvogt seinem Schreiber einen Wink. Dieser nimmt ein Pergamentblatt aus der mitgebrachten Rolle, räuspert sich und beginnt zu lesen:

„Rudolphus dei gratia Romanorum rex semper augustus universis Romani imperii fidelibus praesentem paginam inspecturis gratiam suam et omne bonum . . ."

Die Buchhorner stehen da und machen dumme Gesichter, denn alles ist in lateinischer Sprache abgefaßt. Das sind sie jedoch von ihren Güterverkäufen her schon gewöhnt: Urkunden werden immer in dieser Sprache niedergeschrieben. So warten sie geduldig, bis der Schreiber geendet hat und der Stadtammann den Text auf deutsch wiederholen darf. Jeder Bürger soll die neuen Rechte der Stadt kennen. Stadtammann Muris liest laut und feierlich vor:

„Rudolf von Gottes Gnaden König der Römer, allzeit Mehrer des Reiches, entbietet allen Getreuen des Römischen Reiches, die diese Urkunde lesen, seine Huld und alles Gute. Unsere Hoheit betrachtet es als angemessen, den Wünschen und Bitten derjenigen entgegenzukommen, die Uns und dem Heiligen Römischen Reich gleichsam wie Glieder mit dem Haupt unauflöslich verbunden sind.

In Würdigung der Verdienste unserer geliebten getreuen Bürger von Buchhorn, die unsere Huld verdient haben und verdienen, gewähren wir ihnen aus königlicher Freigebigkeit folgende Privilegien:

Erstens wollen und verordnen wir, daß als Recht beachtet wird, daß kein Bürger der erwähnten Stadt, sei es Mann oder Frau, ein Erbe antrete oder ein Erbteil bekomme, wenn er nicht der nächste Erbe ist und von dem Toten direkt abstammt.
Zweitens, daß niemand die Güter des Toten als Todfall sich aneignen darf.
Drittens, daß kein Bürger von Buchhorn außerhalb der Stadt vor Gericht gestellt wird, außer es handle sich um eine geistliche Angelegenheit, über die einem Geistlichen das Urteil zusteht.
Viertens, daß kein Bürger von einer auswärtigen Person in die Acht erklärt werden kann.
Ebenso wollen und ordnen wir an, daß jede Person, die Güter im Herrschaftsgebiet der Stadt Buchhorn besitzt, zusammen mit den Buchhorner Bürgern steuert und entsprechend ihrem Besitz Dienste leistet.
Ferner ordnen wir an und wollen als Recht beachtet wissen, daß, wenn ein Buchhorner Bürger in einer Rechtssache appelliert, er jene Appellation nach dem Recht und den Statuten der Stadt Überlingen verfolgt, und das Urteil der Überlinger Bürger von beiden Seiten beachtet wird.
Außerdem wollen wir, daß die Stadt und die Bürger von Buchhorn alle Rechte und Privilegien, die unsere Vorgänger verliehen haben, jetzt und hinfort behalten sollen.

Schließlich gewähren wir als besondere Gnade den oft erwähnten Bürgern, daß sie Güter von ihren Schuldnern, die außerhalb der Stadt wohnen, als Pfand für ihre Schulden beschlagnahmen dürfen, wozu sie jedoch die Erlaubnis des Ammanns oder Richters benötigen.
Zur Bezeugung dessen haben wir dieser Urkunde unser Majestätssiegel anhängen lassen.
Gegeben zu Konstanz am 30. Juni, im Jahre des Herrn 1275, im 2. Jahr unserer Herrschaft."

Kaum hat der Ammann geendet, bricht der Jubel von neuem los. Muris verschafft sich noch einmal Gehör und erzählt: „Die Überlinger haben gestern eine ganz ähnliche Urkunde vom König erhalten, nur mit dem Unterschied, daß die Überlinger, wenn Urteile ihres Stadtgerichts angefochten werden, bei der Stadt Freiburg Recht suchen müssen. Weil Überlingen nun eine Art Mutterstadt für Buchhorn geworden ist, haben wir nach der Verabschiedung beim König zuerst die Abordnung aus Überlingen nach Hause begleitet. Heute vormittag durften wir dann an der feierlichen Verlesung der königlichen Urkunde in Überlingen als Ehrengäste teilnehmen. Das ist der Grund, warum wir erst mittags heimgekommen sind!"

Nach diesen Worten lädt der Stadtammann den Landvogt und seine Begleiter zum vorbereiteten Festmahl, an dem auch alle zwölf Ratsherren teilnehmen werden. Die Versammlung löst sich auf. Die Frauen und Kinder gehen nach Hause. Die Männer aber wollen den Tag ordentlich feiern und begeben sich in die Wirtschaften.

Der Stadtknecht drängt sich in eine enge Gaststube, wo über die neuen Rechte eifrig gesprochen wird. Nicht alle haben die vorgelesenen Bestimmungen ganz verstanden. Kaum hat sich der Stadtknecht zwischen den Hufschmied und einen Fischer gezwängt, da fragt ihn schon einer: „Sag bloß, stimmt das wirklich, daß wir vor kein anderes Gericht mehr gehen müssen als vor unseren Stadtrat, wenn jemand uns verklagen will?" Der Stadtknecht, der heute noch gescheiter tut als sonst, antwortet: „Ja, so ist es. Unser Stadtrat ist zugleich unser Stadtgericht, und der Herr Stadtammann führt wie bisher den Vorsitz. Kein anderer Richter kann uns in Zukunft etwas anhaben, nicht einmal in die Acht darf man uns vor anderen Gerichten erklären lassen. Nur wenn jemand meint, unser Stadtgericht habe unrecht geurteilt, dann hat der Stadtrat von Überlingen das letzte Wort!"

„Darf unser Stadtrat jetzt auch Todesurteile fällen?", fragt ein anderer. „Jawohl, aber er darf sie nicht vollstrecken. Das bleibt Aufgabe des Landvogts!" – „Und wie war das mit dem Erben?", will ein dritter Bürger wissen. „Da hat uns der König eine große Gunst erwiesen!", erwidert der Stadtknecht. „Ihr wißt ja, daß nicht alle unter uns freie Leute sind. Viele von uns sind auf den Dörfern draußen als Eigenleute eines Adligen oder Klosters geboren. Vor ihrer Niederlassung in der Stadt haben sie versäumt, ihre Herren um die Freilassung zu bitten. Deshalb war es bis jetzt Brauch, daß nach ihrem Tod die Eigenherren kamen und einen guten Teil des Erbes an sich nahmen. Das war ihr gutes altes Recht. Denkt euch nur: Das hat der König in seiner Urkunde nun verboten; ich habe es genau gehört! Der Abt von Weingarten, die Pröpste von Hofen und Weißenau, ja sogar unser Herr Landvogt als Graf von Heiligenberg werden bald spüren, wieviel Einkommen ihnen dadurch in Zukunft verlorengeht! Nur wenigen Städten ist bisher diese große Gnade erwiesen worden!"

Hans, der für die Buchhorner das Vieh auf die Weide treibt und sich sonst nie für Politik interessiert, will nun wissen: „Sagt einmal, wenn wir jetzt eine Reichsstadt sind, werden wir dann reicher? Erhalte ich dann mehr Lohn für meine Arbeit?" – Alle lachen über die Einfalt des Gemeindehirten. Der Schmied klärt ihn auf: „Reicher werden wir wohl nicht. Steuern müssen wir dem Landvogt als Vertreter des Königs auch weiterhin bezahlen. Wir sind eine Reichsstadt, weil wir nun für immer dem König und dem Reich unmittelbar unterstehen." – „So dumm ist die Frage von Hans gar nicht", mischt sich ein angesehener Bürger ein, der als königlicher Zolleinnehmer bestellt ist. „Kein Fürst und kein Graf steht künftig als Stadtherr zwischen uns und dem Reich. Ihr wißt nur zu gut, wie groß der Geldbedarf der adligen Herren ist, die ein standesgemäßes Leben führen wollen. Als Reichsstadt werden wir bestimmt weniger mit Abgaben belastet. Deshalb dürfen wir auf ein baldiges Wachstum unseres Wohlstands hoffen!"

So sitzen die Buchhorner an diesem Tag noch lange zusammen und reden sich die Köpfe heiß.

Abb. 7: Lastschiff auf dem Bodensee; auf den Fässern Handelszeichen verschiedener Kaufleute, auf dem Segel das Wappen der Stadt Lindau; gemalt 1607.

Und wie ist es ihnen später ergangen? Sind sie wirklich reicher geworden? Konnten sie die günstige Lage am See in klingende Münze umsetzen?

Die Stadt mußte gegen die Konkurrenz der älteren Nachbarstädte hart ankämpfen. Ulm, Ravensburg, Konstanz, Überlingen und Lindau waren längst wirtschaftliche Mittelpunkte. Aber die Buchhorner schlugen sich wacker und verdienten nicht schlecht am Handel über den See. Das sah auch der Landvogt in Ravensburg, Graf Hugo von Werdenberg. Weil König Rudolf ihm Geld schuldete, erreichte Graf Hugo eines Tages – es war um das Jahr 1290 –, daß der König ihm die Stadt Buchhorn mit ihren Steuern verpfändete. Das wurde den Buchhornern zum Verhängnis, denn der Graf hatte viele Feinde, darunter den Bischof von Konstanz und den Abt von St. Gallen. Als König Rudolf im Sommer 1291 starb, blieb das Reich fast ein Jahr lang ohne Oberhaupt, denn ein Nachfolger wurde erst im Mai 1292 gewählt. In der Zwischenzeit rüsteten Konstanz und St. Gallen zum Kriegszug gegen Graf Hugo und überfielen am 11. November 1291 das unschuldige Städtlein Buchhorn, nur weil es an den Grafen verpfändet war. Sie erbeuteten viel Korn und Wein und zerstörten die Stadt. Der Schaden war unermeßlich und ließ sich nie mehr aufholen. Zu allem Übel hin wurde Buchhorn noch mehrmals – 1305, 1363 und 1401 – von Großbränden heimgesucht, die das meiste vernichteten, was die Bürger mühsam wieder aufgebaut hatten.

Die Ravensburger, Lindauer, Überlinger und Konstanzer wurden dagegen immer reicher und konnten nach und nach umliegende Dörfer erwerben und ihrem Herrschaftsgebiet einverleiben. Die Ravensburger überflügelten mit der Zeit sogar alle Nachbarstädte. Sie waren Herren über zahlreiche Orte, wo die Leute fleißig hinter ihren Webstühlen saßen und feines Leinen woben. Ihre Handelsherren verkauften die begehrten Webstoffe in viele Städte und Länder.

Buchhorn dagegen blieb nach den vielen Rückschlägen ein unbedeutendes Kleinstädtchen. Es hatte den Anschluß an den großen Aufschwung verpaßt. Da war es nur ein schwacher Trost, daß um 1400 ein von den Bürgern gewählter „Bürgermeister“ Stadtoberhaupt wurde und der königliche Stadtammann als Vorsitzender des Stadtgerichts nur noch die zweite Rolle spielte. Ähnlich war es mit dem „Blutbann“, den die Buchhorner ab 1401 für ein paar Jahre und endgültig ab 1437 verliehen bekamen. Das hieß, daß sie von da an Verbrecher selber hinrichten durften und dazu nicht mehr den Landvogt brauchten. Der Buchhorner Galgen stand dann jahrhundertelang am Südrand des Riedlewaldes.

Lange blieb das Gebiet der Reichsstadt Buchhorn auf die Stadtmarkung beschränkt. Erst im 15. Jahrhundert war in der Stadtkasse soviel Geld angespart, daß die Buchhorner vom Konstanzer Bischof die Herrschaft Baumgarten-Eriskirch mit allen Höfen und Häusern kaufen konnten. Nun hatten auch sie bäuerliche Untertanen wie die anderen Reichsstädte Oberschwabens.

Beat Obser rettet Buchhorn

Raubritter Hans von Rechberg will die Stadt überfallen – Wie sein Plan vereitelt wird

Dichter Nebel lag über dem Bodensee und der Stadt Buchhorn. In regelmäßigen Abständen ertönte das Nebelhorn, um den Fischern aus der Vorstadt nach ihrem frühen Morgenfang die Heimkehr zu erleichtern. Sie wohnten draußen vor dem „Türlitor" und konnten deshalb in aller Frühe ihre Arbeit aufnehmen. In der Fischerordnung von Buchhorn, die der Stadtrat 1429 beschlossen hatte, waren drei Schichten beim Fischfang vorgeschrieben: Wer um Mitternacht die Netze auswarf, mußte sie beim Tagblasen des Turmwächters einholen. Wer erst beim Tagblasen anfing, mußte nach dem morgendlichen Betläuten heimkehren, und wer erst beim Betläuten am Morgen hinausfuhr, mußte aufhören, wenn es zu Mittag läutete. Dann kamen zwölf Stunden Pause bis Mitternacht.

Beat Obser war kein Fischer. Er hatte von seinem Vater eine kleine Landwirtschaft geerbt. Wenn man ihn fragte, wie groß sein Gut sei, antwortete er: „Ein halber Roßbau". Er hatte also so wenig Äcker und Wiesen, daß er sich nur zusammen mit seinem Nachbarn ein Arbeitspferd leisten konnte.

Das Anwesen Obsers lag nahe beim Pulver- oder Diebsturm, in dem die Buchhorner ihr Schießpulver lagerten, aber auch ihre Diebe, Mörder und anderen Verbrecher einsperrten. Stall und Scheuer waren an die Stadtmauer gebaut. Sein schmales Wohnhaus stand ebenfalls ohne Abstand neben den Wohnungen seiner Nachbarn. Ja, es war eng in Buchhorns Mauern geworden, denn die Stadt besaß kein Geld, den Mauerring mit Graben und Befestigungsanlagen zu erweitern.

Beat Obser war an diesem Tag wie üblich mit dem Tagblasen des Nachtwächters aufgestanden. Es war am Felixentag, das ist der 14. Januar, und man schrieb das Jahr 1454. Im Sommer erklang das Tagblasen um die vierte Morgenstunde, im Winter erst um fünf Uhr. Draußen auf den Straßen und auch im Haus war alles noch dunkel. Obser wußte, wo seine Kleider lagen. Zum Anziehen brauchte er kein Licht. In der Küche brannte schon das Feuer auf dem Herd und gab einen hellen Schein. Unter dem großen offenen Kamin hing an der Kette ein schwerer kupferner Kessel, in dem seine Frau die Morgensuppe bereitete.

Da während der Wintermonate die Feldarbeit ruhte, hatte Obser Zeit, sich um das Brennholz zu kümmern. Wie jedem Buchhorner Bürger stand ihm das Recht zu, im Seewald vier Klafter Brennholz zu schlagen, und das war nicht wenig. Ein Klafter war nämlich ein großer Holzstapel – so breit wie die ausgestreckten Arme eines Mannes. Von seiner Mutter, die dem Hofener Geschlecht Geßler entstammte, hatte Obser sogar ein kleines Stück Wald im Riedle geerbt, und dort wollte er heute Holz holen gehen.

Als es dämmerte, ging Obser in den Hof, um das in der letzten Woche im Seewald geschlagene Holz zu zersägen und mit der Axt in kleine Scheite zu spalten. Gegen halb acht Uhr begab er sich zum Frühstück in die Küche. Er löffelte die Suppe aus der gemeinsamen Schüssel. Seine Frau und seine beiden Buben Gabriel und Hans waren noch mit der Stallarbeit beschäftigt. Hans sollte später die frische Milch in die Häuser einiger Bürger bringen. Es waren der Hufschmied, der Ledergerber, zwei Fischerfamilien, der Gewandschneider und die Witwe des Strumpfwirkers. Gabriel, sein Ältester, mußte um acht Uhr in der Schule sein. Seit einem Jahr wohnte in Buchhorn wieder ein Schulmeister. Der Rat der Stadt hatte allen Bürgern empfohlen, ihre Buben in die Schule zu schicken. Aber das mußte man bezahlen – deshalb konnte nur Gabriel gehen. Hans sollte ja Bauer werden, und wozu muß ein Bauer schreiben und lesen können? So dachten alle damals.

Beim Beginn des Betläutens zog Obser sich eine Jacke über. Er holte den Handkarren aus der Scheune und legte seine Axt hinein. Bevor er den Hof verließ, warf er rasch noch einen Blick in den Stall. Die Tiere waren alle gut versorgt. Beruhigt konnte er ins Holz gehen. Auf dem Weg zum Obertor betete er still den „Engel des Herrn“ vor sich hin.

Anscheinend war er heute der erste, der die Stadt verlassen wollte. Das Obertor war noch geschlossen. Der Rat der Stadt hatte die tägliche Öffnungszeit der Tore vom Betläuten am Morgen bis zum Betläuten am Abend festgelegt und schwere Strafen angedroht, wenn ein Tor außerhalb dieser Zeit offenstand. Nur ins Seetor gegen Eriskirch zu war ein kleines Nachttürchen eingelassen, durch welches der „Schließler“ bis neun Uhr abends noch Aus- und Einlaß gewähren durfte. Man nannte das Seetor in Buchhorn deshalb scherzhaft auch „Türlitor“. „Schließler“ waren angesehene Bürger, die dem Stadtrat angehörten und denen die Schlüssel zu den Stadttoren anvertraut waren. Sie wohnten in der Nähe der Tore und durften die Schlüssel nicht aus der Hand geben, nicht einmal den Torwächtern.

Der Schließler des Obertors, Hans Strobel, bog eben mit dem Torwart um die Ecke. „Wo willst denn du schon hin in aller Herrgottsfrüh' – bei diesem Nebel?“, fragte Strobel verwundert. Obser antwortete nur: „Hol Holz im Riedlewald.“ In der Frühe war er nie besonders gesprächig, und zudem hatte er es eilig. Morgen schon könnte es schneien, und er war mit seinem Brennholz noch arg im Rückstand.

Strobel schob nun den mächtigen Schlüssel ins Schloß. Zusammen mit dem Torwart öffnete er das Tor. Die beiden zogen die schweren eichenen Türflügel nach innen. Quietschend und knarrend drehten sie sich in den Angeln. Feuchter Dunst aus dem Stadtgraben und dem Feuerweiher vor der Grabenbrücke drang zum Tor herein.

Obser trat wortlos hinaus, unter der Brücke hallte es dumpf, als sein Karren darüberrumpelte. Im naßkalten Nebel schob Obser den Karren dem Riedlewald zu. Der Weg war zum Glück gefroren, so daß er rasch vorankam und nicht dauernd im Dreck versank wie sonst in der feuchten Jahreszeit.

Als er am Waldrand ankam, hielt er plötzlich inne. Was war das? Er lauschte gespannt. Hatte nicht eben ein Pferd gewiehert? Nichts Gutes ahnend drückte er

Abb. 8: Der Raubritter Hans von Rechberg und seine Leute am Rande des Riedlewaldes; ihr geplanter Überfall auf Buchhorn scheiterte an der Wachsamkeit des Bürgers Beat Obser (Entwurf für das Wandgemälde im Sitzungssaal des 1944 zerstörten Rathauses, von August Brandes, 1909). Die Abbildung enthält zwei historische Irrtümer: Der Name des Retters von Buchhorn wird im Text falsch angegeben, und die Buchhorner sind den schwer bewaffneten Raubrittern nicht entgegengezogen, sondern haben sich hinter den sicheren Stadtmauern verschanzt.

den Karren unter ein Gebüsch, sprang über einen Graben und lief, durch den Nebel geschützt, vorsichtig ein Stück in den Wald hinein.

Pferdegetrappel wurde immer deutlicher und kam näher. Endlich sah er aus dem Nebel eine große Zahl schwerbewaffneter Berittener und einiges Fußvolk auftauchen und einer nahen Waldlichtung zustreben.

„Die führen nichts Gutes im Schilde“, murmelte Obser, und jäh schoß es ihm durch den Kopf: „Das muß eine Bande von Raubrittern sein, von denen es seit Jahren im Lande wimmelt! O weh, armes Buchhorn!“

Die Raubritter waren seit langem eine arge Landplage. Am ärgsten trieb es in den letzten Jahren Hans von Rechberg, der zwischen Schwarzwald und Bodensee mit seinem Gefolge alle Straßen unsicher machte. Da und dort nahm er Geiseln, um

Lösegelder zu erpressen, und er überfiel einen Ort nach dem anderen, um ihn auszuplündern und nicht selten in Brand zu stecken. Meist traf es die wehrlosen Bauern auf dem Land, aber auch manch reicher Kaufmannszug ging dem Rechberger ins Netz. Die verbündeten Städte führten deshalb Krieg mit ihm und zerstörten einige seiner Raubnester. Sein Zorn und seine Wut wurden dadurch noch größer. Vor sechs Jahren hatte er sogar die Stadt Rheinfelden überrumpelt und ausgeplündert! Und es war noch keine anderthalb Jahre her, daß er einen Beutezug in die Buchhorner Gegend unternommen hatte. Von seinem Raubschloß Ruckburg bei Lindau aus hatte er nachts mit einem Trupp von Gefolgsleuten das Dörfchen Manzell überfallen und die Beute – Bettzeug, Hausrat und Kleider – samt dem Dorfwächter als Geisel zu Schiff davongefahren. Selbst dem Pfarrer, einem Chorherrn aus dem Kloster Weißenau, waren die Ordensgewänder abgenommen worden!

„Nein, das kann nicht der Rechberger sein“, dachte Obser erschrocken. „Der Bürgermeister hat wiederholt verkünden lassen, daß die Städte nach der Zerstörung der Ruckburg auf Geheiß des Kaisers mit dem Rechberg Frieden schließen werden, und die Buchhorner haben vom Rechberg doch keinen Fehdebrief erhalten, wie es sich für eine ordentliche Fehde zur Warnung des Gegners gehört!“

Nur wenige Schritte von Obser entfernt bewegte sich jetzt der Zug. Die Reiterschar schien ganz vergnügt zu sein. Da schrie einer von ihnen in die Menge: „Bis

Aufruhr in Eriskirch

Der Bischof bricht sein Versprechen – „Wir huldigen den Buchhornern nicht!“ – Vertrieben von Haus und Hof

„Daß du dich überhaupt noch hierher traust, du elender Kerl! Wegen dir und den anderen Starrköpfen hätten wir fast unser Haus und unseren Hof verloren!“ – „Das ist es ja gerade, du gottloser Lügner! Weil dein Vater und andere Halunken das Gelübde gebrochen haben, sind die Buchhorner mit uns fertig geworden. Sie haben uns von Haus und Hof vertrieben und mehr als 20 andere Familien dazu! Hätte ich das früher geahnt, dann hätte ich dich und die anderen Verräter rechtzeitig in die Schussen hinabgetunkt! Dann wäre der Kampf mit den Buchhornern nicht so schmählich ausgegangen!“ Peter, der das keuchend zu seinem früheren Freund Hans gesagt hatte, nahm diesen nun umso fester in den „Schwitzkasten“ und schlug mit der freien Hand auf den Unterlegenen ein.

„Wollt ihr wohl aufhören, ihr Streithähne, ihr verfluchten!“ Jörg Bertele, der alte Fährmann an der Schussen, hieb mit einem Stock auf die beiden 16 oder 17 Jahre alten Jungen ein, die sich nahe am Ufer auf dem Boden wälzten. Die unsanften Schläge trieben sie rasch auseinander. Schwer atmend standen sie nun vor ihm und musterten sich böse mit den Augen. Jörg zog beide kräftig an den Ohren und meinte: „Ihr seid doch früher unzertrennliche Freunde gewesen. Da mußte ich mich über eure gemeinsamen Streiche ärgern. Jetzt schlagt ihr euch jedesmal halbtot, wenn Peter im Auftrag seines Langenargener Dienstherrn Besorgungen diesseits der Schussen machen muß. Die Fähre muß er ja wohl oder übel benutzen!“ –

„Der Starrkopf weiß ganz genau, warum er von mir Prügel kriegt!“, maulte Hans. „Meineidiger Kerl!“, rief Peter und trat mit dem Fuß gegen das Schienbein seines ehemaligen Freundes. Da hatte er sich von Bertele schon die nächste kräftige Ohrfeige eingehandelt. Jetzt mußte der Fährmann die beiden aber stehen lassen, denn auf dem anderen Ufer stand ein Mann, der schon mehrmals gerufen und Zeichen gegeben hatte, daß er übersetzen wolle. So konnten die beiden Jungen ihren Kampf ungestört fortsetzen und lagen bald wieder auf dem Boden.

Es dauerte geraume Zeit, bis die Fähre die Schussen hin und zurück durchquert hatte. Als der Fremde schließlich ausgestiegen war, versuchte der Fährmann sich von neuem als unsanfter Schlichter. Peter war inzwischen hoffnungslos unterlegen, weil Hans aus dem Dorf Verstärkung erhalten hatte. Zu dritt droschen die Jungen nun auf Peter ein, der bereits aus der Nase blutete. Deshalb bemühte sich Bertele erneut, die drei Burschen zur Vernunft zu bringen. Der Fremde war stehengeblieben und fragte nun neugierig: „Ich höre immer wieder von einem Kampf zwischen Eriskirch und Buchhorn. Soviel ich verstanden habe, seid ihr euch über das Verhalten gegenüber den Buchhornern nicht einig. Was ist denn vorgefallen?“

Die vier Jungen starrten den Fremden fassungslos an. „Ja, gibt es denn noch jemanden auf dieser Welt, der von dem jahrelangen Streiten und Prozessieren noch nichts gehört hat?", platzte Peter schließlich heraus. „Selbst der Papst und der Kaiser waren mit dieser elenden Streitsache schon mehrmals befaßt; die Reichsstädte Oberschwabens, das kaiserliche Kammergericht und die Eidgenossenschaft sind in den Fall verwickelt. Und da kommt nun einer daher und hält Maulaffen feil, weil er von der Sache noch nichts gehört hat!"

„Du mußt mir schon verzeihen, wenn ich so unwissend bin", meinte nun der Fremde besänftigend. „Ich bin Zimmergeselle und war vier Jahre auf Wanderschaft. Ich habe in Holland und in Lübeck Schiffe gebaut, Brücken in Polen und Häuser in Budweis und Linz. Es ist nun genug des Lernens, und ich möchte jetzt als Schiffsbauer in meine Heimatstadt Überlingen zurückkehren. Wenn hier in meiner Abwesenheit so wichtige Dinge vorgefallen sind, dann erzählt sie mir doch!"

Peter und seine drei Gegner ereiferten sich nun in recht gegensätzlichen Darstellungen des Vorgefallenen. Aus dem Gesagten und ein paar beschwichtigenden Einwürfen des Fährmanns konnte der Fremde sich aber allmählich ein Bild machen:

Der Bischof von Konstanz war seit 200 Jahren Besitzer der Herrschaft Baumgarten an der Schussen, zu der das ganze Dorf Eriskirch und der untere Seewald gehörten; so war es auch noch, als der Zimmermann sich auf Wanderschaft begeben hatte. Aus Peters Äußerungen ging hervor, daß die Bischöfe die Herrschaft Baumgarten mehrmals verpfändeten, bis die Bauern vor etwa 40 Jahren die stolze Summe von 1000 Pfund Hellern aufbrachten, um sich aus der lästigen Verpfändung zu lösen. Die Pfandherren waren harte Herren, die möglichst viele Abgaben aus dem Besitz herausschlagen wollten! Weil die Bauern dem Bischof das Geld zur Lösung der Pfandschaft gegeben hatten, versprachen Bischof Heinrich und die Herren des Domkapitels damals, sie nie mehr zu verpfänden oder zu verkaufen.

Vor etwa sechs Jahren – im Herbst 1470 – waren dann Meinungsverschiedenheiten zwischen Bischof Hermann und der Stadt Buchhorn über die Nutzung des großen Waldes aufgetreten. Jede Seite beharrte unnachgiebig auf ihren Ansprüchen, und so blieben alle Vermittlungsversuche vergeblich. Wenn befreundete Städte für die Buchhorner eintraten, hörte der Bischof nicht auf sie, und als die schweizerischen Eidgenossen als Freunde des Bischofs an die Buchhorner schrieben, da wollten diese nichts von den Vermittlungsvorschlägen wissen. Im April 1471 ließ Bischof Hermann in Buchhorn und anderen Städten von den Kanzeln verkünden, daß alle Einwohner von Buchhorn zur Strafe mit dem Kirchenbann belegt seien. Das hieß, daß nun in Buchhorn keine Messe mehr gelesen werden durfte und kein Buchhorner die Kommunion empfangen konnte, auch kein Sterbender, und zwar solange, bis die Stadt in dem Rechtsstreit nachgab. Das war eine harte Strafe, sie traf die Buchhorner empfindlich, denn um sein Seelenheil war jedermann eifrig bemüht. Eigentlich war es nicht recht vom Bischof, wegen eines weltlichen Besitzstreits eine so harte Kirchenstrafe auszusprechen. Das hatte ihm auch Kaiser Friedrich geschrieben. Aber Bischof Hermann war so erbost über die Buchhorner, daß er sich in dieser Sache zunächst keinen Rat mehr geben ließ.

Als die Buben den Kirchenbann erwähnten, schlug sich der Zimmermann an die Stirn und rief: „Jetzt erinnere ich mich wieder! Ich hatte das längst vergessen. Auch in Überlingen wurde das bischöfliche Mandat von allen Kanzeln verlesen; das war ein paar Monate, bevor ich losgezogen bin! Die Sache hat damals mächtig Aufsehen erregt. Wie ging es dann weiter?" – Wieder muß der Fremde zwischen den widersprüchlichen Aussagen der vier Jungen versuchen, die Wahrheit herauszufinden. Soviel ist jedenfalls herauszuhören:

Die Buchhorner litten über ein Jahr lang unter dem Kirchenbann. Endlich schien eine Lösung des Streits in Sicht: Der Bischof war bereit, die ganze Herrschaft Baumgarten mit Eriskirch an die Stadt Buchhorn zu verkaufen. Dann konnte es zwischen Bischof und Stadt in Zukunft keinen leidigen Streit mehr um den Seewald geben. Doch der Verkauf gefiel den Eriskirchern und den anderen Bauern der Herrschaft ganz und gar nicht. Bischof Heinrich hatte ihnen doch vor ein paar Jahrzehnten versprochen, daß das Bistum sie nie mehr an einen anderen Herrn veräußern werde. Wollte Bischof Hermann nun das Wort seines Vorgängers brechen? Den Bauern war ein Bischof im fernen Konstanz als Herr noch allemal lieber als der Rat der nahen Stadt Buchhorn. Eine Obrigkeit, die den Bauern so nah auf dem Pelz saß, ließ bald höhere und neue Abgaben erwarten. Genau das hatten sie verhindern wollen, als sie sich damals, um das Jahr 1437 herum, aus der letzten Verpfändung losgekauft hatten!

Kurz und gut, die Bauern weigerten sich schlichtweg, die Buchhorner als neue Herren anzuerkennen. Es kam zwar im August 1472 zu einem Kaufvertrag und im September 1472 zur Loslösung der Bauern von ihren bisherigen Pflichten durch Bischof Hermann. Aber die Eriskircher hielten das alles für null und nichtig, es widersprach ihren verbrieften Rechten.

Da waren sie bei den Buchhornern aber an die Falschen geraten. Die waren fest entschlossen, sich den fetten und günstigen Kauf, der so unverhofft zustandegekommen war, nicht entgehen zu lassen. Schon lange warteten sie darauf, endlich einmal ein städtisches Herrschaftsgebiet mit bäuerlichen Untertanen aufbauen zu können. Die anderen Reichsstädte besaßen so etwas schon seit vielen Jahrzehnten und hatten zum Teil schon große Gebiete zusammengebracht, aus denen viel Geld in die Stadtkassen floß.

Obwohl die Stadt Buchhorn versprach, die bisherigen Rechte und Freiheiten der Eriskircher nicht anzutasten, trauten die Bauern den Stadtherren nicht. Schließlich nahmen die Buchhorner ein paar besonders widerspenstige Eriskircher gefangen, setzten ihnen hart zu und verjagten sie zum Teil von Haus und Hof.

Die Eriskircher aber gelobten nun, nicht voneinander zu weichen, was auch immer kommen möge. Nach allerlei Gewaltanwendungen, bei denen auch Blut geflossen war, erreichten die Buchhorner zuletzt, daß 36 von den 59 Bauern der Herrschaft BaumgartenEriskirch dem Stadtrat huldigten. Um die Bauern gefügig zu machen, hatte man sogar 13- und 14jährige Buben eingesperrt und mißhandelt. Die 23 Familien, welche die Huldigung hartnäckig verweigerten, wurden gefangengenommen und vertrieben.

Abb. 10: Wappen der Reichsstadt Buchhorn von 1619 am damaligen Buchhorner Amtshaus in Eriskirch (1942 abgebrannt; heute am Rathaus von Eriskirch, am gleichen Platz).

Aus dieser Zeit rührte die unversöhnliche Feindschaft zwischen den ehemaligen Freunden Hans und Peter: der eine hatte nachgegeben, der andere war hart geblieben. Der eine wollte sein Heimathaus behalten, der andere seine Rechte.

Doch die Bauern ließen sich die Gewaltakte der neuen Herren nicht gefallen. Sie verklagten die Stadt vor dem kaiserlichen Kammergericht. Dort wurde entschieden, daß die Stadt Buchhorn das gewaltsame Vorgehen gegen die Bauern beenden solle. Diese seien von erzwungenen Huldigungseiden zu entbinden und die Vertriebenen sollen wieder auf ihre Höfe zurückkehren dürfen. Als die Buchhorner sich um dieses Urteil nicht scherten, wandten sich die Bauern an den Kaiser und erreichten schließlich im April 1474, daß die Stadt vom Kammergericht in die Acht erklärt wurde. Am 13. Mai 1474 gab Kaiser Friedrich das Achturteil in Augsburg bekannt.

Das traf die Buchhorner an einem Lebensnerv. Durch die Verhängung der Acht waren sie aus der Gemeinschaft mit den anderen Menschen ausgeschlossen. Von nun an durfte kein fremder Händler in der geächteten Stadt Geschäfte abwickeln. Im Auftrag des Papstes erklärten dann aber die Äbte von St. Gallen und Salem im September 1474 den Verkauf der Herrschaft durch den Bischof für rechtmäßig. Ein Vierteljahr später, im Januar 1475, unterbrach der Kaiser die Acht über Buchhorn für die Dauer von anderthalb Jahren. Innerhalb dieser Frist mußte eine Einigung zwischen der Stadt und den Bauern zustandekommen, sonst trat die Achterklärung im Sommer 1476 wieder in Kraft.

Nun meldete sich der Fährmann zu Wort: „So sieht die Sache jetzt aus. Der Abt von St. Gallen hat sich nach Unterbrechung der Acht als erster darum bemüht, zwischen uns und den Buchhornern zu vermitteln. Aber das Verhandlungsergebnis befriedigt keine Seite. Zum Glück haben wir Eriskircher jetzt einen einflußreichen Fürsprecher erhalten. Es ist Junker Jakob von Landau, der Erbe der Herrschaft Efrizweiler. Sein Vater Lutz von Landau war früher bischöflicher Vogt in Baumgarten und amtiert heute noch als Vogt des Bischofs in Markdorf. Wir erhoffen nun vieles von den neuen Verhandlungen, zu denen die Grafen Hugo und Ulrich von Montfort uns und die Städter nach Tettnang eingeladen haben. An Ostern 1475, also schon in drei Wochen, soll dort ein gütlicher Vergleich zustandekommen. Aus Buchhorn ist bereits zu hören, daß die Stadt ihren harten Standpunkt aufgeben will, um dem Streit ein Ende zu machen. Vielleicht dürfen die vertriebenen Familien dann zurückkehren." – Nach diesen Worten wandte Jörg Bertele sich an die Jungen: „Ihr solltet euch nicht dauernd verprügeln! Vielleicht wohnt Peter an Pfingsten mit seinen Angehörigen und mit den anderen 22 Familien schon wieder bei uns. Dann müßt ihr euch wieder vertragen können!"

Der Zimmermann zieht nun seines Wegs. Nach Ostern spricht es sich auch in Überlingen herum, daß der Streit zwischen Buchhorn und Eriskirch in Tettnang noch nicht endgültig entschieden wurde. Die verjagten Familien aber dürfen bereits in ihre Häuser zurückkehren.

Es braucht noch mehrere Verhandlungstage in Konstanz und zuletzt im September 1476 in Waldsee, bis der Streit endgültig begraben ist. Die Eriskircher finden sich mit der Herrschaft der Reichsstadt Buchhorn ab.

Kaum haben sie von dieser Seite Ruhe, prozessieren sie gegen den Bischof von Konstanz, weil er sein Wort gebrochen hat, sie nie mehr an einen anderen Herrn zu veräußern. Sie verlangen das Geld zurück, das sie seinem Vorgänger 40 Jahre vorher für die Lösung des Pfandes gegeben haben. Nach vielen Bemühungen erreichen sie tatsächlich, daß die Nachfolger des Bischofs Hermann ihnen in drei Raten 472 Gulden zurückzahlen. Das entspricht 802 Pfund Heller, also fast der ganzen damals vorgestreckten Summe von 1000 Pfund Hellern. In heutigem Geld wäre das ungefähr eine halbe Million Mark; von den etwa 50 Familien der Herrschaft Eriskirch-Baumgarten hatte jede einzelne demnach 20 Pfund Heller oder rund 10000 Mark für das vom Bischof gebrochene Versprechen bezahlt.

Zwischen Buchhorn und Eriskirch gab es später noch manche Auseinandersetzung. Da Buchhorn eine sehr kleine Stadt war und kaum doppelt soviele Einwohner wie Eriskirch besaß, hatten die Eriskircher vor ihren „Stadtherren" nicht allzu viel Respekt. Wahrscheinlich war in Eriskirch niemand traurig, als die Buchhorner Herrschaft 1802 endete. Die Reichsstadt und die Landgemeinde kamen beide zunächst unter bayerische und nach ein paar Jahren unter württembergische Landeshoheit.

Im Jahre 1972 sollten die Eriskircher dann in die Stadt Friedrichshafen eingemeindet werden. In einer Bürgerbefragung am 27. Februar 1972 sagten sie zu diesem Plan mit knapper Mehrheit „nein".

Das verschwundene Silberfäßlein

Wirbel im Gredhaus – Der Gredmeister wird verdächtigt

„Jerg, komm her!", rief die Mutter. Sie stand mit anderen Frauen auf dem schmalen Steg und wusch die Wäsche der Familie im kalten Wasser des Bodensees. Unwillig kam Jerg dahergeschlendert, denn eben hatte er mit seinem Freund Matheis flache Steine auf dem See hüpfen lassen. Siebenmal war sein Stein gehüpft, der von Matheis neunmal, und er wollte ihn doch übertreffen. Doch wenn die Mutter rief, bedeutete das immer Arbeit.

„Lauf in die Brotlaube und hole für drei Pfennige ein Vierpfünder Hausbrot. Was ich gebacken habe, reicht nicht, denn Base Agathe und Vetter Konrad sind aus der Schweiz zu Besuch gekommen, mit dem gleichen Schiff, das aus St. Gallen eine Ladung Leinwand gebracht hat. Und der Bäcker Rothmund soll für den Samstag einen Zwölfpfünder zurücklegen. Die zwei Kreuzer bezahlen wir dann später."

Jerg und Matheis machten sich auf den Weg. Die Brotlaube lag beim Gredhaus, dem größten Gebäude der Stadt Buchhorn. Dort gab es immer viel zu sehen. Das Gredhaus war das städtische Lagerhaus für die Kaufleute. Seinen Namen trug es nach den Stufen (lateinisch „gradus"), die zur Lagerung der Güter in der großen Halle dienten. Segelschiffe lagen am hölzernen Landungssteg. Die Schiffsleute waren bärenstarke Kerle, die am Abend oft im Städtchen herumgrölten. Und erst die Fuhrleute! Fluchen konnten sie, daß die Großmutter immer das Kreuzzeichen machte, wenn sie das hörte. Ja, das waren richtige Männer, mit wettergegerbter Haut, die fürchteten kein Unwetter und wußten sich sogar gegen Straßenräuber wohl zu wehren.

Es war am 27. September 1486. Emsiges Treiben herrschte in den Straßen und auf dem Platz vor dem Gebäude. Schmiede kontrollierten die Hufeisen der Pferde, zogen dort bei „Liese" einen Hufnagel nach, paßten dem „Hans" ein neues Hufeisen an. Die Wagner reparierten die Fuhrwerke, die meistens tage- oder wochenlange Reisen hinter sich hatten. Einige waren aus Frankfurt gekommen, andere sogar aus Krakau in Polen. Manche Deichseln und Achsen waren unterwegs gebrochen und nur notdürftig zusammengeflickt worden, denn die Straßen waren nach dem verregneten Sommer in besonders üblem Zustand. Der von der Stadt angestellte „Habermann" besorgte Hafer und frisches Wasser für die Pferde. „Beeilt Euch mit dem Rad! Die drei Speichen sind doch schnell ersetzt. Wir kommen sonst nicht mehr bei Tag nach Ravensburg", schimpfte ein Fuhrmann mit dem Wagner. Schließlich dauerte die Fahrt eines Handelszuges nach Ravensburg an die sechs Stunden, denn in einer Stunde konnte man nur vier Kilometer zurücklegen. Nun begann auch ein anderer Fuhrmann zu drängen. „Schneller, Leute! In der Dämmerung riskieren wir nur einen Überfall, so wie im letzten April auf dem Weg zur Frankfurter Frühjahrsmesse. Das vergesse ich nie! Wir hatten die Wagen bis oben

Abb. 11: Von Landsknechten begleiteter Kaufmannszug.

hin vollgeladen mit Reis, Mandeln, Safran, Zimt, Wein und Seide aus Italien und anderen Mittelmeerländern. Da lauerten uns in einem Wäldchen die habgierigen Grafen von Zollern mit ihren Leuten auf. Die ganze Ware war beim Teufel, und der Franz humpelt heute noch am Stock daher, so bös hat's ihn erwischt."

„Ich mach schon, so schnell ich kann", meinte der Wagner. „Außerdem habt Ihr noch Glück gehabt. Ausgeplündert, aber am Leben. Und wie war's beim Überfall durch Walter von Königsegg auf dem Bodensee? Sechs Schiffer sind dabei ertrunken, mein Schwager war auch dabei. Unersättlich sind sie, die Grafen!"

Diese Gespräche waren für die beiden Freunde ungeheuer spannend. Sie vergaßen fast, warum sie auf dem Weg zum Gredhaus waren. Ach ja, der Vierpfünder Hauslaib und für Samstag der Zwölfpfünder!

Aber – was war denn da für eine Aufregung am Eingang zum Gredhaus? Ein wildes Gelaufe hin und her. Schwäbische und ausländische Fragen, Antworten –, nur Wortfetzen konnten die Buben zunächst verstehen. Ein aufgeregtes Durcheinander ließ die beiden ahnen, daß etwas Außergewöhnliches geschehen sein mußte.

„Das lasse ich mir nicht gefallen, Herr Graland", schimpfte der Gredmeister Hemmerli empört. „Ich bin ein ehrlicher Mann! Noch nie ist in meinem Lagerhaus etwas weggekommen. Nicht umsonst hat man mich jedes Jahr wieder zum Gredmeister gewählt! Das Fäßchen ist nie hier abgeladen worden, sonst hätte ich es im Gredbuch aufgeschrieben. Und hier steht nichts davon, gar nichts!"

Der sonst so gutmütige Mann rannte mit hochrotem Kopf hin und her; er ordnete an, daß sich kein Fuhrmann entfernen solle, solange er das Gredbuch und die Lagerbestände überprüfe. Er wußte genau, daß die Suche nach dem Fäßchen mit den Silberwaren vergeblich war. „Was soll denn drin gewesen sein?", fragte der Gredmeister ärgerlich. „46 Pfund Löffel, Messer, Schmuck und Kirchengeräte", erwiderte der andere aufgeregt.

„He, ihr zwei", rief Hemmerli, „packt mal mit an! Das kann uns viel Zeit ersparen! Ihr seht kräftig aus und wollt mir bestimmt aus meiner peinlichen Lage helfen." Jerg und Matheis eilten hinter dem Gredmeister und seinen Gredknechten in die Halle. Natürlich würden sie dem Hemmerli bei der Suche helfen, das war doch Ehrensache.

Graland war der Anwalt des Nürnberger Kaufmanns Fütterer, dessen Silberfäßlein verschwunden war. Nun betrachtete er aufmerksam mit Hemmerli im 384 Seiten dicken Gredbuch die Eintragungen. Jerg und Mattheis blickten dabei über ihre Schultern und waren beeindruckt. Jeder Wareneingang war hier vermerkt. So konnte man auf der linken Seite genau nachlesen, wann die Waren eingelagert worden waren, welcher Schiffer oder Fuhrmann sie gebracht hatte, wieviel Zoll- und Lagergebühr er bezahlt hatte. Rechts daneben stand, wer die Waren übernommen hatte und wem sie geliefert werden sollten.

„Hier steht wirklich nichts von einem Silberfäßchen", stellte Graland fest. „Also müssen wir jetzt das Lager überprüfen, aber wie?", meinte Jerg.

Hemmerli erklärte: „Auf jeder Sendung ist ein Zeichen angebracht. Schaut euch nur das Gemerk des Kaufmanns Fütterer genau an, daß ihr es erkennt."

„Sind die Fässer aber schwer!", stöhnte Mattheis. Ein Gredknecht meinte dazu: „Ja, ja, neumodische Waffen aus Nürnberg für die Konstanzer sind da drin. 15000 Hakenbüchsen. Und in diesem Faß sind Nürnberger Messer, die sollen nach Spanien und England."

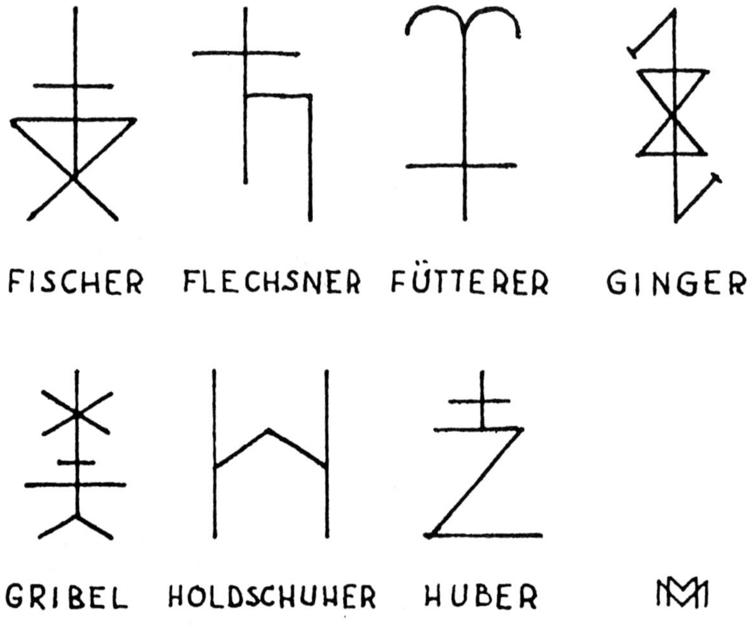

Abb. 12: Handelszeichen einzelner Kaufleute zur Kennzeichnung ihrer Waren (vgl.Bild Seite 56) aus dem Gredbuch des Buchhorner Gredmeisters Hemmerli von 1486/87, darunter das Zeichen des Nürnberger Kaufmanns Fütterer; daneben Zeichen anderer Kaufleute aus Nürnberg (Fischer, Holdschuher), Ulm (Ginger) und St.Gallen (Flechsner, Gribel, Huber).

„Aus Nürnberg über Buchhorn nach England?", fragten die Buben verwundert.

Stolz erwiderte der Gredknecht: „Natürlich. Aus vielen Ländern werden Waren über Buchhorn verschickt, weil ein Umweg manchmal besser ist. Sicherer, billiger, praktischer. Das nennt man Waren umschlagen. Unser Buchhorn ist ein wichtiger Warenumschlagplatz."

Nun wuchteten sie Fässer mit Heringen, Stockfischen und Lebertran auf die andere Seite, sie schleppten Lederballen und bis zu zehn Zentner schwere Wachsscheiben aus Polen und Rußland. Eisen, Messing, Kupfer und sogar Gold kam ihnen in die Hände, doch das Silberfäßchen tauchte nicht auf.

Selbstzufrieden brummte der Gredmeister: „Da seht Ihr's! In meinem Haus hat alles seine Ordnung. Alles ist so säuberlich gestapelt und sortiert, wie es im Gredbuch steht. Das Fäßchen ist hier nie angekommen. Ihr habt Euch selbst davon überzeugen können, sagt das Eurem Herrn Fütterer! Fragt doch seinen Fuhrmann nach dem Verbleib! Und jetzt laßt mich endlich meine Arbeit weitermachen, Ihr hört ja, wie die Schiffer und die Fuhrleute schon maulen. Die hätten heute noch weiter müssen, und jetzt wird es schon dunkel."

Abb. 13: Das ehemalige Buchhorner Gredhaus am Hafen, später (ab 1829) Wohnhaus und Spedition von Johann Peter Lanz, 1906 abgebrochen.

Tatsächlich! Jerg hatte seinen eigentlichen Auftrag ganz vergessen. Außer Atem kamen die Freunde in der Brotlaube an, wo die Bäcker schon am Aufräumen waren. Mit dem letzten Brot unterm Arm eilten sie beim Klang des Betläutens nach Hause. Der Besuch saß seit Stunden in der Küche, und der Vater, der längst von seiner Arbeit im Weinberg heimgekehrt war, machte ein strenges Gesicht und wollte schon mit der Hand ausholen. Aber was Jerg zu seiner Entschuldigung erzählte, besänftigte ihn. „Der arme Hemmerli", murmelte er vor sich hin. „Das wird bestimmt noch ein übles Nachspiel haben."

Tatsächlich wurde drei Jahre lang um das verschwundene Silberfäßlein gestritten. In Zürich, Rottweil, Konstanz, St. Gallen und Ulm, dann in Ansbach, Nürnberg und zuletzt in Augsburg wurde nacheinander vor Gericht verhandelt. Wie es dem Gredmeister Hemmerli zuletzt ergangen ist, wissen wir leider nicht genau. Er schrieb aber später selbst in sein Gredbuch: „So hand si mich vom gredamt bracht"; er mußte also sein Amt abgeben, trotz aller Beteuerungen seiner Unschuld und obendrein noch viel Geld für Prozeß- und Reisekosten aus eigener Tasche bezahlen.

Der Bauernkrieg am Bodensee

Der Seehaufen in Bermatingen – Der Weingartner Vertrag

„Heut nacht geh ich, Vater!“, rief Franz Weber entschieden. „Die von Immenstaad sind schon fort. Ich kann das Elend nicht mehr mitansehn. Den ganzen Tag krummliegen für die Klosterherrschaft! Die Mönche lassen sich's gutgehen. Bei uns gibt's alle Tage die gleiche Suppe. Wir werden nie frei, unsere Schulden aber immer größer. Wenn wir uns nicht wehren, wird es nie anders. Überall versammeln sich unsre Leut...“

Die alte Tür war angelehnt, und durch den Spalt sah Bastian die zwei Männer, die gestern über den Weinberg nach Hagnau gekommen waren und auf den gebeugten Vater eingeredet hatten. Der ältere Bruder Franz schaute trotzig entschlossen auf den alten Bauern: „Laß mich halt gehen, daß von uns auch einer dabei ist. Der Hauptmann Ziegelmüller in Bermatingen kann jeden brauchen.“

„Ach Gott, Bub, versündig dich net, nachher nehmen Sie uns noch den Hof oder strafen uns am Leben“, seufzte hinten am Herd die Mutter in ihrem alten Kittel. „Wir gehören nun einmal dem Kloster Salem und haben keine andere Wahl. Denen vom Kloster Weingarten oder von Hofen geht es auch nicht besser.“

Es war Ende März 1525 und noch recht kalt und naß. Vier schlechte Erntejahre lagen hinter ihnen. Viele hungerten, aber dem Kloster, dem ihr kleines Rebgut gehörte, mußten sie alleweil zuviel abliefern von dem, was der Hof hergab. Nicht genug damit: Neuerdings verlangte der Vogt von Ittendorf im Namen der Reichsstadt Überlingen Jahr für Jahr höhere Steuerzahlungen, weil die Überlinger als Gerichtsherrn in Hagnau für die Bestrafung kleinerer Vergehen zuständig waren.

Die beiden Rebleute aus Manzell mit ihren eingefallenen, harten Gesichtern machten es kurz: „Also halt dich bereit, nimm mit, was du hast, Axt, Knüppel oder Sense, was man zum Stechen brauchen kann. Wir müssen noch weiter. Heut nacht um drei treffen wir uns an der Kreuzung. Wir gehen zusammen, dann sind wir sicherer“, rief der eine.

Bastian schlug das Herz bis zum Hals, als der Bruder aus der Stube trat. „Nimmst mich mit?“, fragte er leise. „Du? Es ist gefährlich. Außerdem müssen wir weit laufen. In Bermatingen sollen jetzt schon 8000 versammelt sein, die mitkämpfen wollen. Einer muß doch daheimbleiben, die Mutter ist krank, der Vater kann nimmer. Du bist noch zu jung, um einen Spieß zu tragen!“ Schon war er draußen und suchte zusammen, was er auf dem nächtlichen Marsch brauchen konnte.

Enttäuscht machte sich Bastian wieder an die aufgetragene Arbeit. Zum Schuften war er nicht zu jung mit seinen 12 Jahren, zum Hacken, Reben herrichten, Steine auflesen, Terrassen aufstützen, Holzmachen, mit dem Pflug gehen, Heu machen und vielem mehr. Zu essen gab's wenig, die Bauern, Rebleute und Knechte, die zum Kloster Salem gehörten, waren ärmer dran als andere, das wußte er. Als „Hörige" eines Klosters nannte man sie „Gotteshausleute". Aber jetzt wollten die Bauern sich zusammentun mit anderen Hörigen und armen Leuten im Land und sich wehren gegen die Herrschaft. Da wollte er unbedingt dabeisein.

Verstohlen suchte er am späten Abend nach einem alten Kittel vom Vater und brauchbarem Schuhzeug, legte sich nach dem kümmerlichen Nachtbrot ins Stroh und wartete mit brennenden Augen.

Jetzt war es also soweit. Überall versammelten sich die Bauern, um sich von der seit Jahrhunderten andauernden Unterdrückung und Bevormundung der Schloßherren und Bischöfe, der Fürsten, Grafen und Ritter, der Äbte und Klosterkonvente, aber auch der Stadtherren zu befreien. Bisher hatten die Bauern kaum Rechte gehabt, sondern nur die seit Generationen vererbte Verpflichtung, lebenslang für die Herrschaften krumm zu liegen, zu schuften, das Geerntete in Feld, Wald, Weiher und Weinberg oft über die Maßen als Zins und Zehnten abzuliefern. So blieb ihnen selbst kaum etwas zum Leben. Grund und Boden, Haus und Hof gehörten oft ebenfalls den Kloster- und Schloßherren oder wurden durch Vögte für sie verwaltet, auch die Reichsstädte besaßen ihren Anteil. Vor allem konnten sie ihre Untertanen, die Bauern, Rebleute und Knechte nach Gutdünken verurteilen und bestrafen. Niedergerichtsbarkeit nannte man das, was das tägliche Leben in Verbote und Gebote, Steuern und Abgaben einteilte und fast alles, es sei Freud oder Leid, war mit Geldstrafen bedroht oder gänzlich verboten. Hatten ihnen nicht die Schweizer Eidgenossen mit ihrem Freiheitskampf ein Beispiel gegeben?

Beim Sonntagsgottesdienst in der Kirche verstanden die Leute nicht viel, denn die Messe wurde in lateinischer Sprache abgehalten. Vom Wort Gottes bekamen sie in Lesung und Evangelium nur das zu hören, was die Geistlichen für richtig hielten. Wenn die Mönche zu ihnen predigten, kam ihnen das meiste im Leben sündhaft vor; so mußten sie unaufhörlich mit Beten und frommen Gaben Buße tun. Hatte nicht Martin Luther verlangt, daß das Wort Gottes für alle verständlich gepredigt werde? Jesus war auch arm gewesen. Das Evangelium ist für alle da, und vor Gott sind alle gleich, ob reich oder arm.

Erst vor zwei Wochen hatten sich die Bauern und Knechtsleute vom Hegau bis ins Allgäu zusammengetan und in Memmingen die „Christliche Vereinigung" gegründet. In 12 Artikeln forderten sie z.B.:

- Wir wollen, daß das heilige Evangelium und Wort Gottes klar und unverfälscht vom Pfarrer verkündet wird.
- Zum anderen begehren wir, daß wir die Pfarrer und Priester in unseren christlichen Gemeinden frei wählen und sie durch die Abgabe des Zehnten unterstützen können.

- Wir wollen auch nicht mehr leibeigen sein und herrschaftliche Dienste freiwillig leisten, ohne Zwang.
- Strafen und Urteile sollen nach dem Gesetz erfolgen und nicht nach der Willkür der Herren ...

Aber die Herren wollten sich von den aufständischen Bauern ihre Rechte nicht nehmen lassen. Der Schwäbische Bund, dessen Mitglieder die Fürsten und wehrhaften Reichsstädte waren, hatte das gemeinsame Bundesheer mit Landsknechten, Reiterei und Geschütz in Ulm stationiert. Jörg Truchseß von Waldburg war der oberste Heerführer, der aber noch gegen den aufrührerischen Herzog Ulrich von Württemberg ziehen mußte, ehe er sich gegen den Bauernhaufen wenden konnte. So versuchten Unterhändler die Bauernführer hinzuhalten, um Zeit zur weiteren Aufrüstung zu gewinnen.

Noch am Abend saßen im Rathaus der Stadt Markdorf die Räte mit dem Bürgermeister Konrad Hablitzel zusammen und beratschlagten, wie sie die Stadt vor den aufständischen Bauern noch besser schützen könnten. „Wenn wir nur wüßten, was der Ziegelmüller in Bermatingen vorhat, falls wir nicht zu ihm schwören. Ob er uns überfallen und ausplündern will oder gar die Stadt anzünden? Dann müßten wir die Stadt so befestigen wie die Überlinger; die kann kein Bauernhaufen einnehmen. Oder sollen wir ihm Geld anbieten?", fragte der Ammann Sebastian Öhem in die Runde. „Wir könnten einen Spion ausschicken, der sich, mit einem Bauernkittel verkleidet, bei den Bermatingern umhört und uns rechtzeitig Nachricht gibt! Wie wär's mit deinem Klaus?", beugte er sich zu einem der Ratsmitglieder. „Den kennen sie nicht; er ist ein braver Bursch mit seinen 16 Jahren und aufgeweckt dazu. Wir lassen ihn morgen in aller Früh zum Untertor hinaus, damit er eine Weile unauffällig mit den vorbeiziehenden Bauern geht!"

Unterdessen war Bastian aus dem kurzen unruhigen Schlaf hochgeschreckt. War da nicht das Geräusch der knarrenden Hintertür gewesen, die zufiel? Rasch raffte er sich auf. Tatsächlich, die Mistgabel und das Bündel waren weg. Einen Augenblick überlegte er unschlüssig, dann zog er sich den verschlissenen Kittel über, nahm ein Stück Brot mit und lief los. Vorsichtig schaute er sich um, ob ihn auch niemand gesehen hatte. Die Mutter hörte er unruhig husten, die kleine Schwester wimmern, dann war alles still. Vor sich konnte er den Feldweg undeutlich erkennen. Der Mond war nicht zu sehen, aber drüben am Weinberg bei Kippenhausen lief eine Gruppe von Männern rasch voran. Er durfte sie nicht aus den Augen verlieren, ihnen aber auch nicht zu nahe kommen, sonst hätte der Bruder ihn womöglich erkannt und zurückgeschickt. Tapfer stapfte er voran. Bermatingen lag nicht weit hinter der alten Stadt Markdorf. Er mußte es schaffen. Sicher waren auch noch die von der Vogtei Ittendorf unterwegs.

Als der Morgen dämmerte, sah er den Torturm von Markdorf vor sich. Hinter sich vernahm er auf einmal das Rumpeln eines Ochsenkarrens. Ein paar Männer marschierten nebenher. Sie winkten ihm, als er sich gerade zur Seite drücken wollte. „Komm, sitz auf, du willst sicher auch zum Platz nach Bermatingen." Müde stieg er

auf und erblickte den ganzen Wagen voller Spieße, Knüppel, Äxte, Sensen und Dreschflegel. „Wir kommen von der Buchhorner Gegend und haben alles mitgenommen, was wir in der Nachbarschaft auf den Höfen finden konnten", berichtete ein junger Bursche, der nicht viel älter als Bastian sein konnte und schon oben saß. „Ich bin der Christophel vom Bauer Geßler in Hofen; du kannst Stoffel zu mir sagen. Mein Vater ist auch dabei. Wir müssen zusammenhalten!"

Je näher sie Bermatingen kamen, desto lauter wurde es. Rufend, grüßend, winkend zogen die Bauern und Knechte von allen Seiten dem Platz vor der alten St. Georgskirche zu. Dort herrschte ein Gewimmel und Durcheinander, bis jeder sich erst einmal einen Platz und etwas Warmes zum Essen organisiert hatte. Bastian und Stoffel schnupperten. Es roch nach gebratenem und geräuchertem Fisch, Brot und warmer Fleischsuppe. Tatsächlich, an einer Ecke des Platzes war eine Lagerküche aufgebaut.

„Da, wollt ihr auch einen Happen?", vernahmen sie neben sich eine rauhe Stimme. Es war ein alter magerer Knecht mit einem abgewetzten Schurz der Rebleute, die im Taglohn arbeiten. Er schlurfte etwas warme Suppe. Bastian schaute sich verstohlen nach seinem Bruder um. „Ihr könnt euch ruhig was nehmen, wir haben's vom Kloster Salem, die haben solange von uns gelebt, jetzt müssen sie uns verpflegen. Ihre Scheunen und Keller sind voll, ich habe es gestern gesehen, als wir mit dem Hauptmann dort einen 'Besuch' gemacht haben! Der Ziegelmüller hat alle Klosterleute darauf schwören lassen, das göttliche Recht zu beachten und nichts gegen uns zu unternehmen, sonst...", und er machte eine wilde Handbewegung mit dem Messer an der Kehle. „Aber der Abt samt den Oberen, dem Konvent, die sind schon fast alle nach Überlingen geflohen! Wir warten darauf, daß sie uns auch schwören. Aber heute ist der Hauptmann mit 300 Mann erst mal nach Owingen, wo sie einen neuen Sammelplatz einrichten. Es müssen noch viel mehr werden, damit wir gegen den Jörg und seine Bundestruppen aus Ulm ziehen können! Unser Ammann, der Benedikt Aigen hat sich mit ganz Bermatingen angeschlossen." Bastian nickte. In Vaters braunem Kittel sah er schon recht erwachsen aus, und die aufmunternden Worte machten ihm Mut. Vielleicht wurden die Bauern mit der Zeit stark genug.

Bis zum Mittag waren die Neuankömmlinge gemustert und in Sturmtruppen eingeteilt. Jede Abteilung wurde von einem Fähnleinführer befehligt. Draußen auf dem Feld übten sie das Aufstellen, Linie halten und vor allem das Ausfallen und Stechen. Die anderen machten sich beim Suchen von Feuerholz und in der Küche nützlich. Zum Unterhalt der Hauptleute und Bauernräte mußten je 100 Mann dem Zahlmeister 5 Gulden geben.

Abb. 14: Vom Seehaufen des Eitelhans Ziegelmüller gibt es keine Bilder. Über die Ereignisse im Ravensburger Raum und im Kloster Weißenau berichtet der Abt Jakob Murer in einer bebilderten Chronik: Die bewaffneten Bauern mit ihrem Anführer vor dem Kloster Weißenau. Der Abt und die Mönche fliehen nach Ravensburg.

Bastian und Stoffel gingen vorerst dem Küchenverwalter zur Hand und stapelten die Vorräte, die vom Kloster Salem eintrafen, als plötzlich neben ihnen neugierig ein junger Bauernbursche auftauchte. Sein Kittel schien noch wenig geflickt, auch seine Haare waren etwas zu lang. Aber er packte gleich mit an. „Was gibt's Neues? Seid ihr auch erst heute angekommen? Ich bin schon ganz gespannt, wann es endlich gegen die Markdorfer geht. Übrigens, ich bin der Klaus, und wer seid ihr?"

Stoffel gab kurz Antwort; dann deutete er auf die aufgeschichteten Brotlaibe: „Das ist doch sehr praktisch, daß wir unser Essen und was wir brauchen vom Kloster Salem bekommen. Wie die anderen erzählen, verpflegen die vom Rappertsweiler Haufen sich aus dem Kloster Langnau und die von Altdorf aus dem Kloster Weingarten. Endlich ist es einmal umgekehrt wie sonst immer." – „Ja, aber eigentlich ist es Diebstahl und strafbar, denn es gehört uns ja nicht, was wir holen", meinte Klaus so nebenbei. „Aber es ist doch auch unrecht, daß wir von den reichen Klosterherren, vom Werdenberger Grafen auf Schloß Heiligenberg und vom Überlinger Vogt in Ittendorf so ausgenützt werden und kein Recht haben. Vor Gott sind wir doch alle gleich!", entrüstete sich Bastian. „Da hast du eigentlich auch recht. Kommt, laßt uns einen Rundgang machen. Vielleicht hören wir was Neues", schlug Klaus jetzt vor.

Als am Abend der Hauptmann mit seinen Leuten vom neuen Platz in Owingen zurückkehrte, sah Bastian seinen Bruder Franz unter ihnen. Schnell drückte er sich zur Seite. Ziegelmüller begab sich mit den Bauernräten in den nahen Kelhof, sein Hauptquartier bei Bermatingen, um die weiteren Unternehmungen zu beratschlagen.

„Habt ihr gehört, morgen geht's nach Markdorf", raunte ihnen der alte Taglöhner zu, als sie über den Platz kamen. „Was, morgen schon?", rief Klaus sichtlich erschrocken und stürzte Hals über Kopf davon. Erstaunt sahen ihm die anderen nach.

Am nächsten Morgen – es war ein Sonntag, der 2. April – sollte der Klosterkonvent von Salem noch einmal mit Nachdruck zur Huldigung aufgefordert werden. Viele Mönche waren jedoch in Bauernkitteln geflohen. So kehrten die Abgesandten der Bauern unverrichteter Dinge nach Bermatingen zurück.

Am Abend ging es dann endlich nach der Stadt Markdorf. Als sich der Zug der Bauern mit Äxten, Sensen und Spießen vom Buchberg über den Galgenbühl bedrohlich der Stadtmauer näherte, waren die Hornsignale vom Blaserturm deutlich zu vernehmen. Zum Erstaunen der Bauern dauerte es nicht lange, bis das Untertor geöffnet und die Sprecher der Bauern vor den Rat der Stadt geführt wurden. Irgend jemand mußte die Markdorfer vorgewarnt haben. Sie schienen vorbereitet zu sein. Jedoch stieß die Forderung der Bauern, dem Seehaufen zu huldigen, das göttliche Recht genau zu beachten und nichts gegen sie zu unternehmen, bei den Ratsherren nicht auf ungeteilte Zustimmung. „Denkt an den Treueid, den wir dem Fürstbischof von Konstanz geschworen haben", rief der Stadtammann Sebastian Öhem, „den dürfen wir nicht brechen!" Die Mehrheit der Bürger war jedoch dafür, die Bauern zu unterstützen. Nach lautem Hin und Her und einem mißglückten Versuch des Bürgermeisters, vor den Toren noch einmal mit den Bauern zu sprechen, brach der Widerstand zusammen. 400 Bauern zogen stolz in die Stadt ein, und es war klar, daß die Stadt am nächsten Morgen schwören würde. Hauptmann Eitelhans Ziegelmüller wohnte in dieser Nacht bei Bürgermeister Konrad Hablitzel. Er erklärte noch lange die Lage und Sache der Bauern; die uralte Ungerechtigkeit ihnen gegenüber müsse ein Ende haben. Schließlich war der Bürgermeister vollkommen überzeugt und wollte sogar als Bauernrat mithelfen.

In der Frühe des folgenden Tages huldigte der versammelte Rat für die ganze Stadt Markdorf den Bauern. Deren Freude war groß. Als gar noch ein Bote vorgelassen wurde, der dem Hauptmann die Huldigung des Salemer Klosterkonvents ankündigte, brach der Jubel erst richtig los. „Sagt dem Benedikt Aigen, er soll mit dem Hans Aggenbach und dem Kleck gleich aufbrechen und den Konvent auf die zwei Artikel schwören lassen: das Evangelium zu verkünden ohne menschlichen Zusatz, nur den reinen Text; zum anderen, daß sie das göttliche Recht anzuwenden helfen sollen!"

Und so huldigten an einem Tag die Stadt Markdorf und der Konvent des Klosters Salem. Das war ein Triumph, als der stolze Klosterkonvent vor dem Ammann Aigen, seinem bisherigen Bermatinger Untertan, schwören mußte. „Sonst war es immer umgekehrt", berichtete Aigen bei seiner Rückkehr. Er hatte einen Ochsen mitgebracht, der bald am Spieß brutzelte, und mit rasch herbeigeschafftem Wein wurde ein Siegesfest gefeiert. „Wo nur unser Klaus bleibt", wunderten sich Bastian und Stoffel, „das müssen wir ihm doch berichten."

Unterdessen waren die Bauern von Markdorf aus gleich nach Ittendorf weitergezogen. Sie besetzten dort das Schloß, das der Reichsstadt Überlingen gehörte, und verjagten den Vogt Hans Ronbühel. Die meisten Ittendorfer Schloßbediensteten schlugen sich gleich auf ihre Seite.

Meersburg war das nächste Ziel, wo ihnen die Bürger entgegenzogen mit Wein und Brot und die Stadt übergaben. Mit dem Sturmhaufen zog der Hauptmann durch die engen Gassen zur Huldigung. Sogar die Burg mußte der Bischof von Konstanz ausliefern, dazu 600 Gulden, 6 Fuder Wein (das waren 7200 Liter), und das Wichtigste: das große Geschütz samt Munition, Pulver und Brandsätzen.

Dann ging's mit Booten, Karren und zu Fuß am Seeufer entlang auf die Reichsstadt Buchhorn zu. Aber die Buchhorner warnten die Bauern vor einer Belagerung, denn die Österreicher seien im Anzug.

So kehrten die meisten wieder nach Bermatingen zurück. Doch bald darauf meldete eine Wache dem Hauptmann und dem Bauernrat im Kelhof überraschend: „Eine Gesandtschaft der Buchhorner steht draußen! Von der Freien Reichsstadt Buchhorn!"

„Ruf mir die Bauern aus der Buchhorner Gegend aus dem Lager und führ sie her!", befahl der Ziegelmüller dem Boten. Bastian stupfte den Stoffel, als der Ausrufer durch das Lager lief. „Komm, Stoffel, auf, da gehen wir auch hin! Dein Vater wird schon dort sein." Und so erschienen alle im Kelhof vor den Räten und dem Hauptmann Eitelhans Ziegelmüller. Bastian sah ihn zum ersten Mal ganz nah. Er war ein stattlicher Mann mit besonnenem, festem Blick und aufrechter Haltung, wie er da vor der Buchhorner Ratsabordnung stand. „Der weiß, wovon er spricht", flüsterte Bastian. „Ist doch selbst einmal leibeigen gewesen dem Grafen von Montfort in Tettnang." In seinem Lederwams war er aber gut gekleidet. Ziegelmüller ging auf die Abgesandten zu und schüttelte ihnen die Hände: „Das ist aber erfreulich, daß Ihr Euch zu uns haltet, freiwillig, ohne daß wir Euch dazu gezwungen haben!"

Auch Bauernrat Hans Katzmayer aus Lottenweiler war sichtlich überrascht. Als Anführer des Sammelplatzes Ailingen hatte er dem Hauptmann gerade die neuen Zahlen der zusammenströmenden Bauern überbracht. „So bleibt uns eine handfeste Auseinandersetzung mit den Buchhorner Bürgern erspart, denn bei uns gibt es viele Höfe, die den Buchhornern gehören", meinte Katzmayer erleichtert. Zur Ratsabordnung gewendet, betonte er: „Mit der Huldigung allein ist es nicht getan. Wir erwarten von Euch spürbare Verbesserungen unserer bäuerlichen Rechte!"

Bastian und Stoffel hatten sich abseits gehalten. Sie waren stolz dabei zu sein. Auch Vater Geßler freute sich über den gelungenen Abschluß. Es war noch kein Jahr her, da hatten die strengen Überlinger Ratsherren ihr Niedergericht über das Kloster und Dorf Hofen an die Reichsstadt Buchhorn verkauft. Die Hofener waren darüber nicht glücklich gewesen, denn die neuen Herren lagen vor ihrer Haustüre, und es hatte seither schon viel Ärger gegeben. Geßler überlegte im Stillen: Vielleicht haben wir mit dem umstrittenen Herrschaftswechsel doch keinen schlechten Tausch gemacht, wenn die Buchhorner jetzt den Bauernräten huldigen?"

Der Hauptmann wandte sich wieder an die Abordnung der Stadt Buchhorn. „Um Eure Standhaftigkeit gleich zu prüfen, bitten wir Euch um Fürsprache bei der Reichsstadt Überlingen, damit wir unsere dort gefangen gehaltenen Bauern frei bekommen. Wir hoffen, daß sich auch die Überlinger bald unserer gerechten Sache anschließen werden." – „Da macht Euch nur keine großen Hoffnungen", wandten die Buchhorner ein, „die Überlinger sind ganz gegen die Bauern; ihre Stadt haben sie so stark befestigt mit Bollwerken, die könnt Ihr nicht bezwingen. Wir wollen aber versuchen, Eure Leute rauszuholen." – „Der Geßler und sein Sohn sollen mitgehen. Stärkt Euch nur vorher", ermunterte Ziegelmüller die Buchhorner Gesandtschaft.

Da blieb sein Blick auf Bastian hängen. „Und zu wem gehörst du?" – „Ich bin der Bastian von Hagnau, wir gehören samt unserem Hof dem Kloster Salem; unser Gerichtsherr ist die Stadt Überlingen. Bisher hat der Überlinger Vogt in Ittendorf bei uns ein strenges Regiment geführt. Mein Bruder Franz ist auch hier, da bin ich ihm nachgegangen. Ich will mithelfen, daß wir frei werden", ergänzte er mutig. „Da kannst du gleich mit mir kommen, für so einen wie dich hab ich immer was zu tun. Du kannst mein Pferd versorgen, wenn wir unterwegs sind." Bastians Augen leuchteten.

Gleich am nächsten Morgen brachen sie mit 500 Knechten auf und setzten bei Meersburg in den bereitgehaltenen Booten und Lädinen über den See. Bastian fuhr auf dem Schiff des Hauptmanns mit und konnte beobachten, wie ihm die Bauern und Knechtsleute begeistert zujubelten, als sie in die Dörfer und Höfe rund um Wollmatingen kamen. Der Ziegelmüller kann wirklich überzeugend und vertrauenerweckend zu ihnen sprechen, dachte Bastian. Es wurden immer mehr, die mit ihm zogen.

Dann rückte das Osterfest heran. Am Gründonnerstag – es war der 13. April – trafen sich am Abend die Bauernräte von Bermatingen und Meersburg mit denen vom Hegau, insgesamt 60 Leute, mit dem Hauptmann in Salem. Sie berieten, wie es weitergehen solle. Die Lage war ernst geworden. In der vorigen Woche, am 4. April, war das vom Truchsessen gesammelte Bundesheer bei Leipheim an der Donau zum erstenmal mit einem großen Bauernaufgebot zusammengestoßen. Trotz ihrer großen Zahl hatten die Bauern noch auf den Zuzug anderer Haufen gehofft und einen Rückzug aus ihrer sicheren Stellung versucht. Die im Krieg erfahrenen Landsknechte des Truchsessen hatten dies ausgenutzt und den Bauern eine vernichtende Niederlage zugefügt. Es hieß, Tausende seien erschlagen worden oder im Donauried ertrunken.

Plötzlich näherten sich rasche Hufschläge dem Klostertor. „Laßt mich gleich zum Hauptmann Ziegelmüller. Es ist brandeilig!", rief keuchend der Bote. Er schien weit geritten zu sein, auch sein Gaul war völlig erschöpft. „Kommandant Hurlewagen vom Rappertsweiler Bauernrat im Kloster Langnau hat mir eine wichtige Botschaft mitgegeben, die ich sofort und persönlich aushändigen soll!" Der Torwächter winkte einem Burschen, der den abgekämpften Reiter zum Beratungsraum im Kloster führte.

Erstaunt und besorgt öffnete Ziegelmüller die Handschrift und las. In seinen Augen blitzte es, dann reckte er sich hoch. „Es ist soweit! Der Waldburger zieht auf uns zu; er ist bereits an Biberach vorbeimarschiert! Jetzt gilt's! Auf zum Stechen! Laßt überall die Sturmglocken läuten! Wir müssen ihm entgegen mit allem, was wir haben! Morgen in der Früh ist Abmarsch vom Bermatinger Platz. Gnad uns Gott!", rief er, stand auf und eilte zu seinem Braunen. Alle Räte machten sich eilends auf den Rückweg. Die Botschaft zum Läuten der Glocken verbreitete sich mit Windeseile.

Noch in der Nacht zum Karfreitag riß das durchdringende Geläut der Bermatinger Sturmglocke die weitum lagernden Bauern aus dem Schlaf. Auch Bastian fuhr erschreckt hoch. War es jetzt soweit? Rasch zog er sich den Kittel über und rannte zum Kelhof. Auf dem Platz herrschte schon ein großes Laufen und Rufen. Aus zahllosen Bodenseegemeinden strömten die Bauern und Hörigen mit Spießen und Stangen dem Sammelplatz zu. Die Fähnriche stellten ihre Sturmabteilungen zusammen und überprüften die Bewaffnung. Als sie die Fahnen aufstellten, kam Ordnung in die vielen Reihen. Von weitem vernahm man die Trommeln und Becken der Owinger, die am Kloster Salem vorbeizogen, als dort die Passion Christi gefeiert wurde.

Die Reitter

Bastian wartete noch auf den Hauptmann, als er plötzlich von weitem jemand aufgeregt winken sah. „Hallo Bastian", kam Klaus keuchend angerannt, „ich komme mit, ich hab's nicht mehr ausgehalten. Von uns sind ja auch viele dabei." – „Warum bist du denn damals einfach davongelaufen?", wollte Bastian erstaunt wissen. „Das erzähl ich dir später. Da kommt der Hauptmann." Schon wieder im Sattel, musterte dieser die aufgestellten Hundertschaften: „Leut, haltet Euch wacker. Jetzt müßt Ihr standhaft bleiben. Es geht um unser Recht!", ermunterte er die unruhig Wartenden. Bastian und Klaus wies er an: „Ihr fahrt mit der Lagerküche. Wenn ich euch brauch, laß ich euch rufen; haltet euch bereit!" Dann gab er das Zeichen zum Aufbruch. Mit dem trutzigen Bauernlied auf den Lippen

Als Adam grub und Eva spann,
kyrieleis
wo war denn da der Edelmann?
kyrieleis

setzte sich der lange Zug nach und nach in Bewegung. Plötzlich erblickte Bastian seinen Bruder Franz, der unter den Owingern mitmarschierte. Ganz dicht kam er an ihm vorbei und ihre Blicke trafen sich. „Du bist hier?", rief Franz überrascht. Bastian beugte sich vor und antwortete stolz: „Wir helfen dem Hauptmann!", und vorüber war die Rotte. Fröhlich flatterten die Fähnlein und Wimpel. In Markdorf winkten ihnen die Bürgersleute zu. Dann ging es unterhalb des Gehrenbergs durch die Dörfer, vorbei an Oberteuringen, wo die Mühle des Hauptmanns stand, in Richtung Ravensburg. Es war ein entschlossener Zug von mehr als 10 000 Mann. Die Geschütze von Meersburg und Markdorf wurden unter der Bedeckung von 300 Knechten mitgeführt, dazu etliche Wagen mit Munition und Proviant, Säcke mit Brot und Futter vom Kloster Salem. Die Feldscherer hatten auch Verbandszeug eingepackt.

Groß war die Hoffnung auf eine gerechte Entscheidung. Aber mancher hatte auch schon von der Blut- und Brandspur gehört, die das Bundesheer unter dem Truchsessen Jörg von Waldburg durch das oberschwäbische Land gezogen hatte. Die Leipheimer waren von seinen Leuten vernichtend geschlagen, den Baltringer Haufen hatten sie zersprengt. Heute am Karfreitag wird der Waldburger wohl auf seine eigenen Bauern treffen, die sich dem Bundesheer in der Nähe von Wurzach entgegenstellen wollten. Wird er sie auch angreifen oder wird er mit ihnen milder umgehen als mit den fremden Bauern? Und wie wird es dem Seehaufen ergehen?

In mehreren Etappen zogen sie endlich an der Freien Reichsstadt Ravensburg vorbei das Schussental hinauf, wo der Hauptmann immer wieder in den Dörfern Wachposten aufstellen ließ. Noch in der Nacht verbreitete sich wie ein Lauffeuer die

Abb. 15 (Seite 84/85): Vor dem Kloster Weingarten sind das Heer des Schwäbischen Bundes und das der Bauern gegeneinander aufmarschiert (aus Jakob Murers Weißenauer Chronik).

Kunde von der verheerenden Niederlage, die der Truchseß seinen eigenen Bauern bei Wurzach zugefügt hatte; ein strenges Strafgericht sollte die Besiegten erwarten!

Am frühen Karsamstag zogen die Bauern des Seehaufens durch den Altdorfer Wald bis Gaisbeuren. Dort erspähten sie einige Kundschafter des Truchsessen, die beobachteten, wie sich das Bauernheer lagerte und auf den Höhen die Geschütze in Stellung brachte. „Mit denen können wir den Waldburger gleich richtig empfangen", meinte der Hauptmann aufmunternd. Und tatsächlich, als Bastian gerade dem Hauptmann etwas zu essen bringen und seinem Pferd den Futtersack umhängen wollte, donnerte am Nachmittag die erste Geschützsalve in Richtung Waldsee. Die Antwort blieb nicht lange aus. Die Bundestruppen rückten heran, unübersehbar: die hessischen, bayerischen, österreichischen, württembergischen und reichsstädtischen Fahnen waren gut zu erkennen. Der prächtige Federbusch des Truchsessen wehte allen voran. Es müssen etwa 2000 Reiter und 7000 Mann Fußvolk gewesen sein. Die erste kleine Schießerei hielt an, bis es dämmerte. Dabei wurden einige Bauern verletzt und drei Rosse gingen verloren; beim Waldburger hingegen gab es einige Tote. Später wurde erzählt, ein Fußknecht habe versucht, die anderen Landsknechte des Bundesheeres zum Überlaufen zu den Bauern zu bewegen. Da haben sie den Verräter erstochen.

„Sie sind zuviele, wir brauchen Verstärkung", fand besorgt der Bauernrat am Abend. „Laßt alle zurückgelassenen Wachposten noch Leute herbeischaffen, die Spieße oder Stangen tragen können", befahl Ziegelmüller. „Schnelle Boten müssen die Hegauer und Allgäuer Haufen um Hilfe bitten!"

Da erschien Klaus, den der Hauptmann auf einen Erkundungsgang geschickt hatte. „Der Waldburger muß morgen stilliegen, seine Fußknechte sind alle sehr müd, besonders die Pferde sind wundgeritten und abgeschlagen", meldete er aufgeregt. „Das gibt uns Zeit für Verstärkung und Nachschub an Proviant. Der Aigen soll mit einem Markdorfer Bürger Wagen mit Verpflegung vom Kloster Salem hierher schicken", ordnete Ziegelmüller an. „Wir ziehen uns nach Altdorf unter dem Kloster Weingarten zurück, dann können wir uns auf der Höhe in Berg verschanzen und haben einen Überblick über das ganze Schussental, hinüber zum Kloster Weingarten und zur Reichsstadt Ravensburg". So geschah es noch in der Osternacht und am folgenden Ostermorgen.

Als sich die Bauern Berg näherten, meldete ein Kundschafter: „Der Rappertsweiler Haufen ist im Anmarsch! Der Hurlewagen kommt uns zu Hilfe!" – „Dann sind wir ja bald 14 000 Leute! Viel mehr als der Waldburger hat!", frohlockte Bastian. „Und Geschütz vom Schloß Argen bringen sie auch mit! Hurra! Jetzt ist der ganze Seehaufen beisammen! Und wenn die Hegauer und die Allgäuer auch noch dazustoßen, dann gibt's ein Stechen. So ein Osterfest kommt nie wieder!"

Gegen Nachmittag hatten die beiden obersten Hauptleute des Seehaufens sich besprochen und ihre Scharführer in Berg und Weingarten verteilt. Nun warteten sie auf den großen Augenblick der Entscheidungsschlacht.

Der Truchseß hatte sich durch Kundschafter über die Stärke des feindlichen Bauernheeres unterrichten lassen. Das sah böse für ihn aus. Diesmal könnten die Bauern es schaffen und ihre Forderungen nach mehr Freiheit und Gerechtigkeit beispielhaft für das ganze Land durchsetzen. Sie befanden sich eindeutig in der Überzahl. Den Bauern fehlte zwar die Übung und Erfahrung im Kampf, aber viele Landsknechte waren zu ihnen übergelaufen, und sie schienen nicht schlecht bewaffnet. Nun war guter Rat teuer! Einen Versuch wollte er noch machen: Er mußte vor den Bauern das Kloster Weingarten erreichen! Auf der Höhe über dem Marktflecken Altdorf gelegen und durch Mauern gut gesichert, beherrschte es das Schussental; dort war er nicht nur vor überraschenden Angriffen sicher, vom Kloster aus ließ sich auch die Entwicklung im Tal leicht beobachten und ein Sturm auf die Bauern besser vorbereiten. Aber als der Truchseß mit den ersten Bundestruppen bei Baienfurt angekommen war, entdeckten die Bauernführer sein Vorhaben und setzten von Berg herab eilig weitere Abteilungen zur Verstärkung in Trab – hinunter ins Schussental und nach Weingarten.

Vielleicht gab es einen anderen Weg, diese Entscheidungsschlacht zu umgehen oder sogar zu gewinnen!?

Am späten Abend des Ostersonntags steigt in der Dunkelheit vor dem Quartier des Ziegelmüller eine einsame Landsknechtsgestalt vom Pferd und verlangt barsch: „Zu Euerm Hauptmann, dem Ziegelmüller!" Ohne sich aufhalten zu lassen, ist er an den Wachen vorbei. Bastian und Klaus spähen besorgt hinterher. Kurz darauf sitzen der Hauptmann und sein später Gast auf und reiten in Richtung Baienfurt in die Nacht hinaus ...

Lange nach Mitternacht kehrt der Hauptmann allein zurück. Still, in sich gekehrt und bedrückt. Was mag geschehen sein? Nach einer kurzen Pause läßt Ziegelmüller alle Schar- und Fähnleinführer zu sich rufen und teilt ihnen in dürren Worten mit, wie ihn der Waldburger vor Mitternacht durch seinen Trompeter hat holen lassen. Zu der nächtlichen Verhandlung waren auch der Hauptmann Hurlewagen, der Ravensburger Rat samt dem Bürgermeister und einige Edle herbeigerufen worden. Da habe der Truchseß ihnen in drohendem Ton vorgeschlagen, sich gütlich zu einigen: „Wollt Ihr einen sicheren Frieden oder einen langen aufreibenden Krieg?", habe er gerufen. „Könnt Ihr die Verantwortung für das Blutvergießen, für die Witwen und Waisen, ja alles zu verlieren auf Euch nehmen?" Stockend berichtet Ziegelmüller weiter, wie der Waldburger sie unter Druck gesetzt hat.

„Einen Vertrag wollen die Herren aufsetzen, die Bauern zufriedenstellen. Vor allem Straffreiheit für das Mitmachen am Aufruhr hat der Truchseß zugesagt. Im Kriegsfall werde keine Gnade gewährt, sogar noch Schlimmeres sei geplant: Niederbrennen von Weingarten! Da hat der Hurlewagen eingelenkt. So haben wir uns zuletzt für den Vertrag entschieden. Er wird in den nächsten Tagen endgültig ausge-

Abb. 16: Nach dem verlorenen Aufstand geloben die Bauern ihren Herren, hier dem Weißenauer Abt, von neuem die Treue (aus Jakob Murers Weißenauer Chronik).

handelt. Vorbedingung: die Bauern gehen heim. Die Waffen können wir mitnehmen. Die Fähnlein werden ausgeliefert."

Bastian und Klaus horchen mit aufgerissenen Augen und trauen ihren Ohren nicht! Die Fähnleinführer sind überrumpelt. Zähneknirschend müssen sie die Entscheidung ihres Kommandanten annehmen. Was werden die kampfbereiten Bauern sagen?

Am Morgen, dem Ostermontag, verbreitet sich die Nachricht wie ein Lauffeuer. Ein gewaltiger Sturm der Entrüstung bricht los. „Das kann nicht wahr sein! Die haben uns verkauft! Der Hurlewagen ... ist bestochen worden ...!"

Wenig später erscheint der Truchseß mit seinem Gefolge. Die Fähnriche und Zugführer des Bauernheeres müssen vor ihm niederknien und um Gnade bitten. Die Fähnlein werden ausgehändigt und vom Truchsessen mitten durchgerissen. Nun wissen die Bauern, daß die Kapitulation endgültig und der Kampf um ihr Recht verloren ist. Tiefe Mutlosigkeit überkommt viele. Schon am Nachmittag machen sich die ersten Gruppen enttäuschter Bauern auf den Heimweg. Was wird dieser Vertrag von Weingarten für sie bringen?

Auch Bastian und Klaus machen sich zum Abmarsch bereit. Der Ziegelmüller kann sie vorerst nicht mehr brauchen, weil er noch etliche Tage zur Vertragsaushandlung in Weingarten bleiben muß. Franz ist unschlüssig. Als in der Nacht die Hegauer mit 4000 Mann anrücken und die Allgäuer mit weiteren 8000, die den Kampf noch nicht aufgeben und auch den Vertrag nicht annehmen wollen, da geht er mit ihnen. „Sag daheim, daß ich noch nicht komm. So leicht wie den Seehaufen werden sie uns nicht abspeisen", trägt er Bastian auf.

Bei Dürnast kommt den Heimwärtsziehenden der Proviantwagen aus Salem entgegen. Den brauchen die in Weingarten jetzt nicht mehr. So verteilen die heimkehrenden Bauern alles unter sich.

Vor Markdorf verabschiedet sich Klaus von Bastian: „Wer hätte das gedacht, daß es so mit dem Seehaufen enden würde! Hoffentlich sind in dem Weingartner Vertrag doch ein paar Artikel, die euch Recht geben! Du bist mir nicht mehr bös, weil ich damals meine Leut in Markdorf benachrichtigt hab? Ein richtiger Spion war ich ja nicht! Wir haben doch gut zusammengehalten. Ich besuch dich einmal!"

Zuhause traf Bastian alles wie zuvor. Die meiste Arbeit war liegengeblieben, der Vater schaffte es nicht mehr. Wenn sie nicht genug erwirtschaften konnten, wurde ihnen vielleicht doch der Hof weggenommen. Bastian mußte nun für drei arbeiten, solange der Franz fort war.

Als der Vertrag am 22. April, am Samstag nach Ostern, ausgehandelt und besiegelt war, da stand fest: Die Bauern geloben und schwören, daß sie keinen Aufruhr mehr machen, ihren Obrigkeiten wiederum ihre Pflicht tun, ihre Frondienste, Zinsen, Steuern, Zehnten wie vor dem Aufstand leisten, den entstandenen Schaden an

Abb. 17: Grabplatte des Bauernführers Eitelhans Ziegelmüller (gest.1545) und seiner Frau an der Pfarrkirche Oberteuringen.

den Schlössern, Klöstern, Häusern und Gütern wiedergutmachen und ersetzen müssen. – Es hatte sich nichts geändert!

Mit den frisch ausgeruhten Bundestruppen konnte der Truchseß nun nach dem Ausschalten des größten Haufens – des Seehaufens – gegen die weiterkämpfenden Hegauer und Allgäuer ziehen, die im Sommer und Herbst blutig besiegt und bestraft wurden.

Im Sommer 1584: Buchhorn brennt!

Gefährliches Spiel mit dem Feuer – Das Spital in Flammen!

„Da, Hannes, lauf und bring dem Vater das Vesper auf den Turm, aber beeil dich, daß du deiner Schwester noch beim Aufräumen helfen kannst, es sieht nach einem Wetter aus.“ Kaum hat die Mutter noch einen kleinen Krug Wein eingepackt, greift sich Hannes den Korb, rumpelt die Holzstiege hinunter und läuft rasch über den Hof. Draußen biegt er in die Vordere Gasse ein und springt mit einem Satz über eine Wasserrinne. „Da hat doch wieder jemand etwas hineingeworfen“, schimpft er vor sich hin. Schnell lupft Hannes den alten Strohballen heraus und saust weiter. Die Wasserrinnen müssen immer frei bleiben, hat der Vater gesagt, damit das Wasser vom Stadtweiher vor dem Obertor ungehindert hindurchfließen kann. Vom Gredhaus herüber, dem städtischen Handelshaus, hört er die Rufe und das Lärmen der fremden Fuhrleute, die gegen Abend angekommen sind und noch Fässer und Ballen abladen.

Seit dem Betläuten vor einer halben Stunde sind die Stadttore geschlossen. Die Torwächter sind nach Hause gegangen. Nur durch das „Türlitor“, das ins Seetor auf der Ostseite der Stadt eingelassen ist, können Fußgänger die Stadt noch bis neun Uhr betreten oder verlassen. An Stelle der Wächter an den vier Toren ist nun der Turmwächter auf seinem luftigen Posten für das Wohl und den Schutz der Stadt verantwortlich. Sein Dienst hat beim Schließen der Tore begonnen. Steinmetz Hans Sailer, der Vater von Hannes, war bis zum Betläuten so in seine Arbeit vertieft, daß er von der Werkstatt gleich zum Turm der Nikolauskirche eilen mußte. So läßt ihm die Frau das Vesper eben auf den Turm bringen.

Im Gasthaus „zum wilden Mann“ sind um diese Zeit wenig Gäste. Der Wirt steht vor der Tür und schaut prüfend zum Himmel hinauf. Sein Sohn Uli, der hinter ihm steht, gibt Hannes ein Zeichen. Die beiden Freunde verschwinden rasch durch den Hof. Da legt Uli den Finger an den Mund und sieht sich verstohlen um. „Komm, ich zeig dir was!“ – Hannes hat noch die Worte seiner Mutter im Ohr, daß er sich beeilen soll, aber da zieht ihn Uli schon mit sich. „Laßt mich auch mit!“, ruft Ulis Schwester Lena, faßt ihre Röcke hoch und klappert in ihren Holzschuhen hinter den beiden her. „Die Mutter wird dich suchen, in der Küche sollst du helfen, das Essen für die Gäste herzurichten“, versucht Uli sie loszuwerden. Da erreichen sie schon ihr kleines Versteck, hinter ein Paar Fässern, auf der Rückseite des Torkels, der großen Traubenpresse. Hier, zwischen dem Haus der Fischerzunft und der Stadtmauer gegen den See, wird man sie nicht so schnell stören. Vorsichtig zieht Uli aus seinem Hosensack einen Fetzen Stoff hervor, in dem ein wenig graues Pulver eingewickelt ist. „Das hab ich heut beim Gredhaus gefunden, neben einem Fuhrwerk aus Memmingen. Ob wir damit ein Feuer anmachen können? Komm, wir legen Heu, Stroh und ein paar alte Latten zusammen und probieren es!“ Lena macht große Augen und schlägt die Hand vor den Mund. Uli hat doch immer was vor, nie ist es langweilig, dem fällt dauernd etwas ein. „Ja, aber – kann da auch nichts passieren?“, wirft Hannes kleinlaut ein. „Heut waren grad wieder die Feuerschauer bei uns und haben nach dem Herd und dem Holz geschaut.“ – „Ach, du immer mit deiner Angst! Nur weil dein Vater dieses Jahr Turmwächter ist! Sei kein Spielverderber! Wir machen es gleich wieder aus.“ Mit einem Feuerstein reiben und klopfen sie ein wenig von dem grauen Pulver. Plötzlich fängt das dürre Gras die Funken auf. Im Nu brennt ihr Holzhaufen lichterloh. „Schaut her, wie es brennt!“, triumphiert Uli. Hannes guckt sich um. Es ist ihm unbehaglich. Ist nichts in der Nähe, was Feuer fangen kann? Ein Strohballen, ein alter Schuppen? Das Haus des Schiffsmeisters Rothmund ist nicht weit. Wenn kein Wind kommt... Eine Weile schauen sie in die züngelnden Flammen. Lena holt noch dürre Äste und wirft sie oben drauf.

Da fällt Hannes der Vater ein. „Du Uli, ich muß gehen. Paßt gut auf, vielleicht kann ich später noch einmal herkommen.“ Und fort ist er, saust beim Bäcker um die Ecke, an der Zollstube, dann am Kornhaus auf dem Marktplatz vorbei, und schon ist er am Aufgang zum Kirchturm von St. Nikolaus. Er keucht die Stufen hinauf, vorbei am Glockenstuhl. Da hängen sie, die Gebetsglocken und die große Glocke, die Sturmglocke, die nur bei Gefahr und Brand geläutet wird. Ganz wohl ist ihm nicht bei dem Gedanken an die beiden da unten.

Endlich ist Hannes oben in der Turmstube. Sein Vater, der Turmwächter, schaut gerade mit ernstem Gesicht zum Ausguck hinaus. „Gut, daß du kommst. Schau einmal hinaus, da hinten über dem See zieht ein Unwetter her!“ Rasch nimmt er Hannes den Korb ab. Bald muß er die Nacht anblasen, denn die Dämmerung bricht schon herein. Bis um Mitternacht muß er hier wachen, dann wird er abgelöst. Von oben läßt sich die Stadt Buchhorn mit ihren Toren und Türmen und den kleinen Häusern gut überblicken, wie sie sich innerhalb der Stadtmauer eng zusammendrängen. Rauch und Feuer kann der Vater von hier aus schnell erkennen und dem Bürgermeister und den vier Zunftmeistern melden. Auch auf herannahende Feinde soll der Turmwächter achten.

Staunend schaut Hannes hinunter in die kleinen Höfe und Gassen, wo die Menschen wie Ameisen hin- und herlaufen und ihre Arbeit tun.

Da fegt ein Windstoß um den Turm. Vom schäumenden See her ballen sich dunkle Wolkenberge in Windeseile zusammen. Erschrocken fährt Hannes auf und sucht hastig von oben nach dem Versteck. Haben Uli und Lena das Feuerle ausgemacht? Von der Vorderen Gasse herauf hört er Heiner, den Gredknecht, den Sturm ausschreien. Gleich wird er dem Mesner helfen, die Wetterglocke zu läuten.

„Bub, mach, daß Du heimkommst!“, ruft der Turmwächter. „Hilf der Mutter und der Lisbeth die Läden zuriegeln, besonders an der Seemauer! Beim letzten Sturm hat die Gischt bis zu den Stubenfenstern heraufgespritzt! Der Wind pfeift bei uns immer so heftig um die nahe Spitalecke, da werden die Wellen richtig gegen die Seemauer gepeitscht. Gebt auf das Feuer im Herd acht und auf das Licht . . .!“ Schnell ist Hannes wieder unten. Unschlüssig schaut er sich um. Soll er noch einmal bei ihrem Versteck nachschauen?

„Was machst denn du noch hier?", tönt es da mit rauher Stimme neben ihm. Es ist der Gassenwächter Michel auf seinem Rundgang. „Siehst du nicht, wie es stürmt? Gleich geht es los, das Unwetter. Ich muß noch zur alten Kathrin und ihr das Herdfeuer abdecken." Hannes wird es unheimlich. Er fängt an zu rennen.

Plötzlich wird es dunkel. Das Wetter ist da! Pfeifend saust der Sturm um die Hausecken. Die ersten Blitze zucken. Krachend und rollend antwortet der Donner. Schwarz ist der Himmel, dann taghell erleuchtet. Erschreckt und schutzsuchend drückt sich Hannes in einen Hauseingang. Angstvoll legen die Nachbarn noch schnell die Riegel vor die Fensterläden. „Hoffentlich ist zuhause auch alles verriegelt", denkt er.

Blitz folgt auf Blitz. Da – war das nicht ein Schrei? Hannes späht angstvoll um die Ecke. Dort! Dort beim Spital, beim Heilig-GeistSpital schlagen die Flammen zum Dachstuhl heraus. Hilfe! Es brennt! Hat es der Vater oben auf dem Turm gesehen? Ich muß es dem Bürgermeister melden! Und schon rennt Hannes in Richtung Rathaus. „Zu Hilfe! Das Spital brennt. Die Glocke...!" Der Bürgermeister und die Zunftmeister sind schon beisammen, als Hannes atemlos die Meldung bringt. „Brav, Hannes! Wir haben es schon gehört!" Die große Glocke – sie dröhnt laut dreimal:

Abb. 18: Das Spital, nach dem Brand von 1584 wieder aufgebaut. Der Giebel links dahinter gehört zum alten Pfarrhaus, heute „Spitalkeller" (Aufnahme beim Bau der Uferstraße 1912/13).

„Zu Hilfe! Es brennt! Zu Hilfe!" Von überall her aus den Nachbarhäusern hasten schon die Helfer, voran der Stadtammann. Er muß die Brandbekämpfung leiten. Mit Eimern und Töpfen rennen die Leute zu den Wasserrinnen. Da läuft auch schon vom Stadtweiher das Wasser herein. Die Menschen bilden eine Kette, füllen die Eimer, geben die vollen weiter an die Vordersten zum Löschen. Hannes steht mittendrin. Er schaut sich um. Ist Uli auch da? Er muß ihn unbedingt etwas fragen. Aber da wird ihm schon der Eimer aus der Hand genommen und weitergereicht. Mit feuchten Tüchern vor dem Mund springen die großen Fischerbuben ins Stiegenhaus des Spitals hinein und tragen durch den dichten Qualm die gehunfähigen Alten und Kranken heraus. Der Spitalmeister und seine Knechte helfen so gut sie können. Der Bruder von Hannes ist auch dabei. Er stützt einen alten, zitternden Mann. Sind alle draußen?

Wo sollen sie hingebracht werden? „Wir bringen sie ins nahe Kreuzlinger Haus", bestimmt der Spitalmeister. „Aber schaut! Dort!" Ein glühender Sparren vom Spital fällt in den Hof des Pfarrhauses. Die Holzlege fängt Feuer, die Flammen lecken an der Pfarrscheuer hinauf. Die Feuersbrunst weitet sich aus. Hannes steht wie gebannt. Vorsicht! Mit Entsetzen sieht er, wie ein Teil des Spitals einstürzt. Rauchende, verkohlte Balkenreste und Schindeln krachen zu Boden, hochauf sprühen die Funken. Da, schon haben die Flammen, vom Wind getrieben, das Pfarrhaus erreicht. Funken überall! Nun brennt es auch dort. Wenn nur das Untertor nebendran nicht auch noch ausbrennt! Seine massiven Mauern werden dem Feuer ja standhalten.

Hannes starrt zum Pfarrhaus hinüber und gibt Eimer für Eimer weiter. Da kommt ihm plötzlich ein furchtbarer Gedanke. Das Feuer wird vom Spital doch nicht in Richtung Gredhaus zu ihrem eigenen Haus vordringen? Nur das Haus der St.Georgs-Kaplanei liegt zwischen dem Spital und dem Haus der Steinmetzfamilie! Hannes dreht sich um und sieht mit Entsetzen, daß das Kaplaneihaus lichterloh brennt und aus dem Dachstuhl des Elternhauses schon die ersten Flammen schlagen! In höchster Angst läßt er alles stehen und kämpft sich mühsam durch den beißenden Qualm, vorbei an angekohlten Holzbalken und gerettetem Hausrat. Dort vorn, ist das nicht die Mutter und Lisbeth, die verzweifelt zu dem brennenden Dachstuhl hinaufschauen? O, mein Gott! „Hannes, wo bist du solange geblieben?", ruft die Mutter angstvoll mit dem kleinen Heiner auf dem Arm. Der Schlosser steht oben auf der Stiege und versucht mit einer nassen Decke die Flammen auszuschlagen. Der Bäcker und andere Nachbarn tragen einen Tisch und Bettzeug heraus. Hannes steht fassungslos vor dem rauchenden Haus.

Das Feuer erfaßt nun auch die angrenzenden Häuser. Immer mehr verzweifelte Gesichter, Rufen, Schreien, Weinen: „Helft, rettet meine Kinder! Auch unsere Vorräte . . . die Stofftruhe, der schöne Spind, die Sonntagskleider! Mein Geschirr!"

Die Nachbarn helfen, so gut sie können und holen heraus, was nicht brennt. Es sind nicht genug Hände, um die vielen Brandstellen zu löschen. „Hierher!", kommandiert der Ammann die Helfer. „Wir müssen von den Seiten das Feuer angehen, sonst brennt uns noch die ganze Stadt!" Erschöpft und verzweifelt füllen die Männer, Frauen und Kinder weiter Eimer um Eimer. Ja, manche lassen gar welche an

Seilen zum See hinunter, ziehen sie voll Wasser wieder heraus und schütten sie in das wütend um sich greifende Flammenmeer. Nimmt es denn kein Ende?

Da läßt ganz plötzlich der Sturm nach. Ein prasselnder Regen setzt ein. „Gottlob, endlich!" In kurzer Zeit sind alle bis auf die Haut naß. Da kommt Ulis Mutter, die Wirtin, und nimmt Frau Sailer samt dem kleinen Buben auf dem Arm mit in die Wirtsstube. Hannes und Lisbeth helfen noch beim Löschen. Plötzlich steht Uli neben Hannes, der ein zerbrochenes Spinnrad in der Hand hält. „Ach Uli, sag, was ist aus unserem Feuerle geworden?" Endlich kann Hannes diese Frage stellen. „Das ist noch vor dem Sturm ausgegangen, gerade, als der Feuerschauer vorbeikam." Hannes fällt ein Stein vom Herzen. Aber Sorgen hat er noch genug. Uli tröstet: „Du, meine Mutter sagt, ihr könnt bei uns schlafen. Vom Spital sind auch ein paar da."

Allmählich bekommen sie das Feuer unter Kontrolle. Der starke Regen erstickt die letzten Flammen. Rauchschwaden und Brandgeruch hängen in der Luft. Da kommt der Vater mit müdem und rußigem Gesicht aus der versengten Haustür. Als sein eigenes Haus brannte, ist er vorzeitig auf dem Turm abgelöst worden. „Geht mit dem Uli, ich komme später nach." Als Hannes todmüde bei Uli in der Bettstatt schlafen kann, hört er nebenan seine Mutter weinen: „Was soll nur aus uns jetzt werden? Es ist ja fast alles verbrannt. Wer kann uns helfen? Wir haben nicht so viel sparen können." – „Vielleicht könnt ihr bei euren Verwandten in Ravensburg vorerst bleiben oder euch etwas leihen. Den anderen geht es auch nicht besser. Wir müssen alle zusammenhelfen", versucht die Wirtin zu trösten. Hannes schläft mit schlimmen Träumen ein.

Im Morgengrauen schleichen sich die Buben hinaus. Grauer Qualm steht noch in den Gassen. Jetzt sehen sie erst die ganze Verwüstung: Verkohlte Balken, zerbrochene Fensterscheiben, Mauerreste, herabgefallene Ziegel, rauchende Trümmer. Auf einer alten Truhe sitzt ganz verstört die Großmutter von Schuhmachers Konrad und starrt in die Überreste ihrer Werkstatt. Was sie sich in vielen Jahren aufgebaut haben, ist in ein paar Stunden verbrannt. Weiter drüben suchen die Kinder vom Metzger und die Frau vom Weinhändler schluchzend nach ihren Sachen. Hannes und Uli stochern in der Asche des Häuschens, aus dem Hannes gestern noch mit dem Vesperkorb für seinen Vater fröhlich herauskam. Ein Teil der Stube ist stehengeblieben. Vielleicht ist noch etwas zu gebrauchen.

Der Bürgermeister geht mit den Zunftmeistern besorgt durch die Gassen. „Diesmal hat es das Spital und alle Nachbarhäuser getroffen. Bei den letzten großen Brandkatastrophen vor zwei-, dreihundert Jahren sind in Buchhorn fast alle Häuser verbrannt. Wir müssen überlegen, wie wir helfen können." – Nun bemerkt der Bürgermeister den Buben. „Da ist ja der Hannes, der mir den Brand gemeldet hat! Sag deinem Vater, er soll nach dem Schuttaufräumen ins Rathaus kommen. Wir wollen beraten, wie es weitergeht!" Hannes nickt etwas erleichtert. Als sie weitergehen, wendet er sich zu Uli und fragt: „Sag mal, gibt es denn nichts, was man gegen den Blitz tun kann?"

Bis eine Abhilfe erfunden und in Buchhorn eingeführt wird, muß die Stadt noch drei Großbrände erleben, kurz nacheinander in den Jahren 1738, 1758 und 1787.

Die Schweden in „Gustavsburg“

Not und Schrecken im Dreißigjährigen Krieg – Buchhorn als schwedische Festung – Hofen und Löwental niedergebrannt

Es ist ein Frühlingsmorgen im Mai 1634. Die Sonne glitzert auf dem See. Doch die Buchhorner haben keinen Blick dafür. Aufgeregte Schreie und Rufe hallen durch die Gassen. Türen und Fenster werden aufgerissen: „Sie kommen! Sie kommen von Überlingen her! Sie sind schon in Meersburg! Bald sind sie da!“ Ein paar Kleider und Proviantreste werden eingepackt. Dann ein Laufen und Rennen zum See. Schiffe werden losgemacht...

Michael steckt den Kopf durch die Tür des Fischerhäuschens am See und sieht gerade noch, wie die Katzmayerin mit dem kleinen Jakob vorbeirennt. „Wollt ihr nicht auch mitkommen? Wir fahren mit den anderen in die Schweiz. Hoffentlich sind wir diesmal drüben vor den Schweden sicher!“, ruft sie. Beunruhigt dreht sich Michael um. Der alte Fischer Michael Lienhart sitzt todmüde am Tisch. Er ist erst gegen Morgen vom nächtlichen Fischfang zurückgekommen. Aber es war fast nichts im Netz. Am Herd steht die kleine Kathrin und rührt die wässrige Hafersuppe. „Wollen wir nicht auch fortgehen?“ Ängstlich sieht sie den Großvater an.

„Laß nur“, wehrt der kranke Mann müde ab, „sie werden uns nicht alle totschlagen. Vor zwei Jahren haben die Schweden die ganze Stadt ausgeraubt, daß fast nichts mehr übrigblieb. Als sie dann nach Ulm abzogen, haben sie sogar unseren Bürgermeister Schädler samt dem Stadtammann Heilig und dem Stadtschreiber Handel mitgeschleppt. 1000 Taler Lösegeld haben sie uns abgepreßt, dann erst haben sie die drei wieder laufen lassen. Nachher kamen die Kaiserlichen, die Pappenheimer und auch die spanischen Soldaten und verlangten wieder Verpflegung und Quartier. Wohin sollen wir gehen? Das Elend ist doch überall. Denk an den Martin Baldauf, den der Stadtrat in den Diebsturm stecken ließ, nur weil er aus Hunger nachts draußen vor der Stadtmauer ein wildes Birnbäumle geschüttelt hat.“ Mit ausdruckslosem Blick schaut er auf den See den Booten nach. Wie lange dauert dieser fürchterliche Krieg nun schon?

Angefangen hat alles mit der leidigen Kirchenspaltung. Seit der Wittenberger Mönch Martin Luther anno 1517 mit der Forderung nach einer grundlegenden Erneuerung der christlichen Kirche aufgetreten ist, gärt es ununterbrochen in Deutschland. Es ist seitdem in zwei Lager gespalten. Die einen haben sich der Bewegung Luthers – der „Reformation“ – angeschlossen und sich vom Papst in Rom losgesagt; die anderen halten treu zur alten katholischen Kirche. Der Riß geht sogar durch ganz Europa: die südlichen Länder sind katholisch geblieben, die nördlichen – darunter Schweden – haben ihre Kirchen reformiert und sind nun „evangelisch“.

Das Verhältnis der beiden Lager zueinander wurde immer feindseliger. Zum Krieg kam es dann, als die Böhmen ihren katholischen König absetzten und einen evangelischen Fürsten zum neuen König wählten. Das wollte sich der bisherige König nicht gefallen lassen, denn er war zugleich der deutsche Kaiser. Nun währte dieser unselige Religionskrieg schon fast 16 Jahre! In Oberschwaben bekam man anfangs nur wenig davon zu spüren, man sah aber oft kaiserliche Soldaten durchmarschieren. Die einen brauchte man gerade in Böhmen, die anderen in Italien und wieder andere in der Pfalz oder in Norddeutschland – immer dort, wo der Krieg gerade tobte. Die Marschtrommel wollte manchmal wochenlang nicht verstummen.

Erst als der Schwedenkönig vor zweieinhalb Jahren mit seinen Soldaten den Evangelischen, die vom Kaiser schon fast besiegt waren, zu Hilfe kam, war auch Oberschwaben bald Kriegsschauplatz geworden. Das lutherische Herzogtum Württemberg schlug sich auf die Seite der Schweden, und nun gab es seit zwei Jahren ein ständiges Hin und Her zwischen den verbündeten Schweden und Württembergern im Norden und den Kaiserlichen am Bodensee, die sich vor allem in Konstanz, Lin-

Abb. 19: Überfall von Soldaten auf ein wehrloses Dorf (nach einer Radierung von Hans Ulrich Frank, Kaufbeuren, um 1650).

dau und Bregenz verschanzt hatten und den Feind auf keinen Fall nach Vorarlberg und in die Alpen eindringen lassen wollten.

Vor dem ersten Schwedeneinfall im April 1632 war allerdings schon einmal schweres Leid über Oberschwaben hereingebrochen: In den Jahren 1628 und 1629 hatte die Pest gewütet und viele Menschen, Nachbarn und Verwandte, dahingerafft, man konnte sie kaum mehr beerdigen. Auch Lienharts Frau und Kinder waren darunter. Da holte der alte Fischer die zwei noch lebenden Enkel, die jetzt neunjährige Kathrin und den 13jährigen Michael in sein Haus. Mit nachbarlicher Hilfe schlugen sie sich bis jetzt durch.

Aber nun ist das Jahr 1634, und die Schweden kommen wieder. In den letzten Januar- und ersten Februartagen sind die ersten Regimenter durch ganz Oberschwaben bis nach Langenargen und Meersburg vorgestoßen. Ein Großteil der Landbevölkerung ist gleich damals in die Schweiz geflohen. Ende März mußte sich die Reichsstadt Biberach nach fünftägiger Belagerung ergeben. Am 24. April hat die Belagerung von Überlingen begonnen; drei Wochen dauert sie nun schon, aber die Überlinger geben nicht auf. Die Buchhorner sahen zweimal Lindauer Schiffe mit Geschützen und kaiserlichen Soldaten zur Verstärkung der belagerten Stadt auf dem See vorüberziehen. Auch aus Konstanz haben die Überlinger immer wieder über das Wasser Verstärkung erhalten.

General Horn hat erkannt, daß die Schweden ohne eigene Kriegsschiffe gegen die stark befestigten Städte Überlingen, Konstanz und Lindau nichts ausrichten können. Wo soll er sie bauen, ohne dauernd durch kaiserliche Überfälle bedroht und gestört zu werden? Da fällt ihm die Reichsstadt Buchhorn ein. Die braucht er sicher nicht lange zu belagern; sie ist viel zu schwach, um sich gegen die schwedischen Regimenter zu wehren. Mit ihren Mauern und ihrer Landestelle bleibt sie dann ein günstiger Stützpunkt am See!

Eilends entwirft Horn einen Plan: die Stadt muß im Handstreich genommen werden! Es darf nicht so gehen wie im Februar, als die Lindauer Kaiserlichen die Eroberung des Schlosses Langenargen vereitelten! Buchhorn soll von zwei Seiten überfallen werden: vom Land und vom See her; die wenigen bisher erbeuteten Schiffe reichen für diese Unternehmung voll aus! In der Nacht vom Sonntag auf Montag müssen die Soldaten die Stadt einnehmen; die Kaiserlichen dürfen das Vorhaben erst erkennen, wenn es zum Eingreifen zu spät ist!

So ist also der 15. Mai angebrochen. Irgend jemand ist den heranziehenden Soldaten vorangeeilt und hat die erschrockenen Buchhorner alarmiert.

Es ist auf einmal ganz still draußen. Wie ausgestorben liegen die Straßen und Gassen, die Häuser und Tore der Stadt Buchhorn in der Maisonne. Nur Zunftmeister Geßlers gelbbraune Katze streicht kläglich miauend um das verlassene Haus.

Horchend hebt Michael den Kopf. Klingt das nicht wie Pferdegetrappel? Zwei Reiter in blau-gelben Röcken halten plötzlich am Untertor und sitzen ab. Sie spähen umher und stoßen mit ihren Piken vorsichtig das angelehnte Tor auf. Zögernd gehen sie durch die leeren Gassen und werfen verstohlene Blicke in die Eingänge der stillen Häuser. Ist niemand da? Wo sind die Bewohner?

„He du da! Komm raus!“ Sie haben den erschrockenen Michael hinter der Tür entdeckt. „Wo sind die Leut, Bub?“, ruft barsch einer der Dragoner. „Wir brauchen Proviant und Futter für die Pferde.“ Drohend kommen sie näher. „Ist noch wer drin?“ Zögernd kommt Michael hervor. „Nur der alte Großvater und die kleine Schwester.“ Einer der Kundschafter tritt ins Haus und sieht den alten Mann herausfordernd an. „Da schaut hinaus! Seht ihr die vier Schiffe? Es sind noch zweihundert Mann drauf. Der General Horn schickt sie. Sie werden bald hier sein, noch vor den Kaiserlichen. Außerdem sind eintausendfünfhundert Mann hierher im Anmarsch. Die brauchen 'was zu essen und vor allem zu saufen. Gnad euch Gott, wenn ihr nichts herbeischafft!“

Doch ehe der Fischer antworten kann, dringt vom Tor herüber ein Lärmen und Rufen, Trappeln und Schnauben. Die Schweden sind da! Die beiden Reiter eilen zurück und erstatten am Tor den Obersten Sigerod und Kupfermann Bericht über ihre Erkundigungen in Buchhorn: „Die Leute sind geflohen. Vorräte sind nicht viel da.“ – Die Beratung ist kurz. „Wenn die Stadt nicht verteidigt wird, kein Bürgermeister und Rat da ist, so gehört sie uns!“, bestimmt Oberst Sigerod, und so besetzen die Schweden zum zweiten Mal die Stadt Buchhorn.

Doch zuerst werden die Musketiere mit ihren Gewehren abkommandiert. Aus jedem Haus am See muß eine Muskete auf die kaiserlichen Verfolger gerichtet werden, um die Ankunft der schwedischen Schiffe zu sichern. „Weg da, Fenster auf! Steht nicht da und haltet Maulaffen feil! Halte den Gabelstock!“, herrscht der Soldat den verdutzten Michael an. Schon legt er die schwere Muskete drauf, so daß sie mit der Mündung aus dem Fenster herausragt. Kugeln als Munition stapelt er auf dem Stubenboden. „Von Konstanz her rücken die Kaiserlichen an. Die wollen uns vom See aus beschießen“, brummt er.

Drohend fahren die zwölf kleinen kaiserlichen Schiffe des Kommandanten Weiß im Halbkreis auf Buchhorn zu. Da, schon blitzt es. Rauchwolken steigen hoch, Seewasser spritzt auf. Gebannt sieht Michael, wie die Schiffe vom Rückstoß der Schüsse schaukeln. Sie sind noch zu weit entfernt. Langsam kommen sie näher. Aber die Musketiere sind bereit. „Feuer!“ In allen Buchhorner Häusern am See flammen die Lunten auf, und mit einem vielstimmigen Knall zischen die Geschosse ab. Die Kaiserlichen schießen zurück. Mit einem neuen Kugelhagel antworten die Musketen und halten sie auf Abstand. Aber die Flotte von Oberst Weiß kommt gefährlich nahe. Beim nächsten Feuerstoß gibt es Verwundete. Ihr Geschrei mischt sich in das Donnern der Geschütze. Die schwedischen Schiffsleute rudern um ihr Leben auf die Stadt Buchhorn zu. Blitzend und krachend schlagen kaiserliche Geschosse ringsherum ins Wasser. Da, die Landebrücke ist getroffen. Auch von einer Hauswand bröckelt ein Stück ab. Doch als die Pulverwolken verzogen sind, sieht Oberst Sigerod mit Erleichterung, wie die schwedischen Schiffe an den Pfosten festmachen. Die Landung ist geglückt. Aber so schnell geben die Kaiserlichen nicht auf. Zur Verstärkung warten sie auf weitere Schiffe aus Lindau und Bregenz.

Nun machen die Schweden Quartier in Buchhorn. Die beiden obersten Kommandanten richten sich mit ihren Burschen im Rathaus ein. Die Fähnleinführer und Unteroffiziere verteilen ihre Untergebenen auf die verlassenen Häuser, in den leeren Ställen stampfen bald die mitgebrachten Pferde. Dann werden Zelte aufgeschlagen, und wer vom Fußvolk nicht in den Bürgerhäusern untergekommen ist, findet dort einen Lagerplatz. Auch Frauen mit buntscheckigen Röcken in kleinen Planwagen sind angekommen und verkaufen Waren oder kümmern sich um die Soldaten. Kinder sind dabei. Ganze Familien sind in den Krieg gezogen. Doch zuerst werden die Küchenwagen abgeladen und die Lagerküche aufgebaut.

Der mitgebrachte Proviant geht bald zu Ende. Deshalb werden die Häuser nach Eßbarem durchsucht. Auch andere Vorräte wie Stoffe, Geschirr und Möbel können die Soldaten gebrauchen zum Tauschen, Verkaufen oder als Brennmaterial.

Auf dem Marktplatz lodert bald ein großes Feuer. Darüber hängen Kessel mit Bohneneintopf. Ein unterwegs noch erbeuteter magerer Ochse brutzelt am Spieß. Jeder versorgt sich, so gut er kann. Das ist ein buntes Gewimmel, ein Schnattern und Rufen, ein Johlen und Feilschen, ein Stimmengewirr aus schwedischen, deutschen, polnischen, schwäbischen, bayerischen, niederdeutschen Kehlen. Michael kennt sich nicht mehr aus.

Neugierig hat er sich herangeschlichen. Der Großvater hat es zwar verboten, daß sich die Kinder unter das feindliche Volk mischen. Aber es riecht so verlockend nach Essen. Hinter einem Weinfäßchen lehnt ein junger Bursche. Er trägt ein feines ledernes Wams und singt leise ein trauriges Lied vor sich hin:

„Maikäfer, flieg, mein Vater ist im Krieg,
mein' Mutter ist in Pommerland, Pommerland ist abgebrannt…"

„Wer bist du? Gehörst du auch zu uns?", fragt er beim Aufstehen Michael. „Nein, ich wollte bloß…", stottert der. „Komm, wir holen uns 'was zu beißen, siehst auch recht hungrig aus, wer weiß, wie lange es noch etwas gibt. Ich hab' schon meinen Herrn versorgt, den Kommandanten Sigerod im Rathaus. Er ist ein guter Herr, mein voriger ist bei Lützen gefallen. Manchmal hab' ich das Herumziehen satt. Ich will wieder heim, aber wer weiß, wie es dort aussieht. – Ich heiße Axel, so wie der schwedische Kanzler. Wenn du zu uns kommst, kriegst du vielleicht auch so ein schönes Wams mit Silberknöpfen dran. Wie heißt du eigentlich?" Zögernd nennt Michael seinen Namen. Er weiß nicht, ob er dem Jungen trauen kann. Anscheinend ist er nicht viel älter als er und hat doch schon viel erlebt.

Axel hat am Verpflegungsplatz vom Koch noch etwas Suppe und ein Stück Ochsenfleisch auch für Michael ergattert. – „Was bringt er noch Fremde zum Essen mit, es reicht kaum für uns alle", knurrt der Lagerkoch. „Er gefällt mir, vielleicht hilft er uns auch einmal", beruhigt ihn Axel. Als Leibbursche des Obersten kann er sich mehr erlauben als die anderen. „Willst du auch einen Schluck Wein?", fragt er Michael. Doch der würde lieber dem Großvater und der Kathrin etwas zu essen bringen. „Wart nur bis morgen oder übermorgen, da brauchen wir viel Leut' zum Schanzen, da können sie sich ihr Essen verdienen", meint Axel. „Komm, ich zeig dir, was wir vorhaben." Und schon bahnt er sich einen Weg durch die lagernden Soldaten, Pferde und Säcke, Satteltaschen, Körbe und Wagen. Er steuert mit Michael auf den Kirchturm von St. Nikolaus zu. Dort oben halten zwei schwedische Soldaten Wache.

Axel zeigt auf die Stadtmauer hinunter, dann auf die kaiserlichen Kriegsschiffe weiter draußen auf dem See. „Siehst du, hier bauen wir bald eure Stadtmauer höher, mit Schießscharten und einem Wehrgang. Buchhorn wird ein richtiger Kriegshafen, und zu Ehren unseres gefallenen schwedischen Königs Gustav Adolf nennen wir die ganze Stadt ‚Gustavsburg'. Natürlich müssen wir auch noch viele Kriegsschiffe bauen. Versteht dein Großvater etwas davon?" Gedankenverloren schaut Michael in die langsam einbrechende Dämmerung hinaus.

Doch plötzlich sehen sie auf dem See ein kaiserliches Boot näherkommen. Was haben die vor? – Der Posten hat es schon bemerkt. Er bläst Alarm. Da, etwas Brennendes kommt in hohem Bogen auf Buchhorn zu. Feuer! Feuer! Die Kaiserlichen schleudern Pechfackeln in die Stadt, um die Schweden auszuräuchern. Doch das Schiff ist zu weit entfernt. Die Fackeln verlöschen zischend im See. Nur eine fällt in die Stadt. Aber sie wird von den schwedischen Wachsoldaten ausgeschlagen. Als Antwort schießen sie zurück. Lautes Wehgeschrei ertönt. Mehrere der wagemutigen kaiserlichen Angreifer sind getroffen. Ob es jetzt Ruhe gibt?

Nach dieser abendlichen Aufregung wird es allmählich dunkel und still. Die Lagerfeuer brennen herunter, und jeder sucht sich einen Schlafplatz. „Ich muß jetzt zu meinem Herrn. Wir sehen uns morgen wieder!", ruft Axel noch, und Michael macht auch, daß er heimkommt.

Am anderen Tag spricht es sich unter den Soldaten herum, daß General Horn die Belagerung von Überlingen abgebrochen hat. Es dauert den ganzen Tag, bis die Lager dort abgebaut und die Geschütze fahrbereit sind. Am Abend kommt es Michael so vor, als ob die glutrote Sonne über dem westlichen Bodensee nicht untergehen will. Erst als er aus den höhnischen Erzählungen neu angekommener Soldaten heraushören kann, was vorgefallen ist, packt ihn das Entsetzen: Die Schweden haben, um sich an den Überlingern zu rächen, beim Abzug mehrere Dörfer, die der Reichsstadt gehören, in Brand gesteckt!

Am folgenden Morgen wird zeitig zum Schanzen geblasen. Die schwedischen Soldaten haben in aller Früh' schon die Häuser und Höfe nach „Schanzern" durchsucht, auch in der Umgebung. Aber nur ein paar ärmliche Bauern und Knechte aus Jettenhausen, Bunkhofen, Ailingen und Allmannsweiler haben sie gefunden. Da müssen eben die gefangenen kaiserlichen Soldaten herhalten. Auch Michael und der alte Fischer werden eingeteilt, Steine, Balken und Sandmörtel herzuschleppen. Die Stadtmauer wird erhöht. Der Kriegsbaumeister gibt an, wo die Schießscharten hingehören. Schwedische Kommissare mit ihren spitzen Piken beaufsichtigen die Schanzer. Sie können aber nicht verhindern, daß sich die Bauern nach und nach aus dem Staube machen. Auch vielen gefangenen Soldaten gelingt die Flucht. Es bleibt den Schweden nichts anderes übrig, als vom verbündeten Württemberg Mannschaften anzufordern, welche die Schanzarbeiten dann zu Ende führen.

Aus der Sägmühle des Klosters Löwental werden Holzbalken und Planken für den Bau der Kriegsschiffe hergeschafft. „Königin Christine" soll das große Schiff

Abb. 20: Buchhorn im Jahre 1634 mit seinen Mauern, Türmen und Toren; zwischen den Weingärten und dem Stadtgraben die schwedischen Schanzen (Kupferstich von Matthäus Merian).

heißen, zu Ehren der schwedischen Königin, der Tochter des Königs Gustav Adolf. Zweiundzwanzig Kanonen sind dafür vorgesehen. Eine kleine Flotte wird gebaut und soll auf dem See gegen die kaiserlichen Schiffe aus Lindau, Bregenz und Konstanz kämpfen.

Es wird immer schwieriger, die vielen Menschen mit Essen zu versorgen. Obwohl nach einiger Zeit viele Soldaten abgezogen werden, reichen das vom Kloster Salem gelieferte Brot und der Wein lange nicht mehr aus. Daher machen die Soldaten bald auf eigene Faust Raubzüge in die Umgebung. Die Besatzung von „Gustavsburg" besteht immer noch aus 60 Reitern und 500 Musketieren, unterstützt von zehn Kanonen.

„Sag mal, du kennst dich doch hier überall gut aus. Wo können wir uns etwas holen?", fragt eines Tages Axel den von der Schanzarbeit todmüden Michael. „Sollst auch deinen Anteil daran haben!" Michael denkt nach. Er weiß nicht recht, was er tun soll. Seit der Großvater bei der schweren Arbeit zusammengebrochen ist und von Kathrin gepflegt werden muß, haben sie fast nichts mehr zu essen. Auch das Fischen ist wegen der vielen Kriegsschiffe zu gefährlich. Als Axel am Abend wiederkommt, verabreden sie sich.

Ganz früh am nächsten Morgen schleichen sie durch die nächtlichen Lagergassen. Als der schwedische Wachtposten am Obertor „Halt, wer da!?“ ruft, beruhigt Axel ihn leise: „Ich bin es, Sören. Laß uns hinaus, im Auftrag des Kommandanten.“ Als sie draußen sind, überlegt Michael, ob sie in Richtung Hofen gehen sollen, aber da müssen sie am Pestfriedhof vorbei. Lieber in Richtung Ailingen, nach Allmannsweiler und Wiggenhausen. Da kennt er ein paar Bauernhöfe vom Fischverkauf her und ein paar Verstecke, wo vielleicht etwas vergraben ist.

Sie kommen am Kloster Löwental vorbei. Aber da ist nichts zu holen, die Nonnen sind schon lange nach Bregenz geflohen. An der Rotach verziehen sich langsam die Nebel. Die Büsche und Weidenbäume sehen ganz gespenstisch aus. „Jesus Maria, da hängt einer!“ Michael läuft es eiskalt über den Rücken. Es ist einer aus Allmannsweiler. Vielleicht hat er etwas gestohlen, daß ihn die Schweden aufgehängt haben.

Sie machen, daß sie weiterkommen, schleichen an der Straße entlang. Da scheinen auch noch andere unterwegs zu sein. Sie hören Pferdehufe und leises Rufen auf polnisch. Ob das welche vom Schafflitzki aus Tettnang sind, die im Morgengrauen auch nach Beute suchen? Die beiden drücken sich ins Gebüsch und rennen erst weiter, als die Luft rein ist.

Beim ersten Haus in Allmannsweiler sieht alles verlassen und trostlos aus. Sie gucken vorsichtig in die dunklen Fensterhöhlen, die Tür ist halb herausgerissen, das Dach eingedrückt. Alles ist menschenleer. Der kleine Garten vor dem Haus ist am Verwildern, die Erde aufgewühlt. Im Frühjahr hat niemand etwas angepflanzt. Die Leute sind wohl schon im Februar, bei der ersten Nachricht vom Kommen der Schweden, geflohen. In den anderen Höfen und Häusern von Allmannsweiler und Wiggenhausen bietet sich dasselbe Bild. Die ganze Gegend wirkt wie ausgestorben; die Dörfer sind verlassen und verwahrlost. Auf den Feldern reift das Wintergetreide heran, aber wer soll es ernten? Wahrscheinlich werden Soldaten bald da und dort zum Ernteeinsatz abkommandiert, damit die Verpflegung sichergestellt bleibt.

„Weiter drüben am Wald muß noch ein Hof sein“, flüstert Michael, nachdem die beiden den letzten Hof in Wiggenhausen vergeblich durchsucht haben. Sie laufen geduckt querfeldein. Aber da, wo Michael den Hof in Erinnerung hatte, starren verkohlte Balken und rauchgeschwärzte Mauerreste in die dämmrige Morgenluft. Der Stall, die Scheune, alles ist verödet.

„Vielleicht noch drüben, beim Ailinger Wirt, vielleicht finden wir dort etwas?“ Doch auch hier ist alles verlassen. Die Tore stehen offen, sie quietschen leise in den Angeln, als die beiden sich vorsichtig umschauen. Der Stall ist halb eingefallen und leer. Alles Vieh ist weggetrieben oder gestohlen, das Wohnhaus geplündert. Die Wirtsfamilie Steinhauser ist geflohen, an der Pest gestorben oder von den Soldaten abgeholt. Mit hungrigen Augen durchsuchen sie die Stuben, Kammern und Ecken. Michael zwängt sich hinter einem Haufen Schutt, einem alten zerbrochenen Karren und Resten von Wagenrädern in einen niedrigen, fensterlosen Raum. Vor Dunkelheit und Staub kann er nichts sehen. Er stolpert über einen Berg verkrusteter Holzkohle und stößt im hintersten Eck plötzlich mit dem Kopf an einen harten, hängenden Gegenstand. Mit einem unterdrückten Schrei fährt er zurück. Dann tastet er weiter: noch etwas baumelt da. „Das kann nicht wahr sein“, murmelt er leise und dann lauter: „Axel, hierher, schau dir das an! Entweder hat sich hier jemand ein Versteck angelegt, oder das war eine alte Räucherkammer, und das hier sind noch – Schinken!“ Mit klopfendem Herzen schneiden sie das Geräucherte mit dem Soldatenmesser ab und säubern es draußen von Staub und Ruß. Sie können es kaum fassen, einen solchen Fund gemacht zu haben. Heißhungrig machen sie sich darüber her. Aber schon nach wenigen Bissen hält Axel inne: „Damit können wir Geld machen oder handeln. Was denkst du, wie teuer wir die Scheiben verkaufen können? Und dann teilen wir uns das Geld. Wir kaufen uns dafür etwas anderes oder tauschen es“, erklärt er sachkundig dem Michael.

Als sie vorsichtig um sich spähend den Rückweg antreten, klingt ein merkwürdiger Singsang über die Frühnebelfelder. Eine wehklagende Litanei und ein Kirchenlied tönen herüber:

„O Welt, ich muß dich lassen, ich fahr dahin mein Straßen,
ins ewig Vaterland...“

Eine dunkle einsame Gestalt kniet mit erhobenen Armen auf dem zertrampelten Acker, schlägt sich an die Brust, springt auf und fängt zu tanzen an. Axel schaut fragend zu Michael herüber. „Das ist der Totengräber von Ailingen. Er ist verrückt geworden vor Kummer und Angst“, erwidert Michael leise und läuft rasch weiter.

Mit ihrer Beute unter dem Wams schlüpfen sie gerade noch rechtzeitig vor dem Morgenappell in die Stadt zurück. Sie zerlegen den Schinken sorgfältig in Scheiben und haben ihn bis Mittag schon fast verkauft. Es spricht sich rasch herum, daß man bei ihnen gegen gutes Geld oder andere brauchbare Beute vorzüglichen oberschwäbischen Schinken erstehen kann. Und so gelangen Axel und Michael in den Besitz von so manchen gestohlenen Waren, wie Silber, Schmuck, Wein und anderen Dingen, mit denen sie einen regelrechten Handel anfangen.

Während die Schweden ihre Festung „Gustavsburg“ ausbauen, überlegen die Kaiserlichen immer wieder, wie sie den Feind aus der Stadt hinauswerfen können. Ein paarmal wird der Angriff verschoben. Die Schweden werden jedoch nervös, als sich im Juli 100 kaiserliche Soldaten in Fischbach verschanzen, um die im Linzgau zurückgebliebenen Bauern beim Abernten des reifen Getreides vor feindlichen Streifzügen zu schützen. Sie unternehmen deshalb am 26. Juli einen Ausfall nach Fischbach und stecken 28 Häuser in Brand. „Nun wird den Kaiserlichen das Übernachten in Fischbach vergangen sein“, sagen sie lachend nach der Rückkehr in ihre Festung.

Aber die Kaiserlichen geben nicht auf. Am 28. August kommen sie wieder, noch vor der Morgendämmerung. Reiter und Fußsoldaten aus Konstanz gehen von Fischbach aus langsam vor, aus Lindau und Bregenz trifft die Verstärkung ein. Auf dem See halten sich einige Schiffe zur Beschießung der Stadt bereit. Alles verläuft wie geplant. Die schwedische Besatzung in Löwental – 11 Mann mit zwei kleinen Geschützen – wird überrumpelt. Die Sägmühle des Klosters, wo Holz für die schwedischen Schiffe gesägt wurde, geht in Flammen auf. Auch Hofen ist rasch erobert.

Nun kann der Sturm auf die Stadt vorbereitet werden. Die Kaiserlichen beginnen mit dem Fällen der Obstbäume, um freies Schußfeld zu bekommen, und bringen ihre Geschütze in Position. Vom See her erhalten sie gute Unterstützung.

Da bricht das Unheil herein: Während die Besatzung von „Gustavsburg" einen Ausfall unternimmt, um die Gegner zu vertreiben, erscheint unverhofft vom Seewald her – auf der Landstraße bei Allmannsweiler – Verstärkung: 110 schwedische Reiter aus Biberach! Rittmeister Gündtfeld sprengt ihnen mit seinen Männern entgegen, um die Gefahr abzuwehren. Vergeblich! Seine Reiter sind gute Plünderer, aber schlechte Soldaten. Sie werden geschlagen, auseinandergetrieben und verfolgt. Nach wenigen Minuten galoppieren die Schweden ungehindert auf Buchhorn zu! Die Kaiserlichen vor der Stadt stehen plötzlich zwischen zwei Feuern und ergreifen die Flucht. Ihre Schiffe landen in Hofen, um die Flüchtlinge aufzunehmen. Aber die Panik wird so groß, daß viele Soldaten ins Wasser springen und elend ertrinken.

Die Schweden sind über den Angriff mächtig erschrocken. Diesmal konnten sie ihn abwehren, aber wann kommt der nächste? So befiehlt ihr Kommandant: „Wir müssen Vorsorge treffen, daß die Kaiserlichen sich nicht mehr vor der Stadt festsetzen können! Ihr wißt, was in so einem Fall zu tun ist!"

Am 1. September sieht man es kilometerweit um Buchhorn herum brennen. Die Klöster Löwental und Hofen, das ganze Dorf Hofen und der Weiler Manzell stehen in hellen Flammen! Auch in der Schweiz drüben kann man die riesigen Brände beobachten. Die Flüchtlinge aus der Buchhorner Gegend, die so Zeugen des grausigen Schauspiels werden, sind tief erschüttert. Können sie jemals wieder in ihre Heimatorte zurückkehren?

Die Schweden haben von dem Flammenmeer noch nicht genug. Sie sinnen auf Rache. Bestimmt sind es die Überlinger gewesen, die bei dem Angriff die Sägmühle von Löwental verbrannt haben! Am 5. September sprengen 70 Reiter aus „Gustavsburg" nach Westen, und am Abend sind von vier Dörfern bei Überlingen nur noch rauchende Trümmer zu sehen. Am 7. September stecken die Schweden schließlich in Fischbach noch Häuser in Brand, die im Juli verschont geblieben waren.

Zwei Tage darauf reitet ein erschöpfter Kurier durch das Obertor: „Bringt mich zum Kommandanten der Festung! Gustavsburg muß sofort geräumt werden! Die Schlacht ist verloren!" – So erfährt der Oberst von dem schrecklichen Gemetzel bei Nördlingen, bei dem am 6. September dreißigtausend schwedische und kaiserliche Soldaten gefallen sind. Die Schweden haben eine vernichtende Niederlage erlitten. Sie ziehen nun ihre Soldaten aus ganz Süddeutschland ab! – Noch in derselben Nacht werden die Pferde gesattelt und die Wagen geladen; in aller Frühe wird schon zum Abmarsch geblasen. Axel hat gerade noch Zeit, sich im Fischerhäuschen zu verabschieden: „Wir müssen zurück. Lebt wohl, wer weiß, ob wir uns wiedersehen!"

Im Durcheinander des Aufbruchs sind nicht genug Wagen und Pferde aufzutreiben. So müssen die Schweden fast alles zurücklassen, was sie in den letzten Wochen in der weiten Umgebung zusammengeraubt haben. Nicht einmal alle Kanonen können sie mitnehmen. Eine muß zurückbleiben, wird aber vor dem Abmarsch noch gesprengt. Beim Abzug gehen die Häuser der Vorstadt vor dem Türlitor in Flammen auf. Der Stadtgraben und die Stadtmauer verhindern zum Glück ein Übergreifen des Brandes auf die anderen Häuser.

Am nächsten Morgen liegt die Stadt wieder still und verlassen da. Doch es dauert nicht lange, bis Michael abermals Pferdegetrappel hört. Zwei kaiserliche Reiter halten am Untertor und gehen vorsichtig spähend durch die leeren Gassen . . .

Auch die Buchhorner Bürger kehren bald zurück. Jetzt müssen wieder die kaiserlichen Soldaten verpflegt und einquartiert werden. Die Verschanzungen der Schweden werden unverzüglich abgerissen, damit die Feinde sich nie mehr festsetzen können. Die heutige Schanzstraße erinnert noch daran. Auch war bis zum Zweiten Weltkrieg an einer Hauswand in der Wilhelmstraße eine schwarze Kanonenkugel zu sehen. Es soll eine schwedische gewesen sein.

Die Hoffnungen der leidgeprüften Bevölkerung auf ein baldiges Kriegsende erfüllen sich nicht. Die beiden folgenden Jahre werden für sie sogar die schlimmsten im ganzen Krieg. Nur wenige überleben die schreckliche Hungersnot und die erneut ausbrechende Pest. Als endlich Frieden geschlossen wird, schreibt man das Jahr 1648.

Ein großer Tag für die Hofener

Neues Leben blüht aus den Ruinen: Ein Männerkloster entsteht – Feierliche Einweihung der Klosterkirche

„Daß du mir aber ja den ganzen Tag brav bleibst und dich nicht vordrängst, wo du nicht hingehörst!" Frau Ledergerber zupft das neue Wams ihres Sohnes Kaspar zurecht und bringt seine Haare in Ordnung. Der 14jährige Bub ist ganz ungeduldig. Er kann es kaum erwarten, bis er die 250 Meter zum Kloster hinunterrennen kann. Heute darf er dort zum erstenmal ministrieren, zusammen mit den anderen Ministranten von der Nikolauskirche in Buchhorn.

Die Buben aus Hofen und Buchhorn sind eifrige Meßdiener. Manche von ihnen gehen auf die Lateinschule in Buchhorn und verstehen deshalb auch die lateinischen Gebete, die sie in den Gottesdiensten sprechen müssen. Der 11jährige Michael Barath, der Sohn eines Buchhorner Ratsherrn, ist dabei immer so andächtig, daß alle sagen: „Der wird bestimmt einmal Priester, vielleicht sogar Mönch im Benediktinerkloster Weingarten!" Auch Franz Anton König aus einer Buchhorner Bäckersfamilie ist ein aufgewecktes Bürschchen. Er träumt schon davon, daß er nach der Lateinschule auf die Universität nach Ingolstadt oder Freiburg ziehen und Rechtswissenschaft studieren darf. Ob er später vielleicht einmal zum Stadtammann oder Bürgermeister der freien Reichsstadt Buchhorn gewählt wird?

Kaspar Ledergerber ist im Dorf Hofen zuhause. Sein Vater Jakob ist Wirt. Das stattliche Wirtshaus liegt an der Landstraße nach Meersburg, dort wo eine Straße nach Schnetzenhausen abzweigt, gleich oberhalb vom Kloster. Das Wirtshaus sieht noch recht neu aus. Es ist erst vor 12 Jahren vom Kloster Weingarten auf einem Ruinengrundstück erbaut worden. Der Baumeister Schreck war aus dem Bregenzerwald gekommen und vier Jahre später ins Kloster Weingarten eingetreten. Nun heißt er Bruder Andreas.

Vor dem Wirtshaus gibt es viel zu sehen, den ganzen Morgen herrscht schon Hochbetrieb. Aus allen Richtungen kommen Wagen angefahren, einer prächtiger als der andere. Der Hofener Ammann Dionys Hager hat sich zu den Neugierigen gesellt. Er leitet die Dorfgemeinde im Auftrag des Abts von Weingarten und kann manche unter den Anreisenden durch das aufgemalte Wappen am Wagen erkennen. Auch hat er einige Festgäste schon bei anderen Anlässen gesehen, denn er wird ab und zu zu Festen nach Weingarten eingeladen.

Da kommt von Meersburg her gerade ein prächtiger Vierspänner angefahren. Ein hoher geistlicher Herr winkt den Schaulustigen leutselig zu. „Das ist unser hochwürdigster Herr Weihbischof Konrad Ferdinand aus Konstanz!" Hager hat ihn gleich erkannt, denn der Weihbischof stammt aus Ravensburg und war schon öfters in Weingarten zu sehen. Dem Vierspänner folgen zwei kleinere Kutschen mit ein paar Patres im schwarzen Gewand des Benediktinerordens. Einer grüßt den

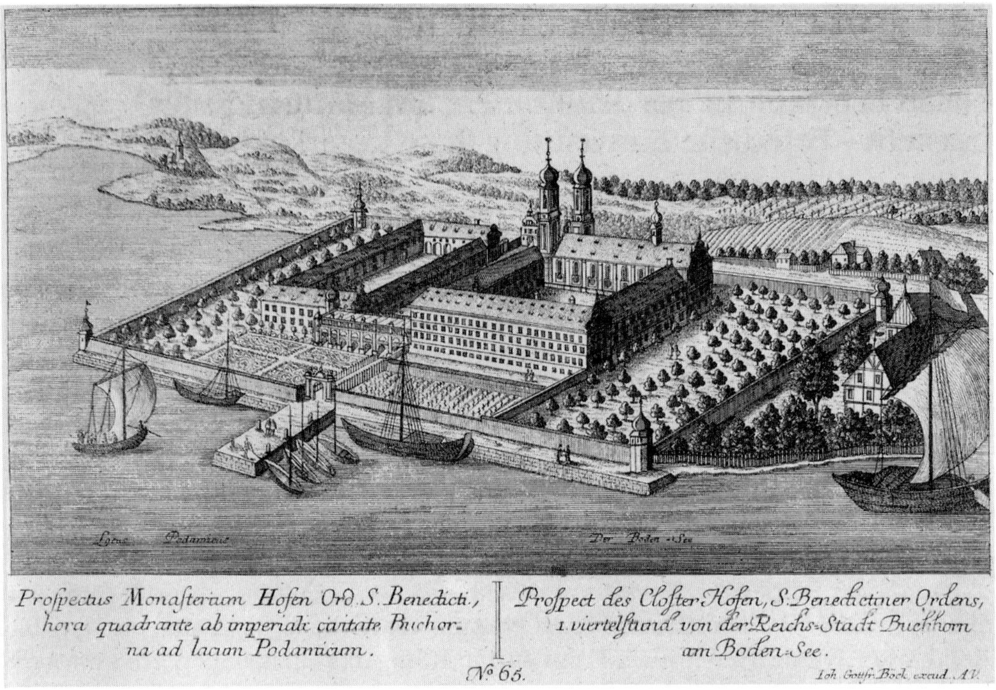

Abb. 21: Blick vom See auf das neue Kloster (Kupferstich von Joh. Gottfried Böck, um 1750).

Ammann freundlich, es ist der Pater Prior vom Kloster Reichenau. Am anderen Wagen ist das Wappen des Klosters Petershausen angebracht, das vor den Toren von Konstanz liegt. Als wenig später die Kutsche des Weihbischofs in den Klosterhof rollt, donnert eine schwere Kanone los. „Das ist das große Geschütz aus Tettnang“, klärt Hager die Umstehenden auf, „ich mußte es gestern noch mit meinen Knechten im Auftrag des Herrn Abts beim Grafen von Montfort ausleihen. Am heutigen Tag soll zünftig gefeiert werden!“

Bald wird es Zeit, daß die Hofener sich zur neuen Klosterkirche hinunterbegeben. Die Glocken auf den beiden Türmen fangen an zu läuten. Dem Nordturm haben die Patres den Namen „Jesus“ gegeben, der Südturm ist nach „Unserer lieben Frau“, das heißt nach der Gottesmutter Maria, benannt worden.

Heute, am 8. Oktober 1702, wird die neu erbaute Klosterkirche festlich eingeweiht. Dieser Sonntag wird den Hofenern sicher lange in Erinnerung bleiben. Nach mehr als 250 Jahren wird es in Hofen wieder ein Kloster geben! Die Grafen von Buchhorn hatten vor langer, langer Zeit, um das Jahr 1085 herum, in ihrer Burg ein Frauenkloster gegründet. Das war bald der Aufsicht des Abts von Weingarten unterstellt worden. Seitdem amtierte ein Weingartner Mönch als Propst von Hofen, er war Vertreter des Abts und Leiter des Frauenklosters zugleich. Weil es zwischen den Nonnen und dem Propst immer wieder Streitigkeiten gab, ließ der Abt von Weingarten das Frauenkloster Hofen im Jahr 1419 auflösen. Von da an hatte der Propst nur noch die Güter des ehemaligen Klosters zu verwalten, bis schließlich auch das Amt des Propstes abgeschafft wurde. Als dann gar die Schweden die alten Klostergebäude mitsamt dem ganzen Dorf Hofen 1634 in Brand steckten, da dachte niemand mehr daran, daß an dieser Stelle jemals wieder ein Kloster entstehen würde. Nach dem Dreißigjährigen Krieg hatte man daher nur jene Gebäude wiederaufgebaut, die für die Güterverwaltung unerläßlich waren. Es gab keine Klosterkirche mehr, und auch die alte Pfarrkirche St. Andreas, die bis 1634 beim Kloster gestanden war, brauchte man nicht mehr. Die Hofener gingen nämlich seit dem Brand alle nach St. Nikolaus in Buchhorn zur Kirche.

Wichtiger war nach dem schrecklichen Krieg der Wiederaufbau der Bauernhöfe von Hofen, der Wirtschaft, der Mühle, der Schmiedewerkstatt und der Ziegelei. Es hatte viele Jahrzehnte gebraucht, bis das ganze Dorf neu entstanden war. Noch jetzt – im Jahre 1702 – sieht man zwischen den schmucken neuen Häusern da und dort ein unkrautbewachsenes Grundstück, wo vordem einmal ein Haus gestanden ist. Die Hofener hatten es nicht leicht bei ihrer Aufbauarbeit, aber sie haben fest zusammengehalten. Die Not aller hat ihre Gemeinschaft gestärkt.

Viele waren überrascht, als Abt Willibald von Weingarten vor sieben Jahren den Entschluß faßte, in Hofen ein neues Kloster zu bauen. Es sollte als „Priorat" unter der Leitung eines Paters Prior eine „Außenstelle" des Klosters Weingarten bilden. Abt Willibald wollte nämlich das zu weit entfernte Priorat Feldkirch in Vorarlberg auflösen. So war er auf den Gedanken gekommen, am viel näher gelegenen Platz des früheren Klosters Hofen ein neues Priorat zu gründen.

Seit 1695 waren Jahr für Jahr mit Beginn des Frühjahrs die Bauhandwerker von weither gekommen, um ein Gebäude nach dem anderen zu errichten. Ende Oktober, wenn der Herbst zu kalt wurde, zogen sie immer nach Hause. Von 1695 bis 1697 war zunächst der Rohbau der Kirche, in den zwei folgenden Jahren der Rohbau des Klostergebäudes entstanden; im Herbst 1700 wurden auch die Türme der Klosterkirche im Rohbau fertig. Die Kirche und die drei Flügel des Klostergebäudes bildeten ein gleichmäßiges Viereck um einen Innenhof. Nach den Maurern kamen die Gipser und die Zimmerleute, die Schlosser und die Glaser, die Schreiner, Maler, Uhr- und Orgelmacher, Altarbauer und noch viele andere Handwerker. So war schließlich auch der Sommer 1702 vorbeigegangen. Es ist zwar noch nicht alles fertig, aber das Klostergebäude kann nun bezogen werden. Deshalb hat Abt Sebastian, der Nachfolger von Abt Willibald, die Einweihung auf den 8. Oktober anberaumt.

Während nun die Glocken läuten, versammeln sich die Hofener vor der Kirche. Alle sind erschienen: die Geßler, Katzmayer, Oberle, Weber, Geser, Probst, Bucher und wie sie alle heißen. Von Pfleghars gibt es im Dorf gleich drei Familien, von Dimmlers sogar fünf. Aus Buchhorn sind viele Bürger mit ihren Angehörigen herübergekommen; auch die Bauern von Waggershausen, seit alters Untertanen der Klostervogtei Hofen, und alle anderen Lehenbauern des Klosters sind da. Niemand will sich das große Fest entgehen lassen.

Die Bauern und Bürger vor der Kirche warten auf den Einzug der Geistlichen. Unterdessen begeben sich die weltlichen Ehrengäste in die herrlich ausgeschmückte

Klosterkirche, um die vorgesehenen Plätze einzunehmen. Der Kanzler des Klosters Weingarten ist darunter, die Oberamtmänner des Grafen von Montfort aus Tettnang und Langenargen und andere hohe Herren. Auch die Künstler und Handwerker, die das schöne Bauwerk zustandegebracht haben, nehmen ihre Ehrenplätze ein.

Die benachbarten Grafen von Montfort, Waldburg-Wolfegg und Königsegg sowie eine Reihe befreundeter Äbte sind dagegen besorgt zu Hause geblieben. Es herrscht gerade Krieg zwischen Österreich und Frankreich; einige Regimenter des bayerischen Kurfürsten, der auf Seiten Frankreichs steht, bewegen sich in bedrohlicher Nähe von Oberschwaben.

Sowie das Glockenläuten aufhört, öffnet sich das große Tor im Westflügel des Klostergebäudes, und eine ansehnliche Prozession bewegt sich durch den Hof auf das große Kirchenportal zu. Zuerst kommen 12 Ministranten, die einen mit Fahnen, die anderen mit Kerzen in der Hand. Die Hofener Familien schauen nach ihren Sprößlingen, die heute diesen Ehrendienst am Altar verrichten dürfen. Frau Ledergerber hat ihren Kaspar bald entdeckt; er ist in dem fein gestickten Ministrantenrock kaum wiederzuerkennen! Kaspar trägt eine dicke Kerze vor sich her und weiß vor Aufregung fast nicht mehr, wo er hinschauen soll!

Auf die Ministranten folgt die benachbarte Pfarrgeistlichkeit: die Pfarrer von Buchhorn, Ailingen, Berg, Fischbach, Immenstaad, Kippenhausen, Langenargen, Ravensburg und Altdorf (Weingarten); auch der Kaplan von Eriskirch ist darunter. Dann kommen Ordenspriester aus den umliegenden Klöstern; aus dem Karmeliterkloster in Ravensburg und dem Paulinerkloster in Oberlangnau an der Argen, aus dem erst acht Jahre alten Kapuzinerkloster in Langenargen und aus den Benediktinerklöstern Petershausen und Reichenau. Acht Patres aus Weingarten schließen sich an.

Nach einer weiteren Gruppe von Ministranten folgen die vornehmsten Herren: die Äbte von Weißenau, Isny und Mehrerau bei Bregenz, der Abt von Weingarten und zuletzt der Konstanzer Weihbischof, alle in den prächtigsten liturgischen Gewändern und mit ihren Amtsabzeichen, dem Abts- oder Bischofsstab und der Mitra.

Die Prozession wird in der Kirche von einem festlichen Orgelspiel empfangen, die Geistlichen und Ministranten verteilen sich langsam auf die vorgesehenen Plätze. Dann drängt das Volk in das Gotteshaus. Pater Matthäus, der begabte Organist des Klosters Weingarten, holt die ganze Klangfülle aus dem Instrument heraus. Orgelmacher Christoph Löw aus Memmingen sieht von seinem Ehrenplatz aus mit Befriedigung, wie die Anwesenden dem schönen Spiel lauschen und sich von der Freude des Organisten anstecken lassen. „Ja, sie klingt gut, meine neue Orgel", denkt er. Auch andere Künstler sehen vergnügt, wie die Leute die Ausschmückung der Kirche auf sich wirken lassen und sichtlich beeindruckt sind: der Baumeister Christian Thumb aus Bezau in Vorarlberg, der Stukkateur Johann Schmuzer und der Maler Johann Michael Feuchtmayer, beide aus Wessobrunn in Oberbayern.

Bevor die Festmesse beginnt, weiht der Weihbischof den Hochaltar und die sechs Nebenaltäre. Die Kirche erhält den Apostel Andreas und den hl. Pantaleon zu Patronen. So werden die Patrozinien der beiden 1634 zerstörten Kirchen, der Hofener

Pfarrkirche und der Klosterkirche, in der neuen Klosterkirche vereinigt. In alle Altäre werden Reliquien, das sind kostbare Erinnerungen an Heilige, eingemauert. Am Schluß stimmt alles in den Jubelgesang ein:

„Großer Gott, wir loben Dich,
Herr, wir preisen Deine Stärke,
vor Dir neigt die Erde sich
und bewundert Deine Werke..."

Die Orgel braust ein letztes Mal auf. Die Geistlichen mit den Ministranten ziehen feierlich aus der Kirche hinaus. Dann folgen die weltlichen Ehrengäste. Sie werden beim Verlassen der Kirche von Kanonendonner empfangen. Zusammen mit den Geistlichen sind sie zum Festmahl ins Kloster geladen. Die meisten von ihnen werden hier übernachten und erst morgen wieder abreisen.

Die anderen Gottesdienstbesucher verlassen die Kirche erst nach und nach. Viele schauen sich noch genauer um. Sie wissen nicht, was sie am meisten bewundern sollen: den Marmor der Altäre, die schönen Altar- und Deckengemälde, die herrlichen Stukkaturen, das kostbar geschnitzte Chorgestühl oder die marmorne Kanzel. Alles ist aufs kunstvollste gefertigt. Die Leute kommen aus dem Staunen nicht heraus. Es schmeichelt den Hofenern Bauern nicht wenig, daß viele Auswärtige immer wieder sagen: „Weit und breit gibt es keine so schöne Kirche!"

Für die Untertanen des Klosters aus Hofen, Waggershausen und den entfernteren Lehenhöfen in Seemoos, Schnetzenhausen, Unterraderach, Wiggenhausen, Lottenweiler, Rammetshofen, Krehenberg, Wannenhäusern und anderen Orten ist in der großen Scheuer ein einfaches Mahl bereitet. Auch Wein hat der Klosterhofmeiser reichlich herrichten lassen. Die Bauern dürfen sich hier den ganzen Tag vergnügen und werden nicht so bald nach Hause gehen.

Unterdessen sammeln sich die Ehrengäste im Speisesaal. Dort – im Südflügel – erwartet sie eine Überraschung. Von hier aus bietet sich ihnen eine überwältigende Aussicht auf den Bodensee. Der Weihbischof ruft begeistert: „Das ist ja einer der schönsten Blicke auf den See! Von Langenargen bis Konstanz ist alles zu sehen!" – „Nun versteht Ihr vielleicht, warum wir hier nach über 250 Jahren noch einmal ein Kloster einrichten", antwortet Abt Sebastian von Weingarten. „Wir suchen für unsere Patres Stille und Ruhe, sie sollen sich hier erholen können. Im alten Kloster, das die Schweden zerstört haben, nannte man den Speisesaal wegen der herrlichen Aussicht auf den See sogar ‚Bodensee-Saal'. Ihr seht, dieser Ausdruck war nicht übertrieben. Durch die Reben, die seit alters zwischen dem Klostergebäude und dem Seeufer angepflanzt werden, wird der Blick nicht verdeckt."

Auch die Ministranten dürfen am Festmahl teilnehmen. Sie sitzen an einem besonderen Tisch, zusammen mit ein paar gleichaltrigen Dienern der hohen geistlichen Herren. Die Buben können es kaum erwarten, bis das Mahl zu Ende ist. Kaspar und seine Hofener und Buchhorner Kameraden wollen den auswärtigen Altersgenossen das Klostergebäude von oben bis unten zeigen, denn die meisten Räume sind noch unbewohnt und stehen heute offen. Erst Ende November sollen etwa zehn Patres aus Weingarten einziehen. Beim Essen haben die Hofener Buben schon mächtig angegeben, wie groß und schön die ganze Bauanlage ist. Sie halfen beim Bau durch viele Handlangerdienste und kennen sich deshalb überall aus.

Als der Abt von Weingarten nach dem Essen zur Ehrung und Beschenkung der Bauhandwerker übergeht, lassen sich die kleinen Gäste von ihren Herren für eine Stunde freigeben. Dann geht es treppauf und treppab, die Gänge entlang und in jeden Raum hinein. Nichts wird ausgelassen, alles wird gezeigt: die künftigen Zellen der Mönche, das Zimmer des Paters Prior, die Bibliothek, die Küche, die Amtsstube der Klosterkanzlei und die großen Weinkeller.

Im großen Keller unter der Südwestecke des Klostergebäudes angelangt, probiert die muntere Schar aus, wie das Echo von den hohen Gewölben zurückhallt. Da klopft Kaspar mit einem Stück Metall an die Kellermauer. Sie besteht aus groben Steinen, nicht aus Ziegeln wie in den anderen Flügeln. Dann sagt Kaspar geheimnisvoll: „Das ist keine gewöhnliche Kellermauer. Von Pater Maximilian, der hier seit Jahren die Bauaufsicht führt, weiß ich: Dies ist eine altehrwürdige Mauer. Sie hat schon an die 700 Jahre auf dem Buckel, ist vielleicht sogar noch älter. Darüber stand einmal ein großes Haus, das ganz aus solchen groben Steinen gebaut war. Vielleicht kann sich jemand denken, wer darin gewohnt hat?" – Zuerst bleibt es still; dann meint Melchior, der mit dem Weihbischof gekommen ist: „Bestimmt die Klosterfrauen von Hofen!" – „Nein", sagt Kaspar, „für die wurde nebenan ein neues Klostergebäude errichtet." – „Waren es vielleicht die Grafen von Buchhorn, von denen uns in der Klosterschule erzählt worden ist?", fragt nun Philipp aus Weingarten.

„Du hast es erraten", sagt Kaspar. „Stellt euch vor, wir stehen hier im alten Burgkeller. Über ihm erhob sich einst die Burg der Grafen von Buchhorn! Pater Maximilian hat erzählt, daß das steinerne Haus der Grafen nach ihrem Aussterben noch viele Jahrhunderte stehen blieb. Aus dem früheren Rittersaal im zweiten Stock hat man später den Speisesaal für die Pröpste und Klostergäste gemacht. Ihr habt vor dem Essen von unserem Abt gehört, daß man diesen schönen Saal wegen seiner herrlichen Aussicht ‚Bodensee-Saal' genannt hat. Auch die Grafen von Buchhorn wußten schon, wo es an unserem See schön ist!

Die alte Burg ist erst im Schwedenkrieg zerstört worden. Aber die Ruinen des Steinhauses haben dem Wind und Wetter besser getrotzt als die Ruinen der anderen Klostergebäude. Deshalb hat man auf ihnen bald nach dem langen Krieg ein neues Gebäude für die Güterverwaltung errichtet. Man kann es heute von außen nicht mehr erkennen, weil es nun mit den neuen Flügeln zusammengebaut ist. Es macht aber fast die Hälfte vom Westflügel aus. Innen hat man bis jetzt noch nichts verändert, aber in den nächsten Jahren soll es einmal ganz ausgehöhlt und den neuen Bauten angepaßt werden. Nur die Außenmauern bleiben dann noch von diesem ‚Neuen Bau' aus der Nachkriegszeit übrig." – „Dann steckt im heutigen Klostergebäude also immer noch ein kleiner Rest von der alten Grafenburg, dort wo der West- und der Südflügel aneinanderstoßen", wiederholt Philipp staunend. – „So ist es", sagt Kaspar, und die anderen Buben aus Hofen und Buchhorn nicken dazu.

Nun geht es über den Hof zu den Ställen, Scheunen und zum Torkel mit der mächtigen Weinpresse. Das Kloster bewirtschaftet viele Grundstücke selbst, alles in allem rund 300 Morgen Land! Das ist seit Jahrhunderten schon so, und dazu sind viele Diener, Knechte und Mägde angestellt. Den meisten Grundbesitz des Klosters treiben zwar die Bauern in Hofen, Waggershausen und den anderen Orten um, aber deren Lehenhöfe sind oft nur 10, 20, 30 Morgen groß. Manche Untertanen des Klosters haben gar nur ein paar kleine Grundstücke bei ihrem Haus.

Kaspar erzählt weiter: „Die Wirtschaftsgebäude des Klosters, die man nach dem Dreißigjährigen Krieg am alten Platz wiederhergestellt hat, werden bald abgebrochen. Abt Sebastian will einen größeren und schöneren Wirtschaftshof erbauen mit vier gleich langen Flügeln um einen großen Innenhof, als Gegenstück zum Klostergebäude und der Kirche."

Abb. 22: Blick auf die barocke Klosterkirche mit ihren Zwiebeltürmen (Aquarell von 1847, wohl von Caspar Obach).

Schließlich schlendern die Jungen zum Speisesaal zurück. Die auswärtigen Buben sind recht neidisch geworden. Nicht viele von ihnen können in so schönen Gebäuden Dienst tun. Die Klöster Weißenau und Weingarten sind ganz alte, winklige Bauten, auch der Bischof von Konstanz lebt in Meersburg in einem sehr alten

Schloß. Sein Amtssitz in Konstanz, wo jetzt der Weihbischof wohnt, ist ebenfalls von hohem Alter und für heutige Verhältnisse arg unbequem.

Wie sie so darüber reden, steht auf einmal der Baumeister Thumb vor ihnen und lacht: „Na wartet nur. Da wird sich in den nächsten Jahren vieles ändern. Überall im Land wird gebaut, ein Fürst will den anderen übertreffen, ein Kloster das andere. Den meisten geht es wirtschaftlich gut, es sind viele Gelder angespart. Wir Vorarlberger Baumeister sind sehr umworben. Obwohl wir sehr viele Meister und Gesellen ausgebildet haben, können wir die vielen Aufträge gar nicht alle auf einmal ausführen! Der Abt von Weingarten und der Abt von Weißenau haben beim Essen durchblicken lassen, daß sie bereits große Pläne haben! Ich glaube, es wird nicht mehr lange dauern, dann werden auch dort neue Klosteranlagen entstehen, die vielleicht sogar alles in den Schatten stellen, was wir hier in Hofen geschaffen haben! – Aber freuen wir uns doch zuerst einmal darauf, daß in diesem schönen neuen Gebäude zu Hofen in den nächsten Wochen ein neues Benediktinerkloster entsteht. Abt Sebastian hat gesagt: Die Mönche, die er hierher schickt, werden am Fest des Kirchenpatrons St. Andreas – das ist der 30. November – zum erstenmal ihr Chorgebet verrichten."

Das schlimme Ende einer Wallfahrt nach Eriskirch

Das Gnadenbild von Eriskirch – Tettnanger Wallfahrer ertrinken in der reißenden Schussen

Wer heute von „Wallfahrtskirchen“ hört, wird zuerst einmal an die schöne Barockkirche von Birnau zwischen Meersburg und Überlingen denken oder an Maria Einsiedeln in der Schweiz oder an Altötting in Bayern. Neben solchen berühmten Wallfahrtsorten hat es aber einstmals viele kleinere Wallfahrtsziele gegeben, die vor allem von Menschen aus der näheren Umgebung aufgesucht wurden.

Was wollten die Wallfahrer damals erreichen, wenn sie sich – meist zu Fuß – auf den Weg zu einer Wallfahrtskirche machten? Die einen dankten dort für den Frieden und die Gesundheit oder für die gute Ernte. Die anderen baten um Hilfe in einer Not oder um ein wenig Glück in dem sonst oft armseligen täglichen Leben. An den Wallfahrtsorten, so glaubte man, war man nahe bei Gott und einem Heiligen, besonders der Gottesmutter Maria. Man meinte, das Gebet an so einer „Gnadenstätte“ werde schneller erhört. Damit die Menschen ihre Sorgen und Bitten leichter aussprechen konnten, war eine Statue des Heiligen aufgestellt, den man an diesem Wallfahrtsort verehrte.

Ganz in der Nähe von Buchhorn gab es so einen kleinen Wallfahrtsort. Es war Eriskirch mit seiner Kirche „zu unserer lieben Frau“. In der Kirche stand seit alters ein „Gnadenbild“ der Muttergottes mit dem Kinde. Es wurde jahrein jahraus von vielen Menschen besucht, oft kamen ganze Prozessionen von Wallfahrern nach Eriskirch gezogen, um dort zu beten. Auch die Buchhorner pilgerten mehrmals im Jahr nach Eriskirch. Um 1350 gelobten sie eine jährliche Wallfahrt am Kirchweihtag von Eriskirch – das war der Sonntag vor dem Fest Mariä Geburt –, damit sie von der Pest verschont blieben. 1363 versprachen sie eine weitere Wallfahrt im September, weil sie von einem schrecklichen Stadtbrand heimgesucht worden waren und hofften, daß die Gottesmutter sie in Zukunft davor beschützen werde.

Diese Verbindungen wurden noch enger, als die Reichsstadt Buchhorn das Dorf Eriskirch im Jahre 1472 samt dem Recht zur Einsetzung des Pfarrers dem Bischof von Konstanz abkaufte. Von nun an kamen bis 1827 meist Söhne von Buchhorner Bürgerfamilien als Pfarrer nach Eriskirch, und auch als Kapläne wurden in Eriskirch von da an bis 1821 häufig gebürtige Buchhorner eingesetzt. – Aus dem 16. Jahrhundert wird überliefert, daß die Pfarrei Buchhorn auch am Fest Mariä Verkündigung – das ist der 25. März – jedes Jahr in Prozession nach Eriskirch zog. Vielleicht war die alte Brandprozession vom September auf den März verlegt worden, denn letztere gab es nun nicht mehr. – Doch damit nicht genug! 1593 beschlossen die Buchhorner noch einen weiteren Kreuzgang in die Nachbargemeinde, und zwar am Fest der heiligen drei Könige, also mitten in der kalten Jahreszeit. Acht Tage später,

am 14. Januar, zogen sie dann immer zur Kirche St. Maria nach Jettenhausen, weil die Stadt an diesem Tag einmal von einem Überfall des Raubritters Hans von Rechberg errettet worden war.

Aber nicht nur die Buchhorner suchten beim „Gnadenbild" von Eriskirch Trost und Hilfe. Auch die Markdorfer und viele andere Pfarreien, ja selbst die Grafen von Montfort aus Tettnang und Langenargen wandten sich in Eriskirch an die Gottesmutter. Zeitweise gab es dort neben dem Pfarrer noch drei Kapläne und in der Kirche außer dem Hochaltar drei kleinere Altäre, damit die vielen Wallfahrer alle betreut werden konnten. Im 17. und 18. Jahrhundert erlebte die Wallfahrtskirche Eriskirch eine Blütezeit. Besonders in der Fastenzeit kamen viele Besucher, seit dort Kapuzinerpatres aus Langenargen 1694 mit der Abhaltung von Fastenpredigten begonnen hatten. Diese fanden immer freitags statt, wurden bald durch Musikanten und Chorgesang ausgeschmückt und erfreuten sich großer Beliebtheit.

In der Pfarrchronik von Eriskirch kann man nachlesen, daß außerdem am Osterdienstag viel Volk vor dem Muttergottesbild zusammenströmte. Abordnungen aus vielen Pfarreien von Hagnau bis Laimnau kamen an diesem Tag nach Eriskirch.

Am Osterdienstag des Jahres 1733 ereignete sich dabei ein schreckliches Unglück. Die 15jährige Tochter des Tettnanger „Straußen"Wirts Lorenz Jakob war bei dieser Wallfahrt dabei. Hier ist ihre Geschichte:

Alle Glocken von Tettnang läuten, als wir Wallfahrer die Stadt verlassen. Mein Platz ist in der letzten Reihe der Kinderschar. Die Kinder gehen bei so einer Wallfahrt immer ganz vorne, gleich nach den Kreuz- und Fahnenträgern. Hinter mir kommen dann die Ministranten und unsere Geistlichen. Unser Herr Stadtpfarrer Franz Joseph Purtscher ist ein sehr gescheiter Herr, er ist sogar Doktor der Theologie. Er hat das Amt vor 13 Jahren erhalten, als sein Onkel, Stadtpfarrer Dr. Martin Purtscher, starb. Der jüngere von unseren Kaplänen, Joseph Anton Lipp, ist auch mit dabei. Er ist erst 27 Jahre alt und ein Neffe des Herrn Stadtpfarrers. Er begleitet seinen Onkel deshalb sehr gerne. Herr Kaplan Lipp ist erst seit einem Jahr bei uns in Tettnang. Der ältere Kaplan, Franz Anton Freund, ist zu Hause geblieben; vielleicht braucht jemand heute noch die Sterbesakramente. Man kann nie wissen. – Nach den Geistlichen kommen in unserem Zug die Männer; es sind aber nur ganz wenige. Den Schluß bilden die vielen Frauen aus der Stadt und den umliegenden Dörfern. Unsere Pfarrei ist uralt und umfaßt auch die weite Umgebung.

Betend und singend ziehen wir durch Hagenbuchen und durch den Tettnanger Wald, das Jagdrevier des Grafen von Montfort, des Herren von Tettnang. Wir freuen uns, als wir an der Kapelle von Mariabrunn Halt machen, denn dahinter entspringt eine Quelle. Die ist gut für unseren Durst.

Man erzählt, daß dieses Wasser einen verunglückten Holzknecht wieder geheilt habe. Seitdem pilgern jedes Jahr viele Gläubige aus nah und fern hierher. Sie trinken von dem Wasser und bitten Gott, daß er ihnen in Krankheit und Not helfe.

Abb. 23: Das Gnadenbild von Eriskirch, geschnitzt um 1400.

Früher gab es hier nur einen Bildstock. Vor etwa 30 Jahren ist eine schöne Kapelle „zu unserer lieben Frau" gebaut worden. Bei der Ausbesserung der Kapelle vor zwei Jahren hat man dann den Springbrunnen mit vier Röhren aufgestellt, vor dem wir nun stehen.

Wir nutzen die Pause, um uns aus dem Rucksack zu stärken und aus der Heilquelle zu trinken. Der Herr Pfarrer und die älteren Wallfahrer beten und singen unterdessen in der Kapelle, zusammen mit einer Pilgergruppe aus Tannau, die schon vor uns angekommen ist.

Ich bin froh, daß der Herr Pfarrer endlich zum Weitermarsch aufruft. Die frechen Buben haben sich nämlich erlaubt, uns Mädchen mit dem Quellwasser zu bespritzen. Mein Kleid ist schon ganz naß.

Bald kommen wir an die Schussen, die in vielen Windungen dem Bodensee zufließt. Schon aus der Ferne sehen wir, daß sie Hochwasser führt, denn der warme Regen der letzten Tage ließ allen Schnee auf einmal wegschmelzen. „Wenn wir nur eine Brücke hätten", seufzt der Herr Pfarrer beim Anblick des Hochwassers. „Vor vielen Jahren – anno 1619 – wollten die Buchhorner als Herren von Eriskirch einmal eine Brücke bauen lassen, aber von den Zimmerleuten der hiesigen Gegend hat sich bis heute noch keiner an das große Vorhaben gewagt. Der Fluß ist zu breit, sagen sie, und hat zuviel Strömung für einen Mittelpfeiler!" – Der Tettnanger Pfarrer konnte nicht wissen, daß die Römer hier schon einmal – 1700 Jahre vorher – eine Brücke errichtet hatten, von der längst nichts mehr zu sehen war. Auch konnte Dr. Purtscher nicht ahnen, daß es noch 44 Jahre dauern sollte, bis wieder eine Holzbrücke über den Fluß gespannt wurde.

Wird die Fähre von Eriskirch überhaupt verkehren können? „Sie fährt!", rufen uns zwei Buben entgegen, die der Gruppe vorausgelaufen sind. Immer näher kommt der weithin sichtbare Eriskircher Kirchturm. Jetzt sind wir bald da. Wir müssen aber noch über die Schussen.

Der Fährmann und sein Knecht machen mehrere Überfahrten, um uns an das andere Ufer zu bringen. Groß ist unsere Angst auf dem schwankenden Floß bei diesem reißenden Hochwasser!

Mit einem gemeinsamen Lied ziehen wir nun in geschlossener Prozession zur berühmten Wallfahrtskirche „zu unserer lieben Frau". Von allen Seiten strömen Menschen herbei! Von Baumgarten her nähert sich eine Prozession; das sind wohl die Leute aus der Pfarrei Kehlen oder aus Brochenzell. Auf der Buchhorner Landstraße folgen einander gleich mehrere Prozessionszüge. Wahrscheinlich sind es die aus Ailingen, Berg, Jettenhausen und Fischbach, die wie wir jedes Jahr an der großen Wallfahrt teilnehmen; die aus Immenstaad und Hagnau kommen nicht so regelmäßig.

Vom Turm dröhnen längst die Glocken zum Empfang der zahlreichen Wallfahrer. Auf beiden Seiten der Straße stehen schon viele Menschen, das Gedränge wird immer größer. Wir müssen aufpassen, daß wir uns nicht verlieren, gelangen aber doch noch in geordnetem Zug bis zur Wallfahrtskirche. Die Buchhorner und die

Wallfahrer aus den Pfarreien Langenargen, Gattnau und Laimnau sind schon da. Die Kirche wird bald überfüllt sein, nicht alle werden vor das Gnadenbild in der Kirche hintreten können. Das ist aber nicht so schlimm, denn an der Außenwand der Kirche ist seit 300 Jahren eine Nachbildung der Madonnenstatue aufgestellt, und dort kann man genauso gut beten.

Weil der Pfarrer von Eriskirch alle Hände voll zu tun hat, werden wir von Kaplan Joseph Lanz begrüßt. Der Kaplan ist ein gebürtiger Eriskircher und weitum als hervorragender Sänger bekannt. Seine Vorfahren waren seit alters Mesner an der schönen Wallfahrtskirche. So erzählt uns Kaplan Lanz voller Stolz ein paar Besonderheiten von der Kirche. Er sagt: „So wie ihr unser Gotteshaus heute vor euch seht, mit seinen Barockaltären, den weiß verputzten Wänden und den großen Deckengemälden, bietet es sich den vielen frommen Besuchern seit fast 70 Jahren dar. Unser Gotteshaus ist aber viel älter. Vor etwa 350 Jahren ist es an der Stelle eines älteren Bauwerks errichtet worden. Auch das wundertätige Gnadenbild von unserer lieben Frau ist so um die 300 oder 350 Jahre alt. Daß viele Menschen von nah und fern bei ihm ihre Zuflucht gesucht und auch gefunden haben, könnt ihr an der wertvollen Ausschmückung der Kirche erkennen. Schaut doch nur im Chor die prächtigen Glasfenster an, die von den Grafen von Montfort vor alters gestiftet worden sind! Ihre Farben leuchten heute noch so wie vor 300 Jahren. Die wertvollsten Stücke in unserem Kirchenschatz sind schon an die 400 Jahre alt, nämlich der kostbare Schrein für die Heiligenreliquien oder das wundervolle Vortragekreuz. – Mein Vater hat mir erzählt, daß im Chor und im Langhaus der Kirche einmal herrliche Wandmalereien zu sehen waren. Da waren viele Geschichten aus der Heiligen Schrift abgebildet, an denen sich die frommen Wallfahrer erbauen konnten. Aber diese Wandmalereien waren mit der Zeit so alt und verblaßt, daß man sie nicht mehr schön fand. Heutzutage möchte man keine dunklen Kirchen mehr; unsere Zeit will helle, lichte Kirchenräume mit viel Weiß und gefälligeren Deckengemälden. So ändert sich eben der Geschmack. Mein Vater war damals – es war um das Jahr 1666 – gerade 20 Jahre alt, als die alten Wandgemälde mit weißer Farbe zugestrichen wurden. Wer weiß, vielleicht kommt später einmal eine Generation, die solche alten Wandmalerien wieder schön findet? Man hat sie nicht zerstört, sie sind jetzt nur unter dem weißen Farbanstrich verborgen."

Schließlich beginnt der feierliche Wallfahrtsgottesdienst. Die Menschen drängen sich in und vor der Kirche dicht zusammen. Viele sind vor dem Gottesdienst noch zum Beichten gegangen. Ein paar Kapuzinerpatres aus Langenargen sind eigens zum Beichthören hierher gekommen, weil die Pfarrgeistlichkeit genug anderes zu tun hat. Der Pfarrer von Eriskirch liest die Messe, wird aber von mehreren Amtsbrüdern unterstützt. Sie zelebrieren gemeinsam. Auch unser Herr Pfarrer und der Pfarrer von Buchhorn sind darunter. Die Predigt hält ein Kapuzinerpater aus Langenargen. Es wird mir ganz warm ums Herz, wie er vom unerschütterlichen Vertrauen auf die Hilfe der Gottesmutter spricht und viele Beispiele aufzählt, wo sie geholfen hat.

Nach dem Gottesdienst laufen wir Kinder voller Neugier durch den kleinen Ort. Zu gerne hätten wir einen Abstecher zum Bodensee gemacht. Aber die Wege sind noch alle naß und versumpft.

Unsere Pilgergruppe trifft sich wieder in den warmen Stuben des großen Gasthauses „Adler", dem Amtshaus von Eriskirch. Am Giebel des Hauses ist das Buchhorner Wappen angebracht. Das sagt, daß Eriskirch zur freien Reichsstadt Buchhorn gehört, und daß dieser Gasthof der Wohn- und Amtssitz des Buchhorner Ammanns ist. Der Ammann untersteht einem Buchhorner Vogt; das ist meist ein Buchhorner Ratsherr. Früher wohnten die Vögte auf der Burg Baumgarten. Aber seit diese verfallen ist, führen sie ihre Amtsgeschäfte von Buchhorn aus. Es gibt auch längst nicht mehr so viel zu tun; ein hauptberuflicher Vogt ist deshalb nicht mehr notwendig.

Nach der leiblichen Stärkung rufen uns die Glocken noch einmal zu einer Andacht in die Kirche. Frohen Herzens ziehen wir anschließend zur Fähre an die Schussen. Von den anderen Wallfahrtsgruppen sind viele schon auf dem Heimweg.

Über dem Seewald sind inzwischen dunkle Wolken aufgezogen. Ein Gewitter kündigt sich an. In unserer Gruppe aus Tettnang ist es etwas unruhig geworden. Alle wollen noch vor Einsetzen des Regens nach Hause gelangen. Meine Freundinnen und ich sind zuerst bei der Fähre. So kommen wir schon bei der ersten Überfahrt an das andere Ufer. Allein fahren Fährmann und Knecht das Floß wieder zurück. Jetzt sehen wir, wie sich immer mehr Wallfahrer zur zweiten Fahrt auf die Fähre drängen, wohl aus Angst vor dem nahenden Unwetter. Vielleicht aber freuen sie sich auch auf die Heimkehr und sind deshalb so ungeduldig.

Die Schiffsleute haben alle Mühe, mit ihren Rudern und Stangen die überladene Fähre bei diesem Hochwasser zu steuern. Da, kurz vor Erreichen des anderen Ufers, wird der Bug von der Strömung zur Seite getrieben. Er schlägt unter gewaltigem Krachen an die Pfähle des Anlegesteges. Ein Aufschrei geht durch die Menge. Der Stoß wirft alle auf eine Seite. Die Fähre schlägt um. Mit Entsetzen sehen wir, wie unsere Freundinnen, Bekannten, Verwandten und Nachbarn hilferufend in die reißenden Fluten stürzen. Niemand kann ihnen helfen. Starr vor Schreck stehen wir am Ufer. Am umgeschlagenen Schiff klammern sich noch einige Menschen fest, auch der Fährmann. Sie werden weiter flußabwärts an das Ufer getrieben. Dort können sie sich retten. Bauersleute, die in der Nähe auf dem Felde arbeiten, versuchen mit langen Stangen die Dahintreibenden zu erreichen. Es gelingt ihnen, einige an das rettende Ufer zu ziehen. Aber für die meisten der Verunglückten gibt es keine Hilfe mehr. Kaum jemand kann schwimmen, und das Wasser nach der Schneeschmelze ist sehr kalt.

Grauen ergreift uns Kinder. In panischer Angst rennen wir los, ohne uns noch einmal umzusehen. – Fort, nur fort, unserem heimatlichen Tettnang zu! Die Schreie der Ertrinkenden verfolgen uns. Erst bei der Kapelle von Mariabrunn halten wir erschöpft inne. Verzweifelt denke ich: „Warum konnte bloß niemand helfen?"

Wir sind nicht lange allein. Noch mehr Kinder sind uns nachgerannt, auch einige Erwachsene. Mit Tränen in den Augen setzen wir in eiliger Hast unseren Weg durch den Tettnanger Wald fort. Kaum einer spricht ein Wort.

Von Hagenbuchen kommen uns Reiter und Wagen entgegen, bald auch eilig laufende Männer und Frauen aus unserer Heimatstadt. Alle wollen wissen, wer von der Pilgergruppe verunglückt oder gerettet ist. Unsere spärlichen Antworten helfen ihnen nicht weiter. Verzweifelt, schreiend und jammernd eilen sie der Unglücksstätte in Eriskirch zu. Sie hoffen alle, ihre Angehörigen unter den Lebenden zu finden. Ein Postkurier war nämlich in der Nähe des Unglücks gewesen und hatte die traurige Kunde eilends nach Tettnang gebracht. Endlich erblicke ich meine Eltern. Schluchzend liege ich in ihren Armen. Mit stockender Stimme erzähle ich ihnen, wie es zu dem schrecklichen Unglück gekommen ist.

Erst nach Tagen steht fest, daß insgesamt 35 Personen in den eisigen Fluten der Schussen ertrunken sind. Bei einem großen Totengottesdienst in unserer Heimatkirche St. Gallus nehmen die Angehörigen, die Überlebenden und die ganze Stadt Tettnang Abschied von den toten Wallfahrern.

Damit endet der Bericht des Mädchens, das Zeuge des schrecklichen Unfalls wurde.

Stadtpfarrer Dr. Purtscher aber setzt sich einige Tage nach der großen Beerdigung an sein Schreibpult, schlägt das Sterberegister der Pfarrei Tettnang auf und trägt voller Trauer unter dem Datum des 7. April 1733 ein:

„Sequentes infaustis avibus in processione Eriskirchensi (quotannis solita) misere una cum navi in Schussen demersae perierunt." Das heißt auf deutsch: *„Die nachfolgenden Personen sind durch ein schreckliches Unglück bei der jedes Jahr üblichen Prozession nach Eriskirch ertrunken, als die Schussenfähre unterging."*

Und dann reiht er mit kratzender Feder die Namen der Unglücklichen aneinander. Es sind vier Mägde, 30 Frauen und Mädchen und ein Mann. Man kann die Namen heute noch beim Katholischen Stadtpfarramt St. Gallus in Tettnang im alten Sterberegister nachlesen:

„Anna Maria Löchlin, Schneiderin
Maria Jungin, eine Magd
Maria Hirtin, eine Magd
Katharina Reichardin
Katharina Garnatschin
Franziska Garnatschin
Ursula Jehlin
Anna Maria Jehlin
Maria Anna Beerin
Theresia Beerin
Magdalena Brogerin
Maria Anna Pfaundlerin
Franziska Giererin
Anna Maria Maierhoferin, eine Magd

Katharina Bittlerin
Magdalena Bopertin, eine Magd
Anna Karrerin
Magdalena Huchlerin
Franziska Stopplin
Anna Maria Horbin
Theresia Mayerin
Katharina Bruggerin von [Ober-]Meckenbeuren
Maria Missenhartin von Dieglishofen
Ursula Himplin von Blumenrain
Anna Sauterin von Bernau
Katharina Bischofbergerin von Brünnensweiler
Anna Maria Reck von Missenhardt
Theresia Ortliebin von Herrgottsweiler
Agatha Grueberin von Herrgottsweiler
Maria Schleglin von Herrgottsweiler
Anna Maria Veeserin von Siggenweiler
Maria Gintherin von Kratzerach
Anna Maria Grieblin von Waldhub
Anton Ginther
Barbara Marquardin".

Abb. 24: Erst seit 1777 führt in Eriskirch eine Holzbrücke über die Schussen, gebaut anläßlich einer Durchreise Kaiser Josephs II.

Eine aufregende Reiterprozession

Der Große Weißenauer Blutritt nach Manzell

„Bitte, Großvater, erzähl uns doch eine Geschichte, bitte, aber eine ganz lange, keine so kurze wie gestern", betteln Paul und Lorenz. „Also gut, heute erzähle ich euch die Geschichte von der treuen Wendelgard." „Nein, nicht schon wieder die Wendelgard, etwas anderes, eine wahre Geschichte von früher. Eine Geschichte von dir, als du noch ein kleiner Bub warst." „Laßt mich überlegen. Ich hab's! Ich erzähle euch, wie ich zum erstenmal an der Reiterprozession nach Manzell mitmachen durfte. Das war anno 1740, vor genau 50 Jahren. Heute gibt es noch den Weingartener Blutritt; in Weißenau ist jetzt nur eine Bittprozession zu Fuß mit der Heiligblut-Reliquie erlaubt." „Au ja, Großvater, erzähl uns, wie das früher war", ruft Lorenz begeistert. „Warum seid ihr denn so weit geritten?", will Paul wissen.

Großvater erklärt: „Im Frühjahr werden mit dem Heiligen Blut die Fluren gesegnet, damit der notwendige Regen fällt und die Früchte wachsen können. Auch bei Unwetter ist die kostbare Reliquie eine große Hilfe. Wenn es blitzt und donnert, dann wird zuerst die Wetterglocke geläutet. Oft vertreibt sie mit ihrem Schall die Wolken und den gefürchteten Hagel. Wenn ein ganz arges Gewitter aufzieht, werden im Kloster Weißenau die Kirchentüren aufgemacht. Einer der Patres geht unter die Tür. Dann wartet er, bis das Gewitter Luft holt und hält ihm das Heilige Blut Christi entgegen. Das hilft oft im letzten Augenblick.

Damit möglichst viele Leute und Orte den Segen mit dem Heiligblut erhalten konnten, wurden früher jedes Jahr zwei Reiterprozessionen abgehalten. Die erste ging Anfang Mai von Weißenau aus in die nähere Umgebung, nämlich in die Klosterpfarreien St. Christina, Grünkraut, Gornhofen und Obereschach. Die zweite Prozession führte am Pfingstmontag von Weißenau zur kleinen Klosterpfarrei Manzell am Bodensee und wieder zurück; das war eine Tagesstrecke von rund 60 Kilometern. Wegen des weiten Weges nannte man diese Manzeller Prozession den 'großen Weißenauer Blutritt'. Der Umritt in die Umgebung des Klosters war der 'kleine Blutritt'. Bei beiden Prozessionen hat ein Pater aus dem Kloster das Heiligblut mitgeführt und die Wälder, Wiesen, Felder und Menschen zum Schutz vor Blitz, Hagel und Ungewitter damit gesegnet." Nach dieser Erklärung schließt der Großvater für einen Moment die Augen, um die Erinnerung wachzurufen, und beginnt zu erzählen:

Es ist stockdunkel. Ich bin noch daheim in Fidazhofen bei Weißenau. Mein Vater rüttelt mich vorsichtig an der Schulter. Ganz in der Ferne höre ich ihn sagen: „Komm, wach auf, es ist Zeit! Du mußt aufstehen." Im Haus ist alles ganz ruhig.

Vorsichtig steige ich aus dem Bett. Die Kleinen neben mir sollen nicht aufwachen. Sie schreien sonst bloß und wecken das ganze Haus. Die Mutter ist auch schon auf. Schnell schlüpfe ich in die kalten Kleider; davon werde ich ganz wach. Der Vater ist bereits im Stall. Der Hansel, unser Brauner, steht schon und frißt seine erste Ration Hafer. Er wird viel Kraft und Ausdauer brauchen.

Heute, am Pfingstmontag, findet wie jedes Jahr der große Blutritt nach Manzell statt. Der kleine Blutritt im Mai wäre vom Abt wegen der Kälte und der zweifelhaften Witterung beinahe abgesagt worden. Von Grünkraut bis Untereschach sind alle im strömenden Regen naß geworden. Der Vater hat sich einen Husten geholt und war dann tagelang unleidig.

Abb. 25: Eine oberschwäbische Reiterprozession bei Bad Wurzach. Noch heute wird hier, wie auch in weiteren Orten Oberschwabens, diese alte Tradition gepflegt.

Dieses Jahr bin ich zum erstenmal richtig mit dabei, nicht mehr zu Fuß, sondern mit einem Pferd. Der Vater hat vom Onkel in Grünkraut die Lies für mich ausgeliehen. Sie ist ein schöner Fliegenschimmel. Um zwei Uhr nachts müssen alle Pferde gefüttert, getränkt und geputzt sein. Da heißt es zulangen und keine Zeit verlieren. Ich kann es schon gut mit den Pferden, ich bin ja schon zwölf Jahre alt. Der Vater striegelt den Hansel; wie alle Reiter will er heute das schönste Pferd haben. Ich hole einen Eimer Wasser vom Brunnen. Im Stall wird es lauter. Die Zeit drängt, um drei Uhr beginnt unten in Weißenau die Prozession. Die Lies ist leicht zu putzen. In ihrem hellen Fell sieht man die Spuren des Nachtlagers nicht so wie beim Hansel. Gestern habe ich sie gründlich gestriegelt und geputzt, ich muß nur noch einmal drüberbürsten. Zum Schluß wird das mit Buchs geschmückte Kopfzeug angelegt. Die Lies wehrt sich; die raschelnden Blätter so dicht bei den Ohren ist sie nicht gewohnt.

Jetzt muß ich mich noch umziehen. Die Sonntagskleider liegen bereit. Der Rock ist an den Schultern etwas weit, aber dem Ludwig paßt er nicht mehr. Inzwischen hat der Vater den Hansel und die Lies aus dem Stall geführt und gesattelt. Alle erhalten noch eine Milchsuppe und die erwachsenen Reiter ein Maß Wein dazu. Dann heißt es aufsitzen.

Der Ammann reitet die Reihe ab. Aufrecht sitzt er im Sattel und mustert alle ganz genau. Jeder der 20 Fidazhofer, der heute mitreitet, muß vor seinem gestrengen Auge bestehen. Er duldet keine Schlamperei, weder bei den Pferden noch bei den Reitern. Die Fidazhofer sollen die schönste Gruppe in der ganzen Prozession sein. Der Ammann treibt die Gruppe an. Es ist höchste Zeit, und der Weg nach Weißenau hinab ist sehr steil. Beim spärlichen Laternenlicht müssen wir langsam tun.

Kurz vor drei Uhr treffen sich alle Reiter vor dem Portal der Weißenauer Klosterkirche. Die 30 Weißenauer Reiter sind schon aufgestellt. Wir stellen uns daneben. Der Ammann gibt verhalten, aber bestimmt seine Befehle. Er duldet keinen Widerspruch, das wissen alle. Schlag drei Uhr kommt der Pater Sakristan mit der kostbaren Heiligblut-Reliquie aus der Kirche und übergibt sie feierlich und vorsichtig dem wartenden Heiligblut-Reiter. Diesmal ist es der Pater Kellermeister. In der linken Hand hält er die Zügel, in der rechten das Heiligblut. Er richtet sich auf und erteilt den ersten Segen in Richtung Prälatur und Konventgebäude. Die Glocken fangen an zu läuten. Die Prozession setzt sich in Bewegung.

Der Klosterschaffner reitet voraus, ihm folgt ein Trompeter. Danach kommt der Fahnenträger mit der großen Heiligblutfahne, begleitet von zwei Reitern. Es folgt die Weißenauer Reitergruppe mit ihrem Anführer. Dann sind wir an der Reihe. Unser Trompeter gibt das Signal zum Aufbruch und reitet los, der Fidazhofer Fahnenträger mit zwei Begleitern schließt sich an. Auf Kommando des Ammanns reiten wir ab. Ich bin ganz froh, denn die Lies ist von den Glockenklängen und Trompetenstößen aufgeregt geworden; jetzt kann sie laufen und wird ruhiger.

Hinter uns folgen drei Reiter mit Laternen und dem Konventkreuz. Begleitet von vier Weißenauer Chorherren (Patres) kommt dann auf dem schönsten Pferd der ganzen Prozession der Pater Kellermeister mit dem Heiligen Blut. Den Schluß bilden berittene Gäste aus der näheren und weiteren Umgebung.

Es ist noch kalt und dunkel. Es friert mich an den Händen. Der Weg geht zunächst durch das feuchte und neblige Schussental. Dann reiten wir den Hang hin-

auf nach Adelsreute. Die Pferde schnaufen und dampfen vor Anstrengung. Als es dann nach Taldorf hinunter geht, machen wir Halt zur ersten Station. Wir sind im Taldorfer Kornösch und damit wieder auf Klostergebiet angelangt. Hier erwarten uns schon 70 Reiter aus Taldorf und Umgebung. Sie begrüßen uns und bitten um den Segen. Der Pater Kellermeister singt die Gebete wie bei der Flurprozession an Christi Himmelfahrt und liest ein Stück aus dem Johannesevangelium vor. Dann hebt er die Heiligblutreliquie hoch und erteilt mit ihr den Wettersegen in alle vier Himmelsrichtungen.

Betend und singend ziehen wir zur Pfarrkirche nach Taldorf. Auf halbem Weg kommt uns der dortige Pfarrer, ein Weißenauer Chorherr, mit vielen Leuten entgegen. Sie sind alle so früh aufgestanden, um das Heiligblut abzuholen und den Segen für sich und ihre Felder zu erbitten. Vier angesehene Männer stehen mit dem „Himmel" bereit. Der Pfarrer nimmt das Heilige Blut entgegen und begibt sich unter den Baldachin. Dann schreitet er unter Glockengeläute ehrfurchtsvoll in die Kirche, die Gläubigen schließen sich an. Die kostbare Reliquie wird zur Verehrung hinter den Chorstufen auf ein reich verziertes Kissen gelegt. Dann treten die Leute in einer endlosen Reihe heran. Sie knien vor der Reliquie nieder und küssen sie andächtig.

Wir Reiter gehen nicht mit in die Kirche, denn sie ist zu klein für alle; außerdem müssen die Pferde „nachgesattelt" werden. Der Vater zieht an meiner Lies den Sattelgurt an und stellt die Steigbügel ein wenig höher. So kann ich bequemer reiten.

Endlich geht die Prozession weiter. Mit Gesang und Gebet begleiten uns die Taldorfer bis in den Kornösch bei Reute. Sie bitten nochmals um den Segen, dann kehren sie mit ihrem Pfarrer um. Nur ihre Reiter bleiben bei der Prozession. Schweigend reiten wir über Bibruck auf die Kornstraße zu, auf der jeden Herbst zahllose Getreidefuhren aus Oberschwaben zur Verschiffung in die Schweiz nach Buchhorn rollen.

Es wird immer heller. Plötzlich sehe ich die Umrisse der Staffelbildkapelle aus dem Nebel auftauchen. Dicht daneben fällt das Gelände in ein langgestrecktes Tal ab, das sich heute als ein riesiges Nebelmeer zeigt. Vor langer Zeit hatten die Mönche des Klosters Weingarten hier einen See aufgestaut. Sie wollten Fische züchten, aber es hat sich wohl nicht gelohnt. Sonst hätten sie ihn nicht schon bald verlanden lassen. Geblieben ist die sumpfige, schilfbestandene Altweiherwiese, die jetzt alles in Nebel hüllt, und der alte Damm, über den nun die Kornstraße an Oberteuringen vorbei Richtung Ailingen führt.

Eine kleine Gestalt in braunen Lumpen rennt uns entgegen. Es ist der Einsiedler, der neben der Staffelbildkapelle wohnt. Er hat es sehr wichtig und will uns die Rast-

Abb. 26: Die „Heiligblutreliquie" von Weißenau, aufbewahrt in einem Glasröhrchen; dieses befindet sich in der Mitte des 1709 neu mit Gold eingefaßten Kristallgefäßes. Im oberen Teil ein Dorn aus der Krone Christi.

plätze anweisen; aber der Klosterschaffner läßt sich nicht aus der Ruhe bringen. Jetzt kommt uns der Pfarrer von Oberteuringen mit Kreuz und Fahnen und vielen Leuten entgegen. Auch sie bitten um den Segen. Anschließend bedankt sich der Pfarrer im Namen aller für den gnadenreichen Besuch. Etwa 120 Reiter aus Teuringen und Umgebung reihen sich mit ihrer prächtigen Heiligblutfahne am Ende der Prozession ein. Auch das übrige herbeigeströmte Volk will uns zum größten Teil noch bis Unterteuringen begleiten, voran die vielen Kinder; sie wissen nicht recht, wo sie sich einordnen sollen. Beim Aufbruch entsteht daher ein Gedränge. Unser Schaffner reitet dem langen Zug entlang und weist die Leute ein.

Im Unterteuringer Kornösch, wo wir uns wieder auf Weißenauer Gebiet befinden, werden wir mit Kanonendonner empfangen. Die Lies scheut; ich hab' Mühe, sie zu beruhigen. Doch da kracht schon der nächste Schuß. Sie steigt vorne hoch, ich kann sie kaum halten. Anderen Reitern geht es nicht besser. Der Vater lacht und ist stolz, daß mich die Lies nicht abwerfen konnte. Nach dem Segen stellt der Vater die Kinnkette an Lieses Kandare – das ist die Gebißstange – zur Sicherheit etwas enger; so hab' ich das Pferd besser im Griff. Als wir weiterreiten, schlottern mir aber noch immer die Knie.

Bei Weiler an der Ach sind wir in der Pfarrei Berg. Hier machen wir den nächsten Halt, denn auch der Hof Weiler und die am anderen Rotachufer gelegene Weilermühle sind alter Weißenauer Besitz. Die Leute dort fühlen sich deshalb dem Heiligen Blut besonders verbunden; sie verehren es schon lange.

Auch in Berg kommt uns der Pfarrer mit der Prozession entgegen. Er nimmt die Reliquie in Empfang und bringt sie zur Verehrung in die Kirche; dort wird mit dem Heiligen Blut auch Wein für das Volk gesegnet. Ich bleibe mit ein paar anderen aus unserer Gruppe bei den Pferden. Nach dem Gottesdienst wird der gesegnete Wein ausgeschenkt. Der tut jetzt gut; der von den Pferden unterwegs aufgewirbelte Straßenstaub hat meine Kehle ganz ausgetrocknet. Heimlich stelle ich mich nochmals in die Reihe und lasse meinen Becher ein zweitesmal füllen.

Aber die Zeit drängt. Unerbittlich wird der Befehl zum Aufsitzen gegeben. Wir reiten in der üblichen Reihenfolge ab. Es geht wieder bergab Richtung Unterraderach. Nach einer Weile drehe ich mich um und schaue rückwärts nach Berg hinauf. Das Ende der Prozession ist nicht zu sehen. Unter Glockengeläut reiten wir weiter. Allmählich tut mir alles weh, ich kann kaum noch sitzen. Ich steige ab und laufe neben der Lies her. Die anderen lachen mich aus. Der Ammann weist sie zurecht. Ein Reiter soll nicht nur sich selbst schonen, sondern auch das Pferd, meint er. Zum Glück merkt er nicht, daß mir auch der ungewohnte Wein zu schaffen macht.

Zwischen Unterraderach und Schnetzenhausen kommen wir zum Torkel, einer Weinpresse des Klosters Weingarten. Auch hier halten wir an und verabschieden mit dem Flursegen alle Leute aus der Pfarrei Berg, die zu Fuß mitgekommen sind. Die Berger Reiter wollen wie die Taldorfer und Teuringer noch bis Manzell dabeibleiben.

Es geht inzwischen auf elf Uhr zu. Bald sind wir am Ziel unseres Rittes. Manzell ist nicht mehr weit. Die Zahl der Schaulustigen an der Straße nimmt zu. Unser Ammann prüft das Aussehen seiner Reiter. Einer muß den obersten Knopf zumachen, ein anderer den Hut gerade aufsetzen. Schließlich sollen wir nicht wie ein wilder Haufen daherkommen. Kurz hintereinander machen wir zweimal Station, in der Manzeller Rebhalde Lausbüchel und bei der Inneren Halde. Auch hier werden die Fluren mit dem Heiligblut gesegnet.

Unter Glockengeläut kommen uns die Manzeller mit Kreuz und Fahnen entgegen. Ich halte die Zügel ganz kurz. Bestimmt schießen sie hier auch wieder. Aber alles bleibt ruhig; nur unsere beiden Trompeter sind zu hören. Sie geben das Zeichen zum Anhalten. Der Pfarrer von Manzell schreitet an der Spitze der Prozession unter dem Baldachin; wir bilden eine breite Gasse, so daß er bis zum Blutreiter gelangen kann. Ehrfurchtsvoll begrüßt er das Heilige Blut und nimmt es aus den Händen des Blutreiters entgegen. Der steigt ab, ebenso die anderen Patres und hohen Herren. Gemeinsam ziehen sie zur Manzeller Kirche, vor der sich schon viele Zuschauer aus Fischbach und anderen Nachbarorten versammelt haben.

Kaum haben die Geistlichen das weit geöffnete Portal durchschritten, da braust die Musik im Innern der Kirche auf. Während das Volk ein Danklied für den bisher guten Verlauf des Rittes singt, erhält das Heiligblut seinen Ehrenplatz auf dem Hochaltar der Kirche.

Zwischen der Kirche und dem stattlichen Pfleghof, dem Wohn- und Amtshaus des Pfarrers, ist für die Pferde alles hergerichtet. Lange Stangen und Pfosten zum Anbinden sind da. Alle Pferde erhalten Hafer aus der großen Pfleghofscheuer. Die bereitstehenden Eimer sind schon für die erste Tränke gefüllt. Mein Vater schickt mich in die Predigt. Er will später in die Messe gehen und an der anschließenden öffentlichen Verehrung der kostbaren Reliquie teilnehmen. Dann muß ich wieder zu den Pferden.

Die Kirche ist schon ganz voll. Auf der rechten Seite dränge ich mich weit nach vorne. Da sehe ich den Prediger gut. Es ist der Pfarrer von Manzell. Er ist auch ein Pater von Weißenau. Ich erkenne ihn gleich; er war früher unser Pfarrer in Obereschach und hat erst vor kurzem die kleine Manzeller Pfarrei übernommen.

In der Predigt erzählt er die Geschichte des Heiligblutes von Weißenau: „Aus der Heiligen Schrift wißt ihr alle, daß Lazarus, Martha und Magdalena enge Freunde von Jesus waren. Nach uralter Überlieferung wurden sie zusammen mit Maximin und einigen anderen Christen bei der ersten Christenverfolgung in ein leckes Schiff ohne Segel und Ruder gesetzt und auf offenem Meer sich selbst überlassen. Unter Gottes wundersamer Führung landeten sie schon bald und ohne Schaden am anderen Ende des Meeres in Marseille; das gehört heute zu Frankreich. Magdalena hatte neben anderen Andenken an Jesus auch eine Ampulle dabei, die mit Blut vom gekreuzigten Jesus gefüllt war. Die Freunde waren überzeugt, daß dieser kostbare

Abb. 27: Nach einer Legende birgt Maria Magdalena unter dem Kreuz das Blut Christi. Später kam es als wertvolle Relique in verschiedene Orte, im Jahr 1283 auch nach Weißenau. (Kupferstich nach einem Gemälde des Langenargener Malers Andreas Brugger; 1783).

Schatz sie vor dem sicheren Tod bewahrt hatte. Als Magdalena 30 Jahre später in der neuen Heimat starb, wurde ihr zu Ehren die Kirche St. Magdalena bei St. Maximin in der Provence erbaut. In dieser Kirche wurde seither die wertvolle Reliquie aufbewahrt. 600 Jahre später hat der Merowingerkönig Dagobert I. einen Teil des Heiligen Blutes erhalten. Dieser baute in Straßburg eine Kirche und ließ seine Reliquie dort aufbewahren. Aus Dankbarkeit für einen mit Hilfe Rudolf von Habsburgs erreichten Frieden schenkte die Stadt Straßburg diesem das Heiligblut. Als Rudolf König geworden war, überließ er das Heiligblut im Jahr 1283 dem Kloster Weißenau. Hier wird es seither als wertvollster Schatz aufbewahrt und in Ehren gehalten."

Was er weiter predigt, bekomme ich nicht mehr mit. Mir ist plötzlich furchtbar schlecht. Es muß am vielen Weihrauch in der Kirche liegen. Der Berger Wein kann es nicht sein, denn der wurde vorher mit dem Heiligen Blut gesegnet. Ich bin froh, als ich endlich draußen bin. Der Vater fragt: „Was ist los, warum bist du so käsig?" Er schickt mich an den See hinab. „Die Luft ist dort frisch und gut." Ich lege mich ans Ufer. Das leise Plätschern der Wellen läßt mich bald einschlafen.

Plötzlich höre ich Trompeten schmettern. Bin ich jetzt im Himmel? Langsam komme ich zu mir. Ein Reiterzug trabt von der Landstraße zur Manzeller Kirche herunter. Er kommt aus der Reichsstadt Buchhorn. Sein Anführer bittet, auch im Namen der Klöster Hofen und Löwental, die Prozession mit dem Heiligen Blut möge auch in ihre Orte kommen. Schnell suche ich den Vater und die anderen Fidazhofer. Alle Reiter aus Weißenau und Fidazhofen waren zum Mittagessen im Pfleghof eingeladen. Leider habe ich das verschlafen. Weil ich mich darüber ärgere, beschreiben sie mir das Festmahl in allen Einzelheiten.

Schon wird wieder zum Aufbruch gedrängt. Der Pfarrer von Manzell übergibt dem Pater Kellermeister das Heiligblut. Nun wollen sich die Reitergruppen aus Taldorf, Teuringen und Berg verabschieden, zusammen etwa 250 Mann. Sie knien auf den Boden und bitten andächtig um den Segen. Dieser Bitte entspricht der Pater gerne; dann sitzen sie auf und machen sich unter dem Kommando ihrer Anführer in Richtung Schnetzenhausen auf den Heimweg.

Nach dem Abzug der drei Gruppen wird es um die Manzeller Kirche ruhiger. Der Prozessionszug stellt sich neu auf; die Abordnung der Stadt Buchhorn darf sich nun an die Spitze des Zuges setzen. Es sind 40 Reiter mit ihrem Anführer und der Militärfahne. Vor unserem Abritt erteilt der Blutreiter den Flursegen über die Manzeller Äcker und Rebhalden; er wiederholt die Segnung bei einem Halt in der Flur Mergelacker vor dem Verlassen der Manzeller Markung.

„Viermal sind die Manzeller Fluren gesegnet worden", sage ich staunend zu meinem Vater. „Manzell steht seit jeher im Mittelpunkt des großen Blutritts; da darf es den Segen des kostbaren Gutes auch am deutlichsten spüren!", erklärt der Vater und fügt hinzu: „Dieser weite Ritt ist wohl deshalb angefangen worden, weil die Manzeller Kirche seit vielen Jahrhunderten eine Reliquie vom Kreuz Christi besitzt und früher sogar dem Heiligen Kreuz geweiht war. Das Kreuz und das am Kreuz

Abb. 28: Reste der ehemaligen St. Georgskirche in Manzell; von 1810 bis 1935 als Wohnhaus genutzt.

Abb. 29: Die Manzeller Kirchenruine nach der Zerstörung 1944 (Aufnahme 1987).

vergossene Blut gehören doch zusammen. Heute ist die Pfarrkirche von Manzell dem heiligen Georg geweiht."

Inzwischen sind wir an Seemoos und Windhag vorbeigeritten und in Hofen angekommen. Vor der Klosterpforte erwarten uns mit Kreuz und Fahnen die Benediktiner des Priorats, das zur Abtei Weingarten gehört. Wieder geht es in einer Prozession in die Kirche, wo die Reliquie erneut zur öffentlichen Verehrung ausgesetzt wird. Wir werden unterdessen zu einer Erfrischung ins Kloster eingeladen. Nach dem verpaßten Mittagessen ist mir das Angebot sehr willkommen. Nach der Stärkung werfe ich einen kurzen Blick in die Kirche. Es sind noch viele Gläubige, die vor der Reliquie anstehen, um sie zu berühren und zu küssen. So habe ich noch etwas Zeit, mich umzusehen. In einem der beiden Türme schaue ich mir die herabhängenden Glockenseile an. Ein Klosterbruder kommt und ich darf mit ihm auf den Turm steigen und die Glocken aus der Nähe betrachten. Die Wetterglocke läuten sie hier nur noch vor dem Gewitter. Wenn es da ist, darf niemand mehr läuten. Ein Pater aus Salzburg hat gesagt, daß sich das Gewitter wehrt und einen Blitz am nassen Seil zum Läuter hinabschickt. Wir müssen wieder hinunter. Es heißt wieder aufsitzen. Die Hofener danken für die hohe Ehre des Besuchs, und der Blutreiter segnet die Hofener Fluren. Dann reiten wir auf Buchhorn zu.

Schon von weitem sehe ich aus dem Untertor einen feierlichen Zug entgegenkommen. Es sieht so aus, als ob uns alle Geistlichen, Ratsherren und Bürger von Buchhorn abholen wollen. Der Pfarrer von Buchhorn übernimmt das Heiligblut und stimmt das Lied „Großer Gott, wir loben Dich" an, die Musiker setzen es dann in der Kirche fort. Die Buchhorner strömen zur Verehrung der kostbaren Reliquie in die Kirche. Es stehen auch Wannen und Kannen mit Wein und Wasser da, die sie zum eigenen Gebrauch segnen lassen.

Ich bin wieder bei den Pferden. Wir müssen warten. Der Stadtschreiber von Buchhorn hat im Auftrag des Bürgermeisters zu einem stattlichen Essen ins Rathaus eingeladen. Später läutet eine Glocke zum Zeichen des Aufbruchs. Die Buchhorner Reiter setzen sich zuerst in Bewegung. Gemeinsam ziehen sie vor die Stadt zur großen Heiligkreuzkapelle vor dem Obertor. Dort stellen sie sich in einem großen Halbkreis auf und präsentieren aus Ehrerbietung vor dem Heiligblut die blanken Degen. Als wir Blutreiter aus Weißenau nachgekommen sind, bedankt sich der Stadtschreiber, umgeben von Bürgermeister, Rat und Volk, mit einer schwungvollen Rede für unseren Besuch. Vor dem Abreiten erteilt unser Blutreiter den erbetenen Segen.

Dann geht es weiter bis zum Kloster Löwental. Hier erwartet uns der Beichtvater der Dominikanerinnen mit seinem kleinen Pfarrvolk vor der Kirche; seine Pfarrei umfaßt neben den Bediensteten des Klosters nur wenige Häuser von St. Georgen. Der Beichtvater und seine Leute ziehen mit dem Heiligblut in die Klosterkirche ein, in der die Nonnen schon auf das große Ereignis warten. Da sie das Kloster nicht verlassen dürfen, freuen sie sich besonders auf die Gelegenheit, die Reliquie zu sehen und sie küssen zu dürfen. Ich bleibe wieder bei den Pferden. Die Mittagshitze macht mich durstig. Eine Magd bringt mir aus dem Keller eine Tasse kühle Milch.

Die Anführer der einzelnen Gruppen drängen wieder zum Aufbruch. Schließlich haben alle noch einen weiten Weg vor sich. Einige aus unserer Fidazhofer Gruppe fehlen, sie haben ihre Pferde noch nicht gerichtet. Die Weißenauer reiten los. Unser Ammann wird ärgerlich: „Es ist doch jedes Jahr das gleiche! Hättet ihr in Buchhorn nicht soviel Wein getrunken!" Wir sind noch nicht vollzählig, trotzdem befiehlt der Ammann nun den Aufbruch.

Im Eiltempo geht es voran. Der Ammann hat einen ganz roten Kopf, nicht vom Wein, sondern vor lauter Zorn über die Nachzügler. Wir reiten auf der Kornstraße bis Ailingen. Dann geht es über den Haldenberg und durch einige Ettenkircher Weiler. Erst beim Bildstock an der Ellenweiler Steige machen wir wieder einen Halt. Hier hat man die Weißenauer Höfe von Bettenweiler und Appenweiler mit vier großen Fischweihern des Klosters im Blick. Während wie üblich der Segen gegeben wird, holen uns die letzten Nachzügler ein. Ihre Pferde sind von der Aufholjagd ganz naß. Der Ammann kocht vor Wut, aber er kann die feierliche Stille nicht stören.

Weiter geht es über Adelsreute, dann durch den Wald hinab ins weißenauische Oberzell. Wir halten jetzt wieder öfters an. Wir reiten nicht mehr so schnell. Die Prozession wird wieder feierlicher. Unsere letzte Station vor Weißenau ist in der Aschhalde an der Rahlenbrücke. Als wir abreiten, beginnen die Glocken der Weißenauer Kirche zu läuten. Viele Gläubige aus der Umgebung haben sich zu unserer Rückkehr eingefunden. Mitten ins Glockengeläute krachen die Böller zum Empfang. Die Lies ist zum Scheuen zu müde. Der Abt nimmt, in seinen kostbarsten Ornat gekleidet, das Heiligblut auf dem Platz vor der Kirche entgegen. Alle Chorherren des Klosters sind zugegen. Ich glaube, sie sind froh, daß wir den größten Schatz ihres Klosters wieder gut und unversehrt zurückgebracht haben. Zum Dank für die gute Heimkehr erteilt der Abt uns Reitern den Schlußsegen. Wir empfangen ihn auf den Knien. Dann sitzen wir auf und bilden eine weite Gasse für die Leute, die nun vom Klosterhof feierlich in die Kirche einziehen.

Während die Orgel spielt, füllt sich die Kirche bis in die hintersten Bankreihen. Der Abt legt die Reliquie vorsichtig auf den Heiligblut-Altar. Dieser steht am Ostende des Kirchenschiffs; er trennt die Volkskirche im Langhaus vom Chor, der den Patres vorbehalten ist. Nun wird zuerst den Geistlichen und anschließend dem herbeigeströmten Volk eine letzte Gelegenheit gegeben, das Heilige Blut zu verehren. Anschließend wird die kostbare Reliquie wieder für lange Zeit weggeschlossen.

Inzwischen können wir heimreiten. An der Fidazhofer Steige sitzen wir ab und gehen zu Fuß hinauf. Die Pferde sind genauso müde wie wir.

Großvater lehnt sich nach hinten. „Ich bin jetzt auch müde vom vielen Erzählen. Lorenz, hol mir doch noch einen Schluck Wein." Paul ist noch nicht zufrieden. „Großvater, warum gibt es diese schöne Reiterprozession jetzt nicht mehr?" „Nun, anno 1783 hat der Bischof von Konstanz den Ritt nach Manzell verboten – zur

Abb. 30: Inneres der Weißenauer Klosterkirche nach der 1724 abgeschlossenen Erneuerung. Hier wird die Heiligblutreliquie noch heute aufbewahrt.

Schonung von Mensch und Tier, sagte man. Die Ritte wurden für das Kloster immer teurer, und manche Reiter haben sich nicht anständig benommen. Der Abt hat sich kaum dagegen gewehrt. Ich kann nicht verstehen, warum der Blutritt jetzt keinen Nutzen mehr haben soll. Dieses traurige Ende kam ausgerechnet im Jubiläumsjahr! Die Reliquienübergabe von 1283 – genau 500 Jahre vorher – hat das Kloster aber mit großen Feiern begangen. Vielleicht wird nach ein paar Mißernten der Ritt doch wieder erlaubt. Ich kann dann nicht mehr dabeisein, aber ihr beide, Paul und Lorenz, ihr müßt dann mitreiten. Versprecht ihr mir das?“

„Im Auftrag des Kurfürsten!“

Bayerisches Salz bringt unverhofften Wohlstand nach Buchhorn

Es regnet in Strömen an diesem frühen Juli-Morgen des Jahres 1755 in Buchhorn. Das kleine Fischerboot mit dem alten Jakob und dem elfjährigen Georg macht gerade an der Seebrücke in Buchhorn fest. Mißmutig schaut Gredmeister Rothmund auf die wogende Wasserfläche. „Glaubt ihr, daß heut überhaupt jemand zum Markt kommt?“, ruft er den beiden zu, als sie mit einem halbvollen Fischkorb aussteigen. „Das Marktschiff aus der Schweiz kommt sicher spät – oder überhaupt nicht.“ Bei Regen ist das Umladen von Waren auf die Lastschiffe eine gefährliche Knochenarbeit, wenn die Planken glitschig sind. Aber er und seine Knechte könnten die paar Kreuzer, die dabei zu verdienen sind, dringend gebrauchen.

Auf dem Marktplatz ist noch niemand zu sehen. Nur eine magere, nasse Katze streicht auf der Suche nach Futter um die tiefen Wasserpfützen. Als die wenigen Kretzer und Felchen für den Verkauf hergerichtet werden, verschlingt sie gierig die weggeworfenen Fischköpfe.

Da öffnen sich knarrend die großen Torflügel des Kornhauses neben der St. Nikolauskirche, und Kornmeister Schmidberger schaut besorgt in den rauschenden Regen. Wenn es weiter so schüttet, wird heute wieder kaum ein Getreidehändler auf den Buchhorner Wochenmarkt kommen, und wieder gibt es nichts zu verdienen in diesen elenden Zeiten.

Auch die Buchhorner Schiffsleute haben es schwer, wenn es kaum etwas zu verladen gibt. Seit Georgs Vater vor zwei Jahren auf dem See bei einem schweren Sturm mit seinem Lastsegler tödlich verunglückte, ist es für die Witwe Nickh, Georgs Mutter, besonders schwer, mit ihren beiden Kindern zu überleben. Georg und seine ein Jahr ältere Schwester Veronika helfen der Mutter schon viel. Auch die verwandten Schiffsfamilien wie Rothmunds unterstützen die Witwe Nickh, so gut sie können. Aber es sind schwere Zeiten.

Endlich hören sie vom Obertor her das Rumpeln von Fuhrwerken, die von der Ravensburger Gegend zum Buchhorner Kornmarkt kommen. Viele sind es nicht.

„Mein Wagen hat schon wieder ein Rad verloren, und der Gaul braucht ein neues Hufeisen! Es ist eine Schande, wie die Straßen aussehen! Wenn man zu euch kommt, bricht man sich vorher den Hals!“, schimpft der Fuhrmann vom Getreidehändler aus Ravensburg, und die anderen geben ihm recht. Unwirsch laden sie die wenigen Kornsäcke ab. Als nach dem Marktläuten notdürftig noch ein paar Stände mit Planen gegen den Regen aufgestellt sind, werden die wenigen Eisenwaren und Tuchballen auf den Brettern ausgelegt. Aber zum Kaufen erscheint kaum jemand, selbst als der Regen allmählich nachläßt. Der wöchentliche Kornmarkt in Buchhorn ist auch nicht mehr, was er früher einmal war.

„Bei euch ist kein Geschäft mehr zu machen. Die Straßen sind so verlottert, da braucht ihr euch über die jämmerlichen Zustände und eure Schulden nicht zu beklagen", mault der Tuchhändlersgehilfe aus Ravensburg. „Vielleicht kommen wir nächste Woche gar nicht mehr her!"

„Warum kümmern sich euer Bügermeister und die Stadträte nicht darum, daß der Buchhorner Markt wieder gut besucht wird?", fragt ein Altshausener Getreidehändler den Kornmeister. „Ja, das ist leichter gesagt als getan, wenn kein Geld da ist und der Schuldenberg himmelhoch", gibt der zurück.

Da hat er recht: Seit dem langen 30jährigen Krieg hat sich Buchhorn noch nicht richtig erholt. Das ist aber schon über 100 Jahre her. Damals hatten die schwedischen und dann wieder die kaiserlichen Soldaten die kleine Stadt ganz ausgeplündert. Seither sind die Schulden der Stadt unaufhörlich angewachsen. Seit langem findet kein richtiger Markt mehr statt. Die Kornstraße über Ailingen, Hefigkofen und Horgenzell nach Altshausen und die Landstraße durch den Seewald nach Ravensburg haben tiefe Löcher und Furchen, die bei Regen mit Wasser vollaufen und sich in Schlammwüsten verwandeln. Die Fuhrleute weigern sich dann, mit teurer Ladung nach Buchhorn zu fahren. Die Lochbrücke über die Schussen und die Rotachbrücke an der Trautenmühle müßten dringend mit neuem Prügelholz ausgebessert werden.

Aber auch für andere wichtige Aufgaben der Stadt ist kein Geld da: Das Spital braucht dringend mehr Arzneien und besseres Essen, die Türme und Mauern verfallen und die hölzerne Landungsbrücke am See ist längst morsch geworden. Die wenigen Einnahmen reichen kaum für die jährlichen Abgaben an den Kaiser und an den Schwäbischen Kreis; die Verzinsung des Schuldenbergs von 51.000 Gulden verschlingt das meiste Geld. Es langt hinten und vorne nicht mehr. Der Schullehrer ist nicht der einzige, der am Hungertuch nagt.

Als Georg nach dem Verkauf der Fische zum Holzholen geht, hört er vom „Adler" herüber das Grölen der schon betrunkenen Knechte. Auch aus dem Rathausfenster dringt Lärm. Die Stadträte trinken sich wieder einmal Hoffnung zu.

Vor drei Jahren war sogar eine Hohe Kommission in kaiserlichem Auftrag erschienen, die den Ratsmitgliedern tüchtig die „Leviten" gelesen und die Mißstände deutlich angesprochen hat: Umtrünke zu jeder Gelegenheit, kostspielige Prozesse wegen Kleinigkeiten, großzügige Geldgeschenke aus der ohnehin leeren Stadtkasse. Außerdem hatten die Mäuse bereits die schlampig geführten Akten angenagt. Aber keiner war zur Verantwortung gezogen worden. Georgs Freundin Barbara, die zehnjährige Tochter des Stadtrats Kees, hatte ihm das alles erzählt.

So verwahrlost alles immer mehr. Doch vor zwei Monaten sind einige Stadträte, darunter auch Barbaras Vater, im Auftrag der vier Zünfte und der Bürgerschaft zur Provinzregierung von Vorderösterreich nach Konstanz gefahren. Sie wollten die

Reichsfreiheiten der Stadt Buchhorn abtreten und sich unter den Schutz Österreichs begeben. Dadurch sollten der Handel in Buchhorn wieder aufleben und eine allmähliche Verringerung der Schulden möglich werden. Aber der Schwäbische Kreis und die anderen Reichsstädte wie Augsburg und Ulm, Ravensburg und Überlingen haben gleich davon erfahren und sofort verhindert, daß eine arme Reichsstadt so ihre Unabhängigkeit aufgibt. „Wenn das Nachahmer findet, kommt die ganze Ordnung des Reiches ins Wanken!", hatten sie ihr rasches Eingreifen begründet.

Und so ist alles wieder beim alten. Der Seewald, in den Georg zum Holzsuchen geht, sieht schon sehr armselig aus. Aber was soll man tun? Irgendwie muß man ja leben. Es gibt fast nichts zu kaufen. Im Winter ist es noch schlimmer, wenn das wenige Holz zum Heizen und Kochen rasch aufgebraucht ist. Da geht man eben früh ins Bett. Wenn sich die Leut nur nicht soviel streiten und prügeln würden. Aber noch schlimmer: Das Stehlen nimmt überhand. Erst gestern hat Georg beobachtet, wie ein junger Bursch aus der Gastwirtsküche vom „Rad" einen Laib Brot gestohlen hat. Im Diebsturm sollen schon einige sitzen, die der Büttel auf frischer Tat ertappt hat. Wie kann die Stadt aus diesem Elend wieder herausfinden?

Am nächsten Morgen dauert die Schule nicht lang. Die Buchhorner Kinder haben keine Zeit zum Lernen; sie müssen schon früh bei ihren Eltern oder bei Dienstherren mit anpacken. Barbara und Georg verlassen gerade mit Schaffmayers Konrad das kleine Schulhaus, als sie einen Reiter vom Obertor herkommen sehen. „Könnt ihr mir sagen, wo euer Rathaus zu finden ist?", fragt dieser vom Pferd herunter, und schon laufen alle eifrig voraus. Das Rathaus ist ein schmales Gebäude am See. Mitten durchs angrenzende stattliche Gredhaus führt der Weg zur einzigen Landungsbrücke der Stadt, so daß man vom Rathaus her den Warenumschlag gut beobachten kann.

Bürgermeister Franz Lukas Ganter steht in seinem kleinen Amtszimmer im Rathaus und schaut sinnend auf den See hinaus. Was können er und die übrigen Ratsmitglieder noch unternehmen, um die Stadt Buchhorn vor dem sicheren Ruin zu retten? Da wird der Bote gemeldet, der ein blau-weißes Rautenmuster auf seiner Tasche trägt. Kanzleiverwalter Jakob Mayer führt ihn herein. „Ich komme im Auftrag des Kurfürsten von Bayern und bringe ein Schreiben aus seiner Kanzlei zu München an den Bürgermeister und Rat der Stadt Buchhorn", erklärt der Kurier ohne Umstände.

Was kann der Kurfürst Max Joseph von Bayern von der kleinen Reichsstadt Buchhorn wollen?, denkt der Bürgermeister und öffnet erwartungsvoll das Schriftstück. Nachdem er einen Blick hineingeworfen hat, läßt er den Brief sinken und blickt den Kanzleiverwalter vielsagend an. Dann entläßt er den Boten zur Stärkung ins Gasthaus „Zum Adler".

„Wir müssen sofort alle Räte zusammenrufen und heute Abend eine außerordentliche Sitzung abhalten", ruft er aufgeregt. Kanzleiverwalter Mayer gibt den

Abb. 31: Salzsieder in Hallein, 1802.
In den Salzpfannen wird die Sole, ein stark salzhaltiges Wasser, verdampft. Zurück bleibt der entstandene Salzbrei, den die Arbeiter mit langen Schiebern an den Rand ziehen und in hohe Holztröge, die Fuder, schaufeln. Anschließend kommen die gefüllten Fuder zur weiteren Trocknung ins Härthaus.

Auftrag an die Kinder weiter, die vor dem Rathaus neugierig zusammengeströmt sind. Sie rennen in alle Richtungen davon, um die Ratsherren in ihren Häusern und Werkstätten oder auf ihren Feldern aufzustöbern und aufs Rathaus zu bestellen.

In der abendlichen Sitzung läßt der Bürgermeister den Kanzleiverwalter das hochbedeutsame Schreiben vorlesen. Der Kurfürst unterbreitet darin der Stadt Buchhorn den Vorschlag, das in Reichenhall gewonnene bayerische Salz von Buchhorn aus über den See in die Schweiz zu verschiffen! Es ist ein langer Brief mit vielen Einzelheiten, wieviel die Stadt an jedem Faß Salz verdienen kann und daß noch Getreide und andere Güter befördert werden sollen. Und das wichtigste: zur Verbesserung der Straßen und Brücken, für die Instandsetzung der künftigen Salzstraße will der Kurfürst sogar 8000 Gulden im voraus zahlen!

Nun nimmt das Staunen kein Ende, und als alles hin und her besprochen und abgewogen ist, springen die Stadträte auf und halten zu Recht einen großen Umtrunk. Die Neuigkeit verbreitet sich wie ein Lauffeuer in den ärmlichen Gassen. Buchhorn soll wieder ein wichtiger Hafen und Umschlagplatz mit Markt und Schifffahrt werden! So wie Lindau!

Besonders die Schweizer Käsereien und die Gastwirte benötigen dringend Salz; zum Einpökeln und Haltbarmachen von Fleisch und zur Herstellung von Rauchfleisch ist Salz zudem in jedem Haus unentbehrlich. Da die Schweiz keine eigenen Salzquellen besitzt, ist sie auf die Einfuhr aus Österreich oder Bayern angewiesen.

Als Georg mit den aufgeschnappten Nachrichten nachhause rennt, kann es Maria Anna Nickh fast nicht glauben. Sollte es wahr sein, daß sie nach all den elenden Jahren wieder Arbeit haben sollen, wieder ihre Boote instandsetzen können und Aufträge bekommen, Waren über den See zu fahren – alle Schiffahrtsleute, die Spannagels, Schaffmayers, Rothmunds und sie, die Witwe Nickh? Georgs Vater gehörte ja auch zu den Buchhorner Schiffsleuten. Es ist fast wie ein Wunder!

Georg saust wieder hinaus, um noch weitere Neuigkeiten zu erfahren. Barbara ist genau so begeistert und hält Georg auf dem laufenden. Überall wird eifrig geplant und von einer schöneren Zukunft geträumt.

Der Magistrat setzt gleich das Antwortschreiben an die kurfürstliche Kanzlei in München auf: Die Freie Reichsstadt Buchhorn dankt für das überraschende Angebot und ist mit allem einverstanden, was die Freiheiten der Stadt nicht verletzt.

Und wirklich: Bald trifft ein neues Schreiben ein, das in den nächsten Tagen den Besuch einer wichtigen Persönlichkeit ankündigt, nämlich des Hofkammerrats Franz Xaver von Stubenrauch, der mit der Stadt den „Salzvertrag“ aushandeln soll.

Nun wird mit Feuereifer die Achbrücke, über die der Herr wohl fahren wird und die Straße nach Buchhorn hinein notdürftig geflickt, damit es da keinen Unfall gibt. Auch im Städtchen machen sich die Leute auf einen hohen Besuch gefaßt und richten wenigstens vom Obertor her die Wege etwas ordentlich, daß es den Herrn von Stubenrauch nicht vor Buchhorn graust. Lehrer Parat überlegt, ob er vor dem Rathaus mit seinen Schülern ein Willkommenslied singen soll, aber noch sind alle etwas mißtrauisch.

Die Stadt Ravensburg hat schon nach wenigen Tagen vom großen Glück der Buchhorner erfahren. Die Salzfässer aus Reichenhall müssen sicher durch ihr Gebiet fahren, und da könnte doch auch etwas Zollgeld für sie abfallen. Der Ravensburger Magistrat will keine Zeit verlieren und schreibt gleich nach München. Natürlich ist der bayerische Kurfürst daran interessiert, alle Straßenabschnitte von Mindelheim über Memmingen und Ravensburg nach Buchhorn, die nicht auf bayerischem Gebiet liegen, in gutem Zustand zu halten. Die Fuhrwerke mit den Salzfässern sollen keinen Schaden erleiden. Der bisher übliche Weg durch das Allgäu nach Lindau ist im Winter zu beschwerlich. Am meisten hat den Kurfürsten verärgert, daß die stolzen Lindauer Ratsherren kein unabhängiges bayerisches Salzamt in ihrer Freien Reichsstadt dulden wollten. Nun sind die Lindauer natürlich enttäuscht, daß Buchhorn das große Geschäft machen soll.

Als nach ein paar Tagen tatsächlich eine Kutsche mit dem bayerischen Wappen durch das Buchhorner Obertor fährt, laufen Georg und seine Freunde staunend nebenher und begleiten sie bis zum Rathaus am See. Dort steigen der Hofkammerrat von Stubenrauch und sein Assessor aus. Sie werden von den Buchhorner Ratsgliedern, voran vom Bürgermeister Ganter und vom Stadtammann Spannagel, untertänigst empfangen. Vornehm sieht er aus, der Herr von Stubenrauch mit seinen seidenen Kniehosen, dem weißen Spitzenhemd unter dem schönen Umhang und den glänzenden Schnallenschuhen. Die beiden Ravensburger Bürgermeister Knoll und Merz sind mitgekommen und wollen an den Beratungen teilnehmen. Neugierung hängen die Buchhorner ihre Köpfe aus den Fenstern und malen sich aus, was dieser Besuch für sie alle bedeuten wird. „Überlegt's euch gut, was ihr unterschreibt – es steht viel auf dem Spiel!", ruft Gredmeister Franz Rothmund einem herbeieilenden Ratsherrn zu.

Abb. 32: Ein Unfall auf der Salzstraße! – Ein junger Bursche war unter die Räder des Salzfuhrwerkes gekommen, hatte aber keinen Schaden erlitten. Zum Dank stiftete sein Vater für die Pfarrkirche Holzhausen bei Buchloe dieses „Votivbild".

Im Rathaus gibt Herr von Stubenrauch ausführliche Erläuterungen zu den bayerischen Vorschlägen. Dann wird am 21. August 1755 der Salzvertrag vom versammelten Buchhorner Magistrat unterschrieben und mit dem Buchhorner Stadtsiegel versehen.

Bereits am nächsten Tag beginnt ein fieberhaftes Planen und Aufräumen. Vor dem Rathaus stehen junge Burschen, die keine Arbeit haben und sich gleich als Knechte verdingen. Georg erkennt den jungen Burschen, der kürzlich vor lauter Hunger zum Dieb geworden ist. In vielen Häusern werden Unterkünfte für die Fuhrleute zum Übernachten hergerichtet. Die Bäcker und Gastwirte, die Metzger und Weinschenken, die Schmiede und Wagner und viele andere werden zu tun bekommen. Fässer müssen sicher auch ausgebessert werden. Überall wird auf einmal gehämmert, gefeilt, angestrichen und hergerichtet, was das Zeug hält.

Georg und der alte Jakob sind schon morgens in der Früh mit dem Ausbessern des Halbsegners, dem alten Lastschiff von Georgs Vater, beschäftigt. Mit Hanf verstopfen sie die schadhaften Stellen und Löcher und dichten alles mit Pech ab. Das hat einen kräftigen Geruch, ist aber wasserdicht. Das große Rahsegel und das Tauwerk müssen noch geflickt werden. Auf diesem Lastsegler kann Georgs Mutter 50 Fässer Reichenhaller Salz je Ladung in die Schweiz transportieren lassen. Auch auf den Segnern vom Zunftmeister Spannagel, von Schaffmayers und Rothmunds, die 68 Schuh (20 m) lang sind, wird viel gesägt und geleimt. 100 Fässer Salz oder auch 200 Säcke Getreide können auf ihnen verschifft werden. Von den Schweizer Häfen aus sollen die Ladungen dann mit Fuhrwerken das Rheintal hinauf über Altstätten und Landquart in die innere Schweiz gebracht werden.

Im Rathaus bestimmt der Bürgermeister: „Wir müssen als erstes die Straße durch den Seewald und über Meckenbeuren bis nach Eschach mit Reisigbündeln und Prügelholz herrichten. Ab Eschach sind die Ravensburger zuständig.“ – „Wenn sie schon je Faß Salz 3 Kreuzer kassieren, sollen sie auch was dafür tun!“, wirft Stadtrat Kees ein.“ Auch der Marktplatz muß ausgebessert werden, wenn jetzt bald viele Händler kommen“, fügt Stadtammann Spannagel hinzu. „Das Dach vom Kornhaus ist noch nicht regendicht“, meint Zunftmeister Schmidberger, „dort sollen vorläufig die bayerischen Salzfässer und Fruchtsäcke gelagert werden.“

In der Zwischenzeit ist der neue Salzbeamte eingetroffen, der Hofkammerrat Joseph Antoni von Rodrigues, ein Rittmeister aus Spanien. Mit viel diplomatischem Geschick gelingt es ihm, Salzabnehmerverträge mit 13 schweizerischen Kantonen abzuschließen. Zur Abwicklung seiner vielen Aufgaben wird im Rathaus ein bayerisches Salzamt eingerichtet; dort legt der vornehme Herr jetzt Akten und Abrechnungsbücher an für den Salzhandel in Buchhorn. Er bekommt 800 Gulden Jahresgehalt neben freier Wohnung und Brennholz. In seiner Amtsstube sowie im Korn- und Gredhaus, die der bayerische Kurfürst angemietet hat, gilt jetzt nur noch das bayerische Recht.

Nachdem die Ausbesserungsarbeiten weitgehend fertig sind, rollen bereits am 21. November die ersten drei Fuhrwerke vierspännig und hochbeladen mit Salzfässern zum Obertor herein. Georg und seine Freunde bestaunen die hochaufgestapelte und unter einer Plane festgezurrte Ladung Fässer. Beim Gredhaus steht schon der neue bayerische Stadelmeister mit seinen drei Knechten bereit und nimmt von den Fuhrmännern die Frachtbriefe entgegen, derweil die Stadelknechte abladen. Außer Salz bringen die Wagen noch Wein, einige Malter Korn und Schmalzfäßchen für die Schweiz mit. Der Stadelmeister vergleicht alles mit den Frachtbriefen und trägt von jedem Stück Nummer, Gewicht und Handelszeichen, Ursprungsort der Ware, Ankunftszeit, Namen des Fuhrmannes und das Datum in sein großes Stadelbuch ein; später kommt noch der Name des Schiffsführers dazu, der die Güter weitertransportiert. Die Knechte kontrollieren die Eichenfäßlein sorgfältig auf Risse und Löcher. Danach wird jeder Ware ein Lagerplatz im Gredhaus angewiesen, für den Lagergeld berechnet wird, bis die nächsten Fuhrwerke eintreffen und ein ganzes Schiff beladen werden kann. Die bayerischen Fuhrleute, die schon einen langen Weg von München über Landsberg, Mindelheim, Memmingen und Ravensburg bis Buchhorn hinter sich haben, gehen erst einmal zum Essen in die Buchhorner Wirtsstuben „zum Adler" und „zum Wilden Mann" oder suchen sich ein Quartier im „Rad".

Abb. 33: „Salzaufleger" entladen ankommende Salzfuhrwerke, lagern die Fässer im Salzstadel und verladen sie zum Weitertransport. Auf kurzen Strecken wurde Salz auch in Säcken verfrachtet; die Schweizer verlangten jedoch Holzfässer. Darin war das Salz besser gegen Feuchtigkeit und Wasser geschützt.

In den nächsten Tagen ist es soweit: Das erste Lastschiff, der große Segner von Johannes Schaffmayer wird an der Gredbrücke mit Salzfässern beladen. Schwer rollen und hieven die Ladeknechte ein Faß nach dem anderen an die Rampe, wo die Mannschaft es am Schiffsboden zwischen den Planken verstaut und festzurrt. An die 100 Fässer Salz und etliche Malter Korn gehen hinein, und die kupfernen Lademarken sinken immer tiefer ins Wasser, bis das Gewicht von beinahe 40 Tonnen erreicht ist. Bei einer Überladung muß Strafe bezahlt werden. Die Fracht auf den großen Segnern hat einen Wert zwischen 1300 und 1500 Gulden, soviel wie ein Haus kostet. Da darf nichts passieren!

„Mein Vater nimmt mich mit", ruft der zwölfjährige Konrad stolz den Freunden am Ufer zu. „Wart nur, wenn wir an der Reihe sind, bin ich auch dabei", gibt Georg zurück. Konrad ist schon viel mit seinem Vater auf dem Schiff gefahren, der kennt sich gut aus und will selber einmal Schiffsführer werden. Aber da muß er noch viel lernen.

Der neue Stadelmeister verbucht die Verschiffung der Waren und trägt den Namen des Schiffsführers und das Datum ein. Eine gute Brise geht an diesem klaren Novembertag, und das erste Salzschiff hißt das große Rahsegel an dem einen Mast. Begleitet vom lauten Rufen und Winken der Buchhorner legen sie ab, ziehen das Ruder herum, und bald kommt der Segner gemächlich in Fahrt. Kräftig bläht der Herbstwind das trapezförmige Segel, und Schiffsmeister Schaffmayer hält Kurs auf Rheineck. Sehnsüchtig blickt Georg dem immer kleiner werdenden Segel nach. „Bald seid ihr an der Reihe, und du fährst als Lehrling mit!", tröstet ihn Barbara.

Ein paar Tage später ist es schon soweit. Der Halbsegner von Georgs Vater wird mit 48 Fässern Salz, zwei Schmalzfäßchen und zwei Ballen Tuch beladen. Frau Nickh hat noch einen Steuermann, den Anton Brem aus Ulm, und zwei Gehilfen eingestellt. Der alte Jakob, der manchmal noch aushilft, kann mit Georg allein keine Schiffsladung über den See bringen. Georg hat seine wasserdichte Jacke angezogen und sucht sich einen festen Halt auf dem vollbeladenen Schiff. Barbara winkt ihm zu, als sie in den Wind drehen, dann läuft sie nachhause zum Helfen ins „Rad". Die neuen Männer sind keine Anfänger, und bald schwimmt das Lastschiff weit draußen auf dem See. Es geht ein rauher Wind, aber Georg kann einiges vertragen, außerdem will er ja lernen, was ein guter Schiffsführer auf dem Bodensee wissen muß. Ohne Verdeck können sich die Schiffsleute nur mit fester Kleidung und einem Kirschwasser warmhalten. Aber betrinken dürfen sie sich nicht. Dem Kommando des Schiffsführers müssen alle gehorchen. Als Verpflegung haben sie Brot, Käse, Speck und trockene Zwetschgen dabei.

Nach einigen Stunden machen sie an der Brücke in Rheineck fest. Sie müssen noch eine Weile warten; vor ihnen wird zuerst eine große Lindauer Lädine ausgeladen. „So, habt ihr einen neuen Lehrling heut dabei?", sagt der Gredmeister. Ermunternd klopft er Georg auf den müden Rücken. „Da werden wir ja noch öfter miteinander zu tun haben."

Als die Fässer abgeladen und vom Gredmeister bezahlt sind, setzen sich alle zusammen zum Vespern ins nahe Wirtshaus. Schon am Nachmittag wollen sie zurückfahren. Sie freuen sich, daß sie diesmal nicht leer zurücksegeln müssen, sondern vom Gredmeister eine kleine Ladung übernehmen können: Honig, Mandeln und Kastanien aus Graubünden, Wein aus Italien und einige Fässer Leergut.

In Buchhorn angekommen, rechnet Anton Brem noch am Abend mit dem bayerischen Salzamt ab. Nach dem Seetarif, der an der Buchhorner Gredbrücke groß angeschlagen ist, darf er von Martini bis Ostern 30 Kreuzer – das ist ein halber Gulden – für jedes verkaufte Faß abrechnen. Im Sommer sind es nur 27 Kreuzer. All die vielen Ladehelfer und Stadelknechte, die Sackträger und Karrenschieber verdienen ihre dringend benötigten Kreuzer. Auch die Stadt Buchhorn bekommt wieder Geld in ihre leere Stadtkasse; ihr werden 12 Kreuzer pro Faß gutgeschrieben. Dem bayerischen Kurfürsten verbleiben für jedes Faß Salz in diesem Jahr 13 Gulden, wenn alle Lagergebühren, Ladegelder und Zölle abgerechnet sind. Das ist kein schlechtes Geschäft.

Frau Nickh und Veronika sind stolz auf Georg, der zusammen mit Anton Brem den Tagesverdienst von 25 Gulden überbringt. „Der wird einmal ein guter Schiffsführer, wenn er mehr Kraft hat und gut lesen, schreiben und rechnen kann", lobt Steuermann Brem seinen neuen Lehrling, der gleich todmüde ins Bett fällt.

In der nächsten Zeit laufen nun zwei- bis dreimal in der Woche die Buchhorner Lastsegler aus. Jeder Wind muß ausgenützt werden, damit für die Lieferungen kein Verzug entsteht und nicht zuviel Lagergeld bezahlt werden muß. Bald ist das Ankommen der Salzfuhrwerke und das Beladen der Schiffe ein gewohnter Anblick. Wenn hoher Schnee die Pferdefuhrwerke am Weiterkommen hindert, werden Schlittentransporte eingesetzt. So kommen 100 bis 120 Schiffsladungen im Jahr zustande. Nur bei großen Stürmen, bei Schneetreiben oder Windstille wird ausgesetzt. Auch nach Rorschach und Schaffhausen muß in größeren Abständen Salz verschifft werden.

Im Februar 1757 erscheint in Buchhorn eine bayerische Kommission, die auf dem Rathaus vorspricht und überprüft, ob die Vorschußgelder des Kurfürsten auch richtig für die Instandsetzung der Straßen und zur Verbesserung der Stapelplätze verbraucht worden sind. Auch kommen bei der Abrechnung hin und wieder Unstimmigkeiten vor. Deshalb wird ein zweiter Beamter, Alois Willinger als Salzamtsgegenschreiber mit 500 Gulden jährlichem Gehalt neben freier Wohnung ernannt, der zusammen mit Herrn Rodrigues die Salzamtskasse führen soll.

„Außerdem haben wir acht Schiffseigner einen neuen Vertrag aufgesetzt, der uns dazu verpflichtet, für die gesamte Ware und das eingegangene Geld in vollem Umfang zu haften." Georg macht sich gleich Gedanken: „Was ist, wenn mitten auf dem See ein Föhnsturm kommt?" „Bei unvorhersehbarer höherer Gewalt müssen wir für den Schaden nicht aufkommen", erklärt die Mutter und fügt hinzu: „Ab heute dürfen wir bei jeder Abrechnung noch 1 'Wagnisgulden' für 1000 Gulden Warenwert abziehen. So können wir mit der Zeit etwas Geld für einen Schadensfall, den Gott verhüten möge, ansparen!"

Die Einnahmen der Stadt Buchhorn wachsen bei dem anfänglichen jährlichen Transport von 20.000 bis 25.000 Fässern ganz erfreulich. Bei einer Jahreseinnahme von rund 8300 Gulden stammen 3600 allein aus dem Salzgeschäft. „Jetzt müssen wir aber dafür sorgen, daß nicht wieder eine solche Mißwirtschaft wie früher einreißt", sagt Barbaras Vater, der verantwortungsbewußte Stadtrat und Radwirt Kees, „sonst ist unsere Stadt bald wieder am Ende." „Wir brauchen einen tüchtigen Kanzleiverwalter, der vor dem Stadtrat keine Angst hat; der soll dann unbestechlich und sachverständig die vielen Gelder verwalten und abrechnen", ergänzen einige besorgte Bürger.

Mit Hilfe der kaiserlichen Kommission wird der Ravensburger Anton Stapf ernannt. Der Bürgermeister und einige Ratsherren sind nicht begeistert; sie fürchten nicht zu Unrecht, der neue Kanzleiverwalter könnte die alten Kassenbücher etwas genauer untersuchen. Da ist nicht immer alles mit rechten Dingen zugegangen.

Inzwischen wird aber eine andere Entscheidung immer dringlicher: Im Korn- und auch im Gredhaus ist für die vielen Salzfässer immer weniger Lagerplatz vorhanden, ja, teilweise müssen die Fässer sogar im Freien gelagert werden. Jetzt wird es für den Bau eines neuen Salzstadels höchste Zeit, wie es im Salzvertrag bereits vereinbart war. Vorschüsse von 17.000 Gulden für einen Neubau hatte der bayerische Kurfürst schon genehmigt, und die Baukosten will er jetzt auch übernehmen. Der Ravensburger Baumeister Friedrich Gradmann hat den Plan dafür schon lang fertig.

Dafür muß in der Nähe der Landebrücke Platz geschaffen werden. Bis Mitte 1759 sind bereits drei kleinere Wohn- und Fischerhäuser, auch der „Adler" und das Kanzleiverwalterhaus abgerissen. Auch das Haus und der Garten des Bürgermeisters Lukas Ganter werden für die bayerischen Salzbeamten benötigt; 3000 Gulden bekommt Ganter dafür. Für die anderen vier Häuser samt dem „Adler" werden der Stadt zusammen 5000 Gulden gutgeschrieben, damit für neue Unterkunft gesorgt werden kann.

In den nächsten Wochen und Monaten entsteht vor den staunenden Augen der Buchhorner auf der Stadtmauer ostwärts vom Gredhaus ein langgestrecktes Gebäude von riesigen Ausmaßen, wie vordem in Buchhorn kein Lagerhaus gewesen war. Mit 95 m Länge und 20 m Breite wird es das größte Gebäude der ganzen Stadt.

„Da geht die St. Nikolauskirche dreimal hinein", sagt Georg voll Staunen zu Barbara, als sie nach der Tagesarbeit abends mit der Stadtjugend heimlich auf dem Baugelände herumstromern. „Schaut euch die winzigen Fenster an!", ruft Rothmunds Jörg. „Für ein Lagerhaus braucht man keine großen Fenster, die Hauptsache sind große und trockene Lagerräume", erklärt Konrad wichtigtuerisch. „Seht, hierher kommt noch ein 20 m langer Querflügel, als überdachte Einfahrt zur Rampe, damit man bei jeder Witterung ungefährdet abladen kann." Weiter hinten sind die weiten Lagerhallen schon gut zu erkennen, die an die Stadtmauer angebaut werden. Der Rohbau wird bald fertig sein. „Kommt, hier können wir uns herrlich verstecken", schlägt Kochs Angelika vor, „wir dürfen uns nur nicht vom bayerischen Wachmann

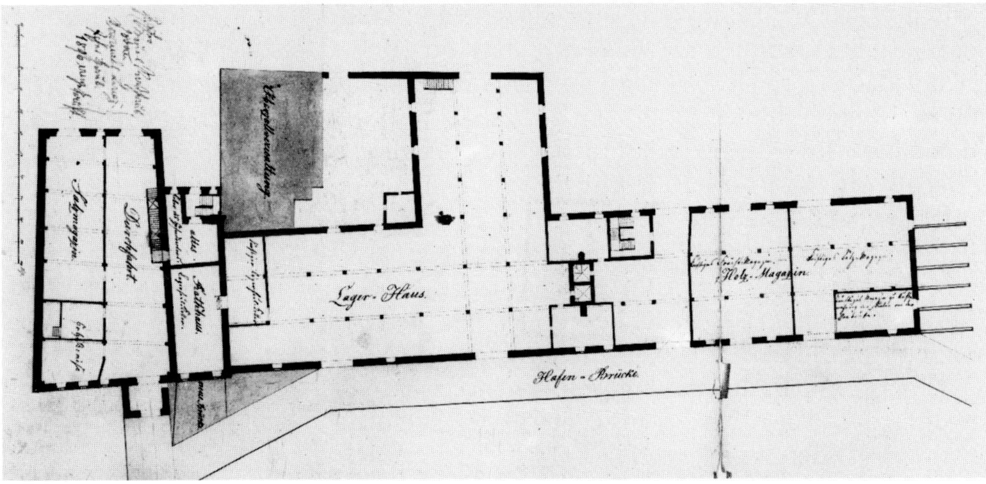

Abb. 34: Grundriß des ehemaligen Salzstadels, 1824. Ganz links das Gredhaus mit Tor zur Landebrücke, daneben das schmale Rathaus (abgebrochen 1824), anschließend das große Lagerhaus mit vier Toren zur neuen Hafenbrücke von 1759/60, darüber grau getönt das Wohnhaus der Salzbeamten (ab 1811 württ. Oberzollverwaltung).

Abb. 35: Blick auf den sich im See spiegelnden Salzstadel, erbaut 1759/60. Dieser Bau diente zur Lagerung der angekommenen Salzfässer bis zu ihrer Verladung in die Schweiz. Rechts im Bild mit Salzfässern beladene Schiffe (Kupferstich von Jakob Küster, 1793).

erwischen lassen." Hinter dem aufgeschichteten Baumaterial in dem weitläufigen Gebäude gibt es wunderbare Verstecke. „Hast du gemerkt, daß der Georg immer nur mit der Barbara spielt?", flüstert Angelika der Magdalene Schmidberger zu. „Die sind doch schon immer zusammen gewesen!", gibt die zurück. „Paßt nur auf, der Konrad hat auch ein Auge auf sie", macht sich Pauline wichtig.

Da, als Anselm Bosch zum schnelleren Suchen auf einen hohen Bauholzstapel klettern will, kommen die Latten ins Rutschen und stürzen mit großem Getöse auf den rohen Boden. Plötzlich ertönt drohend die barsche Stimme des Buchhorner Nachtwächters, der seine frühe Runde macht: „Was ist denn hier los? Wer treibt sich denn im neuen Salzstadel herum?" – „Pst, seid ganz still", flüstert Konrad den anderen zu. „Der darf hier gar nicht herein, das ist bayerisches Gebiet." „Hoffentlich verständigt er nicht den zuständigen Wachtmeister, sonst gibt's ein Donnerwetter." Als die Luft wieder rein ist, huschen alle erleichtert aus dem inzwischen dunkel gewordenen 'Riesenspielplatz'.

Schon Anfang des Jahres 1760 wird mit der ganzen Bürgerschaft das Richtfest des neuen Salzstadels gefeiert. „Mit seinem langen, hohen Satteldach ist er vom See her schon von weitem zu erkennen und wird zu einem Wahrzeichen der Stadt werden", stellt der Bürgermeister in seiner Ansprache fest. „Aber der Stadel gehört den Bayern, und der bayerische Salzbeamte ist der wichtigste Mann in der Stadt geworden", sagt Georg leise zu seiner Mutter bei einem kleinen Schoppen Festwein.

Im Frühjahr überschattet ein großes Unglück den inzwischen ansehnlichen Buchhorner Handel: Das Marktschiff aus Romanshorn kentert bei einem schweren Sturm vor Langenargen. 17 Menschen ertrinken, und Romanshorn verliert seine gesamte Ladung. Das ist ein großer Verlust. – Aber das Leben geht weiter.

Längst sind die bayerischen Fässer und andere Güter vom Gred- und vom Kornhaus in den neuen fertiggestellten Salzstadel umgelagert. Vom großen Stadeltor aus zum See wird noch eine Verbindungsbrücke zur alten Städe hin angebaut, daß das Verladen der Fässer ohne Umwege möglich ist. Die alten Lagerhäuser stehen wieder unter Buchhorner Verwaltung; Waren- und Getreidelieferungen, die nicht aus Bayern kommen, werden weiterhin dort abgeladen.

Es ist Herbst 1763. Georg ist mächtig gewachsen und ein von Wind und Wetter gebräunter 19jähriger Bursch geworden, dem viele Buchhorner Mädchen Augen machen. Seine Mutter, die Witwe Nickh, führt den Schiffsbetrieb mit großer Verantwortung und Umsicht. Der Schiffsmeister und die zwei Gesellen können sich nicht beklagen. Wenn der Salzhandel sich weiter so gut entwickelt, werden sie vielleicht später ein zweites oder ein größeres Lastschiff anschaffen, obwohl es bei der Überprüfung der Schiffe im letzten Sommer keine Beanstandungen am alten Segner gegeben hat. Die Schwester Veronika wird bald heiraten und aus dem Haus gehen.

Heut ist besonders viel los. Schon früh sind die Ladezettel vom Stadelmeister an den Steuermann Anton Brem übergeben worden, der eilig beladen läßt. Weil heute einer der Gehilfen mit seinem verstauchten Arm nicht arbeiten kann, wird notgedrungen der alte Jakob noch einmal mitfahren, der sonst mit seinen gichtigen Händen nur noch im Haus hilft. Georg ist mit den Gedanken bei Barbara, es hat in der letzten Zeit immer wieder Streitereien gegeben. Konrad macht ihm das Leben schwer. Sicher, Schaffmayers haben ein größeres Geschäft, aber das ist doch kein Grund, ihm die langjährige Freundin auszuspannen.

Sie legen bei Frühnebel ab und fahren mit mäßigem Wind auf den See hinaus. Von Zeit zu Zeit kontrolliert Georg die Ladung der Salzfässer und Kornsäcke. Das Segeln bei Nebel ist nicht ungefährlich. Immer wieder wird eine Warnglocke geläutet. Statt aufzuhellen, wird der Nebel auf dem See immer dichter. Sie müssen sich ganz auf den alten Kompaß verlassen. Ohren und Augen sind angespannt, versuchen den milchigen Schleier zu durchdringen, denn es sind sicher nicht wenige Schiffe unterwegs: Lastsegler wie sie, Marktschiffe und Fischerboote. Das bimmelnde Signal wird rasch verschluckt.

Etwa auf der Höhe von Schachen taucht vor ihnen plötzlich ein riesiges dunkles Etwas auf, das direkt auf sie zuhält. Mit Schrecken erkennen sie das Rahsegel einer großen Lindauer Lädine, die in Richtung Konstanz unterwegs ist. Die Warnsignale hat der wattige Herbstnebel verschluckt. Ein Ausweichen ist nicht mehr möglich. Mit aller Kraft versucht Steuermann Brem, dem drohenden Zusammenstoß zu entgehen. Sie reißen Segel und Ruder herum, aber das Abdrehen dauert mit dem vollgeladenen Halbsegner zu lange. Auch die schwerbeladene Lädine, die das kleinere Schiff erst jetzt bemerkt, kann nicht mehr schnell genug ausweichen. Krachend und splitternd stoßen sie mit dem Bug zusammen. Der Aufprall geschieht mit solcher Wucht, daß Georg und der alte Jakob, die im letzten Augenblick die Ladung festhalten wollen, über Bord geschleudert werden. Die Fässer kommen ins Rutschen und bringen das Schiff in gefährliche Schräglage; die obersten lösen sich aus dem Verband und rollen ins Wasser. Geistesgegenwärtig wirft Thomas, der erste Gehilfe den beiden ein Stück Tauwerk zu. Zum Glück ist das Wasser nicht so stark aufgewühlt wie bei einem Sturm. In letzter Not bekommt Georg das Seilende zu fassen; dann reißt er Jakob, der schon zu ertrinken droht, entschlossen an sich. Mit Hilfe von Thomas ziehen sich beide schließlich über den Bordrand.

Als sie erschöpft im Boot verschnaufen können, tönt ihnen das wütende Gebrüll der Lindauer Mannschaft entgegen: „Könnt ihr nicht aufpassen! Bleibt doch daheim, wenn ihr zum Segeln zu dumm seid!“ Aber der Lindauer Schiffsführer erkundigt sich dann doch: „Braucht ihr Hilfe? Könnt ihr weiterfahren?“ Der Schaden ist gottseidank nicht so groß wie zuerst befürchtet. Der Bug ist zwar eingedrückt, aber der Mast ist nicht gebrochen, und die Ladung hat zum größten Teil gehalten. So winken sie ab und lassen die Lädine vorbei. Als sie das eingedrungene Wasser etwas ausgeschöpft haben, legt Georg dem fröstelnden Jakob eine alte Decke über und flößt ihm etwas Obstwasser ein.

„Jetzt hängt alles von dir ab, ich kann das Ruder nicht mehr halten!“, stöhnt da der Steuermann und blickt Georg mit schmerzverzerrtem Gesicht an. Sein rechter Arm hängt schlaff und verdreht herunter. Er ist wohl mehrfach gebrochen. Thomas versucht, ihn notdürftig zu schienen, aber die Schmerzen sind groß.

Sie müssen die Fahrt fortsetzen, auch wenn ein Teil der Fässer auf dem Seegrund bleibt. Mutig übernimmt Georg Ruder und Kommando. Nach einigen Versuchen schafft er es tatsächlich, den Segner wieder in den Wind zu drehen und ihn trotz des Nebels bis Rheineck zu bringen.

„Was ist denn mit euch passiert?", erkundigen sich die Schweizer Ladeknechte, als sie das beschädigte Boot erblicken. „Braucht ihr einen Wundarzt?", erkundigt sich der Gredmeister. Georg schüttelt den Kopf. Nach dem Abrechnen der noch verbliebenen Ladung wollen sie lieber mit dem verletzten Steuermann und dem angeschlagenen Schiff unverzüglich die Rückfahrt antreten. Nach anstrengenden, bangen Stunden ruft Georg endlich erleichtert: „Da vorne kommen die St. Nikolauskirche und der lange Salzstadel in Sicht! Gottlob, bald haben wir es geschafft!" Bei Einbruch der Dunkelheit legen sie erschöpft an der Buchhorner Gredbrücke an.

Als Frau Nickh von dem Unfall erfährt, erschrickt sie mächtig. Dann aber lobt sie ihren neuen „Steuermann", der sich so wacker gehalten hat. Das war schon eine richtige Bewährungsprobe!

Anton Brem wird noch abends zum Wundarzt gebracht. Nachdem sich der alte Jakob mit einer heißen Suppe aufgewärmt hat, wird er von Mutter Nickhin und Veronika ins Bett gesteckt. Georg muß immer wieder vom Zusammenstoß im Nebel erzählen. Besonders Barbara will alles genau wissen. Das freut Georg und läßt ihn hoffen.

Gleich am nächsten Morgen muß beim Salzamt die Haftungsfrage geklärt werden. Acht Fässer sind verlorengegangen. Bisher war Herr Willinger mit der Schifferfamilie Nickh immer zufrieden; sie hat ihre Aufträge stets zuverlässig ausgeführt und pünktlich abgerechnet. So läßt er die Fahrt im dichten Nebel als Erschwernis gelten und verlangt nur die Hälfte des Schadens zurück. Georg ist froh, daß sie so gut davongekommen sind, zumal das Schiff ja auch noch instandgesetzt werden muß.

Von nun an legt sich Georg noch mehr ins Zeug. Schon im nächsten Frühjahr kann er die Schiffsführerprüfung vor den Zunftmeistern ablegen und spart mit der Mutter zusammen jeden Gulden für die Anschaffung eines großen Segners. Barbara hat sich inzwischen für Georg entschieden; sie sind nun unzertrennlich. Bald gibt auch Stadtrat Kees seine Einwilligung zu ihrer Hochzeit. Das wird ein schönes Fest mit vielen alten Freunden, und auch Konrad Schaffmayer beglückwünscht Georg. „Ich hab dir deine Bärbel leider doch nicht abspenstig machen können!"

Auch bei den anderen Schiffsfamilien kehrt der Wohlstand ein. 1764 kann sich Zunftmeister Joseph Spannagel, der seit drei Jahren Bürgermeister ist, eine Halblädine zulegen. 60 Tonnen faßt sie, das sind ungefähr 200 Salzfäßlein zu je 300 kg und etliche Malter Korn und Faß Leinwand. So große Schiffe wie die Lindauer und die Bregenzer können in Buchhorn nicht anlegen, aber dafür fährt man öfter. Georg hat das Geschäft inzwischen übernommen. Barbara ist ihm eine gute Frau und Mutter von drei Buben geworden.

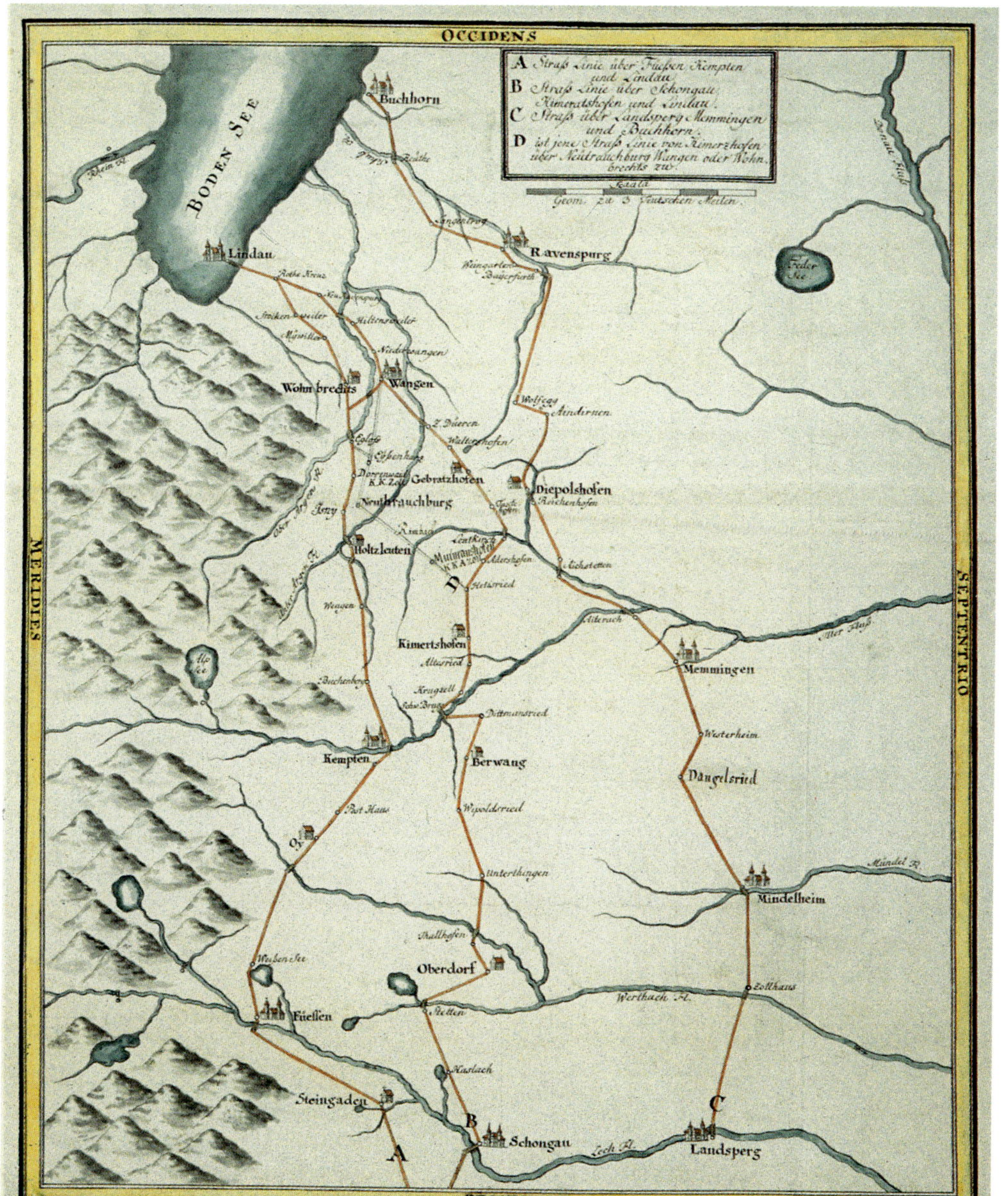

Abb. 36: Salzstraßen westlich des Lechs zum Bodensee. Der Transport ging von Reichenhall über Traunstein, Wasserburg, München, Landshut, Mindelheim, Memmingen, Wolfegg und Ravensburg nach Buchhorn. Zwei weitere Salzstraßen führten nach Lindau (Federzeichnung um 1780).

Auch die meisten anderen Buchhorner Bürgersleute haben ihr Einkommen ganz auf das Salzgeschäft eingestellt. 25–30.000 Faß Salz werden nun jährlich verschifft. Die Schulden der Stadt können in den nächsten Jahren, auch dank der sorgfältigen Buchführung des Anton Stapf, von 50.000 auf 40.000 Gulden verringert werden. Buchhorn ist jetzt wieder ein beliebter Markt und Umschlagplatz mit einem ansehnlichen Auskommen!

Der Nachschub der Salzfässer ist jedoch nicht immer gewährleistet. 1779 strengen sich die Österreicher mächtig an, Buchhorn als Hauptumschlagplatz für Salz in die Schweiz aus dem Rennen zu werfen und errichten in Bregenz eine Niederlage für das Salz aus Tirol. Aber obwohl sie es sogar weit unter den Buchhorner Salzpreisen verkaufen, machen die Bayern in Buchhorn weiterhin sogar über 1,1 Millionen Gulden Gewinn. Bis 1796 steigt der Buchhorner Salzpreis, der anfangs bei 13 Gulden je Faß gelegen war, auf über 24 Gulden an.

Gegen Ende des Jahrhunderts findet der Buchhorner Wohlstand ein jähes Ende. Kriege mit Frankreich fordern seit 1792 hohe Kosten, 1796 hausen französische Soldaten zum erstenmal verheerend im Land. Der Warenumschlag kommt in diesen unruhigen Zeiten mehrfach zum Erliegen. Der Buchhorner Schuldenberg wird wieder höher. Im Zuge der Entschädigung für rheinländische Gebiete, die an Frankreich gefallen sind, wird die alte Reichsstadt am See im Dezember 1802 Bayern zugeschlagen, das einige Jahre später zum Königreich erhoben wird. Bei der Eingliederung schöpfen die Bürger neue Hoffnung, doch sie bringt die größte Enttäuschung. Der frühere Retter aus großer Not hat das Interesse an Buchhorn verloren, denn die viel bedeutendere Stadt Lindau ist ebenfalls an Bayern übergegangen. Nun kann die Münchner Regierung den Bodenseehandel über Lindau lenken; die Buchhorner gehen leer aus. Ja es kommt noch schlimmer: viele Einnahmen des Stadthaushalts müssen jetzt als „Staatseinnahmen" nach München abgeliefert, die laufenden Ausgaben dagegen weiterhin von der Stadt bestritten werden. Diese ungerechte Politik führt die Stadt Buchhorn innerhalb weniger Jahre in bitterste Armut zurück; am Ende der bayerischen Zeit belaufen sich die Schulden auf fast 100.000 Gulden! Die Buchhorner Bürger atmen daher auf, als sie Ende 1810 ans Königreich Württemberg abgetreten werden.

An einem Frühlingsabend des Jahres 1811 stehen der alte, nun grauhaarige Georg, seine Frau und der älteste Sohn auf der verlassenen Gredbrücke vor dem Salzstadel. „Wer hätte das gedacht, daß es mit Bayern einmal so enden würde? Weißt du noch, wie wir den Boten aus München zum Rathaus geführt haben?", fragt Georg und legt seiner Barbara den Arm um die Schulter. „Im Salzvertrag stand damals: 'für ewige Zeiten' solle er gelten!" „Unter Württemberg kann es nur noch besser werden", meint der Sohn aufmunternd. „König Friedrich hat viel mit unserer Stadt vor; er wünscht sich seit Jahren einen gut ausgebauten Bodenseehafen. In Hofen, das ihm schon vor fünf Jahren zugefallen ist, hat er bereits viel Geld für den

Ausbau des sturmgefährdeten Schloßhafens eingesetzt. Jetzt wird ihm der windgeschützte Buchhorner Landeplatz sehr gelegen kommen. Das gibt mir neuen Mut. Ich glaube, daß wir nun getrost in die Zukunft blicken dürfen!"

Abb. 37: Bis 1944 beherrschte der mächtige, 95 Meter lange Salzstadel die Seeseite Friedrichshafens (Aufnahme 1938).

Buchhorner Wein

Arbeit und Ernte im Rupberger Rebhang

Es ist ein frischer Morgen im April des Jahres 1780. Vom See her treibt ein kühler Wind weiße Nebelschwaden durch die stillen Gassen der Stadt. In den Häusern der Buchhorner Bürger beginnt ein emsiges Treiben.

In seinem Haus beim Türlitor, nicht weit vom mächtigen bayerischen Salzstadel, sitzt Schustermeister Johann Michael Horb schon vor dem eisernen Dreifuß. Zufrieden betrachtet er ein Paar neue Stiefel. Sie sind für Bürgermeister Johann Adam Kees bestimmt. Er hat sie im März bestellt und will sie heute abholen. In der Küche bereitet seine Frau, die Viktoria Horbin, das Morgenessen zu. Als es an der Türe klopft, zieht sie schnell das „gebrannte Mus“ vom Feuer. Draußen steht der Bürgermeister. „Gut, daß du so früh da bist“, begrüßt ihn der Schuster, „deine Stiefel sind fertig, du kannst sie nochmal probieren.“ „Ist nicht mehr nötig. – Schön sind sie geworden. Aber jetzt muß ich wieder heim. Es ist heut' viel los bei uns im 'Rad'. Der Ignaz heiratet seine Therese aus Raderach; nun kommt eine tüchtige Wirtstochter ins Haus.“ „Auch ich muß mich bald auf den Weg machen“, sagt Schuster Horb. „Ich will in den Buchhorner Weinberg nach Schnetzenhausen. Die Arbeit der Rebleute beginnt bald wieder.“ „Ja,ja“, lacht der Bürgermeister, „so ist es halt, wenn man eine so wichtige Person ist: Schuhmacher und nebenher Rebschauer, Torkelmeister und auch noch zuständig für alle Arbeiten im städtischen Weingarten.“ „Ja, bei 15 Morgen am Rupberg gibt es viel zu tun.“ „Hast du schon einmal zusammengezählt, für wieviele Rebstöcke du verantwortlich bist?“, will der Bürgermeister augenzwinkernd wissen. Der Torkelmeister wirft sich in die Brust: „Du weißt ja, daß wir im Schnitt auf jeden Morgen etwa 1500 Pflanzen setzen können. Ich bin also stolzer Herr über 22.500 städtische Rebstöcke am Rupberg, von unseren Rebflächen in Hofen ganz zu schweigen!“ Die beiden Männer verabschieden sich.

Kurz danach setzt sich die Familie Horb an den runden Tisch. Alle löffeln aus der großen Schüssel ihr gebranntes Mus. Benedikt und Konrad, die beiden jüngsten Buben der Schustersleute, möchten den Vater gern begleiten. „Heute noch nicht“, sagt er, „ich habe meine Rebknechte auf Mittag zum Spitalbauern Metzler in Schnetzenhausen bestellt. Für sie gibt es jetzt wieder viel Arbeit. – Ihr müßt noch eine Weile warten.“

Nach einem langen Fußmarsch durch Hofen und über die Hochstraße, vorbei an Waggershausen, gelangt Johann Michael Horb nach Schnetzenhausen. In der Ortsmitte biegt er in Richtung Unterraderach ab. Hinter dem Ort steigt der Weg an, er führt auf die großen Rebflächen des Hermannsberges zu. Wehmütig denkt Horb:

Abb. 38: Die „Wimmlerinnen" schütten die von den Reben geschnittenen Trauben in die hölzernen „Butten". Ein Buttenträger stampft sie hinein und trägt sie dann zum Traubenwagen (Ausschnitt aus einer Farblithographie um 1890).

„Es ist ein Jammer, daß die Stadt diesen sonnigen Weinberg vor Jahren hat verkaufen müssen!" Inzwischen ist es schon wärmer geworden; Horb öffnet seine Jacke. Er läßt den Hermannsberg rechts liegen und wendet sich nach links in einen Feldweg, der zum Rupberg führt. Dort hat die Stadt Buchhorn jetzt ihren größten Weinberg. Fast vier Monate war Horb nicht mehr da. Wie sieht es im Rebhang wohl aus?

Langsam geht Horb durch die ausgedehnten Rebflächen. Er prüft die Festigkeit der Stecken. Einige sind morsch und können die Rebe nicht mehr stützen. Mit dem Messer schneidet Horb immer wieder in das Rebholz. Befriedigt stellt er fest: Der Winter hat den Weinstöcken nicht geschadet. Der Boden ist umgegraben, und der Mist liegt um die Stöcke. Alles sieht gut aus. Er denkt schon an die neue Weinernte. Bis dahin wird es aber noch viel Arbeit geben. Schuster Horb freut sich darauf und ist stolz, der Buchhorner Rebschauer und Torkelmeister zu sein.

Er verläßt den Weinberg und steht nach wenigen Schritten vor dem großen Torkel der Stadt Buchhorn. Sein Blick geht über die schweren, eichenen Holzbalken, die den Saft aus den Trauben pressen müssen. Prüfend schaut er auf den Boden und entdeckt einen dunklen Fleck. Der Torkelmeister erschrickt: „Sind das nicht Spuren einer Feuerstelle? Haben Kinder hier gezündelt? Das muß ich sofort meinen Rebleuten in Schnetzenhausen sagen."

Beim Baptist Metzler warten schon die Rebknechte. Sie besorgen, zusammen mit anderen Helfern, das Jahr über die notwendigen Arbeiten im Weinberg. Auf dem Tisch steht ein Krug mit Rupberger Wein. Torkelmeister Horb tritt in die Stube und begrüßt seine Leute. Dann poltert er los: „Draußen im Torkel hat jemand Feuer gemacht! Warum hat das keiner gemeldet? Der Torkel ist doch ein Vermögen wert! Das müssen eure Kinder gewesen sein!" Alle schauen erschrocken, keiner wußte davon. Sie versprechen, ihre Buben streng ins Verhör zu nehmen.

Horb beruhigt sich und nimmt in der Runde Platz. Nach einem kräftigen Schluck aus dem Weinkrug meint er versöhnlich: „Wenn der diesjährige auch so gut wird, können wir wohl zufrieden sein." Alle stimmen ihm zu. Dann verteilt der Torkelmeister die Arbeiten: „Franz Joseph, du fängst mit dem Schneiden an. Nur zwei Haupttriebe dürfen stehenbleiben, das weißt du ja. Alles andere muß weg." „Ja, ich binde sie gleich in großen Bögen fest." „Wie sieht es mit Pfählen aus?", fragt Baptist. „400 neue brauchen wir schon", antwortet Horb. Er wendet sich an Toni: „Die bringst du. Setz sie gleich und bind' auch die Reben an den neuen Stecken fest." – „Wann soll ich mit dem Hacken anfangen?", fragt Jakob. „Bei gutem Wetter schon nächste Woche, damit kein Unkraut aufkommen kann." – „Und du, Xaver, mußt später noch Gülle zu den Stöcken fahren. Den Mist habt ihr ja schon im Herbst verteilt. Ohne Dung ist unsere Arbeit umsonst, das wißt ihr ja."

Von der nahen Kirche schlägt es halb 11 Uhr. Frau Metzler steckt den Kopf durch die Tür und zählt die Männer: „Eins, zwei, drei, vier, fünf. Kann ich jetzt das Vesper bringen?" Torkelmeister Horb nickt ihr zu: „Gerne, ich bin schon seit dem frühen Morgen unterwegs." Baptist steigt nochmals zu seinem Weinfaß in den Keller hin-

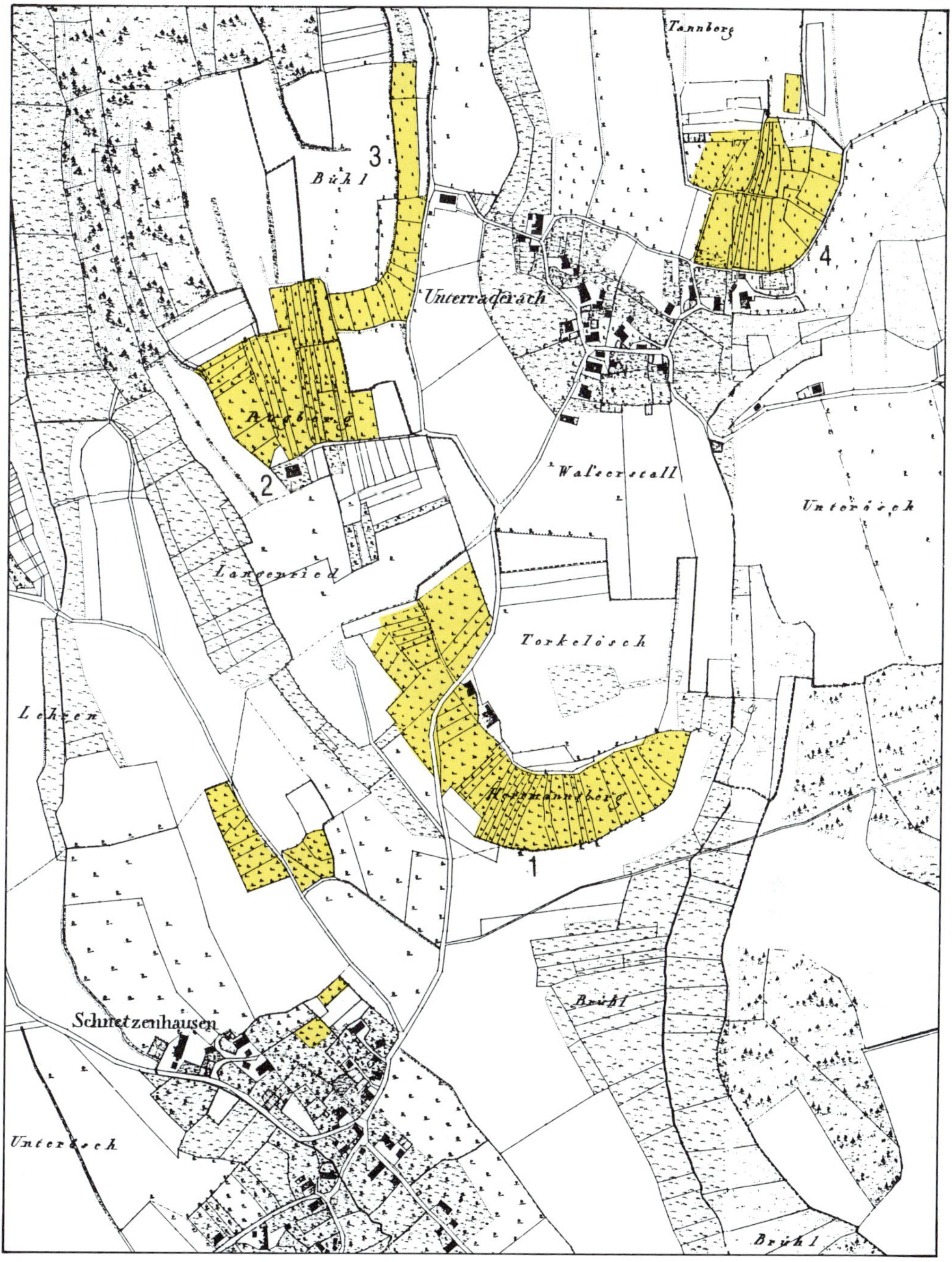

Abb. 39: Weinbau in Schnetzenhausen gab es am Hermannsberg (1) und am Rupberg (2), in Unterraderach am Bühl (3) und am Tannberg (4). Flurkarte um 1830.

unter und füllt den Krug. Seine Frau legt das Rauchfleisch auf den Tisch und einen großen Laib Brot daneben. Baptist stellt den Wein dazu. Horb nimmt einen kräftigen Schluck und gibt den Krug weiter: „Hoffentlich haben wir für unsere Arbeit im Weinberg immer gutes Wetter."

Bei lebhafter Unterhaltung in Baptists Stube vergeht rasch die Zeit. Toni schaut zum Kirchturm hinüber: „Ich muß heute noch Pfähle ausfahren für Hofener und Seemooser Weinbauern. Kann ich dich mitnehmen, Hans Michel?", fragt er den Torkelmeister. „Gerne. Zu Fuß brauche ich sonst eine ganze Stunde." Die beiden verabschieden sich von den anderen.

Vor dem Haus steht schon der große Leiterwagen, mit Pfählen voll beladen. „Sitz auf", sagt Toni, „wir fahren gleich." Der Torkelmeister steigt auf die Deichsel. Er setzt sich auf das Brett, das von einer Wagenseite zur anderen gelegt ist. Toni schaut nochmals nach der Ladung und setzt sich daneben. Auf ein lautes „Hü!" zieht der Gaul den Wagen an. Bei der Sparbruck geht es bergauf. Die Fahrt wird langsamer. „Soll ich absteigen", lacht Torkelmeister Horb, „hast du zuviel Stecken geladen?" „Bleib nur sitzen, mein Brauner schafft das schon."

Toni ist heute sehr gesprächig. Er erzählt seinem Begleiter von der vielen Arbeit, die er mit den Pfählen hatte: Jungholz fällen, ausasten, zersägen, zuspitzen und das untere Ende ankohlen. „Mußt du alle deine Stecken ins Feuer halten?", fragt Horb. „Ja, meine Pfähle haben nur wenig Harz. Wenn ich sie nicht ankohle, werden sie von unten her bald morsch. Bei den Pfählen aus der Schweiz ist das anders, die haben viel Harz. Das riecht man, wenn eine Schiffsladung voll im Gredhaus liegt." – „Zum Gredhaus fällt mir eine Geschichte ein", sagt der Torkelmeister. „Mein Großvater hat sie meinem Vater erzählt. Es ist schon mehr als 100 Jahre her, da haben die Buchhorner 10.000 Rebstecken aus dem Gredhaus geholt und in die stinkenden Abwässer am See geworfen. – Und was meinst du, warum sie das gemacht haben? Diese Rebstecken waren nagelneu und erst kurz vorher fürs Kloster Löwental aus der Schweiz gekommen. Jedes Jahr haben die Buchhorner von den Löwentaler Nonnen Fasnachtsküchle erhalten. Aber nicht im besagten Jahr 1665. Deshalb waren die Buchhorner so wütend!" „Na, na", lacht Toni, „ganz nüchtern sind sie da wohl nicht gewesen!"

Inzwischen sind sie in Hofen angekommen. Toni lenkt sein Fuhrwerk in den Hof des „Küchlebauern" Joseph Bernhard. „Der wartet schon auf seine Pfähle." – „Ich steig hier ab", sagt der Torkelmeister. „Jetzt ist es nicht mehr weit bis Buchhorn. Vergelt's Gott für's Mitnehmen." – „Gerne geschehen. Wenn ich bei den Hofener Rebleuten alle bestellten Pfähle abgeladen habe, fahre ich mit den restlichen in die Seemooser und Windhager Rebgärten. Morgen früh bringe ich eine neue Fuhre nach Berg; am Nachmittag geht's dann mit den letzten zum Haldenberg nach Ailingen. Was du heute für den Rupberg bestellt hast, will ich nächsten Montag ausfahren."

In den kommenden Wochen und Monaten sieht man Torkelmeister Horb an vielen Tagen im Buchhorner Rebgelände am Rupberg. Seit April arbeiten seine Rebleute immer öfter im Weinberg: Sie lockern den Boden und hacken dabei das Unkraut heraus. Es vertrocknet und wird zu Dung, Regen kann besser eindringen, und der Boden behält so mehr Feuchtigkeit. Von Zeit zu Zeit schneiden die Leute die Reben. Sie zwicken zu lange Triebe ab und binden die übrigen an den Pfählen fest. Mühsam tragen sie Gülle in den Rebhang und verteilen sie an den Stöcken.

Heute, am Tag nach Mariä Himmelfahrt, begrüßt Horb am Torkel drei Handwerksmeister aus Buchhorn: Zimmermann Johann Bentele, Küfer Georg Jakob Rauscher und Schmied Johann Eggart. Horb wendet sich zuerst an den Zimmermann: „Du hast ja den Torkel schon überprüft. Der Torkelbaum ist wohl in Ordnung. Schau aber nach, ob die notwendigen Bretter und Dielen für das Traubenbett noch da sind. Du kennst ja meinen Bericht im Stadtrat. Im Winter haben Kinder hier im Torkel gespielt und gezündelt. Wir wissen bis heute noch nicht, welche Lausbuben das waren." „Wenn wir diese leichtsinnigen Burschen noch erwischen, dann können sie 'was erleben!", antwortet Bentele. „Gleich morgen sehe ich nach den Hölzern und schmiere auch die Spindel. Rinderfett ist noch genügend da."

Nun schaut der Schmied alle Eisenteile am Torkel nach: „Die Hauptachse an der Vorderdogge ist in Ordnung. Die Eisenklammern an den Balken muß ich aber nachklopfen und noch alle Schrauben anziehen." Der Torkelmeister nickt zufrieden. – „Wo ist denn der Küfer?" – „Hier bin ich", ruft Küfer Rauscher aus einer hohen Gelte heraus. „Die hier ist in Ordnung. Aber die Stande dort drüben hat einen Reifen verloren. Ich will sie neu einbinden. Sicher gibt es noch mehr zum Ausbessern. Dazu muß ich die Gelten, Standen und Fässer mit Wasser füllen. Erst dann kann ich sehen, ob sie alle dicht sind." – „Gut so, Georg Jakob", sagt der Torkelmeister, „laß noch reichlich Wasser anfahren, damit auch alle anderen Zuber, Bottiche, Gelten, Butten und das Traubenbett gefüllt werden können und dicht bleiben. Es kann noch heiße Tage geben, und das Holz darf uns jetzt nicht mehr schrumpfen!" – „Aber denk auch noch an das Wichtigste: Du mußt alle Gefäße, die wir zum Messen brauchen, dem Buchhorner Eichmeister zum Prüfen bringen. Sie müssen das genaue Maß anzeigen." – Johann Michael Horb verabschiedet sich von den Leuten: „Bis zum 1. Oktober soll alles in Ordnung sein. Von da an kann der Stadtrat jeden Tag den Beginn der Traubenlese bekanntgeben."

Es ist schon Ende September. Die warme Herbstsonne meint es gut mit den Rupberger Trauben, jeder Sonnenstrahl kommt dem neuen Wein zugute. So wird der Lesebeginn immer wieder verschoben. – Endlich ist es soweit. Der Buchhorner Stadtrat beschließt, mit der Weinernte am Montag, dem 2. Oktober, anzufangen. Zwei Tage zuvor schellt der Büttel die Buchhorner noch abends auf die Straße. Er verkündet den Beginn der Traubenernte für den übernächsten Tag.

Der Torkelmeister ist froh – das Warten und Bangen hat ein Ende. Wenn der gefürchtete warme Föhn kommt, beginnen die roten Trauben nämlich rasch zu faulen – dann wäre alles Warten umsonst gewesen. Am Sonntag will Horb sich noch einmal vergewissern, ob wirklich alles in Ordnung ist. Mit seinen Buben macht er sich gleich nach der Frühmesse auf den Weg zum Rupberg. Sie ziehen einen Handwagen, den die Mutter mit Essen und Bettzeug vollgepackt hat. Solange Wein gepreßt wird, muß der Torkel Tag und Nacht bewacht sein. Es dürfen keine Trauben und kein Saft gestohlen werden. Dafür ist der Torkelmeister verantwortlich. Diese Aufgabe hat er seinem älteren Sohn Joseph übertragen. Der ist schon 22 Jahre alt; er soll sein Lager im Torkel am Abend beziehen.

Benedikt und Konrad stehen zum erstenmal im Rupberger Torkel. Benedikt ist 12 und Konrad 14 Jahre alt. Dieses Jahr dürfen sie beim Zerstampfen der Trauben mithelfen, ehe diese in die Presse geschüttet werden. Beim Anblick der beiden riesigen Eichenbalken kommen die beiden Buben aus dem Staunen nicht heraus. „Sind das aber große Balken!" Der Vater versucht zu erklären: „Für jeden der beiden Torkelbalken war ein mächtiger, gerade gewachsener Eichenstamm nötig – so dick, daß ein Erwachsener sie mit seinen beiden Armen gerade noch umfassen konnte. Mühsam mußte sie der Torkelbaumeister zu vierkantigen Balken behauen." – „Das war aber eine Arbeit! Wie hat man die schweren Holzbalken hierher zum Rupberg gebracht?", fragen die Buben weiter. „An diese Arbeit geht man meistens im Winter. Da ist es leichter, die Stämme auf dem gefrorenen Boden an die Straße zu ziehen. Mehrere Bauern müssen ihre Holzfuhrwerke mit Ketten hintereinander binden. Das baumlange Gespann hat oft bis zu 20 Räder. Dann wuchten die Zimmerleute die Torkelstämme über angelehnte Balken auf den Wagen und binden sie fest. Vor drei Jahren haben 63 Männer und 16 schwere Pferde einen neuen Preßbalken von Amtzell im Allgäu nach Altenstadt bei Feldkirch gebracht. – Eine solche Fuhre ist manchmal recht gefährlich", fährt der Vater fort, „immer wieder geschehen Unfälle. So berichtet man noch heute, wie bei einer Fahrt von Weißenau nach Manzell dem Hans Bosch von Weingartshof ein Fuß zerquetscht wurde. Den mußte man ihm sofort abhauen. Das hat Hans Bosch nicht überlebt."

Die Ernte beginnt. Am Morgen des 16. Oktober sieht man viele Frauen, Mädchen und Burschen zum Rupberg gehen. Es sind die „Wimmlerinnen" und „Wimmler". Der Torkelmeister hat sie schon vor einiger Zeit ausgesucht. Monika Strobel aus Unterraderach ist dieses Jahr zum erstenmal dabei. Sie möchte bald heiraten und braucht noch einiges für ihre Aussteuer. Über jeden Kreuzer, den sie verdienen kann, ist sie froh.

Der Aufseher zeigt den vielen Frauen, wo sie mit der Arbeit beginnen sollen. Sie schneiden nun die Trauben von den Stöcken, legen sie in Körbe und schütten sie dann in hölzerne Butten. Sind diese voll, trägt sie der Buttenträger auf dem Rücken zu einem der Bottiche und kippt die Trauben hinein. Fuhrleute ziehen sechs gefüllte Bottiche über ein breites Brett auf den Traubenwagen; dann ist der Wagen voll. „Hü!", ruft der Aufseher. Das Pferd zieht an und bringt die Fuhre hinab zum Torkel. Der nächste Wagen kommt schon entgegen.

Der Traubenwagen steht nun dicht an der Presse. „Benedikt, Konrad, jetzt seid ihr dran!" Wie es ihnen der Vater versprochen hat, dürfen die beiden Buben die

Trauben mit den Füßen zerstampfen. Sie krempeln die Hosen hoch und wollen gleich in die Bottiche steigen. „Halt, wäscht zuerst eure Füße", ruft der Torkelmeister, „die sind vom Herweg noch ganz staubig!" „Da drin werden sie auch sauber, und der Wein wird noch würziger", lacht der Küfer, „dann wird aus dem Rupberger sogar ein Käsberger." Alle lachen und finden das lustig.

Paul und Klemens, etwa gleichaltrige Buben aus Unterraderach, steigen in zwei andere Bottiche. An den restlichen beiden machen sich Knechte mit langen Stämpfeln ans Werk. Bald schütten sie das zerstampfte, wässerige Beerengut ins Torkelbett. Schon fährt der nächste Wagen mit sechs Bottichen dicht heran. Das Stampfen mit Füßen und Stämpfeln geht weiter. Die Buben sind wie immer mit Feuereifer dabei. Aber erst nach der dritten Fuhre sind sie damit fertig. Der erste Druck kann beginnen.

Zwei fußhohe Eichenbalken umschließen das große, flache Traubenbett. Darin verteilen die Knechte gleichmäßig das zerquetschte Beerengut aus 18 Bottichen. Der erste Saft beginnt durch die Rinne in eine daruntergestellte Wanne zu fließen. Nun läuft alles wie am Schnürchen. Die Knechte decken das Beerengut mit Brettern und Balken ab. Auf Kommando des Torkelmeisters beginnen sie mit dem Pressen. Vier starke Männer brauchen ihre ganze Kraft, um die Spindelstange im Kreis zu drehen. So kommt der schwere Torkelbaum langsam tiefer und drückt immer stärker auf das abgedeckte Beerengut. Die Buben staunen über den kräftigen Strahl, der sich nun in die Wanne ergießt.

Die Knechte pressen, bis es aus der Rinne nur noch tröpfelt. Dann drehen sie den Torkelbalken wieder nach oben, sichern ihn mit dem untergeschobenen „Esel", lockern die Trauben im Bett mit Schaufeln und verteilen sie neu. Nun beginnt alles wieder von vorne. So wird das Pressen mehrmals wiederholt. Die Trauben müssen den letzten Tropfen hergeben. Es dauert etwa acht Stunden, bis eine Füllung des Traubenbetts ganz ausgepreßt ist. Dann ist Wechsel; andere Rebknechte übernehmen den nächsten Druck. In drei Schichten kann so bis spät in die Nacht hinein gearbeitet werden.

Ist eine Wanne mit frischem Saft vollgelaufen, wird er in Fässer umgefüllt. Einen Teil der Fässer läßt der Torkelmeister nach und nach in den städtischen Weinkeller nach Buchhorn fahren, andere können gleich an Weinkäufer abgegeben werden.

Während der Preßzeit erhalten die vier Buben andere kleine Aufgaben. In einer Vesperpause setzen sie sich vor den Torkel in die Sonne und unterhalten sich. Die Söhne des Torkelmeisters haben sich mit Paul und Klemens schnell angefreundet. Plötzlich raschelt es im Gras, ein Igel verschwindet unter einem Bretterhaufen. Benedikt schaut nach – und hält erstaunt ein paar Schwefelhölzer in die Höhe. „Wo kommen denn die her?" Die Raderacher Buben werden blaß, sie wollen die Streichhölzer schnell an sich nehmen. Da dämmert es bei Konrad: „Ja – habt ihr beiden etwas mit dem Feuer im Winter zu tun?" Klemens gibt es kleinlaut zu: „Beim Schlittenfahren hat es uns oft arg gefroren. Da wollten wir uns einmal aufwärmen und

Abb. 40: Auspressen der Trauben im Torkel; links das Traubenbett, aus dem vorne der Saft läuft; rechts drehen starke Männer die Spindel (Holzstich um 1870).

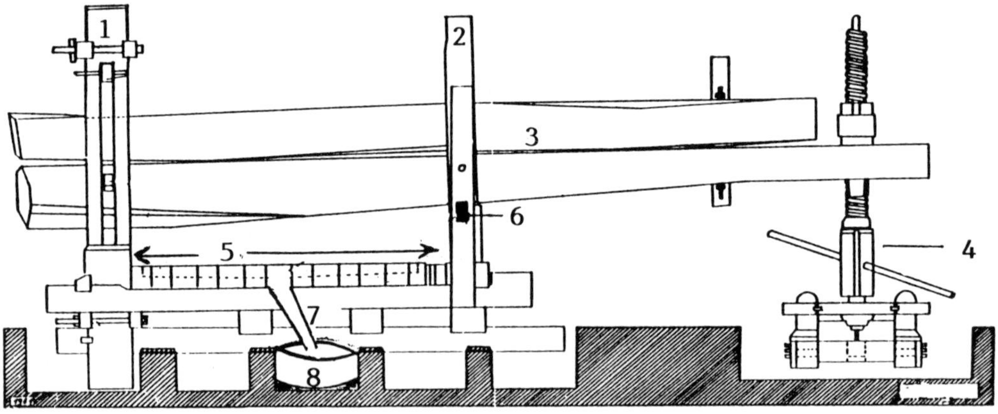

Abb. 41: Wie der Torkel arbeitet: Die Vorder- (1) und die Hinterdogge (2) geben den beiden Preßbalken, den Torkelbäumen (3), die Führung. Sie können sich darin frei nach oben und unten bewegen. Durch Drehen der Spindel (4) gehen sie über dem Torkelbett (5) zuerst nach oben. Dieses wird frei und kann mit Trauben gefüllt werden. Darauf kommen Bretter und Balken. Jetzt beginnt das Pressen. Der „Esel" (6), ein dickes Querholz, wird aus der Hinterdogge gezogen. Kräftige Männer drehen die Spindel. Das Gewicht der beiden schweren Balken drückt auf die Trauben. Der Saft wird ausgepreßt. Er läuft aus einer Rinne (7) in eine untergestellte Wanne (8).

ein Feuer machen. Im Torkel liegt immer Holz herum. Wie gefährlich das Feuer war, haben wir erst im Frühjahr gemerkt, als euer Vater nach den Schuldigen suchen ließ." Paul fügt rasch hinzu: „Wir versprechen euch, hier nie wieder ein Feuer anzuzünden. Ehrenwort! Bitte verratet uns nicht!" Benedikt und Konrad schauen sich an. Ihr Vater wird sie belohnen, wenn sie ihm erzählen, was sie gerade gehört haben. Doch sie nicken einander zu, dann sagt Konrad: „Wir verlassen uns auf euer Ehrenwort. Wir werden euch nicht verpetzen." Die beiden aus Unterraderach atmen erleichtert auf.

Vier Wochen später fährt der letzte Traubenwagen der Buchhorner Weinlese vom Rupberg zum Torkel. Wagen, Pferde und Bottiche sind mit Weinlaub bekränzt und bunt geschmückt. Fröhlich ziehen die fleißigen Helfer aus dem Weinberg hinter dem Wagen her. Der Torkelmeister verabschiedet die Wimmlerinnen und Wimmler und lädt sie auf den späten Nachmittag zum Feiern ein.

Die Torkelknechte haben ihre Arbeit kaum beendet, da kommen schon die ersten Gäste. Bürgermeister Kees und alle Buchhorner Ratsherren erwarten sie schon. Stadtrat und Kellermeister Urs Schabet läßt Krüge, gefüllt mit altem Wein und neuem Suser, auf die Tische stellen. Dann wendet er sich zuerst an den himmlischen Helfer:

„St. Urban allzeit wir verehren,
tut gute Ernt' und Wein bescheren."

Nun dankt er dem Torkelmeister Johann Michael Horb und den vielen fleißigen Rebknechten für die Arbeit im städtischen Weinberg. Er lobt auch alle Handwerker, die den Torkel für die Weinernte hergerichtet haben. Ebenso bedankt sich Schabet bei den Frauen, Mädchen und Burschen, die bei der Weinernte viele Wochen mitgeholfen haben. Jetzt erhebt er freudig seinen Becher und ruft in die Runde: „Stoßt an! Auf unseren Buchhorner Wein!"

Lachend und scherzend sitzen sie noch lange in fröhlicher Runde beisammen. Langsam sinkt die Sonne tiefer. Die Abendkühle zieht herauf – es wird Zeit zum Aufbruch. Die Buchhorner besteigen ihren geschmückten Wagen. Da erklingt in die hereinbrechende Dämmerung ein letztes Lied:

„Bunt sind schon die Wälder,
gelb die Stoppelfelder,
und der Herbst beginnt.
Rote Blätter fallen,
graue Nebel wallen,
kühler weht der Wind.

Flinke Träger springen
und die Mädchen singen,
alles jubelt froh!
Bunte Bänder schweben
zwischen hohen Reben
auf dem Hut von Stroh.

Geige tönt und Flöte
bei der Abendröte
und im Mondesglanz.
Junge Winzerinnen
winken und beginnen
ihren Ringeltanz."

Einst gab es über 500 wuchtige Weinpressen wie die am Rupberg um den ganzen See. Jetzt stehen nur noch 15 davon. Sie werden nicht mehr gebraucht, heute preßt man die Trauben mit großen und starken Maschinen aus. Aber jeder alte Torkel ist ein Denkmal der früher mühsamen Arbeit im Weinbau. Der ehemalige Rupberger Torkel wurde schon am Beginn des 19. Jahrhunderts in ein Bauernhaus umgewandelt. Heute erinnert nur noch ein Betonsockel beim Haus Epple in Rupberg mit der eingeritzten Jahreszahl 1915 an ihn; in diesem Jahr ist das alte Gebäude wohl abgebrochen worden.

Die Blütezeit des Weinbaus am Bodensee war vorüber. Viele Weingärten wurden im Lauf des 19. Jahrhunderts von Viehwirtschaft, Obst- und Hopfenbau in Besitz genommen.

Unheil oder Segen?

Großer Umbruch in Schwäbisch-Österreich – Geteilte Ansichten über die Neuerungen des Kaisers Joseph

Es ist ein kalter Februartag im Jahr 1790. Die Dämmerung sinkt bereits aufs Land herunter; in den Häusern werden die Kerzen und Öllampen angezündet. Dorf und Fluren sind in Schnee gehüllt. Leichtes Schneetreiben zeigt an, daß es in der Nacht erneut schneien wird.

Lehrer Ignaz Katzenmaier tritt vor das Ailinger Schulhaus, das ihm und seiner Familie auch als Wohnhaus dient. Er fröstelt und zieht den Mantel enger. Dann geht er um den Pfarrgarten herum zum Friedhof. In der großen Pfarrscheuer brennt Licht, dort läßt der Pfarrer heute Frucht ausdreschen. Katzenmaier tritt durch das offene Westportal der Pfarrkirche. Obwohl er ihre Innenausstattung von Kind auf kennt, beeindruckt ihn das feingliedrige gotische Chorgewölbe und die barocke Ausmalung der Kirche immer wieder aufs neue. Die Deckenbilder hat Andreas Brugger, ein bekannter Künstler aus Langenargen, erst vor wenigen Monaten fertiggestellt.

Wie die meisten Lehrer versieht Katzenmaier auch die Dienste des Organisten und Mesners in der Pfarrei. Ehrfürchtig verbeugt er sich vor dem Tabernakel, dann zieht er den Schlüssel zur Sakristei aus der Tasche und öffnet die Türe. Die Sakristei befindet sich im Erdgeschoß des mächtigen Kirchturms, der mit seinem schönen Staffelgiebel weithin sichtbar ist. Dreimal am Tag, in der Morgendämmerung, zur Mittagsstunde und in der Abenddämmerung wird mit einer Glocke zum „Ave Maria-Gebet" geläutet. Dieses „Betläuten" ist ein fester Bestandteil im ländlichen Alltag; es ist das Zeichen, mit dem Tagwerk zu beginnen, zur Mittagspause zu gehen und die Arbeit abends zu beenden.

Als der Lehrer zur Ittenhauser Straße zurückkehrt, sieht er Matthias Eberle näherkommen. So wartet er, bis Eberle bei ihm angelangt ist; dann machen sie sich gemeinsam auf den Weg zum Gasthaus am Ortsrand gegen Hirschlatt. Jeden Dienstag treffen sich die Amtsträger, die „besseren Leute" der Pfarrei, dort zum Stammtisch. Den will man in den langen Winterabenden, wo es sonst wenig Abwechslung gibt, nicht versäumen. Die beiden gehen am Pfarrgarten, am Schulgrundstück und am Garten des Kaplaneihauses vorbei zur Straßenkreuzung in der Ortsmitte. Da sehen sie auf der Kornstraße, die von Buchhorn über Ailingen und Hefigkofen nach Altshausen führt, noch ein Fuhrwerk daherkommen. Es hat im Buchhorner Kornhaus Getreide zur Verschiffung in die Schweiz abgeladen und ist nun, von der schweren Fracht befreit, auf dem Heimweg. „Hoffentlich hat der Fuhrmann keinen

Territorien am Bodensee um 1800

Reichsstädte	Reichsklöster und Stifte
Deutscher Orden	Österreich
Fürst von Fürstenberg	Reichsritter
Österreichische Städte	Grafen von Waldburg
Sonstiger Niederadel	Fürstbistum Konstanz
Graf von Königsegg	Eidgenossenschaft

Nachdruck aus Erwin Hölzle: Der Deutsche Südwesten am Ende des Alten Reiches, 1938. (Maßstab 1:200 000)

BODENSEE
OBERSEE
Mittlerer Wasserspiegel
RAVENSBURG
WEINGARTEN
TETTNANG
FRIEDRICHSHAFEN
Immenstaad
Eriskirch
Langenargen
Kressbronn
Nonnenhorn
Wasserburg
LINDAU
BREGENZ
PREUSSEN
ROMANSHORN
ARBON
Steinach
RORSCHACH
Rohrspitz
Rheinspitz
Fussach
Hard
Schmalegg
Meckenbeuren
Bodnegg

langen Heimweg mehr", sagt Eberle; „gleich ist es dunkel." Als das Fuhrwerk über die Kreuzung rumpelt, können sie den Lenker erkennen; sie grüßen sich freundlich. Es ist der junge Jakob Berger von Oberlottenweiler; der wird bald zuhause sein.

Beim Gasthaus angekommen, begibt sich Eberle gleich in die Küche. Er will mit der jungen Wirtin, seiner Tochter, noch eine familiäre Angelegenheit besprechen. Katzenmaier unterhält sich im Hof mit dem Stallknecht, als das Gebimmel kleiner Glöckchen einen Pferdeschlitten ankündigt. Da biegt er auch schon um die Ecke und kommt mitten im Hof zum Stehen. Zwei dick vermummte Männer schälen sich aus den Decken und steigen ab. „Brr, das ist ja eine schneidende Kälte heute!", sagt der eine zum Knecht. Dieser bringt das Fuhrwerk unter das weit vorragende Scheunendach, damit es nicht vollgeschneit wird. Dann bindet er die verschwitzten Pferde los und führt sie in den Stall.

In der Zwischenzeit ist der Wirt Joseph Jakob herbeigekommen, um die Ankömmlinge zu begrüßen. „Guten Abend, ihr Herren Jäger", sagt er gut gelaunt und gibt den Schlittenfahrern die Hand. Es sind die beiden staatlichen Jäger Johann Litz von St. Georgen und Franz Joseph Heiß von Lindenholz. Beide haben sich mit dem Wirt verabredet, um einen Teil der Felle abzuholen, die sie ihm zum Gerben abgeliefert haben. Jakob will ihnen die fertigen Arbeiten gleich zeigen, da hakt der Lehrer ein: „Deine Gerberei wollte ich mir schon lange 'mal ansehen, Joseph. Kann ich gerade mitkommen?" Der Wirt ist gerne einverstanden, und gemeinsam begeben sie sich in die Gerberwerkstatt, wo noch Feuer an ist und etwas Wärme verbreitet. Der Gerbergeselle ist eben dabei, sein Tagwerk zu beenden.

Katzenmaier blickt sich um. „Da hängen ja Felle in allen Größen und Formen an der Wand", sagt er. „Die stammen von den verschiedensten Tieren. Bei den Häuten von Hirschen und Rehen macht das Gerben am meisten Spaß", erklärt Jakob, „wir verarbeiten aber auch die Häute von Rindern, Pferden, Eseln, Schweinen, Schafen und Ziegen – auch von Hunden und Katzen, wenn es von der Kundschaft gewünscht wird." Er ist ein „Rotgerber", weil er nur Pflanzenstoffe – vor allem Baumrinden von Eichen, Fichten, Weiden und Pappeln – als Gerbmaterialien verwendet; sie geben dem Leder eine rötliche Farbe. Andere Gerber verwenden tierische Fette, wieder andere benutzen Salze als Gerbstoffe. Jakob beschreibt dem Lehrer, wie die Rinden zur Gewinnung der säurehaltigen Gerbstoffe ausgelaugt werden. Er zeigt ihm dann an einigen Beispielen die vielen Arbeitsgänge beim Vorbereiten der Tierhäute und beim anschließenden Gerben. Die Rot- oder Lohgerberei ist ein langwieriger Vorgang. Man läßt die zubereiteten Häute erst in saurer Brühe aufquellen. Dann werden sie in Gruben aufeinandergeschichtet und mit Wasser oder Gerbstoff übergossen. Beides wird vielfach wiederholt. Bis eine Tierhaut ganz durchgegerbt ist, dauert es oft anderthalb bis zwei Jahre. Bei der Verarbeitung spielt auch die spätere Verwendung eine Rolle; Leder für Schuhsohlen, Sättel, Riemen oder Oberbekleidung muß jeweils anders behandelt werden.

Abb. 42 (S. 168 – 169): Politische Zersplitterung im Bodenseeraum am Ende des 18. Jahrhunderts, mit österreichischen Gebieten im Westen, Norden und Osten des Sees.

Voller Stolz zeigt Jakob einige Hirschleder, die sich ganz weich anfühlen. Katzenmaier muß unwillkürlich daran denken, daß er sich nie eine Jacke aus so feinem Leder wird leisten können. Als Lehrer muß er mit einem recht mageren Gehalt auskommen; es reicht kaum aus, um die Familie ordentlich zu ernähren. Bei diesen Gedanken wird ihm plötzlich kalt. Er ist froh, als der Wirt die beiden Jäger einlädt, doch zum Stammtisch ins Gasthaus mitzukommen. Der Geselle erhält den Auftrag, die fertigen Arbeiten unterdessen auf den Schlitten zu laden.

Abb. 43: Blick in eine Gerberei am Ende des 18. Jahrhunderts. Zuerst wird mit dem Schabeisen die Tierhaut von Fleischresten gesäubert; in einer Kalkbrühe lösen sich die Haare ab, dann wird wieder geschabt. Jetzt kommen die Häute in die aus Eichenrinde gewonnene „Lohe". Zum Schluß ist aus der Tierhaut Leder geworden.

In der Wirtsstube sind schon mehrere Gäste versammelt. Der Ammann Johann Baptist Waggershauser aus Hagendorn, Kaplan Johann Baptist Schütterle und der „Amtsdeputierte" Matthias Eberle sitzen bereits am Tisch und genießen den eingeschenkten Rotwein vom nahen Haldenberg. Der Lehrer und die beiden Jäger freuen sich über den Platz am warmen Kachelofen. Auch der Wirt setzt sich an den Stammtisch. Wenig später tritt der Ortspfarrer, Dekan Johann Dominikus Ritter, durch die Tür. Er schüttelt den Schnee vom Mantel und grüßt die Versammelten mit einem freundlichen „Gelobt sei Jesus Christus!“ Sie antworten gemeinsam: „In Ewigkeit. Amen!“ Jetzt ist die Runde vollzählig.

„Nun, Herr Lehrer, wie geht es denn so in der Schule?“, fragt aufmunternd Jäger Litz aus St. Georgen. „Ich kann nicht klagen“, antwortet Katzenmaier. „Unser Landesherr, Kaiser Joseph II., sorgt sich sehr um eine gute Ausbildung der Jugend. Seit ich die hiesige Schule vor rund 20 Jahren von meinem verstorbenen Vater übernommen habe, hat sich das Schulwesen auf dem Land mächtig entfaltet. Es ist wahrlich ein Segen, was unser Kaiser und seine leider schon verstorbene Mutter, die Kaiserin Maria Theresia, auf diesem Gebiet bewirkt haben! Ich bin stolz darauf, daß ich bei uns im Oberamt Altdorf zu den ersten Lehrern gehören durfte, die zur Schulung an die 'Normal-' oder Musterschule nach Freiburg gesandt wurden. Früher hat man den Lehrerberuf wie ein Handwerk bei einem amtierenden Schulmeister durch dessen Vorbild und Anleitung erlernt; jetzt ist für alle Volksschullehrer eine Art Grundausbildung vorgeschrieben. Maria Theresia hat die Schulpflicht für alle Kinder eingeführt. Von ihrem Sohn sind wir Lehrer zur Führung von Säumnislisten verpflichtet worden. Wenn ein Kind grundlos fehlt, müssen die Eltern Strafe bezahlen. Dadurch hat der Schulbesuch gewaltig zugenommen. Die Eltern können nicht mehr eigenmächtig entscheiden, ob sie ihr Kind nur im Winter oder womöglich gar nicht zur Schule schicken wollen. Jetzt müssen sie vorher fragen, wenn sie ihr Kind zuhause brauchen. Bei dem regen Unterrichtsbesuch könnte ich bald einen Gehilfen beschäftigen, denn in meine Schule kommen nicht nur die Kinder der Pfarrei Ailingen, sondern auch die der Pfarrei Berg. Der Beruf macht mir Jahr für Jahr mehr Freude.“

„Ihr kommt ja richtig ins Schwärmen, Herr Lehrer“, wirft nun der Dekan ein. „Gewiß haben die Anordnungen des Kaisers und seiner Mutter viel Gutes im Schulwesen bewirkt. Aber nicht alles, was aus Wien kommt, ist zu begrüßen. Ja, ich will noch deutlicher werden: Es gibt nicht wenige Bereiche, wo unser Landesherr auch Schaden angerichtet hat!“ „Erklärt Euch deutlicher, Herr Dekan“, bittet der Jäger aus Lindenholz, der sich als Staatsbediensteter durch Kritik am Landesherrn getroffen fühlt.

„Nun, Beispiele gibt es da genug. Der Kaiser hat, besonders seit dem Tod seiner Mutter, massiv in die Rechte unserer heiligen römischen Kirche eingegriffen, weil er glaubt, die besseren Einsichten zu haben. 'Aufgeklärt' nennen sich die Wiener Besserwisser, die doch alles nur zerstören, was in Jahrhunderten an religiösen Bewegungen und kirchlichen Einrichtungen aufgebaut worden ist!“ Dekan Ritter macht seinem Kummer und Ärger über die Entwicklung der vergangenen Jahre Luft: „Wer erinnert sich denn nicht daran, daß Kaiser Joseph vor wenigen Jahren die alten Klöster in Langnau und Argenhardt bei Tettnang drüben aufgelöst hat – und warum? Weil dort nur gebetet und nichts 'Nützliches' geleistet wurde! Das ist doch unerhört! In ganz Österreich sollen etwa 700 Klöster aufgehoben worden sein! Wann wird wohl unser ehrwürdiges Frauenkloster Löwental an die Reihe kommen? Auch dort wird von den Schwestern außer Stickereien nicht viel hergestellt; es ist in erster Linie ein Ort des Gebetes, des Musizierens und des frommen Gesangs. Aus Furcht vor der Auflösung haben die Nonnen in letzter Zeit ihre alte Klosterapotheke ausgebaut und der Bevölkerung zugänglich gemacht."

Der Pfarrer läßt seine Worte auf die Zuhörer wirken; dann fährt er fort: „Vor etwa zehn Jahren sind in ganz Österreich alle Bruderschaften und Gebetsvereinigungen aufgelöst worden. Auch unsere Ailinger Rosenkranz-Bruderschaft war betroffen, für die Eure Vorfahren einst die Rosenkranzkapelle an die Pfarrkirche angebaut haben! Es tut mir in der Seele weh, wenn ich sehe, was in den letzten Jahren an religiösem Eifer im Volk zerstört worden ist. Kirchliche Feiertage wie die Apostelfeste sind abgeschafft worden, nur weil die Leute mehr arbeiten sollen; uralte Wallfahrten werden aus dem gleichen Grund verboten – und so könnte ich noch ganze Litaneien aufzählen!"

Abb. 44: Kaiser Joseph II. hat die Entwicklung der Landwirtschaft stark gefördert. Bei einer Reise nach Böhmen soll er den Pflug sogar selbst geführt haben.

„Beruhigt Euch wieder, Herr Dekan", greift nun Ammann Waggershauser vermittelnd ein. „Euer Kummer ist berechtigt. Manche Anordnungen haben viel Unruhe ins Volk gebracht und seinen Unwillen und Widerstand wiederholt hervorgerufen. Auch mir erscheinen nicht alle Gesetze und Dekrete geglückt, und doch muß bei allen ein guter Grundgedanke angenommen werden. Unser Kaiser ist ein rastloser, uneigennütziger Herrscher. Vielleicht liegt es an seinen Ratgebern, wenn die eine oder andere Maßnahme übers Ziel hinausschießt."

Da fällt ihm Matthias Eberle ins Wort. Der wohlhabende Bauer amtiert nebenbei als Ailinger Kirchenpfleger. Mit seinen 57 Jahren ist er der Älteste am Tisch; wie der

Pfarrer verfolgt er viele Neuerungen mit großen Zweifeln. „Eine übereilte Maßnahme war die Bereinigung der Pfarrsprengel, wie sie vor drei Jahren im Oberamt Tettnang durchgeführt werden sollte. So sinnvoll die Änderungen im einzelnen gewesen wären – man kann doch nicht mit dem Holzhammer auf die seit alters gewachsenen Gefühle der Leute einschlagen, ohne die Betroffenen vorher nach ihrer Meinung gefragt zu haben. Und das Ergebnis: Nicht ein einziger hat die besserwisserische Anordnung befolgt. Alle haben fest zu ihren alten Pfarreien gehalten. Die Tettnanger Beamten waren machtlos!"

„Man muß sich ja wundern", sagt der Dekan, „woher sich der Kaiser die Zeit genommen hat, um die Pfarreigrenzen im benachbarten Oberamt Tettnang neu zu regeln. Er hat das Änderungsdekret eigenhändig unterschrieben; mein Amtsbruder hat mir das Schriftstück gezeigt. Die Sache ist zwar vom Oberamt in Tettnang und von unserer vorderösterreichischen Provinzregierung in Freiburg vorbereitet worden, aber der Kaiser will über jede Kleinigkeit persönlich informiert werden und behält sich immer die letzte Entscheidung vor. In seinem Drang, die Fortentwicklung seiner Länder bis ins letzte Detail persönlich zu bestimmen, reibt er sich regelrecht auf. Seiner Gesundheit ist das gewiß nicht zuträglich."

Nach einer kleinen Pause wendet sich der Dekan an Matthias Eberle. „Wenn die Leute im Raum Tettnang das kaiserliche Dekret befolgt hätten, wärt auch ihr in Ittenhausen und Bunkhofen an die Reihe gekommen. Es ist den Staatsbehörden heutzutage ein Dorn im Auge, wenn einzelne Ortschaften auf zwei Pfarreien verteilt sind. Sie wollen eindeutige Verhältnisse. Es ist ihnen gleichgültig, ob Ausnahmen von der Grundregel sinnvoll wären wie in eurem Fall mit der Rotach als Pfarreigrenze zwischen Ailingen und Berg. Was interessiert die Beamten schon, ob in Ittenhausen oder Bunkhofen der Weg zur Pfarrkirche durch Hochwasser versperrt sein könnte! Eure wackligen Fußgängerstege halten den Frühjahrsfluten kaum stand, und durch die Furten für die Fahrzeuge wird man Euch im Sonntagsgewand nicht jagen wollen! Die nächste Straßenbrücke führt erst bei der Trautenmühle über den Fluß."

Ammann Waggershauser ergreift wieder das Wort. Er ist der Vertreter des Staates auf der untersten Verwaltungsebene. Er ist dem Oberamt der Landvogtei Schwaben verantwortlich; dieses hat seinen Sitz im Marktflecken Altdorf, hart an der Umfassungsmauer des Klosters Weingarten. Waggershausers Amtsbereich, das „Amt Fischbach/Hagendorn" umfaßt 30 Dörfer, Weiler und Einzelhöfe vom Seeufer mit Seemoos, Manzell und Fischbach bis nach Weilermühle und Lottenweiler. Die größten Orte sind Schnetzenhausen, Berg und Ailingen; auch Löwental und St. Georgen gehören dazu. Obwohl Waggershauser mit 38 Jahren zu den Jüngeren am Stammtisch zählt, kann er schon eine reiche Verwaltungserfahrung vorweisen, denn er amtiert bereits zwei Jahrzehnte lang als Ammann im Amt Fischbach. Seit 90 Jahren vererbt sich das Amt ununterbrochen in seiner Familie. Auf den Urgroßvater Johannes Waggershauser († 1710) in Manzell war der in Fischbach seßhafte Großvater Johann Georg († 1729) gefolgt und dann der Vater Johann Baptist Waggershauser. Als der Vater, 1748 von Fischbach nach Hagendorn umgezogen, im

Februar 1751 im Alter von 55 Jahren verstarb, war der jetzige Ammann noch gar nicht geboren; er kam erst zwei Monate nach dem Tod des Vaters auf die Welt. Das Amt vererbte sich damals mit dem großen Hof auf den Stiefvater Johann Baptist Geßler, der aber nur 45 Jahre alt werden durfte. Nach Geßlers frühem Tod im Dezember 1769 waren die Altdorfer Beamten vor die Wahl gestellt, entweder den 18jährigen Hoferben, der seinem Stiefvater von Kind auf in der Amtsstube zur Hand gegangen war, oder einen unerfahrenen älteren Bauern zum Nachfolger zu bestellen. Sie haben sich für den jungen Mann entschieden, der erst für volljährig und geschäftsfähig erklärt werden mußte, und sie haben diese mutige Entscheidung nicht zu bereuen. Er verwaltet sein Amt vorbildlich und mit großer Gewissenhaftigkeit und kann es gut und gerne noch drei Jahrzehnte lang ausfüllen.

„Insgesamt gesehen möchte ich dem Lehrer beipflichten", sagt der Ammann. „Wir erleben eine machtvolle Entfaltung des Staates, der Wirtschaft und der Gesellschaft in unseren österreichischen Landen. Wir dürfen stolz darauf sein, in diesem vorbildlichen Österreich zu leben, auf das viele Nachbarn aus geistlichen, adligen oder städtischen Herrschaften voll Neid schauen. Vielleicht wird das Übermaß, das Ihr, lieber Herr Dekan, beklagt, nach einer Zeit des Stürmens und Drängens verschwinden."

Die Wirtin und ihre beiden ältesten Buben Joseph und Baptist benutzen die Gesprächspause, um die Gläser nachzufüllen. „Na, wie schmeckt euch der neue Haldenberger", fragt die Wirtin in die Runde und erntet zufriedene Antworten. Nur Eberle meint: „Du hast doch auch Wein von der Berger Halde im Keller. Den würde ich zu gerne mal probieren. Bringst du mir einen Schoppen, Viktoria?" Diesen Wunsch des Vaters erfüllt sie gerne. „Joseph, hol dem Opa einen kleinen Krug vom dritten Faß rechts", sagt sie zu ihrem Ältesten.

Dann ergreift der Wirt Joseph Jakob das Wort. „Was mir nicht recht gefällt, ist das Streben der Regierung, immer neue Geldquellen zu erschließen. Nehmt doch nur die Zölle; in unserer zerrissenen politischen Landschaft sind sie für die Gewerbetreibenden eine ganz unglückliche Einrichtung. Vor Zeiten gab es in unserer Landvogtei Schwaben keine zehn Zollstellen. Jetzt sind allein sechs unserem Amt Fischbach/Hagendorn zugeordnet." Der Kaplan ist von dieser Zahl überrascht: „Wirklich? Ich wüßte nur drei oder vier zu nennen. Kannst du sie alle aufzählen?" „Gewiß", entgegnet der Wirt, ich habe von allen sechs Zollern schon Quittungen bei meinen Unterlagen. Kassiert wird für Österreich in Eriskirch, Lochbrücke und Trautenmühle, in Hofen, Manzell und Fischbach – oder anders gesagt: an den Landstraßen von Buchhorn in Richtung Lindau, Ravensburg, Altshausen und Meersburg. In der ganzen Landvogtei gibt es zwei 'Oberzoller' und 60 'Nebenzoller'! Die Zollstellen benachbarter Herrschaften will ich gar nicht erst aufzählen."

„Die Einnahmen des Staats sind in der Tat ständig am Wachsen", läßt sich der Ammann wieder vernehmen. „Du darfst nicht übersehen, Joseph, daß mit den vermehrten Staatseinnahmen auch viele neue Vorhaben bezahlt werden, die dem ganzen Land zugutekommen. Denk doch nur an den Straßenbau! Wieviele nach dem Muster der französischen 'Chausséen' ausgebaute Straßen haben wir schon erhalten, mit guter Kiesgrundierung, festem, leicht gewölbtem Oberbau und entwässernden Gräben auf beiden Seiten. Das ist ein wahrer Segen für unsere Fuhrleute. Mit den früheren Straßen, die sich bei Regen in Schlamm verwandelten, ist das nicht mehr vergleichbar!"

„Da hast du recht, Baptist", gibt der Wirt zu. „Du erinnerst mich an ein anderes Anliegen. Unsere Feldwege sind noch unbefestigt und bei Regen nicht befahrbar. Ein Ausbau könnte mit einer 'Vereinödung' oder Flurbereinigung verbunden werden, wie sie im Tettnanger Raum in den letzten zehn Jahren fast jeder zweite Weiler durchgeführt hat. Im benachbarten Amt Eggenweiler sind die ersten Umlegungen bereits im Gang oder in Vorbereitung. Wie weit sind sie denn gediehen, Franz Joseph?" Jäger Heiß gibt die gewünschte Auskunft: „Die erste große Umlegung hat letztes Jahr begonnen. Sie umfaßt die Fluren von Batzen-, Ellen- und Lempfriedsweiler sowie von Rosengarten. Als nächstes ist Appenweiler und Bettenweiler an der Reihe. Waltenweiler und Habratsweiler wollen später folgen." Der Ammann ergänzt: „Auch in Hirschlatt drüben ist die vorbereitende Felderschätzung bereits angelaufen. Es soll nicht nach der Grundfläche, sondern nach dem Grundstückswert umgelegt werden. Wer besseres Ackerland erhält, muß sich mit einer geringeren Fläche zufrieden geben; schlechteres Land wird mit größerer Fläche ausgeglichen." Der Wirt läßt nicht locker: „In unserem Amt hat sich bisher noch nicht viel bewegt. Wie weit sind denn die Gespräche schon vorangekommen, Schwiegervater?"

Der angesprochene Matthias Eberle ist als „Amtsdeputierter" ein Mittler zwischen den Bewohnern des Amtsbezirks und der staatlichen Verwaltung; er unterstützt den Ammann beim Steuereinzug und bei anderen wichtigen Aufgaben des Bezirks, besitzt aber eine größere Unabhängigkeit. „Du weißt ja", sagt Eberle, „daß die 'Vereinödung' nur in solchen Ortschaften durchgeführt wird, wo alle Betroffenen zugestimmt haben. Oft ist es so, daß die letzten Gegner den Vorteil der Umlegung erst einsehen, wenn sie ihn an Beispielen in der nächsten Umgebung vorgeführt bekommen. Die Maßnahmen im Amt Eggenweiler können uns nur nützen. Dringend geboten wäre die 'Vereinödung' in Ober- und Unterailingen, wo die Grundstücke sehr zersplittert und vermengt sind. Aber auch Wiggenhausen, Lottenweiler, Ittenhausen, Berg, Unterraderach, Schnetzenhausen und Fischbach wären Ortschaften, wo sich die Umlegung lohnen würde. In Fischbach scheint mir die Umlegung aber fraglich, die dortigen Bauern sind so uneins, daß die geforderte einhellige Zustimmung wohl nicht zustandekommen wird."

„Was besagt eigentlich der Ausdruck 'Vereinödung', Herr Ammann", will der Kaplan wissen. „Laßt mich ein wenig ausholen", sagt Waggershauser. „Bisher unterliegen unsere Äcker dem Flurzwang. Wegen der starken Zersplitterung der Grundstücke, die vielfach nur über Nachbargrundstücke zugänglich sind, müssen in einer bestimmten Flur alle Grundbesitzer dieselbe Frucht zur selben Zeit ansäen und zur gleichen Zeit ernten. Bei der Umlegung werden die Grundstücke der einzelnen Bauern in wenigen großen Flächen zusammengefaßt. Dann ist bei der Bewirtschaftung keine Rücksichtnahme auf Nachbargrundstücke mehr erforderlich. Ein vom Flurzwang freies Grundstück nennt man seit alters eine 'Einöde'; das ist ein alter Ausdruck, der soviel wie 'frei nutzbarer Einzelbesitz' bedeutet. Nach der Umlegung bildet der Besitz jedes Bauern eine 'Einöde'."

„Bei großen Siedlungen wird es meist unvermeidlich, einzelne Höfe auszusiedeln, damit sich sinnvolle Grundstücksblöcke bilden lassen", läßt sich der Deputierte Eberle wieder vernehmen. „Die Hirschlatter wollen, wie man hört, den 'Wolfenhof' aus der Dorfmitte an den Ortsrand Richtung Ailingen hinausbauen; die neue Hofstelle soll dann unmittelbar neben der kleinen Kapelle errichtet werden. Auch in Oberailingen werden wir um solche Aussiedlerhöfe nicht herumkommen; ähnlich liegen die Dinge in der großen Berger Markung." „Wie könnte man sich das in Oberailingen vorstellen?", will der Wirt wissen. „Nun, wir haben für den Fall, daß die Ailinger alle mitmachen, schon erste Überlegungen angestellt. Auf die Flur Lochenried und ins Höhlerösch gegen Habratsweiler könnte man zwei Höfe aussiedeln, aber auch in Richtung Reinachmühle ließe sich ein großer Einzelhof unterbringen."

„Die Flurumlegung scheint ja eine unstrittige Neuerung unseres Kaisers zu sein", läßt sich nun Lehrer Katzenmaier vernehmen. „Wie ich heraushöre, seid ihr drei Bauern ja einhellig dafür." Der Ammann schmunzelt und verbessert: „Nein, Ignaz, diese Maßnahme kann man unserem Kaiser ausnahmsweise nicht gutschreiben. Sie stammt aus dem Allgäu, wo man die kargen Böden möglichst ertragreich nutzen muß. Dort ist man schon vor 200 Jahren auf den Gedanken gekommen, den Flurzwang zu beseitigen, um den Bauern ein freieres Wirtschaften zu ermöglichen. Seither erobert die Neuerung immer neue Landstriche. Weil die Bauern aber gern am Alten festhalten und, wie du gehört hast, meist erst mühsam überzeugt werden müssen, wandert die gute Idee nur langsam vorwärts. Unsere Regierung unterstützt die Umlegungen aber nach Kräften; sie stellt die Landvermesser und Schätzer zur Verfügung."

Waggershauser nimmt einen kräftigen Schluck aus seinem Krug und fährt dann fort: „Es gibt andere Bereiche in der dörflichen Wirtschaft, wo man die Handschrift Kaiser Josephs deutlich ablesen kann. Du wirst dich daran erinnern, daß er 1782 die Leibeigenschaft in Österreich abgeschafft hat. In beharrlicher Bemühen haben die Beamten den Anbau der früher unbekannten Kartoffeln in allen Herrschaften Schwäbisch-Österreichs verbreitet; nach einer schlechten Getreideernte kann uns künftig keine Hungersnot mehr plagen wie zuletzt vor 20 Jahren. Neuerdings rührt die Provinzregierung die Werbetrommeln für den Anbau von Klee auf dem Brachland, damit das Ackerfeld besser ausgenutzt wird als bisher. Seit einigen Jahren läßt der Kaiser die Lehensabgaben an die verschiedenen Grundherren auf ihre Zumutbarkeit prüfen; was ihm nicht einleuchtet, wird unnachgiebig beschnitten. Die Frondienste auf den Herrengütern sind im vergangenen Jahrzehnt fast überall in feste Geldabgaben umgewandelt worden, damit die Bauern nicht durch das Fronen von der Bestellung ihrer eigenen Felder abgehalten werden. Manche Grundherren bekommen die Einkommensverluste durch solche staatlichen Eingriffe schon deutlich zu spüren."

„Das kann man wohl sagen", ereifert sich Dekan Ritter von neuem. „Das Einkommen aus den Lehengütern der Pfarrstelle und der Kirchenpflege ist in den letzten Jahren merklich zurückgegangen. Wie sollen wir denn unsere Ausgaben bezahlen, wenn das so weitergeht? Zuletzt haben wir Verhältnisse wie in Frankreich, wo die letztes Jahr gebildete Nationalversammlung die alte Ordnung rücksichtslos hinweggefegt hat! Im August hat sie die uralt-überlieferte Herrschaft über Grund und Boden aufgehoben, den Kirchenzehnten abgeschafft und die Frondienste ersatzlos beseitigt; alle früheren Lehensabgaben können nun durch eine einmalige Geldzahlung abgelöst werden! Damit nicht genug! Im November hat sie den gesamten Kirchenbesitz zum Nationaleigentum erklärt! Nun wird stückweise verkauft, was vorher dem Unterhalt von Bistümern, Klöstern und Pfarreien gedient hat. Und wie man hört, sollen bald alle religiösen Orden aufgehoben und die Mönchsgelübde für ungültig erklärt werden. Das ist doch alles ein Werk des Teufels! Soll es auch bei uns soweit kommen, meine Herren? Denkt doch nur an die Klosteraufhebungen des Kaisers; das war bei uns der erste große Raub am Kirchenvermögen!"

Diesmal mißlingt der Versuch des Ammanns, den erregten Dekan zu beruhigen. Er weist auf den wirtschaftlichen Nutzen der gelockerten bäuerlichen Einengungen hin; er spricht aus eigener Erfahrung. Sein Hof Hagendorn, mit 120 Morgen der größte der Pfarrei, ist ein Lehen vom Kloster Löwental. Der Deputierte Eberle und der Wirt Jakob pflichten ihm bei; beide bewirtschaften Lehengüter des Klosters Kreuzlingen. Ein Wegfall der alten Bindungen würde die Nutzung der Güter stark vereinfachen und wäre ein großer Ansporn für die bäuerlichen Familien. Die kirchenfeindliche Haltung der Pariser Nationalversammlung schmerzt die drei Stammtischfreunde ebenfalls, doch die französischen Landreformen scheinen ihnen nicht verfehlt.

Da ergreift der Dekan wieder das Wort: „Da mein mahnender Vergleich Euch nicht genügt, will ich noch Schlimmeres hinzufügen. Wie die Zeitungen berichten, wird in der Nationalversammlung gegenwärtig eine neue Verfassung beraten. Danach soll das Volk die oberste Gewalt im Land erhalten und der König nur noch die Beschlüsse der Volksvertreter ausführen! Das heißt ja geradezu, auch die alte Ordnung des Staates völlig auf den Kopf zu stellen! Was bleibt noch als Stütze der Gesellschaft, wenn Staat und Kirche wert- und machtlos geworden sind? Nichts!"

„Ich muß Euch recht geben, Herr Dekan", läßt sich jetzt der Jäger von Lindenholz vernehmen. „Ich kann nicht recht verstehen, weshalb Kaiser Joseph seinem Schwager König Ludwig XVI. und seiner Schwester Marie Antoinette bisher nicht zu Hilfe gekommen ist. Mit seinen starken Armeen könnte er doch dem Pariser Possenspiel ein schnelles Ende setzen. Seit König Ludwig im Oktober zur Übersiedlung vom

Schloß Versailles nach Paris gezwungen wurde, ist er doch ein Gefangener der Pariser Volksmassen. Aber unser Kaiser ist eben ein Mann für den Schreibtisch; das Säbelrasseln liegt ihm nicht."

Nun meldet sich Kaplan Schütterle zu Wort: „Die Überheblichkeit der französischen Volksvertreter wird bald von selbst ein Ende finden. Eine Volksherrschaft durch gewählte Vertreter ist doch zum Scheitern verurteilt. In Stadtrepubliken wie in unseren Freien Reichsstädten mag sie noch angehen. Aber in einem großen Land? Das muß ohne starke Zentralgewalt doch im Chaos versinken. Noch nie hat es eine Landrepublik gegeben!" „Doch, Herr Kaplan", wirft der Lehrer ein, „denkt nur an die bald 500 Jahre alten Schweizer Urkantone!" „Und vergeßt nicht das weit größere Nordamerika, wo sich die Volksherrschaft seit 14 Jahren offenbar ganz gut entwickelt", ergänzt der junge Jäger von St. Georgen.

Da geht plötzlich die Türe auf. Fidel Krämer, der Amtsbote aus Altdorf, tritt ein. Kleine Eiszapfen hängen an der dicken Pelzmütze und am Mantel; er ist offenbar schon seit Stunden unterwegs. „Eure Frau hat mir gesagt, daß Ihr hier zu finden seid, Herr Ammann. Ich habe allen Ammännern im Oberamt eine traurige Botschaft zu überbringen, Ihr seid nun der letzte. – Der Kaiser ist tot!"

Die Anwesenden springen erschrocken auf. Der Dekan ruft: „Wie ist das möglich, er ist doch noch keine 50 Jahre alt!" Dann murmelt er: „Gott sei seiner Seele gnädig!" Nachdem der Bote den Mantel und die nassen Stiefel ausgezogen und sich mit einem Glas Obstwasser innerlich aufgewärmt hat, zieht er eine gedruckte Anordnung der Regierung aus der Tasche und überreicht sie dem Ammann. Sie hat einen breiten schwarzen Rand und enthält genaue Anweisungen, wie sich die Untertanen nach dem allerhöchsten Trauerfall zu verhalten haben. Der Ammann überfliegt sie gleich.

Nach dem Lesen wendet er sich dem Lehrer zu: „Am Tag der Beerdigung sollen alle Glocken Österreichs den ganzen Vormittag lang geläutet werden. Da wirst du etliche Gehilfen brauchen, damit du nach dem stundenlangen Seilziehen noch deine Arme bewegen kannst! Diese Anweisung muß ich morgen früh gleich für die Mesner in Fischbach, Manzell, Schnetzenhausen, Berg und Löwental abschreiben. Auch die von Jettenhausen, Hirschlatt und Kehlen darf ich nicht vergessen, denn die Kreuzlinger Herrschaft Hirschlatt steht ja unter österreichischer Landeshoheit."

Nach der Todesbotschaft ist es in der Runde ruhiger geworden. Der Ammann sagt: „Soviel ich weiß, ist Großherzog Leopold von Toskana der älteste unter den Brüdern des verstorbenen Kaisers. Damit ist er der nächste in der Thronfolge. Er soll in Florenz dem kaiserlichen Bruder nachgeeifert und viele Reformen durchgeführt haben. Am Regierungsstil in Wien wird sich demnach wohl nicht viel ändern. Es sei denn", fügt er mit einem Blick auf den Dekan hinzu, „daß unser neuer Landesherr aus Furcht vor der bedrohlichen Entwicklung in Frankreich nun einen Kurswechsel vornimmt. Im Rheinland hat das französische Vorbild, wie man hört, schon viel Unruhe ins Volk gebracht."

Schließlich brechen die Gäste auf. Der Ammann bietet dem Amtsboten die Übernachtung in Hagendorn an, damit er in der kalten Nacht und bei dem dichten Schneetreiben nicht bis Altdorf zurückreiten muß. Auf dem Heimweg hängt jeder seinen Gedanken nach. Der Pfarrer, der Kaplan, der Lehrer und Eberle haben bis hinter die Kreuzung denselben Weg. Nach einer Weile unterbricht Eberle das Schweigen: „Wir haben eine lange Friedenszeit hinter uns; es ist uns in den letzten Jahrzehnten recht gut gegangen. Wird bald ein Krieg übers Land ziehen?" Beim Kaplaneihaus geben sich die vier die Hand zum Abschied.

Antonia wird Dienerin im Kloster Löwental

Eines der letzten Klöster in Oberschwaben

Polternd fährt ein Zweispänner über die hölzerne Lochbrücke, die zwischen Siglishofen und Gerbertshaus über die Schussen führt. Wie alle größeren Brücken ist sie mit einem Dach versehen, die Seitenwände sind mit Brettern verkleidet. So können Wind und Wetter der Holzbrücke nicht viel anhaben.

Das Gespann läßt das Wirtshaus „zur Lochbrücke" links liegen und folgt der Landstraße, die am Waldrand nach rechts abbiegt und in den ausgedehnten Seewald hineinführt. Man wäre schneller am Ziel, wenn der Wagen dem schnurgeraden Fußweg folgen könnte, der sich von der Lochbrücke aus durch den Wald zieht und beim kleinen Weiler St. Georgen wieder auf eine Straße trifft. Von dort wären es dann nur noch ein paar hundert Meter zum Frauenkloster Löwental. Aber eine solche Straße müßte erst noch gebaut werden. Sie läge zum größten Teil auf dem Gebiet der früheren Reichsstadt Buchhorn, und die ist stark verschuldet. Deutschland befindet sich schon acht Jahre im Krieg mit Frankreich. Die Verpflegung der immer wieder durchziehenden Regimenter hat schon riesige Summen gekostet. Dadurch sind alle Versuche zur Besserung der städtischen Finanzen zunichte gemacht worden; der Schuldenberg ist so hoch wie nie zuvor.

Vor anderthalb Jahren ist die Reichsstadtherrlichkeit in Buchhorn zu Ende gegangen. Napoleon hat die meisten Reichsstädte und Fürstbistümer sowie alle Reichsklöster an deutsche Fürsten verteilt, angeblich als Entschädigung für Gebiete, die sie links des Rheins an Frankreich abtreten mußten. Aber die Städte, Bistümer und Klöster, die er zugeteilt hat, umfassen viel größere Gebiete als die entschädigten Fürsten jemals im Elsaß und in der Pfalz, im Hunsrück und in der Eifel sowie in anderen linksrheinischen Landschaften besessen haben. Der Fürst von Nassau-Oranien hat das Kloster Weingarten mitsamt dem Kloster Hofen erhalten, ein Graf von Sternberg aus der Eifel das Kloster Weißenau, der Markgraf von Baden das Kloster Salem und dazu noch das weltliche Herrschaftsgebiet des Fürstbischofs von Konstanz. Die neuen Herren hatten nichts eiliger zu tun als die alten, bis zu tausend Jahre alten Klöster aufzuheben, um an ihre meist recht ansehnlichen Einnahmen heranzukommen. Auf die hatten sie es hauptsächlich abgesehen, außerdem konnten sie in den neuen Gebieten wieder als kleine Herren regieren wie vordem auf ihren alten Besitzungen. So ist aus dem Klostergebiet von Weingarten eine nassauische „Herrschaft Weingarten" geworden, aus dem Klostergebiet von Weißenau eine „Grafschaft Weißenau". Den meisten Klöstern Oberschwabens ist es so gegangen: Baindt, Schussenried, Ochsenhausen, Rot an der Rot, Obermarchtal und andere bestehen nicht mehr.

Die früheren Reichsstädte hat Napoleon den mächtigeren Fürsten zugeteilt: Der Kurfürst von Bayern besitzt nun die ehemaligen Reichsstädte Ulm, Memmingen, Kempten, Leutkirch, Wangen, Ravensburg und Buchhorn mit ihren teilweise großen Herrschaftsgebieten auf dem flachen Land. Buchhorn ist für ihn so entlegen, daß er hier auf keinen Fall Geld für Straßenbauten oder andere große Projekte verwenden will. Die Stadt ist zudem rings von österreichischem Gebiet umschlossen. Im Norden grenzt sie an die österreichische Landvogtei Schwaben; Fischbach, Schnetzenhausen, Berg, Ailingen und Ettenkirch gehören mit den umliegenden Weilern dazu. Im Osten, jenseits der Schussen, liegt die Grafschaft Montfort-Tettnang, die 1780 an Österreich gefallen ist.

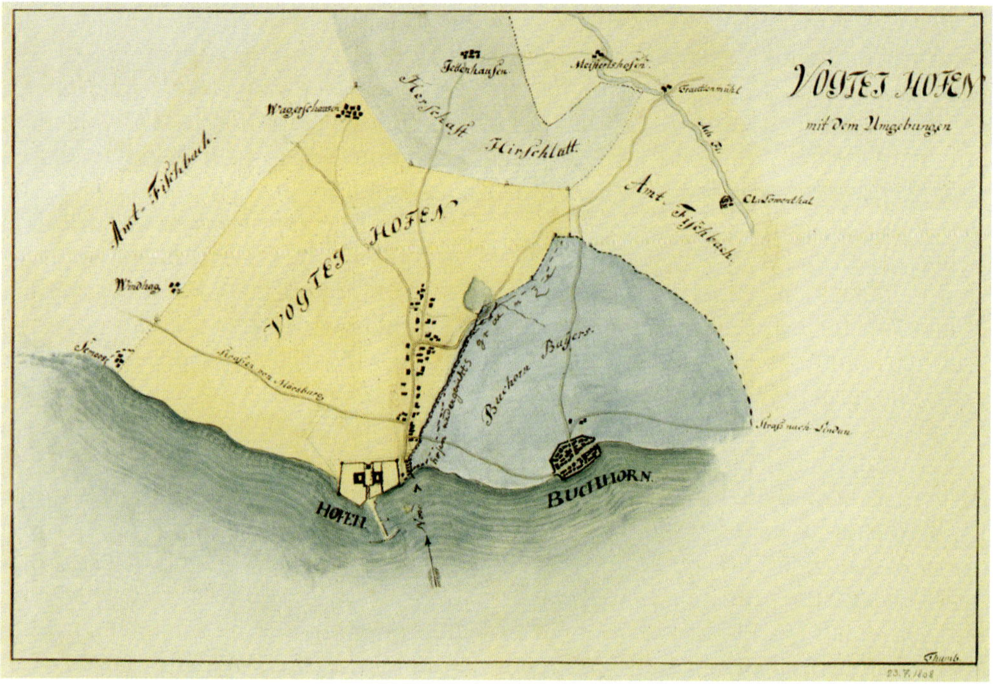

Abb. 45: Politische Grenzen um Buchhorn und Hofen bis 1805. Blau das Gebiet der Reichsstadt Buchhorn (1802-1810 bayerisch, ab 1810 zu Württemberg), gelb die Vogtei Hofen des Klosters Weingarten (1802-1804 Fürstentum Nassau, 1804-1805 zu Österreich, ab 1805 zu Württemberg), grau das zur Herrschaft Hirschlatt des Klosters Kreuzlingen gehörende Jettenhausen (1802-1813 zu Hohenzollern-Hechingen, ab 1813 zu Württemberg), hellgelb mit Löwental das Amt Fischbach der österreichischen Landvogtei Schwaben (ab 1805 zu Württemberg).

All das geht Franz Anton Rhomberg durch den Kopf, während der offene Wagen über die kurvenreiche Landstraße durch den Seewald rollt. Sie beschreibt einen großen Bogen um den feuchten Teil des riesigen Waldgebiets. Sie ist uralt, diese Landstraße. Schon viele Jahrhunderte – mehr als tausend Jahre – bildet sie die wichtige Verbindung von Buchhorn über Ravensburg nach Ulm und Augsburg. Vielleicht ist sie schon von den Römern oder gar von den Kelten angelegt worden. – Bald muß der Waldrand in Sicht kommen, dann sind sie gleich in Allmannsweiler. Von dort sieht man schon hinüber zum Kloster Löwental, dem Ziel der Reise.

Rhombergs Begleiterin, ein kaum mehr als 20 Jahre altes Mädchen, hängt ebenfalls ihren Gedanken nach. Sie wird heute, am 24. Juni 1804, ihre neue Stelle als Dienerin bei den Nonnen von Löwental antreten. Der 24. Juni ist der Namenstag vom hl. Johannes dem Täufer und ein günstiger Tag zum Stellenwechsel in der Jahresmitte. Dieses Jahr fällt er sogar auf einen Sonntag.

Das Dominikanerinnenkloster Löwental ist bisher von der Auflösung verschont geblieben, weil es unter österreichischer Landeshoheit steht. Am Kaiserhof in Wien und bei der vorderösterreichischen Regierung in Günzburg herrscht allerdings die Ansicht, daß vor allem solche Klöster erhalten bleiben sollen, die sich für die Menschen besonders nützlich machen, wie Klöster, die Schulen unterhalten oder in der Seelsorge tätig sind. Die anderen, in denen nur gebetet und gesungen wird, halten auch in Österreich viele für überflüssig. Kaiser Joseph, ein Vorgänger des Kaisers Franz, hat eine Reihe solcher Klöster bereits aufheben lassen und ihren Besitz eingezogen.

So kann also Antonia Schumacher, so heißt das Mädchen, im Frauenkloster Löwental noch eine neue Stelle finden. Sie stammt aus Altdorf; das ist der Marktflecken unter dem früheren Kloster Weingarten. Ihr Vater war dort als Feldmesser tätig, ist aber schon lange tot. So haben sich Verwandte um ihre Erziehung angenommen und sie zuletzt der Priorin von Löwental empfohlen. Diese heißt Aloisia Huster und stammt ebenfalls aus Altdorf; ihr Vater Karl Sebastian Maria Huster war dort viele Jahre lang als österreichischer Oberzoller tätig.

Auch Rhomberg ist Beamter in Altdorf. Er verwaltet seit 20 Jahren die Landschaftskasse. In diese Kasse müssen die Bauern und auch das Kloster Löwental Jahr für Jahr ihre Steuern für den Kaiser entrichten. Am Johannistag ist eine Steuerzahlung fällig, und weil das Kloster Löwental derzeit rund 1000 Gulden jährlich an Abgaben nach Altdorf schuldig ist, holt der Landschaftseinnehmer den hohen Betrag lieber persönlich ab. Es ist zuviel Räubergesindel in den Wäldern Oberschwabens unterwegs, immer wieder werden ahnungslose Kaufleute und Boten überfallen. Rhomberg hat für alle Fälle ein Gewehr in Griffnähe liegen. Auch sein Diener, der die Zügel in der Hand hält, ist mit einem langen Messer bewaffnet.

Unter österreichischer Landeshoheit, denkt Rhomberg wieder, kann das Kloster Löwental wohl noch viele Jahre fortbestehen. Österreich ist ein mächtiger Schutz für das Kloster und wird seine großen Gebiete in Südwestdeutschland so schnell nicht verlieren. Ganz im Gegenteil: Kaiser Franz ist seit einigen Jahren dabei, seinen Besitz in Oberschwaben Zug um Zug zu vergrößern. Erst vor einigen Wochen hat er das ansehnliche Gebiet der ehemaligen Reichsstadt Lindau eingetauscht. In den letzten Tagen sind weitere Verträge abgeschlossen worden, so am 15. Juni über den

Erwerb der großen Grafschaft Rothenfels im Allgäu mit dem Verwaltungssitz in Immenstadt. Vom Fürsten von Nassau ließ sich drei Tage zuvor, am 12. Juni, ein beträchtlicher Teil des ehemaligen Weingartner Klostergebiets einhandeln, darunter zwei große Herrschaften in Vorarlberg und die ehemalige Klosterherrschaft (Vogtei) Hofen bei Buchhorn. Andere Verhandlungen sind noch im Gange. Man hat Aussicht, bald auch die gesamte frühere Klosterherrschaft Weißenau, darunter die Orte Taldorf und Unterteuringen, für Österreich zu erwerben. Die Stellung Österreichs in Südwestdeutschland wird immer stärker. Wenn nicht ein neuer Krieg mit Napoleon kommt und alles zerstört, dann wird Kaiser Franz seinen Einfluß hier in den nächsten Jahren noch gewaltig ausbauen. Am 13. Juni hat er angeordnet, daß Vorarlberg von der Innsbrucker Regierung getrennt und der vorderösterreichischen Regierung unterstellt wird, die ihren Sitz seit den Franzosenkriegen von Freiburg im Breisgau nach Günzburg an der Donau verlegt hat.

Inzwischen rollt der Zweispänner aus Allmannsweiler hinaus und nähert sich langsam der Rotach. Man sieht nun das Kloster und davor eine alte gedeckte Holzbrücke, die über den kleinen Fluß führt. Rhomberg erwacht aus seinen Gedanken und sagt zu Antonia: „Du siehst dort vor dir einen der ältesten Brückenstandorte von ganz Oberschwaben! Als die Römer abgezogen waren und ihre Brücken nach und nach vermoderten und einstürzten, mußten unsere Vorfahren das Brückenbauen ganz neu lernen. Weil die Rotach nicht sehr breit ist, gelang ihnen das Überbrücken des Gewässers hier viel früher als bei den großen Flüssen, zum Beispiel der Schussen und der Donau. Hier muß es schon zur Zeit Karls des Großen eine Brücke gegeben haben! Der kleine Ort daneben erhielt davon den Namen ‚Eichstegen', der erst im 13. Jahrhundert in ‚Löwental' geändert wurde! Denk dir nur, seit tausend Jahren rumpeln hier Fahrzeuge über eine Brücke! Viele Brücken, die heute stark befahren werden, sind um Jahrhunderte jünger als diese Rotachbrücke. Eine Argenbrücke an der Landstraße von Tettnang nach Kressbronn gibt es erst seit 430 Jahren, die Lochbrücke über die Schussen, über die wir vorhin gefahren sind, seit etwa 350 Jahren! Die Schussenbrücke von Eriskirch ist noch keine 30 Jahre alt. Dort mußte man vorher mit Fähren übersetzen, und so ist es ja heute noch an der Argen zwischen Langenargen und Kressbronn. Du kannst, wenn du einmal Zeit hast, die Rotach hinaufwandern und wirst nur bei der Trautenmühle, wo die Landstraße von Altshausen nach Buchhorn das Flüßchen überquert, und in Neuhaus bei Oberteuringen im Zuge der Meersburger Landstraße eine Brücke finden! In Meistershofen, Bunkhofen, Ittenhausen, Reinachmühle, Weilermühle und sogar mitten in Oberteuringen gibt es nur Furten oder Fußgängerstege!"

Bei den letzen Worten ist der Wagen schon durch die gedeckte Brücke gefahren und von der Straße, die nach Buchhorn weiterführt, nach rechts durch das Tor in den Klosterhof abgebogen. Mit einem lauten „Brr!" bringt der Kutscher die beiden Pferde zum Stehen. Torwart Matthias Frey tritt aus dem Torhaus und begrüßt die Gäste. Er steht seit Jahrzehnten im Dienst des Klosters und hat Rhomberg schon oft gesehen.

Abb. 46: Das Kloster Löwental um 1800: Klosterkirche, Hauptgebäude und ummauerter Klausurbereich, rechts ein Teil des Wirtschaftshofes: Mühle, Gasthaus und – im Vordergrund – Viehstallungen (Zeichnung von Max Messerschmid, um 1970).

Während der Kutscher die Pferde versorgt, geht Rhomberg langsam mit Antonia über den Hof und erklärt ihr die einzelnen Gebäude: die große Scheuer gleich links vom Tor, dahinter dann die Schweineställe und, halb verdeckt, den Torkel mit der Weinpresse. Rechts vom Tor liegen die Pferdestallungen; die großen Viehställe stehen mitten im Hof. Am nördlichen Rand, entlang der Rotach, folgen das Gasthaus, die Säg- und Ölmühle sowie die stattliche Kornmühle. Dieses Gebäude macht einen besonders prächtigen Eindruck. Rhomberg erklärt seiner Begleiterin, daß es im zweiten Obergeschoß die Wohnungen von zwei Geistlichen enthält, des Ober- und des Unterbeichtvaters der Nonnen.

Weil heute Sonntag ist, erscheint der Klosterhof wie ausgestorben. „Es sind rund 35 Personen auf dem Wirtschaftshof beschäftigt", sagt Rhomberg, „die wichtigsten sind der Hofmeister und der Baumeister. Sie führen die Aufsicht über die Knechte, Mägde, die Hirten und Jäger und auch über die Müller. Das Kloster bewirtschaftet rund 450 Morgen Land und 1100 Morgen Wald selber und besitzt außerdem etwa 60 Lehenhöfe. Die Weiler St. Georgen, Allmannsweiler, Trautenmühle und Meistershofen sind ganz im Besitz der Klosterfrauen. Die anderen Höfe liegen hauptsächlich um Seemoos, Berg, Ailingen und Ettenkirch herum, einige sind auch weiter entfernt. Aus den Pfarreien Ailingen und Ettenkirch bezieht das Kloster noch den zehnten Teil aller landwirtschaftlichen Erträge, und dort darf die Frau Priorin sogar den Pfarrer ernennen. Ich weiß das recht genau aus den Steuerunterlagen, die mir das Kloster regelmäßig zuschicken muß.

Dieser stattliche Besitz ist übrigens zu einem großen Teil durch Stiftungen in den ersten Jahrhunderten nach der Klostergründung zusammen gekommen, oft als ‚Mitgift' von eintretenden Schwestern. Anfangs waren darunter viele adliger Herkunft, heute ist das nicht mehr so. Mit den Erträgen aus diesem Besitz war es möglich, das im Dreißigjährigen Krieg niedergebrannte Kloster nach und nach wieder aufzubauen. Der Bischof von Konstanz hat damals, ich glaube im Jahr 1640, ein kleines Frauenkloster in Buchhorn samt seinem Vermögen mit dem verarmten Löwental vereinigt. Es hieß die ‚Weiße Sammlung' nach dem weißen Gewand der Schwestern und bestand seit 1271. Es war demnach nur wenig jünger als das Kloster Löwental, das Ritter Johann von Löwental im Jahr 1250 gegründet hat. Der Wiederaufbau nach dem Dreißigjährigen Krieg hat sich mehr als hundert Jahre lang hingezogen. Immer wenn ein wenig Geld beisammen war, wurde weitergebaut."

Schließlich stehen die beiden vor dem großen Hauptgebäude, dem eigentlichen Kloster. Es besteht aus vier zusammengebauten Flügeln, die alle etwa 70 Meter lang sind und einen geräumigen Innenhof umschließen. Die Kirche bildet den Nordflügel, in den drei anderen leben die Schwestern.

Eine uralte Mauer zieht sich auf der West-, Süd- und Ostseite um die gesamte Klosteranlage, im Norden wird sie von der Rotach geschützt. Nur die Klosterschmiede liegt ungeschützt am anderen Ufer, gleich neben der Brücke.

Das große Klostergelände ist fast wie ein kleines Dorf. Eine kleinere Mauer teilt es in zwei Hälften. Sie führt von der Kirche zur Rotach und vom Ostflügel des Hauptgebäudes zur südlichen Umfassungsmauer. „Das ist die Klausurmauer", sagt Rhomberg zu Antonia, „dahinter dürfen sich nur die Nonnen und ein paar weibliche Bedienstete wie du aufhalten. Männern ist dort der Zutritt verboten. Nur die Kirche im Nordflügel sowie das Sprech- und das Gastzimmer und die Amtsstube im Ostflügel sind allen zugänglich."

Die Pförtnerin erwartet die beiden bereits; der Torwart hat ihre Ankunft längst gemeldet. Man sieht der Schwester an, daß sie nicht aus feinem Hause stammt. Ihr Gesicht ist bäuerlich derb, und sie macht mit ihren 60 Jahren den Eindruck, als ob sie schon ganz abgearbeitet sei. Sie wird von einem Husten geschüttelt. Wegen ihrer angeschlagenen Gesundheit ist sie erst kürzlich von der Küche zur Pforte versetzt worden, wo sie sich nun schonen darf. Sie bringt die beiden Ankömmlinge ins Gastzimmer, das gleich neben der Pforte liegt, und läßt den Besuch durch ihre Gehilfin der Priorin melden.

Nach ein paar Minuten werden Rhomberg und Antonia nach nebenan ins Sprechzimmer gebeten. Priorin Aloisia begrüßt die Gäste; ihre Stellvertreterin, die Subpriorin, schließt sich an. Rhomberg stellt zunächst seine Begleiterin vor und bespricht dann ein paar geschäftliche Dinge. Die Priorin läßt Schwester Dominika rufen. Diese betreut die wirtschaftlichen Angelegenheiten des Klosters und verwaltet die Klosterkasse. Schwester Dominika sagt, daß sie mit dem Abholen der Steuergelder schon gerechnet habe. „Die Reinschrift der letzten Jahresrechnung", fügt sie hinzu, „ist kürzlich fertig geworden. Da wir sie wie üblich der Regierung zur Einsichtnahme vorlegen müssen, könnt Ihr sie ja gleich mitnehmen und weiterleiten, Herr Rhomberg. Ich habe alles in der Amtsstube vorbereitet." – „Das ist mir sehr recht", antwortet der Beamte, „dann kann ich bald abreisen und auf dem Heimweg einen kleinen Umweg machen. Mit den Ammännern Waggershauser in Hagendorn und Kreutzer in Eggenweiler gibt es noch einiges zu besprechen!" – Nachdem er sich von der Priorin verabschiedet hat, wendet der Landschaftseinnehmer sich an Antonia und sagt: „Weiter kann ich dich nicht begleiten, Antonia. Die Klausur darf ich nicht betreten. Aber du wirst dich hier sicher bald zurechtfinden. Ich wünsche dir Gottes Segen bei deiner neuen Arbeit. Sicher macht sie dir viel Freude in diesem Haus!"

Die Priorin beauftragt nun die Subpriorin damit, Antonia in ihre neue Aufgabe einzuführen. Zuerst soll sie ihr die künftige Zelle und anschließend das ganze Klostergebäude zeigen. Dann zieht sich die Vorsteherin zurück. Antonia holt ihr kleines Gepäck, das der Kutscher von Herrn Rhomberg bei der Pforte abgestellt hat. Sie geht mit der Subpriorin durch lange Gänge und endlich eine Treppe hinauf. Nun steht Antonia vor ihrer kleinen Zelle. Sie ist sehr bescheiden eingerichtet. Außer einem Schrank, einem Tisch, zwei einfachen Stühlen, einem Betschemel und einem Bett, das von einem Vorhang verdeckt wird, enthält es keine Möbel. Auf dem Tisch steht eine blecherne Waschschüssel, an der Wand hängen ein Kruzifix und 10 Heiligenbilder.

Antonia steht unschlüssig im Raum, bis die Subpriorin sagt: „Setz dich nur aufs Bett. Du mußt dich erst an unser Haus gewöhnen. Jetzt ist alles noch fremd und neu. Sicher hast du jetzt zuerst einmal Heimweh, weil du hier noch keinen Menschen kennst!" Antonia nickt heftig. Die Subpriorin fährt fort: „Das geht allen so, den Mägden und Dienerinnen wie den jungen Mädchen, die in unser Kloster eintreten wollen. Als ich vor 40 Jahren ins Kloster ging, da brauchte es auch eine ganze Weile, bis ich mich dort heimisch fühlte. Meine Eltern waren Bauersleute in einem Dorf bei Kaufbeuren. Mit 24 Jahren bin ich eingekleidet worden, aber nicht hier in Löwental, sondern im Dominikanerinnenkloster zu Riegel im Breisgau. Kaiser Joseph II. hat dieses Kloster 1779 aufgehoben und wir Schwestern mußten alle in ein anderes Ordenshaus umziehen! Du kannst dir vorstellen, wie wir geheult haben, als die Aufhebung feierlich im Speisesaal verkündet wurde! Ganz elend war uns zumute, als wir woanders neu anfangen und uns in eine andere Gemeinschaft einleben mußten."

Der mütterliche Ton der 64jährigen Subpriorin Katharina Käß tut Antonia gut. Nun fragt sie: „Ihr habt gesagt, daß Ihr die Tochter von Bauersleuten seid, Frau Subpriorin. Auch die Schwester Pförtnerin sah wie eine Bäuerin aus. Sind es meistens Bauernkinder, die hier ins Kloster eintreten?" Sie muß ihre Frage wiederholen, denn die Subpriorin ist in den letzten Jahren schwerhörig geworden. Dann antwortet diese: „Nur zur Hälfte. Wir sind mit der Frau Priorin zur Zeit elf Chorschwestern, sieben Laienschwestern und eine Novizin, insgesamt also 19 Nonnen. Davon stammen acht aus bäuerlichen Familien. Die Väter der anderen waren ein Koch, ein Bäcker, Metzger, Müller, Händler, Jäger, Färber und ein Orgelmacher. Ganze drei unter uns stammen aus vornehmen Familien: die Frau Priorin ist die Tochter eines Oberzollers, die Schwester Apothekerin ist die Tochter eines Beamten der vorderösterreichischen Regierung in Freiburg und unsere Frau Seniorin stammt gar aus altem Adel. Sie ist eine Gräfin von Salis aus Graubünden. Weil ihre Einkleidung am längsten zurückliegt, steht ihr an der Speisetafel ein Ehrenplatz nach der Frau Priorin und mir zu. Aber Frau Agnes, so heißt sie mit Klosternamen, nimmt nur noch selten am gemeinsamen Mahl teil. Das Alter hat ihr zugesetzt. Sie weiß oft nicht mehr, was sie tut, und muß ständig beaufsichtigt und versorgt werden. Du wirst mit ihr viel Arbeit haben."

„Wenn so viele Bauerntöchter unter den Nonnen sind, stammen dann die meisten Schwestern aus der Umgebung?", möchte nun Antonia wissen. „Die Bauerntöchter schon, die anderen dagegen nicht. Zwei Bauerntöchter sind ganz in der Nähe, in den Weilern St. Georgen und Wiggenhausen, geboren. Schwester Dominika Bucher aus Wiggenhausen hast du vorhin gesehen, sie ist unsere Wirtschafterin. Augustina Günthör aus St. Georgen ist noch Novizin. Die übrigen Bauerntöchter stammen aus der Ravensburger und Schussenrieder Gegend, aus Gornhofen, Mochenwangen, Hasenweiler und Olzreute. Nur Schwester Hosanna kommt wie ich aus der Nähe von Kaufbeuren; sie ist am gleichen Tag wie ich im Kloster Riegel eingekleidet worden und mit mir vor 25 Jahren hierhergekommen. Die Nonnen aus Handwerkerfamilien kommen meist von weiter her, aus der Nähe von Waldsee und Munderkingen, aus Schelklingen und Ochsenhausen, aus Kirchheim bei Mindelheim, eine sogar aus Weismain bei Kulmbach in Franken und eine aus Reutte in Tirol. Über die Herkunft der beiden Beamtentöchter und der Gräfin weißt du ja schon Bescheid."

Nach einer Pause fährt die Subpriorin fort: „In zwei Monaten, am Fest des hl. Augustinus, werden übrigens vier Mädchen deines Alters als Novizinnen eingekleidet. Von den vieren sind wieder drei Bauerntöchter, davon zwei aus der Nähe von Biberach; die dritte ist Marianne Bustor aus St. Georgen, mit 16 Jahren die jüngste der angehenden Novizinnen. Vinzenzia dagegen ist eine Krämerstochter aus Kirchheim bei Mindelheim. Ludowika aus Schaiblishausen bei Biberach war bereits Novizin im Dominikanerinnenkloster Gnadental bei Hechingen, das der Fürst von Hohenzollern-Hechingen letztes Jahr aufgehoben hat. Es ist mir unverständlich, wie ein Nachfahre des Stifters selbst das Kloster auflösen konnte, denn Gnadental ist vor Jahrhunderten von den Grafen von Zollern gegründet worden, dort war lange Zeit sogar die Grablege des gräflichen Hauses. Soweit sind wir gekommen! Anstatt die Stiftungen ihrer Ahnen zu schützen, strecken die gräflichen Familien ihre Hände begehrlich nach dem Stiftungsvermögen aus!" – Die Subpriorin ist nachdenklich geworden. Wie lange wird wohl das Kloster Löwental noch Bestand haben? Die Stifterfamilie der Herren von Löwental ist bald nach der Gründung ausgestorben, seit langem steht das Kloster nun unter dem Schutz der Habsburger.

„Jetzt wird es aber Zeit, daß wir uns das Klostergebäude ansehen", sagt die Subpriorin nach einer Weile. „Du kannst dein Gepäck erst einmal liegenlassen und den Schrank später noch einräumen!" – Zunächst gehen die beiden von Zelle zu Zelle. Da es Sonntagnachmittag ist, sind die meisten Nonnen in ihren Zimmern. Antonia wird allen als neue Schwesterndienerin vorgestellt.

Es fällt ihr auf, daß überall Heiligengemälde hängen. „Davon haben wir so viele", erzählt die Subpriorin, „daß wir in jedes Zimmer ein halbes Dutzend oder mehr hängen können. Wie die Möbel sind sie meist von den Schwestern ins Kloster mitgebracht worden. Die Möbel geben wir den Bediensteten weiter oder verkaufen sie, wenn eine Schwester gestorben ist. Die Heiligenbilder aber haben wir alle behalten, und so sind nach und nach über 300 Stück zusammengekommen. Allein in den 38 Zellen sind etwa 250 Stück aufgehängt, dazu noch einige Kupferstiche."

Die Zellen der Schwestern unterscheiden sich nur wenig von derjenigen Antonias. Ab und zu ist eine Stand- oder Wanduhr zu sehen. Nur die Frau Priorin hat ein großes Zimmer mit mehreren Schränken, in denen auch Gläser sowie Tee- und Kaffeegeschirr aufbewahrt werden. Sonst ist dieses Zimmer fast so bescheiden eingerichtet wie die anderen. Die Priorin hat nicht einmal einen eigenen Schlafraum, sondern schläft wie alle Schwestern in ihrem Wohnraum, im Bett hinter einem Vorhang.

Etwas fällt Antonia allerdings beim Rundgang immer wieder auf: In vielen Zellen stehen Musikinstrumente: Violinen, Violas, Pauken, Hörner, Trompeten, mehrere Klaviere und bei der angehenden Novizin Marianne Bustor gar eine alte Tragorgel. Auch im Noviziatszimmer befindet sich ein Klavier und im Speisesaal sogar ein wertvoller Flügel, welcher der Schwester Josepha gehört. „Wird denn hier so viel musiziert?", fragt Antonia verwundert. „Und ob!", meint die Subpriorin, „wir pflegen den Gesang und die Instrumentalmusik sehr. Das ist unsere besondere Art, die Gottesdienste schön zu gestalten, und ein schöner Brauch in allen Dominikanerinnenklöstern!"

Da kommt gerade die Novizenmeisterin, Schwester Rosa Geray, aus dem Noviziatszimmer. Sie hat die letzten Worte der Subpriorin noch gehört und ergänzt: „Das Singen und Spielen ist in der Tat ein schöner Brauch bei uns. Du wirst bei der Abendandacht eine kleine Kostprobe von unseren angehenden Novizinnen erleben, sie wollen zu Ehren des hl. Johannes, dessen Tag wir heute begehen, ein kleines Singspiel zum besten geben. Aber", fährt sie mit besorgter Miene fort, „dieses musikalische Gotteslob greift die Gesundheit der Sängerinnen an. Ich habe mir beim Singen der zweiten Stimme selbst zuviel zugemutet; dabei bin ich erst 28 Jahre alt. Schwester Johanna, die gerade 22 Jahre zählt, ist von den tiefen Baß-Solos schon so geschwächt, daß sie nun an Brustbeschwerden leidet. Wir sind deshalb recht froh, daß wir dieses Jahr Zuwachs bekommen. Die vier Mädchen, die sich im August einkleiden lassen, sind nicht nur gute Sängerinnen, sie spielen zum Teil auch sehr gut Klavier und Geige!

Manche von uns haben allerdings viel Geld aufgewandt, um in der Jugend das Singen und Spielen zu lernen, Schwester Josepha zum Beispiel oder Augustina, die zuletzt eingekleidete Novizin. Ich habe es übrigens auch so gehalten. Bei Schwester Alberta ist es im Grunde dasselbe; sie hat unter großen Opfern erst die Apothekerkunst erlernt und ist jetzt unsere weitum geschätzte Apothekerin! Das Gelernte war dann unsere ‚Mitgift', weil wir dafür unsere Erbschaft weitgehend verbraucht hatten. Sonst müssen die Novizinnen ein gewisses Vermögen ins Kloster mitbringen; bei uns ist das meist ein Betrag zwischen 400 und 1000 Gulden. Heute läßt sich oft nur noch durch eine gründliche Ausbildung die Genehmigung zum Klostereintritt erlangen. Töchter armer Leute, die weder das Geld noch eine Ausbildung vorweisen können, werden nicht zugelassen. Wir müssen nämlich seit einigen Jahrzehnten der Regierung alle Aufnahmegesuche vorlegen!" –

„Da hast du einen wunden Punkt berührt, Schwester", meint nun die Subpriorin. „Die Bevormundung durch den Staat nimmt leider immer mehr zu. Im Jahre 1780 hat Kaiser Joseph erreicht, daß wir der Aufsicht unseres Ordensoberen entzogen und dem Bischof von Konstanz unterstellt wurden. Seit die Regierung über die Aufnahmeanträge entscheidet, durften wir nur noch Chorschwestern für unsere religiösen Aufgaben ins Kloster aufnehmen. Bald werden wir deshalb keine Laienschwestern mehr für die Hausarbeit haben. Jetzt leben zum Glück noch sieben von ihnen, aber sie sind alle schon zwischen 56 und 77 Jahre alt; die letzte haben wir anno 1777 aufgenommen! Das ist auch der Grund, warum wir immer mehr Dienerinnen im Kloster beschäftigen müssen. Innerhalb der Klausur weilen jetzt schon eine Ober- und eine Unterschließerin, eine Klosternäherin, zwei Köchinnen, eine Pfortenmagd und eine Bäckergehilfin. All diese Aufgaben wurden früher von Laienschwestern übernommen. Die paar, die wir jetzt noch haben, sind im Garten, in der Küche, der Bäckerei und der Klosterapotheke sowie als Pförtnerin beschäftigt. Jetzt weißt du auch, Antonia, warum wir dich als Schwesterndienerin eingestellt haben! – Komm, wir müssen weiter!"

Die beiden gehen an der Bibliothek und an den Krankenzimmern vorbei zur Gewandkammer. Schwester Hosanna, die Gewandmeisterin, ist gerade dabei, für das Singspiel am Abend noch ein paar Umhänge zu holen, und zeigt Antonia die verschiedenen Unter- und Oberkleider der Schwestern. Zum langen weißen Gewand tragen sie einen schwarzen Umhang und eine schwarze Flügelhaube.

Von der Gewandkammer gehen die beiden noch in die Schwestern- und Gesindeküche, in die Waschküche, die Brennerei und zuletzt in die zwei Weinkeller. Auch die mustergültig eingerichtete Apotheke und die Bäckerei werden noch schnell besichtigt. Sie sind in einem geräumigen Gartenhaus untergebracht und durch einen Gang mit dem Klostergebäude verbunden.

Den Abschluß bildet ein Besuch der Klosterkirche. Schwester Magdalena Knipfelberger trifft noch ein paar Vorbereitungen für die Abendandacht. Sie ist zuständig für die zum Teil sehr kostbaren Kirchengeräte und -gewänder. Der Oberbeichtvater, Pater Adrian Groppmayer, befindet sich schon in der Sakristei, denn es wird bereits zum Chorgebet geläutet. Pater Adrian war bis vor einem Jahr Chorherr im Prämonstratenserkloster Weißenau und hat zuletzt die kleine weißenauische Pfarrei Manzell, die nur ein paar Höfe und Häuser umfaßt, versehen. Das Bischöfliche Ordinariat in Konstanz hat ihn gedrängt, die verwaiste Beichtvaterstelle in Löwental zu übernehmen. Der Unterbeichtvater, Pater Heinrich Rohner, ist aus dem aufgehobenen Dominikanerkloster in Kirchheim bei Mindelheim nach Löwental versetzt worden.

Da kommen auch schon die Schwestern in die Kirche. Sie nehmen wie üblich auf der Empore Platz, die nur einen Zugang vom Klostergebäude her hat. Antonia begibt sich in die Bank der Klostermägde, wo auch die Frauen der Klosterdiener und -knechte sitzen. Sie schaut zur Empore hinauf, aber die Schwestern sind von unten nicht zu sehen.

Die Organistin fängt an zu spielen. Eine Geige beginnt, dann eine zweite, nach und nach erklingen noch andere Instrumente. Nun setzt der Chor ein, hell und klar. Antonia schließt die Augen und hört dem Gesang andächtig zu.

Zwei Jahre später – fast auf den Tag genau – wird das Kloster Löwental aufgelöst. Österreich hat einen neuen Krieg gegen Frankreich verloren und muß auf alle Besitzungen in Schwaben, Vorarlberg und Tirol verzichten. Baden, Württemberg und Bayern erhalten diese Länder von Napoleon zugeteilt. Die neuen Herren heben überall die noch bestehenden Klöster auf.

Abb. 47: Vorderansicht der ehemaligen Klostermühle; noch heute erhalten. Dahinter, nicht sichtbar, die Rotach mit Kanal und Stauwehr (Aufnahme: Winter 1902).

Die Klosterfrauen von Löwental dürfen aber noch sechs Jahre lang in ihrem alten Gebäude bleiben, bis der König von Württemberg schließlich bestimmt: „Dort kommt eine Kaserne hinein!" Schon nach ein paar Jahren wird diese überflüssig, weil die Kriege endlich vorbei sind. Alle Klostergebäude werden nach und nach verkauft und zu Bauernhöfen umgebaut. Mit der Klosterkirche weiß man nichts mehr anzufangen. Zusammen mit dem West- und Südflügel der alten Klosteranlage wird sie 1826 abgebrochen.

Der große Gutshof, den die Klosterknechte früher bewirtschaftet haben, gehört ab 1806 dem Staat und wird 1838 an die königliche Familie vertauscht; es sind 525 Morgen Feldgüter und noch 455 Morgen Wald. Auch die Güter des Gutshofs, der bis 1802 beim Kloster Hofen bestand, gehen dabei an das Königshaus über; das sind noch einmal 250 Morgen. Das meiste davon wird heute noch von der Hofkammer des Hauses Württemberg verwaltet.

Was von den Löwentaler Klostergebäuden noch erhalten war, ist im Zweiten Weltkrieg zum größten Teil vernichtet worden. Nur die Umfassungsmauer und die alte Klostermühle blieben bestehen.

Aus Buchhorn und Hofen wird Friedrichshafen

Hofener und Buchhorner raufen sich zusammen – Die neue Verbindungsstraße

Schier rot vor Zorn stürmte an einem freundlichen Sommernachmittag des Jahres 1812 der arg leibesfüllige Altbuchhorner Bierbrauer und Bürger Johann Nepomuk Scheffold in die Wirtschaft zum „Kreuz" vor dem Obertor, dort, wo sich die Straßen nach Ailingen und Eriskirch trennten. Er knallte die Tür hinter sich zu und schlug so fest mit der Faust auf den Tisch, daß die Gläser heftig klirrten. Sein Bauch wackelte noch mehr als sonst. Nicht einmal der angesehene Kreuzwirt Prielmayer konnte ihn beruhigen. Das wollte etwas heißen, denn Prielmayer war gleichzeitig Bürgermeister von Friedrichshafen und schwierige Situationen gewohnt.

„Ha no, Nepomuk, was isch denn los mit dir?" Unser gewichtiger Bierbrauer hatte inzwischen Platz genommen. Er schimpfte so laut weiter, daß allmählich die ganze Wirtschaft schalu wurde. „Wenn der reig'schmeckte Steffelin mir nomol unter d'Auga kommt, no pack'n und tunk'n in de Riedleweiher nab, daß 'r nimme lebig rauskommt! Und wenn des Theater so weiter goht, no ka mer Friedrichshafe mitsamt 'm württembergische Kenig gstohla bleiba…!"

Was war geschehen? Nun, der Bierbrauer Scheffold war gerade aus der Amtsstube des neuen Oberamtmanns und Hafendirektors Johann Jakob von Steffelin aus dem Rathaus gekommen. Dieser hatte ihm glattweg die großzügigen staatlichen Vergünstigungen für den Bau eines Hauses an der neuen Verbindungsstraße zwischen dem alten Buchhorn und Hofen, der heutigen Friedrichstraße, verwehrt. „Nur auswärtige Siedler können von den Steuern befreit werden und müssen nicht zum Militärdienst." Das hatte ihm vorhin der gestrenge Beamte aus dem königlichen Gesetzblatt vorgelesen. Darin waren vor einigen Monaten die außergewöhnlichen Vergünstigungen für die Siedler in der Friedrichshafener Neustadt bekanntgegeben worden.

„So weit kommt's no", fuhr der noch immer aufgebrachte Bierbrauer fort, „de aständige Eiheimische wirft ma Prügel zwische d'Füß, wenn se in der ‚Neustadt' zwische dr Altstadt ond em Schloß baue wellet. Aber des fremde Gsindel vom übrige Württeberg kriagt vom Kenig no a Geld, wenn's an dere neie Stroß baue will!" Auch andere Gäste im „Kreuz" waren nun aufgebracht, wie der Zimmermeister Rist, der ebenfalls keine Genehmigung bekommen hatte, als er bauen wollte. „Wenn des so weiter goht, no ka i selber bald zuamache", schimpfte Scheffold weiter, „etz hommr bald vier Bierbrauereia in unserm Städtle, soviel Bier kennet mir siebahundert Eiwohner doch gar it saufe, und wenn mr uns no so astrenged!"

„Und mit dere neie Stroß goht's au it recht weiter", rief ein anderer Bürger dazwischen, „seit em Frühjohr machet se jetzt an dem staubige Wegle rum, dem schnur-

grade und wisset it, wo se all die Schaufle, Pickel und Sandkarra hernemme sollet. Daß aus dem bucklige Stück au jo a eb'ne Landstroß wird, hot ma au no Arbeiter von auswärts hole müsse. Sogar Fraue und Kender nimmt ma für en karge Lohn zu dere schwere Arbet. Und mit de Hilfsbereitschaft im stolze Kenigreich Württeberg isches grad au it weit her, wia ma so hört", fügte der Mann hinzu.

Da ließ sich ein bisher unauffälliger Gast vernehmen: „Ich komme aus dem übrigen Württemberg und kann das gut verstehen. Wenn Friedrichshafen eines Tages zu einer richtigen Handels- und Hafenstadt ausgebaut ist, wird es einmal eine reiche Stadt sein, und eine schöne dazu."

Auf die erstaunten Blicke seiner Zuhörer hin stellt er sich als Baurat aus dem fernen Stuttgart vor. Er breitet nun auf dem Tisch einen Bauplan aus und zeigt den Verlauf der neuen Verbindungsstraße zwischen dem Schloß Hofen und dem alten Buchhorn, die heutige Olga-, Friedrich- und Karlstraße. Etwa in der Mitte soll ein großer Marktplatz entstehen. Auf der gesamten Südseite dieser Prachtstraße darf kein Haus die freie Sicht auf den See behindern. Deshalb muß auch der alte Buchhorner Friedhof mitsamt der ehrwürdigen St. Nepomuk-Kapelle aufgelassen und beseitigt werden.

„Eher gang i im See unter, als daß ich mi bei de Hofener beerdige loß", setzte ein weiterer Altbuchhorner das große Lamento im „Kreuz" fort. – „Jetz isch abr grad gnua Hei honda", ärgerte sich Fuhrmann Bernhard, der als Hofener zufällig auf ein Viertele im „Kreuz" abgestiegen war. „Mir Hofener send scho gnug g'stroft mit euch. Wenn ihr Buchhorner boyrisch bliebe wäret, no het dr Kenig Friedrich dia Neustadt längst do dribe bei uns baue lasse. D' Schloßkirch wär no unser Hofener Pfarrkirch worda und net a evangelische Kirch für dia paar Leut, wo aus'm Unterland doher zoge send!"

„Dia, wo Dreck am Stecka hond, dia reißet's Maul am weiteste auf!", rief Zimmermeister Rist aus der Altstadt dazwischen. – „Jo, was moinscht denn domit?", fragte der Kreuzwirt Prielmayer kopfschüttelnd. Auch die anderen in der Wirtsstube mußten kurz schlucken. Es hat ja vieles gegeben, was früher die Hofener und die Buchhorner immer wieder in Streit miteinander geführt hat. Was hat der Rist jetzt gegen die Hofener?

„Ihr hond jo alle dia Plünderunge im Schloß vergesse", unterbrach der Zimmermeister die Stille. „Domols, vor a paar Johr, wo mir Buchhorner no boyrisch waret und ihr Hofener scho zom Kenigreich Württeberg ghört hond, do send en Haufa Vorarlberger mit a paar Schiff in dr Obend-Dämmerung heimlich vo Bregenz her an unserm Hafe glandet, hond dia Wachleut gfanga gnomma und im Salzstadel und in andre Schuppa rumgsuacht, was se heddet mitnehma kenna." – „Jo, des wisse mir doch alle, du Simpel", maulte in der Ecke ein Zuhörer. „Und in dr Nacht send se nochher zu euch nüber, weil's do no meh zom Hole gebe hot."

Abb. 48: König Friedrich von Württemberg vereinigte 1811 den einst zum Kloster Weingarten gehörenden Ort Hofen mit der ehemaligen Freien Reichsstadt Buchhorn zu „Schloß und Stadt Friedrichshafen" (Ölbild von Johann Baptist Seele, um 1806).

Und er erzählte weiter, wie im königlichen Magazin im Schloß Hofen die Amtskasse ausgeräumt wurde, wie in Fuhrwerken, Säcken und Fässern Unmengen von Getreide und Wein aus Speichern und Kellern weggebracht und nicht nur auf die Vorarlberger Schiffe verladen wurden. „Helfer hond die Vorarlberger jo gnug g'het. Unter dene taused Plünderer wird sicher koin Hofener g'fehlt hon", fügte der aufgebrachte Rist hinzu.

„A paar von eich Buchhorner sollet ihre Finger aber au im Spiel g'het hon und send jo au verwischt worre, gell wie du, Nepomuk Scheffold", maulte der Hofener dazwischen. – „Mir hot me bei de Vernehmunga nix nochweise kenna", verteidigte sich der Beschuldigte, „dia G'schicht isch vorbei! Aber daß mir Einheimische jetzt koine Vergünstigunga kriage sollet, wenn mir do oba a Heisle baua wellet, des isch it in Ordnung!" – „Do ka i au nix mache", antwortete der Hofener Fuhrmann, „i muaß weiter... Wirt, do liegt's Geld!"

Abb. 49: Friedrichshafen um 1811/12. Blick von der Landestelle beim Schloß auf die Altstadt mit ihrer Landestelle, im Vordergrund Lastschiffe. Links im Bild sind die 1812 abgebrochene Friedhofskapelle St. Nepomuk am See und die 1848 abgebrochene Heilig-Kreuz-Kapelle vor dem Obertor zu sehen.

Beim Hinausgehen aus der Wirtschaft folgte ihm der Schiffsmeister Valentin Spanagel. Der ältere Mann war von großer, hagerer Gestalt und machte einen vornehmen Eindruck. Er konnte vor einem halben Jahr viel Geld aushandeln beim Verkauf seines großen Rebstückes. Man brauchte es für den Bau der neuen Verbindungsstraße und der geplanten neuen Häuser. – „I muaß grad zur Schloßverwaltung, kannsch me mitnehma?", bat er den Bernhard, dessen Fuhrwerk mitsamt seinem unruhig stampfenden Pferdegespann vor dem „Kreuz" abgestellt war. „Aber gern, steig no glei auf", antwortete der Fuhrmann, der an diesem Tag noch einige Waren ausfahren sollte. Mit dem lauten Kommando „Hü!" und einem Peitschenknall setzten sich die Pferde in Bewegung.

Sie fuhren auf der noch nicht ganz fertigen neuen Straße, vorbei an den vielen Baustellen und den Baracken für die Froner: die armseligen Straßenarbeiter, auch Frauen und Kinder. Sie waren von anderen oberschwäbischen Gemeinden zu diesem Arbeitseinsatz angeworben und eingestellt worden.

Schon seit Sonnenaufgang waren sie wieder mit Pickeln, Schubkarren und Schaufeln am Werk, um noch einige unebene Stellen auszubessern, bevor der Kies ausgestreut werden konnte. Immer wieder wirbelte der Wind größere Staubwolken vom Boden auf. Zwischendurch mußte das Gespann anhalten, weil quer über die ganze Straßenbreite hinweg eine Abwasser-Dole im Boden verlegt wurde. Mit strengem Blick, einige Zeichenrollen in der Hand, stand der vom König eingesetzte Baumeister Glaser daneben. Von ihm bekamen die Straßenarbeiter auch ihren Hungerlohn ausgehändigt. Sie hätten auf ihren heimischen Bauernhöfen jetzt genug Arbeit; stattdessen wurden sie in Friedrichshafen zum Fronen eingesetzt.

Die schwerste Arbeit war das Auf- und Abladen der scharfkantigen Pflastersteine für das Trottoir entlang der Häuser. Sie brachte viele Schrammen und Schwielen an den Händen ein.

Gerade als unsere beiden Bekannten in ihrem Fuhrwerk an der Stelle vorbeirumpelten, wo der große Marktplatz hinkommen sollte, konnten sie in das schmerzverzerrte Gesicht eines halbwüchsigen Jungen blicken. Er hatte sich beim Aufschichten der Steine zu einer kleinen Pyramide an der linken Hand verletzt. „Wie heißt du?", fragte ihn der Fuhrmann, nachdem die beiden Pferde das Zeichen zum Anhalten befolgt hatten. „I bin der Toni, und mi hot ma von Saulgau doherg'schickt." – „Der Kerle soll weiterschaffa . . .", fauchte eine dicke Frau, die wie eine Aufseherin an der Arbeitsstelle auf und ab ging. Eine andere Frau reichte dem Toni einen sauberen Tuchfetzen, den er um die blutende Wunde binden sollte. – „Spiel di it so auf, du Hex, mir hond doch alle 's gleiche Los und mond für a paar mickrige Kreuzer schaffe, bloß damit Friedrichshafe später amol a große Stadt wird", ärgerte sich die Frau, eine Bäuerin aus der Wangener Gegend. „Komm, hock a Weile auf de Bode", sagte sie zu dem Jungen, „und ruh di aus." – Der Bub setzte sich auf ein schon fertig verlegtes Stück Trottoir-Pflaster. Als auch andere Kinder sich jetzt zu ihm gesellten, erzählte er von seinem Heimatort, vom rauschenden Bächlein und der Mühle, in der er viel lieber mithelfen würde.

„Jo, an settige Sorga wia ans Hoimweh von de Kender hot ma domols it denkt", wandte sich der Fuhrmann an den Schiffsmeister. Beide saßen noch immer auf ihrem Kutschbock. – „Was moinscht do?" – „Ha, domols, als unser Kenig Friedrich im Juli 1811 an de Bodesee g'roist isch und nochher dia Vereinigung von Buchhorn

Abb. 50: Die Friedrichstraße um 1850. Sie wurde 1812 als neue Verbindungsstraße zwischen Schloß und Altstadt angelegt.

und Hofa zu ra oinziga Stadt verkündet hot", erklärte der Fuhrmann seinem Nebensitzer. – Und während sich die Kutsche wieder in Bewegung setzte, wurden ihre Erinnerungen an diese denkwürdigen Tage im Juli wieder lebendig:

Der König war damals eigens an den Bodensee gefahren. Mit einem Segelschiff von Langenargen kommend landete er zuerst im Hafen von Buchhorn. Die Bürgergarde in ihren schmucken Uniformen präsentierte die Gewehre, und auch die Ratsherren des Städtchens waren zur Begrüßung angetreten. Alle Leute säumten Gassen und Winkel. Wann hatte man denn zuletzt einen leibhaftigen König gesehen in der Freien Reichsstadt Buchhorn am Bodensee? – Das war schon ein eindrucksvolles Erlebnis, als der König samt Gefolge zum Rathaus schritt. Dort begrüßte ihn der Bürgermeister und berichtete über die Verhältnisse im kleinen Städtchen Buchhorn. Nach einem Blick in die leere Stadtkasse versprach der König allergnädigste Hilfe. Unter den Hochrufen der Buchhorner bestieg er wiederum das Schiff an der Hafenlände, um zu seinem Schloß Hofen zu gelangen. Auch hier wurde er festlich empfangen, obwohl viele Hofener noch immer enttäuscht waren. Der König hatte ihnen nämlich vor Jahren versprochen, den Schloßhafen zu einem wichtigen Handelsplatz auszubauen und den Ort zur Stadt „Friedrichshofen" zu erheben. – Hatten etwa die Buchhorner und ihre bayerischen Herren die Hand im Spiel?

Einen Tag später – der König war wieder auf dem Rückweg nach Stuttgart – herrschte große Aufregung in Hofen und Buchhorn. In beiden Orten war eine königliche Verfügung angeschlagen worden: „Ab heute gehören Hofen und Buchhorn zusammen. Die neue Stadt heißt ‚Friedrichshafen'. Sie soll eine tüchtige Hafen- und Handelsstadt werden. Zu ihrer Vergrößerung und Verschönerung stellt der König viel Geld zur Verfügung."

„Des wird no a Weile daura, bis des so weit isch", meinte jetzt Fuhrmann Bernhard, „des hot ma au an dem heftige Streit vorher im ‚Kreuz' g'sehe."

In diesem Augenblick war das Fuhrwerk vor dem neuen Brückle über dem Mühlbach, kurz vor den ersten Häusern in Hofen, angekommen. „Brrrr!", machte der Fuhrmann, und die beiden Braunen gehorchten aufs Wort und hielten an. „Do hanne mecht i aussteige, und bis zum Schloß kann i no a Stückle laufa. B'hüt di Gott, Bernhard, und Dankschö fürs Mitnehma!" – „Guate Zeit", rief ihm der Fuhrmann noch nach.

Als Spanagel durch das Schloßtor trat, fiel sein Blick auf ein vergilbtes Blatt, das am Torbogen angeschlagen war:

„Liebe Getreue!

Da Wir Uns entschlossen haben, den bisherigen Ort Hofen mit der Uns von der Crone Bayern abgetrettenen Stadt Buchhorn dergestalt zu vereinigen, daß künftighin beide nahe an einander gelegene Ortschaften gleiche Rechte und bürgerliche Gerechtsame unter dem Namen Schloß und Stadt Friderichshafen genießen sollen, so befehlen Wir Euch andurch, solches gehörig bekannt zu machen, und mittelst Anschlag von Aufschriftstafeln zur jedermanns Kenntniß zu bringen. Auch wollen Wir, daß die nun combinierten Häfen der Stadt Friderichshafen zu Freihäfen erklärt werden. Über die Ausführung dieser Verfügung wird Uns Unser Finanzminister noch die gehörigen Modalitäten in Vorschlag bringen. Es soll zu Friderichshafen ein tüchtiger Amtmann mit dem Titel eines Oberamtmanns, dessen Bezirk sich aber nur auf Schloß und Stadt nebst Markung beziehen soll, und zugleich Director der Häfen seyn wird, bestellt werden.

Unser Minister des Innern wird Uns hiezu taugliche Subjekte in Vorschlag bringen, auch werden Wir die Einrichtung zu treffen suchen, daß zu Friderichshafen eine Garnison untergebracht werde. Endlich haben Wir Unserer Hof- und Domänenkammer den Befehl ertheilt, während 6 Jahren von dem Quartal Jacobi dieses Jahres gerechnet, jährlich 8000 fl. in Quartal-Raten a` 2000 fl. zur Ausbreitung und Verschönerung der Stadt Friderichshafen auszuzahlen, deren Verwendung dem Minister des Innern und der Finanzen nach Uns vorzulegenden Plänen aufgegeben wird. Beide diese Minister sind mit der Ausführung dieser Unserer Verfügung in so fern sie solche betrifft, beauftragt.

Hievon geschieht Unser Wille und Wir verbleiben euch in Gnaden gewogen.

Hofen, den 17. Jul. 1811 *Friderich"*

Das Dampfboot „Wilhelm“

Der Bau des ersten Dampfschiffs – Die aufregende Schweizfahrt

Keines der Häuser im Stadtkern von Friedrichshafen sieht noch so aus wie zu der Zeit, als sich die folgende Geschichte ereignet haben mag. Dagegen verlaufen die Straßen beinahe wie früher: Wenn ihr vom Marktplatz her nach links in die Karlstraße einbiegt und zwischen schmalen hohen Häusern hindurch zum Hafenbahnhof gelangt, dann kennt ihr den Schauplatz, wo unsere Geschichte beginnt, damals an einem Augusttag 1824. Die Hauptperson unserer Geschichte, der neunjährige Max Lanz, wohnte mit seiner Familie in einem dieser Stadthäuser, und zwar im sehr stattlichen Haus Karlstraße 20. Heute ist dort der Durchgang vom Marktplatz zum See. Sein Vater betrieb hier die Wirtschaft „Zum Wilden Mann“. Außerdem handelte er mit Getreide. Die Bauern Oberschwabens verkauften viel Getreide in die Schweiz und nach Österreich. Friedrichshafen war für sie der günstigste Platz zum Verkauf über den See.

An jenem heißen Augusttag hörte man plötzlich durch die weit geöffneten Fenster der Lanz'schen Wirtschaft eine zornige Frauenstimme. Abwechselnd ging die Schimpfkanonade über in ein lautes Rufen nach Frau Lanz, der Wirtin. Selbst auf der Straße konnten alsbald alle Leute mithören, worüber sich Sophie, die dicke Wirtschafterin, so lautstark aufregte. Hatte doch der Lausbub schon wieder einen zerrissenen, mit Harz verschmierten Anzug heimlich in den Wäschekorb gesteckt! Frau Lanz konnte die vor Hitze und Zorn feuerrote Sophie nur beruhigen, indem sie versprach, alles dem Vater zu erzählen. Das ließ eine saftige Strafpredigt erwarten, und so war Sophie wieder etwas besänftigt.

Nach dem Abendbrot sah man Max dann tatsächlich mit etwas weichen Knien neben Vaters Stuhl stehen. Er mußte wohl oder übel zugeben, nach der Lateinschule am Schiffsbauplatz herumgeklettert zu sein. Der lag im Osten der Altstadt, an der Bucht nahe beim „Salzstadel“.

Im Frühjahr hatte man dort mit dem Bau eines „Dampfbootes“ begonnen! So etwas hatte man in Friedrichshafen noch nie gesehen. Max erinnerte sich noch gut an die hitzigen Auseinandersetzungen in Vaters Wirtsstube, die dem Baubeginn fast ein Jahr lang vorausgegangen waren. Die Schiffsmeister von Friedrichshafen hatten sich energisch gegen den Bau des neuen, fremdartigen Schiffes gewehrt, weil es gegen ihre verbrieften Rechte verstoße!

Vom Vater hatte sich Max damals erklären lassen, daß nur acht Familien in der Stadt das Recht hatten, Schiffe zu unterhalten und Schiffahrt zu betreiben. Es waren alles alteingesessene Familien, die dieses Recht – Generation für Generation

– von ihren Vorfahren geerbt hatten, und Max kannte sie alle – die Altstadt war ja nicht groß. Es waren die Familien Michael Rothmund, Paul Rothmund, Valentin Spanagel, Bartholomä Schafmaier, Johannes Rothmund, Xaver Schöllhorn, Peter Rothmund und Aurel Rothmund. Aus dem Finanzministerium in Stuttgart waren hohe Beamte angereist, um zusammen mit Hafendirektor Steffelin von Friedrichshafen die Schiffsmeister zum Verzicht auf ihre Rechte zu bewegen. Nach langem Hin und Her war im März 1824 der Vertrag zustandegekommen. Die acht Schiffsmeister verzichteten auf ihre Rechte und erhielten dafür vom Staat, solange sie lebten, eine ansehnliche Rente. Danach konnte der Bau des neuartigen Schiffes beginnen.

Weil die Schiffszimmerleute keine neugierigen Zuschauer bei ihrer Arbeit haben wollten, hatten sie einen Zaun aus rohen, harzigen Brettern um die Baustelle errichtet. Seit vielen Wochen versuchte Max in jeder freien Minute, einen Blick über oder durch den Zaun zu werfen. Das geheimnisvolle Schiff erweckte seine

Abb. 51: Die Eltern von Max Lanz:
Peter Lanz, Wirt „zum wilden Mann" und Getreidehändler in Friedrichshafen, mit seiner Frau Maria Josepha Lanz, geb.Kees.

Aufmerksamkeit. Eine zerrissene Hose oder ein harzverschmierter Kittel waren bei dieser Neugier nicht immer zu vermeiden. Nun stand der Bub also vor dem Vater, dessen Miene sich verfinstert hatte.

„Ich wollte eben wissen, warum die französischen und deutschen Arbeiter so ein Geschrei machen, und deshalb bin ich auf den Zaun geklettert!", versuchte er sich zu entschuldigen. Herr Lanz zögerte noch, nach dem Lederriemen zu greifen, den er für solche Fälle bereithielt. Hastig begann Max noch von Vaters gutem Freund, dem Hafendirektor Steffelin zu erzählen: „Ich habe auch gehört, wie Herr Steffelin mit dem Schiffsbaumeister Mauriac gestritten hat, in welcher Farbe das Schiff angemalt werden soll. Der eine wollte schwarz-gelb, der andere wie die Königsfahne schwarz-rot."

Der Plan ging auf. Vaters Griff nach dem Riemen unterblieb. Schließlich war in der ganzen Stadt von nichts anderem mehr die Rede als von diesem eigenartigen Schiff. Max beschloß, die günstige Gelegenheit auszunützen. „Herr Vater, ich kann mir einfach nicht vorstellen, wie ein Schiff ohne Segel und Ruder vorwärts kommen soll. Niemand in der Stadt hält das für möglich, nicht einmal unser Magister. Glaubt Ihr denn daran?" Herr Lanz zögerte mit der Antwort. „Nun, von Steffelin habe ich erfahren, daß es in Frankreich und auf einem See im Schweizerischen schon mehrere solche Schiffe gibt. Deshalb arbeiten hier auch die französischen Schiffsbauer. Unser König Wilhelm hätte bestimmt nicht den Auftrag für das Schiff gegeben, wenn ihn seine Kundschafter nicht vom Erfolg überzeugt hätten." Das leuchtete auch dem Buben ein. Nun wollte er noch wissen, wie denn das Schiff eigentlich bewegt werden solle, wenn nicht vom Wind oder durch Rudern. Auch Herr Lanz konnte nur das erzählen, was er von Steffelins Erklärungen verstanden hatte: „Also auf dem Schiff wird ein riesiger, eiserner Wasserkessel montiert und ein mächtiges Feuer darunter entfacht, so daß das Wasser heiß wird und Dampf entsteht. Als Sophie letzten Winter deine zugeschraubte Bettflasche auf dem Herd vergaß, hast du gesehen, welche Kraft dieser Dampf haben kann. Die zerplatzte Bettflasche konnten wir wegwerfen. Englische Ingenieure haben es fertiggebracht, mit einer Dampfmaschine große Wasserräder anzutreiben. Mehr weiß ich auch nicht, nur, daß es ganz schön teuer ist!"

Max versuchte sich das vorzustellen: ein Schiff aus Holz wie ein Segelschiff, Wasserräder statt Mast und Takelage, und dann noch ein mächtiges Feuer unter einem Eisenkessel – das war ihm einfach zu viel. Seine Wißbegier war dennoch nicht ganz gestillt: „Warum will der König so ein Schiff haben? Es gibt doch schöne große Segelschiffe, die 2000 Zentner Korn laden können!" Unwillig blickte Herr Lanz auf seine Taschenuhr und stand auf. „Nun denk mal nach. Mit ordentlichem Wind von achtern, das heißt also mit Rückenwind, braucht unser größtes Schiff nach Rorschach nur drei Stunden, bei Windstille aber sieben Stunden! Doch Schluß jetzt mit dieser Fragerei. Hilf lieber dem Knecht noch beim Herrichten der Getreidelieferung für Bregenz!"

In den nächsten Tagen nimmt die Aufregung in der Stadt und im Lanz'schen Haus ständig zu. Immer neue Gäste tauchen im Schankraum auf und verlangen nach einer Mahlzeit oder sogar nach einer Übernachtung. Vor allem sind es die Kutscher und Diener der hohen Beamten aus Stuttgart, die bei Lanz einkehren, während ihre Herren wichtige Verhandlungen mit den Schiffsbesitzern führen. Auch Zeitungsschreiber aus Ravensburg und Ulm finden sich ein. Max, der nun häufig in der Wirtschaft mithelfen muß, versucht spaßeshalber immer an der Mundart herauszufinden, ob der Fremde aus Baden, aus Württemberg oder Bayern kommt. Selbst Zeitungen aus Österreich und der Schweiz schicken Berichterstatter nach Friedrichshafen. Der Stapellauf des neuen Schiffes ist in großen Anzeigen für den 17. August angekündigt. Die Anwesenheit der gesamten königlichen Familie gibt diesem Ereignis noch eine besondere Bedeutung.

Frau Lanz weiß schon fast nicht mehr, wo sie zuerst sein soll. Die Wirtschaft ist ständig voll mit Gästen, die sich lautstark unterhalten. Viele auswärtige Bekannte haben sich angesagt und erhoffen sich eine Unterkunft.

Obwohl es nur 250 Meter bis zum Schiffsbauplatz sind, findet Max nur noch selten Gelegenheit, durch die Ritzen des Bauzaunes die Fortschritte am Schiff zu beobachten. Nach wie vor kann er nichts Besonderes daran entdecken, es gleicht immer noch haargenau einem Segelschiff. In der Schule gibt es in diesen Tagen häufig Ärger mit dem Lehrer: Hausaufgaben werden vergessen, die Jungen müssen einander ihre Erlebnisse mit den Fremden erzählen und lachen dabei über das Gezeter der temperamentvollen französischen Arbeiter.

Man schreibt den 17. August 1824. Schon seit dem ersten Morgenläuten herrscht in der Stadt emsige Geschäftigkeit. Schließlich ist das der Tag, dem ganz Friedrichshafen nun schon seit Wochen entgegenfiebert. Auch Max sitzt bereits schon in aller Frühe auf der Haustreppe, zwar unausgeschlafen, aber doch gespannt, was dieser Tag an aufregenden Abenteuern bringen würde. Unter den vielen Menschen, die durch die blumen- und fahnengeschmückte Seestraße eilen, fallen heute besonders die Soldaten und vornehmen Hofbeamten auf. Als sogar ein paar Pferdegespanne mit Kanonen in Richtung Hafen vorbeirumpeln, zieht es auch Max trotz seiner Morgenmüdigkeit von seinem Beobachtungssitz auf. Er schlendert hinter den Gespannen her bis zum Schiffsbauplatz, wo er gebannt stehenbleibt.

Wie hat sich doch alles seit gestern verändert! Der Bretterzaun ist abgeräumt, ungehindert kann endlich der Blick über den mächtigen Schiffskörper streifen, dessen Farben in der Morgensonne leuchten. Die Schiffsbauleute haben heute noch einmal Schwerstarbeit zu leisten. Zusammen mit allen Zimmerleuten der Stadt bauen sie auf der Ostseite eine riesige Ehrentribüne auf. Max erkennt nun auch, was die Führer der Gespanne vorhaben: in gehörigem Abstand zur Tribüne stellen sie am Ufer entlang sechs blinkende Kanonen in Position, gerade so, als ob sie einen Angreifer vom Schweizer Ufer erwarteten. Fuhrwerke mit meterlangen Kränzen aus grünem Tannenreis fahren heran, aus allen Gassen tragen Mädchen Körbe voller Blumen herbei, um Schiff, Tribüne und Mauern zu schmücken.

Als das Gedränge auf dem Platz beängstigend zunimmt, fällt dem Buben die Mahnung der Mutter ein, rechtzeitig nach Hause zu kommen, um das Sonntagsgewand anzuziehen. Alle warten schon ungeduldig auf ihn, denn auf dem Festplatz gibt es sicher viel zu sehen! Als Mitglied des Stadtrates wird Herr Lanz mit seiner Familie während der Feier einen Ehrenplatz einnehmen.

Die Zeit bis zur Ankunft des Königs vergeht wie im Fluge. Eine Blaskapelle läßt flotte Märsche erklingen. Plötzlich entsteht unter den mehreren tausend erwartungsvollen Zuschauern, die aus allen Ländern am Bodensee zusammengeströmt sind, Unruhe. „Der König kommt!“ Von der Altstadt her nähert sich ein Zug von offenen Pferdewagen. Beim „Salzstadel“ klettern die ersten auf Bänke und Holzstapel, die Männer nehmen ihre Kopfbedeckung ab, die Damen falten ihre weißen Sonnenschirme zusammen. Unter dem Klang von Fanfaren nimmt die königliche Familie in der samtverkleideten Ehrenloge Platz. Von vielen Anlässen und Begegnungen her kennen die Friedrichshafener ihren König und die Königin und auch die meisten Prinzen und Prinzessinnen. Aber so wie sie heute die ganze Familie samt dem Hofstaat in festlichen Gewändern erleben, beeindruckt es sie besonders.

Mehrere Festredner preisen den Bau dieses Schiffes und die Klugheit des Königs. Dann verfolgen alle mit großem Erstaunen, wie der König jeden am Schiffbau Beteiligten bis zum einfachsten Arbeiter mit einem Geschenk belohnt. Nach einem Fanfarenstoß nimmt die Königin die Schiffstaufe vor: „Wir taufen dieses Schiff auf den Namen unseres allergnädigsten Königs Wilhelm und wünschen allzeit gute Fahrt!“ Wie auf ein geheimes Kommando hin beginnen alle Kirchenglocken der Stadt zu läuten.

Erschreckt fahren die Menschen zusammen, als die ersten Kanonen ihre Salutschüsse abfeuern. Die in ihrer Zunftkleidung um das Schiff aufgestellten Zimmerleute schlagen mit großen Holzhämmern die Keile am Schiffsrumpf weg und langsam, dann immer rascher beginnt das Schiff unter dumpfem Poltern der Holzstämme ins Wasser zu gleiten.

Einen Augenblick ist es ganz still auf dem weiten Platz, bis die schäumende Bugwelle des Schiffes kleiner wird, aber dann bricht ein wahrer Jubelsturm los. Selbst der sonst so vornehme Ratsherr wirft, wie sein Sohn und tausend andere, vor Begeisterung den Hut in die Luft.

So aufregend der Stapellauf des „Wilhelm“ für Max auch war, das spannendste Erlebnis mit diesem Schiff steht für ihn erst noch bevor. In den Wochen nach dem unvergeßlichen Fest beobachtet er, wie auf breiten Ochsenkarren schwere Maschinenteile herangeschafft und mit den dafür gebauten Seilwinden auf das Schiffsdeck gehoben werden.

Der Vater weiß zu berichten, daß die Maschine aus Liverpool im Königreich England stammt und über ein Vierteljahr lang unterwegs war! Sie wurde auf Schiffen nach Holland und dann auf dem Rhein und Neckar bis nach Cannstatt gebracht. Dort mußte man die fast sechs Zentner schweren Maschinenteile auf Fuhrwerke umladen. Von Herrn Steffelin hatte Vater Lanz außerdem erfahren, daß die Maschine die Kraft von 20 Zugpferden besitzen solle! Wie soll man sich das nur vorstellen?

In einem Kauderwelsch aus Englisch, Französisch und Deutsch, meist aber mit Händen und Füßen, gibt ein eigens aus England angereister Mechaniker Anweisungen, wie die Teile zusammengebaut werden sollen. Max ist sich nicht sicher, wovon er am meisten beeindruckt ist: von den riesigen, über mannshohen Wasserrädern oder von dem mächtigen schwarzen Kessel mit dem mehr als 20 Fuß hohen Kamin. Die blinkenden Hebel, die ölglänzenden Metallschienen und die messingpolierten Rohre wirken auf dem Holzschiff fremd; dennoch ist nicht nur Max von dieser Technik gefesselt, manchmal hängen ganze Trauben von Buben staunend am Werftsteg. Einmal schafft es Max sogar, den Hafendirektor Steffelin so lange anzubetteln, bis ihm dieser die Maschine erklärt. Da hört er so viele verwirrende Wörter, daß er noch in der Nacht von Feuerung, Ventilen, Kolben und Kurbelstangen träumt, aber so richtig vorstellen kann er es sich immer noch nicht. Bald aber sind die Schaufelräder bis fast zur Wasserlinie verkleidet, und die herrliche Maschine verschwindet unter einer Holzhütte.

Das Interesse der Buben beginnt allmählich nachzulassen. Auch den kleinen Lanz sieht man wieder öfter in der warmen Herbstsonne seine Angel auswerfen, bis er eines Tages zufällig mitanhört, wie Steffelin mit seinem Vater über eine Lieferung Getreide verhandelt. Das wäre eigentlich nichts Besonderes, wenn nicht – ja, wenn diese 850 Zentner nicht als Ballast für eine erste Fahrt des „Wilhelm" über den See dienen sollte. Da hat Max eine fantastische Idee: er könnte doch bei dieser Fahrt mit seinem Vater die Getreidefracht begleiten! Es dauert einige Tage, bis der Bub sich endlich ein Herz faßt und dem Vater seinen Plan vorträgt. Aber Herr Lanz schiebt seine Entscheidung bis zur gelungenen Probefahrt des „Wilhelm" hinaus, schon allein deshalb, weil sich Mutter so ängstigt.

An Allerheiligen ist die Montage beendet. Am liebsten hätten die Franzosen gleich eine Probefahrt unternommen, aber es regnet ununterbrochen. Am 11. November wagen die Schiffsbauer schließlich eine erste kurze Ausfahrt auf den See. Sie ist nicht angekündigt, und so werden nur die einheimischen und auswärtigen Schiffsleute, die gerade im Hafen weilen, Zeugen der halbstündigen Fahrt. Die allerdings sind nicht wenig erstaunt und aufgeregt! Wegen des Gegenwinds müssen nämlich die zur Abfahrt nach Konstanz und Romanshorn bereiten Segelschiffe liegenbleiben. Fast ungläubig sehen die Schiffsleute zu, wie das Dampfboot ablegt und dem Wind ruhig und ungehindert entgegenfährt! In Windeseile spricht es sich in der Stadt herum, aber wer den „Wilhelm" nicht selbst fahren sah, will es nicht so recht glauben.

Es ist daher nicht verwunderlich, daß sich zur öffentlichen Probefahrt, die für den 24. November angekündigt ist, trotz des schlechten Wetters fast die halbe Stadt am Hafen versammelt. Die Hafenmauer ist dicht belagert. Alle fragen sich: Kann die Fahrt überhaupt stattfinden? Wird sie verschoben? Es herrscht starker Südostwind, und die Wellen gehen sehr hoch.

Hafendirektor Steffelin läßt bekanntmachen, daß das Dampfboot abfahren wird. Aber eine Feststimmung will diesmal nicht so recht aufkommen. Ab und zu hört man gar boshafte Reden und Schadenfreude, denn bei diesem Wetter zweifeln viele am Gelingen. Aber unbeirrt schiebt der Heizer ein mächtiges Holzscheit nach dem anderen in den hungrigen Feuerschlund. Dampf zischt aus dem Kessel, und dunkle

Rauchwolken aus dem Kamin verbreiten sich über dem Hafen. In großer Aufregung werden die Leinen gelöst und das Schiff von der Ufermauer weggedrückt. Gespannt blicken die Zuschauer auf das unbewegliche Schiff – da, langsam beginnen sich die Schaufelräder zu drehen. Fast behutsam steuert das Schiff aus dem Hafen hinaus und dampft schließlich in Richtung Langenargen davon.

Die Leute am Ufer sind zuerst sprachlos vor Staunen. Zweifel und Besorgnis wandeln sich dann in grenzenlosen Jubel: „Lueg no – 's goht, 's goht!", rufen sie einander zu und klopfen sich begeistert auf die Schultern. Max aber rennt mit den anderen Jungen am Ufer entlang. Sie verfolgen das Dampfboot, bis hohes Schilf ihnen die Sicht versperrt. Als der „Wilhelm" nach nur anderthalb Stunden von Langenargen wieder zurückkommt, jubeln die Zuschauer vor Begeisterung. Gegen diesen starken Wind und die hohen Wellen hätte auch das schnellste Segelschiff sich nur in Stunden bis Langenargen vorkämpfen können!

Max kann den Nachmittag kaum erwarten! Das Dampfschiff soll nun noch eine große Fahrt mit Fahrgästen und Lasten über den See machen. Nach der geglückten Probefahrt will Herr Lanz dem Jungen seinen Wunschtraum erfüllen, obwohl sich das Wetter noch verschlechtert hat. Eine Fahrt erscheint fast aussichtslos. Am Hafen stehen die Schiffsleute in Gruppen zusammen und beratschlagen. Alle Besatzungen der Segelschiffe ziehen es vor, bei diesem Sturm im schützenden Hafen zu bleiben. Nur das Postschiff muß seine Reise antreten.

Auch die verantwortlichen Männer des „Wilhelm" können sich lange nicht entscheiden, beschließen dann aber doch, das Schiff auf diese harte Probe zu stellen. Die Knechte beginnen, aus dem Lanz'schen Getreidelager 850 Zentner Getreide anzufahren. Andere Arbeiter stapeln neben dem Maschinenhaus eichene Holzscheite mannshoch auf. Von den ausgewählten fünfzig Fahrgästen bleibt trotz des üblen Wetters kein einziger an Land. Auch Max klettert, obwohl mit flauem Gefühl in der Magengegend, als einziger Junge an Deck, bewundert und beneidet von seinen Freunden. Seinen Platz sucht er sich so nah wie möglich am Maschinenhaus, um ja nichts zu verpassen. Er will genau wissen, wie die Maschine bedient wird.

Auch Johann Peter, der ältere Bruder von Max, hat von seinem Dienstherrn in Heilbronn, wo er das Kaufmannsgewerbe erlernt, ein paar Tage Urlaub bekommen, um dem wichtigen Ereignis beiwohnen zu können. Er ist jetzt 19 Jahre alt und möchte sich später als Kaufmann in Friedrichshafen niederlassen. Da muß er schon wissen, was von dem Dampfboot zu halten ist, das viel schneller und sicherer sein soll als die herkömmlichen Segelschiffe!

Wieder beginnt dieses aufregende Manöver mit Ablegen, Pfeifsignal und Anfahren der Maschine unter Gefauche und Gezische. Max ist so überwältigt, daß er ganz vergißt, seiner besorgten Mutter zuzuwinken. Erst als ihn ein Wasserspritzer halb durchnäßt, merkt er, daß sie schon weit auf dem See draußen sind.

Trotz des Sturmes und der hohen Wellen hält das Schiff unbeirrt seinen Kurs in Richtung Rorschach. Während der Überfahrt sehen sie nur von weitem ein einziges Schiff, das Postschiff. Zum Erstaunen aller tauchen schon nach zwei Stunden die

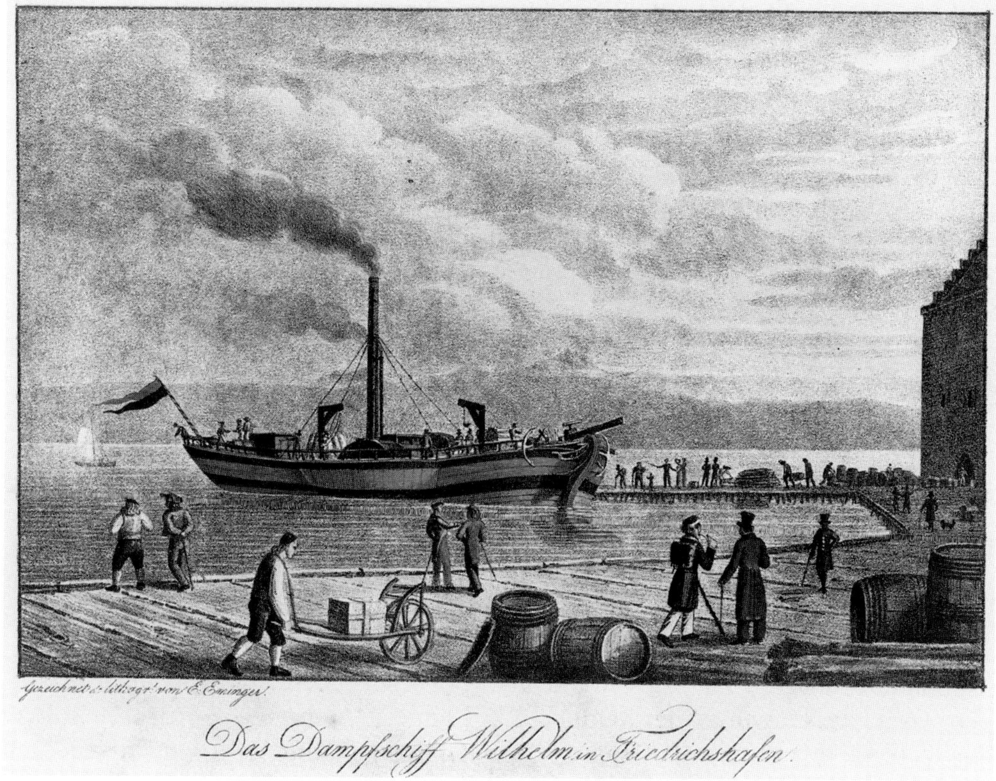

Abb. 52: Hafenszene mit dem neuen Dampfschiff „Wilhelm", um 1825.

Häuser von Rorschach auf. Die Besatzung macht sich zum Anlegen bereit. Aber was ist das? Kanonendonner läßt die Passagiere zusammenzucken. Die Ufermauern sind schwarz von Menschen – seht doch: Sie winken mit Hüten, Tüchern und Fahnen, und Musik und Hochrufe schallen dem ankommenden Schiff entgegen. Genau so begeistert wie die Friedrichshafener feiern die Rorschacher die erste Dampfschiffahrt über den Bodensee.

Während die übrigen Mitfahrer von den Zuschauern zum Aufwärmen und Erzählen in die Gasthäuser gedrängt werden, überwacht Herr Lanz mit seinem älteren Sohn das Ausladen des Getreides. Nahezu unbemerkt läuft unterdessen das Postschiff in den Hafen ein. Fassungslos stehen die abgekämpften Schiffsleute an der Reling, als sie feststellen, daß das Dampfschiff bereits halb ausgeladen ist, obwohl es erst Stunden später abgelegt hat. Da beginnt auch Max zu ahnen, welche gewaltige Veränderung das Dampfschiff auf dem Bodensee bringen wird. Nachdenklich packt sein Vater die Getreidelisten in die Ledertasche.

Die Rückfahrt mit dem halbleeren Schiff wird ungemütlich. Jetzt hat es Seitenwind. Das Schlingern und Stampfen wird so stark, daß auch Max seekrank wird und heilfroh ist, als nach anderthalb Stunden die Rückfahrt glücklich geschafft ist. Wie viele Fragen er an jenem Abend in der vollbesetzten Lanz'schen Gaststube und am nächsten Tag in der Schule beantwortet, das hat er nicht gezählt. Bei einem so bedeutenden Ereignis dabeigewesen zu sein, verpflichtet schließlich.

Sein großer Bruder rechnete ununterbrochen, als er mit einer Postkutsche nach Heilbronn zurückfuhr. Er sah, wie sich mit dem Dampfschiff der Handel über den Bodensee steigern ließ, und freute sich schon darauf, eines Tages als Kaufmann nach Friedrichshafen zurückzukehren. Zuvor wollte er allerdings noch Erfahrungen mit dem internationalen Handel sammeln.

Nach Beendigung der Lehrzeit arbeitete Johann Peter noch einige Jahre als Gehilfe in französischen und englischen Handelshäusern. Als der Vater 1829 das stattliche ehemalige „Gredhaus“ am Hafen vom Staat erwerben konnte, ließ er nicht nur geräumige Getreidelager, sondern im ersten Stock auch eine große Wohnung für den älteren Sohn einrichten. Johann Peter kam aus England zurück und gründete nun ein eigenes Speditionsgeschäft. Seine schnellen und zuverlässigen Lieferungen von Friedrichshafen nach Hamburg machten das Geschäft bald bekannt, und nach einigen Jahren konnte er eine Filiale in Mannheim eröffnen. Aus dieser Filiale entwickelte sich später unter Leitung seines Sohnes Heinrich die Landmaschinenfabrik Lanz.

Johann Peter Lanz hat sich um die Stadt Friedrichshafen viele Verdienste erworben. Die erste Realschule der Stadt geht auf seine Bemühungen zurück. Er stiftete der Bürgerschaft mehrmals Geldbeträge zur Unterstützung von Bedürftigen. Den schönen großen Garten, den er in den heutigen Uferanlagen – an der Ecke Friedrich-/Karlstraße – besaß, schenkte die Familie Lanz später der Stadt. Ein Gedenkstein erinnert dort heute noch an die „PeterLanz-Anlage“. Den Enkel von Johann Peter, Karl Lanz aus Mannheim, hat der Gemeinderat von Friedrichshafen im Jahre 1910 sogar zum Ehrenbürger ernannt. Auch eine Straße im Zeppelindorf erinnert noch an diese einstmals in der Stadt bedeutende Familie.

Und was ist aus Max, dem Helden unserer Geschichte, geworden? Er sollte das Geschäft seiner Schwiegereltern Rhomberg in Ravensburg übernehmen. Als er jedoch bald nach der Hochzeit starb, trauerte die ganze Familie. Max Lanz wurde nur 29 Jahre alt.

„Auf de schwäb'sche Eisebahne"

Der Baubeginn am Bodensee – Jubel zwischen Ravensburg und Friedrichshafen

Es war im Februar 1846, als sich zwischen Ravensburg und Friedrichshafen wie ein Lauffeuer die Nachricht verbreitete: „Des Johr no soll bei uns d'Eisebah' baut werde! Mir sollet die erscht Bah'linie kriage am ganze Bode'see!"

Immer wieder hatte man es im „Ravensburger Intelligenzblatt" und im „Württembergischen Seeblatt", das seit zwei Jahren in Friedrichshafen herauskam, lesen können: Auch am Bodensee sollte es eines Tages ein „Dampfroß" auf eisernen Schienen geben, nachdem schon seit 1824 Dampfschiffe ihre schwarzen Rauchfahnen über den See zogen. Aber niemand hätte es für möglich gehalten, daß ausgerechnet von Ravensburg bis Friedrichshafen die erste Bahnstrecke Oberschwabens gebaut werden sollte!

Die Leute hatten schon viel von diesen „Dampfrössern" gehört, seltsame Geschichten oft. Manche hatten auch Bilder gesehen, denn schon 1835 fuhr zwischen Nürnberg und Fürth die erste deutsche Eisenbahn! Seit jenem Jahr wollte in Württemberg die Diskussion über den Bahnbau nicht mehr verstummen. Pläne wurden geschmiedet und wieder verworfen, abgeändert und noch einmal aufgegriffen. Aber immer war – seit 1835 – auch eine Bahnlinie von Ulm nach Friedrichshafen im Gespräch.

Oft hatten sich die Menschen am Bodensee gefragt, in welchem Land wohl zuerst eine Bahnlinie an den Bodensee führen würde. „Ob unsere Nachbarn, die Bayern, das Rennen machen?" – „Oder wird vielleicht unser allerhöchster Herr König den Wettlauf an den Bodensee gewinnen?" – „Oder am Ende gar die Badener – aber denen steht ja der Schwarzwald im Weg!" Denn davon wußten die biederen Schussentäler auch: Jedes Land wollte, daß durch sein Gebiet der kommende Eisenbahnverkehr vom Norden an das „Schwäbische Meer" rollen sollte. Jeder wollte am Handel und Verkehr mit der Schweiz und Italien den größten Anteil gewinnen.

Nach langem Hin und Her hatte der württembergische Landtag im April 1843 den Bau einer Bahnlinie von Heilbronn nach Stuttgart und von Stuttgart über Ulm nach Friedrichshafen beschlossen. Von der Landeshauptstadt aus hatte man den Bau 1844 in beiden Richtungen begonnen. Von Cannstatt konnte man seit dem Herbst 1845 bereits über Untertürkheim und Obertürkheim nach Eßlingen fahren, und das war schon eine Sensation! Die Fortsetzung nach Plochingen und Ludwigsburg war im Bau. Und jetzt hieß es im Frühjahr 1846 auf einmal: Als nächste Strecke wird die von Ravensburg nach Friedrichshafen gebaut!

Nicht alle waren begeistert – viele schimpften. „Des koscht z'viel Geld!" – „Eme Eisabah'verei' solla m'r beitreta und zahla!" – „Zahla misset jo immer mir kleine

Abb. 53: Friedrichshafen um 1850. Am rechten Bildrand der Stadtbahnhof; ein Zug aus Ravensburg fährt gerade ein (Lithographie von F.Wolff, nach einer Zeichnung von V.Gerstmayer, Ausschnitt).

Leit, weil unserm Staat 's Geld nie roicht!" – „Mit seim G'stank verpeschtet's Dampfroß unser schene Gegend!"

Schließlich hatten auch die vielen Fuhrleute, die Personen und Güter mit Pferd und Wagen herumkutschierten, Angst um ihr Geschäft.

So war also die Lage, als an einem sonnigen, warmen Märztag im Jahr 1846 Männer mit Meßstangen und Fernrohren, die auf drei Holzfüßen befestigt waren, in Meckenbeuren ankamen. Kinder, die solche Geräte noch nie gesehen hatten, liefen den vollbepackten Pferdekutschen nach.

Bene, der Sohn des Gemeinderats Weishaupt, war wie immer zuvorderst und fand auch als erster heraus, was die seltsamen Männer wollten. „Dia messet, wo dr Bah'hof nakommt", verkündete er stolz seinen neugierigen Freunden. Auch sein Vater redete mit den Fremden, unter denen einer besonders auffiel. Er war vornehm gekleidet und gab immer wieder knappe Anweisungen. „Des isch dr Herr Baurat Gaab. Der sagt, wo's na goht", erfuhr man.

Der Herr Baurat faltete einen großen Plan auf. Seine Helfer schauten mit den Feldstechern nach Norden und nach Süden. Männer mit rot-weißen Stangen waren in der Ferne am Brugger Wald zu sehen. Ferdi, Benes Freund, entdeckte als erster, daß auch in den Meckenbeurer Wiesen, fast schon in Kehlen, hohe rot-weiße Stangengerüste aufgestellt waren. Bald war klar, daß hier, genau in der Mitte, nicht weit vom Ortsbach, der Bahnhof entstehen sollte.

Zuerst wurden nur Pflöcke und Pfähle eingeschlagen. Dann begann Baurat Gaab, den Untergrund an der ausgepflockten Strecke zu untersuchen. Man grub tiefe Löcher in die Erde, so tief, daß zwei Männer darin aufeinander stehen konnten. Der Baurat stieg hinunter und schaute sich den Boden ganz genau an.

„Von Meckenbeuren bis Kehlen muß die Bahn auf einem Damm fahren. Hier sind die Wiesen zu naß und liegen zu tief", erklärte er. Alle umstehenden Leute nickten beifällig, denn man wußte, daß so ein Eisenbahnzug ein Riesengewicht hat und womöglich im Sumpf versinken würde.

Die ganze Strecke von Friedrichshafen bis Ravensburg wurde in vier große Bauabschnitte aufgeteilt, damit an vier Stellen gleichzeitig gebaut werden konnte. Von nun an hörte das emsige Schaffen und Treiben nicht mehr auf. Männer kamen von überall her und ließen sich als Arbeiter anwerben. Viele Hunderte konnte man zählen. Es waren meist arme Bauern und Taglöhner, nicht wenige unter ihnen kamen aus Vorarlberg und aus Südtirol. Auch „Welsche" waren gekommen, so nannte man die Leute aus Italien. An der geplanten Strecke wurden Baubaracken gezimmert, in denen die Arbeiter wohnen konnten.

Unzählige Pritschenwagen, vollbeladen mit Steinen und Erde, wurden herangefahren und mit Schaufeln abgeladen. So ging das monatelang, und Bene war fast jeden Tag dabei. Oft durfte er auch bei den Fuhrleuten mitfahren.

Ein Jahr war vergangen. Wie ein breiter fast geradliniger Weg zog sich die Trasse durch das Schussental. So etwas hatte Bene noch nie gesehen: Auf der neuen „Straße" gab es kein Auf und Ab. Sie verlief immer gleich eben, und Kurven waren kaum zu erkennen! Nur von Schienen war noch nichts zu sehen. Die Strecke führte durch Wälder und an drei Stellen über die Schussen. So mußten Schneisen in die Wälder geschlagen und drei große Brücken gebaut werden.

Im Frühjahr 1847 waren diese Arbeiten beendet. In Friedrichshafen, Meckenbeuren und Ravensburg wurden Bahnhöfe gebaut, in Ravensburg mit den Steinen der alten Stadtmauer. Außerdem richtete man in Friedrichshafen eine „Mechanische Eisenbahn-Reparaturwerkstätte" ein. Das war der erste Industriebetrieb in der Stadt. Deshalb mußte der Bauunternehmer hier sogar 500 neue Arbeiter einstellen.

„Wann kommen endlich die Schienen?", wollte Bene immer wieder wissen. Sein Vater, der als Gemeinderat mehr wußte als andere Leute, erklärte ihm: „Die kommen bald mit Pferdefuhrwerken nach Ravensburg und Friedrichshafen. Von diesen zwei Stationen aus fängt der eigentliche Gleisbau an."

So konnten die Gleisleger in zwei Baugruppen gleichzeitig arbeiten und in der Mitte, bei Meckenbeuren, wollte man zusammentreffen. Aber bevor es soweit war, sollte noch viel Wasser die Schussen hinunterfließen.

Eines Tages rumpelte eine ganze Kolonne von sechsspännigen schweren Pferdefuhrwerken mit großen Kisten nach Meckenbeuren hinein. Die großen, mit Eisenreifen verstärkten Holzspeichenräder hinterließen tiefe Spuren in der Straße. Daran konnte man erkennen, wie schwer die Wagen beladen waren. Weil es eben zu Mittag läutete, hielt die Kolonne vor dem Wirtshaus an der Landstraße an. Die Fuhrleute begaben sich zum Mittagessen, nur einer blieb bei den Wagen, um aufzupassen. Es mußte demnach etwas Wertvolles in den Kisten verpackt sein.

Bene und Ferdi, die aus der Schule von Brochenzell nach Hause kamen, sprangen flink auf eines der Fuhrwerke. Sie konnten auf den Kisten gerade noch lesen: „Lokomotiv- und Maschinenfabrik Maffei, München", dann mußten sie schleunigst

Abb. 54: Die Lokomotive „Bodensee", gebaut 1847 bei Maffei in München für die Bahnlinie Friedrichshafen – Ravensburg.

das Weite suchen. Der Fuhrmann, der auf die Kolonne aufpaßte, hatte sie entdeckt und mit seinem Stock gedroht. Als die beiden Buben um die Ecke bogen, rief er ihnen noch ein paar deftige Kraftausdrücke nach.

Bene war ganz stolz, daß er beim Mittagstisch seinem Vater eine Neuigkeit verkünden konnte; meistens war es umgekehrt. Herr Weishaupt begab sich nach dem Essen gleich zum Wirtshaus, wo er die fremden Fuhrleute noch antraf. Von ihnen erfuhr er, daß sich in den schweren Kisten die erste Lokomotive für die Eisenbahnstrecke Friedrichshafen – Ravensburg befand. Sie war in München hergestellt und für den Transport in Einzelteile zerlegt worden. Die Lokomotive wog nämlich 22 Tonnen! In der neuen Eisenbahnwerkstätte in Friedrichshafen sollte sie wieder zusammengebaut werden – natürlich unter Anleitung von Monteuren der Herstellerfirma.

Einige Wochen später erhielt Schultheiß Kollmann von Meckenbeuren eine Einladung nach Friedrichshafen. In der Eisenbahnwerkstätte wurde in einer kleinen Feier die neue Lokomotive auf den schönen Namen „Bodensee“ getauft, denn alle Lokomotiven in Württemberg sollten einen Namen erhalten, der anzeigte, wo sie ihre schwere Arbeit verrichteten! So hatte es die hohe „Eisenbahnkommission“ in Stuttgart bestimmt.

Der Sommer des Jahres 1847 ging zur Neige, und die Gleisbauer kamen sich immer näher. Oft erschienen hohe Herren aus Stuttgart, die man schon von weitem an ihren Gehröcken und den Melonen oder Zylinderhüten erkannte. Diese Regierungsbeamten kamen, um zu schauen, wie weit die Arbeiten gediehen waren.

Auch als der König in den Sommermonaten in Friedrichshafen residierte, ließ er sich immer wieder in der Kutsche zu den Baustellen fahren. Es war ja schließlich seine Bahn. Wenn sie auch nur von Ravensburg nach Friedrichshafen führte, so würde doch Württemberg den Wettlauf an den Bodensee gewinnen! Darauf war König Wilhelm sehr stolz. Für die technische Entwicklung war er immer aufgeschlossen. Zwei Jahrzehnte vorher hatte er den Bau des ersten Dampfschiffes in Friedrichshafen veranlaßt. Er mochte diese Stadt mit ihrer schönen und vorteilhaften Lage am Bodensee recht gern und suchte – wie schon sein Vater, König Friedrich – ihre wirtschaftliche Entwicklung nach Kräften zu fördern. Sie war ja Württembergs Aushängeschild am See! Seit er das Schloß Friedrichshafen zu seiner Sommerresidenz gemacht hatte, lag ihm die Stadt erst recht am Herzen.

Der Herbst 1847 war angebrochen. Die Friedrichshafener und Ravensburger Schienenleger waren schon so vorangekommen, daß sie sich bald sehen und einander zuwinken konnten. Manche Leute zweifelten auch jetzt noch daran, daß sich die Gleise wirklich treffen würden.

Längst wurden die Schienen und das Baumaterial von Friedrichshafen her nicht mehr mit Pferdewagen herangefahren, sondern auf offenen Güterwaggons, die von der neuen Lokomotive gezogen oder geschoben wurden. Das war ein Fauchen und Stampfen, ein Pfeifen und Schnauben! Das Dampfroß war immer hungrig und mußte mit großen Holzscheiten durch seinen offenen Feuerschlund gefüttert werden. Dicke Rauchwolken stieß es dann durch seinen zwei Meter hohen Schornstein in die klare Luft, die schon von weitem verkündeten: Achtung, die Eisenbahn kommt! So sehr Bene und Ferdi auch bettelten, der gestrenge Herr Lokomotivführer ließ sie nicht aufsteigen. Das erschien ihm zu gefährlich.

An einem Tag im Oktober nahte der mit Spannung erwartete Augenblick. In Meckenbeuren waren die Blasmusiker aus Brochenzell in ihren Sonntagsanzügen aufmarschiert. Baurat Gaab erteilte letzte Anweisungen, und die Ingenieure, die extra aus Stuttgart gekommen waren, schauten aufmerksam und neugierig zu. Heute sollten die letzten Schienenstücke eingesetzt werden, genau am neuen Stationsgebäude von Meckenbeuren. Und siehe da: bis auf den Zentimeter genau paßten die Schienen zusammen!

Bene und Ferdi schrien laut „Hurra!", und die zahlreichen Zuschauer stimmten begeistert ein: „Hurra, hurra..." Die Ingenieure, Baumeister und Gleisbauer gaben einander die Hände, klopften sich auf die Schultern und waren glücklich.

Vom 10. bis 16. Oktober gab es nun täglich Probefahrten zwischen Friedrichshafen und Ravensburg. Die Leute wurden gewarnt, sich nicht zu nahe an den Gleisen aufzuhalten und ihre Fuhrwerke nicht in die Nähe der Bahnübergänge heranzufahren.

So konnte sich nun alles auf den 8. November rüsten, auf den großen Tag der Einweihung. Viele Häuser an der neuen Bahnstrecke wurden noch geweißelt und Fahnen genäht. In Friedrichshafen wollte man das Fest am Abend mit einem Ball beschließen.

Morgens um 9 Uhr sollte der erste Zug von Friedrichshafen aus seine festliche Jungfernfahrt unternehmen. Auf dem Bahnhof zwischen Schloß und Altstadt versammelten sich Minister und Hofleute in feierlichen Fräcken und hohen Zylinderhüten. Da waren Offiziere mit bunten Uniformen und Damen in vornehmen Kleidern, mit schwingenden Röcken und wippenden Hüten. Und da war natürlich Seine Majestät der König persönlich mit seiner Frau Gemahlin.

Soldaten präsentierten das Gewehr und Musikanten schmetterten einen Marsch, als die vornehmen Herrschaften in die offenen Eisenbahnwagen stiegen und würdevoll auf den Bänken Platz nahmen. Der Kondukteur machte besonders tiefe Verbeugungen und half den feinen Damen die Stufen hinauf.

Laut krachte eine Ehrensalve der Soldaten. Schnaubend setzte sich der Zug unter „Hurra"- und „Hoch"-Rufen in Bewegung. Stunden zuvor waren dem Zug Männer mit Besen vorangegangen. Sie hatten die ganze Strecke nach Hindernissen abzusuchen. Nichts durfte bei dieser ersten Zugfahrt schiefgehen, denn darauf warteten die vielen bald arbeitslosen Fuhrleute voll Schadenfreude.

Entlang der ganzen Bahnlinie, besonders in den Ortschaften, standen festlich gekleidete Menschen. Als der Zug an ihnen vorbeifuhr, schwenkten sie Fahnen, riefen „Hurra" und warfen vor Begeisterung ihre Hüte in die Luft.

Unter den Klängen der Brochenzeller „Musikgesellschaft" fuhr der Zug in Meckenbeuren ein. Die Bremsen kreischten, der Zug hielt, und die hohen Gäste stiegen aus. Der Schultheiß, eingerahmt von Ehrenjungfrauen in festlichen Kleidern und von den Gemeinderäten, begrüßte sie. Er lobte den großen Tag und wünschte weiter eine gute und glückliche Fahrt.

Hochwürden Sommer, der Pfarrer von Brochenzell, stand mit Ministranten und Fahnen am Bahnhof. Er bat um Gottes Segen für den Zug, für die Fahrgäste und für alle künftigen Fahrten.

Dazu war die ganze Bevölkerung am Stationsgebäude versammelt. Dieser 8. November war für sie ein großer Tag. Nun brauchte man kein Fuhrwerk mehr, um auf den Markt zu fahren, und bald sollte man sogar bis Ulm und Stuttgart reisen können!

Bene hatte sich ganz vorne neben seinen Vater gezwängt, er stand jetzt dicht beim König. In Gedanken fuhr er schon mit den Eltern in der neuen Dampfeisenbahn. Es war ihm ganz feierlich zumute an diesem wichtigen Tag.

Plötzlich beugte sich der König zu ihm herunter: „Wie heißt Du, Bub?“ „B-B-Bene“, stotterte er. „Was möchtest Du denn einmal werden?“, fragte der König weiter. „Lokomotivführer!“, war die Antwort.

Abb. 55: Der Stadtbahnhof in Friedrichshafen um 1880. In der Bildmitte überquert die Riedleparkstraße, damals noch ohne Unterführung, die Gleise.

Empörung in Kluftern

Freiwillige für den Hecker-Zug! – Pfarrer Uhlmann in Haft

Im Frühjahr 1848 brodelt es in der Bevölkerung Deutschlands. Auch das sonst ruhige Volk am badischen Bodensee ist aufgebracht. Die Fürsten, sogar der Großherzog in Karlsruhe und der Markgraf in Salem, machen den Handwerkern und Bauern das Leben schwer. Gegen Mißstände öffentlich aufzutreten, ist verboten. Nur kurz währte nach dem Sturz Napoleons die Pressefreiheit in Deutschland; seit 1819 ist sie wieder abgeschafft.

Die mit der Französischen Revolution aufgekommenen Hoffnungen der kleinen Leute haben sich nicht erfüllt. Die Übergabe von kirchlichen Gütern an weltliche Herren durch Napoleon im Jahre 1802 hat nicht zur größeren Selbständigkeit der Bauern geführt. Ganz im Gegenteil, viele Landwirte haben immer noch keinen eigenen Grund und Boden, sondern nur die Lehen des Staates, der Fürsten, der Spitäler und anderer Stiftungen. Die schlimmsten Herren sind die Adligen, vor allem die Fürsten. Sie treiben ihre Pachtzahlungen unbarmherzig ein und pochen beim Tod eines Lehenbauern auf ihr Recht, sein Land gänzlich an sich zu nehmen. Eine solche Vertreibung zahlreicher Familien von ihren angestammten Höfen war früher unter den geistlichen Lehensherren nicht üblich und beunruhigt die Landbevölkerung sehr. 1842 haben die Bauern des früheren Salemer Klostergebietes einen Prozeß verloren, mit dem sie unter Berufung auf das alte Recht eine Fortsetzung des beängstigenden Gütereinzugs durch den Markgrafen verhindern wollten.

Auch die Handwerker haben einen harten Stand. Viele kleinere Fabriken, die besonders Textilien und Kleidungsstücke herstellen, sind entstanden und machen den kleinen Handwerksbetrieben Konkurrenz. Um 1848 geraten auch die Fabriken am See wegen ihrer Randlage zunehmend in Schwierigkeiten. So gibt es Entlassungen und Werksschließungen, nicht zuletzt weil die Schweizer Märkte hinter wachsenden Zollgrenzen verlorengehen.

Als im Februar 1848 in Frankreich eine neue Revolution ausbricht, springt der Funke rasch auf Deutschland über. Besonders heftig entflammt der Volkszorn in Baden. Konstanz wird zu einem Brennpunkt des Aufstands. Von hier aus berufen Friedrich Hecker und Gustav Struve für den 13. April eine Volksversammlung nach Stockach ein. Das Ziel der Versammlung ist nur teilweise bekannt: Sie wollen einen bewaffneten Zug von Freiwilligen aufstellen und mit ihm nach Karlsruhe marschieren, um die Monarchie mit Gewalt zu stürzen und eine Republik aufzubauen.

Großherzoglich Badisches

Anzeigeblatt

für den

Seekreis.

1848.

Konstanz.
Verlag und Druck der J. Stadler'schen Buchdruckerei.

Kauf-Anträge.

(1) Meersburg. [Liegenschaftsversteigerung.]
Dienstag den 25. Juli d. J.,
Vormittags 10 Uhr,
werden dem Bürger und Landwirth Jos. Weissenrieder zu Oberraderach sämmtliche Liegenschaften im Vollstreckungswege in der Wohnung des dortigen Bürgermeisters versteigert werden.

(3) Meersburg. [Liegenschaftsversteigerung.]
Mittwochs den 27. Dez. d. J.,
Vormittags 10 Uhr,
werden folgende zur Gantmasse des Bäkermeisters Nepomuk Hehl in Markdorf gehörende Liegenschaften auf dem dortigen Rathhause öffentlich versteigert werden, als:

Gebäude:

1) Ein 3stöckigtes Wohnhaus auf dem Plaz, Urb.-Nr. 152, zwischen Schlosser Manz und Martin Grathwohl, gerichtlich taxirt — 1000 fl.
2) Ein zweistöckiges Gebäude mit einer dahinter gelegenen Handbrechmühle, neben Apotheker Fritz und v. Zweiers Wittwe — 100 fl.

Gärten:

3) 1 Vrlg. 13 Rthn. im Kirchberg, Urb.-Nr. 1004, zwischen Josef Erne und Josef Guldin — 113 fl.
4) 46 Rthn. im Ramsberg, Urb.-Nr. 4718, neben Leopold Steffelin und der Baustraße — 60 fl.

Wiesen:

5) 1 Vrlg. 18 Rthn. in Weiherwiesen, Urb.-Nr. 4872, neben Jos. Hohenadel und Veit Ertel — 118 fl.

Reben:

6) 1 Vrlg. 71 Rthn. im Tobel, Urb.-Nr. 5557/60, neben Johann Uhl und Nikolaus Kopp, zinsen der Pfarrei jährlich 8 Quart Wein — 155 fl.

Zusammen: 1546 fl.

Hiezu werden die Kauflustigen mit dem Beifügen eingeladen, daß der endgiltige Zuschlag sogleich erfolge, wenn der Anschlag oder darüber geboten wird.

Meersburg, den 25. Nov. 1848.
Großh. Amtsrevisorat.
Dörflinaer.

(3) Meersburg. Liegenschafts-Versteigerung.] Nachfolgende aus der Debitmasse des Müllers Josef Wipper in Bergheim unterm 16. August v. J. ersteigerten Realitäten des Handelsmann Marx Simon Erlanger von Buchau, werden in Folge richterlicher Anordnung
Montag den 23. Okt. d. J.,
Vormittags 10 Uhr,
auf dem Rathhaus in Markdorf der Wiederversteigerung mit der ausdrücklichen Bestimmung ausgesezt, daß der endgiltige Zuschlag erfolge, wenn die Schazung oder darüber geboten wird, als:

1) Urb.-Nr. 2174. Ein zweistöckiges Wohnhaus mit einem neu eingerichteten Mühlwerk, taxirt — 8700 fl.
2) Urb.-Nr. 2175. Eine Scheuer mit angehängtem Holzschopf — 1200 fl.
3) Urb.-Nr. 2173. Ein Offenhaus von Stein, mit angebautem Schweinstall — 150 fl.
4) Urb.-Nr. 2176. Ein gewölbter Keller unter dem Haus des Franz Gruber — 400 fl.
5) Urb.-Nr. 2102, 2103 und 2104. Vrlg. 36 Rthn. Garten im weißen Leimbach — 200 fl.
6) Urb.-Nr. 2172. 1 Jchrt. 2 Vrlg. Garten und Wiesen in Aachen — 400 fl.
7) Urb.-Nr. 1956. 2 Vrlg. 5 Rthn. Wiesen im Ried — 456 fl.

11,206 fl.

Wozu Kauflustige hiemit eingeladen werden.
Meersburg, den 26. Sept. 1848.
Großh. Amtsrevisorat.
Dörflinger.

Abb. 56: Zwangsversteigerungen im Raum Markdorf 1848. Die Verschuldung vieler Güter beruhte teils auf Mißernten, teils auf harten Abgabenforderungen der Lehens- und Zehntherren.

So kommt für wenige Monate die Revolution auch nach Kluftern, dem badischen Dorf an der Landesgrenze zu Württemberg.

Kluftern, am 13. April 1848

Schon früh steht Anna an diesem Morgen auf. Ein wenig abergläubisch ist sie und fragt sich bei der Morgenwäsche an der Waschschüssel, ob der Tag wohl Unglück bringen wird.

Spät in der Nacht war sie aufgewacht und hat den Vater, den Klufterner Schuhmacher, vom Wirtshaus kommen hören. Viele Männer der kleinen Gemeinde haben sich dort getroffen und beratschlagt, ob sie sich dem Zug der Freiwilligen nach Karlsruhe anschließen sollen. Sie stritten um die Frage: Sollen sie mit Waffengewalt für die Republik gegen den badischen Großherzog kämpfen ?

Schlecht geht es ihnen und ihren Familien seit Jahren. Die Mißernten der letzten vier Jahre haben die Bauern schwer getroffen. Hohe Zinsen und Pachtzahlungen, die mit aller Härte eingetrieben werden, lassen ihnen nicht einmal genug Geld, um im Frühjahr das Saatgut zu kaufen. Das Geld reicht nicht einmal mehr für das Nötigste zum Essen. Neue Schuhe kann sich keiner mehr leisten, und so ist Annas Vater, der Schuhmachermeister, seit Monaten ohne Arbeit.

Beim Frühstück in der Küche verkündet der Vater, er werde heute mit den Freiwilligen nach Stockach gehen. „Unser Pfarrer Uhlmann hat zwar Bedenken gegen diesen bewaffneten Zug. Er hat mir gestern im Wirtshaus abgeraten, aber ich habe nichts mehr zu verlieren." Ängstlich hört Anna zu. „Du brauchst dich nicht zu sorgen", sagt der Vater beruhigend, „wir wollen nur unser Recht bekommen!"

Unruhe breitet sich wenig später im Dorfe aus. Zehn Markdorfer Auszügler kommen mit Proviantwagen, um die Klufterner abzuholen. Annas Vater und weitere zehn Männer schließen sich ihnen an. Mit Sensen, Flinten und Pistolen ausgerüstet ziehen sie zum Bürgermeister. Der verteilt ihnen Patronen, und schon geht es los nach Stockach. Anna läuft dem Wagen noch ein Stück hinterher. Bei den letzten Häusern bleibt sie stehen und winkt dem Vater, bis die Schar auf der Totenstraße Richtung Bermatingen hinter den Hügeln von Lipbach verschwunden ist. „Hoffentlich kommt er wieder gesund nach Hause", denkt sie und läuft schnell zurück, um noch rechtzeitig zur Schule ins Mesnerhaus zu kommen.

Doch heute fällt die Schule aus. Pfarrer Uhlmann, Bürgermeister Reuther und Lehrer Hägele haben sich zusammengesetzt und beraten über die eintreffenden Nachrichten vom Umsturzplan des Anführers Hecker. Pfarrer Uhlmann ist ein energischer Mann; er hat sich immer auf die Seite der armen Bauern und Handwerker seiner Gemeinde gestellt und zuletzt sogar die reichen Markgrafen und Fürsten öffentlich getadelt. Er sagt: „Ein gewaltsames Vorgehen gegen unseren Großherzog ist nicht rechtmäßig. Der Hecker-Zug wird keinen Erfolg haben!" Schließlich kom-

Abb. 57: Die Pfarrkirche von Kluftern, links das 1972 abgebrochene alte Pfarrhaus, in dem Pfarrer Uhlmann 1845-1849 lebte und wirkte.

men sie überein, Bürgermeister und Pfarrer sollen die Klufterner Freiwilligen zurückholen. Die beiden machen sich sofort auf den Weg.

Am späten Nachmittag haben sie die kleine Truppe eingeholt. In Winterspüren, kurz vor Stockach, kehren sie gemeinsam im Wirtshaus ein, um noch einmal alles gründlich zu überdenken. „Wir haben keinen anderen Ausweg“, klagen die Klufterner, „ohne Geld und Ernte verhungern unsere Kinder ! Jedes zweite Neugeborene stirbt schon im ersten Jahr. Wir ziehen weiter !“

Abb. 58: Vorschläge zur Kleidung und Bewaffnung der neuen Bürgerwehren, abgedruckt im Friedrichshafener „Seeblatt" am 20. April 1848.

In dieser Situation kommt Pfarrer Uhlmann zugute, daß er bereits vor einem Jahr einen Armenfonds für Kluftern gegründet hat. Der Grundstock zu diesem Geldvermögen war durch eine öffentliche Sammlung gelegt worden; Pfarrer Hahn in Markdorf hatte als früherer Pfarrer von Kluftern die stolze Summe von 1000 Gulden aus seinem Privatvermögen hinzugefügt. Die Zinsen aus dem neuen Fonds sollten 1848 erstmals den Armen im Dorf zugutekommen. So hielt Uhlmann den bedrückten Kluftenern entgegen: „Mit Zahlungen aus dem Armenfonds soll euch dort geholfen werden, wo die Not am größten ist. Wenn ihr euer Leben laßt in diesem ungleichen Kampf gegen die gut gerüsteten und gedrillten Truppen der Regierung, werden eure Familien noch mehr leiden. Solltet ihr den Kampf überleben, werdet ihr vor Gericht gestellt und zu langen Haftstrafen oder zum Tod verurteilt !" Endlich, es ist bereits tiefe Nacht geworden, einigen sich die Männer, am kommenden Morgen um fünf Uhr aufzubrechen und wieder nach Kluftern und Markdorf zurückzukehren.

Den ganzen Tag denkt Anna voll Stolz an den kleinen Trupp Freiwilliger; die Angst um den Vater läßt sie aber nicht los. Am Abend bleibt die Mutter länger als sonst zum Gutenachtsagen an ihrem Bett. Sie erzählt ihr noch die Geschichte von Rosa, der mutigen Ritterstochter, die einen kleinen Jungen aus dem tiefen Brunnen in Oberraderach gerettet hat. So schläft Anna trotz der Aufregungen des Tages schnell ein.

Am nächsten Tag ist die Freude im Dorf groß, besonders für Anna. Als sie aus der Schule kommt, schmeckt die dünne Kartoffelsuppe fast wie ein Festessen, weil der Vater wieder wohlbehalten am Tisch sitzt.

Der erst 44 Jahre alte, aus Konstanz gebürtige Johann Baptist Uhlmann muß seinen Einsatz für Demokratie und Freiheit schwer büßen. Seit 1845 Pfarrer in Kluftern, hat er die Hilfe für die Armen nicht nur gepredigt, sondern auch verwirklicht. Trotzdem wird er bereits im Mai 1848 von seinem Pfarramt enthoben. Auch Bürgermeister Reuther verliert sein Amt.

Ein langer Kampf der Klufterner für ihren Pfarrer gegen die Kirchen- und Staatsverwaltung beginnt. Ein Jahr später, am 18. Mai 1849, wird Uhlmann wieder in sein Amt eingesetzt. Vier Tage zuvor ist die badische Republik ausgerufen worden und der Großherzog nach Mainz geflohen.

An Pfingsten feiert die Gemeinde mit ihrem Pfarrer ein großes Fest. Die Kirche ist mit Blumen prächtig geschmückt. Der Klufterner Altpfarrer Hahn aus Markdorf und der ebenfalls ins Amt zurückgekehrte Bürgermeister begleiten Pfarrer Uhlmann zum Gottesdienst. Zwei Tage vorher, am 25. Mai, wird die Markdorfer Bürgerwehr auf die neue deutsche Reichsverfassung vereidigt, und Pfarrer Uhlmann ruft im Markdorfer Rathaussaal zur Unterstützung der neuen republikanischen Landesregierung auf.

Salem. [Fahndung.] Müllerknecht Rupert Felder von Oberuldingen soll sich an verschiedenen Orten und bei verschiedenen Veranlassungen geäußert haben, daß er den Heckerschen Zug mitgemacht und bei Kandern und Freiburg thätig mitgewirkt habe. Sein gegenwärtiger Aufenthalt ist unbekannt.

Man ersucht daher auf denselben fahnden und im Betretungsfalle anher abliefern zu wollen.

Er ist alt 35 Jahre, mittlerer Statur, hat blonde Haare, hohe offene Stirne, blaue Augen, lange Nase, ziemlich großen Mund, gute Zähne, länglichtes Gesicht, blonden Bart.

Er trägt Kleider von der bei Müller üblichen hellblauen Farbe.

Salem, den 26. Mai 1848.

Großh. Bezirksamt.

(3) Konstanz. [Aufforderung.] G. Struve und K. Heinzen stehen dahier wegen Hochverraths, verübt durch die Presse, in Untersuchung, sie sind nämlich angeschuldigt, die Verfasser der Druckschrift „an die Männer des gesunden Menschenverstandes in Deutschland," zu sein.

Da uns deren gegenwärtiger Aufenthaltsort unbekannt ist, so werden sie hiermit aufgefordert, sich

Samstag den 8. Juli d. J.,

früh 8 Uhr,

dahier zu stellen und zu verantworten, widrigenfalls weiter verfügt werden soll, was Rechtens ist..

Konstanz, den 16. Juni 1848.

Großh. Bezirksamt.

Abb. 59: Mit einem „Steckbrief" im „Großherzoglich Badischen Anzeigeblatt für den Seekreis" werden zwei Aufständische gesucht. Der Versuch, die Republik mit bewaffneter Gewalt durchzusetzen, ist in Baden zweimal – im April 1848 und Mitte 1849 – gescheitert.

Nr. XXX. 293

Großherzoglich Badisches
Regierungs-Blatt.

Frankfurt, Sonntag den 3. Juni 1849.

Inhalt.

Proclamation.

Leopold, Großherzog von Baden,
Herzog von Zähringen.

Einer hochverrätherischen Parthei in Unserem Großherzogthum ist es in Verbindung mit meuterischen Truppen, und begünstigt durch den vorausgegangenen Aufstand in der angränzenden Rheinpfalz, gelungen, die Regierungsgewalt an sich zu reißen, und durch ihr Schreckenssystem den Widerstand der großen Mehrheit guter Bürger, die ohne Haltpunkt und Zusammenhang waren, für den Augenblick zu lähmen.

Der sogenannte Landesausschuß hat sich alle die Befugnisse angemaßt, welche die Verfassung nur dem Großherzog einräumt, und er ist darin noch weiter gegangen, indem er sogar mit ständischer Zustimmung zu Stande gekommene Gesetze einseitig aufhob oder umging.

Er hat willkührlich über Staatsgelder verfügt, treue Beamte eigenmächtig abgesetzt, andere ernannt, zur Beschränkung der Freiheit der Verfassungstreuen durch seine Agenten Verhaftungen vornehmen oder ungesetzliche Strafen androhen lassen, endlich sogar die Ständeversammlung aufgelöst und eine andere Versammlung nach willkührlich ertheilten Wahlvorschriften berufen.

Indem Wir diese und alle anderen ungesetzlichen Handlungen des sogenannten Landesausschusses oder seiner Agenten hiermit für nichtig und wirkungslos erklären, wiederholen Wir die in Unserer Proclamation vom 17. vorigen Monats enthaltene Ermahnung an die Verirrten, daß sie zur Gesetzlichkeit und Ordnung zurückkehren, und an die Treugebliebenen, daß sie, eingedenk der großen Interessen, um die es sich handelt, vereint und Jeder nach seinen Kräften und Verhältnissen für die Wiederherstellung des verfassungsmäßigen Rechtszustandes thätig seien.

Es haben jetzt aber die Empörer den offenen Kampf selbst gegen die Reichsgewalt, welche die verfassungsmäßigen Zustände der einzelnen Länder zu schützen hat, begonnen, zu solch unheilvollem Kampfe Fremde zu Hülfe genommen und die Söhne Badens gepreßt.

Indessen werden nun die Reichstruppen, denen sich die treu gebliebenen badischen Truppen anschließen, in das Großherzogthum einrücken, und es ist zu hoffen, daß der Rechtszustand bald wieder hergestellt und das Land von seinen Drangern befreit werde.

Um aber auch jetzt noch den Verirrten oder Verführten die Gelegenheit zu geben, daß sie durch schnelle Besserung wegen ihres Fehltritts Nachsicht erlangen können, und um gegen die Anderen, die auf ihrem verbrecherischen Wege beharren, desto strengere Maßregeln eintreten lassen zu können, verordnen Wir wie folgt:

Denjenigen Theilnehmern an dem hochverrätherischen Unternehmen, welche nicht zu den Anstiftern oder Rädelsführern gehören und welche, ehe sie in einen Kampf mit den Truppen kommen, und zwar sobald es ihnen nach Verkündung dieser Verordnung überhaupt nur immer möglich ist, sich freiwillig unterwerfen, und so viel an ihnen liegt, die Sache der verfassungsmäßigen Regierung und der für die Wiederherstellung der Staatsordnung einschreitenden Truppen thätig zu befördern suchen, wird hiermit, ohne Unterscheidung zwischen Militärpersonen und Anderen, Amnestie zugesichert.

Gegeben in Unserem Staatsministerium zu Frankfurt a. M., den 2. Juni 1849.

Leopold.

Fr. Hoffmann. v. Stengel.

Abb. 60: Leopold, Großherzog von Baden, kündet nach der Niederwerfung der Volkserhebung vom Mai den „Anstiftern und Rädelsführern" harte Strafen an.

Doch die Freude währt nur zwei Monate. Mit Hilfe fremder Truppen kommt der Großherzog an die Macht zurück. Pfarrer Uhlmann wird sogleich verhaftet und am 27. März 1850 wegen „Teilnahme am Hochverrat" zu sechs Jahren Zuchthaus oder wahlweise vier Jahren Einzelhaft verurteilt. Auch der Klufterner Lehrer Hägele hat eine Haftstrafe zu verbüßen.

Nach mehreren Bittgesuchen wird Uhlmann am 28. Mai 1852 mit der Auflage freigelassen, nach Amerika auszuwandern. Das erspart ihm die restlichen zwei Jahre Einzelhaft, kostet ihn aber die Summe von 1251 Gulden 51 Kreuzern, die er als Gebühren an den Staat bezahlen muß. Bereits drei Tage später legt sein Schiff ab.

Johann Baptist Uhlmann wirkt als Missionar in der Diözese Cleveland (Ohio), bleibt aber unglücklich. Nach vier Jahren bemüht sich der Geistliche mit Unterstützung seiner Konstanzer Verwandten um seine Begnadigung; diese wird vom Großherzog 1857 ausgesprochen. Als gebrochener Mann kommt Uhlmann aus Amerika zurück. Erst 1865 erhält er eine Anstellung als Pfarrverweser in Allmannsdorf bei Konstanz, später in Kadelburg bei Waldshut. Richtiger Pfarrer wird er erst ab 1867 in Hoppetenzell bei Stockach und danach in Bonndorf bei Überlingen. Die letzten Lebensjahre verbringt Johann Baptist Uhlmann in Meersburg. Dort ist er 1882 verstorben; sein Grabmal ist noch heute auf dem Meersburger Friedhof zu finden.

Geschichten über König Wilhelm II.

König Wilhelm I. von Württemberg, dem Sohn des Stadtgründers König Friedrich, gefiel es in Friedrichshafen so gut, daß er in den Jahren 1824 – 1828 das Schloß Friedrichshafen, das frühere Kloster Hofen, zur königlichen Sommerresidenz umbauen ließ. Also wohnte und regierte der König in den Sommermonaten meistens nicht mehr in Stuttgart, sondern in seinem schönen Schloß am Bodensee. Es bot eine herrliche Aussicht über den See von Langenargen bis Konstanz, und die Vorarlberger und Schweizer Berge breiteten sich vor ihm aus.

Mit König Karl, der 1864 den Thron bestieg, entfaltete sich in Friedrichshafen ein glanzvolles Hofleben. Seine Frau, die Königin Olga, war die Schwester des russischen Zaren Alexander II. So kamen immer häufiger Kaiser, Könige und Fürsten in die Sommerresidenz auf Besuch. Das brachte viel Leben und auch Geld in die Stadt.

An so manchem Haus in Friedrichshafen wurde das königliche Wappen angeschlagen, und wer davortrat, konnte lesen: „Kgl. Hofdentist", „Kgl. Hofapotheker", „Kgl. Hofphotograph". Bald wußte die ganze Stadt, welcher Handwerksbetrieb Aufträge vom Schloß erhielt. Bis zum Ersten Weltkrieg gab es in Friedrichshafen einen „Hofbuchdrucker", einen „Hofglasmaler", einen „Hofgipsermeister", einen „Hofsattler" und einen „Hoftapezier", einen „Hofschmied" und einen „Hofzimmermeister", aber auch einen „Hofkaminfegermeister" und einen „Hofspediteur", der den Transport von Möbeln besorgte. Andere Geschäfte, die ihre Waren ins Schloß lieferten, erhielten den Titel „Kgl. Hoflieferant" und ließen ihn stolz über der Tür anbringen, so daß ihn alle Kunden sahen: ein Bäcker, ein Konditor, eine Käsehandlung, vier Metzgereien, eine Schuhhandlung, ein Juwelier, drei Eisen- und Kupferwarenhandlungen und eine Stoff- und Kleiderhandlung.

Im Jahr 1891 trat König Wilhelm II. die Regierung an. Er war ein König, der sich gerne unter das Volk mischte und sich mit den Leuten unterhielt. Vor allem die Kinder hatte er gern, und sie freuten sich, wenn er Bonbons verteilte. Nach dem Ersten Weltkrieg mußte er die Königswürde niederlegen. In Friedrichshafen, wo er weiterhin bis zu seinem Tod die Sommer verbrachte, blieb er für viele trotzdem der „König".

Die folgenden Geschichten erzählen von diesem überaus beliebten letzten König von Württemberg.

So ein Prachtstück!

Es war an einem Maitag im Jahre 1917. Die Sonne lachte vom Himmel herab, und Narzissen und Tulpen streckten ihre Köpfe den warmen Strahlen entgegen.

Abb. 61: König Wilhelm II. von Württemberg mit seinem Spitzer auf der Terrasse von Schloß Friedrichshafen.

Auch im Riedlewald war es Frühling geworden. Die Knospen an den Bäumen hatten sich geöffnet, ein zartgrünes Blätterdach wölbte sich nun über den Spaziergängern. In der heutigen Margaretenstraße am Rande des Waldes saßen schon ein paar ältere Männer auf den Bänken und rauchten ihr Pfeifchen. Von hier aus konnten sie auf die feuchten Stockwiesen vor dem Riedlewald blicken, die in dieser Jahreszeit besonders schön aussahen. Da blühten bunt durcheinander blaue Vergißmeinnicht, Feuernelken, Schmalzblumen, rote Altweiberglocken, Margeriten und Sauerampfer. Mitten durch den Blumenteppich plätscherte ein kleiner Bach vom Riedlewald her. In diesem sumpfigen Gelände wohnten auch Frösche, viele hundert an der Zahl. Jeden Abend in der Dämmerung machten sie Konzert. Einer begann mit lautem Quaken, und gleich fielen auch die anderen ein in den Gesang. Das störte aber niemanden, denn in dieser Gegend waren die Straßen beinahe noch Feldwege, und es gab hier nur wenige Häuser.

Da war die neue Latein- und Realschule in der Katharinenstraße – heute die Städtische Musikschule – und daneben zu den Wiesen hin die neue Turnhalle. Schräg gegenüber auf der anderen Seite der schmalen Straße befand sich nur das Haus des Kunstschmiedes Ernst Dietrich.

Gerade geht im Untergeschoß der Latein- und Realschule ein Fenster auf. „Wilhelmine, Frieda, schnell hereinkommen", tönt eine Stimme. „Ihr müßt den Vater suchen, der Herr Rektor braucht ihn!" Es ist Frau Amann, die Frau des Schuldieners, die ihre Töchter ruft. Die beiden spielen Seilhüpfen auf der Gasse. Sofort wickeln sie ihre Seile auf und verschwinden in der Haustüre. Ihre Freundin, die kleine Tochter des Kunstschmiedes Dietrich, sieht gerade noch die fliegenden Schürzenbänder der beiden, als sie aus dem Haus kommt. Da steht sie nun allein mit ihren Puppen, aber sie hat keine Langeweile. Eifrig richtet sie den Puppenwagen her zum Ausfahren und setzt solange ihre Lieblingspuppe Hilda in die Sonne an die warme Hauswand. „Wart nur, Hilda", sagt sie, „gleich fahren wir zu den Stockwiesen. Wir pflücken für Mama einen schönen Strauß. Und wenn du brav bist, mach ich dir ein Kränzchen aus Gänseblümchen!"

In diesem Augenblick biegt ein stattlicher großer Herr mit seinem Hund, einem weißen Spitz, von der Charlottenstraße in die Katharinenstraße ein. Es ist König Wilhelm II. Das schöne Wetter hat auch ihn zu einem Spaziergang verlockt. Heute soll es in den Riedlewald gehen. Im Königshüttle, einer kleinen Blockhütte in der Nähe des Wasserturmes, will er dann ein wenig rasten. Laut kläffend vor Freude springt der Spitzer voraus.

Jetzt hört auch die Puppenmutter das Bellen und dreht sich schnell um. „Ach Hilda, da kommt ja der Herr König", ruft sie, „bleib schön aufrecht sitzen, ich bin gleich wieder da." Sie zupft noch rasch ihre graue Kittelschürze zurecht und hüpft die Gasse hinauf. Bei jedem Schritt wippen ihre langen blonden Zöpfe mit den roten Haarmaschen auf und ab. Beim König angekommen, macht sie artig ihren Knicks und sagt höflich: „Guten Tag, Herr König!"

König Wilhelm bleibt stehen, beugt sich freundlich zu dem kleinen Mädchen herab und fragt: „Wie heißt Du denn, mein Kind?" „Ich heiße Charlotte wie Deine Frau!", antwortet die Kleine ohne zu zögern. „Das freut mich aber", lacht der König,

Abb. 62: Württembergisches Drei-Mark-Stück von 1911, geprägt zur Silberhochzeit von König Wilhelm II. und Königin Charlotte.

„da muß ich Dir wohl etwas schenken!" Er greift in seine Tasche. „Hier hast Du einen Taler mit dem Bild der Königin Charlotte!"

Freudestrahlend nimmt die kleine Namensschwester der Königin das prächtige Geschenk in die Hand, knickst noch einmal und rennt wie der Wind zurück zu ihrer Puppe. „Hilda, schau nur, was ich habe! Einen silbernen Taler von unserem König! Den muß ich gleich dem Vater zeigen!" Schon verschwindet sie in der Werkstatt und hält dem Vater das Silberstück entgegen. Der wiegt es bedächtig in der Hand und sagt: „So ein Prachtstück! Das wollen wir aber gut verwahren, damit Deine Kinder und Enkelkinder es auch noch bewundern können."

Diesen Tag hat Charlotte nie mehr vergessen. Noch heute ist der Taler wohlbehütet im Besitz der Familie.

Das Huhn, das goldene Eier legte

König Wilhelm ging gerne spazieren – oft stundenlang! Und immer hatte er als Begleiter seinen weißen Spitzer bei sich.

Eines seiner Lieblingsziele war Oberraderach. Ihm gefiel dieses Dörflein, weil es so schön gelegen war. Gerne besuchte er auch die Wirtschaft „zur Krone", denn dort konnte er regelmäßig einen guten Schoppen Wein zu sich nehmen. Sein Spitzer blieb derweil draußen auf dem Hof; es gab für ihn da viel zu sehen und zu riechen.

Dieses Mal entdeckte der Vierbeiner eine gackernde Hühnerschar, die er unbedingt verfolgen mußte. Ein großes braunes Huhn hatte es ihm besonders angetan. Mit wütendem Gekläff stürzte er auf das Federvieh zu und bekam es am Halse zu fassen. Er schüttelte es mit aller Kraft hin und her, so daß die Federn nur so stoben. Das arme Tier schlug heftig mit den Flügeln und schrie in Todesnot: toook – tock – tock – tock – tock... Erschreckt flatterten auch die anderen Hühner vom Boden hoch und versuchten, nach allen Richtungen zu fliehen. Ihr aufgeregtes Gegacker tönte bis ins Haus hinein.

Von dem Spektakel angelockt, erschien die Wirtin in der Türe. „O Gott, o Gott, mei schees Hennele, mei Hennele!", jammerte sie und schlug vor Entsetzen die Hände über dem Kopf zusammen. Empört rannte sie auf den Spitzer zu und riß ihm das Huhn aus dem Maul. Es hing wie leblos in ihren Händen. Sie kehrte damit atemlos zum König zurück und rief schon von weitem: „Majestät, Majestät! Ihr böses Vieh hat mein bestes Huhn totgebissen! Es war mein Lieblingshennele! Von all meinen Hühnern hat dieses die meisten Eier gelegt und die größten!"

„Ruhig, gute Frau", beschwichtigte sie der König, „das werden wir schon regeln! Was ist Euch denn das Huhn wert?" – „Drei Mark wären nicht zuviel", meinte die Wirtin, jetzt schon etwas besänftigt.

Der König langte seelenruhig in seine Tasche und zog ein goldenes Zwanzig-Markstück hervor. „Nehmt dieses Geld und tut Euren Kindern Gutes damit!"

Die Bäuerin erschrak erst ein bißchen über die reichliche Gabe, steckte aber dann hocherfreut das Goldstück in ihre Schürzentasche. Mit einem tiefen Knicks dankte sie dem König und entfernte sich rasch, bevor er es sich anders überlegen konnte.

Sie legte das Huhn auf der Küchenbank ab und ging in den Garten, um Gemüse zu holen. Dabei kamen ihr schon wieder traurige Gedanken: „Warum hat der freche Spitzer auch ausgerechnet mein fleißigstes Hennele packen müssen?"

Als sie nach einiger Zeit mit einem Arm voll Grünzeug wieder in die Küche trat, blieb ihr fast das Herz stehen: Das Huhn war weg! Ungläubig starrte sie auf die leere Bank. Dann fiel ihr Blick durch das offene Fenster auf den Hof hinaus. Und was sah sie da? Sie traute ihren Augen nicht! Denkt euch: Draußen spazierte ihr liebes Hennele ganz munter zwischen seinem Hühnervolk umher, als ob nichts geschehen wäre. Es war gar nicht tot! Es hatte sich auf der Küchenbank erholt und Reißaus genommen.

Von diesem Tag an bekam es einen neuen Namen. Es wurde „Königle" gerufen! Warum, könnt ihr euch sicher denken! Schließlich hatte es der Frau nicht nur viele schöne Eier, sondern auch ein königliches Goldstück beschert! Das „Königle" legte übrigens noch viele Jahre jeden Tag ein großes braunes Ei, bis es schließlich an Altersschwäche starb.

Noch heute erzählt man sich in Raderach von dem Huhn, das „goldene Eier" legte.

Dr König kauft ei

Die frühere „Sternen"-Wirtstochter, Frau Schwarz, erzählt aus ihrer Kindheit:

Ursprünglich im Zeppelindorf wohnhaft, haben meine Eltern im Jahre 1919 für zehn Jahre den Gasthof „zum goldenen Sternen" an der Uferpromenade übernom-

Abb. 63: Ankunft von König Wilhelm II. und Königin Charlotte (beide links unten im Bild) am Stadtbahnhof. Aufnahme wohl von 1907.

Abb. 64: Blick von der 1911/12 gebauten Uferpromenade zum Schloß, rechts die Terrasse des Gasthauses „zum goldenen Sternen", der Schauplatz unserer Geschichte.

men. Besitzer war die ZeppelinWohlfahrt. Es war etwa im Jahre 1920, da haben wir Kinder in den Ferien neben der „Sternen"-Terrasse „Kaufládeles" gespielt. Schon am Morgen gingen wir auf die Uferstraße und richteten unseren Laden her. Nachbars Bänkle war der Ladentisch. Was gab's da alles zu tun! Wir hatten mehr Arbeit als die Verkäufer im heutigen Supermarkt. Steine trugen wir herbei, große und kleine. Ja, die mußten sortiert werden! Die kleinen, weißen – das war Zucker; die großen und dicken – das war Brot. Für den Kaffee nahmen wir die dunklen, kleinen Steine. Der Schnittlauch wuchs auch ganz in der Nähe: Wir zupften dazu Gras im Garten des Nachbarhauses.

Endlich konnte die Ladentür geöffnet werden. Das war ein Fest! Natürlich durfte jeder von uns einkaufen und verkaufen. Aber es mußte gerecht zugehen. Lautstark machten wir auf unser Geschäft aufmerksam:

„Eikauft,
s'Geschäft lauft,
daß niemet vorbeilauft
und niemet do diba kauft!"

Ja, ja die Konkurrenz!

Es fiel uns auf, daß bei schönem Wetter fast jeden Tag ein alter Mann mit zwei Hunden vorbeikam. Weil wir unsere Ware auf Kinderart anboten, kam er eines Tages auf unseren Laden zu und fragte neugierig: „Was habt ihr denn zu verkaufen?" Schnell sagten wir: „Alles! – Brot, Zucker, Schnittlauch, Salat..." – „So, und was kostet denn das alles?" – „Jedes Stückle a Fünferle!" – „Dann gebt mir Euren ganzen Laden." –

So kaufte er uns den ganzen Laden ab. Wir waren überglücklich, aber unsere Freude war auch seine Freude. Schnell eilten wir mit unserem Geld in den nächsten Laden und tauschten es für Zuckerstangen ein.

Noch oft spielten wir in der Ferienzeit „Kaufládeles" am See. Dabei schauten wir die Straße auf und ab. „Kommt er wieder? Kommt er nicht?" Er kam öfters wieder, dieser freundliche ältere Herr, und kaufte bei uns ein.

Eines Tages beobachtete uns der Vater von der Terrasse aus. Er konnte es kaum erwarten, bis er uns vernehmen konnte. Hatten wir etwas verbrochen? Es schien fast so. „Ja, wia ganget ihr denn mit dem Kenig um?", fragte er uns entrüstet. Verdutzt schauten wir unseren Vater an und waren einer Meinung: „Der Herr, der eikauft hot, des isch doch koin Kenig. Der hot koin rota Mantel a und au koi Krona."

Da lachte der Vater herzlich und sagte: „Er sieht zwar net aus wie an König im Märchen, aber er isch trotzdem oiner, und drum wohnt er au im Schloß drübe!"

Als der König das nächste Mal bei uns vorbeikam, konnten wir nicht mehr mit ihm umgehen wie vorher. Es war einfacher für uns, als er noch der nette alte Mann war; beim Herrn König genierten wir uns.

Der verpaßte Fackelzug

Wie die Fischbacher die Bodenseegürtelbahn feierten

Seit 1847 besaßen die Württemberger mit der kurzen Bahnlinie von Friedrichshafen nach Ravensburg den ersten Bahnanschluß am Bodensee. Drei Jahre später war die Fortsetzung über Biberach, Ulm und die Schwäbische Alb nach Stuttgart fertig. Da wollten die anderen Bodenseestaaten nicht länger zurückstehen. 1853 nahm die kurvenreiche bayerische Allgäubahn bis Lindau den Betrieb auf. 1855 erhielt Romanshorn, 1858 Rorschach und 1863 das badische Konstanz Bahnanschluß, Bregenz folgte 1872. Die Bahnlinien gingen immer von einer Landeshauptstadt aus, die Bahnhöfe am Bodensee waren deshalb immer Endstation.

Dampfschiffkurse verbanden diese Endstationen untereinander. Ab 1869 konnten Eisenbahnwagen sogar von Friedrichshafen nach Romanshorn und umgekehrt mit einer Fähre übersetzen. Trotz dieser Schiffsverbindungen wurde aber bald der Wunsch laut, neue Bahnlinien am Ufer entlang zu bauen, so daß man nicht mehr von der Bahn auf die Schiffe umsteigen mußte.

Seit 1871 verkehrten auf der schweizerischen Seeseite Züge zwischen Konstanz und dem Rheintal. Ein Jahr später gab es dann eine durchgehende Verbindung von Konstanz bis Bregenz, ab 1877 war auch von Lindau aus die Verbindung mit Bregenz hergestellt.

Auf der nördlichen Seeseite kam man dagegen nicht vorwärts, denn ganz einfach war das hier nicht: Im Westen bestimmten die Badener, im Osten die Bayern, und dazwischen, von Kressbronn bis Fischbach, die Württemberger, drei recht eigenwillige Länder. Es dauerte noch bis zum 1. Oktober 1899, bis hier ein wichtiger Abschnitt der Bodenseegürtelbahn eingeweiht werden konnte, die Verbindung von Friedrichshafen nach Lindau. Die westliche Fortsetzung von Friedrichshafen nach Überlingen, und damit die letzte Lücke in der Bodenseegürtelbahn, war zwei Jahre später vollendet und wurde am 2. Oktober 1901 eingeweiht.

Dieses Ereignis wurde an allen Bahnorten groß gefeiert, auch in Fischbach. Das war nämlich ein wichtiger Haltepunkt: Bei jeder Fahrt über die Grenze vom Württembergischen ins Badische und umgekehrt wurde hier das Zugpersonal gewechselt. Ein württembergischer Schaffner durfte nur in Württemberg tätig sein, ein badischer Bremser nur bei den Badenern bremsen.

Ein alter Fischbacher erinnert sich an die Festlichkeiten: Um drei Uhr nachmittags dampfte der „Fest-Zug" in Fischbach ein. Er bestand aus zwei reich bekränzten Lokomotiven und vierzehn Wagen. Das ganze Gelände um den neuerbauten Bahnhof war voll von Menschen. Der Soldatenverein stand mit Musik und Fahnen zur Begrüßung bereit.

In prächtiger Generalsuniform entstieg der württembergische König dem Zug, zusammen mit dem badischen Großherzog. „Hoch, hoch", erscholl es aus den Fischbacher Kehlen. Kirchenchor und Gesangverein wetteiferten mit ihren Liedern, Schultheiß Pufahl hielt eine Rede, Kinder überreichten Blumensträuße und sagten Gedichte auf. Endlich, unter den Klängen der Musikkapelle dampfte der „Fest-Zug" mit seinen vielen Ehrengästen ins „Badische" nach Markdorf weiter. Der Pfarrer, der Schultheiß und ein Gemeinderat von Fischbach durften mitfahren.

Auf 18 Uhr war die Rückfahrt des Zuges angekündigt. Ganz Fischbach stand wieder um den Bahnhof. Viele trugen brennende Fackeln in ihren Händen. Es war ein festlicher Anblick. Alle warteten gespannt auf die Rückkehr. Aber nichts rührte sich. Nach einer Viertelstunde, die ersten Fackeln waren schon abgebrannt, erfuhr man durch den Telegraphen, daß der Zug nicht vor einer Stunde eintreffen werde. Auf jedem Bahnhof habe es wegen der Feiern Verspätungen gegeben.

Müde vom langen Warten und mit kalten Füßen zogen sich die Fischbacher in ihre warmen Stuben oder in die Wirtschaften des Dorfes zurück. Hier ging es bald recht lustig zu. Endlich, mit einer Verspätung von 70 Minuten, fuhr der „Fest-Zug" wieder in Fischbach ein. Aber wo war der Fackelzug, den der Schultheiß allen Ehrengästen in den Wagen angekündigt hatte? Wo die Lampions der Kinder? Wo das großartige Feuerwerk? Wo die Musikkapelle?

Abb. 65: Der Bahnhof von Fischbach, wo die Bewohner des Ortes am 2. Oktober 1901 den verspätet eintreffenden Königsbesuch nicht mehr abwarten konnten (Aufnahme 1987).

In einem alten Spottgedicht heißt es dazu:

„Doch wie d'r Zug bi Fischbach hält,
au it d'r g'ringste Funke fällt.
Und Lampions sind au verschwunde,
samt d' Fischbacher im Dörfle drunte.
Wo do de Deputierte dös hond g'sehe,
und niene kui Seel und kuin Mensch sehet stehe,
do kratzet se sich unterm Huet
und saget: ‚Dös Ding isch it ganz guet'."

Verlegen machten sich die drei Fischbacher Ehrengäste zum Aussteigen bereit. König Wilhelm aber lachte ihnen zu und wünschte freundlich eine gute Nacht.

Weniger königlich erklang es jedoch aus den vielen herabgelassenen Zugfenstern: „Fischbacher Schlofmütze! Au mir wünschet ‚a guete Nacht'!"

Noch lange klangen den Fischbachern diese Spottrufe in den Ohren.

Ein anderes Ereignis war bei der Eröffnung der Bodenseegürtelbahn im Trubel völlig untergegangen.

Am Morgen des 2. Oktober 1901 machte sich der Postwagen von Friedrichshafen über Efrizweiler nach Markdorf auf seine letzte Fahrt. Pferde und Wagen waren mit Blumen geschmückt. Hinten prangte, von Eichenlaub umrahmt, folgendes Gedicht:

„Schier zwanzig Jahre bist du alt,
du guter, alter Wagen!
Heut hat dir durch die Gürtelbahn
die letzte Stund' geschlagen.
Du warst unser alter, treuer Freund,
wir werden dich nie vergessen!
Gar oft sind wir bei Regen und Wind
behaglich in dir gesessen.
Wir lebten auf einsamem stillen Haus,
du brachtest uns täglich die Kunde;
ob Sonnenschein, ob Nacht und Graus,
du machtest getreulich die Runde.
Doch weil nun auf immer du scheiden mußt,
so eil an des Bodensees Strande,
und bring zum Dank noch den letzten Gruß
und ein Hoch dem Schwabenlande.
Nur dieses kleine Fähnchen noch
zu schmücken deinen Wagen!
Nimm es vorlieb, du hast ja schon oft
viel größere Fahnen getragen.
Für treue geleistete Dienste
von der Poststelle Efrizweiler"

„Kindermarkt“ in Friedrichshafen

Elise aus Stanz fährt als Hütekind über den See

Das war eine seltsame Reisegesellschaft, die der österreichische Bodenseedampfer „Kaiser Franz“ am 27. März 1903 nach Friedrichshafen brachte: mehr als 300 Kinder im Alter von acht bis sechzehn Jahren.

Es gab kein fröhliches Johlen, Kichern und Lachen, kein übermütiges Drängen und Schubsen wie bei einem Klassenausflug. Die Gesichter dieser Kinder, sie waren ernst und verschlossen. Ein paar kleinere weinten vor Erschöpfung, und keiner kam, um sie zu trösten. Alle trugen seltsame Kleider.

Wer waren diese Kinder? Sie kamen aus den Bergen Österreichs, aus Vorarlberg und dem fernen Tirol. Seit Tagen befanden sie sich schon auf der Wanderschaft, zu Fuß und mit der Eisenbahn, und für das letzte Stück von Bregenz nach Friedrichshafen benutzten sie das Schiff. Die Eltern der Kinder waren arme Bergbauern, so arm, daß die Familie oft vom Mittagstisch hungrig aufstehen mußte. Es gab dort zu jener Zeit weder Fabriken noch Hotels, wo man sich das tägliche Brot hätte verdienen können. Seit vielen Jahrzehnten war es üblich, Kinder aus den Bergen im Sommer auf Bauernhöfen in Oberschwaben zu beschäftigen. Erst nach Beginn des Weltkriegs 1914 hörten die Kinderwanderungen auf. Nach dem Kriege kamen nur noch vereinzelt Hütekinder über den See.

Die Buben und Mädchen auf dem österreichischen Dampfer gehörten zur Gruppe des Pfarrers Gaim. Der betreute die Kinder und sorgte dafür, daß sie in Deutschland zu guten Bauern kamen und einen angemessenen Lohn erhielten.

Zwischen all den Kindern saß Elise, ein kleines Mädchen von zehn Jahren. Weil sie zum erstenmal über ein großes Wasser fuhr, betete sie ängstlich, daß der liebe Gott das Schiff doch heil über den Bodensee führen und sie nicht zu den Fischen schicken möge. Sie hielt ihr Bündel fest an sich gedrückt und erinnerte sich an zu Hause:

Sie war die Tochter des oberen Moosbauern von Stanz bei Landeck und hatte noch sieben Geschwister. Für ihren Schulweg nach Stanz benötigte sie fast eine Stunde. Dabei ging es quer über Wiesen, Bäche und steinige Hänge. Im Winter, wenn hoher Schnee lag, war der Weg noch beschwerlicher. Da Elises Schuhe alt und brüchig waren und deshalb überall das Wasser einließen, kam sie meist mit tropfnassen Strümpfen am Stanzer Schulhaus an. Der Lehrer erlaubte es ihr dann, daß sie sich die Strümpfe auszog und sie zum Trocknen auf die Holzkiste neben dem großen runden Ofen legte. Weil es anderen Schülern ähnlich erging, sah man da oft bis zu 20 Paar Socken und Strümpfe liegen. Den Duft im Schulzimmer wird man sich leicht vorstellen können.

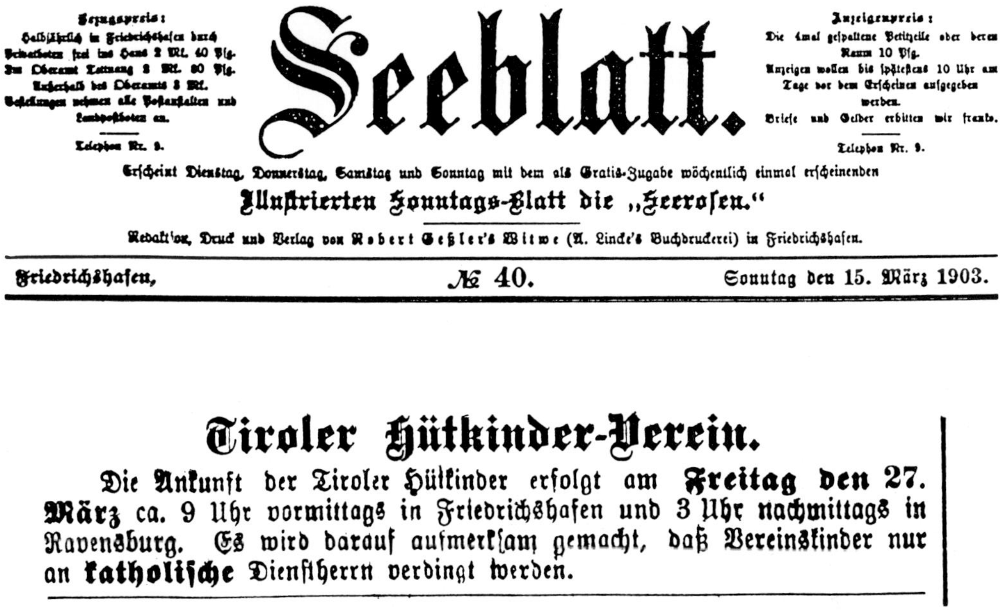

Bezugspreis:
Halbjährlich in Friedrichshafen durch Privatboten frei ins Haus 2 Mk. 40 Pfg.
Im Oberamt Tettnang 2 Mk. 80 Pfg.
Außerhalb des Oberamts 3 Mk.
Bestellungen nehmen alle Postanstalten und Landpostboten an.
Telephon Nr. 9.

Seeblatt.

Anzeigenpreis:
Die 4mal gespaltene Petitzeile oder deren Raum 10 Pfg.
Anzeigen wollen bis spätestens 10 Uhr am Tage vor dem Erscheinen aufgegeben werden.
Briefe und Gelder erbitten wir franko.
Telephon Nr. 9.

Erscheint Dienstag, Donnerstag, Samstag und Sonntag mit dem als Gratis-Zugabe wöchentlich einmal erscheinenden
Illustrierten Sonntags-Blatt die „Seerosen.“

Redaktion, Druck und Verlag von Robert Gessler's Witwe (A. Lincke's Buchdruckerei) in Friedrichshafen.

Friedrichshafen, **№ 40.** **Sonntag den 15. März 1903.**

Tiroler Hütkinder-Verein.

Die Ankunft der Tiroler Hütkinder erfolgt am **Freitag den 27. März** ca. 9 Uhr vormittags in Friedrichshafen und 3 Uhr nachmittags in Ravensburg. Es wird darauf aufmerksam gemacht, daß Vereinskinder nur an **katholische** Dienstherrn verdingt werden.

Abb. 66: Im Friedrichshafener „Seeblatt“ wird die Ankunft der Hütekinder in einer Anzeige angekündigt.

Wie ihre Schwester Moni im letzten Jahr, so wollte Elise in diesem Sommer auch im Schwabenland arbeiten. An langen Winterabenden hatte Moni nämlich stundenlang begeistert von dem Land erzählt, das ihr wie ein Schlaraffenland erschien. Dort durfte Moni essen, soviel sie wollte; dabei gab es keinen Streit um das letzte Brotstück wie zu Hause. Zum Frühstück aß man frisches Holzofenbrot, dick mit selbstgemachter Butter bestrichen, und trank eine Tasse kuhwarme Milch dazu.

Moni hatte auf dem Hof im Schwabenland beim Melken von fünfzehn Kühen geholfen. Zu Hause im Stall stand nur eine einzige Kuh, und die gab am Abend kaum eine Schüssel Milch, wenn man sie einen halben Tag lang vor den Pflug oder den Wagen gespannt hatte.

Trotz ihrer elf Jahre hatte Moni im Schwabenland hart arbeiten müssen. Immer wenn es draußen hell wurde, kletterte sie in der Scheune eine steile Leiter hoch und warf das dort lagernde Heu in den Stall hinab. Da galt es aufzupassen, denn bei einem falschen Tritt hätte sie zehn Meter tief auf den harten Boden fallen können. Tagsüber trieb sie das Vieh auf die Weide und hütete es bis zum Abend; bei Sonnenschein, Sturm oder Regen.

Doch ihr schönster Tag, das vergaß sie nie anzufügen, war der, an dem sie im Spätherbst wieder in ihr Heimatdorf zurückkehrte. Wie ein Lauffeuer hatte es sich herumgesprochen, daß die „Schwabenkinder“ heimkamen. Gemeinsam waren sie zum Kirchplatz gezogen, voller Stolz auf ihr neues „Häs“, so sagte man damals zu den Kleidern, und den Geldbetrag von 60 bis 80 Mark. Beides zusammen war der Lohn für ihre Arbeit im Schwabenland.

Sie fielen in die Arme ihrer Mütter und weinten vor Freude. Voller Neid wurden sie von all den anderen Kindern gemustert, die zu Hause geblieben waren, die nie neue Kleider erhielten und immer nur die gebrauchten ihrer älteren Geschwister abtragen mußten.

Damals hatte sich Elise vorgenommen, im neuen Jahr auch zum Arbeiten ins Ausland zu gehen. Ihr Lehrer war sehr traurig, als sie ihm von diesem Wunsch erzählte. Mehr als die Hälfte seiner Schüler fehlte in der Sommerschule, und wenn sich diese Kinder im Spätherbst zur Winterschule wieder einfanden, hatten sie fast alles vom vorigen Jahr verlernt. Der Stanzer Lehrer schimpfte auf die Schwaben, die ihre eigenen Kinder zur Schule schickten, für die Ausländer aber – und das waren die Österreicher in Deutschland – den Schulbesuch nicht für nötig hielten.

Als Elise in Friedrichshafen ihre Füße wieder auf das trockene Land gesetzt hatte, waren Wasser und Fische vergessen. Aber neue Ängste befielen sie: Wollte sie überhaupt einer der unzähligen, hier wartenden Bauern mitnehmen? Sie war doch noch so jung, und Kraft hatte sie auch nicht viel.

Doch es ging nicht lange, da sprach sie schon der erste an: „Na, Kleine, kannst du schon melken?“ „Nicht gut“, antwortete sie. Der Bauer lief weiter. Der nächste prüfte ihre Arme: „Kannst du mit der Heugabel umgehen?“ „Ein wenig“, meinte Elise bescheiden. „Das reicht mir nicht“, und weg war er.

Elise hatte sich in ihrem ganzen Leben noch nie so einsam und verlassen gefühlt wie auf dem „Kindermarkt“ von Friedrichshafen. Mit dem Vater hatte sie einmal in Landeck einen Viehmarkt besuchen dürfen. Und daran mußte sie jetzt denken, wenn ihre Augen den prüfenden Blicken der Bauern begegneten. Tränen liefen über ihre Wangen. Wenn doch die Mutter da wäre!

„He du, Kleine, wie heißt du denn?“ Eine gutgekleidete Bäuerin interessierte sich für sie. Ob sie mit dem Vieh umgehen könne? Ob sie schon einmal kleine Kinder gehütet habe? Ob sie auch etwas von der Hausarbeit verstehe? Die Bäuerin aus Ettenkirch war mit Elises Antworten zufrieden. Vielleicht hatte sie auch ein wenig Mitleid mit dem armen Mädchen. „Du kannst bei mir arbeiten, wenn du willst.“ Elise war froh, diesem Markttreiben entronnen zu sein. Gemeinsam gingen sie nun zu Pfarrer Gaim, der schriftlich festhielt, was Elise als Lohn erhalten sollte: ein Doppelhäs, also Kleider für Werktag und Sonntag, und 80 Mark in Geld.

Nachdem der Handel abgeschlossen war, holte die Bäuerin ihren Mann aus dem Gasthaus „Kreuz“, und gemeinsam fuhren sie mit dem „Bernerwägele“, einem kleinen Pferdewagen, über Hirschlatt nach Ettenkirch. Als sie in die große Wohnstube traten, tischte die Magd gleich das Mittagessen auf: eine Nudelsuppe, auf der viele Fettaugen schwammen, und danach köstliche Dampfnudeln mit Apfelmus. Als Elise nach der fünften langte, mußten die Ettenkircher lachen: „Du scheinst halb verhungert zu sein“, meinten sie. Elise sagte nichts, dachte aber an zuhause, wo mit der ersten Dampfnudel meist die Mahlzeit beendet war. Glücklich lächelte sie und freute sich auf die Arbeit und das gute Essen im „Schwobeland“.

Abb. 67: Hütekinder aus Vorarlberg und Tirol warten vor dem Gasthaus „zum Rad" in der Karlstraße auf die Heimfahrt (Aufnahme um 1900).

Der erste „Zeppelin“ steigt in die Luft

Der verschobene Start – Ein großes Ereignis

„Du, Karl“, – Hermann hielt mitten im Spiel seinen Kreisel an, den er soeben noch hatte lustig im Schloßhof hüpfen lassen – „morgen soll es ja endlich soweit sein! Was meinst du – ob es wohl klappen wird?“ – „Ich weiß nicht“, gab sein Freund Karl zur Antwort, „mein Großvater sagt, so etwas kann sich nur ein Verrückter ausdenken. Trotzdem werden wir nach Manzell gehen und zuschauen. Wir wollen sehen, ob der komische Ballon wirklich fliegen kann.“ – „Prima“, entgegnete Hermann, „dann können wir ja zusammen hingehen. Mein Vater glaubt fest daran, daß der Graf Erfolg haben wird. Stell dir vor: 128 Meter soll das Ungetüm lang sein und einen Durchmesser von mehr als elf Metern haben, so hat er mir erzählt.“

Die beiden Freunde, Söhne von Hofbediensteten, waren nicht die einzigen, die in den letzten Wochen und Monaten das eifrige Treiben in der Manzeller Bucht mit großer Neugier beobachtet hatten. Ein seltsames Gebilde war da nach und nach in der „schwimmenden Halle“ auf dem Bodensee entstanden. Die Friedrichshafener Bürger wußten noch nicht so recht, was sie von alledem halten sollten. War es doch unglaublich, sich vorzustellen, dieses riesige, von Motoren angetriebene „Luftschiff“, wie Graf Zeppelin seine Erfindung genannt hatte, könne sich tatsächlich in die Luft erheben und sei dazu noch lenkbar! Und damit sollte man eines Tages sogar reisen können wie heutzutage in der Eisenbahn? Unvorstellbar!

Sicher, man wußte, daß es schon andere Menschen gegeben hatte, die sich in den Kopf gesetzt hatten, es den Vögeln gleichzutun. Man denke nur an das französische Brüderpaar Jacques und Joseph Montgolfier mit ihrem Heißluftballon oder an den deutschen Ingenieur Otto Lilienthal, der 1896 bei einem Versuch mit seinem Flugapparat tödlich abgestürzt war. Und wer kannte nicht die tragische Geschichte von Albrecht Ludwig Berblinger, dem Schneider von Ulm! Der Versuch, mit seinem Fluggerät am 30. Mai 1811 die Donau zu überqueren, war kläglich mißlungen, und er starb Jahre später in Armut, von den Menschen verspottet und verachtet.

Andererseits mußte man dem Grafen Zeppelin durchaus auch Bewunderung zollen, der seine Pläne allen Widerständen zum Trotz verwirklichen wollte. Und nun sollte es nach langem Hin und Her endlich soweit sein: Für morgen, den 30. Juni 1900, war wieder einmal der erste Start des Luftschiffes angekündigt worden.

Fast bekamen die beiden Jungen ein wenig Angst, als sie sich am nächsten Tag wie vorgesehen auf den Weg nach Manzell machten. Sie wollten sich einen günstigen Platz sichern, um das Geschehen auf dem See gut verfolgen zu können.

Das sonst so ruhige Städtchen war an diesem Samstag nicht mehr wiederzuerkennen! Ganz Friedrichshafen schien auf den Beinen zu sein. Überall wimmelte es

Abb. 68: 2. Juli 1900: Das erste Luftschiff von Graf Zeppelin steigt vor Manzell auf.

von fremden Gesichtern. Wo die Leute bloß alle herkamen? Auf dem Bahnhof herrschte Hochbetrieb, und der Verkehr auf der Friedrichstraße nahm ein beängstigendes Ausmaß an, so viele Kutschen, Fahrräder und Fußgänger waren unterwegs. Etwa 25 000 Schaulustige, so berichtete später das „Seeblatt", sollen sich am Ufer und auf dem See eingefunden habe, um Zeugen eines einmaligen Ereignisses zu werden. An einen Erfolg glaubten jedoch viele unter ihnen nicht. „Wenn d'Mencha in d'Luft ganget, goht d'Welt bald unter!", meinte ein Zuschauer. Es war der Seemooser Bauer Peter Schegg, der schon immer ein Feind der vielen modernen Neuerungen war.

Der Mann, der zur Zeit so reichhaltigen Gesprächsstoff bot, war Graf Ferdinand von Zeppelin, ein 62jähriger, ehemals hoher Offizier mit ehrgeizigen Plänen. Viele Jahre schon beschäftigte ihn der Gedanke, lenkbare Ballone zu bauen. Diese Idee war nicht neu; es hatte viele Versuche in dieser Richtung gegeben. Graf Zeppelin hatte alle bekannten Aufzeichnungen studiert, miteinander verglichen und Änderungen und Verbesserungen angebracht, bis er glaubte, die bestmögliche Lösung gefunden zu haben. Jetzt, nach seiner Freistellung vom Militär, setzte er alles daran, seine Konstruktionspläne in die Tat umzusetzen. Die meisten Sorgen bereitete ihm der Wind, der seinen langen „Luftschiffen" gefährlich werden konnte. Endlich fand er eine Lösung: Ein Start- und Landeplatz mußte es sein, der sich immer mit dem Wind drehte, am besten schwimmend! Ja, das war es: er würde eine schwimmende Halle bauen, die nur am Bug verankert war, und den Hallenboden sollte man mit dem Luftschiff heraus- und hineinfahren können. Dann standen die Luftschiffe beim Starten und Landen immer in Windrichtung!

Aber an welchem See würde man es dem Grafen gestatten, eine solche schwimmende Halle zu bauen, wo doch alle seine Idee für ein Hirngespinst hielten? König Wilhelm von Württemberg, der im Schloß Friedrichshafen seine Sommerresidenz hatte, war es schließlich gewesen, der ein offenes Ohr für die Idee des Grafen hatte und ihm zu Hilfe kam. Er überließ ihm ein Ufergrundstück im königlichen Hofgut Manzell. Im Frühjahr 1899 entstand hier dann die „schwimmende Halle", und alsbald konnte mit dem Bau des Luftschiffes begonnen werden. Von den Blicken neugieriger Zaungäste verfolgt, wurden die an Land vorgefertigten Einzelteile mit Booten zur Halle auf dem See befördert, wo dann die Montage erfolgte. Ein Aluminiumgerippe gab dem Luftschiff die starre äußere Form. Die Außenhaut bestand teils aus Baumwolle, teils aus Seide. Das Innere des Luftschiffes barg 17 mit Wasserstoffgas gefüllte Zellen.

Bis zu diesem 30. Juni hatten jedoch Sturmschäden, Blitzschlag, Geldmangel, Konstruktionsänderungen und Lieferschwierigkeiten beim Bau immer wieder den eigentlich schon für 1899 geplanten ersten Aufstiegsversuch verhindert. Doch die Zuschauer waren an diesem Tag umsonst gekommen! Eine blaue Flagge, die auf dem Dach der schwimmenden Halle gehißt wurde, zeigte den Aufschub des ersten Fahrversuchs an. Die notwendigen Vorbereitungen hatten nämlich zu viel Zeit in Anspruch genommen, und nun war es zu spät für ein so entscheidendes Unternehmen geworden.

Abb. 69: Luftschiff über der königlichen Domäne Manzell, einem landwirtschaftlichen Musterbetrieb (Aufnahme um 1908).

Dennoch trieb die Neugier viele der Zuschauer auch am nächsten Tag, dem Sonntag, wieder nach Manzell, unter ihnen auch Karl und Hermann. Seit Stunden warteten sie nun schon darauf, daß sich da vorne auf dem Wasser endlich etwas tat. Sollte es heute wieder nichts werden? Die beiden Jungen waren nicht die einzigen, die allmählich ungeduldig wurden. Daran konnte nicht einmal das ungewohnte Bild, das sich dem Betrachter des Sees vom Ufer aus bot, etwas ändern: Viele Dampfer – darunter solche unter bayerischer, österreichischer und Schweizer Flagge – und unzählige kleinere Boote hatten sich vor Manzell versammelt. Auch der Fesselballon, der in 200 Metern Höhe schwebte und die Aufgabe hatte, die herrschende Windrichtung anzugeben, konnte nicht mehr länger die Aufmerksamkeit der beiden Kinder erregen. Sie waren müde und hungrig – das mitgebrachte Vesperbrot war längst verzehrt. Karl bereute schon fast, daß er sich von der Begeisterung seines Freundes hatte mitreißen lassen. Er hätte seine Zeit besser nützen können. Stattdessen saß er hier gelangweilt herum und wartete!

Doch was war das? Hermann stieß seinen Freund, der sich inzwischen ins Gras gelegt hatte, an: „Ich glaube, es ist soweit!“ Ja, es entstand tatsächlich Bewegung rund um die schwimmende Halle! Noch ahnten die gespannten Zuschauer allerdings nicht, daß sie heute wieder enttäuscht werden sollten. Waren es gestern die langwierigen Vorbereitungen gewesen, die die Durchführung des Versuchs verhindert hatten, so war es heute der starke Wind, der die Verantwortlichen dazu zwang, ihr Vorhaben erneut zu verschieben. Trotzdem waren die vielen Menschen nicht ganz umsonst gekommen! Zum ersten Mal konnten sie nämlich einen Blick auf das Wunderwerk des Grafen Zeppelin werfen. Ein Aufstiegsversuch, wie vorgesehen, konnte zwar nicht durchgeführt werden, aber die Zeit wurde dazu genützt, das Manöver des Ein- und Ausfahrens aus der Halle zu proben.

Beim Anblick des Luftschiffes wurden Hermann und Karl von einer ungeheuren Spannung ergriffen. Die Langeweile und der Verdruß über die verlorenen Stunden, in denen sie vergeblich darauf gewartet hatten, etwas Außergewöhnliches zu sehen, waren wie weggeblasen.

„Heute abend 5 Uhr findet ein neuer Aufstiegsversuch statt", so hatte die Zeitung am Montag angekündigt. Zwischen den beiden Freunden war es natürlich beschlossene Sache, sich noch einmal auf den Weg nach Manzell zu begeben.

Zu Wasser und zu Land bot sich den beiden Jungen an diesem 2. Juli 1900 das gleiche Bild wie an den vorangegangenen Tagen: von überall her strömten die Menschen nach Manzell, und bald hatten die beiden wieder einen günstigen Platz ergattert, von wo aus sie freie Sicht auf den See und die „schwimmende Halle" hatten. Deutlich konnten sie unter den vielen Sonderdampfern den „König Karl" erkennen, der die geladenen Gäste – Fürstlichkeiten, Persönlichkeiten des öffentlichen Lebens und sachkundige Beobachter von hohem Rang – an Bord hatte. Offensichtlich mußten viele Schiffe, die sich eingefunden hatten, von Sicherheitskräften immer wieder dazu aufgefordert werden, den notwendigen Abstand zur Halle einzuhalten.

Graf Zeppelin und die übrigen Mitfahrenden hatten unterdessen – für die Zuschauer nicht sichtbar – die Gondeln bestiegen. Alle Vorbereitungen waren nun endgültig abgeschlossen, und der Graf hielt in diesem denkwürdigen Augenblick vor all seinen Mitarbeitern und Helfern eine kurze Ansprache und verrichtete ein Gebet. Schließlich öffneten sich die Tore der Halle, und langsam wurde das Floß, auf dem das Luftschiff befestigt war, von dem Schleppdampfer „Buchhorn" aus der Halle gezogen.

Augenblicklich verstummt die Menge. Der Riesenleib des Luftschiffs glänzt in der Abendsonne. Hermann und Karl vergessen die Welt um sich herum. Sie starren auf den Grafen. Sie glauben ihn an seiner Mütze zu erkennen. Welche Gedanken gehen ihm wohl in diesen Minuten durch den Kopf! Aufrecht und konzentriert steht er in der vorderen Gondel und gibt seine Anweisungen. Bei ihm sind sein enger Mitarbeiter Freiherr von Bassus und Ingenieur Burr. In der hinteren Gondel befinden sich Monteur Groß und der Reporter Wolf.

Auf ein Handzeichen des Grafen hin werden die Schlepptrossen des Schiffes gelöst. Was jetzt geschieht, mutet geradezu gespenstisch an: die Halteseile werden vorsichtig Meter um Meter nachgelassen und – unglaublich – der riesige Koloß erhebt sich lautlos in die Luft! In 30 Meter Höhe erschallt schließlich das Kommando zum Loslassen der Haltetaue. Bewegungslos verfolgen die zusammengeströmten Menschen, was sich da vor ihnen abspielt. Träumen sie oder geschieht es wirklich? Der Riesenvogel schwebt frei in der Luft! Wie majestätisch das aussieht! – Die Motoren werden angeworfen, und dieses Geräusch scheint die versammelten Zuschauer aus ihrem Bann zu lösen: Bewegung kommt in die Menge, ein tosender Beifallssturm bricht los. Die Menschen erheben sich von ihren Plätzen, sie winken und jubeln: „Hurra! Hurra!" Auch die beiden Jungen werden von der Begeisterungswoge erfaßt und fallen in den Sprechchor ein. „Siehst du, Karl, mein Vater hat recht behalten! Ich hab's ja gewußt! Ich hab's ja gewußt!", ruft Hermann überwältigt.

Graf Zeppelin bemühte sich unterdessen, das Luftschiff in eine genaue waagrechte Stellung zu bringen und führte dann – von tausenden Augenpaaren verfolgt – einige Flugbewegungen mit seinem Fahrzeug durch. Er wollte beweisen, daß sein Luftschiff tatsächlich lenkbar war. Schließlich drehte er in Richtung Immenstaad ab.

Die beiden Jungen – und nicht nur sie – konnten noch gar nicht fassen, was sie da soeben miterlebt hatten. Ein Mann hatte sich mit einem Fahrzeug in die Luft erhoben, das so lang war, daß man in ihm einen Hundert-Meter-Lauf hätte veranstalten können. Sie konnten es kaum erwarten, daheim zu erzählen, was sie an diesem Abend Unglaubliches erlebt hatten.

Nur die Schaulustigen auf den Schiffen konnten den Abschluß des ersten Luftschiff-Aufstiegs mit erleben. Nach etwa 18 Minuten Flugzeit landete „LZ 1" – so die spätere Zählung der Zeppelin-Luftschiffe – vor Immenstaad auf dem Wasser. Ein Motorboot nahm es ins Schlepptau. Bei diesem Manöver kam es zu einem Zwischenfall, der jedoch keinen größeren Schaden anrichtete: Das Luftschiff streifte ein Seezeichen, und dadurch wurde seine Ballonhülle beschädigt. Die Insassen stiegen auf Boote um. Kräftige Männer zogen das Luftschiff auf sein Start- und Landefloß, und so konnte es die Heimreise nach Manzell antreten. Um ein Uhr in der Nacht war der erste, Aufstiegsversuch eines „Zeppelins" abgeschlossen.

Für den Grafen erfüllte sich an diesem Tag ein Lebenstraum. Zäh und verbissen hatte er sich gegen alle Zweifler durchgesetzt. Doch dies war erst der Anfang! Er mußte sich eingestehen, daß dieser erste Fahrversuch durchaus nicht ohne Zwischenfall abgelaufen war. Wegen einer gebrochenen Handkurbel hatte nämlich die Höhensteuerung versagt. Aber er war auf dem richtigen Weg! Dies bewies das Ergebnis des ersten Versuchs.

Ahnten die Zuschauer, daß an diesem Sommerabend des Jahres 1900 eine neue Epoche in der Luftfahrt begonnen hatte?

Das Unglück von Echterdingen

Graf Zeppelin verliert sein Luftschiff – Wie sich das Unglück zum Guten wendet

Nach drei Aufstiegen des ersten Versuchs-Luftschiffes im Jahre 1900 war es einige Jahre stiller um den Grafen Zeppelin und sein Werk geworden. Es gab noch vieles an seiner Erfindung zu verbessern. Erst im Januar 1906 startete wieder ein neues Luftschiff. Das LZ 2 stieg zu einer Fahrt ins Allgäu auf. Aber auch dieser „Zeppelin" war von Pech verfolgt. Bei Kißlegg wurde er nach einer Notlandung von einem Sturm übel zugerichtet. In Teile zerlegt, mußte er auf Wagen nach Friedrichshafen zurückgefahren und dann abgewrackt werden.

Der große Erfolg schien erst 1908 mit dem LZ 4 zu kommen. Dieses Luftschiff war mit 136 Metern länger als die Pestalozzischule in Friedrichshafen. Es hatte seit Juni bereits mehrere gelungene Probefahrten und eine 12stündige Schweiz-Fahrt hinter sich. LZ 4 besaß kraftige Motoren und ein gut funktionierendes Steuerwerk. Der Graf und mit ihm seine Ingenieure und die vielen Arbeiter waren stolz auf ihr Werk.

Am 4. August startete das Luftschiff zu einer 24-Stunden-Fahrt durch Deutschland. Sie war für den Grafen sehr wichtig. Wenn sie gelang, würde der Deutsche Reichstag die bisherigen und die zukünftigen Entwicklungs- und Baukosten für die Luftschiffe Graf Zeppelins übernehmen! Viele „Häfler" und auch zahlreiche Menschen der Umgebung hatten sich daher zum Abflug nach Manzell begeben. Ihr Jubel war groß, als das Luftschiff die schwimmende Halle verließ und sich in die Luft erhob.

Die Fahrstrecke war schon seit Wochen bekannt. Tausende von Menschen machten sich auf den Weg, um die „Riesenzigarre", dieses Wunderwerk der Technik, bei ihrem majestätischen Flug bestaunen zu können. Sie standen auf den Straßen und bestiegen die umliegenden Höhen. Die Kinder kletterten sogar auf Dächer und Bäume. Ja, man war stolz auf den Grafen, vom Kaiser bis zum kleinsten Jungen, stolz auf diesen Mann, den man noch einige Jahre zuvor als „Verrückten" bezeichnet hatte. Bei Mainz am Rhein mußte wegen eines Motorschadens eine Zwischenlandung eingelegt werden. Als der Schaden behoben war, ging es trotz der inzwischen eingebrochenen Nacht unter dem Jubel zahlloser begeisterter Zuschauer weiter. Der Graf wendete sein Schiff und nahm wieder Kurs auf Friedrichshafen. Fast lautlos glitt das Luftschiff durch die Nacht. Unzählige Menschen waren schon auf den Beinen, als es sich gegen Morgen Stuttgart näherte.

In Friedrichshafen warteten inzwischen seine Freunde. Auch Tausende aus der näheren und weiteren Umgebung fanden sich ein, um die Siegesfahrt an ihrem

Endpunkt mitzuerleben. Es war schon fast alles für das glanzvolle Fest am Abend vorbereitet: Am Hotel „Deutsches Haus", wo der Graf seit zehn Jahren wohnte, war ein Triumphbogen errichtet, alle Häuser waren beflaggt, und am Hafen wartete eine Militärkapelle. Die Leute konnten die Ankunft des Luftschiffes kaum noch erwarten.

Da kam die Nachricht, daß das Luftschiff in der Nähe von Stuttgart erneut wegen eines Motorschadens landen mußte. Aber auch diese Landung, so meldete der Telegraph, sei glatt verlaufen. In spätestens zwei Stunden werde die Weiterfahrt nach Friedrichshafen erfolgen.

Geduldig warten die Menschen weiter. Es wird Nachmittag. Jetzt muß das Luftschiff bald am Himmel erscheinen!

Da schrillt im „Deutschen Haus" der Fernsprecher. Einer der Freunde des Grafen führt den Hörer zum Ohr. Er verstummt, wird weiß wie die Wand, der Hörer entfällt ihm. Eine Minute später geht die Nachricht vom großen Unglück wie ein Lauffeuer durch die Stadt. Viele weinen, und Mitleid verbindet sie mit dem 70jährigen Grafen.

Was war geschehen? – Bei Echterdingen hatte das Luftschiff gegen acht Uhr morgens wegen eines Motorschadens zur Landung angesetzt. Die Seile wurden herabgelassen, und Bauern aus der Umgebung eilten zum Halten herbei. Auch Militär aus Stuttgart war rasch zur Stelle. Bald bewegte sich aus der weiten Umgebung ein riesiger Zug von Menschen und Wagen zur Landestelle. Wie am Vortage bei Mainz standen auch hier die Menschen. Trotz der kleinen Mängel, die das Luftschiff noch besaß, wollten sie den Grafen und seine Arbeit bewundern und feiern.

Graf Zeppelin sieht, daß die Reparatur gut vorankommt. So läßt er sich gegen Mittag nach Echterdingen fahren, um in einem Gasthof etliche Telegramme nach Friedrichshafen aufzugeben. Gut gelaunt unterhält er sich mit den zahlreichen Neugierigen, die ihn umlagern.

Ahnungslos sitzt er im Gasthaus und bemerkt nichts von dem schrecklichen Unheil, das sich nachmittags am Himmel zusammenbraut: Völlig überraschend steigt über dem Feld von Echterdingen eine Gewitterwand auf. Plötzlich bricht der Sturm los. Mit größter Geschwindigkeit fegt er über das Land. Er packt das Luftschiff und reißt es am Heck in die Höhe. Soldaten, die sich an die Halteseile geklammert haben, lassen sich aus einigen Metern Höhe zu Boden fallen. Das Luftschiff reißt sich aus der Verankerung los und wird vom Sturm davongetrieben. Nach etwa einem Kilometer berührt es mit dem Bug die Wipfel von Obstbäumen. Eine haushohe Flamme schlägt aus der Spitze des riesigen Kolosses. In wenigen Minuten ist das Schiff des Grafen Zeppelin ein rauchender Trümmerhaufen.

Wie gelähmt stehen die Zuschauer. Einer von ihnen eilt nach Echterdingen in den Gasthof. Mit gebrochener Stimme stammelt er die Nachricht. Fassungslos hört es der Graf. Zum erstenmal in seinem Leben fühlt er sich wie ein alter Mann. Dennoch rast er in einem Auto hinaus aufs Feld. Wenige Minuten später steht der Graf vor den Trümmern seines Werkes. Langsam geht er durch die Menge der Zuschauer zurück nach Echterdingen. Die große Enttäuschung ist ihm anzusehen.

Abb. 70: Viele Menschen wollen das am 5. August 1908 bei Echterdingen zerstörte Luftschiff sehen.

Aber die Menschen lassen den Grafen nicht im Stich. Er hat den Namen ihres Heimatlandes in alle Welt hinausgetragen. Begeistert von der einmaligen Leistung dieses Mannes stehen sie nun zusammen, und in ganz Deutschland wird für den Weiterbau der Luftschiffe Geld gespendet. Innerhalb von vier Wochen erhält der Graf über sechs Millionen Reichsmark – heute wären das mehr als 500 Millionen D-Mark!

Mit dieser Millionenspende begründet der Graf im September 1908 die neue Firma „Luftschiffbau Zeppelin" und drei Monate später die „Zeppelinstiftung". Gleichzeitig verlegt er die Fabrikanlagen von Manzell an den Riedlewald, näher an Friedrichshafen. Schon bald entstehen weitere Firmen, in denen alles hergestellt wird, was zum Bau von Luftschiffen notwendig ist, darunter der Maybach-Motorenbau (1909) und die Zahnradfabrik Friedrichshafen (1915). Mit der Tochterfirma Dornier (1916) beteiligen sich die Zeppelin-Betriebe noch zu Lebzeiten des Grafen auch am aufkommenden Flugzeugbau.

Dreißig Jahre lang lenken die Schicksale und Erfolge der Luftschiffe von nun an immer wieder die Blicke der Welt auf Friedrichshafen.

Nach dem furchtbaren Zweiten Weltkrieg wird in Deutschland der Bau von Luftschiffen und Flugzeugen von den Siegermächten verboten. An eine Weiterführung der einst so glanzvollen Friedrichshafener Luftfahrtindustrie ist nicht mehr zu denken.

Für diesen Fall hatte Graf Zeppelin bei der Gründung der „Zeppelinstiftung“ bestimmt, daß ihr gesamtes Vermögen auf die Stadt Friedrichshafen übergehen und fortan wohltätigen Zwecken dienen solle. Die Übereignung des Stiftungsvermögens – die Firmen Dornier und Maybach gehören nicht mehr dazu – an die Stadt wird 1947 von der damaligen südwürttembergischen Landesregierung in Tübingen angeordnet.

So kommt es, daß heute der Friedrichshafener Oberbürgermeister neben seinem Amt als Stadtoberhaupt auch die Verantwortung für zwei Industriebetriebe mitträgt: die Zahnradfabrik mit ihren vielen Zweigwerken im In- und Ausland und die Zeppelin-Metallwerke auf dem ehemaligen Luftschiffbaugelände.

Deshalb ist schon viel Geld aus diesen beiden Werken zusätzlich in die Stadtkasse gekommen, zum Bau des Hallenbades, des Krankenhauses und des Graf-Zeppelin-Hauses, zur Errichtung von Kindergärten, Freibädern, Turnhallen, Wohnungen und vor allem auch zur Betreuung alter, hilfsbedürftiger Menschen.

„Wir wollen einig sein und stark!“

Arbeiter vom Luftschiffbau gründen eine Ortsgruppe der Metallarbeiter-Gewerkschaft

In Gewerkschaften schließen sich Menschen freiwillig zusammen, nicht um andere zu unterdrücken, sondern um für ihre Mitglieder bessere und gerechtere Löhne durchzusetzen, aber auch um bessere Arbeitsbedingungen und mehr Freizeit zu erhalten.

Bauernsöhne, die auf dem Dorf keine Arbeit fanden, zogen im 19. Jahrhundert in die Stadt. Sie arbeiteten in den neu entstehenden Industriebetrieben und lebten in bescheidenen, ärmlichen Verhältnissen. Die „Herren“ Fabrikbesitzer besaßen die Maschinen und Fabrikanlagen und konnten alles einseitig bestimmen. Die Arbeiter aber hatten keine Rechte, und es war ihnen verboten, sich zum gemeinsamen Handeln zusammenzuschließen. So hatten sie keine Möglichkeit, einen angemessenen besseren Lohn zu fordern; sie konnten auch keine kürzeren Arbeitszeiten und unfallsichere Arbeitsplätze durchsetzen oder die Einführung einer Alters- und Unfallrente verlangen.

Erst 1861 erlaubte Sachsen als erstes deutsches Land den Zusammenschluß der Arbeiter. Die anderen Länder folgten nach und nach. Reichskanzler Bismarck unterdrückte zwar nochmals die aufkommenden Gewerkschaften, doch die Arbeiter begannen sich zu wehren. Nur ihnen war es letztlich zu verdanken, daß die täglichen Arbeitszeiten bis 1914 von 18 Stunden schrittweise auf 16, dann auf 14, 12 und 10 Stunden zurückgenommen wurden. Wenn die Arbeiter zur Durchsetzung ihrer Forderungen die Arbeit niederlegten und in Streik traten, ging die Polizei anfangs brutal auf sie los. Die Anführer wurden verhaftet und aus den Betrieben entlassen, so daß ihre Familien in große Not gerieten.

Die ersten Gewerkschaften wurden vor allem von der Sozialdemokratischen Partei unterstützt. So lag es für die damaligen christlichen Parteien nahe, eigene, christliche Arbeitervereine zu gründen.

Friedrichshafen war im letzten Drittel des 19. Jahrhunderts eine Hochburg der katholischen Zentrumspartei. Arbeiterinteressen vertrat daher zunächst der 1875 gegründete „Katholische Arbeiterverein“, 1882 entstand dann der königstreue „Gewerkverein der Maschinenbau- und Metallarbeiter“. 1899 folgten gleich zwei Neugründungen, eine Gewerkschaft der Eisenbahner, vorwiegend für die Beschäftigten der großen Friedrichshafener Eisenbahnreparaturwerkstätte, und eine Gewerkschaft der Schiffsbauer von der Friedrichshafener Schiffswerft. Mit der Ansiedlung des Zeppelin-Luftschiffbaus am Riedlewald im Herbst 1908 setzte ein sprunghaftes Wachstum der Friedrichshafener Arbeiterschaft ein; die neuen

Arbeitskräfte zogen aus allen Teilen des Württemberger Landes, ja des ganzen Deutschen Reiches an den See.

Es war an einem naßkalten Novemberabend im Jahr 1910. Aus dem Gasthaus „Schiff“ in der Wilhelmstraße drang gedämpftes Stimmengewirr. Drinnen saßen viele „Zeppeliner“. Sie warteten auf Ferdinand Welde, den Vorsitzenden der Eisenbahnergewerkschaft. Er sollte ihnen bei der Gründung einer eigenen Metallarbeitergewerkschaft behilflich sein.

In der Wirtsstube ging es schon hoch her: „Über 300 Arbeitslose gibt es in der Stadt. Wenn man uns jeden Tag statt 9¹/₂ Stunden nur 9 Stunden arbeiten ließe, wären das 54 Stunden die Woche – auch noch genug ! So könnten viele unserer arbeitslosen Kameraden eine Arbeit finden.“ – „Recht so !“, meinte ein Kollege,

Abb. 71: Die Altstadt von Friedrichshafen im Jahre 1910, vor dem Bau der Uferstraße.

„aber den Lohn dürfen sie uns nicht kürzen. Wir verdienen in der Stunde doch nur 46 Pfennige.“ – „Ein Kilo Mehl kostet schon 42 Pfennige, ein Pfund Butter 1 Mark 15, und so geht es gerade weiter ! Ich weiß nicht mehr, wie ich die hungrigen Mäuler meiner Familie stopfen soll !“

Fridolin, der Sohn des Gastwirts Singer, lief eifrig zwischen der Theke und den Gästen hin und her. Geschickt stellte er die vollen Bierkrüge auf die Tische. Heute abend machte ihm die Arbeit besonders viel Spaß. Es gefiel dem Buben, wenn die Leute ihr Bier tranken und sich die Köpfe heiß redeten. Nur der dichte Qualm in der Wirtsstube machte ihm zu schaffen; er mußte immer wieder husten und hatte oft am Morgen rote Augen. „Müssen denn die Männer soviel rauchen ?", meinte dann die Mutter häufig.

Inzwischen hatte Welde das Lokal betreten. Er hörte den Arbeitern eine Weile zu und bat dann ums Wort. „Kameraden, Freunde, Genossen ! Das ist ein wichtiger Tag für die Metallarbeiter in Friedrichshafen. Sie werden sich heute zu einer eigenen Gewerkschaft zusammenschließen, und wenn die Industrie der Stadt sich so rasch weiterentwickelt, wird Ihre Ortsgruppe bald die größte Arbeitervereinigung in Friedrichshafen sein. Ihr müßt also versuchen, möglichst alle eure Kollegen in die Gewerkschaft zu bringen. Sie muß mächtig und stark sein. Nur so werden die Herren sie ernst nehmen und mit euch verhandeln. Ja, schaut zu Daimler nach Stuttgart. Dort bekommen die Metaller dank ihrer Gewerkschaft schon 54 Pfennige in der Stunde; ihr dagegen müßt in dieser teuren Zeit mit 46 Pfennigen auskommen. Eure Stuttgarter Kollegen haben mit Streik gedroht, das hat die Herren zum Nachgeben bewegt !"

Die Rede Weldes hatte gezündet. Alle Anwesenden waren sich einig, der neuen Gewerkschaft beizutreten, von der sie wußten, daß die Sozialdemokratische Partei hinter ihr stand. Verschiedene Kollegen im Betrieb waren bereits Mitglieder im „Katholischen Arbeiterverein", andere im königstreuen „Gewerkverein der Maschinen- und Metallarbeiter". Einer der Anwesenden berichtete, man habe am Arbeitsplatz auf ihn eingeredet, doch nicht einem „roten" Gewerkschaftsverband beizutreten. „Ihr von den Königstreuen seid viel zu nachgiebig, habe ich ihnen geantwortet; meine Gewerkschaft muß frei sein von Kaiser, König und Papst !" Er fügte noch hinzu, wie im Jahre 1894 sein Freund wegen ähnlicher Ansichten aus einer Versammlung der „Königstreuen" gejagt worden war.

Sein Tischnachbar, der bereits in den Manzeller Entwicklungsjahren zum Luftschiffbau gekommen war, erzählte stolz: „Schon 1905 haben wir Friedrichshafener Metaller eine Sammlung durchgeführt, um streikende Bergarbeiter im Ruhrgebiet zu unterstützen !" – „Solche Hilfe für in Not geratene Kollegen (wir nennen sie auch Solidarität) ist eines der wichtigsten Ziele der Gewerkschaften", bekräftigte Welde, „nur so können wir dem Druck der oft sehr eigennützigen Fabrikherren erfolgreich widerstehen."

Fridolin verstand schon recht gut, was die Männer sagten. Nur einige neue Wörter wie Gewerkschaft, Streik und Solidarität, das würde ihm der Vater morgen alles erklären.

Nach vielen Fragen und Antworten wurde spät in der Nacht die Gewerkschaft der Metallarbeiter gegründet; Schlosser Hermann Fehl trat als Ansprechpartner an die Spitze.

Als Ferdinand Welde sich zum Heimgehen anschickte, winkte er den Sohn des Gastwirts zu sich her. „Du bist aber ein tüchtiger Bub, bist du denn noch nicht müde?“ Fridolin, sichtlich stolz, erwiderte rasch: „Nein, nein, ich helf dem Vater gern, und morgen hab ich ja später Schule !“ – „Wie alt bist du denn ?“, fragte Welde weiter. „Ich hab bald Geburtstag, dann bin ich zehn“, antwortete Fridolin. Welde lachte und wandte sich dem Vater zu: „Da hast du ja einen fleißigen Helfer, aber laß den Buben nicht jeden Abend so lange auf sein.“ – „Ja, ja“, meinte der Vater, „ich

Abb. 72: Arbeiter vom Luftschiffbau tragen das Gerippe des LZ 6 von der Zelthalle in die neue Werfthalle (Februar 1910).

weiß schon, daß es eigentlich noch nicht erlaubt ist, der Bub wird erst in ein paar Monaten zehn Jahre alt.“ Fridolin freute sich, als Welde ihm und dem Vater die Hand gab und eine gute Nacht wünschte.

Auf dem Heimweg in der kühlen Nachtluft ahnten die Männer nicht, daß sie schon drei Monate später mit ihren Forderungen erfolgreich sein würden.

Nummer 22 Stuttgart, 3. Juni 1911 29. Jahrgang

Metallarbeiter-Zeitung

Organ für die Interessen der Metallarbeiter

500000

Vorwärts ging's seit zwanzig Jahren,
Aufwärts ohne Rast und Ruh',
Täglich flossen euren Scharen
Neue Bataillone zu.

Eure Front ward breit und breiter,
Stark und stärker ward die Wehr:
Fünfmalhunderttausend Streiter
Mustert heute euer Heer!

Sicher, klug und ohne Bangen,
Wurde Schritt für Schritt getan
Und wie ihr bisher gegangen
Schreitet weiter eure Bahn!

Bis ihr an das Ziel gedrungen,
Wo der Preis des Kampfes winkt,
Bis der große Sieg errungen,
Der den ew'gen Frieden bringt!

H. J.

Abb. 73: Metallarbeiter-Zeitung aus der Entstehungszeit der Ortsgruppe Friedrichshafen.

Das doppelte Dienstmädchen

Auch im Krieg leben die Reichen besser

Liselotte Braun war gar nicht erfreut, daß gerade sie wieder als einzige von den vier Geschwistern Butter einkaufen mußte. Nun dauerte der Weltkrieg schon beinahe zwei Jahre. In den Läden gab es immer weniger Wurst, Käse, Brot und Butter. Außerdem brauchte man Erlaubnisscheine selbst für den Kauf kleinster Mengen, sogenannte „Lebensmittelkarten". Das, was es noch zu kaufen gab, war teuer geworden, und vieles schmeckte schlecht, weil es nicht mehr frisch war. Zu allem Übel mußte man in den meisten Geschäften lange anstehen, so daß einem die Füße weh taten.

Viel lieber wäre Liselotte heute mit ihren Freundinnen an den See zum Spielen gegangen. Es war ja auch ein sehr schöner Samstag im Frühling, dieser 20. Mai 1916. Aber Vater Braun hatte morgen Geburtstag. Nach einer harten Arbeitswoche im Maybach-Motorenbau sollte er am Sonntag einen prächtigen Geburtstagskuchen bekommen. Dazu brauchten sie Butter.

Liselotte schien Glück zu haben. Als sie in das Geschäft eintrat, war außer ihr gerade kein anderer Kunde da. „Grüß Gott, Herr Brugger! Bitte ein Pfund Butter für meine Mutter. Wir möchten einen Geburtstagskuchen backen. Hier ist der Erlaubnisschein für die Butter", sagte sie freundlich. Doch der Milchhändler enttäuschte sie: „Tut mir leid, liebes Kind. Heute haben wir schon vormittags alle Butter verkauft. Es gibt wahrscheinlich erst übermorgen wieder welche."

Traurig wandte sich Liselotte zur Türe. In diesem Augenblick läutete das große schwarze Telephon. Der Kaufmann drehte sich um und nahm den Hörer von der Wand. „Hier Butter- und Käsegeschäft Brugger!", rief er in die Sprechmuschel. „Sie wünschen? Ah, Sie sind es, Frau Hofrätin. – Ob wir noch Butter haben? Aber sicher. Selbstverständlich! Wieviel bräuchten Sie denn? Zehn Pfund? – Jawohl! – Jawohl! – Ihr Dienstmädchen holt das Päckchen ab? – In einer halben Stunde? – Gut, ich werde es herrichten. Vielen Dank für den Anruf. Mit bester Empfehlung, Frau Hofrätin!"

Liselotte hatte alles mitgehört. Während der letzten Worte des Verkäufers war sie schon aus dem Geschäft gelaufen, ohne „Auf Wiedersehen" zu sagen. Sie rannte auf dem kürzesten Weg nach Hause, aber es war ganz schön weit von der Stadtmitte bis zu ihrer Wohnung in der Olgastraße. Beinahe wäre sie an der Haustür dem Kater auf den Schwanz getreten, der dort in der Sonne lag.

In der Wohnung erzählte das Mädchen hastig der Mutter, was es gehört hatte. Diese band sich schnell ein hübsches Kopftuch um, nahm ihren Einkaufskorb und stand zehn Minuten später im Milchgeschäft Brugger: „Guten Tag, der Herr! Ich soll für Frau Hofrätin die zurückgelegten 10 Pfund Butter abholen. Frau Hofrätin wünscht, daß Sie mir die Rechnung gleich mitgeben."

Seeblatt

Tag- und Anzeigeblatt der Stadtgemeinde Friedrichshafen

Amtliches Organ für sämtliche Behörden der Stadt Friedrichshafen und der benachbarten Gemeinden

General-Anzeiger für das württ. Bodenseegebiet
Gratis-Beilage: Illustr. Sonntagsblatt »Seerosen«

Verantwortlich für die Redaktion: Robert Geßler's Witwe, Friedrichshafen

Druck und Verlag von A. Lincke (Robert Geßler's Witwe), Friedrichshafen

Nr. 120	Telegr.-Adr.: »Seeblatt«	Mittwoch den 24. Mai 1916	Telefon-Rufnummer 9	73. Jahrgang

Aus Stadt und Land.

Friedrichshafen, 24. Mai 1916.

Hereingefallen! Von einer auswärtigen Korrespondenz wird über eine Episode, die sich hier zugetragen haben soll, folgendes berichtet:

„Dieser Tage kam ein Fräulein in ein Butter- und Käsegeschäft und wollte Butter haben. Der Verkäufer erklärte ihr, es sei keine da. Im nächsten Augenblick fragt eine bekannte Persönlichkeit bei dem Ladeninhaber telephonisch an, ob sie nicht 8 bis 10 Pfund Butter bekommen könnte, was man ihr in Gegenwart des Fräuleins bereitwilligst zusagte. Letztere hatte nun nichts Eiligeres zu tun, als ihre Mutter zu schicken, um die telephonisch von der dritten Person bestellten 10 Pfund Butter abzuholen, die man ihr auch anstandslos übergab. Kurze Zeit darauf erschien jedoch das Dienstmädchen der Herrschaft, und groß war das Erstaunen des Verkäufers und des Dienstmädchens, als sie sahen, daß sie hinters Licht geführt worden waren. Also 1 Pfund Butter für eine Privathaushaltung hatte man nicht, aber 10 Pfund für eine höher gestellte Person gibt man auf einmal ab, um ja seinem „guten" Kunden zu dienen."

Abb. 74: Die Zeitung berichtet über die Blamage des Butterhändlers.

Nachdem die Mutter alles in ihrem Korb verstaut hatte, verabschiedete sie sich und trat eiligst den Heimweg an. Unterwegs bezahlte sie bei der Sparkasse die Butter-Rechnung.

Kaum hatte Frau Braun das Milchgeschäft verlassen, kam das echte Dienstmädchen in den Laden und wollte die bestellte Butter abholen. Herr Brugger erschrak und wurde käseweiß, als er merkte, daß er hereingelegt worden war. Fast der gesamte Buttervorrat war weg. – Was sollte er dem Mädchen sagen? Und wie stand er erst vor der Frau Hofrätin da? Am liebsten wäre er in den Boden versunken, so peinlich war es ihm. Die Blamage kam zu allem Überfluß auch noch in den Zeitungen!

„Wir fordern Brot und Frieden!"

Arbeiter in Friedrichshafen streiken – Der große Demonstrationszug – Die Revolution bricht aus

Es ist Samstag, der 26. Oktober 1918. Martin und Hans sind froh, daß sie nicht in die Schule müssen. Wegen der Grippewelle, die alle Schulen und Betriebe erfaßt hat, haben sie seit zwei Tagen schulfrei. Schön, daß sie nicht mit eiskalten Füßen im Schulhaus sitzen und frieren müssen! Für das große Schulhaus bei der Nikolauskirche gibt es im vierten Kriegswinter weder Kohlen noch Holz zum Heizen. Da ist es auch kein Wunder, daß die halbe Klasse krank zuhause liegt!

Martin und Hans blieben bisher von der Ansteckung verschont. So haben sie Zeit, durch die herbstliche Stadt zu bummeln und Kastanien und andere nützliche Dinge zu sammeln. Die beiden Freunde sind in der Charlottenstraße in der Nähe des städtischen Gaswerks zuhause. Heute vormittag wollen sie sich die Zeit in den Uferanlagen und beim Yachthafen vertreiben. Sie möchten sehen, wie die letzten Segelboote aus dem Wasser geholt und ins Winterlager verbracht werden. Das ist für sie noch etwas Neues, denn der Yachthafen ist erst vor sechs Jahren gebaut worden, und sonst haben sie meist Schule, wenn es dort etwas zu sehen gibt!

Nach der Unterführung der Riedleparkstraße stürmen sie übermütig die Treppen zur Bahnhofstraße hinauf und bleiben gleich darauf verdutzt stehen. Vor dem Bahnhof steht eine große Menschenmenge. „Was ist denn da los?", fragt Hans. „So viele Menschen am Bahnhof!" „Vielleicht ist dort ein Unglück passiert mit so einem neuen Automobil", meint Martin. „Nein, da hätte es nicht so viele Zuschauer. Ich glaube eher, daß der König zu einem Besuch in sein Schloß gekommen ist." „Komm, Martin, wir gehen einfach hin und schauen, was dort los ist. Es ist ja kein Umweg."

Als die beiden den Bahnhofsplatz erreicht haben, wird ihre Neugier immer größer. „Das sind ja Tausende von Menschen!" „Und fast alle sind in Arbeitskleidung da." „Und dort, siehst du die Plakate, die einige tragen:

‚Nieder mit dem Krieg!'
‚Wir wollen Brot und besseres Essen!'
‚Hoch die Republik'!"

„Du, Hans, wir gehen lieber heim. Ich habe Angst. Wenn das die Polizei sieht! Wenn der König davon erfährt! Da passiert sicher noch etwas."

Martin will sich eben umdrehen, als er von einem Fremden angesprochen wird: „Ihr braucht euch nicht zu fürchten", meint ein älterer Mann, der das Gespräch der beiden Burschen mitgehört hat, „das, was hier geschieht, nennt man ‚Streik'. Wir

Abb. 75: Alltag im ersten Weltkrieg: Hungernde Menschen warten vor der Metzgerei Arnegger in der Friedrichstraße. Über der Ladentüre das Schild: „Kgl.Hoflieferant".

Arbeiter von den Friedrichshafener Fabriken und Betrieben wollen denen in der Regierung zeigen, daß wir genug vom Krieg und Hunger haben. Wir Zeppeliner und Maybächler wollen endlich Frieden!" Aufgeregt mischt sich ein anderer ein: „Wir sind hier etwa 4000 Arbeiter. Sogar 60 Soldaten sind unter uns. Alle wollen, daß dieser Krieg aufhört." Leise und etwas unsicher fragt Martin, ob sie das schaffen würden. „Wir Häfler stehen nicht allein mit unserer Forderung", stellt ein anderer fest. „Überall in Deutschland gehen in diesen Tagen die Arbeiter und Arbeiterinnen für einen halben Tag nicht in ihre Fabriken. So wie wir treffen sie sich zum Streik. Für die meisten von uns in Friedrichshafen ist das allerdings noch etwas Neues. Aber schaut, wie viele wir sind! Das gibt uns Mut, so etwas zu tun. Wir haben keine Angst vor der Regierung und ihrer Polizei."

Inzwischen ist vorne am Bahnhof ein Mann auf einen Tisch gestiegen. Es ist Jakob Braun vom Maybach-Motorenbau. Mit lauter Stimme redet er zu der Versammlung. Martin und Hans verstehen nicht viel davon. Aber immer, wenn er das rasche Ende des Krieges oder den Rücktritt des Kaisers fordert, klatschen alle in die Hände und rufen „Bravo, bravo!"

Die beiden Buben wissen, daß überall Mangel herrscht. In den Läden gibt es fast nichts mehr zu kaufen. Alles ist knapp. In den Schulen sammelt man alte Kleider. Die Mädchen sollen ihre Zöpfe abschneiden lassen und beim Roten Kreuz abgeben.

Wie man ihnen sagte, macht man daraus Antriebsriemen für die neuartigen Unterseeboote. Während des Sommers mußte die ganze Schule wöchentlich einmal zum Heilkräutersammeln. Dazu hatten sie Brennesselstengel im Wald zu holen und zur Schule zu bringen. „Das wird Nesselstoff geben“, hat ihr Lehrer gesagt, „aus dem man jetzt Kleider und Wäsche herstellt.“ Bei diesem Gedanken schaudert es die beiden. Stoff aus Brennesseln!

Selbst die Kirschensteine dürfen sie nicht mehr einfach ausspucken. Sie sind vielmehr, zusammen mit all den anderen Steinen von Pflaumen, Mirabellen und Pfirsichen in die Schule zu bringen und in hier aufgestellte Kisten zu werfen. Schmieröl für die Gewehre und Kanonen wird daraus gemacht.

Und an das Essen zuhause darf man schon gar nicht denken! Statt Kartoffeln gibt es Futterrüben, die sonst das Vieh frißt. Ins Brot, so vermuten viele, wird Sägemehl und Kleie gemischt. Jedenfalls schmeckt es so.

Als der Redner zum Schluß zu einem großen Demonstrationszug durch die Stadt aufruft, klatscht die Menge begeistert Beifall. Schnell formiert sich auf dem Bahnhofsplatz und in der Friedrichstraße ein langer Zug. Er biegt gleich in die Riedleparkstraße ein, um zuerst das Industriegelände mit der Wohnung des Direktors Colsman zu erreichen. Sprechchöre rufen: „Nieder mit dem Kaiser!“ Andere lassen den „Präsidenten der deutschen Republik“, die es noch gar nicht gibt, hochleben!

Martin und Hans beobachten das Geschehen scheu, aber neugierig, vom Bürgersteig aus. Sie stehen nun an der Ecke Friedrich-/Riedleparkstraße, genau vor den Redaktionsräumen des „Seeblattes“, der Friedrichshafener Lokalzeitung. Der Zug will kein Ende nehmen: die ersten Arbeiter verschwinden schon in der Unterführung, die letzten stehen immer noch auf dem Bahnhofsplatz!

Plötzlich kommt Bewegung in die Reihen! „Was hat der Lump gesagt?“, ruft ein kräftiger Arbeiter laut. „Wenn einer vom Seeblatt am Zug teilnimmt, wird er hinausgeworfen! So habe ich es gehört“, berichtet ein anderer voller Wut. – Kurz entschlossen verlassen einige Arbeiter den Zug und dringen in die Redaktionsräume ein. Nur der Redaktionsleiter Metzger hält sich dort auf, denn auch das „Seeblatt“ wird bestreikt. Die beiden Buben können die lautstarke Auseinandersetzung durch die offene Tür mitverfolgen. Metzger wird heftig beschimpft – und schon fliegen zwei am Eingang stehende Milchkannen durch den Raum; sie treffen den Mann zum Glück nicht. Metzger ist ganz weiß vor Aufregung, bestreitet aber energisch, daß er seinen Mitarbeitern mit dem Hinauswurf gedroht haben soll. Allmählich beruhigen sich die Arbeiter, verlassen das Haus und schließen sich dem Demonstrationszug wieder an. Der Redakteur verriegelt nun sorgfältig die Türe.

Martin und Hans haben erschrocken zugesehen. Schweigend, in Gedanken versunken, warten sie, bis der ganze Menschenstrom vorbeigezogen ist. Dann gehen sie langsam durch die Unterführung nach Hause. Die Yachten haben sie längst vergessen.

Hans wird von seiner Mutter heftig getadelt. Sie hat sich schon Sorgen gemacht; von der Küche aus konnte sie sehen, wie die Arbeiter durch die Riedleparkstraße zogen.

An die Bevölkerung von Friedrichshafen und Umgebung!

Die politischen Ereignisse haben sich in den letzten Tagen und Stunden überstürzt. Alles, was morsch und faul war im Staate und in den Gemeinden, soll mit eisernen Besen fortgefegt werden. **Die Träger von Kronen mußten gezwungen durch die Ereignisse abdanken.** Das deutsche Volk will den Frieden. Dem menschen- und völkermordenden Krieg hat seine letzte Stunde geschlagen. Der Militarismus, der Träger des Völkermordes, wird und muß mit Stumpf und Stiel ausgerottet werden.

Die Fahne der Republik weht auf allen öffentlichen Gebäuden aller deutschen Staaten und Gemeinden. Freiheit und Brüderlichkeit soll kein leerer Schall mehr sein. Die Stunde der Befreiung für das werktätige Volk hat geschlagen. Wir Arbeiter und Einwohner von Friedrichshafen wollen uns der großen Ereignisse würdig zeigen.

Auch wir schließen uns dem Befreiungswerk des gesamten Volkes an.

Die letzten Ketten, die uns noch fesseln, müssen zersprengt werden. **Freiheit und Gleichheit sollen für alle Staatsbürger zur Geltung kommen.**

Wer wollte bei diesem Befreiungswerk fehlen? Darum Arbeiter, Bauern und Angestellte heraus aus dem Gleichmut. Nehmt Teil an der allgemeinen Volkserhebung. Kein Reaktionär soll Euch bütteln und knechten. Freie Staats- und Gemeindebürger sollt Ihr werden, die in **demokratischer Weise selbst ihre Geschicke in die Hand nehmen. Arbeitet mit an dem Aufbau des Volksstaates,** indem Ihr alle an der Volkserhebung teilnehmt.

Wir fordern die Durchführung der republikanischen Staatsverfassung.

Wir fordern weiter: Allgemeines, gleiches, geheimes, direktes Wahlrecht im Reich, Staat und in der Gemeinde auf der Grundlage der Verhältniswahl für alle über 20jährige Staatsangehörige.

Abschaffung der Ersten Kammer und aller auf Besitz und Geburt beruhenden Vorrechte.

Neuwahl der Parlamente.

Schleunige Herbeiführung des Friedensschlusses, Abrüstung und Auflösung des bestehenden Heeres.

Sofortige Aufhebung des Belagerungszustandes und der Zensur. Vollständige Gewähr für Gewissens- und Religionsfreiheit.

Freilassung aller aus politischen und disziplinären Gründen inhaftierten Zivil- und Militärpersonen.

Aufhebung der Hilfsdienstpflicht. Durchführung aller von den Gewerkschaften verlangten Maßnahmen für die Uebergangswirtschaft, sowie des sozialpolitischen Programms von Partei und Gewerkschaften. Tilgung der Kriegsschulden durch restlose Erfassung der Kriegsgewinne und große allgemeine Vermögensabgabe.

Dem Mutigen gehört die Welt! **Nieder mit aller Unterdrückung.** Nehmt alle Teil an der großen Demonstration für den Frieden und gegen den Krieg.

Hoch die Republik!

Wir fordern besonders alle Soldaten auf, an der Demonstration teilzunehmen. Kein Soldat darf wegen der Teilnahme an der Demonstration bestraft werden.

Die große Volksversammlung findet am Montag, den 11. November, vormittags 9.30 Uhr vor dem Saalbau statt.

Die Einheit der gesamten Arbeiterschaft ist vollzogen. Die Gewerkschaften nehmen an der Aktion des Arbeiter- und Soldatenrates teil.

Der Arbeiter- und Soldatenrat:

Unabhängige Sozialdemokratische Partei.
Die Sozialdemokratische Partei.
Die freien Gewerkschaften.
Die Angestellten.

Braun. Häusler. Fischer.

Abb. 76: Friedrichshafen in der Revolution: Flugblatt vom November 1918.

Herr Eble, der frühere Bahnhofsvorsteher von Langenargen, kommt eben am Haus vorbei. Er hört die Mutter schimpfen und sagt: „Ja, die Zeiten werden anders in Friedrichshafen! Als man vor zehn Jahren den Luftschiffbau an den Riedlewald geholt hat, wollte niemand so recht glauben, daß die Zeppelin-Betriebe sich so schnell entwickeln werden. Der Weltkrieg hat ihnen großen Auftrieb gegeben, sie konnten die vom Heer und der Marine bestellten Luftschiffe nicht schnell genug bauen. Über 100 Luftschiffe wurden für das Militär gebaut, 40 für das Heer und 62 für die Marine! Und alles stellen die Betriebe inzwischen selber her – Aluminiumteile, die Motoren, die Getriebe, die Luftschiffhüllen und die Gasfüllung. Tausende von Arbeitern sind nach Friedrichshafen gekommen, und überall fehlt es an Wohnungen. Die Zeppelin-Wohlfahrt kommt nicht nach mit dem Ankaufen und Anmieten von Arbeiterwohnungen. Und was sie alles schon gekauft und in Arbeiterwohnheime umgestaltet hat: das Hotel ‚Lamm' beim Bahnhof, das ehrwürdige Hotel ‚Rad' in der Altstadt und das Gasthaus ‚Stern' an der Uferpromenade, ja sogar das schöne Kurheim von Dr. Kay an der Olgastraße, wo vor 60 Jahren der Friedrichshafener Bade- und Kurbetrieb angefangen hat! Aus der Kurstadt und Sommerresidenz unseres hohen Königshauses ist eine Arbeiterstadt geworden! Denkt Euch, erst vor ein paar Tagen war in der Zeitung zu lesen, daß die Arbeiter mehr als ein Drittel der Wähler stellen, wenn im November die Nachwahl zum Gemeinderat stattfindet. Sie sind bald mehr als alle Beamten und Gewerbetreibenden zusammen! Wenn aus unserem Residenzstädtchen nur kein ‚rotes' Städtchen wird, denn rot sind, wie Ihr gesehen habt, die Fahnen der Arbeiter!"

Herr Eble erzählt weiter, wie er schon vor vier Tagen vor seiner Wohnung in der Riedleparkstraße dreihundert Arbeiter abends vorbeiziehen sah; sie kamen von einer Betriebsversammlung des Maybach-Motorenbaus im neuen „Saalbau" am Industriegelände und waren auf dem Weg zum Marktplatz, wo dann einer über die schlechte Ernährungslage gesprochen hat. Auch am Donnerstag war es nach einer Versammlung im „Saalbau" zu einem Demonstrationszug für den Frieden und die Republik gekommen. – „Soll so der Krieg enden", ruft der ergraute Staatsbeamte erregt, „für den wir so große Opfer gebracht haben?"

Bei diesen Worten kommen der Mutter von Martin, die inzwischen aus dem Nachbarhaus herübergelaufen ist, die Tränen. Sie denkt an ihren Mann, der in den Schützengräben gegen die Franzosen kämpft. Seit einigen Wochen hat sie von ihm keine Post mehr erhalten. Der Gedanke, daß er vielleicht irgendwo umgekommen ist, will sie nicht mehr loslassen. Still weint sie vor sich hin.

Der alte Eble hat nicht ganz unrecht mit seinen Worten über das „rote" Friedrichshafen. Im ganzen Deutschen Reich werden die Arbeiter unruhig und demonstrieren für die Beendigung des Weltkrieges und die Bildung einer Republik. In einer Stadt nach der anderen schließen sie sich der Bewegung an. Schon zehn Tage später, am 5. November, kommt es erneut zum Generalstreik in Friedrichshafen. Bei einer großen Kundgebung vor dem „Saalbau" wird aus Arbeitern der Zeppelin-Betriebe und Soldaten der Kaserne Löwental ein Ausschuß gebildet, der die Macht in der Stadt übernehmen soll. Nach Kiel und Stuttgart ist Friedrichshafen die dritte deutsche Stadt mit einem „Arbeiter- und Soldatenrat“! Am Nachmittag versammeln sich 8000 Menschen vor dem Rathaus und drohen mit der Revolution, wenn nicht sofort der Krieg beendet wird.

Nun überstürzen sich die Ereignisse. In Berlin, Stuttgart und anderen Großstädten Deutschlands wird die Republik ausgerufen. Am 11. November 1918 zieht eine schier unübersehbare Menschenmenge durch Friedrichshafen und feiert die Staatsumwälzung. Sogar die Kirchenglocken läuten. Auf dem Rathaus und auf dem Schloß wird die rote Fahne gehißt. Um Angestellte und Bauern erweitert, übernimmt der „Arbeiter-, Bauern- und Soldatenrat“ nun die Kontrolle der staatlichen und städtischen Verwaltung. Er übt sie bis August 1919 aus.

Martins Vater ist aus dem Krieg nicht mehr heimgekehrt. Er blieb vermißt. Irgendwo in Frankreich liegt sein Grab, zwischen tausenden anderer junger Soldaten, Deutschen und Franzosen. Martins Mutter ist mit 32 Jahren „Kriegerwitwe“ geworden.

Im alten Schulhaus

Oma Stopper erzählt aus ihrer Schulzeit – Hausmeister Mimm, der heimliche Schulleiter

Liebe Kinder von gestern und heute, kennt ihr diese Stadt? Das ist Friedrichshafen, wie es vor dem letzten Krieg ausgesehen hat. Heute erzählt euch eine Oma von einer Schule, die es hier einmal gegeben hat – von der damals „Katholischen Volksschule" in der Altstadt. Früher gab es nämlich noch getrennte „katholische" und „evangelische" Schulen. In Friedrichshafen stand die Katholische Volksschule oberhalb der Nikolauskirche; bis 1912 mußte sie sich dieses Haus sogar noch mit der Realschule und der Lateinschule teilen.

Eure Urgroßeltern sind vielleicht noch in das alte Schulhaus in der Altstadt gegangen. Richtig geheimnisvoll sah es aus. Was mag es nicht alles erlebt haben! Vielleicht könnt ihr noch etwas darüber erfahren.

Abb. 77: Die Altstadt von Friedrichshafen im Jahre 1938. Rechts neben der Kirche das alte Schulhaus; im Vordergrund der stattliche ehemalige Salzstadel.

Kommt mit in ein altes graues Haus mit einem Türmchen, beim Schulhof der heutigen Pestalozzischule. Dort im Erdgeschoß, Ecke Marienstraße, wohnt Oma Stopper. Der Pausenlärm stört sie überhaupt nicht. Sie mag die Kinder, und die Kinder mögen sie. Nur wenn es mal gar zu wild zugeht, schüttelt sie den Kopf und sagt: „So etwas hätte es früher nicht gegeben!"

Oma Stopper kann sich noch gut erinnern an ihre Schulzeit im alten Schulhaus in der Altstadt, als es die Pestalozzischule noch nicht gab. Unter ihrem Schrank im Schlafzimmer steht eine kleine braune Kiste, gefüllt mit Fotografien, alten Zeitungen und Ansichtskarten. Wenn es so richtig gemütlich ist in der Stube und das Feuer im Ofen knackt und zischt, dann kommt die Kiste manchmal auf den Tisch. Und wenn Oma Stopper den Deckel öffnet und zu erzählen anfängt, werden die Bilder in der Kiste wieder lebendig.

Seht ihr, sagt sie, das ist ein Klassenfoto aus meiner Schulzeit. So brav mußten wir dastehen, die Arme verschränkt, die Füße schön gerade und nach vorne ausgerichtet. Schürzen hatten wir an, dicke Wollstrümpfe und hohe Schnürstiefel. Die Sohlen waren mit Nägeln beschlagen, Absatz und Schuhspitze mit einem Eisen geschützt. Die Eltern mußten sparen, und die Schuhe sollten lange ganz bleiben.

Und das war unser Schulhaus, die alte katholische Volksschule. Ein bißchen versteckt lag sie hinter der Nikolauskirche. Schon damals war die Schule sehr alt, sie stand ja seit 1846. Düster war sie innen, fast unheimlich und viel zu eng für die vielen Kinder. Man sieht auf dem alten Foto die drei Stockwerke, grau verputzt, und Fenster mit kleinen Viereckscheiben und grünen Läden. Sechs breite Steinstufen führten hinauf zu den beiden hölzernen Eingangstüren. Für diese gab es mächtige, eiserne Schlüssel, etwa 20 cm lang! In der Mitte, direkt unter dem spitzen Giebeldach, war die Lehrerwohnung. Sie war an einen der zehn Lehrer vermietet.

Wie schön muß es gewesen sein, am Christabend von dort oben hinunter zu schauen. Dann kamen die Leute von der Schanzstraße her mit Laternen in der Hand. Sie stapften durch den Schnee an der Schule vorbei und verschwanden in der Seitentüre der Kirche zur Mitternachtsmesse. Einmal machten sie am Schulhaus halt, um ein besonderes Geschenk für die Lehrerfamilie abzugeben: es war eine lebendige Gans in einer Holzkiste, mit einer roten Schleife um den Hals.

Ja, die Leute hatten den Lehrer gern, der dort oben wohnte. Er hieß Julius Hopfenzitz und war ein stattlicher, großer Herr mit Bart und Brille. Acht Kinder hatte er, drei Buben und fünf Mädchen. In der Schule trug er einen schwarzen Anzug und ein weißes Hemd mit steifem Kragen und Krawatte.

Und wie sah es in meinem Klassenzimmer aus? – Grobe Holzbänke gab es da mit vier Sitzen, schräg abfallende Tischplatten mit Rillen für die Federhalter und Griffel und eingelassene Tintenfässer. Alles mußte ordentlich und sauber aussehen. Manchmal schwappte die Tinte beim Einfüllen über und lief in einem Bächlein abwärts. Dann mußte sofort gewischt und mit Sand geschrubbt werden, bis die letzten Tintenspuren verschwunden waren. 40, oft 50 Schüler saßen in fester Ordnung neben- und hintereinander, die Hände auf dem Tisch gefaltet. Vorne stand eine große schwarze Tafel zum Umklappen. Daneben war ein Gestell mit Wasserschüssel und Schwamm. Und natürlich stand vorne das Lehrerpult. Es war etwas erhöht auf einem Holzpodest. Von da aus konnte der Lehrer gut sehen, wo geschwätzt wurde und wo Übeltäter mit dem Stöckchen bestraft werden mußten!

Was gab es noch in der alten Schulstube? – Einen großen, runden eisernen Ofen, den der Hausmeister schon frühmorgens um vier Uhr heizen mußte. Dazu nahm er Torfbriketts oder große Holzscheite. Zum Nachfüllen stand immer eine Kiste bereit.

Abb. 78: Das alte Schulhaus hinter der Nikolauskirche. Es wurde 1846 gebaut und 1944 durch Bomben zerstört.

Man brauchte viel Holz, denn die Fenster waren nicht sehr dicht. So manchen Nachmittag stand der Hausmeister hinter der Schule in „Bergers Hof" und hackte selber das Holz, damit die hungrigen Öfen stets genug Nahrung hatten. Erst später machte das die Hackmaschine. Überall hinter der Schule und zur Schanzstraße hin standen riesige Holzbeigen, die oft fünf Meter hoch gestapelt waren. Fleißige Kinder durften manchmal das Holz für die Lehrerwohnung hochtragen, dafür gab's ein Marmeladebrot von Frau Hopfenzitz.

Etwas aus dem alten Schulzimmer werdet ihr noch nie gesehen haben, den Spucknapf für den Lehrer. Es war eine besondere, mit Wasser gefüllte kleine Schüssel, die beim Pult stand. In allen Amtsstuben und Schulen mußte damals so ein Gefäß sein. In jedem Raum hingen auch ein paar Bilder und ein Kruzifix.

Abb. 79: Lehrer Hopfenzitz mit seiner Klasse im alten Schulhaus bei der Nikolauskirche, 1926.

An die Fußböden erinnert sich Oma Stopper sehr genau: Sie waren aus Fichtenholzbrettern, rochen immer nach Öl und knarrten laut bei jedem Schritt. Das Stiegenhaus hatte breite Treppen mit ausgetretenen Holzstufen. Wenn die Pausenglocke tönte, konnte man ein Getrampel hören wie von hundert Pferden. Stellt euch die Nagelschuhe von Buben und Mädchen vor, wie sie auf dem Holz stampften. Es war ein Höllenlärm! Manchmal, sagt Oma Stopper, faßten wir uns extra an den Händen und stürmten in breiter Reihe hinunter, um das Gepolter noch zu verstärken. Dann erschien Schuldiener Weber, später Hausmeister Mimm oder unser Rektor Bretzler, und sie drohten mit dem Rohrstock. Ja, das Stöckchen war schnell bei der Hand damals! Bei Hausmeister Mimm lag es sogar im Rockärmel versteckt – immer griffbereit!

Aber auch die Lehrerinnen konnten streng sein! Wenn ich nur an die Geschichte mit dem Sprüchlesalbum denke, erzählt Oma Stopper weiter. Ich ging damals ins vierte Schuljahr. Unser Fräulein war zwar sehr beliebt, aber ehrlich mußte man sein, sonst wurde sie sehr ungehalten. Wie war ich stolz auf mein neues Album! Meine Mutter hatte schon einen Vers auf die erste Seite geschrieben:

Edel sei der Mensch,
hilfreich und gut!

Das zweite Blatt füllte meine Freundin Klara mit einem langen Gedicht aus:

Wenn du einst nach vielen Jahren
dieses Album wirst durchlesen,
dann denk an die Zeit zurück,
als wir Kinder sind gewesen
und mit frohem Kindersinn,
gingen nach der Schule hin.

Als nächste sollte sich dann meine Lehrerin eintragen. Vor der Pause hatte das Buch noch auf dem Pult gelegen, schön gefaßt in rotem Samt. Plötzlich war es verschwunden. „Wer hat das Album genommen?“, fragte das Fräulein streng. Alle waren still. „Sofort vortreten!" – Niemand rührte sich. Jetzt war es mit der Geduld unserer Lehrerin vorbei. „Gut", sagte sie und griff nach ihrem Haselnußstöckchen. „Alle herkommen und die Hände vorzeigen!" Wir gehorchten, während unsere Herzen vor Angst laut klopften. In langer Schlange stellten wir uns bis zum Pult hin auf – 52 Mädchen waren wir. Alle mußten wir an ihr vorbeimarschieren. Sie stand nur da und ließ das Stöckchen niedersausen auf unsere hingestreckten Handflächen – rechts – links – rechts – links. Keine Hand wurde ausgelassen.

Am nächsten Morgen lag das Büchlein wieder auf dem Pult, – so, als sei nichts geschehen.

Zwischen Schule und Nikolauskirche befand sich der Schulhof. Am späten Nachmittag kamen oft Schüler zum Harfenunterricht oder zum Fechten in das Schulhaus. Der Hof war dann von einer Gaslaterne schwach beleuchtet. Die wenigen Laternen in der Stadt wurden noch von Hand angezündet – von einem „Lampisten".

Nahe bei der Schultreppe stand auch ein gußeiserner Brunnen, der heute fast vergessen ist. Es war eine eiserne Säule, aus der Tag und Nacht Wasser in einen Trog floß. Auch ein Becher hing da an einer Kette, und in der Pause tranken wir oft daraus. In späteren Jahren kam uns das nicht mehr so verlockend vor. Schräg gegenüber der Kirche hatte Bäcker Werdich seinen Laden. Wer reich war, konnte sich dort für vier Pfennige einen Wecken oder eine Brezel kaufen. Meist hing viel Krüsch (Weizenkleie) daran, das wurde dann am Brunnen erst mal abgewaschen.

In der Pause spielten wir besonders gern „evangelisch schwätza" und „katholisch schwätza". – In diesen Jahren zogen nämlich viele evangelische Familien vom Unterland nach Friedrichshafen. Hier fanden sie Arbeit in der Industrie, die immer größer wurde. Wir erkannten die zugereisten Kinder sofort an ihrer Aussprache, statt e sagten sie ä. Also begrüßten wir uns mit „Guten Morgen, Herr Lährer – es ist mir eine Ähre – bei meiner Sähle – ein gutes Läben wünsche ich Ihnen . . .", und wir platzten dabei fast vor Lachen. Aber wehe, wenn wir beim Diktat „evangelisch" geschrieben hätten!

Noch etwas fällt mir ein von der Pause, fährt Oma Stopper fort: Es war streng verboten, an den nahen See zu laufen. Meine Freundin Helene tat es trotzdem einmal! An diesem Tage sollten die Sacktücher (Taschentücher) vorgezeigt werden, ob sie auch sauber wären! Helenes Tuch war nicht gerade frisch. So lief sie in der Pause heimlich zum See und beugte sich über den Uferrand. Sie schwenkte ihr Taschentuch im Wasser hin und her, um es auszuwaschen! Dabei verlor sie das Gleichgewicht und platsch – lag sie im See. Er war nicht tief an dieser Stelle, und sie konnte schnell wieder nach oben klettern. Aber ihre Kleider hingen voll Schlamm und stanken – puhhh, und die Schuhe waren pitschnaß! Helene weinte bitterlich und zitterte vor Furcht. Was würde die Lehrerin – was würde der Vater zu Hause sagen?

Neben dem Schulhaus – ihr seht den etwas vorgezogenen Anbau rechts im Bild – wohnte im ersten Stock der Schuldiener Weber, später Hausmeister Mimm. Unter der Wohnung gab es einen Abstellplatz für ein Feuerwehr- und für ein Sanitätsauto. Hausmeister Mimm war ein mächtiger Mann, von den Kindern gefürchtet! „Dr

Mimm kommt!", schrien sie, wenn sie ein schlechtes Gewissen hatten, und rannten um ihr Leben. Oft bahnte sich der Hausmeister einen Weg durch das Pausengewimmel, um zwei Streithammel an den Ohren auseinanderzuziehen. Schließlich war es seine Aufgabe, für Ordnung und gutes Betragen zu sorgen. „Aufhören!", brüllte er mit seiner gewaltigen Stimme über den Pausenlärm hinweg und ließ ruck-zuck sein Meerrohr aus dem Ärmel springen! Sogar Polizist durfte er sein. Wehe, wenn der Anton die Schule schwänzte! Er wurde vom Hausmeister abgeholt und in den Unterricht zurückgebracht. Aber wenn die Marie sich das Knie aufgestoßen hatte, war Herr Mimm sehr lieb. Er wischte ihr die Tränen ab und machte ihr einen schönen Verband. Das konnte er gut, denn er war auch als Sanitäter ausgebildet.

Ja, ein Schuldiener hatte viel zu tun damals. Außer Holzhacken und Heizen mußte er auch noch mit seiner Frau zusammen die vielen Schulzimmer putzen. Und wißt ihr wie? In einem großen Eimer mischte er Sägemehl mit Fußbodenöl und streute es dann mit der Hand im Schulzimmer aus. Seine Frau folgte ihm mit einem wuchtigen, riesigbreiten Besen. Sie kehrte alles samt dem Dreck wieder zusammen. Der saubere Boden glänzte nun dunkel und roch fürchterlich nach Öl.

Etwas hätte ich fast vergessen, sagt Oma Stopper: Die Kreide! – Denkt euch: Echte Kreide von den Kreidefelsen auf der Insel Rügen in der Ostsee kam da regelmäßig mit der Post und wurde vom Hausmeister an die Klassen verteilt.

Zum Schluß will ich euch noch etwas Lustiges von unserem Lehrer Hopfenzitz erzählen: In einem so alten Schulhaus gibt es natürlich auch Mäuse, sogar sehr viele, große und kleine, alte und junge. Mäuse haben immer Hunger, aber im Schulhaus ging es ihnen sehr gut. Sie brauchten bloß zu warten, bis Brotreste oder Apfelbutzen auf den Boden fielen. Husch, husch waren sie da und fraßen sich rund und satt. Aber wenn die Ferien kamen, begann eine schlimme Zeit für sie. Jetzt knurrten die Mäusemägen. Die Räume waren kahl und leer. Der Hunger trieb die Tiere hinauf in die Lehrerwohnung. Feine Kurgäste waren das! Überall trippelten sie herum, unter den Betten, in den zwei Speisekammern und in der Wohnstube. Sogar an den Hosenbeinen kletterten sie hoch. Alles nagten die Mäuse an: das Brot, den Käse, die Wurst und auch die Schuhe. Lehrer Hopfenzitz mußte eingreifen. Er verteilte Mausefallen an seine acht Kinder und setzte für jede gefangene Maus zehn Pfennige Belohnung aus. Das Ergebnis ist leider nicht bekannt.

Jetzt wißt ihr, wie es damals in dieser Schule war.

In den Jahren 1924 und 1926 zogen die katholischen Schüler in ein neues Gebäude in der Allmandstraße um, das später noch einmal vergrößert wurde. Es ist die heutige Pestalozzischule. Für die Realschüler und die Gymnasiasten wurde schon im Jahre 1910 in der Katharinenstraße ein neues Gebäude errichtet. Heute ist darin die Städtische Musikschule untergebracht.

Es ist fast nicht zu glauben, daß einmal drei verschiedene Schulen in dem alten Schulhaus bei der Nikolauskirche untergebracht waren!

Aufregungen um eine Schulprüfung

Wie Schulrat Halder naß wird – Fleißbildchen vom Dekan

Liebe Kinder, wenn ihr Lust habt, dürft ihr mitkommen in das Jahr 1926 und erleben, wie 52 Buben im vierten Schuljahr Prüfung haben.

Eben ist die Pause zu Ende. Die Schüler poltern durch die Türe in ihre Schulstube. „Ruhe!", donnert der Lehrer und schlägt mit dem Rohrstock auf den Deckel des Pultes. „Ruhe! – Seid still! Ich muß euch etwas Wichtiges mitteilen: Am Freitag kommt Schulrat Halder aus Ravensburg zu uns und mit ihm der Herr Dekan und andere hohe Herren. Sie wollen eine Prüfung bei euch abhalten. Vier Tage haben wir Zeit, um uns vorzubereiten."

Eine Schulprüfung? Nun stehen sie alle um das Pult herum. Sie flüstern einander aufgeregt ins Ohr. Prüfung! Das bedeutet wohl nichts Gutes! Den schlechten Schülern wird es angst und bang. Mayers Josef dagegen strahlt über das ganze Gesicht. Er hat in allen Fächern „sehr gut". „I freu' me", sagt er. Aber da wird der Schmid Franz zornig. Er will nicht geprüft werden, denn er ist schlecht im Rechtschreiben. Wumm! Er haut seine Nagelschuhe an Josefs Schienbein.

„I hoff, ihr machet mir koi Schand!", hören sie die Stimme des Lehrers wieder. „Also: übe, übe, übe!" Was das bedeutet, lernen die Kinder in den nächsten Tagen kennen. Der Lehrer führt ein strenges Regiment. Das Siebener-Einmaleins schreiben sie jeden Tag fünf- bis zehnmal vorwärts und rückwärts. Auch der Zwölfer und Fünfzehner aus dem großen Einmaleins wird solange wiederholt, bis sie alles wie im Traum herunterschnurren können. Bloß Nägeles Wilhelm stottert immer noch mit den Zahlen herum: „12 – 22 ... nein 24 – – –", und der Lehrer sagt: „I glaub, du lernscht des nie, Wilhelm! Kascht net a bißle schneller denke? – Des dauert jo a Ewigkeit bei dir!"

Einige Wörter aus dem Stoff der Heimatkunde müssen sie abschreiben und im Chor buchstabieren. Diesmal geht es um das Fischen im Bodensee. Richtig eingehämmert werden die Wörter. Der arme Wilhelm allerdings schreibt schon zum zehnten Mal ein „ä" bei Hecht und bei Forelle. Da meint der Lehrer schließlich: „Es wär fascht 's Beschte, Wilhelm, wenn du am Freitag fehle dätscht! Du könntscht jo krank sei!" – Ob das ernst gemeint war?

Als zusätzliche Hausaufgabe lernen alle fleißig ihre Sprüche aus dem kleinen Religionsbüchlein, denn der Herr Dekan soll auch seine Freude haben. Am Mittwoch gibt es noch eine besondere Hausarbeit. Der Lehrer sagt nämlich: „Auf morge schrubbet ihr eure Tafelrahmen gründlich mit Sand und Soif. Schneeweiß müsset se sei! Und en neue Tafellappe am Rahme wär au koin Fehler!"

Endlich kommt der Donnerstag, der letzte Tag vor der Prüfung. Das düstere Schulzimmer muß aufgeräumt und freundlicher gestaltet werden. Sie schmücken

Abb. 80: Die heutige Pestalozzischule; links der 1923/24 zuerst erbaute Südflügel, daneben (mit Turm) der Mittelbau (erbaut 1925/26). Der noch fehlende Nordflügel entstand erst 1934. Im Vordergrund die Allmandstraße.

die Wände mit ihren neuen Zeichnungen und Faltarbeiten. Die Schönschreibhefte legen sie ordentlich auf das Abstelltischchen neben dem Pult – die mit den schönsten Sonntagsschriften obenauf; die Hefte mit den Tintendolgen lassen sie im Schrank. Voller Stolz zeigt Johann seine Tafel vor. Sie ist wie neu. „Bravo, Johann", lobt der Lehrer, „du darfst eine Woche Tafelmeister sein und die große Tafel sauberhalten." – „Georg, du hoscht wieder koin nasse Schwamm in deiner Dos! Willscht vielleicht mit Spucke wische? – Hand her!" Ffft – da gibt es eine Tatze! „Jetzt wolle mr die Dintefässer au glei leere und butze! Die müsset glänze vor Sauberkeit." Franz bekommt glühend heiße Backen vom Arbeiten. Sein Tintenfaß ist spiegelblank. Die Tinte aber hat er jetzt an Mund und Nase.

Bis zum Mittag sind die Buben beschäftigt mit der Vorbereitung für den großen Prüfungstag. Sie versprechen noch, alle Griffel fein zu spitzen und einen neuen Federhalter mitzubringen, aber einen, der nicht schon angenagt ist. Dann dürfen sie endlich gehen. „Daß ihr mir jo pünktlich seid morge", ruft ihnen der Lehrer nach, „sonscht...!" Ach, weiß er denn nicht, wieviel Angst sie haben?

In der Nacht können sie kaum schlafen. Viel zu früh stehen sie morgens vor dem Schulhaus, natürlich in Sonntagskleidung, mit sauberen Sacktüchern und kurz geschnittenen Fingernägeln, „frisch gwascha, gschtrählt und gschneizt!“ Auch der Lehrer sieht festlich aus in seinem schwarzen Gewand und seinem schneeweißen Hemd. Das Gesicht ist glatt rasiert, der Bart gestutzt.

Etwas Herzklopfen haben die Kinder schon, als sie sich durch die Bankreihen drücken, besonders Wilhelm. „Bisch du jetzt doch komma?“, fragt Hans ihn leise. „Mei Vater dät mir sonscht elend da Leib verschlaga“, flüstert Wilhelm zurück. „Setzen!“, tönt es laut vom Pult herüber. „Die guten Schüler kommen heute nach vorne! Fridolin, Ludwig, Nikolaus, Fritz! Machet schnell! Und jetzt: Ta - fel her - aus! Es wird nicht geklappert! Schulbücher und Griffelkästen auf den Tisch!“

Nun geht der Lehrer herum und prüft alles mit scharfem Blick. Beim Wilhelm schaut er besonders gründlich nach. „Zoig amol deine Ohre und Händ, ob se sauber send! Und wo isch dei Sacktuch, Wilhelm? – Was? Du kannscht es net finde? Du willsch wohl Hosespanner, – wie?“ Wilhelm schielt nach dem Pult. Dort liegt drohend der dicke Rohrstock! Und da fällt ihm ein: „In meiner Kitteltasch' isches!!“ Die Mutter hat das Sacktuch heute morgen dort hineingesteckt. Wilhelm tut einen tiefen Schnaufer. Gottlob, er ist noch einmal davongekommen!

Endlich dürfen die Kinder aufstehen. Sie rufen: „Guten Morgen, Herr Oberlehrer“, machen das Kreuzeszeichen und sprechen zusammen das Morgengebet:

„O Gott, Du hast in dieser Nacht
so väterlich für mich gewacht...“

Während die anderen andächtig weiterbeten, murmelt Wilhelm leise vor sich hin: „Lieber Gott, jetzt musch mr helfa, wenigschtens in dera Stund!“

Nach dem Beten mahnt der Lehrer die Buben zum letzten Mal. „Merkt euch: die Herren höflich grüßen, laut und deutlich antworten, beim Sitzen Ordnung halten und die Hände auf die Bank legen! Wilhelm? I han no nix g'sagt vom Setze! – Und scherr net immer mit de Füß auf em Bode rum! – Denket alle dran: Disziplin ist wichtig! Fleißig melde, mit grad' gestrecktem Arm und ohne Zapple!“

Jetzt dürfen sie hinsitzen. Sie wollen nichts mehr hören. Sollen die Herren doch endlich kommen! Immer wieder gucken sie nach der Türe und horchen. Hört man nicht Schritte auf der Treppe? Fast unerträglich wird die Spannung. Sie rutschen auf den Bänken hin und her. Dann hören sie Stimmen auf dem Flur.

Ein kurzes, energisches Klopfen, und schon geht die Türe auf. Der Schulrat tritt ein, hinter ihm der Rektor, der Herr Dekan und zwei Herren vom Ortsschulrat. Sie schütteln dem Lehrer die Hand und nicken den Kindern freundlich zu. Blitzschnell fahren die Buben hoch. „Guten Tag, Herr Schulrat“, – und nach kurzer Atempause: „Gelobt sei Jesus Christus!“ „In Ewigkeit, Amen“, antwortet der Herr Dekan.

Schulrat Halder läßt sich Hut und Mantel abnehmen, schreitet zum Pult und steigt die Stufe hinauf. Es herrscht erwartungsvolle Stille. „Fahren Sie nur fort im Unterricht, Herr Oberlehrer“, sagt der Schulrat, „ich werde einen Blick ins Klassenbuch werfen.“

Abb. 81: Die 4. Klasse mit Oberlehrer Remmlinger im neuen Schulhaus in Friedrichshafen, 1926.

Das gewünschte Buch und der Stundenplan liegen bereits auf dem Pult. Der Lehrer wendet sich den Buben zu und beginnt mit der Heimatkunde. „Letzthin waren wir an der Rotachmündung bei Fischer Grötsch", sagt er. „Wir haben wissen wollen, wie der Fischfang vor sich geht. Jetzt dürft ihr sagen, was ihr wißt!" Josef erzählt, daß die Fischer am frühen Morgen mit dem Segelschiff oder einem Ruderboot ausfahren. Es geht weit auf den See hinaus in Richtung Eriskirch. Anton schildert, wie sie das Leitnetz aufstellen. Wie ein Gartenzaun steht es im Wasser. „Wißt ihr noch, was das Leitnetz tun soll?", fragt der Lehrer. „Die Fische müssen daran entlangschwimmen", sagt Fritz. „Dann kommen sie in das Trappnetz."

„Können sie dort nicht umkehren und sich befreien?", fragt der Lehrer. Er zeichnet das Trappnetz an die Tafel und zeigt, wie die Fische schwimmen müssen. „Immer nach dem tiefen Wasser hin", sagt er. „Es ist wie bei einer Einbahnstraße; die Fische können nicht mehr zurück. Am Ende der Straße sind sie gefangen. Das Gefängnis nennt man Schlupf. Alle zwei Tage hängt der Fischer einen Sack an den Schlupf und schüttelt die Fische hinein. Vier Wochen bleibt das Netz im Wasser." „Wißt ihr noch, wie man das Trappnetz haltbar macht, damit es nicht fault?", fragt der Lehrer weiter. Fritz hat es sich gemerkt: „Der Fischer legt es über Nacht in flüssigen Teer und läßt es dann trocknen."

Nun zeigt der Lehrer eine Tafel mit abgebildeten Fischen. „Welche Fischarten vom Bodensee kennt ihr?“ Die Finger fliegen nur so in die Luft! Sie zählen auf: Kretzer, Felchen, Forellen, Zander, Karpfen, Aale, Brachsen. Ja, sie haben gut aufgepaßt in den letzten Tagen. Wilhelm sagt: „Mir esset oft Braxe, aber d' Großmutter verschluckt sich immer an dene viele Gräte ... Dann muß i ihr da Buckel klopfa.“

Jetzt sollen sie ein Zugnetz beschreiben. Mayers Josef weiß, daß man Klusgarn dazu sagt. Es ist 200 m lang und wird im Kreis ausgefahren. Auch über ein Stellnetz sprechen sie. Der Lehrer malt eines an die Tafel. Es steht aufrecht im Wasser. Unten am Netz sind Bleistücke angebracht, die es am Grund festhalten.

„Und was seht ihr oben?“ Sie zeigen auf die Hölzchen aus Pappelrinde. „Pappelholz ist leichter als Wasser“, erklärt der Lehrer, „und auch leichter als andere Holzarten.“

Wohlgefällig nickt der Schulrat mit dem Kopf. Alles klappt wie am Schnürchen. Ab und zu stellt auch er eine Frage. „Wie schwer kann ein Hecht sein?“ „32 Pfund“, antwortet Fridolin, der vorne sitzt. Er wird ganz rot vor Stolz. – „Kann man die Fische auch anders fangen als mit dem Netz?“, will der Schulrat zum Schluß noch wissen. Franz meldet sich. Sein Vater hat eine Angel. – „I hab' im See scho Fisch' mit der Hand gfanga!“, behauptet Wilhelm. Aber das glaubt ihm keiner.

Schließlich erhebt sich der hohe Herr und sagt: „Jetzt kommen wir zu Sprachkunde und Rechtschreiben. Und weil ihr zu den kleineren Leuten gehört, möchte ich hören, wie die Verkleinerungssilben heißen.“ Schneiders Hans streckt nur zögernd seinen Arm und hofft sehr, daß man ihn nicht aufrufen wird. Aber da ist es schon passiert. Gerade auf ihn zeigt der Finger des Herrn Schulrates. „Nun? Wie heißt du, Kleiner?“ Hans stottert seinen Namen und erhebt sich mit hochrotem Kopf. Er ist so aufgeregt, daß er keinen Gedanken mehr fassen kann. Nichts fällt ihm mehr ein, einfach gar nichts, schon gar nicht die Verkleinerungssilben. Der Lehrer rettet ihn: „Wir haben doch einen Vers gelernt, Kinder!“ „-chen und -lein macht alles klein“, schreien sie im Chor.

Nun verlangt der Schulrat von den Kindern, daß sie die Schreibhefte aufschlagen. Zuerst kommt ein kleines Diktat. Dann fordert er sie auf, ein paar einfache Sätze mit „ist-Wörtern“ zu bilden. Bald hört man nur noch das Kratzen der Federn: Die Sonne ist heiß, – der Himmel ist blau ... Die Kinder kleben fast am Papier mit ihren Nasen.

Schulrat Halder schaut über die gebeugten Köpfe und sucht nach Fehlern. Aber er findet kaum einen in den vorderen Reihen. Er spaziert noch etwas zwischen den Bänken auf und ab. Gerade will er anfangen zu loben, da fällt sein Blick auf Wilhelms Heft. Er stutzt und räuspert sich verlegen. „Hm!“ Dann nimmt er das Heft und läßt auch die anderen Herren einen Blick hineinwerfen. Sie halten mit Not das Lachen zurück. Der Herr Dekan rückt seine Brille zurecht und hüstelt ein wenig.

Was hat Wilhelm denn geschrieben? – „Die Weiber sind süß!“, steht in seinem Heft. Aber der Lehrer hilft auch dieses Mal. „Lies den letzten Satz laut vor“, sagt er aufmunternd. Und Wilhelm liest: „Die Wei'ber sind süß!“ – „Ach, die Weinbeeren – die Trauben sind süß!“ Jetzt lachen die Herren befreit auf. – „Er tut sich halt sehr schwer im Rechtschreiben“, meint der Lehrer entschuldigend, und der Schulrat sagt: „Ja, Wilhelm, du mußt noch fleißiger üben. Und deine Schrift könnte auch schöner sein! Das sieht ja aus, als ob Hühner über dein Heft gelaufen wären. Schau her an die Tafel: Auf, ab, auf, Bög-le drauf. – Alle zusammen!" – „Auf, ab, auf, Bögle drauf!", erklingt's im Chor. Wilhelm ist erleichtert, als er sein Heft zurückbekommt.

„Wir wollen noch etwas rechnen", ordnet der Herr Schulrat an, „nehmt eure Tafeln dazu. Auf zum Schuhmacher!" – „Sagt mir, was das Schuheflicken kostet!" Die guten Schüler strecken:

„1 x Schuhe besohlen	1.90 Mark"
„Ausbessern	75 Pfennig"
„Absätze	60 Pfennig"

Schulrat Halder schreibt Aufgaben an die große Tafel. Sie geben sich gewaltige Mühe, alles richtig auszurechnen. Mayers Josef darf an der großen Tafel vorrechnen und wird gelobt.

„Nun sage mir noch, Josef: Wieviel Schafe hat der Schäfer heute ausgetrieben? Wenn es dreimal soviel wären und du noch dazu, dann wären es gerade 100." „33", erwidert Josef nach kurzem Nachdenken. „Sehr gut, Josef, wirklich sehr gut. Ich bin zufrieden mit euch, macht nur so weiter. – Nun würde ich gerne noch das 1 x 12 aufschreiben lassen."

Sogleich ruft der Lehrer Johann und Fritz heraus. Sie sollen die große Schultafel umdrehen. Und da geschieht das Unglück! Zu nahe bei der Tafel steht das Gestell mit der Wasserschüssel. Übereifrig klappen sie die Tafel zurück und – klirr! – die obere Ecke der Tafel knallt auf den Schüsselrand. Die Schüssel kippt, – platsch, schon läuft das Wasser an der Hose des Herrn Schulrats herunter. Da steht er nun, erschrocken und tropfnaß. Auf dem Boden breitet sich eine Wasserlache aus.

Der Lehrer ist ganz weiß vor Schreck. Er holt tief Luft: „Wie schrecklich, wie peinlich, bitte entschuldigen Sie, Herr Schulrat!" „ Na ja, na ja!", sagt der Herr Schulrat, während die Buben mit hängenden Köpfen dastehen. „Der Herr Dekan wird mich jetzt ablösen. Ich werde im Lehrerzimmer warten." Er nimmt Hut und Mantel und verläßt das Schulzimmer. Verzweifelt rennt ihm der Lehrer nach. Sie hören ihn draußen nach dem Schuldiener rufen. Die Buben sitzen wie erstarrt.

Aber viel Zeit bleibt ihnen nicht zum Nachdenken. Schon thront der Herr Dekan am Pult, die Hände auf dem Religionsbuch gefaltet. „In welchem Gleichnis hat Jesus uns zur Nächstenliebe aufgefordert?", fragt er. Wie aus der Pistole geschossen gehen die Arme hoch. „Der barmherzige Samariter", ist die Antwort. – Richard weiß einen Vers dazu: „Selig sind die Barmherzigen, denn sie werden Barmherzigkeit erlangen!" Der fromme Herr lächelt erfreut. Aber schon kommt die nächste Frage. Sie trifft den schüchternen Vinzenz. „Wieviele Gebote Gottes gibt es?" Noch ehe Vinzenz antworten kann, ruft Wilhelm von hinten eifrig in die Klasse: „Amol ziemlich viele!"

„Du warst nicht aufgerufen!", bemerkt der Herr Dekan mit einem strengen Seitenblick auf Wilhelm. „Kannst du das vierte Gebot einmal sagen?" Da ist es mit Wilhelms Mut vorbei. Er stottert, verhaspelt sich und bringt in der Aufregung nur noch mühsam heraus: „D-d-du s-s-sollst V-vater und Mutter vermehren!“ – „Aber Wilhelm!“ – „Kinder, helft ihm!“, bittet der Lehrer schnell, ehe sie loslachen. „Du sollst Vater und Mutter ehren!“, fallen sie laut ein, „auf daß es dir wohlergehe und du lange lebest auf Erden!“ Jetzt fühlen sie sich wieder sicher. Ludwig, der in der vorderen Reihe sitzt, meldet sich heftig. Er hat im Katechismus den ganzen Kleindruck zum vierten Gebot auswendig gelernt:

„Wir sind den Eltern Ehrfurcht, Liebe und Gehorsam schuldig. Den guten Kindern hat Gott in diesem Leben Schutz und Segen und im anderen Leben die ewige Seligkeit versprochen!“

„Mein Kind, das hast du schön gesagt! Das war ja fast eine Predigt“, lobt der Herr Dekan. „Du sollst nachher ein Fleißbild erhalten, Ludwig!“

Es folgen Fragen kreuz und quer durch das Religionsbüchlein. Aber dann macht der Herr Dekan eine ganz kurze Pause und sagt: „Ihr habt heute morgen den Tag mit einem Schulgebet begonnen. Und nun möchte ich wissen, warum wir eigentlich beten!“ Nikolaus hat nicht umsonst jeden Tag geübt. Rasch und sicher kommt seine Antwort: „Erstens, weil Gott unser Herr und Vater ist und“ – – – „und zwoitens, weil er uns in alle Prüfunge hilft“, fährt Wilhelm wieder dazwischen. Dieses Mal hat er wenigstens den Finger gehoben. – „Des steht aber net im Religionsbuch, des hot uns der Herr Pfarrer g'sagt!“, übertönt ihn Nikolaus voller Eifer; er weiß es noch ganz genau.

„Ob der Herr Pfarrer damit aber eine Schulprüfung gemeint hat?“, fragt der Herr Dekan nachdenklich. „Auch das Leben bringt Prüfungen, die wir bestehen müssen. – Überlegt mal, Kinder, was das für Prüfungen sein können.“ Schon schnellt der Finger von Franz hoch. Ihm ist da eben etwas eingefallen: „Wenn i dem Mayer Josef oins ans Schienboi haue will und es doch net mach, no han i a Prüfung b'schdande!“ Wie er das so sagt, wird er richtig rot im Gesicht, der Franz. Er schämt sich plötzlich und schaut lieber nicht zum Josef hinüber. Der Herr Dekan aber sieht ihn freundlich an; es muß also eine gute Antwort gewesen sein. „Brav, ihr beiden, Nikolaus und Franz, für euch liegt ein Fleißbild bereit.“

Der Herr Dekan wandelt jetzt vor der Klasse auf und ab und spricht noch kurz über die Sakramente. Zuletzt will er wissen, was man alles mit dem Weihwasser macht. Wilhelm möchte schon wieder etwas leisten und platzt heraus: „Man spritzt es ans Hirn hin!“ Der strenge Herr wendet sich um und bekommt Wilhelms Ohrläppchen zu fassen. „Hm – kannst du das nicht schöner sagen, Wilhelm? Na?“

Wilhelm ist nun doch etwas eingeschüchtert. Auch spürt er den strafenden Blick des Lehrers. „Unsere Mutter sagt abends immer: , Nehmet 's Weihwasser, Kinder'!“, stammelt er kleinlaut. Gnädig nickt der Herr Dekan mit dem Kopf. – Die Kinder wollen alle noch eine bessere Antwort geben: „Wir besprengen uns mit Weihwasser, wenn wir fortgehen, – vor dem Schlafengehen, – in der Kirche, – wenn jemand gestorben ist“, zählen sie auf. Und Ludwig sagt noch dazu: „Das Weihwasser ist ein Zeichen.“ Josef weiß es genauer: „Wenn wir das Weihwasser nehmen, wollen wir um Gottes Schutz bitten; es erinnert uns an die Taufe.“ „Gut, gut“, lobt der hohe Herr wieder, „das genügt. – Seid weiter so fleißig und vergeßt das Beten nicht, liebe Kinder.“

Abb. 82 u. 83: Fleißbildchen in Originalgröße.

Endlich ist die Stunde zu Ende gegangen für die Buben. Josef und Ludwig können stolz sein. Sie erhalten eine besondere Belohnung. Es sind kleine Kalenderbüchlein mit Goldrand. Als die Pausenglocke läutet, nimmt der Lehrer seine Geige, und sie singen ihr Lieblingslied:

„Gott sorgt für mich, was will ich sorgen,
er ist mein Vater, ich sein Kind…"

Wilhelm singt besonders laut mit, weil alles gut gelaufen ist bei der Prüfung.

Danach stehen die Buben im Hof zusammen. Wenn nur das Unglück mit der Wasserschüssel nicht passiert wäre! Sie zeigen auf Johann und Fritz: „Ihr send schuld, wenn mir jetzt koine guete Nota krieget!" Aber Johann hat das offene Fenster entdeckt. Er drückt sich an die Hauswand und zieht sich ein Stück am Fenstersimsen hoch. Drinnen sitzen die Herren an einem langen Tisch. – „Pschtt", flüstert Johann. Er kann nicht alles verstehen, aber er hört: „Mit Fleiß und Eifer gearbeitet – gute und sehr gute Ergebnisse – Hefte und Tafeln haben Sauberkeit und Ordnungsliebe gezeigt – Zeichnungen sind fein gemacht gewesen."

Jetzt horchen auch die anderen Buben am Fenster unten. „Meinen Dank und meine Anerkennung, Herr Oberlehrer", sagt eben Schulrat Halder mit lauter Stimme. „Der Unterricht war klar und anschaulich. Die Schüler haben sich wohlerzogen gezeigt, auch im Grüßen und Benehmen auf der Gasse." Nun hört man die anderen Herren sprechen, die Stimmen werden leiser, eine Tür schlägt zu.

Die Buben rennen weg vom Fenster. Gleich darauf erscheint der Lehrer auf dem Schulhof. Er ist gut gelaunt und trägt einen Korb mit Brezeln und einen Korb mit roten Würsten. „Ihr habt eure Sache gut gemacht, Kinder. Seht ihr: Pünktlichkeit, Fleiß und Ordnung haben noch nie geschadet. Als Belohnung darf jeder eine Brezel und eine Wurst nehmen!" Die Buben lachen glücklich und boxen sich in die Seite. „Juchhu! – s'isch g'schafft!" Alle schreien jetzt durcheinander.

Nach der Pause finden sie an ihrem Platz einen neuen Griffel – schön in Silberpapier verpackt. So hat der Tag für die Buben ein gutes Ende genommen.

Aber vom Hans, der die Verkleinerungssilben nicht gewußt hat, gibt's noch was zu erzählen! Den hat der Lehrer am nächsten Tag in das Schulzimmer nebenan geschickt. Er mußte dort anklopfen und ganz alleine vor der fremden Klasse fragen: „Wie heißen die Verkleinerungssilben?" Alle wußten es. Danach hat Hans die Verkleinerungssilben nie mehr vergessen.

Im Luftschiff „Graf Zeppelin" rund um die Welt

Eine Journalistin beim größten Ereignis der Luftschiffahrt

Deutschland hatte den Ersten Weltkrieg verloren. Die Gegner setzten im Jahre 1919 einen Friedensvertrag fest, der für Deutschland sehr hart und schmerzlich war. Es durfte zum Beispiel keine Luftstreitkräfte behalten und sollte alle Luftschiffe an die Sieger ausliefern, an Belgien, England, Frankreich, Italien, Japan und die Vereinigten Staaten von Amerika.

Bevor es zur Auslieferung kam, zerstörten die deutschen Luftschiffbesatzungen im Juni 1919 einen Teil der Militärluftschiffe. Die Zeppelin-Betriebe in Friedrichshafen mußten nun zur Strafe auch ihre beiden 1919 neu gebauten Verkehrsluftschiffe LZ 120 und LZ 121 im Sommer 1921 an Frankreich und Italien ausliefern. Die Amerikaner gingen leer aus und verlangten deshalb von Deutschland Ersatz in Geld.

In Friedrichshafen mußten die Zeppelin-Betriebe jetzt Tausende von Arbeitern entlassen, weil sie keine Luftschiffe mehr herstellen konnten. Da hatte Dr. Hugo Eckener, der seit dem Tode des Grafen Zeppelin die Betriebe leitete, eine kühne Idee! Er schlug den Regierungen von Deutschland und Amerika vor, daß er ein ganz neues Luftschiff bauen lasse, größer als die früheren. Das sollte dann den Amerikanern übergeben werden. Das Geld, das die Amerikaner von Deutschland gefordert hatten, würden an ihrer Stelle die Friedrichshafener Betriebe erhalten. So hatten die Betriebe wieder Arbeit und konnten vielen Arbeitern den Lohn weiterbezahlen!

Das war wahrlich ein mutiger Gedanke! Erst fünfmal hatte ein Luftfahrzeug den Atlantischen Ozean überquert, nur einmal ein Luftschiff und viermal ein Flugzeug! Was würde geschehen, wenn das Luftschiff unterwegs verunglückte? Dann mußte Deutschland den Amerikanern trotzdem die verlangten Millionen bezahlen! Eckener versprach, mit dem ganzen Vermögen der Zeppelin-Betriebe für die waghalsige Überführung des Luftschiffs nach Amerika zu bürgen. Im Juni 1922 willigten schließlich beide Regierungen ein.

Zwei Jahre brauchte man zum Bau des neuen Luftschiffes. Im Oktober 1924 steuerte Eckener das LZ 126 selber nach Nordamerika. Ganz Deutschland bangte um den Erfolg. Die riskante Fahrt verlief aber ohne Zwischenfall und dauerte nur drei Tage und neun Stunden; das Luftschiff war damit schneller als jedes Schiff. Das war eine Sensation! Eckener übergab das geforderte Luftschiff den Amerikanern. Begeistert feierten sie ihn und seine Mannschaft.

Die gelungene Fahrt über den riesigen Atlantischen Ozean brachte Eckener auf die Idee, noch weiter zu fahren, über andere Länder und Ozeane. Es war schon ein verwegener Gedanke, um die ganze Welt zu fahren. Aber zuerst mußte er ein neues Luftschiff bauen, das den Deutschen gehörte, und das würde einen großen Batzen Geld kosten. Wer sollte das bezahlen?

Abb. 84 (oben): Zeppelin-Werft und Luftschiff LZ 127 „Graf Zeppelin" im November 1928; im Vordergrund die Maybach-Motorenwerke, rechts oben Riedlewald und Zeppelindorf.

Abb. 85 (unten): Das Luftschiff LZ 127 „Graf Zeppelin" wird in die Halle der Zeppelin-Werft eingebracht (Aufnahme um 1930).

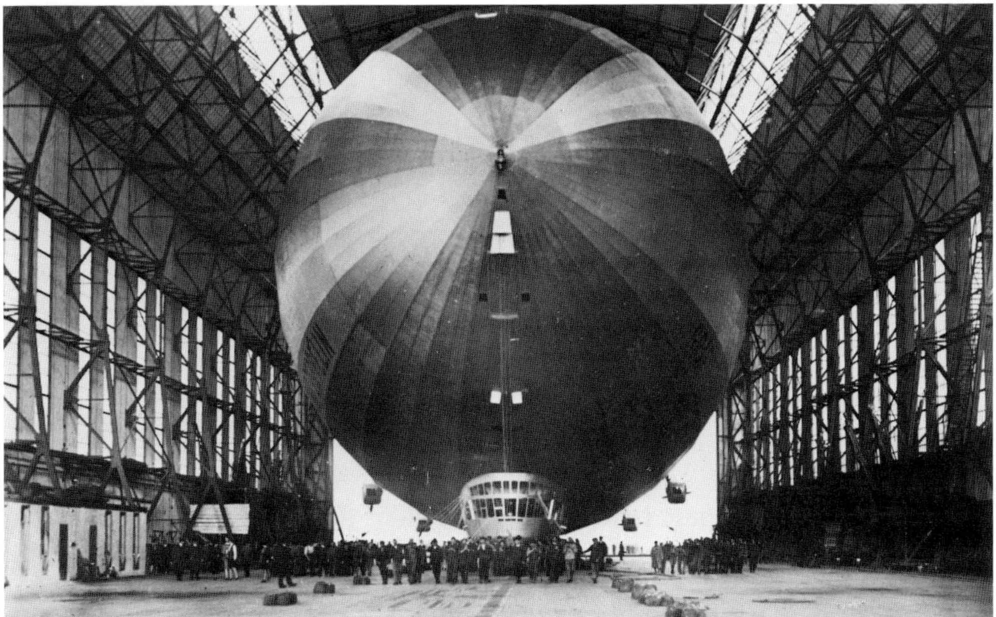

Eckener wußte sich zu helfen. Er sammelte Geld, bei groß und klein, bei arm und reich, so viel Geld, daß er nach anderthalb Jahren mit dem Bau eines neuen Luftschiffes beginnen konnte. Wie die meisten vorher, so wurde auch dieses auf dem Luftschiffgelände beim Riedlepark in Friedrichshafen gebaut. Viele Männer und Frauen benötigte man dazu, unzählige Arbeitsstunden verstrichen, bis endlich die künftige Gestalt der Riesenzigarre zu erkennen war. Ein Gerippe aus Aluminium bildete das Gerüst, Gaszellen im Inneren sollten das Luftschiff sicher in die Luft heben. Eine silbrigglänzende Außenhaut aus verschiedenen Stoffschichten schützte das Schiff vor Wind und Wetter. Fünf Motoren sollten für hohe Geschwindigkeit sorgen, und auf der Unterseite befand sich das „Gehirn" des Schiffes, die Führergondel.

Nach zwei Jahren, im Sommer 1928, war das Wunderwerk fertig. Es wurde das größte aller bisher gebauten Luftschiffe. Mit einer Länge von 236 Metern war es so lang wie ein Güterzug mit 26 Waggons. Mit 30,5 Metern Höhe überragte es ein Haus mit sieben Stockwerken, und es hatte einen Rauminhalt von 105 000 Kubikmetern, so groß, daß über 600 Klassenzimmer in seinem Bauch Platz gefunden hätten. Das Luftschiff wurde auf den Namen „Graf Zeppelin" getauft und erhielt die Nummer LZ 127.

Jetzt hatte Eckener das Luftschiff, mit dem er eine „Weltfahrt" wagen konnte. Aber wieder war alles Geld ausgegeben! Ein reicher amerikanischer Zeitungsverleger bot Eckener an, diese „Weltfahrt" zu bezahlen. Doch nur unter einer Bedingung: Eckener mußte sie von Amerika aus starten.

Aber was würden die Friedrichshafener dazu sagen? Eckener fand eine Lösung: „Wir starten in Amerika, im Luftschiffhafen Lakehurst bei New York. Dort beginnen wir die ‚amerikanische Weltfahrt'. In Friedrichshafen machen wir eine Zwischenlandung. Das ist der Beginn der ‚deutschen Weltfahrt'. In östlicher Richtung überqueren wir Europa, Asien und Amerika. In Lakehurst beenden wir so die ‚amerikanische Weltfahrt'. Mit der Heimkehr nach Friedrichshafen ist auch die ‚deutsche Weltfahrt' beendet."

Gesagt, getan. Das Luftschiff „Graf Zeppelin" startete am 8. August 1929 in Lakehurst mit einigen amerikanischen Fahrgästen an Bord. Und nun ging es in zwei Tagen nach Friedrichshafen. Am 15. August 1929 verließ der riesige Silberfisch um 4.35 Uhr mit 20 Fahrgästen und 40 Besatzungsmitgliedern die Stadt zu seiner großen Fahrt.

Eine amerikanische Journalistin berichtet darüber: „Über Deutschland geht die Sommersonne auf, und die Fluggäste gewöhnen sich langsam an das Leben an Bord. Ein amerikanischer Fluggast legt eine Schallplatte auf ein Grammophon, und ein japanischer Journalist tanzt dazu. Andere Fluggäste vergnügen sich beim Kartenspiel oder schreiben Postkarten, die jetzt schon als Sammelgut heißbegehrt sind." Das Luftschiff fuhr mit fast 110 Stundenkilometern nach Osten, über Berlin und Königsberg nach Rußland. Um 20.30 Uhr überquerte „Graf Zeppelin" die Grenze zur Sowjetunion und fuhr über endlose Weiten, die bisher von keinem Luftfahrzeug überflogen worden waren.

Die Journalistin schreibt weiter: „Am nächsten Morgen wird es bereits um 4 Uhr hell, denn die Sommernächte in Rußland sind kürzer als bei uns. Endlose dunkle Wälder erstrecken sich bis zum Horizont. Brummend und surrend treiben die Motoren das Luftschiff stetig an. Um Mitternacht überqueren wir bei Perm das Uralgebirge in 1000 Meter Höhe. Wir sind über Asien, dem größten aller Erdteile. Stundenlang, ohne irgendeine menschliche Siedlung zu sehen, fährt ‚Graf Zeppelin' über die fast waldlose Sumpftaiga. Für Abwechslung sorgt nur die Überquerung großer sibirischer Ströme, wie dem mächtigen Jenissei. Ein Dorf mit 25 Hütten, namens Werchneimbatskoje, kommt in Sicht. Beim Herannahen unseres niedrigfahrenden Luftschiffes erschrecken die Dorfbewohner so sehr, daß sie entweder die Flucht ergreifen oder fassungslos in die Höhe starren. Die Fahrt geht ohne Unterbrechung weiter, über die Lena hinweg, einen Strom in Sibirien mit einer Breite von 10 km. In seiner Nähe, die Stadt Jakutsk. Hier wird ein Postsack abgeworfen mit Postkarten, die in alle Welt weitergeleitet werden sollen. Für die Menschen an Bord ist diese Stadt in menschenleerer Wildnis vergleichbar mit einer Oase in der Wüste.

Aber noch ist keine Meeresküste oder gar Japan in Sicht. Das 2000 Meter hohe Stanowoi-Gebirge muß noch überwunden werden. Endlich, nach Stunden der aufregenden Überquerung, liegt leuchtend blau das Ochotskische Meer vor uns. Jetzt drehen die Männer in der Führergondel das Schiff nach Süden in Richtung Japan ab. Am Abend werden wir in der Nähe von Tokio von fast einer Viertelmillion Menschen auf dem Landeplatz empfangen."

Seit dem Start in Friedrichshafen sind erst vier Tage vergangen! In 101 Stunden und 49 Minuten wurde die Strecke von Friedrichshafen nach Tokio zurückgelegt. Es waren 11 847 Kilometer! Mit der Transsibirischen Eisenbahn und einem Schiff zur Weiterfahrt nach Japan hätte man dazu zwei Wochen, für eine Schiffsreise gar vier Wochen gebraucht.

Nach vier Tagen Aufenthalt mit Festen und Feiern sehnten sich Besatzung und Fahrgäste wieder in die kühlen Lüfte über dem Stillen Ozean zurück. Die Sommerhitze in Japan war fast unerträglich. Für die Passagiere gab es über dem Stillen Ozean wegen Nebel und Wolken wenig zu sehen. Aber langweilig konnte es an Bord nicht werden, wurden sie doch fürstlich bedient. Aus der Bordküche kamen wahre Schlemmermahlzeiten. Die vornehme Gesellschaft speiste in eleganter Umgebung. Sie tranken aus Kristallgläsern und aßen mit Silberbesteck von bayerischem Porzellan. Die Fahrgäste wurden verwöhnt und bedient wie in einem großen Hotel.

Jetzt kam Amerika in Sicht. Am späten Nachmittag des 26. August war San Franzisko erreicht. Die Journalistin erzählt: „Ein ohrenbetäubender Lärm begrüßt uns. Schiffssirenen heulen, Autos hupen, die ganze Stadt ist auf den Beinen, um dem Luftschiff zuzuwinken."

Nach einer Zwischenlandung in Los Angeles fuhr das Luftschiff in zwei Tagen zur Ostküste der Vereinigten Staaten, am 29. August traf es in Lakehurst ein. Damit war nach 32 800 Kilometern die „amerikanische Weltfahrt" beendet. Die Begrüßung und die Feiern waren unbeschreiblich. In New York wurden die „Bezwinger der Luft" mit einer Konfettiparade begrüßt, wobei zweieinhalb Tonnen Papierschnitzel auf die „Weltfahrer" herabregneten. Sogar der amerikanische Präsident Hoover gab einen Empfang im Weißen Haus. Hugo Eckener, der Kapitän des Luftschiffes, blieb noch für kurze Zeit in Amerika. Sein Stellvertreter, Ernst Lehmann, nach dem auch eine Straße in Friedrichshafen benannt ist, übernahm jetzt die Führung des Luftschiffes. Und auf ging's – nach Hause.

Am 4. September 1929 kehrte LZ 127 nach Friedrichshafen zurück. Die Bodenseestadt war über Nacht berühmt geworden. Reporter aus der ganzen Welt hatten sich hier versammelt, und alle Hotels waren ausgebucht. Die Schultüren blieben geschlossen. Ganz Friedrichshafen stand Kopf. Alle winkten dem herannahenden Luftschiff zu, jeder jubelte und schrie, als der Zeppelin dröhnend über die Köpfe der begeisterten Zuschauer zur Landung auf das Luftschiffgelände einschwenkte. Alles drängte sich jetzt um den Landeplatz. Die Haltemannschaften zogen an den herabgelassenen Haltetauen. Dann verschwand der riesige Schiffsleib langsam und lautlos in der großen Halle. Jetzt erst, in diesem Augenblick, war die „deutsche Weltfahrt" des Luftschiffes „Graf Zeppelin" beendet.

Das LZ 127 hat noch manche berühmte Fahrt unternommen. 1931 überflog es die Eiswüste am Nordpol und die heißen Länder Afrikas. Von 1932 an unterhielt es einen Linienverkehr nach Südamerika. Als die Zeppelin-Betriebe vier Jahre später ein noch größeres Luftschiff LZ 129 in Dienst stellten und die Linienflüge auf Nordamerika ausdehnten, hatte das weltberühmte LZ 127 nicht weniger als 590 unfallfreie Fahrten hinter sich!

Im großen LZ 129 – es hieß „Hindenburg" – hatten 55 Passagiere Platz. Nach 63 Fahrten verbrannte dieses Luftschiff im Mai 1937 beim Landen in Lakehurst; dabei starben 13 Passagiere und 22 Besatzungsmitglieder. Einige von ihnen wurden nach Friedrichshafen überführt und auf dem Hauptfriedhof in einem Ehrengrab beigesetzt. Das war das Ende der Linienflüge nach Amerika.

Die Zeppelin-Betriebe bauten noch einmal ein Luftschiff LZ 130 und nannten es wieder „Graf Zeppelin". Es durfte aber nur noch Probefahrten unternehmen. Im August 1939 verbot die deutsche Hitler-Regierung weitere Luftschiff-Fahrten. Sie wollte einen Krieg beginnen, und da brauchte sie keine Luftschiffe mehr, die die Weltbevölkerung für Deutschland begeisterten. Ein paar Monate später befahl sie die Verschrottung des neuen LZ 130 und des altgedienten LZ 127, das in Frankfurt als Museum zu besichtigen war. Von da an gab es keine „Zeppeline" mehr.

Der standhafte Bürgermeister

Hakenkreuzfahnen in der Stadt – Der Protest des Stadtoberhaupts

Es ist Dienstag, der 7. März 1933. In Friedrichshafen ist alles für einen großen Festtag gerüstet. In mehrjähriger Bauzeit war ein neuer großzügiger Hafenbahnhof entstanden, ein Schmuckstück für die Stadt und ein würdiger Empfangsort für die vielen Schiffs- und Bahnreisenden. Die Häfler waren mächtig stolz auf das neue, kunstvoll entworfene Bauwerk.

Seit Tagen waren die Festvorbereitungen im Gange. Die Kinder hatten sogar schulfrei. Aber trotz aller Vorbereitungen wollte keine rechte Feststimmung aufkommen. In den letzten Wochen war es in Deutschland unruhig geworden. Am 30. Januar 1933 war Adolf Hitler, der „Führer" der NSDAP („Nationalsozialistische Deutsche Arbeiterpartei"), vom Reichspräsidenten zum deutschen Reichskanzler ernannt worden. Seit jenem Tag ließen seine Anhänger, von denen viele in einer braunen Uniform herumliefen, keine andere Meinung mehr gelten. Sie wurden immer lauter und frecher. Weil sie sich als „Nationalsozialisten" bezeichneten, nannten viele Leute sie kurz „Nazis". Für andere waren sie die „Hakenkreuzler", weil sie das Hakenkreuz zu ihrem Parteisymbol gemacht hatten.

Am Sonntag, dem 5. März, sollte ein neuer Reichstag gewählt werden. Die Hakenkreuzler unternahmen alles, um die Anhänger der anderen Parteien einzuschüchtern. Sie wollten die Wahl notfalls mit Gewalt gewinnen, und taten schon vor dem Wahlsonntag so, als ob sie gewonnen hätten. Es war überall das gleiche Bild, in Berlin wie in Stuttgart oder Friedrichshafen. Hier hatten sie bei der letzten Gemeinderatswahl, die erst vier Monate zurücklag, zum erstenmal zwei Gemeinderäte durchgebracht – zwei unter zwanzig, das war nicht viel.

Die Hakenkreuzler erreichten bei dieser Wahl zwar nicht die erhoffte Mehrheit. Aber sie erhielten so viele Stimmen, daß sie in Berlin an der Macht bleiben konnten. Deshalb fühlten sie sich als Sieger. Nun wollten sie den anderen Parteien zeigen, daß nur noch die Hitler-Partei in Deutschland etwas zu sagen hatte. Sie wußten auch gleich ein Mittel, wie sie ihre Macht jedem sichtbar zeigen konnten. Ihre Parteifahne mit dem Hakenkreuz sollte auf allen öffentlichen Gebäuden gehißt werden, ohne Rücksicht darauf, ob die Beamten, die dort ihren Dienst verrichteten, das wollten oder nicht. Die Hakenkreuzler haßten die schwarz-rot-goldene Fahne der deutschen Republik. Sie war für die Hitler-Partei das Symbol deutscher Schwäche – des verlorenen Ersten Weltkriegs und des seitherigen Parteienstreits. Da war den Hakenkreuzlern die alte Fahne des deutschen Kaiserreichs Schwarz-weiß-rot doch lieber.

Abb. 86: Der neue Hafenbahnhof kurz vor der Fertigstellung. Links daneben der alte Hafenbahnhof von 1886 (ab März 1933 abgebrochen); ganz links der ehemalige „Salzstadel".

Am Tag nach der Wahl, am 6. März, wurde die Hakenkreuzfahne auf allen öffentlichen Gebäuden in Stuttgart gehißt. Gleiches geschah in anderen Städten. In Friedrichshafen war man gerade dabei, den Stadtbahnhof für die auswärtigen Festgäste mit den Fahnen der Nachbarstaaten zu schmücken. Da kamen ein paar Anhänger der Hitler-Partei in ihren braunen Uniformen und zogen, ohne lange um Erlaubnis zu fragen, die Hakenkreuzfahne hoch. Bahnhofsvorstand Bihlmeyer war entrüstet: „Was soll die Parteifahne auf einem Gebäude der Reichsbahn bedeuten?" Er forderte die Braunen energisch auf, die Fahne sofort wieder abzunehmen. Als sie nicht Folge leisteten, stieg er selbst auf das Dach und holte die Parteifahne herunter.

So war also der 7. März angebrochen. Jetzt wehte die Reichsfahne Schwarz-rotgold endlich ungehindert auf dem Stadtbahnhof. Doch der Bahnhofsvorstand kam nicht zur Ruhe. Wieder erschien eine Abordnung der Hakenkreuzler und verlangte nun, daß ihre Fahne auf dem Hafenbahnhof gehißt werden sollte. Ausgerechnet zur feierlichen Einweihung! Bihlmeyer blieb hart und ließ sich auch nach ein paar Telefongesprächen mit der Reichsbahndirektion Stuttgart nicht umstimmen. Er war Beamter des Reiches, und für ihn kam zu dem Festakt nur die gültige Reichsfahne in Frage! Die Männer in den braunen Uniformen waren wütend. Sie meinten drohend, daß der störrische Bahnhofsvorstand die „neue Zeit" schon noch begreifen werde. Eines Tages würden sie ihm die Weigerung heimzahlen!

Bald darauf fand sich Bihlmeyer zusammen mit Bürgermeister Schnitzler auf dem Stadtbahnhof ein. Sie warteten auf den Sonderzug aus Stuttgart mit vielen Ehrengästen. Reichsbahnpräsident Dr. Sigel und der württembergische Staatspräsident Bolz hatten ihr Kommen zugesagt. Auf Bolz freuten die beiden sich besonders, obwohl er erst am letzten Freitag zu einer Wahlrede nach Friedrichshafen gekommen war. Schnitzler und Bihlmeyer sprachen besorgt über die politische Entwicklung und meinten: „Gerade jetzt braucht man aufrechte Staatsmänner wie unseren Bolz, Männer, die bereit sind, den Gewaltakten der Hitler-Partei die Stirn zu bieten!"

Als der Sonderzug einrollte und die Ehrengäste ausstiegen, gab es eine Überraschung: Staatspräsident Bolz war nicht mitgekommen. In Stuttgart ging es seit gestern drunter und drüber, und da wollte er die Landeshauptstadt nicht verlassen. Seit gestern forderten die Hakenkreuzler immer wieder seinen Rücktritt. An seiner Stelle war deshalb der Finanzminister erschienen.

In einem langen Zug zogen die Festgäste durch ein Spalier von Schulkindern vom Bahnhof durch die Friedrichstraße und die Karlstraße hinunter zum neuen Hafenbahnhof. Hakenkreuzler hatten inzwischen die schwarz-rot-goldene Fahne eigenmächtig vom Turm des Hafenbahnhofs heruntergeholt und ihre Parteifahne aufgehängt. Bevor der Festakt in der Schalterhalle begann, wurde sie wieder abgenommen, und man feierte nun ohne Fahnenschmuck. Aber als die Festversammlung aus dem Bahnhofsgebäude herauskam, wehte auf dem Turm die alte Kaiserfahne Schwarz-weiß-rot! Die Verwirrung war unbeschreiblich! Am Nachmittag bezogen bewaffnete Hakenkreuzler vor dem Hafenbahnhof Posten, damit niemand die alte Kaiserfahne herunterholen konnte.

Am Mittwoch, dem 8. März, wird die Unruhe unter den Leuten noch größer. Aus Stuttgart sickert die Nachricht durch, daß ein Nazi von Hitler mit der Führung der württembergischen Polizei beauftragt worden ist. Das bedeutet das baldige Ende der Regierung Bolz, denn ohne Polizei kann sie sich nicht mehr lange behaupten.

Am späten Nachmittag gehen die Menschen nicht gleich nach Hause. Überall bilden sich Gruppen, die über die politische Entwicklung sprechen. Mit besorgter Miene stecken die einen die Köpfe zusammen, andere zeigen unverhohlen ihre Freude über das rasche Voranschreiten der „nationalsozialistischen Revolution", wie die Hakenkreuzler ihre Gewaltakte nennen.

Kurz nach 18 Uhr hört man in der Altstadt ein dumpfes rhythmisches Geräusch: Ein Trupp uniformierter Hakenkreuzler marschiert auf den Marktplatz zu. Die eisenbeschlagenen Stiefel knallen gleichmäßig auf die Erde: eins – zwo – eins – zwo – eins – zwo! Die Braunen halten direkt vor dem Rathaus an. Es ist schon geschlossen, aber die Uniformierten wissen sich zu helfen. Der Anführer gibt einige Kommandos, und nach ein paar Minuten weht die Hakenkreuzfahne am Rathausgiebel!

Der Anführer hält eine kurze Ansprache. Er sagt, daß die Hakenkreuzfahne 24 Stunden lang auf den öffentlichen Gebäuden gehißt wird. „So soll", ruft er laut, „die Schmach vom November 1918 getilgt werden, als an den gleichen Stellen rote Fahnen als Zeichen der Kommunisten-Revolution hingen. Die Zeit der Erniedri-

Abb. 87: Die Hakenkreuz-Fahne, am 8.März 1933 ohne Wissen des Bürgermeisters am Rathausgiebel in Friedrichshafen aufgezogen.

gung ist vorbei. Jetzt wird Deutschland wieder groß und stark!“ Die Hakenkreuzler singen danach das Deutschland-Lied und rücken dann geschlossen ab.

Die Menschen, die sich gerade in der Nähe aufhalten, haben gespannt zugesehen. Niemand hat die Braunen an ihrem Tun gehindert, aber manche Zuschauer ballen die Fäuste in den Taschen. Andere, die sich von der Hitler-Partei und ihren Versprechungen begeistern lassen, meinen: „Jawohl, jetzt soll auch auf dem Rathaus die neue Zeit anbrechen. Die Schwarzen haben lange genug das Sagen gehabt, und die Roten gehören schon längst aus dem Gemeinderat hinausgeworfen! Sie sind schuld an den vielen Arbeitslosen und am Elend seit dem Krieg. Hitler ist unsere Rettung. Er wird unser Land zu neuer Blüte führen!“

Die Uniformierten marschieren nun durch die Schanzstraße zur Polizeidirektion. Dort wiederholt sich das Spiel. Auf dem Direktionsgebäude werden gleich drei Fahnen aufgezogen: Die Hakenkreuzfahne, die alte Kaiserfahne und die württembergische Fahne Schwarz-rot. Die diensthabende Polizeiwache leistet keinen Widerstand. Nach Ansprache und Absingen des Deutschland-Liedes geht es weiter zur Polizeikaserne in Löwental, wo sich der Vorgang noch einmal wiederholt.

Bürgermeister Schnitzler hat die Braunen an seiner Wohnung im Haus Karlstraße 17 vorbeiziehen sehen. Er weiß bald, was vorgefallen ist, und meint empört: „Was hat die Parteifahne auf dem Rathaus zu suchen? So wenig wie gestern auf dem Bahnhof! Soll das heißen, daß die Braunen von nun an über die Stadtverwaltung bestimmen wollen? Das ist unerhört! Die frechen Kerle haben doch nur zwei Sitze im Gemeinderat!“

Hans Schnitzler ist seit 1920 Stadtoberhaupt von Friedrichshafen. Unerschütterlich hat er die Stadt durch die Notjahre nach dem Ersten Weltkrieg geführt. Trotz Geldentwertung, Arbeitslosigkeit und vielen anderen Sorgen konnte die Stadt in dieser Zeit große Ziele verwirklichen: den Bau eines neuen großen Volksschulgebäudes, die Erweiterung des Karl-Olga-Krankenhauses, den Ausbau des Strandbads, die Umgestaltung des Gaswerks, die Vergrößerung des Friedhofs und den Bau einer Leichenhalle, die Errichtung eines neuen Feuerwehrgebäudes, die Erweiterung der Uferanlagen. Auch beim Bau der Canisius-Kirche und an der Neugestaltung des Hafenbahnhofs war die Stadt beteiligt. Die Erhaltung der Zeppelin-Betriebe betrachtete das Stadtoberhaupt immer als großes Anliegen, und mit allen Bürgern freute sich Schnitzler an den großen Triumphen des erfolgreichen LZ 127. Kein Wunder, daß die Häfler ihr Stadtoberhaupt im Oktober 1930 mit überwältigender Mehrheit im Amt bestätigten. Von 3830 Wählern gaben ihm 3821 ihre Stimme!

Bürgermeister Schnitzler hat den Versprechungen der Nazis nie getraut. Der freche, fordernde Ton, mit dem sie seit langem auftreten, und ihre maßlosen Ziele gefallen ihm nicht. Die vielen Gewalttaten gegen Andersdenkende, die sie schon verübt haben, stoßen den feinsinnigen Verwaltungsmann ab. Er gehört deshalb nicht zur Hitler-Partei und denkt auch nicht im Traum daran, dieser beizutreten.

Es war schon ein starkes Stück, die Hakenkreuzfahne ans Rathaus zu hängen, ohne den Bürgermeister vorher um Erlaubnis zu fragen. Schnitzler ist entschlossen, sich der Herausforderung zu stellen. Die Lage ist aber nicht mehr einfach. Immer mehr Leute meinen, man sollte die Übergriffe der Hakenkreuzler hinnehmen. „Das sind dumme Streiche, die sich mit der Zeit legen werden", sagen sie, „Hitler weiß bestimmt nichts davon." In Wirklichkeit hat der alles angeordnet.

Bürgermeister Schnitzler hält die Gewaltakte nicht für dumme Streiche. Er hält sie für sehr gefährlich und macht sich große Sorgen um die weitere Entwicklung der Stadt, des Landes und des Reiches. Wo soll das enden, wenn eine einzige Partei alle Macht an sich reißt und tun und lassen darf, was ihr gefällt – eine Partei, die Genugtuung für den verlorenen Krieg fordert!

Der Bürgermeister protestiert deshalb beim Anführer der Friedrichshafener Hakenkreuzler energisch gegen das Hissen der Parteifahne auf dem Rathaus. Doch der ist nicht bereit, die Fahne herunterholen zu lassen. Soll der Bürgermeister die Fahne selbst abnehmen, wie es Bahnhofsvorstand Bihlmeyer noch am Montag auf dem Stadtbahnhof gemacht hat? Das geht jetzt nicht mehr! Bewaffnete Hakenkreuzler bewachen die Fahnen. Man weiß, daß sie vor nichts zurückschrecken. Da sagt der Bürgermeister entschlossen: „Solange diese Fahne nicht abgenommen ist, betrete ich das Rathaus nicht mehr!"

Nun muß Schnitzler vorsichtig sein. Die Nazis sollen ihm nicht nachweisen können, daß er seine Dienstgeschäfte vernachlässige. Die Fahne soll ja nur 24 Stunden am Rathaus hängen.

Am Donnerstagmorgen gibt Schnitzler seiner Sekretärin Bescheid: „Ich komme nicht ins Rathaus! Ich schaue in den Stadtwerken in der Bismarckstraße nach dem Rechten, und anschließend bin ich auf Außendienst in der ganzen Stadt unterwegs. Ich mache das ausnahmsweise nicht wie gewöhnlich in der dienstfreien Zeit am Samstagnachmittag. Wenn jemand nach mir fragt, dann sagen Sie, daß ich dienstlich unterwegs bin!"

Gesagt, getan! Bürgermeister Schnitzler beschäftigt sich so gründlich mit den Stadtwerken und anderen Aufgaben im Außendienst, daß die Nazis schließlich vom Warten genug haben und die Hakenkreuzfahne nach zwei Tagen vom Rathaus herunterholen. Am Samstag, dem 11. März, läßt sich der Bürgermeister wieder auf dem Rathaus sehen!

Die Braunen haben auch ihre Genugtuung. Am 11. März ist in den Zeitungen zu lesen: Ihr Parteigenosse, der seit drei Tagen die württembergische Polizei leitet, hat das Hissen der Hakenkreuzfahne oder der schwarz-weiß-roten Fahne für alle Reichs- und Landesgebäude und einen Teil der städtischen Gebäude angeordnet. Er hat damit das im ganzen Land verübte Unrecht eilends in geltendes Recht verdreht.

Und noch etwas ist geschehen: In der Nacht vom Freitag auf Samstag ließ dieser neue Polizeichef in ganz Württemberg 200 Kommunisten verhaften. Auch in Friedrichshafen wandern fünf Kommunisten, darunter Stadtrat Bertel, ins Gefängnis und bald darauf in ein besonderes Gefangenenlager auf der Schwäbischen Alb. Es dauert nicht mehr lange, bis sich herumspricht, daß es unter der Regierung Hitlers viele solche großen Gefangenenlager gibt. Die Hakenkreuzler nennen sie „Konzentrationslager" oder kurz „KZ". So etwas hat es in Deutschland vorher nie gegeben.

Im Reich, im Land und in der Stadt geht es Schlag auf Schlag weiter. Ein neues Gesetz schreibt vor, daß die Landtage und Gemeinderäte nach dem Stimmenverhältnis der Reichstagswahl neu besetzt werden müssen. So ziehen im Mai 1933 sieben Nazis in den Stadtrat von Friedrichshafen ein. Sie ärgern sich gewaltig über die Ansprache des Bürgermeisters bei ihrer Vereidigung. Schnitzler sagt nämlich, daß er in den Gemeinderäten „keine Parteimitglieder, sondern gleichberechtigte und gleichverantwortliche Mitbürger" sehe.

Vier Monate später gibt es nur noch Hakenkreuzler im Gemeinderat. Die anderen Parteien sind verboten oder haben sich selbst aufgelöst. Nun scheint es den Braunen an der Zeit, den unbequemen Bürgermeister abzusetzen, der nicht mehr in die „neue Zeit" hineinpaßt. Am 28. November 1933 wird Schnitzler in Pension geschickt. Er ist gerade 59 Jahre alt; seine Amtszeit ist noch lange nicht abgelaufen.

Mit großem Kummer verfolgt Schnitzler von nun an, wie sich die Stadt unter den Nazis rasch verändert. Sie wollen ein „Tausendjähriges Reich" aufrichten. Zehn Jahre nach ihrer Machtübernahme beginnt die Zerstörung der Stadt. Der abgesetzte Bürgermeister muß ohnmächtig mitansehen, wie sein Lebenswerk nach und nach in Trümmer sinkt. Es ist nur ein schwacher Trost, daß er nach dem Krieg – zu seinem 80. Geburtstag im September 1954 – noch zum Ehrenbürger von Friedrichshafen ernannt wird. Im August 1957 wird Alt-Bürgermeister Hans Schnitzler unter großer Anteilnahme der Bevölkerung auf dem Hauptfriedhof zu Grabe getragen.

Abb. 88: Hakenkreuz-Fahnen am Rathaus und auf dem Marktplatz nach 1933.

Im Kampf gegen die Lüge

Friedrichshafener Eisenbahner im Widerstand gegen die nationalsozialistische Diktatur – Fridolin Endraß zum Tode verurteilt

An einem warmen Maisonntag des Jahres 1937 sitzen drei Männer in einer blühenden Obstwiese an der Rotach, nicht weit von der Ravensburger Straße entfernt. Immer wieder vergewissern sie sich, daß kein unerwünschter Lauscher mithört. Ihrer Kleidung nach sind es Arbeiter. Sie waren früher in der Eisenbahnergewerkschaft tätig und kennen sich seit langem.

„Fridolin", sagt Karl Molt, „ich glaub' den Zeitungen und der Propaganda im Radio kein Wort. Hitler bereitet planmäßig einen Krieg vor, und wenn es diesen Krieg gibt, dann geht Deutschland einer Katastrophe entgegen!"

Fridolin Endraß ist ganz aufgewühlt von den eindringlichen Worten seines Kollegen. Er hat selbst schon genug gehört und gesehen und ist überzeugt: Hitler ist fest entschlossen, seine machtpolitischen Ziele auch mit Krieg durchzusetzen. Seit die Nationalsozialisten an der Macht sind, laufen die Rüstungsbetriebe in Friedrichshafen auf Hochtouren. Sie wissen bald nicht mehr, wie sie die anfangs zu Hunderten, mittlerweile zu Tausenden neu geschaffenen Arbeitsplätze besetzen sollen. Maybach baut inzwischen fast nur noch Panzermotoren, die Zahnradfabrik stellt Getriebe für alle Arten von Militärfahrzeugen her, und die neuen Dornier-Flugzeuge eignen sich hervorragend für Aufklärung und Kampfeinsatz.

„Du hast sicher recht, Karl", sagt Endraß. „Die Bevölkerung von Friedrichshafen ist schon mehrfach zum Kauf von 'Volksgasmasken' aufgefordert worden. Die Nazis rechnen offenbar mit einem Giftkrieg, der uns schon in wenigen Jahren treffen könnte!" – Jakob Müller fügt hinzu: „Bei uns im Reichsbahnausbesserungswerk werden immer mehr Lokomotiven und Waggons für Truppen- und Militärtransporte hergerichtet." – „Aus Stuttgart, Karlsruhe, Mannheim und vielen anderen Städten höre ich Ähnliches", sagt Molt. „Überall wird Kriegsgerät in großen Stückzahlen hergestellt! Es ist doch klar, wohin dieser Weg führen muß."

„Aber, Karl", fragt Endraß, „was können wir Arbeiter denn tun, um dieses drohende Unheil abzuwenden – so wie es jetzt in Deutschland aussieht?"

Kaum war Hitler mit seinen Nationalsozialisten 1933 an die Macht gekommen, hatte er alle feierlich gegebenen Schwüre gebrochen, daß er die Verfassung des Deutschen Reiches achten und respektieren werde. Nacheinander wurden alle anderen Parteien und die Gewerkschaften verboten oder aufgelöst; innerhalb kürzester Zeit entstand in Deutschland eine menschenverachtende Diktatur.

Endraß, der frühere Vorsitzende der Eisenbahnergewerkschaft in Friedrichshafen, erinnert sich noch gut daran, wie die Polizei damals, im Mai 1933, in das Gewerkschaftsbüro eindrang. Sie beschlagnahmte Kasse, Bücher und Schriften und teilte ihm barsch mit: „Die Gewerkschaft ist aufgelöst. Mitglieder, Gewerkschaftskasse und Vermögen werden in die nationalsozialistische 'Deutsche Arbeitsfront' überführt. Heil Hitler!"

Abb. 89: Fridolin Endraß (1893-1940) aus Mariabrunn, Eisenbahner und Gewerkschafter in Friedrichshafen, in Aufnahmen aus dem Ersten Weltkrieg (mit Kriegsauszeichnung) und um 1937.

Endraß und seinem Amtsvorgänger Müller war damals nichts passiert. Aber nicht wenige ihrer Gewerkschaftskollegen sind verhaftet und in die neu errichteten „Konzentrationslager" gesperrt worden, wo die „Schutzstaffel", die sogenannte „SS", bald ihr grausames Regiment ausübte. Auch der führende Stuttgarter Gewerkschafter Karl Molt war damals in großer Gefahr; mit knapper Not war er entkommen und in die Schweiz geflohen. Daß er sich nun mit Endraß und Müller treffen kann, verdankt er einem gefälschten Paß. Auf keinen Fall darf die „Gestapo" dieser Begegnung auf die Spur kommen. Die Nazis haben die „Geheime Staatspolizei" zur Verfolgung Andersdenkender eingeführt; ihre brutalen Männer halten sich an keinerlei rechtsstaatliche Regeln mehr. Wegen der Bedeutung der Stadt für die Rüstungsindustrie ist auch bei der Polizeidirektion Friedrichshafen eine Gestapo-Hauptstelle eingerichtet worden, deren Spitzel inzwischen in allen Betrieben tätig sind.

„Kein Mensch hätte vorher gedacht, daß die Nazis die früher sehr starken Gewerkschaften so schnell zerschlagen könnten", nimmt Müller das Gespräch wieder auf, und Endraß fährt fort: „Karl, du warst in Stuttgart damals doch Führer beim 'Reichsbanner', in dem sich Sozialdemokraten und Gewerkschafter zusammengeschlossen haben, um die Demokratie vor dem Nationalsozialismus zu retten. Warum habt ihr euch im Mai 33 nicht gewehrt und eure Organisation gegen die Nazis eingesetzt, als klar war, was Hitler vorhatte?"

Karl Molt nickt. „Wenn es nach mir gegangen wäre, hätten wir zugeschlagen. Meine Leute, rund 2000 Mann, lagen gut bewaffnet und ausgebildet in Bereitschaft – doch der Einsatzbefehl kam und kam nicht. Vor Zorn und Enttäuschung hätte ich heulen können."

„Aber, Fridolin", wirft Müller ein, „man darf nicht vergessen, daß Hitler vom Reichspräsidenten Hindenburg zum Reichskanzler ernannt wurde, nachdem die Nationalsozialisten die weitaus stärkste Partei im Reichstag geworden waren. Ein Kampf gegen sie mit Waffengewalt hätte Bürgerkrieg bedeutet. Zudem haben Millionen Arbeitslose gehofft, Hitler würde ihnen – wie versprochen – wieder Arbeit verschaffen."

Die drei Freunde erheben sich. Sie wollen nun die Rotach entlang zum See spazieren. Nach wenigen Metern nimmt Endraß den Gesprächsfaden wieder auf: „Die Zahl der Arbeitslosen ist, wie von den Nazis angekündigt, ab 33 laufend zurückgegangen, aber nicht allein durch den Autobahnbau, wie die Zeitungen dauernd verbreiten." – „Richtig!", fügt Molt erregt hinzu. „Die einseitige und verlogene Berichterstattung soll die Leute über die wahren Absichten und Entwicklungen täuschen.

Abb. 90: Jakob Müller (1890-1972), Eisenbahner und Gewerkschafter in Friedrichshafen.

Presse und Rundfunk dürfen nur noch berichten, was die Partei vorschreibt. Es wird verschwiegen und verschleiert, daß schon jahrelang der größte Teil der Staatsausgaben in die Aufrüstung fließt, daß die meisten neuen Arbeitsplätze in der Rüstungsindustrie geschaffen werden und daß die Verschuldung des Reiches durch die planmäßige Kriegsvorbereitung bereits ungeheure Summen erreicht hat! In der allgegenwärtigen Nazipropaganda dagegen erscheint Deutschland heute als Arbeiterparadies und Adolf Hitler als Friedensengel."

„Wenn das die Leute bloß durchschauen würden!", meint Endraß. „Damit, Fridolin, sind wir wieder bei deiner Frage: Was können wir tun? Genau hier sollten wir ansetzen! Wir müssen versuchen, dieses Gewebe aus Lug und Trug zu zerreißen, das die Zeitungen und alle anderen Propagandamittel täglich über Deutschland legen. Wir dagegen müssen den Menschen die Wahrheit sagen, damit sie merken, was in Deutschland wirklich geschieht und wohin die Nazipolitik unweigerlich führen wird. Vielleicht können wir so bei manchen, die schon ihre Zweifel haben, Widerstand wecken und bei denen, die sich mit der Diktatur nie abgefunden haben, den Widerstand stärken." – „Und wie stellst du dir das vor, Karl?", fragt Müller.

„Du weißt, Jakob, daß einige von uns in die Schweiz fliehen konnten. Dort haben wir uns bald zusammengefunden, um auch vom Ausland aus etwas für unser Vaterland zu tun. Wir können nicht schweigend zusehen, wie Deutschland immer mehr zu einem Unrechtsstaat wird und einer noch schlimmeren Zukunft entgegengeht.

Wir wollen von der Schweiz aus die deutschen Landsleute und die Weltöffentlichkeit über das wahre Geschehen im Hitlerreich unterrichten. Dazu sammeln wir Informationen aus allen gesellschaftlichen Bereichen und aus allen Teilen des Landes. Je mehr Nachrichten wir bekommen, desto klarer tritt die Wirklichkeit hervor. Wir verarbeiten die Informationen zu Berichten, die wir in Flugblättern und kleinen Heften abdrucken. Danach kommt der schwierigste Teil: Die Drucke müssen heimlich über die deutsche Grenze geschmuggelt und dann in verschiedene Städte gebracht werden. Unsere Vertrauensleute übernehmen dort gezielt die weitere Verteilung. Mit Kollegen aus unserer ehemaligen Gewerkschaftsorganisation müßte das am ehesten zu schaffen sein."

Inzwischen sind die drei am See angelangt. Das Schweizer Ufer ist gut zu erkennen. Molt läßt seinen Begleitern Zeit, über seine Worte nachzudenken. Nach einer Weile zeigt Endraß auf ein nahes Ruderboot: „Wäre das auch ein Weg, um eure Drucke bei Nacht über den See zu bringen? Ich halte es für wichtig, dein Anliegen zu unterstützen." Molt schüttelt den Kopf: „Dieser Weg wäre zu gewagt; beide Uferseiten werden streng überwacht!" Auch Jakob Müller wiegt bedenklich den Kopf: „Fridolin, du bist dir sicher im klaren, daß aktiver Widerstand gegen die Diktatur sehr gefährlich ist. Du bringst damit auch deine Familie in Gefahr. Die Gestapo hat ihre Augen und Ohren überall, und es gibt ehemalige Kollegen, die 'umgefallen' sind und ihre früheren Freunde ans Messer liefern könnten." – „Man muß sich der

Gefahr bewußt sein und vorsichtig zu Werke gehen", sagt Molt. „Wenn niemand die Wahrheit in die Welt hinausschreit, wird dieser Hitler immer übermütiger. Was soll dann nur aus Deutschland werden? Drum noch einmal meine Frage: Macht ihr beide trotzdem mit?"

Endraß braucht nicht lange zu überlegen. Er hat sich in den zurückliegenden Jahren schon viele Gedanken gemacht, wie man die unheilvolle Entwicklung aufhalten könnte. Daß ein einzelner machtlos ist, ist ihm rasch klar geworden.

Bisher hat er sich dem Staat nie entgegengestellt. Im Gegenteil: In der Schule und in der Schlosserlehre gehörte er zu den Besten. Im Ersten Weltkrieg hat er zwei Jahre an der Front gekämpft. Wegen „Tapferkeit vor dem Feind" ist er mit dem Eisernen Kreuz und der württembergischen Militär-Verdienstmedaille ausgezeichnet worden. Dank seiner guten Zeugnisse hatte er im Januar 1919, gleich nach der Entlassung aus dem Militärdienst, eine Anstellung im Reichsbahnausbesserungswerk in Friedrichshafen erhalten, als im ganzen Land unzählige Arbeitnehmer arbeitslos wurden. Es war eine glückliche Fügung, daß er so in die Nähe seines Geburtsorts Mariabrunn zurückkehren konnte. Dank seiner aktiven Mitarbeit in der Eisenbahnergewerkschaft hat ihn die Friedrichshafener Ortsgruppe bald zum Schriftführer (1923–1931) und Vorsitzenden (1931–1933) gewählt. Vor der Auflösung der meisten Arbeitervereine durch die Nationalsozialisten war er Mitglied im Arbeiter-"Sängerbund" und im Arbeiter-Radfahrverein „Solidarität". Einer Partei hat er jedoch nie angehört. Sein Ansehen im Betrieb ist groß; erst vor kurzem ist er sogar – trotz der unbequemen gewerkschaftlichen „Vergangenheit" – zum Vorhandwerker befördert worden.

Dieses Leben ist von Geradlinigkeit und Tüchtigkeit geprägt. Das bestärkt Endraß jetzt in der Überzeugung, wieder Verantwortung für seine Mitmenschen zu übernehmen – gegen eine Diktatur, die er als Demokrat verabscheut und die nur Unglück über Deutschland bringen kann. Dabei denkt er auch an seine Familie; auch für sie erhofft er sich eine bessere Zukunft.

„Karl, ich mache mit! Für ein freieres Deutschland!" Kräftig drücken sich Molt und Endraß die Hand.

Nun schaut Molt fragend zu Müller hinüber. „Auch ich bin entschieden für ein Leben in Freiheit", sagt dieser zögernd, „aber euer Weg kommt mir zu gefährlich vor." – Jakob Müller stammt aus Botenheim bei Heilbronn; nach sechs Jahren Militärdienst ist er bereits 1917 entlassen worden. Seither arbeitet er als Schmied im Reichsbahnausbesserungswerk. Als Sozialdemokrat und Gewerkschafter hat auch er sich in der Vergangenheit stets für die Belange der Arbeiter eingesetzt. Über viele Jahre hinweg (1925–1931) war er Vorsitzender im Betriebsrat, und zweimal (1921–1923 und 1925–1931) stand er an der Spitze der Friedrichshafener Ortsgruppe der Eisenbahnergewerkschaft, bis er von Endraß abgelöst wurde. Müller verfolgt die Entwicklung seit 1933 mit großer Besorgnis und klarer innerer Ablehnung. Die bisherigen Beobachtungen zum rücksichtslosen Vorgehen der Gestapo, auch in seinem Betrieb, haben ihn aber vorsichtig gemacht.

„In der Sache bist du also mit uns einig", sagt Molt. „Dann laß mich schildern, wie unser Kampf gegen die Lüge ablaufen soll. Du wirst sehen, daß wir unser Vorhaben gut durchdacht und vorbereitet haben." Molt erklärt, daß die Druckschriften aus der Schweiz durch einen Kurier über die deutsche Grenze geschmuggelt und direkt in Friedrichshafen abgeliefert werden sollen, in der Wohnung von Fridolin Endraß. Soweit ein Schriftwechsel unvermeidlich ist, z.B. zur Übermittlung von Nachrichten und zur Ankündigung von Terminen, soll er mit unsichtbarer Tinte auf die Rückseite oder zwischen die Zeilen harmloser Briefe geschrieben werden. Außerdem wird der Schriftverkehr über Tarnadressen abgewickelt. Jedes Mitglied der Widerstandsgruppe erhält einen Decknamen.

„Sollte wirklich einmal ein Schreiben der Gestapo in die Hand fallen, bleiben die Beteiligten unbekannt", sagt Molt. Endraß bekräftigt: „Vorsichtiger könnte man gewiß nicht an die Sache herangehen. Ich halte es für ausgeschlossen, daß wir mit den von Karl beschriebenen Tarnmaßnahmen auffallen können. Bitte, mach mit, Jakob! Die Sache ist zu wichtig, als daß du abseits stehen darfst. Du hast dich in der Vergangenheit so entschieden für deine Arbeitskollegen und ihre Lage im Betrieb eingesetzt; jetzt ist die Aufgabe noch größer. Das ist doch eine Herausforderung an einen mutigen Sozialdemokraten und Gewerkschafter wie dich!"

Nach neuem Überlegen willigt Müller ein. Dann werden die Aufgaben vergeben. Endraß erklärt sich bereit, zur Verteilung von Druckschriften ein Netz von Vertrauensleuten im geheimen aufzubauen. Es soll alle wichtigen Städte im Süden Württembergs umfassen. Als Eisenbahner ist er häufig dienstlich auf den Schienen, so daß die weiträumigen Kontaktaufnahmen nicht auffallen werden. Er will auch die Verteilung der eingehenden Druckschriften besorgen. Als zweite Aufgabe übernimmt er die Beschaffung und Übermittlung von möglichst vielen Nachrichten und Beobachtungen an Karl Molt. Sie sollen das politische und gesellschaftliche Leben unter der Parteidiktatur schildern, ebenso die Lage der Arbeitnehmer in den größeren Betrieben. Erwünscht sind auch Beobachtungen, die auf Kriegsvorbereitungen hindeuten; dazu gehören z.B. Waffentransporte und Truppenbewegungen auf der Eisenbahn, die Endraß an seinem Arbeitsplatz im Bahngelände und von der nahen Wohnung aus gut verfolgen kann.

Müller stellt sich als Anlaufstelle für Briefe Molts an Endraß zur Verfügung und für die Weiterverteilung kleinerer Mengen von Drucken. Zum Schluß gibt Molt die Decknamen bekannt, die von nun an verwendet werden sollen. Er wird als „August Wörnli" auftreten, Endraß soll als „Alex" und Müller als „Fred" bezeichnet werden.

Schon wenige Tage später fährt der Rorschacher Arbeiter Josef Riedlin zum erstenmal als Kurier mit etwa 120 Drucken bei Konstanz über die Grenze und über Meersburg nach Friedrichshafen. Eng zusammengerollt sind die Flugblätter und kleinen Broschüren im Vorderreifen seines Fahrrads versteckt. Nach wenigen Fahrten verlangt Riedlin eine Verkürzung seiner Aufenthalte in Deutschland; er will seine Gefährdung vermindern. Von da an fährt ihm Endraß jedes Mal mit dem Fahrrad entgegen; sie treffen sich stets an der Lorettokapelle in Staad bei Konstanz.

Dort tauschen beide die Vorderräder aus; so bringt Endraß die Schriften selbst nach Friedrichshafen.

Wiederholt fährt er zu „Ausflügen“ in die Schweiz, um den Aufbau und die Durchführung der weiteren Untergrundarbeit mit Molt zu besprechen. Im November 1937 fährt auch Müller einmal mit. Bei diesem geheimen Treffen im Ausland kommen beide mit Hans Jahn, dem früheren Reichsverbandsleiter der Eisenbahnergewerkschaft in Deutschland, und mit Edo Fimmen, dem Generalsekretär des Internationalen Transportarbeiter-Verbandes, zusammen. Dieses Treffen ermutigt sie auf dem eingeschlagenen Weg.

Trotz aller Vorsichtsmaßnahmen bleibt die Arbeit im Untergrund sehr gefährlich. Die meisten Kollegen, die Endraß für die Mitarbeit gewinnen will, lehnen ab – aus Angst vor der allgegenwärtigen Gestapo. Nur wenige wollen mitmachen. Endraß ist daher enttäuscht vom Ergebnis seiner Bemühungen, Mitarbeiter für das wichtige Anliegen zu gewinnen. Umso erfreuter meldet er im September 1937 an Molt: „Getreu Deinen Anweisungen habe ich nun auch Verbindungen zu Gruppen außerhalb unserer ehemaligen Eisenbahnergewerkschaft aufgenommen. Ein herausragendes Mitglied der früheren Kommunistischen Partei in Friedrichshafen zeigt großes Interesse an einer Mitarbeit und an einem Treffen mit Dir!“

Nach Molts Zustimmung weiht Endraß den neu gewonnenen Mitarbeiter in alle Geheimnisse der Untergrundarbeit ein. Noch im gleichen Monat nimmt er ihn sogar zu einem Treffen in Konstanz mit; im November und Dezember reisen beide zusammen nach Rorschach. Endraß ahnt nicht, daß er damit gleichzeitig die Gestapo über die Tätigkeiten seiner Gruppe unterrichtet. Diese hat den früheren Kommunisten im März 1933 verhaftet, über längere Zeit im Konzentrationslager festgehalten und dort solange unter Druck gesetzt, bis er „umgebogen“ war; gegen die Zusicherung künftiger Spitzeldienste ist er wieder freigelassen worden. So kann die Gestapo nun das geheime Geschehen unbemerkt mitverfolgen. Sie läßt sich dafür neun Monate Zeit, um viel über die Mitwirkenden, ihre Ziele und Methoden zu erfahren und um so die Widerstandsgruppe möglichst vollständig aufdecken zu können. Es gelingt ihr, fast 50 Briefe zwischen Molt und Endraß abzufangen, abzulichten und zu entschlüsseln. Anschließend werden die Briefe weitergesandt, damit die Beobachtung nicht auffällt.

Dann schlägt die Gestapo zu. Am 21. Juli 1938 wird Endraß verhaftet. Drei Tage später holt sie in Friedrichshafen, Aulendorf, Ulm, Esslingen, Stuttgart und Heilbronn 14 weitere Mitglieder der Widerstandsgruppe ab; auch der Schweizer Kurier Riedlin geht ihr, bei der Staader Kapelle erwartet, am 24. Juli ins Netz.

Die Stuttgarter Gestapozentrale übernimmt die weiteren Ermittlungen. Nun beginnen gnadenlose Verhöre, die sich unter Anwendung brutalster körperlicher und seelischer Druckmittel über viele Monate hinziehen. Die beiden Anklageschriften des Oberreichsanwalts vom 5. Juli 1939 umfassen 79 Seiten! Am 25. November 1939 fällt der in Stuttgart tagende Senat des Volksgerichtshofs die Urteile. Fridolin

Im Namen
des Deutschen Volkes

In der Strafsache gegen

1.) den Schlosser Friedolin E n d r a ß aus Friedrichshafen, Ernst-Lehmann-Straße 4, geboren am 5. März 1893 in Mariabrunn, Gemeinde Erichskirch, Bezirk Tettnang, verheiratet,

2.) den Hilfsarbeiter Josef R i e d l i n aus Rorschach (Schweiz), Felsenbergstraße 5, schweizerischen Staatsangehörigen, geboren am 24. Januar 1915 in Rorschach, ledig,

beide zur Zeit in dieser Sache in gerichtlicher Untersuchungshaft,

wegen Vorbereitung zum Hochverrat und Landesverrats

hat der Volksgerichtshof, 1. Senat, in der öffentlichen Sitzung vom 25. November 1939 auf Grund der mündlichen Verhandlungen vom 23. November 1939 in Stuttgart, an welchen teilgenommen haben

als Richter :

Volksgerichtsrat Lämmle , Vorsitzer,
Volksgerichtsrat Dr. Merten,
SA-Brigadeführer Liebel,
Gaugerichtsvorsitzender Hartmann,
Stadtrat Kaiser,

als Vertreter des Oberreichsanwalts:

Erster Staatsanwalt Kempter,

als Urkundsbeamter der Geschäftsstelle:

Sekretär Sonnenschein ,

für Recht erkannt :

I. Der Angeklagte E n d r a ß wird wegen Landesverrats in Tateinheit mit Vorbereitung zum Hochverrat zum Tode verurteilt. Die bürgerlichen Ehrenrechte werden ihm auf Lebenszeit aberkannt.

II. Der Angeklagte R i e d l i n wird wegen Beihilfe zur Vorbereitung zum Hochverrat zu 3 – drei – Jahren Zuchthaus verurteilt. 16 – sechzehn – Monate der erlittenen Untersuchungshaft werden ihm auf die erkannte Strafe angerechnet.

III. Die beschlagnahmten Druckschriften und Briefe sowie der sichergestellte Fünfzig-Markschein werden eingezogen.

IV. Die Angeklagten tragen die Kosten des Verfahrens.

Von Rechts wegen.

Abb. 91: Beginn des vom „Volksgerichtshof" in Stuttgart am 25.11.1939 gegen Fridolin Endraß und Josef Riedlin verhängten 62seitigen Urteils.

Endraß wird als einziger zum Tode verurteilt; die anderen Angeklagten, darunter Jakob Müller, kommen mit Zuchthausstrafen davon. Das harte Urteil gegen Endraß wird mit der Weitergabe von Nachrichten über militärische Vorgänge begründet. Man kann ihm nachweisen, daß er im Januar 1938 über auffällige Musterungen berichtet hat, die auf eine baldige Einberufung älterer Männer zum Wehrdienst hindeuten. Er hat auch versucht, bei Fahrradausflügen und in Gasthausbesuchen Informationen über militärische Bauvorhaben in Schwedi an der Schussenmündung und in Friedrichshafen zu beschaffen. Obwohl seine Mitteilungen nach Ansicht des Gerichts unbedeutend waren, steht auf ihre Weitergabe die Todesstrafe.

Am 18. Dezember wird Endraß von Stuttgart in das berüchtigte Gefängnis Berlin-Plötzensee überführt. Es folgen lange Wochen bangen Wartens. Endraß stellt ein Gnadengesuch. Nach Ablehnung dieses Gesuchs wird er am 23. Februar 1940 um 11.32 Uhr mit dem Fallbeil hingerichtet –. Kurze Zeit später hält Frau Endraß ein Telegramm in der Hand: „Heute hat Ihr Ehemann der Gerechtigkeit Genüge geleistet."

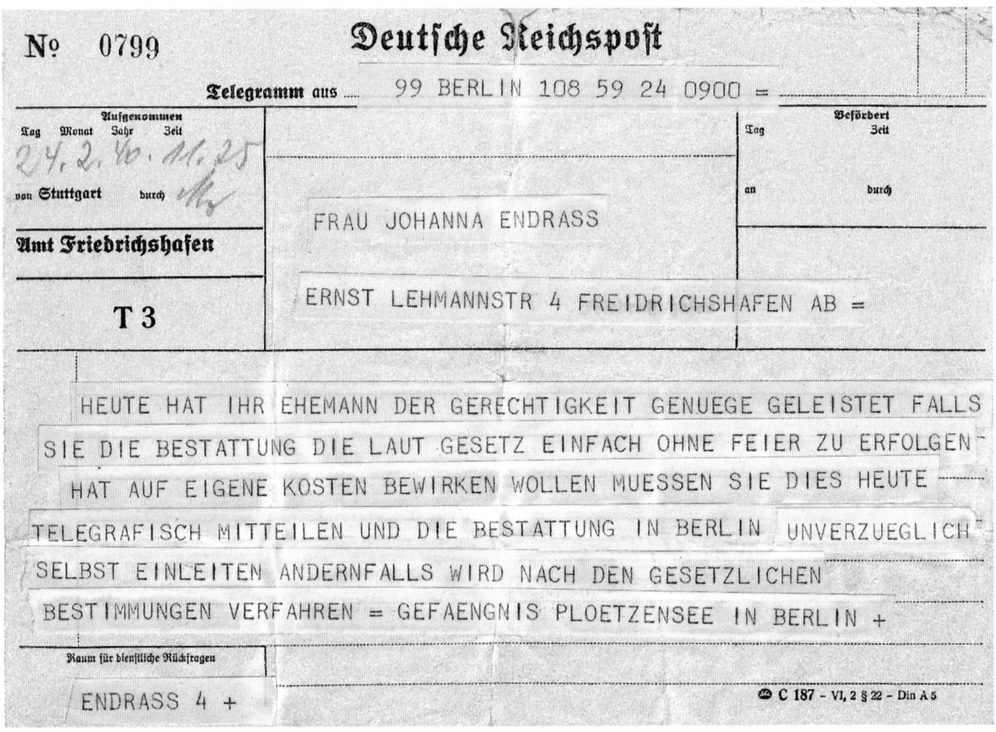

No 0799

Deutsche Reichspost

Telegramm aus 99 BERLIN 108 59 24 0900 =

Aufgenommen: Tag Monat Jahr Zeit 24.2.40. 11.25
von Stuttgart durch

Amt Friedrichshafen

T 3

Befördert: Tag Zeit an durch

FRAU JOHANNA ENDRASS

ERNST LEHMANNSTR 4 FREIDRICHSHAFEN AB =

HEUTE HAT IHR EHEMANN DER GERECHTIGKEIT GENUEGE GELEISTET FALLS SIE DIE BESTATTUNG DIE LAUT GESETZ EINFACH OHNE FEIER ZU ERFOLGEN HAT AUF EIGENE KOSTEN BEWIRKEN WOLLEN MUESSEN SIE DIES HEUTE TELEGRAFISCH MITTEILEN UND DIE BESTATTUNG IN BERLIN UNVERZUEGLICH SELBST EINLEITEN ANDERNFALLS WIRD NACH DEN GESETZLICHEN BESTIMMUNGEN VERFAHREN = GEFAENGNIS PLOETZENSEE IN BERLIN +

Raum für dienstliche Rückfragen

ENDRASS 4 +

C 187 - VI, 2 § 22 - Din A 5

Abb. 92: Zynisch über den Tod des Verurteilten hinaus. Telegramm vom Gefängnis Berlin-Plötzensee an Frau Endraß über die am 23.2.1940 vollzogene Hinrichtung ihres Ehemanns.

Die Vollstreckung des Todesurteils wird landesweit in allen Zeitungen und durch Anschlag an den Litfaßsäulen bekanntgemacht; so soll den Leuten vor Augen geführt werden, was sie bei Widerstand gegen den Staat erwartet.

Als Endraß sterben muß, ist der Zweite Weltkrieg bereits ein halbes Jahr im Gang; mit dem Überfall Hitlers auf Polen hat er am 1. September 1939 begonnen. Es dauert nicht mehr lange, bis die ersten Zwangsarbeiter aus dem besetzten Ausland zu Tausenden nach Friedrichshafen kommen, wo sie in den Rüstungsbetrieben arbeiten müssen. Vom Bahnhof aus werden sie in immer neuen Kolonnen durch die

Abb. 93: Wohnhaus von Fridolin Endraß in der Ernst-Lehmann-Straße 4 (Aufnahme 1995).

Ernst-Lehmann-Straße, wo Endraß gewohnt hat, zu den Barackenlagern beim Luftschiffgelände geführt. Später entsteht dort für den Einsatz von KZ-Häftlingen bei einem Geheimprojekt der Firma Luftschiffbau sogar ein Konzentrationslager als Außenstelle des KZ Dachau.

Am Ende des Krieges ist Friedrichshafen in Schutt und Asche versunken. Viele Bürger haben ihr Leben, die meisten ihr Hab und Gut verloren. Ganz Deutschland liegt am Boden. Diesen schrecklichen Krieg hatte Fridolin Endraß unter Einsatz seines Lebens verhindern wollen.

In Friedrichshafen erinnert der „Fridolin-Endraß-Platz", wo sich Hofener- und Ernst-Lehmann-Straße kreuzen, an diesen mutigen Bürger der Stadt.

Die Gemeinde Eriskirch, in deren Ortsteil Mariabrunn Fridolin Endraß geboren ist, hat im Dezember 1994 eine Straße nach ihm benannt.

Der Apfel als Briefumschlag

Häftlinge und Zwangsarbeiter in Friedrichshafen – Eine Liebesgeschichte im Arbeitslager

1933 kam in Deutschland die Hitler-Partei an die Regierung. Sie pries alles, was deutsch war, und verachtete alles, was nicht deutsch war. Hitler wollte Deutschland zur Weltmacht erheben. Dazu benötigte er eine starke Kriegsmacht; diese sollte eines Tages die Nachbarländer im Osten und Westen erobern. Die Hitler-Regierung bestellte deshalb bald nach der Machtübernahme bei der deutschen Industrie Waffen aller Art: Panzer und Flugzeuge, Kriegsschiffe und Kanonen. Man nennt das „Aufrüstung".

Auch die großen Betriebe in Friedrichshafen erhielten Rüstungsaufträge. Motoren für Panzer und Schiffe, Getriebe für Militärfahrzeuge, auch Flugzeuge und vieles andere sollten sie liefern. Die Firmen waren kaum imstande, die großen Bestellungen auszuführen, und mußten ununterbrochen neue Arbeiter einstellen. In sechs Jahren – von 1933 bis 1939 – schnellte die Einwohnerzahl von Friedrichshafen von 15000 auf 25000 empor. Das waren jährlich rund 1700 neue Einwohner, fast ausnahmslos Arbeiter und Arbeiterfamilien!

Im September 1939 setzte die Hitler-Regierung die vielen Panzer und Flugzeuge in Marsch, um das Nachbarland Polen zu erobern. Damit hatte der Zweite Weltkrieg begonnen, der fünf Jahre und acht Monate dauern sollte. Hitler war berauscht von den ersten Kriegserfolgen und ließ die deutschen Soldaten in immer neue Länder einmarschieren, so in Dänemark und Norwegen, in Holland, Belgien und Frankreich, in Jugoslawien und Griechenland, in Rußland und sogar in Nordafrika.

Nach und nach mußten Tausende von den Friedrichshafener Arbeitern in den Krieg ziehen. Die Herstellung der Flugzeuge, Motoren und Getriebe durfte aber nicht nachlassen. Sie sollte eher noch zunehmen, weil sich der Krieg immer mehr ausweitete. Wie konnte man die Arbeiter ersetzen, die man als Soldaten brauchte?

Die Regierung fand eine Lösung. Sie fragte nie danach, ob sie rechtmäßig handelte. Sie setzte sich über das Recht immer hinweg, wenn es ihr im Wege stand. So verschleppte sie kurzerhand aus den eroberten Ländern unzählig viele Menschen und zwang sie in die deutschen Fabriken, damit sie dort die Arbeit weiterführten. Diese Leute nannte man „Fremd-" oder „Zwangsarbeiter". Im Laufe des Krieges kamen so über 6700 Zwangsarbeiter aus Frankreich, Belgien, Holland, Polen, Rußland und weiteren Ländern nach Friedrichshafen. Die Westeuropäer wurden teilweise bei Friedrichshafener Familien untergebracht, für die übrigen „West"- und die vielen „Ostarbeiter" baute man dagegen große Barackenlager. Weil immer mehr Fremdarbeiter in die Stadt geschickt wurden, entstanden so nach und nach sieben oder acht

Abb. 94 (oben): Das Maybach-Barackenlager „Seeblick". Links des Weges ein einfacher Luftschutzraum, rechts oben die schon von Bomben beschädigte Luftschiffhalle II (Aufnahme Herbst 1943).

Abb. 95 (unten): Bau eines Barackenlagers in Allmannsweiler, wohl 1942. Die Wohnbaracken waren unterteilt in Zimmer für 8 – 12 Personen. Eine große Baracke konnte 100 Personen aufnehmen.

Lager. Das größte Barackenlager hieß „Seeblick" und stand an der Hochstraße beim Friedhof, weitere Lager mit den Namen „Wiesenlager", „Don" und „Wolga" befanden sich in Allmannsweiler, beim Flugplatz und in Manzell.

Der Krieg ging immer weiter und verschlang riesige Materialmassen. Bald reichten die Zwangsarbeiter nicht mehr aus, um die vielen Aufträge für die Wehrmacht in den Fabriken auszuführen. Da entschloß sich die Hitler-Regierung, auch Häftlinge aus den berüchtigten „Konzentrationslagern" in die Fabriken zu schicken, wo sie dann bis zum Umfallen arbeiten mußten. Dies war auch in Friedrichshafen der Fall, als die Firma Luftschiffbau Zeppelin sich zur Mitarbeit bei der Herstellung von V2-Raketen bereiterklärte und nach den notwendigen Vorbereitungen im Juli 1943 mit der Teilefertigung und dem Zusammenbau beginnen konnte. So wurde in Friedrichshafen noch ein besonderes Häftlingslager eingerichtet. Eine zweite Abteilung des Konzentrationslagers Friedrichshafen entstand in Raderach, wo die deutsche Heeresverwaltung eine streng abgeschirmte „Abnahmestelle" zur Prüfung der in Friedrichshafen zusammengebauten V2-Raketen einrichtete. V-Waffen waren deutsche „Vergeltungswaffen" modernster Art, die die drohende Niederlage abwenden sollten. Die V1 war ein unbemanntes Flugzeug, die V2 die erste Rakete der Welt. Sie brachte mit einer Geschwindigkeit von rund 5000 Stundenkilometern ihre tödliche Last ins Ziel. Die V1 gelangte ab Juni 1944, die V2 ab September 1944 zum Einsatz.

Im Juni 1943 kamen aus dem Konzentrationslager Dachau die ersten Häftlinge nach Friedrichshafen. Einer von ihnen, der Pole Wladyslaw Hudy, hat nach dem Krieg über seine Erlebnisse in diesem „Außen-" oder „Nebenlager" von Dachau berichtet:

„1943 im Sommer kam ich von Dachau mit einem Transport von Häftlingen ins Nebenlager Friedrichshafen. Das Nebenlager Friedrichshafen bestand, soweit ich mich noch erinnern kann, aus sechs Wohnbaracken sowie einer Baracke, in der ein Waschraum, Aborte und ein Magazin untergebracht waren, einer Baracke, in der die Küche war, und einer Baracke, in der sich die SS-Mannschaft, die Lagerkanzlei und noch irgendwelche Magazine befanden. In der Baracke, wo ich zuletzt genannt habe, war ich nie darin gewesen. Die Baracken waren mit Stacheldraht umzäunt, bei meiner Ankunft im Lager jedoch noch ohne elektrischen Strom. Erst nach einer gewissen Zeit wurde der Zaun mit elektrischem Strom geladen.

Als ich in Friedrichshafen angekommen bin, gab es in diesem Nebenlager noch gar keine Häftlinge. Ich hatte den Eindruck, daß unser Häftlingstransport als erster in diesem Lager angekommen ist, denn es war alles noch so richtig neu. Ob vor uns Kriegsgefangene oder Häftlinge waren, weiß ich nicht.

Zu meiner Zeit war zuerst Lagerführer ein Unteroffizier der SS, ein Süddeutscher, sein Name ist mir nicht bekannt. Von den Häftlingen wurde er ‚dziadek' (Großvater) genannt. Er war ein älterer Mann, der die Häftlinge menschlich behandelte. Nach einer gewissen Zeit übernahm den Posten des Lagerführers ein SS-Offizier, mir scheint es, im Range eines Obersturmführers. Sein Name kannte ich nicht. Er war etwa 40 Jahre alt, mittelgroß, hatte ein längliches und blasses Gesicht, blonde Haare und ein wenig krumme Beine, sogenannte ‚Ulanenbeine'. Dieser Offizier war Lagerführer bis zum Ende meines Aufenthaltes im Nebenlager, der ging bis zum 21. April 1944. Nach dem Kriege habe ich von mir bekannten Mithäftlingen gehört, daß dieser Lagerführer auf seinem Posten bis zur Auflösung und Evakuierung des Lagers Friedrichshafen geblieben ist. Dieser Lagerführer soll auch die Evakuierung der Häftlinge aus dem Nebenlager geleitet haben.

Nachdem der neue Lagerführer seinen Posten in Friedrichshafen übernommen hatte, blieb „dziadek' (Großvater) im Lager und wurde wahrscheinlich sein Vertreter.

Dieser zweite Lagerführer behandelte die Häftlinge sehr rigoros, und er war der Schreck für alle Häftlinge, weil er gegen sie immer sehr brutal vorgegangen ist. Von all den mir bekannten Lagerführern in anderen Lagern halte ich persönlich den oben genannten für den schlimmsten. Besonders dieser Lagerführer schlug persönlich die Häftlinge mit einem Stock. Solche Fälle hab ich gesehen. Wiederholt kam der Lagerführer in die Fabrik, in der wir arbeiteten, rief die Häftlinge von ihrer Arbeit weg, und sie mußten sich auf dem Platz vor der Fabrikhalle in Reihen aufstellen. Dann schlug er mit einem Stock einen nach dem anderen, wo er ihn traf. Ich kann nicht sagen, was den Lagerführer hierzu veranlaßt hatte.

Wenn es um die Ermordung von Häftlingen in diesem Nebenlager geht, so habe ich einmal gesehen, wie zwei Kapos - Deutsche - einen Häftling, der Professor in Belgrad war und beim Ausheben eines Grabens im Lager beschäftigt war, schwer mißhandelt haben. Der Häftling stand in dem mit Wasser angefüllten Graben, und die beiden Kapos bewarfen ihn mit Steinen und Erdbrocken, wobei sie ihm die Brille kaputt schlugen. Nachdem dieser Häftling ohne Brille die Orientierung verlor, weil er sehr schlecht sehen konnte, schlugen ihn die Kapos mit Stöcken am ganzen Körper. Fast leblos brachte man ihn ins Krankenrevier. Am nächsten Tag erfuhr ich von Mithäftlingen, daß dieser Häftling infolge der Mißhandlungen gestorben ist.

In der Fabrik, die ich oben angesprochen habe, wurden die Häftlinge zu dem Bau von V2-Raketen beschäftigt."

Der gewalttätige Lagerführer, von dem Wladyslaw Hudy berichtete, hieß Grünberg. Wie er mit seinen Untergebenen umging, das zeigt auch die Geschichte des Häftlings Karl Schuler. Dieser stammte aus Mannheim und war Kraftfahrer von Beruf. Weil er der Kommunistischen Partei angehörte, mußte er 1933 zunächst für ein Jahr ins Gefängnis. 1937 wurde er noch einmal verhaftet und schließlich ins Konzentrationslager Dachau gebracht. Von dort kam er dann im Sommer 1943, also gleichzeitig mit Hudy, nach Friedrichshafen.

Karl Schuler war damals 31 Jahre alt. Bei der Arbeit in der Fabrik lernte er ein Mädchen aus der Ukraine kennen, eine russische Zwangsarbeiterin. Die beiden jungen Menschen fanden Gefallen aneinander, hatten aber kaum Gelegenheit, sich zu sehen. Das war nämlich streng verboten. So schrieb Karl an Tatjana immer wieder kleine Briefe, die er dann an einem Stück Holz oder an einem Stein befestigte und heimlich über den Lagerzaun warf.

Im Oktober 1943 ließ Lagerführer Grünberg Strohmatten am Zaun befestigen. Karl sah nun nicht mehr, ob Tatjana in der Nähe stand. Er konnte ihr keine Zeichen mehr geben und ihr deshalb auch keine Briefe mehr zuwerfen.

Am 31. Oktober, einem Sonntag, gab es einen Apfel zum Mittagessen. Wie gerne hätte Karl gleich in die schöne rote Frucht gebissen, denn solche Köstlichkeiten gab es ganz selten im Lager. Sein Magen knurrte immer, denn meist bestand das Essen nur aus einer Wassersuppe und ein paar Scheiben Brot. Dabei mußten die Häftlinge täglich zehn bis elf Stunden hart arbeiten!

Abb. 96: In einem Dornier-Zwangsarbeiterlager in Manzell. Russische Arbeiterinnen und deutsches Personal in der Lagerküche (Aufnahme 1943).

Aber Karl hatte plötzlich eine Idee, als er den Apfel auf dem Tisch vor sich betrachtete. Er steckte ihn in die Hosentasche und begab sich in seine Baracke.

Karl wollte seiner geliebten Freundin endlich wieder einen kleinen Brief schicken! Vorsichtig bohrte er mit einem Nagel ein schmales, aber tiefes Loch in den Apfel. Dort hinein steckte er den fein zusammengerollten Brief. Nun verschloß er die Öffnung mit einem spitzen Kieselstein.

„Mein liebes Kind", so hatte er mit Holzkohle auf einen Fetzen Papier geschrieben, „bleibe mein Sternchen, mein Goldkind, bleibe mir treu. Sei nicht traurig, es wird alles gut werden. Ich denke Tag und Nacht nur an Dich. Ich habe Dich so unendlich lieb. Ich sehne mich nach dem Tag, wo ich Dich in den Armen halten kann. Kind, der Tag ist nicht mehr weit. Vertraue mir und warte auf mich. Ich werde Dir Deine Treue durch meine Liebe zu Dir belohnen. Ich werde Dich zur glücklichsten Frau der Welt machen. Kind, Du hast ein schönes Gesichtchen. Ich sehne mich, Deinen Mund zu küssen, Deine Augen und Deine Haare." Dann warnte Karl seine heimliche Freundin vor dem hinterhältigen Wachmann, den er in seiner Wut einen „Schweinehund" nannte: „Hüte Dich vor dem. Der hat in meiner Gegenwart etwas gesagt, das ich Dir lieber nicht sagen möchte. Ich würde mich auf jeden Fall schämen, mich über eine Frau so zu äußern." Zum Schluß schrieb er: „Kind, mein liebes Kind, verlasse mich nicht, ich vergesse Dich nie, nie, niemals. Dein Karl."

Am anderen Tag trifft Karl seine Freundin flüchtig in der Fabrik. Rasch flüstert er ihr zu: „Heute abend kriegst Du einen Brief! Gib mir das gewohnte Zeichen, wenn Du vorbeikommst!" Tatjanas Schicht dauert länger als die von Karl, und sie muß am Häftlingslager vorbei, wenn sie ins Russenlager gehen will.

Es wird Abend. Karl begibt sich an die Westseite des Lagers, wo der Weg zum Frauenlager vorbeiführt. Gleich muß Tatjana von der Arbeit kommen! Karl wird unruhig, seine Finger zittern. Jetzt hört er sie das vereinbarte Lied singen. Hastig wirft er den Apfel über den Zaun auf den Weg.

Wegen der Strohmatten kann er nicht sehen, daß vor Tatjana ein paar andere Russen gehen. Einer von ihnen hebt den Apfel auf, entdeckt den hineingedrückten Kieselstein und das Loch dahinter. Er wird stutzig und bekommt es mit der Angst zu tun. Will ihn jemand hereinlegen? Irgend etwas stimmt nicht mit dem Apfel! Er bringt ihn besser gleich zum Leiter des Russenlagers!

Zwei Tage später wird Karl von seinem Lagerleiter zum Verhör gerufen. Grünberg tobt schrecklich und schlägt ihn immer wieder. „Wer ist hier ein Schweinehund?", brüllt er wutentbrannt. Schließlich muß Karl eine Vernehmungsniederschrift unterschreiben. Sie ist heute noch erhalten.

Grünberg läßt Karl mit 20 Stockschlägen auf den Rücken bestrafen. Anderthalb Wochen später wird Karl auf dem Güterbahnhof in einen Viehwaggon gestoßen. Als er aussteigt, ist er im Konzentrationslager Buchenwald; das liegt bei Weimar in Thüringen. Nach einigen Wochen zwingt man ihn wieder in eine Fabrik, diesmal im Rheinland. Sein Leidensweg nimmt noch kein Ende. Ab November 1944 muß Karl in einem neuen Lager bei Nordhausen in Thüringen wieder am Bau der V2 mithelfen. In Friedrichshafen kann sie nicht mehr weitergebaut werden, weil die Fabrikanlagen inzwischen alle zerstört sind. Dann verliert sich Karls Spur. Vielleicht ist er an Erschöpfung und Unterernährung gestorben. Was mit Tatjana geschehen ist, hat man nie erfahren.

So wie Karl ist es vielen Häftlingen und Fremdarbeitern in den Arbeitslagern ergangen.

Sklavenarbeit beim Stollenbau

Bombensichere Fabrikhallen für Friedrichshafener Rüstungsunternehmen – 800 KZ-Häftlinge schuften im Überlinger Felsen

Die Abenddämmerung bricht herein. Nicht weit vom Überlinger Westbahnhof entfernt, unterhalb eines hochaufragenden Molassefelsens, findet sich eine Gruppe von Menschen ein, nahezu 40 Personen. Sie warten vor einem mächtigen, eisernen Tor. Spannung liegt in der Luft – ein besonderes Ereignis steht bevor. Heute, am 22. Oktober 1992, wird ein Mann den Stollen wieder betreten, in dem er vor fast 50 Jahren unter unmenschlichen Bedingungen für das Deutsche Reich schuften mußte. Es ist der heute 69jährige ukrainische Staatsbürger Wassilij Sklarenko. Was mag in ihm vorgehen?

An diesem Abend sind es Freunde aus Überlingen und Konstanz, einige Historiker und viele Presseleute, die ihn erwarten und in den Stollen begleiten werden. Die Freunde haben Herrn Sklarenko zu einer freien Wiederkehr an den Ort seines früheren Zwangsaufenthaltes eingeladen, sein Schwiegersohn begleitet ihn.

Der Überlinger Lehrer und Historiker Oswald Burger begrüßt die Erschienenen – auch im Namen des Bürgermeisters, der nach der Führung zur Gruppe stoßen wird. Seit Jahren befaßt er sich mit der Geschichte dieser Anlage und mit dem Schicksal der Menschen, die hier zur Arbeit gezwungen waren. Seit 1984 hält eine Gedenkstätte der Stadt Überlingen an der Felswand die Erinnerung an das furchtbare Geschehen beim Stollenbau wach.

Herr Burger bekennt, daß es auch für ihn ein bewegender Augenblick ist. Durch Adam Puntschart, einen österreichischen Leidensgefährten Sklarenkos, hat er über den Ukrainer schon viel erfahren. Aus politischen Gründen ist eine Verbindung erst aber 1991 zustandegekommen. Bei einer Stollenführung hörte die Konstanzer Lehrerin Mirjam Wiehn, daß Sklarenko aus der Nähe von Kiew stammte. Sie und ihr Mann, Professor Roy Wiehn, hatten daraufhin den Gedanken, von Kiew aus Nachforschungen anstellen zu lassen. Bei einer deutschen Hilfslieferung für Kiew hatten sie in dieser Stadt Freunde kennengelernt, die sich gerne auf die Suche machten. Das Unerwartete geschah – gleich der erste Versuch führte zum Erfolg.

Wassilij Sklarenko war zunächst mißtrauisch. Er vermutete den sowjetischen Geheimdienst hinter den Fragen nach seinem Zwangsaufenthalt in Deutschland. Seine Zweifel legten sich erst, als Professor Wiehn ihn in seinem Wohn- und Heimatort Iwankowitschi aufsuchte. Es war ein aufrührendes Erlebnis: Herr Sklarenko zeigte dem Gast aus Konstanz ein kleines Foto, das ihn und Puntschart – noch im Häftlingsanzug – nach der geglückten Flucht in Schaffhausen darstellt. Professor Wiehn zog das gleiche Bild aus der Tasche, dieses stammte aus dem Nachlaß Puntscharts. Die Brücke war geschlagen.

Knarrend öffnet sich das große Tor und gibt den Blick frei auf die hohe und weite Zufahrt in den Berg. Herr Burger übernimmt die Führung. An einer Stollenkreuzung, die sich zur großen Halle weitet, bleibt die Gruppe stehen.

Zuerst erhalten die Besucher einen kurzen Bericht über die Entwicklung der Friedrichshafener Industrie. „Wie schon einmal im Ersten Weltkrieg erleben vier Friedrichshafener Unternehmen ab 1933 ein stürmisches Wachstum zu bedeutenden Rüstungsbetrieben. Dornier fertigt alle Arten von Flugzeugen, vorwiegend für den militärischen Einsatz. Sämtliche Kettenfahrzeuge der deutschen Wehrmacht fahren mit Maybach-Motoren. Die Zahnradfabrik liefert Getriebe für die unterschiedlichsten Rad- und Kettenfahrzeuge. Im Luftschiffbau werden Radar- und Peilanlagen, Fallschirme und Fesselballone hergestellt, man beteiligt sich auch an der Entwicklung von Torpedos und Raketen. Weil Friedrichshafen einer der wichtigen deutschen Rüstungsstandorte ist, wird es im Laufe des Zweiten Weltkriegs ein bevorzugtes Ziel alliierter Bombenangriffe. Von Juni 1943 bis Februar 1945 werden die Fabrikanlagen – und mit ihnen weite Gebiete der Stadt – dem Erdboden gleichgemacht.

Die Rüstungsmaschinerie aber muß weiterlaufen. So bemüht man sich fieberhaft um die Auslagerung von Werksabteilungen ins weniger gefährdete weite Umland – vom Hegau bis zur Donau und nach Vorarlberg. Zwei Tage nach dem schweren Nachtangriff vom 28. April 1944 verlangt Hitler in einer Lagebesprechung mit dem Rüstungsministerium eine bombensichere Lösung für die kriegswichtigen Friedrichshafener Betriebe – die Verlagerung in unterirdische Stollen!“

Herr Burger nimmt einen Auszug aus dem Protokoll dieser Besprechung zur Hand und liest vor: „Der Führer billigt die getroffenen Entscheidungen, daß die Werke Dornier und ZF wegen der starken Zerstörungen nicht mehr aufgebaut, sondern sofort zur Verlagerung kommen, und zwar soweit nicht die endgültige Unterbringung untertage sofort möglich ist, im Übergang in Form einer stark aufgelockerten Zentralisation. Er erwartet, daß der befohlene unterirdische Bau in Überlingen und Hohenems sowie die übrigen Ausweichwerke mit aller Beschleunigung bezugsfertig hergerichtet werden. Für das Werk Maybach ist der Führer einverstanden, daß für eine beschränkte Übergangszeit der erhaltene und betriebsfähige Maschinenpark an Ort und Stelle verbleibt, soweit er für die dringend notwendige Fertigung erforderlich ist, daß die restlichen Maschinen aber schon jetzt unter Schutz untergebracht werden müssen und ebenfalls die totale Sicherstellung unter der Erde für das Gesamtwerk mit aller Beschleunigung verwirklicht werden muß.“

Herr Burger ergänzt: „Die wichtigsten Abteilungen der Friedrichshafener Großbetriebe sollen in den Überlinger Molassefelsen verlagert werden. Dazu müssen unter Tage Fabrikhallen mit insgesamt etwa 40.000 Quadratmetern Fläche geschaffen werden. Das entspricht der Größe von mehr als sechs Fußballfeldern. Warum ausgerechnet hier? Der Standort scheint mehrere Vorteile zu bieten:

– Der Molassefelsen ist weich und läßt sich mit einfachen Mitteln aushöhlen.
– Er steht in ausreichender ‘Mächtigkeit’ an, so daß über den meterhohen Hallen immer noch eine dicke, landeinwärts ansteigende Felsschicht verbleibt, die als bombensicher anzusehen ist.

– Die Stollen können von der bestehenden Straßen- und Gleisebene aus in den Felsen hineingesprengt werden. Man muß nicht in die Tiefe gehen. Die Verkehrsanbindung könnte nicht günstiger sein; es lassen sich für jede Firma Gleisanschlüsse in die Felsen hinein verlegen."

Abb. 97: Wassilij Sklarenko (Bildmitte) besucht am 22. Oktober 1992, fast 50 Jahre nach seiner Flucht, den Überlinger Stollen. Links neben ihm sein Schwiegersohn, ganz links der Überlinger Historiker Oswald Burger, ganz rechts der Konstanzer Professor Roy Wiehn.

„Wie ist diese riesige Anlage gebaut worden? Waren Überlinger Baufirmen beteiligt?", fragt ein Zeitungsreporter. „Mit Überlinger Betrieben hatte das ganze Vorhaben nichts zu tun", erklärt Herr Burger, „nicht einmal am Bau waren Einheimische beteiligt. Die Gesamtleitung lag bei der staatlichen Organisation Todt; diese stellte die nötigen Ingenieure und Sprengmeister. Für die schwere und gefährliche Arbeit im Felsen hat man etwa 800 Häftlinge aus dem Konzentrationslager Dachau herbeigeschafft. Ende September 1944 sind sie am Überlinger Westbahnhof eingetroffen. Eine Augenzeugin hat dies so erlebt: 'Sie kamen bei Nacht. Schon von weitem hörte man das Geklapper ihrer Holzschuhe. Von unserem Versteck hinter dem Vorhang konnten wir sie in ihren blau-weiß gestreiften Uniformen in Viererreihen marschieren sehen. Auf beiden Seiten der Kolonne gingen SS-Leute mit Bluthunden. Sie marschierten die Franziskanerstraße hinauf.'

Als erstes mußten die Häftlinge an der Straße nach Aufkirch, auf einem freien Grundstück außerhalb der Stadt, ihr Lager bauen; es war ein Außenkommando von Dachau. Von da aus marschierten sie dann täglich in zwei Schichten hinunter zum Felsen, wo sie sich immer tiefer hineinarbeiteten. Die Bewacher von der SS blieben mit ihren scharfen Hunden draußen. Im Stollen führten nämlich ausgesuchte Häftlinge die Aufsicht. Oft waren es Menschen, die ihre Mitgefangenen zusätzlich quälten. Nach jeweils 12 Stunden, täglich um 6 und 18 Uhr, war Schichtwechsel. Müde schleppten sich die Abgelösten zum Lager hinauf."

Ein Rundfunkreporter wendet sich mit seinem Mikrofon an Wassilij Sklarenko: „Was empfinden Sie, wenn Sie heute hier stehen?" Eine junge Dolmetscherin gibt die Frage weiter. „Mich friert", lautet die Antwort. „Wissen Sie, wenn ich mich an die Arbeit hier erinnere, geht es mir nicht so gut." Der Ukrainer schaut zur Stollendecke. „Es gab damals keinen Beton an der Decke. Steine fielen auf die gebeugten Rücken, und manche Männer standen nicht wieder auf." Er spricht langsam und mit verhaltener Stimme.

Nun bewegt sich die Gruppe weiter in den Berg hinein. An einem nicht fertiggestellten Stollenabschnitt läßt sich seine Entstehung besser erklären. Herr Burger beschreibt die Arbeit der Häftlinge: „Erst bohren sie tiefe Löcher für den Sprengstoff in den weichen Felsen. Die Sprengungen erfolgen in der Regel beim Schichtwechsel. Die neue Schicht betritt den Stollen, noch bevor sich die staub- und gaserfüllte Luft geklärt hat. Nun müssen die abgesprengten Felsbrocken mit dem Preßlufthammer zerkleinert und auf Loren verladen werden. Eine Diesellok zieht die Wagen ins Freie; die Ladungen werden in den See gekippt. So entsteht vor dem Bahndamm eine Aufschüttung, auf ihr wird später der Überlinger Campingplatz eingerichtet. Die im Felsen entstandenen Hohlräume werden anschließend zu Montagehallen, Lager- und Verwaltungsräumen und zu Verbindungsgängen ausgebaut."

„Gab es zwischendurch Essen oder wenigstens eine Pause?", fragt jemand aus der Gruppe. „Nichts gab es, nichts zu essen, keine Pause", antwortet der Ukrainer. „Wie wurden Sie von den Deutschen behandelt?", möchte ein anderer wissen. „Die Leute waren hart, haben uns geschlagen. Niemand hat sich darum gekümmert, ob von uns welche starben. Die Männer in schwarzen Uniformen haben unterwegs und im Lager ihre Hunde auf Menschen gehetzt, die zusammengebrochen waren. Die haben sie zerrissen." Wieder kommen die Antworten ruhig, nicht anklagend.

„Weiß man, wieviele Menschen in dieser Hölle umgekommen sind?", lautet eine neue Frage. „Damit habe ich mich lange auseinandergesetzt", erzählt Herr Burger. „Die ersten beiden Toten wurden im Herbst 1944 noch auf dem Überlinger Friedhof beigesetzt. Die nächsten 70 ließ die SS ins Konstanzer Krematorium bringen und verbrennen; Ärzte haben diese Fälle genau dokumentiert. Ab der Jahreswende 1944/45 schien der SS auch das Verbrennen der Leichen zu aufwendig. Von da an wurden 97 Tote in dem Waldstück Degenhardt vor der Stadt verscharrt; deren Namen hat man nicht mehr festgehalten. Wenn wir zusammenzählen, sind in den

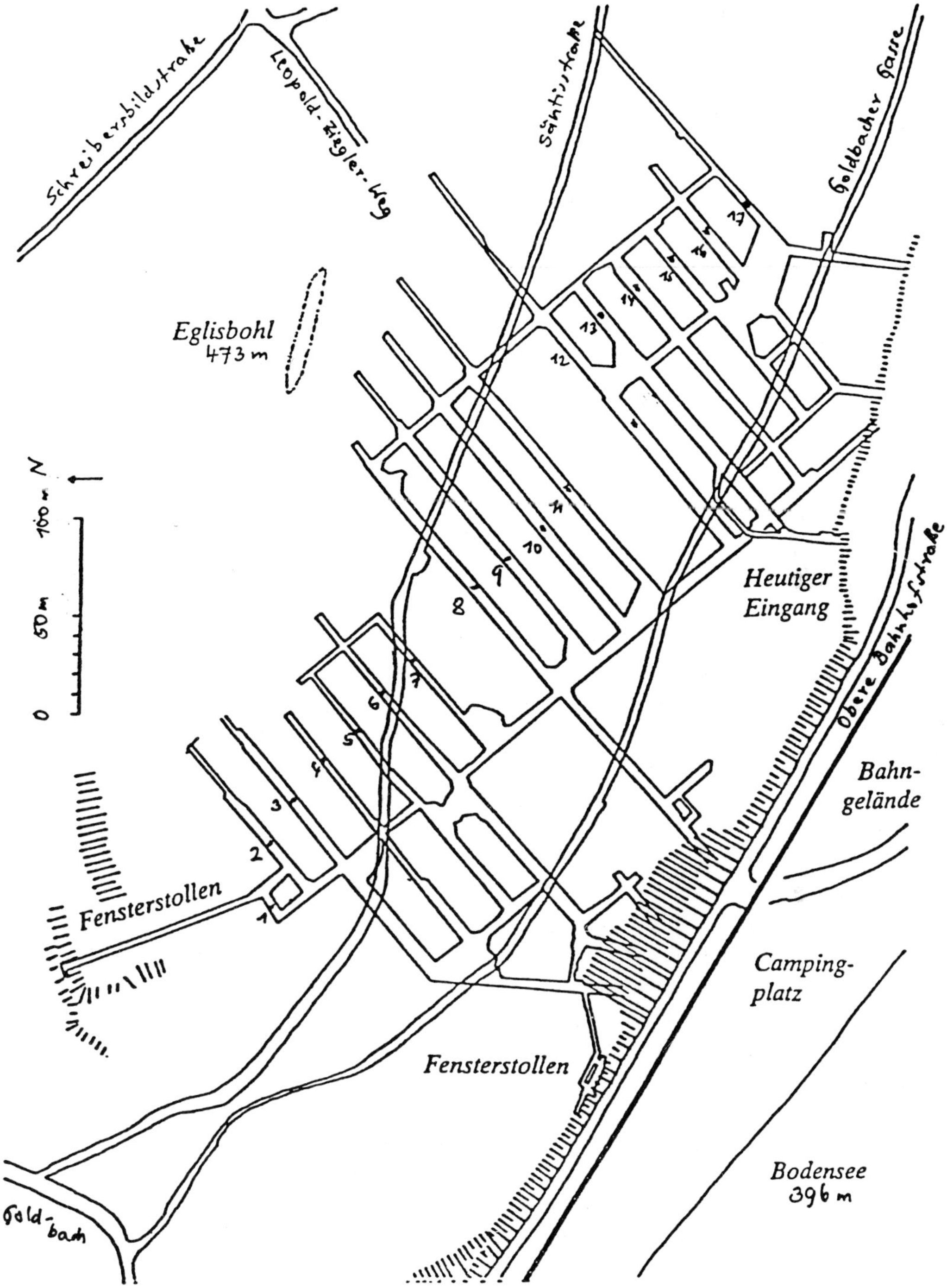

Abb. 98: Gesamtplan der Überlinger Stollenanlage. Zur Orientierung sind die darüberführenden Straßen eingezeichnet.

sieben Monaten von September bis April mindestens 169 Männer umgekommen: bei der Arbeit im Stollen verunglückt, durch Krankheiten dahingerafft, verhungert, erfroren, erschlagen, erschossen, erhängt oder von Hunden zerfleischt. Gegen Kriegsende, wurde mir erzählt, sollen sogar Leichen mit dem Abraum in den See geschüttet worden sein."

Eine Weile bleibt es still in der Gruppe. Sie geht durch die feuchten, kühlen Hallen schweigend weiter. Schließlich fragt jemand nach den Gräbern im Degenhardt. „Dort sind sie nicht mehr", erklärt Herr Burger, „ein Jahr nach Kriegsende ist das Massengrab entdeckt worden. Die Franzosen haben daraufhin den 97 Toten ein würdiges Begräbnis verschafft, in einem eigenen KZ-Friedhof in der Nähe der Birnauer Kirche. Altnazis aus Überlingen mußten alle Toten ausgraben; viele von ihnen zeigten noch deutliche Spuren der Mißhandlungen. Die Leichen aus dem Massengrab waren oft nicht mehr zu trennen; so wurden in den meisten Särgen mehrere Tote beigesetzt. Dies erklärt, warum in Birnau nur 46 namenlose Gräber zu sehen sind."

„Wie weit ist der Stollenausbau bis Kriegsende gekommen?", möchte ein Reporter nun wissen. Herr Burger erklärt: „In sieben Monaten sind etwa vier Kilometer Stollen geschaffen worden – für uns heute eine unvorstellbare Leistung. Noch während die Häftlinge den Berg aushöhlen, bereiten die Friedrichshafener Rüstungsbetriebe ihren Einzug unter Tage vor. Die Firma Dornier ist die erste, die im Ostteil der Anlage wenige Wochen vor Kriegsende mit der Einrichtung beginnt; ihre Telefonanlage ist bereits besetzt. Zur Fertigungsaufnahme sollte es aber nicht mehr kommen. Am 25. April 1945 hatte der ganze Spuk mit dem Einmarsch der Franzosen ein Ende. Die noch vorhandenen Häftlinge waren vier Tage zuvor nach Dachau zurückgebracht worden. Dort erfolgte die Befreiung durch amerikanische Truppen."

„Wissen Sie noch Ihre Häftlingsnummer, Herr Sklarenko?", fragt jemand. Die Antwort muß nicht übersetzt werden: „33 6 39!", kommt es wie auf Befehl. Ein Reporter wendet sich an Herrn Sklarenko: „Warum sind Sie denn ins KZ gekommen?" Der Ukrainer erzählt, daß seine Heimat 1941 von deutschen Truppen besetzt wurde. Als 18jähriger hat er sich einer Widerstandsgruppe angeschlossen. Mit anderen „Partisanen" ist er bei Kiew in die Wälder geflohen und hat drei Monate gegen die Besatzer gekämpft. Dann wurde er mit vier anderen bei einem Erkundungsgang aufgegriffen und verhaftet. Im Verhör hat keiner die Mitwirkung im Widerstand zugegeben, sonst wären sie alle gleich erschossen worden. Als Verdächtige wurden sie aber nach Deutschland gebracht. Im Sommer 1942 kam Wassilij Sklarenko in Dachau an, wo man ihn wiederholt für medizinische Versuche mißbrauchte.

Die Gruppe steigt durch einen enger werdenden Stollen nach oben. Er endet vor einer vergitterten Öffnung. Von außen werden Geräusche vernehmbar: vorbeifah-

Abb. 99: Nach der geglückten Flucht nach Schaffhausen ließen sich die beiden Geflohenen in ihrer alten Sträflingskleidung fotografieren. – Links Wassilij Sklarenko, rechts Adam Puntschart.

rende Autos, das Rattern eines Zuges. Herr Burger erklärt: „Wir befinden uns hier in der Steilwand des Felsens, direkt über der Straße von Überlingen nach Goldbach. Dahinter liegen die Bahnlinie und der See. Wir stehen am Ende eines Beobachtungs- und Lüftungsstollens."

Ein Rundfunkreporter nimmt sein Mikrofon zur Hand und sagt zu Herrn Sklarenko: „An so einer Stelle denkt man doch sicher an Flucht. Ihnen ist sie geglückt. Wie war das möglich?" Wassilij Sklarenko antwortet: „Wir haben nur an Flucht gedacht. Adam, ich und ein Kapo haben zusammengearbeitet. Wir waren so schwach, daß wir gedacht haben, wir überleben nicht, wenn wir nicht fliehen. So haben wir einen Fluchtplan ausgedacht." Er erzählt, wie sie in einer Lore einen verborgenen Hohlraum schufen. Über einer Bretterabdeckung verteilten sie Steine und Geröll. Damit die Wachhunde am Tor keine Witterung aufnehmen konnten, schütteten sie Dieselöl in die Lore. Gegen Mitternacht, kurz vor Abfuhr ihres Wagens, krochen sie in das Versteck; der Kapo konnte in der Eile nicht mitkommen. Mit viel Glück kamen sie nach draußen, blieben mit der Lore am Seeufer stehen, krochen später unbemerkt ins Freie und liefen auf Umwegen in Richtung Ludwigshafen. Puntschart wußte, daß die rettende Schweiz über die grüne Grenze im Hegau zu erreichen war.

Abb. 100: Drei Eingänge der Stollenanlage Überlingen, unmittelbar nach dem Krieg, vor der Sprengung durch die Franzosen.

Spätestens beim Antreten vor dem Schichtwechsel mußte die Flucht auffallen. So wateten die beiden wiederholt in Bächen weiter, um Spürhunde abzuschütteln. Nach vier Nachtmärschen gelangten sie unentdeckt auf Schweizer Gebiet und damit in die ersehnte Freiheit. Das war am 26. März 1945, vier Wochen vor Auflösung des Lagers in Überlingen.

„Was wäre geschehen, wenn man Sie gefaßt hätte?", will ein Zuhörer wissen. „Alle Häftlinge im Lager hätten auf dem Appellplatz antreten müssen. Dann wären wir in den Hundezwinger gestoßen worden. Die Hunde hätten uns vor den Augen der Anderen zerrissen. Ich habe das einige Wochen vorher nach der mißglückten Flucht eines Russen miterleben müssen. Diese Strafe sollte uns abschrecken."

Alle sind tief betroffen. Langsam kehrt die Gruppe zum Eingang zurück.

Eine Woche lang weilt Wassilij Sklarenko in Überlingen als Freund unter Freunden. Bürgermeister Ebersbach ehrt ihn im Namen des Gemeinderats. Diesmal soll der Ukrainer freundliche Erinnerungen mit nach Hause nehmen. Sklarenko ist tief gerührt von der Anteilnahme an seinem persönlichen Schicksal.

Abb. 101: Während des Besuchs von Sklarenko am Bodensee wurde der KZ-Friedhof in Birnau geschändet. Hier haben 1946 zahlreiche seiner ehemaligen, beim Stollenbau umgekommenen Leidensgenossen ihre letzte Ruhe gefunden.

Drei Tage nach dem Besuch des Stollens steht er mit Überlinger Freunden fassungslos im Birnauer KZ-Friedhof. Unbekannte haben im Schutz der Nacht alle 46 Grabkreuze zerstört und den Gedenkstein mit Hakenkreuzen beschmiert. – „Was wollen diese Menschen, die so etwas tun, von den Toten?“, fragt der Gast aus der Ukraine.

Eine Welle der Empörung geht durch das Land. Sie zeigt, daß die meisten Menschen die Schändung des KZ-Friedhofs mit Abscheu verurteilen.

Von jugendlicher Begeisterung zur großen Enttäuschung

Erinnerungen einer ehemaligen Schülerin

1928 bin ich in der Hochstraße geboren. Von 1934 bis 1947 war ich Schülerin in Friedrichshafen. Viele Erlebnisse in dieser Zeit, besonders die Bombennacht und das Kriegsende, haben sich tief in mein Gedächtnis eingeprägt.

Schule in der Hitlerzeit

„Deutsch ist die Saar, deutsch immerdar . . .", sangen die Buben und Mädchen mit ihrer Lehrerin in der Preßmarschule; so nannte man damals die Evangelische Volksschule in der Bismarckstraße nach einem Friedrichshafener Fabrikanten.

Es war im Jahre 1935. Wir Kinder wußten zwar nicht, was die immerdeutsche Saar bedeutete, aber es mußte wohl etwas sehr Wichtiges sein. Eine Schülerin sang nicht mit. Sie war gar nicht da. Ihr Platz war seit Tagen leer. „Wo ist Sigrid?", fragte ich die Lehrerin. Sie wußte es nicht. – Wußte sie es wirklich nicht? War Sigrid in der letzten Zeit nicht besonders still und blaß gewesen?

Ich faßte mir ein Herz und klingelte an ihrer Wohnungstür im Eckhaus Katharinen-/Wendelgardstraße. Niemand öffnete. Ein paar Tage später versuchte ich es wieder. Eine fremde Frau kam heraus. „Die Leute wohnen nicht mehr hier", sagte sie, „die sind weggezogen, ich glaube ins Ausland." – Weshalb hatte Sigrid denn nichts davon erzählt? – Damals verstand ich das nicht. Erst viel später begriff ich es. – Sigrid war ein jüdisches Mädchen. Ihr Vater hatte seine Familie rechtzeitig in Sicherheit gebracht. Unser Deutschland mit der „immerdeutschen Saar" war kein Land mehr für jüdische Kinder.

Einige Zeit später zogen wir an einem Wintertag in ein neues Schulhaus. Es war nach Norden hin an die Katholische Volksschule in der Allmandstraße, die heutige Pestalozzischule, angebaut worden. Im Treppenhaus hingen Bilder vom „Führer" Adolf Hitler. Auf einigen Bildern lächelte er freundlich auf Kinder herab, die ihn mit Blumensträußchen umringten. Darunter stand: „Die Zukunft ruht in guter Hand, wird Deutschland wieder Kinderland."

Gerade hatten wir uns in der nagelneuen Schule zurechtgefunden, als sich wieder etwas veränderte. Unsere Lehrerin, Fräulein Wilma Bauer, kam mit einer Namensliste ins Klassenzimmer. „Eure Klasse wird aufgelöst", sagte sie, „es gibt nun keine evangelische und katholische Schule mehr, sondern nur noch eine gemeinsame Volksschule". Wir Mädchen kamen zu anderen Mädchen in eine neue Klasse, den Buben ging es ebenso. Nur noch im Religionsunterricht waren wir wie früher zusammen.

Im nächsten Zeugnis stand im Schulstempel: „Horst-Wessel-Schule, Deutsche Mädchenvolksschule". Horst Wessel war schon als Student ein Anhänger Adolf Hitlers. Nach einem gegnerischen Überfall starb er an den Folgen einer Verwundung und wurde deshalb von der Hitlerpartei als „Jugendheld" verehrt.

An der Friedrichstraße, zwischen dem Spielwarengeschäft „Schinacher" und der früheren Landeszentralbank war eine große Schautafel aufgestellt worden. Auf ihr wurden Parteizeitungen angebracht, die Bevölkerung sollte diese Mitteilungen lesen. Eines dieser Blätter hieß: „Der Stürmer".

Einmal sah ich auf dieser Zeitung das entstellte Gesicht eines Menschen. Darunter stand mit großen, dicken Buchstaben: „Juden raus!" Mein Vater ging rasch und wortlos mit mir daran vorüber. Ich war damals gerade zehn Jahre alt.

Nach und nach wurden alle Schüler Mitglieder der „Hitlerjugend", alle anderen Jugendverbände wurden aufgelöst. Uns Mädchen nannte man „Jungmädel", die Buben „Pimpfe". Jeden Mittwochnachmittag hatten wir „Dienst". Dazu trugen wir recht stolz die neue Uniform. Für die Mädchen war dies ein blauer Rock mit weißer Bluse, ein schwarzes Halstuch mit einem Lederknoten und dazu eine braune „Kletterweste". Der „Dienst" war meist in einem Klassenzimmer. Eine „Führerin", die nur einige Jahre älter war, erzählte uns zuerst etwas vom „Führer" und der „großen Zeit", in der wir lebten. Wir lernten kämpferische Lieder und marschierten dazu wie die Soldaten. Wer gar noch die Fahne tragen durfte, wurde beneidet.

Bei den Sportfesten auf dem Schulhof und auf dem VfB-Platz wimmelte es von Buben und Mädchen, die ihre Kräfte maßen, um eine Siegernadel zu erringen. – Am schönsten aber waren die Wanderungen, bei denen viele Volkslieder erklangen.

Bei einer Schulfeier im Frühjahr 1939 standen wir auf der Tribüne des Zeppelin-Saalbaues, der damaligen „Festhalle". Hinter uns hing ein Wald von Hakenkreuzfahnen. In den vollbesetzten Saal brüllten wir das Lied hinunter:

„In den Ostwind hebt die Fahnen,
denn im Ostwind stehn sie gut.
Dann befehlen wir zum Aufbruch
und den Ruf hört unser Blut . . ."

Im Herbst begann dann der Aufbruch in den Osten. Es gab Krieg. Viel Blut wurde in der ganzen Welt vergossen. – Das konnten wir damals noch nicht ahnen.

Inzwischen war ich Schülerin der „Oberschule für Mädchen" geworden. Sie lag auf der anderen Seite des großen Schulhofes. Als es dort bald zu eng wurde, bekamen wir wieder einige Klassenzimmer in der „Horst-Wessel-Schule".

Jeden Tag standen wir, wie die Soldaten in Zweierreihen angetreten, vor dem Klassenzimmer. Eine Schülerin ging mit dem Tagebuch in der Hand auf den Klassenlehrer zu. Sie stand stramm, hob den rechten Arm zum „Deutschen Gruß" und rief laut: „Heil Hitler! Ich melde: Klasse 6a der Oberschule für Mädchen ist mit

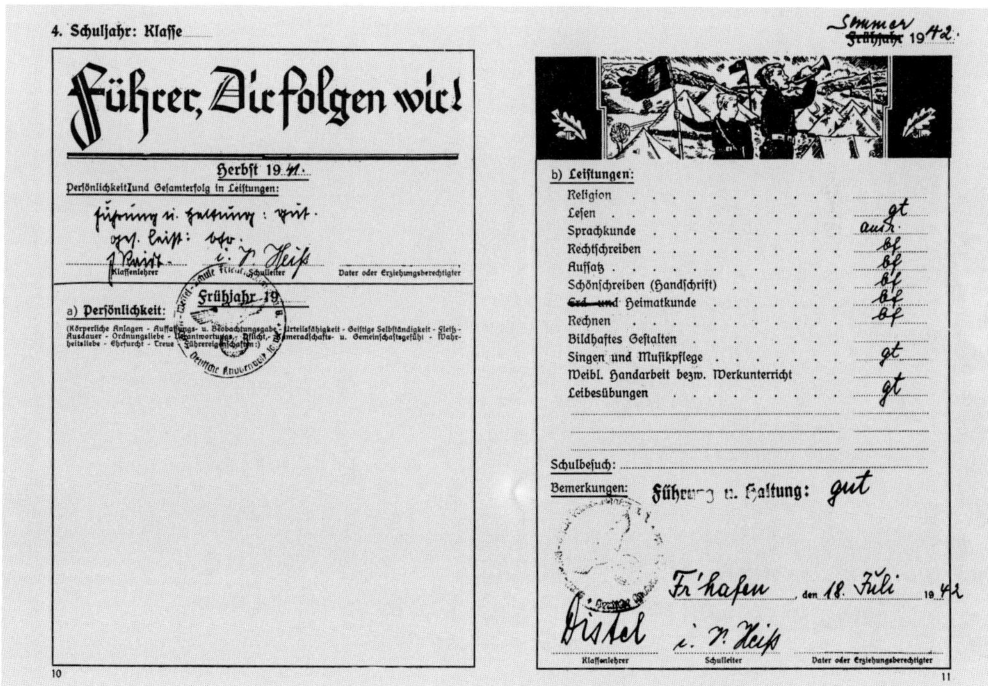

Abb. 102: Ein Schulzeugnis aus der Hitler-Zeit, voll mit „großen" Sprüchen der Hitler-Partei.

28 Schülerinnen angetreten, zwei Schülerinnen fehlen!“ Der Lehrer nahm das Tagebuch entgegen, grüßte ebenfalls mit dem „Deutschen Gruß“ und schloß die Türe auf.

Einmal war er ernster als sonst. „Ich bin heute zum letzten Mal bei euch“, sagte er, „ich gehe an die Front, aber der Krieg ist bald vorbei, und dann komme ich wieder zurück.“ – Aber er ist nie mehr aus diesem Krieg zurückgekommen. Irgendwo in Frankreich ist er gefallen.

Viele Lehrer zogen in den Krieg, und dafür mußten Lehrer aus dem Ruhestand wieder in die Schule zurückkehren. Für uns war das anfangs nicht gut, wir nahmen die Schule nicht mehr so ernst. Deshalb habe ich wohl auch nie richtig das Bruch- und Zinsrechnen gelernt.

Aber wir wollten alle mithelfen, den Krieg bald zu gewinnen für „Führer, Volk und Vaterland“, wie es uns immer wieder eingetrichtert wurde. So standen nach den Sommerferien morgens vor der Schule auf der Wendelgardstraße mehrere Omnibusse. Vergnügt stiegen wir Schüler und Schülerinnen ein zum Hopfeneinsatz. Vergnügt vor allem, weil es anstatt zum Unterricht drei Wochen lang zur Hopfenernte ging.

Auf den Bauernhöfen gab es nur noch wenige Helfer. Die jungen Männer waren im Krieg, und viele Frauen arbeiteten in den Rüstungsfabriken unserer Stadt. Im

Abb. 103: Schülerinnen der Friedrichshafener „Oberschule für Mädchen“ beim Ernteeinsatz in einem Hopfengarten.

Hopfengarten des Bauern Otto Martin bei Mariabrunn saßen wir nebeneinander auf kleinen Schemeln. Der Hopfengärtner Heimpel holte mit einer langen Stange die hohen Ranken von den Drähten herunter. Würzig duftend und schwer lagen sie uns auf dem Schoß und zerkratzten Hände und Arme. Wir brockten so schnell wir konnten die Hopfen in den großen Korb. Für ein solches „Simri" voll gab es ein rotes Kärtchen, das etwa sechzig Reichspfennige wert war. Wer neun Körbe bis zur Abfahrt des Busses schaffte, galt als fleißig. Meine Freundin Lisbeth brachte es sogar auf dreizehn. War der abgezupfte Ranken nicht sorgfältig auf dem Erdboden zu einer Schnecke zusammengerollt oder hingen gar noch Hopfen daran, so geschah Fürchterliches. Der Hopfengärtner brüllte so lange durch den Garten, bis er den Übeltäter am Schlafittchen gepackt hatte.

Einmal kam hoher Besuch aus Friedrichshafen. Dem Auto entstieg unser Herr Bürgermeister Bärlin in der braunen Uniform der Hitlerpartei. Ich kam in große Verlegenheit, denn wir Mädchen hatten dem Hopfengärtner tags zuvor einen Bären aufgebunden. Als er uns nach den Berufen unserer Väter fragte, schwindelten wir ihn mächtig an. Ich kam dabei auf die verrückte Idee, mein Vater sei der Bürgermeister Bärlin. – „He, Bärlin, dein Vatter kommt", rief er mir zu. Ich kam ins Schwitzen und war heilfroh, daß der Hopfengärtner weggerufen wurde, als der „Vatter" in meine Nähe kam. Der Bürgermeister sprach sehr freundlich mit uns und sagte etwas vom „Dank des Vaterlandes" und von „Pflichterfüllung".

Im dritten Kriegswinter wurden die Kohlen knapp. Die Schulhäuser konnten nicht mehr geheizt werden. Die Kohlen brauchte man für den Krieg. Deshalb bekamen wir „Kohlenferien". Wir strickten daheim aus Wollresten Socken, Schals und Pulswärmer für die deutschen Soldaten an der Front im kalten russischen Winter. Irmgard brachte sogar ihre Skier zur Abgabestelle. Sie war sehr stolz auf ihre Opfergabe, aber ein bißchen tat es ihr auch leid.

Im Sommer wieder sammelten wir mit der ganzen Klasse allerlei Heilkräuter. Auf dem Dachboden des Schulhauses legten wir sie zum Trocknen aus. In den Lazaretten sollte daraus Tee für die verwundeten Soldaten zubereitet werden. Später wurden die Kräuter dann vergessen. Vielleicht steckt sogar heute noch manches getrocknete Brennesselblatt in den Ritzen.

Dann wieder schwärmte die Klasse aus, um dem Kartoffelkäfer auf den Leib zu rücken. Die Kartoffel war ein wichtiges Nahrungsmittel für die Bevölkerung. Der gelbe, schwarzgestreifte Käfer fraß das Kartoffelkraut kahl. Er vermehrt sich rasch, so befürchtete man große Mißernten. Wir durchkämmten die Kartoffelfelder vor dem Eriskircher Ried. Zwanzig Reichsmark sollte es für einen abgelieferten Käfer geben. Wir fanden aber keinen einzigen. Unser Kommen hatte sich anscheinend unter den Tierchen herumgesprochen.

Unentwegt sammelten wir für den „Endsieg" Flaschen, Lumpen und Altpapier. Auch gingen wir mit Sammelbüchsen von Tür zu Tür für das „Winterhilfswerk". So nannte sich damals die Hilfsorganisation für Bedürftige. Außerdem machten wir „großes Theater" und spielten Schillers „Jungfrau von Orleans" in der Turnhalle des Paulinenstiftes. Die Kulissen fertigten wir selbst, die Kostüme liehen wir uns von der Frau Majorin Scupin, da in ihrer schönen Villa in den Uferanlagen viel Theater gespielt und musiziert wurde. Die Aufführung brachte uns dreihundert Mark ein, die wir dem „Winterhilfswerk" spendeten. Es stand sogar in der Zeitung, und wir bekamen einen Tag schulfrei. Unsere Schulkameraden fanden die Aufführung allerdings zum Totlachen.

Ob wir bei all dem auch noch etwas gelernt haben? Bis zum März 1944 hatten wir fast normalen Schulunterricht. In der Mathematik lernten wir den Satz des Pythagoras und das Wurzelziehen. Wir kämpften in den Englischstunden mit den unregelmäßigen Verben und dem Gerundium. Von den vielen Geschichtszahlen, die wir büffelten, weiß ich zwei noch besonders gut: drei-drei-drei, bei Issos Keilerei; drei-drei-acht, Chäronea-Schlacht.

„Wirbeln kalte und warme Luftmassen durcheinander, so entstehen Luftverdichtungen und Luftverdünnungen, sogenannte Schlieren." Wer das damals unserem lieben Physiklehrer, Herrn Studienrat Blank, so fabelhaft vorgetragen hat, weiß ich heute nicht mehr.

Im Vorbereitungsraum des Bio-Saales züchtete unsere Lehrerin Seidenraupen. Wir halfen ihr bei der Pflege. Hatte man deshalb vor der „Horst-Wessel-Schule" Maulbeerbäumchen gepflanzt? Ihre Blätter waren die Nahrung für die Seidenraupen. Ob es Spaß war oder Ernst? – Die Raupen sollten die Seidenfäden produzieren für den Stoff der Fallschirme, die im Krieg gebraucht wurden.

Deutsch war mein Lieblingsfach. An eine bestimmte Deutschstunde erinnere ich mich noch ganz genau. Das Gedicht, das wir damals behandelten, habe ich anscheinend zu gut auswendig gelernt:

„Müd vom Hammer fällt die schwere Hand,
in mir klingt das Glühen noch der Essen.
Sieh, da hängt dein Bild an meiner Wand,
alle Sorgen kann ich nun vergessen,
trifft aus deinen Augen mich dein Blick!"

Dieses gewisse Bild hing auch in unserem Klassenzimmer, es zeigte den „Führer" Adolf Hitler.

Unsere Lehrerin wußte, welchen Unsinn wir da lernen mußten. Die „Deutsche Jugend" hatte sich eine bestimmte Anzahl solcher Gedichte anzueignen. Sie verherrlichten den „Führer" und sollten die hart arbeitende Bevölkerung zu weiteren Opfern anspornen.

Dann kam die Zeit, da nachts die Sirenen heulten. Wenn wir im Luftschutzkeller gesessen hatten, begann der Unterricht morgens eine Stunde später.

Unsere Schulkameraden wurden Flakhelfer. Flak heißt Fliegerabwehrkanone. Sie sollten den Soldaten helfen, feindliche Flugzeuge abzuwehren. Gut sahen sie aus in ihren blauen Uniformen. Fast beneideten wir sie ein bißchen. Damals wollten wir auch Jungen sein, auf Unterseebooten Torpedos abschießen oder in einem Sturzkampfbomber nach England fliegen. Wie verblendet waren wir!

Abb. 104: Friedrichshafener Oberschüler in Uniform: eine Gruppe des Jahrgangs 1927 als „Flakhelfer" im Einsatz, 1943.

In der Nacht zum 21. Juni 1943 fielen die ersten Bomben auf Friedrichshafen. Unser Nachbarhaus wurde schwer getroffen. Im Garten lagen „Blindgänger", also Bomben, die nicht explodiert waren. Wir mußten unser Haus verlassen. Aus sicherer Entfernung konnten wir beobachten, wie sich Menschen an den Bomben zu schaffen machten. Sie trugen gestreifte Häftlingskleidung und wurden von Männern in Uniform und mit Gewehren streng bewacht.

Im Vorübergehen schaute einer der Gefangenen zu uns herüber. – Er war noch ganz jung und hatte sehr traurige Augen. – Heute weiß ich, daß es Häftlinge aus dem Konzentrationslager Dachau waren, die im nahen Raderacher V2-Gelände hart arbeiten mußten. Sie wurden gezwungen, unter Lebensgefahr Sprengbomben in der Stadt unschädlich zu machen.

Als nach ein paar Tagen wieder normaler Schulunterricht war, bekamen wir Schülerinnen eine Sonderaufgabe: Abwechslungsweise wurden wir für die Nachtwache in der „Horst-Wessel-Schule" eingeteilt. Stellt euch vor, im Schulhaus die ganze Nacht wachen oder schlafen! Wir fanden das ganz prima! Weil außer der Hausmeisterfamilie Mimm nachts niemand in dem großen Gebäude war, sollten wir bei einem Angriff Stabbrandbomben auf dem Dachboden unschädlich machen. Jeden Monat waren wir zu viert an der Reihe. Auch zwei Lehrer wurden Nacht für Nacht zur Wache eingeteilt.

In kleineren Räumen standen Feldbetten mit Wolldecken. Das Los fiel am Heiligen Abend 1943 auf mich und drei andere Schulkameradinnen. Heldenhaft brachten wir dieses Opfer. Herr Hauptlehrer Korherr erzählte uns lustige Geschichten von einem kaputten Grammophon, das immer spielte: „Du, du liegst mir im pf – pf – pf, du, du liegst mir im pf – pf – pf!".

Wenn wir vier Mädchen Wache hatten, passierte nachts nie etwas, und wir hätten doch so gerne das Schulhaus für die deutsche Jugend gerettet. Aber manchmal schreckten wir hoch, es war ein unheimliches Grollen zu hören. Man munkelte von einer Geheimwaffe für den Endsieg, die im Raderacher Gelände ausprobiert werde.

Die Nachtwache am 16. März 1944 sollte unsere letzte werden. Wir wuschen uns, zogen uns an, legten die Wolldecken sorgfältig auf die Feldbetten und gingen mit Köfferchen und Schultasche über den Flur ins Klassenzimmer. Kurz nach zehn Uhr gab es dann Vollalarm. Alle Klassen eilten mit ihren Lehrern in die Schutzräume im Untergeschoß der Schule. Bald hörten wir Einschläge ganz in der Nähe, das Notlicht erlosch, dann war es wieder still. Ruhig saßen wir auf den langen Sitzbänken. Ich weiß nicht, weshalb ich aufstand, auf den Gang hinausging und eine Schutztür öffnete. Ich erschrak. Im schwachen Lichtschein einer Lampe sah ich eine Frau blutüberströmt auf einem Tisch liegen. Gestalten in weißen Kitteln beugten sich über sie. Ich war in den Sanitätsraum gelangt. Entsetzt und verstört rannte ich zurück und wollte es den anderen berichten. Eine Lehrerin herrschte mich an, ich solle gefälligst meinen Mund halten. – Sie wollte den grausamen Krieg nicht wahrhaben. Solche Leute gab es immer noch.

Als ich endlich traurig mit meinem Köfferchen und der Mappe nach Hause kam, heulten wieder die Sirenen. Kopflos, noch immer das Bild der blutüberströmten Frau vor mir sehend, rannte ich davon. Ich wollte in den Gewölbekeller der Schloßkirche hinunter; dort war man angeblich sicherer vor den Bomben. Die Mutter wollte mich noch zurückhalten. Ich hörte nicht auf sie. – Von diesem Tag an hatte ich Angst, Angst vor den Bomben und Angst vor dem ganzen furchtbaren Krieg.

Die Bombennacht

Der 27. April 1944 war ein schöner Frühlingstag. An diesem Donnerstagmorgen gingen wir noch zur Schule, obwohl erst drei Tage zuvor feindliche Flugzeuge bei einem Tagangriff wieder Bomben auf die Stadt geworfen hatten.

Am Nachmittag saß ich mit meiner Freundin auf dem alten Holzsteg neben dem Strandbad. Am Schweizer Ufer konnten wir die Häuser gut erkennen. Onkel und Tante wohnten drüben. Schon lange hatten wir nichts mehr von ihnen gehört. Seit fünf Jahren war Krieg. – Ob es stimmte, daß Menschen nachts über den See in die Schweiz flüchteten?

Glutrot sank die Sonne tiefer und warf ihre leuchtende Bahn auf das Wasser. Es war ein wunderschöner Sonnenuntergang. Langsam gingen wir nach Hause in die Hochstraße. Bald war es dunkel. Keine Straßenlaternen brannten, kein Lichtstrahl drang aus den Fenstern der Häuser mit ihren grauen Tarnanstrichen. Verdunkelung nannte man das. Feindliche Flugzeuge sollten so nachts die Stadt nicht finden.

Abb. 105: Der schreckliche Luftangriff vom 28.April 1944, von Rorschach aus fotografiert.

Gegen Mitternacht schrecke ich hoch. Hoher, gleichbleibender Sirenenton durchdringt die Nacht. – Vorwarnung! – Feindliche Flugzeuge sind im Anflug! – Alles verläuft zunächst wie immer. Ich schlüpfe in Kleider und Schuhe, greife nach der Tasche mit den wichtigsten Dingen und überquere mit den Eltern den dunklen Hof zum Luftschutzkeller des Nachbarhauses. – Mit Wolldecken, Taschen und Koffern hasten die Hausbewohner die Stufen hinab. „Hoffentlich lassen sie uns in Ruhe!" – „Die kommen in letzter Zeit doch am Tage!" – So reden die Leute durcheinander. – Da hören wir schon den auf- und abschwellenden Heulton der Sirenen – Fliegeralarm! Vollalarm! –

Die Luftschutzwartin prüft, ob alle Hausbewohner im Keller sind. Dann verschließt Vater mit den anderen Männern die schweren Eisentüren. Jeder setzt sich auf seinen Platz. Die leise Unterhaltung bricht plötzlich ab. – In der Ferne dumpfes Motorengebrumm! Rasch nähert es sich, wird lauter und lauter. – Sie kommen! – Erste Geschosse der Fliegerabwehrkanonen explodieren. Die Motoren dröhnen über uns. Ein ohrenbetäubendes Heulen und Stampfen beginnt, ein Bersten und Krachen. Der Kellerboden erzittert, das spärliche Licht erlischt. Mütter beten, Kinder weinen und rufen durcheinander. Ich starre auf die Kellerwand und denke immer nur: „Lieber Gott, laß uns hier wieder herauskommen!"

Wird es draußen stiller? – Jemand zündet eine Kerze an. Doch da! Wieder ist das entsetzliche Dröhnen zu hören. Bombe auf Bombe schlägt ein, in rascher Folge. Die Fliegerabwehr schießt aus allen Rohren. Angstvoll schaue ich in die flackernde Flamme der Kerze. „Wie mag der Himmel einer solchen Nacht aussehen?" –

Endlich wird das Motorengeräusch schwächer. – Aber es dauert nicht lange, – da kommen sie zum dritten Mal. Wir rücken noch enger zusammen. Wieder pausenloses Krachen und Dröhnen. Ich halte mir die Ohren zu und spüre doch das Beben der Erde. – „Wann hat diese furchtbare Nacht denn ein Ende?" Es dauert eine Weile, bis wir merken, daß es draußen endlich still geworden ist. – Fast unheimlich still.

Vorsichtig öffnen wir die schweren Eisentüren. Brandgeruch kommt uns entgegen. Das Haus über uns scheint noch nicht zu brennen. Vom Treppenhausfenster blicken wir hinaus in ein einziges Feuermeer. Drüben aus dem Dachstuhl unseres Wohnhauses schlagen hohe Flammen. Wir müssen es wagen! – Der Feuersturm raubt uns fast den Atem. Vorbei an lichterloh brennenden Bretterstapeln der Wagnerei Baur dringe ich mit Vater von der Südseite her in unser Haus ein. Ein lieber Verwandter ist einige Tage zuvor aus dem schlimmen Krieg im weit entfernten Rußland zu uns in die Heimat gekommen; so sind wir zu dritt.

Es beginnt ein Wettlauf mit der Zeit. Gegen Rauch und Qualm ankämpfend, dringe ich in den Flur vor, reiße eine Schranktüre auf und packe alles, was ich fassen kann. Im Feuerschein sehe ich Vaters verzweifeltes Gesicht, sein liebstes Möbelstück ist nicht mehr zu retten. Aus den Fenstern zerren wir drei die Möbel über einen hohen Zaun auf die halbwegs sichere Wiese. Eine Frau schreit auf! Wir springen zur Seite – krachend stürzen brennende Balken herab. –

Es hat noch keine Entwarnung gegeben. Nicht auszudenken, wenn eine neue Angriffswelle käme! Die Menschen haben die schützenden Keller verlassen, um zu retten, was noch zu retten ist.

Als der Morgen heraufdämmerte, standen von unserem Haus nur noch die Außenwände. Gespenstisch ragte der Kamin in die Höhe. Erschöpft saßen wir neben unserer Habe auf der Wiese. Es wurde gar nicht richtig hell an diesem Vormittag des 28. April 1944. Die Sonne, die am Abend zuvor so leuchtend untergegangen war, konnte mit ihren Strahlen die Wolken von Rauch und Qualm nicht mehr durchdringen.

Gegen Mittag riefen Lautsprecherwagen die Einwohner zusammen. An verschiedenen Plätzen gab es Notverpflegung. Ich lief zur Schloßkirche. Dort stand eine Gulaschkanone; Eintopf und Tee wurden verteilt. Auswärtige Hilfskräfte hatten sich mit dem Essen bis zum Mittag in die Stadt vorarbeiten können.

Abb. 106: Nach dem großen Angriff: Blick vom Hafenbahnhof durch die Karlstraße in die qualmende Altstadt – der Zugang ist abgesperrt und bewacht.

„Der Turm brennt!", rief plötzlich jemand und zeigte in Richtung der Kirche. Die Kuppel loderte wie eine riesige Fackel. Hatte sich noch eine Brandbombe entzündet? – Dröhnend stürzten die Trümmer in das Innere des Turmes. Unsere Schloßkirche hatte die Kuppel ihres Südturmes verloren.

Stunden später ging ich mit Vater schweigend durch die Altstadt. Fassungslos sahen wir das ganze Ausmaß der Zerstörung. Verzweifelt suchten Menschen nach ihren Angehörigen. Andere gruben in den rauchenden Trümmern ihrer Häuser und geborstenen Keller, um noch etwas von ihrer Habe zu retten.

Die Häuser der Altstadt waren dicht aneinandergebaut, und viel Holz war verwendet worden. So konnte das verheerende Feuer hier besonders wüten. Die Wasserleitungen waren aufgerissen. Die Feuerlöschleitungen hatten so keinen Druck mehr. Die Feuerwehr war machtlos.

Es gab kein Wasser mehr in den Häusern, kein Gas und keinen elektrischen Strom. Wasser für die Suppe und zum Waschen holte ich in den folgenden Tagen aus dem See beim Yachthafen. Notdürftig waren wir bei einem Nachbarn untergekommen.

Viele Menschen verließen die Stadt. Friedrichshafen hatte nur noch 8000 Einwohner, ein Jahr zuvor waren es noch 28000 gewesen. Mehr als hundert Menschen hatten ihr Leben verloren, und viele waren schwer verletzt. Wer dennoch in der Stadt blieb, mußte noch fünf weitere schwere Bombenangriffe erleben, bis dieser schreckliche Krieg endlich vorüber war.

Aus der Ruinenstadt ins Albdörflein

Und so sah es nun aus: Das große Gebäude der „Horst-Wessel-Schule“, der heutigen Pestalozzischule, war stark beschädigt worden. In einem Schulhaus ohne Dach und ohne Fensterscheiben, mit großen Rissen in den Wänden konnte kein Unterricht mehr stattfinden. Die gegenüberliegende Oberschule, die heutige Städtische Musikschule, war zwar glimpflich davongekommen, die angrenzende Turnhalle aber war vom Erdboden verschwunden. Die noch brauchbaren Räume beider Schulen wurden für allerlei Ämter und für die Rettungsstelle des Roten Kreuzes dringend gebraucht. Im Erdgeschoß der „Horst-Wessel-Schule“ befand sich sogar eine Glaserei, die zerstörte Fensterscheiben reparierte. An Schulunterricht war nicht mehr zu denken.

Viele Mütter wurden mit ihren Kindern auf die Dörfer in Sicherheit gebracht. – Ob es stimmte, was uns unsere Klassenlehrerin berichtete? Die Schülerinnen der Oberschule sollten auf die Schwäbische Alb verlagert werden? „Evakuierung“ nannte man das. Die Kreisleitung habe das so beschlossen. Wir sollten uns bereithalten und weitere Nachricht abwarten.

In jenen Tagen hatte ich noch ein besonderes Erlebnis. – Seit der Brandnacht trug kein Briefträger mehr Post in die Häuser. Aber die Menschen schrieben sich weiterhin Briefe, man mußte sie im halbzerstörten „Alten Postamt“ am See selbst abholen. Über eine Behelfsstiege kletterte ich in den oberen Stock, wo ich dem Postbeamten Straße und Hausnummer nennen mußte. – Eines Tages nahm er aus dem Regal einen großen Umschlag. Ich wunderte mich, denn mein Name stand darauf. Der Brief kam aus München, und die Absenderin war mir unbekannt. Ein länglicher, harter Gegenstand war darin. Ich konnte nicht warten, bis ich zu Hause war, die Neugier war zu groß. Ein Schächtelchen kam zum Vorschein. Vorsichtig öffnete ich es. Ich traute meinen Augen nicht – eine Armbanduhr! Eine richtige, goldene Armbanduhr! Zehnmal las ich den Brief, der dabeilag, bis ich alles begriffen hatte. Eine Frau aus München war in der Schweiz gewesen. Meine Tante in Zürich hatte ihr die Uhr für mich mitgegeben. Vor zwei Jahren hätte sie mein Konfirmationsgeschenk werden sollen. Nun hatte sie mich endlich auf einem großen Umweg in die Ruinenstadt erreicht. – Ich wurde bestaunt und bewundert. Eine Schweizeruhr! Eine echte Schweizeruhr!

Abb. 107: Blick vom Turm der Canisiuskirche über die Wendelgardstraße zur schwer beschädigten „Horst-Wessel-Schule" (seit 1945 umbenannt in Pestalozzischule).

Am 22. Juni 1944 war es dann soweit. Die Evakuierung begann. Erwartungsvoll standen wir Schülerinnen der Klassen neun bis zwölf der „Oberschule für Mädchen" mit unseren Lehrerinnen auf dem Stadtbahnhof. „Wir kommen nach Margrethausen, und ihr?" „Nach Lautlingen, nach Engstlatt und Weilstetten, und denkt euch, die jüngeren Buben müssen nach Buchau und Saulgau."

– Unsere Klassenkameraden aus der zehnten Klasse aber waren schon seit einem Jahr Flakhelfer. Man hatte sie an den Fliegerabwehrkanonen ausgebildet, und zusammen mit den Soldaten schossen sie auf feindliche Flugzeuge. Sie wohnten in Baracken um Friedrichshafen und hatten dort auch Schulunterricht. –

Der Zug hielt bald in Ebingen und gleich danach in Lautlingen. Hier mußten zwei Klassen aussteigen. Die älteren Schülerinnen blieben in Lautlingen, wir gingen auf der Landstraße noch einige Kilometer weiter nach Margrethausen.

Die Dorfbewohner bestaunten die Mädchen aus der Stadt am Bodensee. Der Herr Bürgermeister begrüßte uns freundlich und verteilte die Quartierzettel. „Max Flad, Burgfelderstraße 113" stand bei mir. Ich kam in ein nettes kleines Haus, das noch ziemlich neu aussah. Nach der Begrüßung zeigte mir Frau Flad mein Zimmer. „Waren hier auch Bombenangriffe?", frage ich erschrocken. Die Wände waren von leichten Rissen durchzogen. „Nein, nein, das kommt von den Erdbeben, wir wohnen hier am Zollerngraben, da zittern die Häuser öfters mal", beruhigte mich die Frau. Damals, nach der schrecklichen Bombennacht, fand ich ein Erdbeben überhaupt nicht schlimm.

Mitten im Dorf stand ein großes weißgetünchtes Gebäude. Früher war es einmal ein Kloster. In diesem Gebäude war die Dorfschule mit zwei Klassenräumen, einen davon bekamen nun wir. Ein mächtiger Ofen mit einem riesigen Ofenrohr stand darin. Im unteren Stock war ein Speise- und Aufenthaltsraum für uns eingerichtet worden. Davor war die Küche. Die Köchin kam aus Tettnang angereist. Sie kochte uns immer gutes Essen.

Der Sommer kam, und wir lernten mit unseren beiden Lehrerinnen die Schönheiten der Alblandschaft kennen. An den Hängen standen Wacholder und Schlehen, auf den Wiesen blühten blaue Traubenhyazinthen, und in den Wäldern fanden wir Türkenbund und Frauenschuh.

An manchen Tagen aber kam das Heimweh. Besonders wenn es heiß war, sehnten wir uns nach unserem See. Durch Margrethausen floß nur ein kleines Bächlein, die Eyach. Die Freibäder in Ebingen und Balingen konnten uns unser schönes Strandbad daheim auch nicht ersetzen.

Nach einem Monat, als wir Sirenen und Bomben fast schon vergessen hatten, erreichte uns eine neue Schreckensnachricht. Am Abend des 20. Juli sagte ein Nachrichtensprecher im Radio: „Friedrichshafen ist heute gegen Mittag von feindlichen Bombern angegriffen worden. Es gab zahlreiche Tote und Verwundete." – Ich wußte, daß der Vater allein zu Hause war. Er lief bei Alarm vom Maybach-Motorenbau immer heim, denn unsere Wohnung lag nahe beim Werk.

Es gab keine Telefonverbindung mehr nach Friedrichshafen, keine Post kam von daheim – wir waren alle in großer Aufregung. Die Leute erzählten von Sprengbomben, die 20 m tiefe Krater gerissen hätten. Die Maybachwerke seien besonders getroffen worden.

Meine Mutter war zu Besuch in Tübingen und versuchte so schnell wie möglich nach Hause zu kommen. Endlich kam das erlösende Telegramm: „Vater gesund – Haus steht noch." Ich war erleichtert, unsere jetzige Wohnung ist verschont geblieben. Im Müller-Bunker beim Paulinenstift gab es viele Tote. Evis Mutter hatte dort auch Schutz gesucht. Man fand nur noch ein Stück Stoff ihres Kleides. Arme Evi! Unsere Klassenkameradin tat uns allen so leid.

Die Ereignisse überstürzten sich in diesen Tagen. Im Gasthaus „Krone" in Margrethausen saßen wir Schülerinnen aufgeregt vor dem Radio. Wie aus einer anderen Welt hörten wir die Stimme des „Führers": „Eine Clique verbrecherischer dummer Offiziere . . . !" Ein Anschlag auf Adolf Hitler am 20. Juli im Führerhauptquartier war mißglückt. – Waren wir noch froh darüber?

Die Familie des Attentäters Graf von Stauffenberg wohnte ganz in unserer Nähe im drei Kilometer entfernten Lautlinger Schloß. Das wußten wir damals aber nicht. Im Dorf redete niemand darüber.

Im August sollte es Ferien geben. Endlich heim! Aber wir durften nicht nach Friedrichshafen, es wäre zu gefährlich gewesen. Für mich war das schwierig, denn meine Eltern wohnten noch in der Stadt.

An einem Abend kam unsere Lehrerin vom Unterricht aus Engstlatt zurück. Wir saßen schon beim Abendessen. Es fiel uns auf, daß sie sehr ernst war. „Ich bring euch eine traurige Nachricht", begann sie. „Am 3. August war wieder ein schwerer Tagesangriff auf Friedrichshafen. Sprengbomben haben die Flakstellungen in Schnetzenhausen getroffen. Viele Flakhelfer und Soldaten sind dabei ums Leben gekommen und auch Familien aus Schnetzenhausen." Sie nannte die Namen einiger Klassenkameraden, mit denen ich in die Schule gekommen war. Wir saßen wie gelähmt. Die Ferien freuten uns nicht mehr.

Die Zeit verging. Es wurde Herbst. Die Laubbäume leuchteten in allen Farben. Nie mehr habe ich einen Herbst so schön gefunden. Im Wald sammelten wir Holz und Tannenzapfen für unsere Küche. Als es kälter wurde, zeigte uns Herr Schließmann, unser Mathematiklehrer, wie man in einen Holzofen ein rechtes Feuer bekommt. „Frische Luft, ihr Mädchen, ist das wichtigste. Frische Luft erwärmt sich schneller. Also macht zuerst die Fenster auf." So hatten wir es immer mollig warm, nicht nur in der Mathematikstunde.

Wenn wir Mädchen abends zusammensaßen, lasen oder musizierten, lauschten wir oft bang hinaus. In der Ferne hörten wir dumpfes Grollen. Es war Kanonendonner von der näherrückenden Westfront.

Einmal, kurz vor Weihnachten, standen wir draußen in der kalten Dezembernacht. Im Osten war der Himmel glutrot. Diesmal hatte es die Stadt Ulm getroffen. Was mußte das für ein Flammenmeer sein! Über 70 Kilometer weit sahen wir den Feuerschein, und wir fühlten mit den armen Menschen dieser lichterloh brennenden Stadt.

Dann fuhren wir heim in die Weihnachtsferien. Es war ein trauriges Fest, ohne Baum und ohne Kerzen. Zu essen hatten wir auch nicht viel. Bis Februar blieb ich in Friedrichshafen, denn wir hatten „Kohlenferien", wie schon in den ersten Kriegsjahren. Die Kohlen brauchte man ja für den Krieg. Mit Holz konnten wir in diesem strengen Albwinter auch nicht mehr heizen, denn Brennholz war knapp. Es reichte nicht mehr für die großen Öfen in unseren Räumen. Als wir noch in Friedrichshafen zur Schule gingen, fanden wir „Kohlenferien" prima. Aber jetzt?

Nicht mehr alle Mädchen kehrten zum Schulbeginn nach Margrethausen zurück. Besorgte Eltern behielten ihre Töchter zu Hause, besonders als es hieß, wir müßten vielleicht noch beim Ausheben von Panzergräben helfen. Wir ahnten, daß sich bald etwas ändern würde und waren deshalb dankbar für jede Unterrichtsstunde.

Als es Frühling wurde in Margrethausen, zogen Tag für Tag feindliche Bombergeschwader über uns hinweg. Unser Klostergebäude war für Flugzeuge weithin sichtbar, und einen Luftschutzkeller gab es nicht. Deshalb verlegten wir das Klassenzimmer oft ins Freie. Drei Wochen vor Ostern machte man in Balingen bei der höchsten Dienststelle der „Hitlerjugend" noch eine wichtige Entdeckung! „Da ist ja schon seit fast einem Jahr eine Mädchenklasse aus Friedrichshafen in Margrethausen! – Und die hatte die ganze Zeit über keinen ‚Dienst'?! – Das muß sofort anders werden!" Gleich am Mittwoch darauf kam von Balingen her eine blonde Maid in der Uniform der „Hitlerjugend" angereist. An der weißen Bluse prangte eine dicke, grüne Kordel als Zeichen ihrer „Würde". Sie war eine „Führerin", hieß Ilse und war kaum älter als wir.

Artig saßen wir im Kreise und lauschten „andächtig" ihren Worten. „Nun lernen wir noch des ‚Führers' Lieblingslied", sagte sie.

„Steh'n zwei Stern am hohen Himmel,
leuchten heller als der Mond . . ."

Wir sangen es voller Inbrunst. Unsere „Führerin" durfte ja nicht merken, daß wir ihr Geschwätz vom „großen und geliebten Führer" nicht mehr ernst nahmen. Zweimal kam sie noch von Balingen zu uns nach Margrethausen herauf, dann hatte der Spuk ein Ende.

In den Osterferien fuhren wir nicht mehr nach Hause. Stattdessen wanderten wir auf der schönen Schwäbischen Alb. Am Ostermontag, es war der 2. April, kamen wir über den Heersberg nach Margrethausen hinunter. Am Hang setzten wir uns nieder und sangen unsere Abendlieder leise in die Nacht. „So schön habt ihr noch nie gesungen", sagte unsere Lehrerin.

Am anderen Morgen wußten wir warum. Haben wir es geahnt? Hatten wir uns zum Abschied gesungen? – Im Schulhof stand der Bürgermeister und sagte mit ernster Miene: „Ihr Mädle, d'Franzose marschieret scho auf Freudenstadt zu. Ihr müsset so schnell wie möglich hoim. Packet eure Sache. Morge früh fahret ihr mit dem erschte Zug. I ka auf euch net aufpasse, wenn d'Franzose kommet!"

Um fünf Uhr in der Früh dampfte der Zug von Balingen herauf. Unsere Lehrerinnen sorgten dafür, daß wir alle einen Platz bekamen. Beide waren in der ganzen Zeit so etwas wie Mütter für uns geworden. Sie blieben in Margrethausen zurück.

Werden wir gut nach Hause kommen? Fast täglich waren „Jabos" auf der Strecke. Das waren Jagdbomber, die im Tiefflug Eisenbahnbrücken, Gleise und fahrende Züge beschossen. Oft mußten die Züge auf freier Strecke halten. Die Menschen rannten aus den Wagen und versuchten, sich draußen in Sicherheit zu bringen. Dabei kamen viele ums Leben. Ich war heilfroh, als unser Zug ohne Zwischenfall und „nur" mit fünfstündiger Verspätung am Nachmittag des 4. April in den Bahnhof in Friedrichshafen einfuhr. Niemand holte uns ab. Wir hatten unsere Ankunft ja nicht mehr ankündigen können. Die Mutter stand am Gartentor und wunderte sich, daß die Tochter plötzlich vor ihr stand.

Ich hatte Hunger und wollte gerne ein Stück Brot. „Es ist kein Brot mehr da", sagte die Mutter, „vielleicht können wir morgen früh einen Stengel beim Kloosebeck bekommen!" – Ich konnte es kaum fassen, zum erstenmal ging ich hungrig ins Bett. – Das Brot am anderen Tag war klebrig und blieb am Messer hängen. Es bestand wohl mehr aus Kartoffeln als aus Mehl.

Französische Panzer rollen in die Stadt

Die Menschen warteten im April 1945 darauf, daß sich irgend etwas ereignen würde. Die einen erzählten schlimme Geschichten von den anrückenden feindlichen Truppen. Die anderen berichteten von einer Wunderwaffe für den deutschen Endsieg.

Täglich war Fliegeralarm. Oft rannte ich in den Tiefbunker bei St. Elisabeth. Einmal überschlug ich mich mehrmals auf der steilen Behelfsstiege. Als ich unten wieder auf die Füße kam, tat mir nichts weh. Hatte ich einen Schutzengel gehabt?

Zu essen gab es fast nichts mehr. Da geschah eines Tages ein kleines Wunder. Ein Lastwagen fuhr in unseren Hof, der Fahrer rief uns alle zusammen. „Schnell, ladet ab, bringt alles in den Keller!“ Im Nu waren Butter- und Käseballen, Konserven, Milchdosen und Schokolade verstaut. Ein Warenlager war geräumt worden, und der gute Mann hätte die Sachen an einen bestimmten Ort bringen sollen, den er aber nicht mehr erreichen konnte. Er wohnte mit seiner Familie im gleichen Haus und lenkte deshalb seinen Holzgaslastwagen kurzerhand vor unsere Haustüre. Spitzbübisch lachte er aus seinem Führerhaus heraus. – Das Auto besaß ein richtiges Ofenrohr, es qualmte wie ein Kamin. Mit dem Holz, das verbrannte, wurde das Fahrzeug angetrieben, denn Benzin gab es schon lange nicht mehr.

Im Luftschiffbaugelände waren in Baracken russische Zwangsarbeiter untergebracht, Männer und junge Frauen. Sie hatten in den Betrieben arbeiten müssen. Sie wußten, daß Deutschland den Krieg bereits verloren hatte. Furchtlos gingen sie auf die Straße und plünderten die Geschäfte. In unserem Lebensmittelladen Richard Müller an der Werastraße sah es wüst aus. Seife, Zahnpasta, Schuhcreme, Zigaretten, Dosen und allerlei Lebensmittel lagen weit verstreut umher. Da holten auch wir einen Korb und sammelten rasch ein, was wir erwischen konnten. Von einem Tag zum anderen hatten die russischen Frauen plötzlich weiß-grün gestreifte Kleider an. Irgendwo in der Stadt hatten sie wieder ein Geschäft ausgeräumt.

Der ganze Monat war sonnig und warm. Aber niemand freute sich an diesem Frühling. Gärten und Uferanlagen waren von Schützengräben durchzogen. Auf den Straßen standen Panzersperren, aus schweren Holzbalken errichtet. Tag für Tag zogen deutsche Soldaten in Militärautos, mit Pferdewagen und zu Fuß die Friedrichstraße hinunter und weiter in Richtung Lindau.

Es wurde Sonntag, der 29. April 1945. Die Sonne hatte sich hinter einer grauen Wolkendecke versteckt. In den Straßen war es unheimlich still. Die Menschen spürten, daß heute etwas geschehen würde. Auch Friedrichshafen sollte wie alle anderen Orte beim Anrücken der französischen Truppen verteidigt werden. In der Nähe unseres Hauses war ein kleiner Bunker. Darin sollten wir Schutz suchen, wenn der Feind in die Stadt hereinschießen würde.

Stunde um Stunde verging, doch nichts geschah. Gegen fünf Uhr nachmittags hörte ich lautes Rasseln und Dröhnen. Neugierig lief ich die Hochstraße vor bis zur Werastraße. Da näherten sich von St. Elisabeth her hintereinander geduckte Gestalten mit vorgehaltenen Maschinenpistolen. So schnell ich konnte, rannte ich zurück und rief: „Sie sind da! Die Franzosen sind da!“

Bald kamen sie auch in unseren Hof. Sie suchten im Haus nach deutschen Soldaten. Einer lief die Treppe hinunter. Ich erschrak, denn mein Vater war noch im Keller. Er hörte nicht gut. Wenn ihn nun der fremde Soldat anrief und er nicht antwortete? Vielleicht würde der Soldat dann auf den Vater schießen. Ich hatte Angst um ihn und lief einfach hinterher. Da kam uns Vater entgegen. „Bonjour Monsieur", sagte er, „ist der Krieg zu Ende?" – „Oui, Monsieur, la guerre est finie", lachte der Panzersoldat. – Mir fiel ein Stein vom Herzen.

Fast zur gleichen Zeit hatte eine Familie in der Sandöschstraße 22 ein anderes Erlebnis. Die kurze Geschichte wurde in ihr Stammbuch eingetragen. Dort steht: „Das Kind Gerhard Ulrich Trumpp ist am 29. April 1945 in der elterlichen Wohnung zu Friedrichshafen durch Stadtpfarrer Schmid getauft worden, mitten im Dröhnen der Panzerkanonen der anrückenden Franzosen."

Am anderen Tag erfuhr die Bevölkerung, warum die französischen Panzer ungehindert in die Stadt rollen konnten. Während die Menschen noch um ihr Leben bangten, hatten sich bereits ein paar mutige Männer mit dem Bürgermeister auf den Weg gemacht. Sie fuhren mit einem Auto den Franzosen bis Manzell entgegen und öffneten rasch die Panzersperren. In diesem Augenblick tauchte ein Panzer auf und eröffnete das Feuer. Erschreckt sprangen die Männer in den nächsten Graben, der ihnen Schutz bot.

Einer band sein weißes Taschentuch an einen Stecken und winkte damit dem Panzer zu, als Zeichen friedlicher Absicht. Dann verließen Bürgermeister Bärlin und Medizinalrat Gmelin den schützenden Graben und gingen auf den Panzer zu. Bärlin sagte zum französischen Panzerkommandanten, Oberleutnant Gauthier: „Ich bin der Bürgermeister der Stadt. Ich bin gekommen, die Stadt zu übergeben. Die deutschen Soldaten in der Stadt werden nicht schießen." Der französische Panzerkommandant zeigte auf sein Kampffahrzeug. „Sehen Sie die Antennen? Hätten Sie Widerstand geleistet, hätte ich Flugzeuge angefordert und dann wäre es Ihrer Stadt schlecht ergangen."

Im Auto des Bürgermeisters, das von den Maschinengewehr-Geschossen der Panzer durchlöchert worden war, nahm der französische Kommandant Platz. Hinter ihm rollte die lange Kolonne der Panzer in die Stadt.

Was wäre geschehen, wenn diese Männer nicht so mutig gehandelt hätten? Die Stadt wäre vollends zerstört worden, und zahlreiche Menschen hätten ihr Leben verloren. Deshalb denken noch viele Bürger dankbar an diese Männer. Sie haben die Stadt gerettet.

Am anderen Tag, es war Montag, der 30. April, war dann alles anders: Verängstigt blieben die Leute in den Häusern. Bewaffnete Soldaten patrouillierten in den Straßen. Auf großen Plakaten gab der Stadtkommandant bekannt, wie sich die Bevölkerung zu verhalten hatte. Es wurde eine Ausgangssperre verhängt. Keiner durfte die Stadt ohne Genehmigung verlassen. Abends um acht Uhr mußten die Einwohner in ihren Häusern sein und durften erst um acht Uhr morgens wieder auf die Straße. An den Ausfallstraßen standen Militärkontrollen. Niemand konnte ohne Passierschein in die Stadt hinein- oder herauskommen. Wer die Stadt mit dem Zug

Abb. 108: Friedrichshafen bei Kriegsende: Blick über die zerstörten Häuser der Karlstraße auf die Ruine des Rathauses und den ausgebrannten Turm der Nikolauskirche.

verlassen wollte, ging schon abends in den Bahnhof und übernachtete dort auf einer Bank. Die Züge fuhren meist sehr früh ab, und man durfte ja nicht vor acht Uhr morgens auf der Straße sein.

Es war eine schlimme Zeit in diesem Sommer. Auf Befehl des französischen Stadtkommandanten mußten die deutschen Männer zuerst das zerstörte Strandbad wieder herrichten und die Umkleidekabinen aufbauen. Aber nur die Besatzungssoldaten mit ihren Familien durften es benützen. Wir badeten überall am Seeufer zwischen Seemoos und dem Hinteren Hafen.

Die Bevölkerung hungerte. Wer bei den Bauern einen Sack Kartoffeln, Mehl oder Rüben gehamstert hatte, mußte befürchten, daß es ihm die Militärkontrolle wieder abnahm. Vor den Läden standen lange Menschenschlangen. Wie im Krieg gab es noch immer Lebensmittelkarten und Bezugsscheine für Kleider und Schuhe. Aber sie waren meist wertlos, denn die Regale waren fast immer leer. Zum Glück gab es im Herbst viel Obst, man aß die Äpfel mit Stumpf und Stiel.

In den Häusern mußten die Menschen noch enger zusammenrücken. Die Besatzungssoldaten beschlagnahmten für ihre Familien die wenigen Häuser, die noch gut erhalten waren. Die Bewohner mußten sofort ausziehen und sogar die Möbel zurücklassen. Ich kenne eine Familie, die erst nach fünf Jahren wieder in ihr Haus ziehen konnte.

Die Rettung der deutschen Bodenseeflotte

Drei Wochen sind nun vergangen, seit die französischen Panzer in die Stadt hereingerollt sind. Wir stehen am Ufer und warten. Die deutschen Bodenseeschiffe sollen heute aus der Schweiz zurückkehren. Meine Gedanken gehen zurück in die Kinderzeit.

An einem nebligen Wintertag des Jahres 1937 stampft das schweizerische Schiff „Thurgau" über den aufgewühlten See nach Romanshorn. Die Passagiere wärmen sich im Inneren des Schiffes. Im Boden des unteren Decks ist eine große, viereckige Öffnung. Außenherum führt ein Schutzgeländer. Staunend schaue ich über das Geländer in das große, tiefe Loch hinunter. Dort unten im Bauch des Schiffes dampft und zischt es. Große, glänzende Stangen und Kolben stampfen fauchend und lärmend auf und ab. Nur das Tuten des Nebelhorns ist noch lauter. Männer mit schwarzen Gesichtern schwitzen und schaufeln unermüdlich Kohlen in den Rachen der rotglühenden Öfen. Eine riesige Dampfmaschine bewegt die beiden großen Schaufelräder an den Außenseiten des Schiffes. Sie schaufeln das Wasser mit aller Kraft nach hinten, so wird das Schiff vorwärtsbewegt. Bald läuft es in den Hafen von Romanshorn ein. Der Vater nimmt mich an der Hand. Am Ufer wartet schon der Großvater.

Zwei Jahre später beginnt der Zweite Weltkrieg. Die schönen weißen Schiffe werden grau angestrichen, damit sie feindlichen Flugzeugen nicht auffallen. Deutsche Kapitäne dürfen mit ihren Dampfern nicht mehr über den See in die Schweiz fahren. Kein Schweizer Schiff legt mehr in einem deutschen Hafen an.

„Wo sind denn die Schiffe, die immer im Hafen lagen?", frage ich erstaunt den Vater beim sonntäglichen Spaziergang. „Die sind alle in den Lindauer Hafen gefahren, da sind sie sicherer als hier in Friedrichshafen, wegen der Fliegerangriffe", erklärt er.

Bewegung kommt in die Menge und ruft mich in die Gegenwart zurück. In der Abenddämmerung lösen sich Schiffe aus dem Dunst und kommen langsam näher. Bald laufen sie in den Hafen ein. An den Masten wehen die blau-weiß-roten Trikoloren der französischen Besatzungsmacht.

Jahre später erst erfahren die Menschen, was sich kurz vor Kriegsende ereignet hat: Französische Panzer rollen vom Schwarzwald her nach Südosten in Richtung Bodensee. Der General einer deutschen Kampfgruppe erhält vom Oberkommando der Wehrmacht folgenden Befehl: „Sämtliche Bodenseeschiffe werden zu schwimmenden Festungen umgebaut und mit Kanonen bestückt. Die anrückenden Franzosen werden vom See aus angegriffen."

Der deutsche General führt diesen Befehl nicht aus. Er möchte Menschenleben nicht sinnlos aufs Spiel setzen. Stattdessen werden die Schiffe zur Sprengung vorbereitet. Sie sollen versenkt werden, um dem Feind nicht in die Hände zu fallen. Das aber bedeutet das Ende der deutschen Bodenseeflotte. – Nur ganz wenige Menschen wissen, daß in aller Heimlichkeit eine dramatische Rettungsaktion vorbereitet wird.

Es ist Mittwoch, der 25. April 1945. Die Nacht senkt sich hernieder. Langsam verrinnt Stunde um Stunde. Da – wie von Geisterhand gezogen – bewegt sich im Schutze der Nacht lautlos ein langer Schleppzug verdunkelter Schiffe aus dem Lindauer Hafen heraus. Sie fliehen auf den offenen See hinaus. Es muß alles sehr schnell gehen. Keine Positionslichter sind gesetzt, nur weiße Fahnen flattern am Mast, als Zeichen friedlicher Absicht. Die Flucht wird entdeckt. Deutsche Kampfgruppen beschießen vom Lindauer Ufer her die Schiffe mit Kanonen und Maschinengewehren. Sie können den fliehenden Schiffen aber nicht mehr viel anhaben. Im Dunkel der Nacht entkommen sie.

Um drei Uhr morgens ist die Seemitte erreicht. Schweizer Schiffsleute klettern an Bord. Positionslichter werden gesetzt. Mit festlicher Beleuchtung laufen die Schiffe in die sicheren Häfen von Romanshorn, Arbon, Rorschach und Staad ein. – Gerettet! – Die wohl abenteuerlichste Fahrt deutscher Bodenseeschiffe ist zu Ende. Mutige Schiffsleute haben elf Schiffe vor einer sinnlosen Zerstörung bewahrt.

Als wir wieder auf der Schulbank saßen

Seit einigen Monaten waren die französischen Soldaten nun in Friedrichshafen. Da erschien eines Tages im Herbst wieder eine Zeitung für die Friedrichshafener Bürger. Eine Anzeige interessierte mich besonders: „Schüler und Schülerinnen der Graf-Zeppelin-Oberschule können sich auf dem Rektorat anmelden." – So kam es, daß wir nach achtzehn Monaten vom Oktober 1945 an wieder in Friedrichshafen zur Schule gingen. Auch trafen aus der Gefangenschaft nach und nach Schüler ein, die schon Soldaten gewesen waren.

Unser neuer Schulleiter, Oberstudienrat Dr. Bertsch, wurde von den Franzosen auch zum neuen Bürgermeister der Stadt bestimmt. In der Graf-Zeppelin-Oberschule ging es sehr eng zu, sie war Schulhaus und Rathaus zugleich. Die wenigen Klassenzimmer mußten wir noch mit den Schulkindern der französischen Familien teilen. So hatten wir Schichtunterricht: Am Montag, Mittwoch und Freitag gingen die Jungen zur Schule vom frühen Morgen bis zum späten Nachmittag. An den anderen Tagen kamen die Mädchen an die Reihe. Die freien Tage waren mit vielen Hausaufgaben ausgefüllt.

In den Schreibwarengeschäften gab es fast nichts zu kaufen, auch keine Schulbücher. So versuchten wir im Unterricht – so schnell wir konnten – mitzuschreiben, was die Lehrer sagten. Zu Hause übertrugen wir dann alles gut leserlich in ein Heft, damit wir es lernen konnten.

Mein Füllfederhalter war schon lange kaputt, ich konnte ihn nicht mehr mit Tinte füllen. So tauchte ich ihn einfach in das Tintenglas ein. Der Hausmeister kam auch nicht mehr wie früher mit seiner großen Kanne, um die Tintenfäßchen in den Schultischen aufzufüllen. Deshalb brachte ich stets ein gefülltes Tintenglas von daheim in die Schule mit, in das auch Gerda ihren Federhalter eintauchte. Einen Füller besaß sie nicht mehr. Trotzdem schrieb sie sehr schön, und Herr Studienrat Paret lobte Gerda wegen ihrer schönen Schrift.

In der Schule war schon seit vielen Jahren kein Krippenspiel mehr aufgeführt worden. Unser gemeinsames Weihnachtsspiel mit allen Klassen war daher ein schönes Erlebnis. Zu den Proben gingen wir ins „Verbo". So nannte man damals das Verlagshaus der „Schwäbischen Zeitung" in der Riedleparkstraße. Dort war ein großer Raum mit einer Tribüne, der sich für die Aufführung gut eignete. Der „Verbo"-Saal war auch jahrelang das Friedrichshafener Kino.

In diesem ersten Winter nach dem Kriege war es wieder heller in den Stuben und auf den Straßen. Die Fenster brauchte man nicht mehr zu verdunkeln, und es gab wieder mehr Strom. Aber Holz und Kohlen waren noch immer knapp, und so drängten wir uns in den Pausen um die nur mäßig warmen Heizkörper. – Die Väter fuhren auf Lastwagen ins Ried nach Wurzach zum Torfstechen. Dafür erhielten sie einen Bezugsschein für Torfbriketts. Diese heizten zwar nicht so gut wie Kohlen, doch das Feuer brannte länger als nur mit Holz.

Was es auf die Lebensmittelkarten zu kaufen gab, war immer schnell aufgegessen. So hatte ich meistens Hunger. – Aber in der Schule ging es mir gut. Ich freute mich jeden Morgen auf die große Pause, denn da schob mir meine Nebensitzerin

Hiltrud die Hälfte ihres großen Vesperbrotes herüber. Sie wohnte auf dem Land, wo es immer gutes Bauernbrot mit Rauchfleisch gab.

Eines Tages verkündete die Klassenlehrerin: „Nächste Woche beginnt die Schulspeisung. Das ist eine Spende der Amerikaner für die hungernden Kinder in Deutschland." – In allen großen Pausen gingen wir nun, mit dem Suppenlöffel in der Hand, über den Schulhof zur „Pestalozzischule". Das war nun der neue Name der früheren „Horst-Wessel-Schule". Dort im Erdgeschoß fand die „Fütterung" der großen und kleinen Schüler statt. Es gab meistens weiße Bohnen in Tomatensoße. Aber es schmeckte immer herrlich, denn schließlich kamen die weißen Bohnenkerne ja aus dem „Wunderland" Amerika.

Feste Winterschuhe besaß ich schon lange nicht mehr. Mutter besorgte einen Bezugsschein auf dem Rathaus. Wenn es aber im Laden keine Schuhe gab, nützte der beste Bezugsschein nichts. Da zog ich einfach Vaters viel zu große und ausgebeulte Stiefel an. Die Sohlen waren mit dicken Eisennägeln beschlagen. Das Gehen darin war ziemlich schwierig für mich. Meine Schulkameradinnen fanden das lustig. Die Lehrerin aber lobte mich, weil ich mich mit Vaters Stiefeln nicht genierte.

Über den See ins Paradies

Der Krieg war schon ein Jahr zu Ende, aber die Menschen litten noch immer große Not. Vor allem die Kinder hatten Hunger, sie waren blaß und kränklich. Auf der anderen Seite des Bodensees lag ein Land, wo man keinen Hunger kannte. Von dort kam Hilfe.

Eines Tages besuchten Schweizer Pfarrer die Stadt Friedrichshafen. Sie hatten die schreckliche Bombennacht im Krieg vom anderen Ufer aus miterlebt. Nun wollten sie sehen, wie es der Stadt und ihren Menschen heute erging. Als sie die große Not sahen, machten sie sich Gedanken, wie sie helfen könnten. Zuerst sollten die Kinder dieser zerstörten Stadt eine besondere Freude erleben dürfen. – Ein Wunder geschah! – Friedrichshafener Kinder wurden von Schweizer Familien eingeladen. Sie sollten mit dem Schiff nach Arbon fahren und dort einen Tag bei den Familien zu Gast sein.

An einem schönen Herbsttag im Jahre 1946 war es dann soweit. Die ganze Stadt sprach von diesem Ereignis. Seit vielen Jahren legte zum ersten Mal wieder ein Schiff aus der Schweiz im Hafen von Friedrichshafen an. Die Fahrt über den See wurde für alle Kinder zu einem unvergeßlichen Erlebnis.

Aber auch der 20. April 1947 wurde nochmals zu einem großen Festtag für viele Kinder. Am frühen Sonntagmorgen näherte sich ein schönes, weißes Schiff, die „Thurgau", dem Landesteg von Langenargen. Von Bord winkten schon über hundert Kinder aus Friedrichshafen den erwartungsvollen Buben und Mädchen aus Langenargen und Umgebung fröhlich zu. In einer langen Reihe standen fünfhundert Schulkinder auf dem Steg. Allen war ganz feierlich zumute. Als das Schiff angelegt hatte, stürmten die Kinder nicht über die Landebrücke. Sie betraten es eher ein bißchen ängstlich und verschüchtert. Das war auch noch so, als sie das Schiff in Arbon verließen.

Nach dem gemeinsamen Gottesdienst nahmen die Arboner Familien die Kinder in Empfang. Den Schweizer Müttern hatte man gesagt, die deutschen Kinder seien keine fettreiche Kost gewöhnt. Dennoch gab es in allen Familien wahre Festessen. Die Geschäfte hatten an diesem Sonntag sogar geöffnet, damit man den Kindern Geschenke kaufen konnte: Hosen, Jacken, Kleider, Mäntel, Schuhe usw. Die Kinder zogen die neuen Sachen gleich an und ließen sich die alten Kleider einpacken. Bei der Heimfahrt waren sie deshalb mit großen und kleinen Schachteln bepackt. Alle Ängstlichkeit war nun verflogen. Laut und fröhlich ging es zu. Auch zu Hause war die Freude riesengroß. Die Familien kamen aus dem Staunen nicht heraus. Was gab es doch alles in der Schweiz zu kaufen!

Herr Stadtpfarrer Schmid aus Friedrichshafen und Herr Pfarrer Waldbaur aus Langenargen hatten viel zum Gelingen dieser Kinderfahrten beigetragen. Herr Pfarrer Waldbaur berichtete, ein Kind aus Friedrichshafen habe seine ganze Dankbarkeit in den Schlußsatz eines Aufsatzes gelegt. Es schrieb: „Möchten die lieben Schweizer einmal in die gleiche Not geraten wie wir, damit wir ihnen vergelten können, was sie uns Gutes getan haben."

Abb. 109: Im April 1947: Reich beschenkt kehren die Kinder vom Besuch in der Schweiz nach Friedrichshafen zurück.

Ich hatte ein ähnliches Erlebnis. Im Sommer des Jahres 1947 lud die Evangelische Kirchengemeinde Romanshorn eine Gruppe junger Menschen aus der evangelischen Gemeinde unserer Stadt zu einem Besuch in die Schweiz ein. Die unbeschreibliche Freude wurde aber rasch gedämpft, denn die französische Besatzungsmacht wollte die Schiffahrt nicht genehmigen. Umso glücklicher waren wir dann, als an einem strahlenden Sonntagmorgen im August ein kleines Motorboot aus Romanshorn doch noch in unseren Hafen hereintuckerte, um uns abzuholen. – Ich konnte es kaum fassen!

Nach acht Jahren fuhr ich zum ersten Mal wieder über den Bodensee in die Schweiz! Unsere Romanshorner Gastgeber schrieben später in ihrem Gemeindeblatt: „Mit blassen Wangen und bleichen Ohren sangen unsere jungen Gäste aus Friedrichshafen in der Kirche ihren schönen Choral."

Nach dem Gottesdienst erlebte ich eine freudige Überraschung: Tante und Onkel aus Arbon standen da! Sie durften mich für einen Abstecher nach Arbon mitnehmen. – Auf der kurzen Bahnfahrt kam ich mir vor wie im Paradies. Ich dachte daran, daß ich noch ein Kind war, als ich zum letzten Mal vor dem Krieg mit Mutter in Arbon zu Besuch weilte.

Der schöne Nachmittag war wie im Fluge vergangen. Gerade als der Zug zur Rückfahrt nach Romanshorn im Bahnhof von Arbon einfuhr, erschrak ich: Ich hatte das Kochfett vergessen! Ich wollte es doch der Mutter als Geschenk mitbringen. Ohne das Fett aber wollte ich nicht abfahren. Was nun? Die Tante fuhr allein mit dem Zug nach Romanshorn voraus. Onkel und ich aber rannten zurück. Das eingepackte Fett lag noch auf dem Küchentisch. Warum war das Fett denn so wichtig? – Ich dachte an die ewig trockenen und oft angebrannten Bratkartoffeln zu Hause.

So schnell wir konnten fuhren wir mit den Velos nach Romanshorn zurück. Noch rechtzeitig kamen wir am Hafen an. Glücklich stieg ich zu den anderen ins Motorboot. Alle bewunderten meine neuen braunen Halbschuhe. Ich aber freute mich fast noch mehr über das Kochfett für die Mutter.

Aus den Ruinen wächst eine neue Stadt

Die Stadt war noch immer ein großer Schutthaufen. Schmale Wege führten durch die Trümmerberge der Altstadt. Wenn man die Häuser wieder aufbauen wollte, mußten erst die Schuttmassen weggeräumt werden. Es waren insgesamt 400000 Kubikmeter Schutt, die die Stadt bedeckten. Stellt euch vor – 10000 Eisenbahnwagen voll! Das gäbe einen Güterzug von hundert Kilometer Länge, das ist die Strecke von Friedrichshafen bis Ulm!

Lastwagen fuhren die Trümmer ab. Die vielen tiefen Bombenlöcher mußten zuerst aufgefüllt werden. Alle Bürger packten an, auch Frauen und Kinder. Eines Tages kamen Arbeiter und bauten auf den schmalen Straßen der Altstadt Schienen-

Abb. 110: Trümmerbeseitigung in der Altstadt 1948: Der „Trümmerexpreß" zieht vollgeladene Loren aus der Stadt hinaus.

Abb. 111: Trümmeraufbereitung am hinteren Hafen mit Bau der östlichen Uferstraße. Aus zerkleinertem Schutt entstehen neue Bausteine (Aufnahme von 1953).

teile zusammen. Die Leute staunten, als bald darauf auf diesem Gleis eine kleine Lokomotive daherdampfte. Lauter kleine Wagen zog sie hinter sich her, man nannte sie „Loren". Die Loren waren oben offen und beförderten den Trümmerschutt. Das Bähnle fuhr aus der Altstadt heraus auf die Uferstraße, am Hafenbahnhof vorbei bis zum Hinteren Hafen. Dort hielt es vor einem zweiundzwanzig Meter hohen, breiten Turm an. Die Arbeiter kippten die Ladung von den Wagen. Das Bähnle fuhr rasch zurück, um wieder Schutt zu holen. Ein Förderband transportierte die Steinbrocken an die Spitze des Turmes und kippte sie in das Innere. Im Bauch des Turmes waren riesige Mahlwerke. So kam der grobe Schutt, wie bei einer Mühle, unten als feiner Splitt wieder heraus. Mit diesem Trümmersplitt und dem wenigen Zement, den es gab, fertigten die Arbeiter Bausteine. Diese wurden für den Wiederaufbau der Häuser dringend gebraucht. „Der Trümmer-Express kommt", sagten die Leute, wenn sie das fleißige Lokomotivchen mit seiner schweren Last daherschnaufen sahen. Drei Jahre – von 1948 bis 1951 – dauerte es, bis die Stadt vom meisten Trümmerschutt befreit war. Die Trümmerverwertungsanlage, sie hieß auch Schuttaufbereitung, arbeitete noch zwei Jahre weiter. Aus dem angefahrenen Schutt wurden unermüdlich Splitt und Steine hergestellt. Das erste Hochhaus der Stadt, das „Orion" an der Friedrichstraße, war auch das letzte Gebäude, das mit Trümmersplitt gebaut wurde.

Eines Tages – im Dezember 1953 – hatte die Trümmerverwertungsanlage ihre Schuldigkeit getan. Der ganze Schutt der zerbombten Stadt war durch ihren Turm gepoltert. Nun brauchte man die Anlage nicht mehr, sie wurde abgebaut. Wo der Turm einstmals stand, verläuft heute die östliche Uferpromenade zwischen dem Hinteren Hafen und der Rotach-Mündung. Nur wenige Spaziergänger wissen, daß mit dem Rest des Trümmersplittes die Ufermauer dieses Spazierweges errichtet wurde.

Bis zum Herbst 1956 waren in Friedrichshafen bereits dreitausend Häuser aufgebaut. Immer mehr Menschen konnten wieder in der Stadt wohnen. Sie wuchs und wurde bald „Große Kreisstadt" mit einem „Oberbürgermeister". Am 23. September 1956 weihten die Friedrichshafener dann mit ihrem neuen Oberbürgermeister Dr. Max Grünbeck ihr neues Rathaus ein. Es steht neben der Nikolauskirche am Marktplatz, nicht weit von der Stelle, wo zwölf Jahre zuvor in der Bombennacht das alte Rathaus und mit ihm die ganze Altstadt in Schutt und Asche gesunken war.

Das erste Seehasenfest in unserer Stadt

Die Kinder sollen sich wieder freuen – Umzug durch die Ruinenstadt

Das Jahr 1949 war angebrochen. Die Trümmerberge in der Altstadt wurden täglich kleiner, und die ersten Häuser waren wieder aufgebaut. Aber die Bürger dachten noch immer an die schrecklichen Bombenangriffe und an das Leid, das über die Stadt gekommen war. Sie waren bedrückt und verzagt und verrichteten ihre Arbeit mutlos und ohne Freude. Bürgermeister und Stadtväter sahen dies mit wachsender Sorge. Was konnten sie tun? Wie konnte man den Bürgern und vor allem den Kindern ein wenig Freude bereiten? Gerade sie sollten sich wieder freuen können, sie hatten früh genug schlimme Erfahrungen machen müssen. Ein Fest mußte gefeiert werden! Ein richtiges schönes Fest für groß und klein.

Da setzten sich Lehrer und Lehrerinnen mit einigen Stadtvätern zusammen und machten sich Gedanken. Sie nannten sich „Festausschuß".

Ein großes Fest für die ganze Bevölkerung kostet Geld. In der Stadtkasse aber war nicht genug dafür übrig. Der Wiederaufbau der städtischen Gebäude verschlang viel Geld. Vielleicht würden einige Bürger spenden, Festabzeichen konnte man verkaufen, und man brauchte eben viele freiwillige Helfer, die nichts kosteten. Das zusammen würde reichen, um alles zu bezahlen.

Nun mußte das Fest noch einen Namen bekommen. Nach langem Überlegen hatte jemand eine Idee. Die Friedrichshafener und alle Anwohner des Bodenseeufers wurden schon immer scherzhaft „Seehasen" genannt. Woher der Name kommt, weiß eigentlich niemand genau. Das Wappen des römischen Kastells Constantia (Konstanz) zeigte einen springenden Hasen. „Seehasenfest" – das wäre doch ein passender Name. Und man könnte es als Kinderfest besonders schön gestalten.

Am 9. März verkündete dann die Stadtverwaltung: „In diesem Jahr feiert die Stadt zum ersten Mal ein Kinderfest." – Der Festausschuß hieß jetzt „Seehasenfestausschuß". Die beiden wichtigsten Männer darin waren Bürgermeister Dr. Max Grünbeck und der Vorsitzende der Organisationsleitung, Stadtrat Konstantin Schmäh.

Nun konnten die Vorbereitungen beginnen. Alle Schulklassen der Stadt und die Familien der Schulkinder halfen begeistert mit. Mit Feuereifer gingen sie ans Werk. Je näher das Fest rückte, desto größer wurde die Freude. Die gesamte Bevölkerung wartete gespannt auf das große Ereignis. Am 16. Juli 1949 erließen Bürgermeister Dr. Max Grünbeck und Stadtrat Konstantin Schmäh einen Aufruf an die Bevölkerung. In der Zeitung stand:

Aufruf zum Seehasenfest

Das Seehasenfest, das dieses Jahr am Montag, dem 25. Juli, zum ersten Mal alle Kinder und Erwachsenen unserer Stadt vereint, soll ein froher und festlicher Tag für Friedrichshafen werden. Mit ganzer Liebe hängen wir an unserer Heimatstadt, die sich bis heute noch nicht von den harten Schlägen des Krieges erholt hat. Wir wollen nun für den Beginn einer Traditionsgebundenheit, wie sie die württembergischen Städte schon jahrhundertelang besitzen, unser möglichstes tun, jeder was er kann, durch Mitarbeit, Kauf von Festabzeichen und Spenden, um die begonnenen Arbeiten und Vorbereitungen zu vollenden und dem Ganzen zum Erfolg zu verhelfen.

Programm

Montag, den 25. Juli 1949

6.00 Uhr	*Wecken durch die Städtische Musikkapelle*
7.15 Uhr	*Kinderfestgottesdienste*
8.00 – 10.00 Uhr	*Sonderschiffahrt für die Schulkinder aller Klassen*
10.00 – 12.00 Uhr	*Promenadenkonzert auf das Kinderfest abgestimmt*
15.00 Uhr	*Kinderfestzug mit 29 künstlerisch gestalteten Gruppen und über 4000 Schulkindern*
Anschließend	*Ansprache des Bürgermeisters an die Kinder – Absingen des Heimatliedes – Seehasenschießen der Ehrengäste und der oberen Klassen der Katholischen und Evangelischen Volks- und der Oberschule. – Beendigung des offiziellen Teils mit einem Musikstück*
Ab 20.00 Uhr	*Vergnügungspark und Tanz in der Festhalle*

Außerdem konnte sich die Bevölkerung auf mehrere Aufführungen des Freilichtspiels „Frau Wendelgard" am Ufer freuen.

Endlich kam für die Kinder der ersehnte Tag. Mit klingendem Spiel zog die Städtische Musikkapelle durch die Straßen und weckte die Bürger. Frohgestimmt besuchten Eltern und Kinder die Festgottesdienste. Die Schiffahrt am Vormittag war für alle Kinder ein unvergeßliches Erlebnis. Der Seehas fuhr bei dieser ersten Schiffahrt noch nicht mit. Heimlich bereitete er sich auf das nächste Fest vor. Von da an wollte er dann ganz groß dabei sein.

Für die Spaziergänger erklang auf der Uferstraße ein festliches Promenadenkonzert.

Am Nachmittag zogen viertausend Kinder in farbenfrohen Gruppen, mit Blumen und Girlanden durch die Ruinenstraßen. Liebevoll gestaltete Festwagen bewegten sich im Zug, allesamt gezogen von schmucken Pferdegespannen. Da gab es Märchenwagen: Schneewittchen und die sieben Zwerge, Dornröschen, der Rattenfän-

Abb. 112: Friedrichshafener Heimatlied, um 1946 von Reallehrer Anton König verfaßt, von Musiklehrer Paul Schmidt vertont und von Zeichenlehrer Fritz Kettnacker graphisch gestaltet.

ger von Hameln, Hänsel und Gretel und Rübezahl. Ein farbenprächtiger Blumenwagen mit Füllhorn begeisterte die Zuschauer besonders. Die Bauern von Schnetzenhausen gefielen mit ihren schönen Erntewagen. Die Sportgemeinde Friedrichshafen zeigte auf ihrem Wagen die Siegesgöttin mit den olympischen Ringen und dem olympischen Feuer. Die Handwerker schmückten den Wagen mit ihren schönsten handwerklichen Arbeiten. Natürlich gab es auch einen Zeppelin-Wagen, der das Bild des Grafen Zeppelin trug. Der Wendelgard-Wagen mit den Darstellern des Wendelgard-Spieles wurde ebenfalls bewundert. Dazwischen hüpften und sprangen viele kleine Seehäschen.

Unzählige Einwohner und Besucher säumten die Straße und klatschten begeistert Beifall. Sie bestaunten die originellen Kostüme und Kleidchen der Kinder, die vielen Blumen und Girlanden. Alles war von fleißigen Händen und nur aus buntem Kreppapier gezaubert worden.

Abb. 113: Eine Mädchenklasse im Schulhof, vor dem Umzug des ersten Seehasenfestes.

Nach dem Umzug gab es auf dem Schulhof zur Belohnung Wecken und Kakao. Das war eine Überraschung für die Kinder, und sie ließen es sich schmecken. Der Schulhof war ein riesiger Festplatz. Dann sprach der Bürgermeister zu den Kindern, und anschließend sangen sie ein neues Friedrichshafener Heimatlied. Es war von Anton König gedichtet und von Paul Schmidt vertont worden (vgl. Abbildung).

Abb. 114: Das erste Seehasenfest 1949: Der Wendelgard-Wagen beim Umzug vor zerstörten und wiederaufgebauten Häusern der Charlottenstraße.

Zum ersten Mal war auch das Seehasenschießen. Die älteren Schüler versuchten, dem Seehas auf einer Holztafel ein Ei aus der Pfote zu schießen. Wer es traf, war Schützenkönig und bekam einen Preis.

Mit frohen Klängen der Stadtkapelle ging das Fest am späten Nachmittag für die Kinder zu Ende. Die Erwachsenen aber vergnügten sich noch am Abend bei Musik und Tanz in der neuerbauten „Turn- und Festhalle“ an der Scheffelstraße, die zwei Tage vorher eingeweiht worden war.

Herr Stadtrat Schmäh schrieb später in der „Schwäbischen Zeitung“: „Das Fest brach den bösen Bann über den Gemütern. Die gedrückte Stimmung in der Stadt wich wie eine graue Wolke, die von einem frischen Wind verjagt wird und den blauen Himmel und die Sonne wieder sehen läßt.“

Das erste Seehasenfest hatte seinen Sinn erfüllt.

Zum zweiten Seehasenfest schrieb Herr Schmäh ein neues frohes Heimatlied, die Vertonung übernahm wieder Herr Schmidt. Dieses Lied wird seit 1950 von den Kindern bei jedem Seehasenfest gesungen:

Ein frohes Lied entquillt der Brust, man hört Trompetenschall.
Die Stadt trägt heut ihr schönstes Kleid, da Freude überall.
Ein strahlend Aug', ein froh Gemüt, ein Mund, der lacht,
ein Herz, das glüht, grüßt dich, o Heimat mein,
grüßt dich, o Heimat mein.

Viel bunte Fahnen lustig wehn im hellen Sonnenschein.
Der blaue See, der Berge Schnee schmückt dich wie Edelstein.
Ein strahlend Aug', ein froh Gemüt, ein Mund, der lacht,
ein Herz, das glüht, grüßt dich, o Heimat mein,
grüßt dich, o Heimat mein.

Was kühner Männer Geist einst schuf, bleibt allezeit geehrt,
Beschwinge Mut und Tapferkeit, mach uns des Ruhmes wert.
Ein strahlend Aug', ein froh Gemüt, ein Mund, der lacht,
ein Herz, das glüht, grüßt dich, o Heimat mein,
grüßt dich, o Heimat mein.

Das Naturereignis des Jahrhunderts

Die Seegfrörne 1963 – Mit dem heiligen Johannes über das Eis

Wir sind im Sommer 1963. Sabine, eine 13jährige Schülerin, kommt zu Wort: „Unser Lehrer sagt, wir sollen aufschreiben, was wir noch über die Seegfrörne wissen. Er meint, ich müsse besonders viel gesehen und erlebt haben, weil ich am See wohne! Wie gut, daß ich mein Tagebuch fragen kann. Hier ist es!" – Sabine schlägt es auf:

5. Januar
Vater sagt: „Es wird einen außergewöhnlich langen und strengen Winter geben." Aber das nehmen wir nicht so ernst. Er sagt es fast jedes Jahr!

14. Januar
Brrr – ist das kalt. Ob Vater doch recht hat? Jeden Morgen guckt er nach seiner kleinen Wetterwarte auf dem Balkon. 22° Kälte hat er heute abgelesen. Er trägt Luftfeuchtigkeit und Temperatur in eine Tabelle ein. Dann vergleicht er mit den Tabellen vom letzten Jahr. „Da schau her", hat er gestern gesagt, „der Herbst war schon viel kälter als sonst. Im November gab es Schneegestöber und dann scharfen Frost – wochenlang! 13° Kälte am Heiligen Abend – das hatten wir schon lange nicht mehr!" – Ob ich meine neuen Schlittschuhe bald ausprobieren darf? Schlittenfahren ist ja schon langweilig.

15. Januar
Tante Erika aus Radolfzell hat angerufen. Wir sollen am Samstag kommen. Der nördliche Teil des Untersees friert zu. Das ist schon ein paar Jahre nicht mehr dagewesen!

20. Januar
Es war ganz toll in Radolfzell. Ein richtiges Volksfest am See. Wurstbuden auf dem Eis! Die Musikkapelle spielte. Ich bin den ganzen Nachmittag Schlittschuh gelaufen. Die Eismeister hatten mit Pfählen und Tannenbäumchen Wege abgesteckt. Man konnte in einer halben Stunde zur Insel Reichenau laufen und von dort in die Schweiz hinüber. Tante Erika war schon drüben und hat Kaffee gekauft. „Er schmeckt besonders gut", meinte sie und lachte. „Ich habe ihn in meinem Rucksack über die Eisbrücke geschleppt, und dort gibt es keine Zollschranken!" Vom Schweizer Ufer kamen die Menschen auch zu uns herüber. Schade, daß ich mit den Eltern heimfahren mußte.

2. Februar
Vater hat heute 16° Kälte gemessen. – Ob der See bei uns auch zufriert? Das wäre vielleicht ein Erlebnis! Aber ich kann es nicht so recht glauben.

4. Februar
Der Überlinger See ist zu! Die Schiffe liegen fest im Eis. Vater hat es heute morgen aus der Zeitung vorgelesen. Seit 1880 gab es keine geschlossene Eisdecke mehr in Überlingen. Natürlich muß das gefeiert werden. Also wieder ein Eisfest –, sicher ein größeres noch als das in Radolfzell.

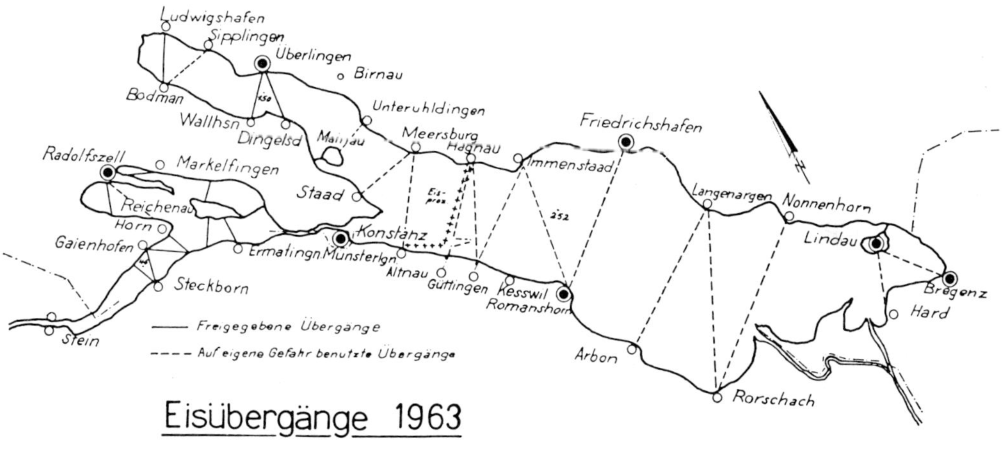

Abb. 115: An zahlreichen Stellen konnte der zugefrorene See überquert werden.

Zwei Schüler überquerten gestern schon bei Überlingen den verschneiten See. Sie konnten nicht abwarten, bis ein Weg abgesichert war. Wie leicht hätten sie einbrechen können! 150 Meter tief ist das Wasser dort unter dem Eis. Für ihren Leichtsinn bekamen sie zwei Tage Stubenarrest. „Das war noch viel zu wenig!“, empörte sich Vater.

5. Februar
Jeden Morgen laufe ich ans Fenster. – Wasser oder Eis? Es wird immer spannender. Die Fähre kann noch fahren. Langsam und keuchend schiebt sie sich durch die krachenden Eisschollen. In der Bucht am Leuchtzeichen, wo ich im Sommer immer mit dem Tretboot bin, ist schon alles starr und fest. Aber bis Romanshorn hinüber ist der See 14 Kilometer breit! Das kann doch unmöglich alles zufrieren!!!

6. Februar
Die Kälte bleibt. Das Fährschiff „Schussen“ muß sich immer mühsamer durchs Eis kämpfen, wenn es nach Romanshorn will. Hinter ihm friert die Fahrrinne gleich wieder zu.

7. Februar
Mein Bruder hat sein Fernglas geholt. Er sagt, er sehe kein Wasser mehr! Ist er nun zu, der Obersee? Oder ist er nicht zu? Überall reden sie darüber, keiner weiß es genau.

8. Februar
Unser Nachbar hat von Hagnau Neuigkeiten mitgebracht. Dort soll es sehr geheimnisvoll zugehen. Geistliche Herren treffen sich seit Tagen und beraten. Vielleicht gibt es ein ganz seltenes Ereignis – eine Eisprozession! Ach ja, da fällt mir ein, was gestern in der Zeitung stand: Es ist ein alter Brauch, den holzgeschnitzten heiligen Johannes bei jeder Seegfrörne über das Eis zu tragen – von Münsterlingen in der Schweiz nach Hagnau oder von Hagnau zurück nach Münsterlingen. – Schon über 130 Jahre steht das Bildnis jetzt in Hagnau. Die Münsterlinger möchten es holen und warten, Winter für Winter. Ob die Eisdecke endlich einmal fest genug sein wird? Mindestens 12 cm dick müßte sie sein. Ob es dieses Jahr gelingen wird?

9. Februar
Dr See isch zua! Dr See isch zua!

Ein Flugzeug hat die Nachricht überbracht. Mutter hängt seit einer Stunde am Telefon. Sie ruft alle Tanten und Freundinnen an. „Hallo Lotti! Du wirst es nicht glauben: Der See ist zu!" „Hallo Frida! Hast du gehört? Der ganze Bodensee ist gefroren! 60 km in der Länge, 14 km in der Breite! Ihr könnt es euch nicht vorstellen – alles Wasser ist zu Eis geworden!" – Auch Onkel Karl in Berlin muß an den Hörer. „Karlchen? Schalte die Nachrichten ein! Der See ist zugefroren, stell dir vor, richtig zugefroren!"

Ich kann es auch kaum fassen. Eine echte Seegfrörne! Selbst Oma hat das noch nie erlebt!

10. Februar
Die Hagnauer machen jetzt große Pläne für den Empfang der Prozession. Es soll ganz feierlich werden. Ob es bald soweit ist? Ich will dabei sein – auf jeden Fall!

Die Fähre „Schussen" hat aufgeben müssen. Sie steckt in einem dicken Eispanzer. Ich könnte stundenlang am Fenster stehen. Wo sonst tiefes Wasser ist, sehe ich Radfahrer auf dem Eis, Frauen mit Kinderwagen, Hunde, Eishockeyspieler – ein seltsames, fröhliches Bild. Heute ist Sonntag, und da wollen natürlich alle das Eis sehen! Da – zwei Buben haben eine Stange an ihren Schlitten gebunden. Jetzt machen sie ein Bettuch als Segel daran fest. Und schon geht es ab mit dem Segelschlitten! Der Wind treibt sie über das spiegelblanke Eis. Sicher ist mein großer Bruder auch irgendwo dort unten, er muß ja überall dabei sein!

Vater hat mir erklärt, wie der See immer weiter zufrieren konnte. Weil der Herbst trocken war, stand das Wasser nicht sehr hoch. Dazu kam noch die anhaltende Kälte und vor allem: die Windstille. So konnte die Eisdecke schnell wachsen und dicker werden.

11. Februar
Bin aufgewacht an einem lauten hohen Pfeifen. Es klingt ganz schaurig.

Ich renne ans Fenster. Der Mond sieht blaugelb aus, fahl und blaß im Kältedunst. Plötzlich knallt und kracht es laut vom See her. Ich weiß, daß das Eis arbeitet. Am Tage, in der Sonnenwärme, dehnt es sich aus – nachts zieht es sich wieder zusammen. Das gibt Spannungen, manchmal auch Risse. Unheimlich sind die Geräusche schon. Ich möchte jetzt nicht da draußen sein – huu! –

Die armen Wassertiere! Sie können auch nicht schlafen. Wenn sie nicht die ganze Nacht schwimmen, frieren sie fest. An der Freitreppe wird das Wasserloch immer kleiner. Wie mögen sie sich angstvoll zusammendrängen, all die Schwäne, Taucherle und Enten! Ihre Not ist groß. Nur die Menschen können ihnen noch helfen. Gleich morgen werde ich sie füttern. Mutter kocht jeden Tag für sie Kartoffeln ab und sammelt Brotreste.

12. Februar
Es schneit und schneit! Eine dicke Schneedecke liegt auf dem Eis. Wollte mit einem Satz aus dem Bett springen, aber es ging nicht. Habe ganz schwere Beine und einen schrecklich heißen Kopf. Mutter läßt mich nicht aufstehen. Tee soll ich trinken und schwitzen. Ich weine vor Zorn und Enttäuschung! Heute zieht doch die große Eisprozession über den See! Und ich soll im Bett liegen? Nun kommt auch noch mein Bruder mit der Zeitung. Große Überschrift: „Das Ereignis des Jahrhunderts ist eingetroffen! Der heilige Johannes wird heute seinen Weg über den zugefrorenen Bodensee nehmen. Heimkehr in die Schweiz nach 133 Jahren! Tausende werden das Schauspiel erleben!"

Tausende! Und ich darf nicht dabei sein! Ich bin sehr traurig. Niemand kann mich trösten! – Vater fährt nun alleine nach Hagnau. Vielleicht nimmt er meine Freundinnen mit.

Als Vater nach Hause kommt, kann ich seinen Bericht kaum erwarten! Er setzt sich ans Bett und fängt an zu erzählen:

Mit dem heiligen Johannes über das Eis

Stell dir das Ufer in Hagnau vor, beginnt Vater, unzählige Menschen stehen da, Männer, Frauen und Kinder! Von allen Richtungen strömen sie her, um dabei zu sein. – Alle starren in den grauen Nebel, der über dem See liegt. Kommen sie jetzt endlich? – Nun müßte man doch etwas sehen! Ob sie den Weg überhaupt finden, von der Schweiz herüber?

Viele Menschen können nicht mehr warten. Sie laufen dem Zug entgegen und verschwinden in Flockenwirbel und Dunst. – Es wird Mittag. Schon drei Stunden ist die Prozession jetzt unterwegs.

Plötzlich läuten die Glocken! Sie kommen – sie kommen! Es hört auf zu schneien. Etwas Sonnenlicht scheint durch den Nebel.

Abb. 116: Das Bildnis des heiligen Johannes wird am 12. Februar 1963 über das Eis nach Münsterlingen zurückgetragen.

Abb. 117: Ein Naturwunder: Mächtige Eisschollen vor Friedrichshafen.

Jetzt sieht man weit draußen eine schwarze Menschenschlange auf dem hellen schneebedeckten Eis. Wie ein riesengroßer Tausendfüßler schiebt sie sich voran, rückt näher und näher. – Ein Reiter taucht auf! Er ist weit vorausgeritten. Eine Weile sieht man nur ihn in der großen Einsamkeit. Dann erscheinen Männer mit bunten Fahnen. Es sind die Kirchenfahnen von Münsterlingen. Die roten Chorröcke der kleinen Ministranten leuchten auf.

Priester folgen in feinbestickten Hemden und schwarzen Gewändern. Sie tragen die Kreuze an hohen Stangen. – Die Schulkinder kommen in langer Reihe hintereinander. Sie halten sich an Seilen fest. Rechts und links Schweizer Polizisten und Feuerwehrleute auf Schlittschuhen. „Gänd vunenand!", schreien sie. Das soll bedeuten: Bleibt nicht so dicht beisammen – das Eis könnte sonst brechen!

Auch Bauern mit Regenschirmen sind da. Und ganz hinten poltert ein großer Schlitten, mit drei Weinfässern beladen. „Seegfrörni – Wy 63" steht darüber.

Es ist das Geschenk für die Hagnauer.

Wenn du die Augen zumachst, sagt Vater, kannst du das Bild vielleicht vor dir sehen: Wie auf einer Ameisenstraße kribbelt und krabbelt es von dunklen und bunten Gestalten.

Vom Ufer her tönt ein herzliches Willkommen – Böllerschüsse, Trompetenblasen, Chorgesang.

Die geistlichen Herren aus Hagnau und Münsterlingen begrüßen sich herzlich. Es geht durch das überfüllte Dörflein hinauf zur Kirche. Dort gibt es einen festlichen Gottesdienst. „Großer Gott, wir loben Dich", singen die Menschen drinnen und draußen.

Nach dem gemeinsamen Mittagessen übergeben die Hagnauer die alte Heiligenfigur des Johannes. Seit dem Jahre 1830 wartet sie auf diesen Augenblick. Nach alter Tradition kehrt sie nun wieder in die Schweiz zurück.

Sie wird auf ein Traggestell gehoben und von den Münsterlingern feierlich aus der Kirche herausgebracht. Eine große Menschenschar begleitet die Prozession ans Ufer und weiter über den See. Auch ich bin dabei. Neben mir Kinder auf Fahrrädern, Männer mit Schlitten und Leitern. Und dazwischen der Reiter auf seinem schweren Gaul. Es ist der Georg Stärr aus Fischbach. Er ist sehr stolz. Immer wieder ruft er von seinem Pferd herunter: „Ich bin der Reiter über'n Bodensee!" –

Alle sind wir frohgelaunt. Wir haben vergessen, daß unter dem weichen Schnee nur eine dünne Eisplatte ist und unter dem Eis abgrundtiefes Wasser. Vielleicht denken auch viele: „Es kann gar nichts passieren, denn der heilige Johannes geht ja mit uns!"

Auf dieser Eisbrücke waren die Menschen ganz nahe beieinander, Menschen von beiden Ufern, von hüben und drüben! Eine Tafel hat mir am besten gefallen. Ein Mädchen trug sie vor der Heiligenfigur her. Es stand darauf:

„Herr! Du kannst Brücken bauen mit Eis und Frost,
drum bitten wir Dich im Vertrauen,

bau eine Brücke von West nach Ost,
daß die Menschen, die nach den Sternen streben,
hier auf Erden können in Frieden leben.
O Vater sprich: Es werde –
ein Hirt und eine Herde."

Wir standen in der Abenddämmerung am Ufer des Schweizer Dörfchens Altnau und sahen der Prozession nach. Langsam zog sie die Anhöhe hinauf in die Klosterkirche von Münsterlingen.

Nun bleibt der heilige Johannes dort oben bis zur nächsten Seegfrörne.

Aber wie lange wird das noch dauern? –

Wir zündeten unsere Laternen an und marschierten fröhlich über die weite Schneefläche zurück.

13. Februar
Habe immer noch Fieber. Vater saß gestern lange an meinem Bett – fast bis Mitternacht. Er konnte nicht aufhören zu erzählen von der schönen großen Eisprozession. „Schade, daß du den Bodenseereiter auf seinem schweren Gaul nicht gesehen hast . . . In Hagnau stellte man die beiden auf die Gemeindewaage. Zehn Zentner und zwanzig Pfund wogen sie zusammen! Kein Wunder, daß das Eis manchmal bedenklich krachte!"

14. Februar
Es geht mir besser. Aber heute hätten sie nicht mehr über das Eis können!
Es ist wärmer geworden. Richtiges Tauwetter.

15. Februar
Mein Bruder kam gerade von Fischbach. „Ihr glaubt nicht, was ich gesehen habe!", schrie er schon an der Türe, „hohe Eisberge beim Fischbacher Strandbad – richtige Gletscher – sechs Meter hoch. Ein Naturwunder, sagen die Leute!"

Vater konnte es wieder erklären. Heute nacht war es wärmer, da ist das Eis aufgerissen. Es gab eine breite Wasserrinne. Ein starker Wind und die Strömung trieben die Eisplatten vor sich her und schoben sie mit großer Kraft übereinander, bis sie zu hohen Bergen aufgetürmt waren. Die ganze Nacht spülte der Wind das Wasser über diese Eisberge. Am Morgen kam plötzlich starker Frost und in Sekundenschnelle wurde das Wasser starr und fest. So entstanden kunstvolle Eisgebilde.

16. Februar
Wir waren alle dort. Eine Eismauer – kilometerlang, wie am Nordpol. „So muß es auf Spitzbergen aussehen!", meinte mein Bruder. Wir standen da und bestaunten das Glitzereis. In der Sonne funkelte und leuchtete es in blau, grün und rosarot. – Es war zu verlockend! Wir alle kletterten auf einem Eiswall herum. Plötzlich war mein kleiner Bruder verschwunden. Abgerutscht. Bis zum Hals stand er in einem Wasser-

loch. Bevor er schreien konnte, hatten wir ihn schon herausgezogen. Wir rissen ihm die eisignassen Kleider vom Leib, trugen ihn zum Auto und wickelten ihn in die Autodecke. Nach zehn Minuten lag er mit einer Wärmflasche im Bett, dick eingepackt. Alles ging gut, er hat sich nicht mal erkältet.

19. Februar
Es wird wieder etwas kälter. Vor meinem Fenster kreischen die hungrigen Möwen um ein Stückchen Brot. Das Wasserloch an der Freitreppe ist winzig klein geworden. Über einhundert Schwäne und sechzig Bleßhühner hat man jetzt eingefangen. Die Schulkinder durften helfen. Viele Tiere waren angefroren. In einem trockenen warmen Stall dürfen sie sich nun erholen. Sicher träumen sie in ihrem Gefängnis von Wind, Wellen und Fischen. Aber sie leiden keinen Hunger mehr. Ein Hubschrauber wirft Futter ab für die verlassenen Tiere, die noch weit draußen sind.

23. Februar
Das war der traurigste Schultag meines Lebens! Mein Schulkamerad Peter und sein 15jähriger Freund Kurt sind heute nacht auf dem Eis erfroren. Wir mußten alle weinen und konnten nichts mehr arbeiten. Unser Lehrer setzte sich zu uns und erzählte, wie alles gekommen war. „Auch zur Warnung für euch", sagte er. „Die beiden Buben sind mit ihren Schlittschuhen zu weit hinausgelaufen. Hinter ihnen brach das Eis mit lautem Dröhnen. Sie konnten nicht mehr zurück. Bald waren sie gefangen auf einer großen Eisplatte mitten in einem Meer von Eisschollen. Ein starker Nordostwind trieb sie vorwärts in die Mitte des Sees, wo offenes Wasser war und weiter in Richtung Schweiz. Niemand sah sie im Nebel, niemand hörte sie rufen. In der Nacht konnte man sie nicht mehr suchen. Heute morgen entdeckte sie ein Hubschrauber. Sie waren eingeschlafen auf ihrer Eisinsel und sind nicht mehr aufgewacht."

1. März
Es ist noch einmal sehr kalt geworden. Vater mißt 19° Kälte. Das Eis ist wieder dick und fest. Auf dem ruhigen, flachen Untersee fror es schon 100 cm tief – fast bis zum Grund hinunter! Die Eismeister haben auch den Obersee freigegeben. Wenn es so bleibt, läßt Vater sich vielleicht erweichen und macht am Sonntag eine Eiswanderung mit uns.

3. März
Es wird tatsächlich wahr. In einer Stunde geht es los! Ich freue mich wahnsinnig. Mutter rumort schon in der Küche herum. Sie richtet Vesperbrote und kocht Tee für die Thermosflasche. Vater hat gestern schon ein Seil, Verbandszeug und dicke Socken in den Rucksack gepackt – für alle Fälle. Oma will auch mit aufs Eis – unbedingt! Mutter hat große Angst, daß sie hinfällt. Wir haben Topfkratzer aus Eisendraht unter Omas Schuhe gebunden, das bremst. Mein kleiner Bruder darf auf dem Schlitten sitzen oder huckepack auf Vaters Schultern reiten. – Mein Gott – bin ich aufgeregt!

Wir fahren nach Langenargen und laufen von dort Richtung Rorschach. Stefan nimmt sein Rad mit. Er will ganz hinüber zum Schweizer Ufer. Es gibt dort Urkunden für jede Seeüberquerung.

4. März

Den Tag gestern werde ich nie vergessen. Es war mehr als abenteuerlich. Ganz unwirklich kommt mir jetzt alles vor. Fast wie im Traum! Waren wir das wirklich? – Stefan, der mit dem Rad vorausfuhr und einfach verschwand in dem weißen Nichts! Vater mit Rucksack, Schlitten und dem kleinen Uli, Mutter und Oma, beide auf einen Schistock gestützt. Und endlich ich – auf Schlittschuhen hinterdrein. Um uns herum fröhliches Menschengewühl, – und doch – weiter abseits – große Stille und Einsamkeit. Kein Baum, kein Haus, kein Ufer – nur Wüste – Eiswüste ringsum! Ab und zu unheimliches, pechschwarzes Wasser, das durch das Eis guckte. Wie tief mochte es sein! 100 m, 200 m? Auf dem Wasser gehen – das war gruselig und gleichzeitig toll! Ich denke an das Knacken und Knistern, an das Glucksen unter unseren Füßen. Manchmal klang es wie hohl. Fast schämte ich mich vor meinem kleinen Bruder. Er kannte keine Angst. Ihm gefielen die Geräusche. Immer wieder legte er sein Ohr aufs Eis und horchte.

Und dann das fröhliche Bild von der Seemitte: Dort, wo sonst die großen Schiffe fahren – lauter Verkaufsbuden, Süßigkeiten, Bratwurstduft – bunte Luftballons.

Eine Gruppe Mädchen – ich höre sie noch singen: „Wenn doch das schwäb'sche Meer lauter Speiseeis wär – fräß man es kreuz und quer – gäb's keine Gfrörne mehr!" – Plötzlich waren wir auch alle lustig und sangen mit. Schade, daß Oma und der kleine Uli müde wurden – sie wollten zurück. Ich ahnte ja nicht, daß mein größtes Abenteuer noch kommen würde!

Neben uns war eine Frau schwer gestürzt. Sie konnte nicht mehr aufstehen. Männer mit Sprechfunkgeräten hatten Hilfe angefordert. Minuten später hörten wir es brummen. Ein Flugzeug drehte eine Runde über uns. Der Motor dröhnte erst laut, dann leiser, dann nahe über unseren Köpfen. Ich sehe noch den Piloten hinter der Glaskuppel: Er geht tiefer und tiefer, setzt auf der Eisfläche auf. Jetzt läßt er sein Flugzeug ausrollen, macht eine kleine Kurve und rollt mit schwachem Motor zur Unglücksstelle zurück. Er läßt eine kleine Metalleiter herunter und steigt aus. Und da erkenne ich ihn: Es ist Heinz, ein Freund meines Bruders. Herzliche Begrüßung. Lachen. „Wenn du hier wartest, bis ich die verletzte Frau an Land gebracht habe, hole ich dich ab."

Ich konnte es kaum fassen! Übers Eis fliegen! – Es war wunderbar! Der ganze See unter uns! Die Menschen klein wie Streichhölzer, von Ufer zu Ufer unterwegs. Mitten im stillen Eisfeld ein aufgeschlagenes Zelt – zwei einsame Radfahrer, die zu uns heraufwinken, Autofahrer zwischen Lindau und dem Schweizer Ufer – alles winzig klein wie aus der Spielzeugschachtel. – Und schließlich die rote Fahne, die am Ufer auftaucht und herumgeschwenkt wird, um uns den Landeplatz zu zeigen.

Nun sind wir alle wieder daheim. Auch Stefan mit seiner Urkunde. Er zeigte sie stolz herum. Sicher nimmt er sie mit in die Schule. Mutter ist ganz erleichtert, daß wir gesund und munter am Tisch sitzen. Sie will nie wieder aufs Eis gehen! „Ich habe jetzt noch kalte Füße“, jammert sie. Oma ist ganz aufgeregt. „Daß ich das noch erleben durfte!“, sagt sie immer wieder. – Und was sie alles gesehen hat: Nonnen in schwarzweißen Flügelhauben, die wie große Vögel auf dem Eis schlitterten – einen Angler, der ein Loch ins Eis gestochen hatte und auf einen Fisch wartete, und das Verrückteste: einen Mann, stellt Euch vor, der barfuß über das Eis rannte, Socken und Schuhe auf den Rucksack gebunden.

5. März
Wir saßen noch, bis es dunkel wurde, und sprachen von unseren Abenteuern. Schließlich sahen wir vom Balkon aus auf den See hinaus. Unendlich weit in der Ferne blinkten die Lichter vom Schweizer Ufer. Wir dachten an den Mann, der da draußen auf dem Eis im Zelt übernachten wollte. Sehr gemütlich war das sicher nicht. Wir hätten es nicht gewagt.

8. März
Ich glaube, die Eiszeit geht zu Ende. Überall Schilder: „Betreten des Eises streng verboten!“

Trotzdem sehe ich noch ein paar Eiswanderer in der Bucht vor dem Leuchtzeichen. „Großer Leichtsinn – lebensgefährlich!“, sagt Vater.

10. März
Vor der Eisdiele „Italia“ schwimmen nur noch dünne Eisplatten. Es regnet und taut. Im warmen Föhnwind schmilzt das Eis schnell weg. Weich und brüchig ist es schon. Am Leuchtzeichen breitet sich Wasser aus.

16. März
Jetzt ist alles nur noch Erinnerung. Ich sehe wieder Schiffe fahren. Unbegreiflich, daß wir da draußen mal herumgelaufen sind. Weg ist die Brücke, die so fest und sicher ausgesehen hat. Zerfallen ist sie durch ein bißchen Sonne, warmen Wind und Regen. Das Wasser hat die Ufer wieder weit getrennt.

Mutter zeigt mir ein Gedicht aus der Zeitung. Da schreibt Edith, ein zwölfjähriges Mädchen:

„Einmal nur in 100 Jahren –
werd' ich meinen Enkeln sagen –
bin ich über'n See gelaufen,
mit dem ganzen großen Haufen.“

Stadtjubiläum am Seehasenfest

Die Friedrichshafener Industrie stellt sich vor

„Auf geht's, Patrice, heute ist was los im Hafen, nur einmal im Jahr feiern wir das Seehasenfest!" So spricht am Seehasensonntag 1976 Erich zu seinem französischen Brieffreund aus der Partnerstadt St. Dié, der erst vor wenigen Stunden mit seiner Klasse in Friedrichshafen angekommen ist.

„Das Seehasenfest?", fragt Patrice erstaunt, „was ist denn das?" „Dieses Fest feiern wir schon seit 1949, und 1950 kam zum erstenmal der Seehas hier an. Das weiß ich so gut, weil mein Onkel Peter damals den Seehasen gespielt hat. Da es ein Kinderfest ist, machen alle Kinder der Stadt einen großen Umzug, aber du wirst ja selber sehen."

„Einen Umzug? So wie zum Narzissenfest im Frühjahr bei uns in den Vogesen?"

„Ja, genau so. Dieses Jahr wird es ein besonders schöner Umzug, weil wir Jubiläum feiern. Vor 700 Jahren gab es hier ein wichtiges Ereignis – aber warte nur, du wirst das nachher alles selber sehen!"

Inzwischen sind Erich und Patrice in der Friedrichstraße angelangt. Hier drängt sich bereits eine erwartungsvolle Menschenmenge. Die Sonne lacht so aus dem blauen Sommerhimmel, als freue auch sie sich über das muntere Treiben. Von ferne tönt Musik herüber.

„Mensch, ich habe eine Idee", ruft Erich plötzlich. „Komm! Wir klettern auf einen der Bäume im Stadtpark. Von da aus können wir alles genau sehen."

Kaum oben angelangt, hören sie die schmetternden Klänge des Fanfarenzuges.

„Was haben die Bläser denn für ein Wappen auf der Brust?", will Patrice wissen.

„Links im Wappen steht eine Buche, rechts ein Horn, das ergibt ‚Buchhorn', also den Namen der Stadt, die vor 700 Jahren, anno domini 1275, zur Freien Reichsstadt erhoben wurde. Erst viel später, nämlich 1811, bekam die Stadt den Namen ‚Friedrichshafen'. Schau, hier auf dem ‚Wappenwagen' siehst du dieses Wappen nochmals, jetzt in Großformat!"

„Und die kleinen Wappen, die danach von den Kindern getragen werden, woher stammen die?"

Erich kennt sich in der Stadtgeschichte aus: „Die sind von den umliegenden Ortschaften, die heute zu Friedrichshafen gehören: Schnetzenhausen mit Fischbach und Jettenhausen seit 1937, Ailingen, Ettenkirch, Kluftern und Raderach erst seit vier/fünf Jahren."

Jetzt sieht man ein riesiges Luftschiff heranschwanken. „Formidable!", schreit Patrice vor lauter Begeisterung auf französisch, „der erste Zeppelin!"

Abb. 118 (oben): Umzug am Seehasenfest 1976: Maybach-Oldtimer.

Abb. 119 (unten): Altes und Neues von Dornier: von der Do X zur Weltraumfahrt.

„Ja, du hast recht. Er stieg im Juli 1900 zum ersten Mal in die Luft. Du kannst dir wohl vorstellen, was damals hier los war!"

„Sicher fast so viel wie heute", lacht Patrice und winkt begeistert den Leuten im Zeppelin zu.

„Und da, sieh nur die tollen Oldtimer, die jetzt angerollt kommen! Einer schöner und grandioser als der andere!" – „Die wurden von Karl Maybach gebaut, als er nach dem Ersten Weltkrieg keine Luftschiff- und Flugzeugmotoren mehr fertigen durfte. Aus dem ‚Maybach Motorenbau' wurde später die ‚Motoren- und TurbinenUnion', kurz ‚MTU', welche die besten Motoren der Welt baut."

„Na, na, na, gib mal nicht so an, so schlechte Motoren bauen wir Franzosen auch nicht", meinte Patrice lachend, „aber was soll denn das riesige Zahnrad bedeuten, das da gerade um die Ecke kommt?"

„Das ist aus der Zahnradfabrik", erklärt Erich sachkundig. „Früher baute man dort die Getriebe für die Zeppeline, heute die zweitbesten Automobilgetriebe der Welt!" „Die zweitbesten? Ach so, ich verstehe, die unseren sind die besten", lacht Patrice, „vielen Dank für das Kompliment. Du hast schon französischen Charme." –

„Aber was ist denn das für ein merkwürdiges Gerät, mit Motoren und Propellern auf den Tragflächen?" „Das? Das ist ein Modell der Do X, des Riesenflugboots von 1929, das damals schon 170 Passagiere befördern konnte. Auch dieses ‚Gerät', wie du sagst, wurde hier gebaut, und zwar von Claude Dornier. Die Familie stammt übrigens aus Frankreich, wie du schon am Namen erkennen kannst. Heute bauen die Dornier-Werke den Alpha-Jet, beteiligen sich an Weltraumprojekten und sind zusammen mit Daimler-Benz führend bei der Erforschung neuer Techniken. Claude Dornier war zunächst ein Mitarbeiter des Grafen Zeppelin . . ."

„Zeppelin, Zeppelin, Zeppelin! Hier bei euch in Friedrichshafen läuft wohl gar nichts ohne ihn?"

„Da hast du sicher recht, mein lieber Patrice. Dieser Mann brachte hier alle die Betriebe und Männer zusammen, die er für den Bau seiner ‚Zeppeline' brauchte:

den ‚Maybach-Motorenbau' für die Motoren,

das ‚Zeppelin-Wasserstoff- und Sauerstoffwerk' wegen des großen Wasserstoffbedarfs für das Tragen der Zeppeline,

die Gießerei für die Leichtmetallrippen, heute die ‚ZeppelinMetallwerke' und die ‚Zahnradfabrik' für die Getriebe."

„Und was wäre wohl Friedrichshafen heute ohne den Grafen?", fragt Patrice spitzbübisch.

„Nun", meint Erich nach einer langen Pause, „wohl nur ein ‚Friedlich'-hafen!"

Mehr als hundert Jahresringe

Vom Kurhaus zum Graf-Zeppelin-Haus – Ein Mammutbaum erzählt

Lieber Häfler! Ist es möglich, daß du mich noch nicht gesehen hast? Also gesehen hast du mich bestimmt schon, aber wahrscheinlich nicht beachtet, denn ich stehe ja tagein, tagaus an einer der belebtesten Ecken von Friedrichshafen. Ich bin ja schließlich kein x-beliebiger Baum, sondern etwas ganz Besonderes – eine Häfler Rarität sozusagen. Schon von der Größe her überrage ich alle meine Verwandten, deshalb nennt man mich im Volksmund auch „Mammutbaum". Erinnerst du dich immer noch nicht? Dann sieh dich einmal am Eingang des neuen Graf-Zeppelin-Hauses aufmerksam um. Ich werde dir dann aus dem Garten des Schulmuseums, der ehemaligen Villa Riß, freundlich zunicken.

Bis vor wenigen Jahren leisteten mir auf dem Platz des schönen großen Hauses zwei ebenso alte wie ehrwürdige Geschwister Gesellschaft. Doch eines Tages rückte ein Trupp Holzfäller an und ließ erbarmungslos seine knatternden Motorsägen tief in die Stämme meiner fast 120 Jahre alten Brüder hineinfressen, obwohl viele naturliebende Bürger heftig protestierten. Der Lärm der kreischenden Maschinen ging mir ins innerste Mark. Aber gegen das, was sich in den folgenden Monaten und Jahren in meiner Nachbarschaft tat, war das eigentlich nur ein gelindes Säuseln. Doch halt, ich will meine Erlebnisse lieber schön der Reihe nach erzählen.

Weil die eigentliche Heimat der Mammutbäume sich ja im fernen Erdteil Amerika befindet, pflanzte man uns in Europa nur an ganz besonders vornehmen Stellen. Als ich in der Stuttgarter „Wilhelma" ins Leben trat, schrieb man das Jahr 1866. Kaum ein Jahr alt, reiste ich dann als winziges Bäumchen mit mehreren Geschwistern nach Friedrichshafen. Nach der Ankunft verteilte man uns auf die schönsten Gärten der Stadt: den Schloßgarten, Gärten in der Wera- und Schmidstraße und in den heutigen Uferanlagen. Ich selbst kam in den Garten der späteren Villa Riß, zwei meiner Brüder in den gepflegten Kurgarten nebenan. König Karl hatte ihn kurz zuvor der Stadt zum Geschenk gemacht. So kam es, daß ich von meinem Garten aus die ganze wechselvolle Geschichte des Kurgartens miterlebte.

Ich war gerade fünf Jahre alt, da sah ich dort zum ersten Mal Bauleute anrücken. Staunend verfolgte ich, wie ein stattliches Haus in die Höhe wuchs, und schon nach fünfzehn Monaten wurde es als Kurhaus festlich eingeweiht.

In diesem Kurhaus herrschte vor allem im Sommer Hochbetrieb, wenn die Feriengäste zur Erholung an den Bodensee reisten. Auch Einheimische kamen am Abend oder am Sonntag hierher, und gelegentlich fand im großen Saal ein rauschender Ball oder eine Hochzeit statt.

Da schwebte eines Tages – meine Brüder und ich hatten schon über dreißig Jahresringe angesetzt – vom See her eine riesige Zigarre über Friedrichshafen hinweg. Du weißt schon, was ich meine: Es war ein „Zeppelin"! Die Zeit der Luftschiffe war angebrochen. Unter die Feriengäste mischten sich mehr und mehr Besucher, die nicht wegen einer Kur hier weilten, sondern den Grafen Zeppelin und seine erstaunlichen Flugkörper kennenlernen wollten.

Es war ein ständiges Kommen und Gehen, und es dauerte nicht lange, da war das alte Kurhaus nicht mehr fein und groß genug. Der Graf persönlich hatte sich bei der Stadt dafür eingesetzt, daß es abgerissen wurde. An der gleichen Stelle errichteten die ZeppelinBetriebe dann in nur einjähriger Bauzeit ein großes, elegantes Hotel. Es hieß nun „Kurgarten-Hotel" und gefiel dem Grafen so gut, daß er gleich nach der Einweihung selber einzog und noch sieben Jahre, bis zu seinem Tod im Jahre 1917, darin lebte.

Abb. 120: Das noble Kurgarten-Hotel mit reichem Baumbestand im Garten, daneben der 1912 erbaute Yachthafen. Aufnahme von 1938.

Und so wie die Luftschiffe immer größer und vollkommener wurden, so wurden auch die Gäste bedeutender, die ich in den blitzenden schwarzen Autos am Eingang des Hotels vorfahren sah. Auch reisten aus der ganzen Welt Besucher an, um von hier aus mit dem „Zeppelin" in alle Erdteile zu fahren, oder um sich mit anderen prominenten Leuten hier zu treffen. Lange Jahre trugen die Männer fast nur Gehröcke oder Fräcke, die ebenso schwarz und vornehm wie ihre wuchtigen Daimler- und Maybachkarossen waren. Bedeutende Namen hörte ich von Vorübergehenden, wie: „Reichskanzler Brüning" oder „Komponist Dr. Richard Strauß", häufig auch „Luftschiffkapitän Dr. Eckener", „Professor Dornier", „Dr. Ingenieur Maybach". Dazwischen mischten sich manchmal ganz bunte Erscheinungen wie der Maharadscha von Patiyala, der mit seiner Gefolgschaft die ganze erste Etage mit allen neunzehn Zimmern beanspruchte. Schließlich mußten ja die eigenen Köche, Wächter, Leibdiener und die verschleierten Lieblingsfrauen samt dazugehörenden Eunuchen entsprechend untergebracht werden.

Damals wasserte vor seinem Weltflug das von Dornier erbaute Flugboot Do X am Landesteg des Kurgarten-Hotels, und ganz Friedrichshafen pilgerte zur Besichtigung an mir vorbei. Ich erinnere mich an den Duft der herrlichen Speisen, wenn die Hotelküche die vorbereiteten Mahlzeiten zu den Luftschiffen transportierte. Ich erinnere mich auch an das Schimpfen und Fluchen der Hotelgäste an einem frühlingshaften Osterfest, als eine unermeßliche Schnakenplage die Ufer des Bodensees heimsuchte, und die kleinen Plagegeister Zimmer und Gäste des Hotels überfielen.

Aber allmählich, ich war bald 70 Jahre alt, sah ich immer mehr Männer in braunen und grauen Uniformen. Statt von „Herrn Professor", „Herrn Doktor" oder „Herrn Ingenieur" hörte ich nun mehr von „Herrn Oberstleutnant", „Herrn Sturmbannführer" oder gar von „Herrn Generalfeldmarschall Rommel" reden. Schließlich kam eine Zeit, da gingen fast nur noch Uniformierte im Kurgarten-Hotel ein und aus, und die schrecklichste Zeit meines langen Baumlebens begann. Wenn mich nachts detonierende Bomben bis in meinen Wipfel erzittern ließen und die Hitze brennender Häuser meine Nadeln versengte, dann dachte ich wehmütig zurück an die glanzvollen Zeiten.

Mit dem Ende des grausamen Krieges wechselten auch die Gäste, besser gesagt: die Besetzer des Hotels. Ich sah zwar immer noch sehr viele Uniformen, aber sie waren nun grün oder blau, und die Menschen redeten in einer Sprache, die ich nicht verstand. Fast zehn Jahre bewohnten sie das Haus, bis sie eines Tages wieder mit Sack und Pack auszogen.

Nun wurde es beinahe unheimlich still um das Haus. Das verlassene Gebäude verwahrloste und es fanden sich bald zwielichtige „Gäste" ein. Ich sah sie meist des Nachts heranschleichen. Sie gingen auch nicht wie die Menschen früher stolz und aufrecht durch den Hoteleingang, sondern krochen durch Kellerlöcher oder kaputte Fenster und machten sich schon im Morgengrauen wieder davon. So wurde aus einem einstmals vornehmen Haus ein ausgesprochen finsterer Winkel.

Da rückten eines Tages riesige Baumaschinen an und machten alles dem Erdboden gleich. Dann füllten sie den See am Ufer auf, und bald war der alte Kurgarten fast dreimal so groß wie vorher. So kam es, daß ich über ein Jahrzehnt lang über einen Parkplatz hinweg einen wundervollen Blick auf den See hatte.

Dann geschah etwas, das ich nie vergessen werde: Sägen kreischten – und ohnmächtig mußte ich zusehen, wie meine Brüder auf dem Kurgartengelände ächzend zu Boden stürzten.

Damit begann für mich ein freudloses Baumleben. Drei Jahre lang Lärm, Staub und Abgase. Das schätzen wir lebenden Denkmäler gar nicht. Doch eindrucksvoll war's schon, was ich da alles zu sehen bekam. Ich hatte es ja viel besser als die Menschen, die nur durch Lücken im Bauzaun spicken konnten. Dabei ging es über ein halbes Jahr lang nur in die Tiefe. Lastwagen auf Lastwagen mit ausgebaggerter Erde fuhr an mir vorbei, bis endlich ein riesengroßes Loch entstanden war. Das wunderte mich aber sehr! Durch die Fenster meiner Villa hatte ich doch von außen mehrere Wochen lang das Modell eines schön gestalteten Hauses bestaunt, das hier einmal stehen sollte. Haushoch fraßen sich die Maschinen in die Tiefe, so daß ich fast befürchtete, das Wasser des Bodensees könnte den Erdwall durchbrechen. Doch nun begannen mächtige Rammen baumlange Betonpfähle in die Erde zu hämmern, vermutlich um dem ganzen Bau den richtigen Halt zu geben. Ich habe ja den ganzen Tag Zeit, und so konnte ich mitzählen: achthundertvierzig solcher Pfähle wurden versenkt; ich glaube, aneinandergelegt würde das reichen bis nach Kressbronn. Etwa sechstausendmal ächzten die vielrädrigen Lastwagen mit dem Aushub an mir vorbei, bis nach acht Monaten feierlich der Grundstein gelegt wurde. Von nun an wuchs das Haus täglich ein Stück in die Höhe: zuerst die drei Stockwerke der Tiefgarage für die Autos der künftigen Besucher, dann ein Stockwerk für die Maschinen- und Lagerräume, darüber die Gasträume, Büros, Küchen und Säle, bis nach genau zwölf Monaten die Zimmerleute den buntbebänderten Richtbaum auf das Dach setzten.

Und was ist das für ein Haus geworden! Einmal hörte ich, wie der Architekt einer Besuchergruppe erklärte, man könnte das alte Kurgarten-Hotel sechzehnmal im neuen Haus verstecken. Kein Wunder, daß es weitere zwei Jahre brauchte, um dieses Bauwerk auszugestalten. Endlich, nach eurem Kalender war das am 17. Oktober 1985, konnte das Haus feierlich eingeweiht werden. Und seit die Bauzäune verschwunden sind, das Haus wieder mit einem herrlichen Garten umgeben ist und festlich gekleidete Menschen durch die Eingänge streben, fühle ich mich wieder ganz an die alten Zeiten des Grafen Zeppelin erinnert.

Wie du siehst, habe ich mit meinen 120 Jahren schon einiges erlebt! Dabei stecke ich nach unserer Zeitrechnung noch in den Kinderjahren! Was werde ich hier wohl noch alles beobachten können, wenn ich wie meine Verwandten in Amerika über 3000 Jahre alt werden darf?

Als der Mammutbaum seine Geschichte nach der Einweihung des Schulmuseums im Frühjahr 1989 erzählte, wußte er noch nicht, was in wenigen Jahren geschehen sollte.

Es war am 10. Dezember 1993. Seit Tagen fegte ein heftiger Sturm über die Stadt. In der Nacht wurde der Sturm zum Orkan. Er riß einige wuchtige Äste aus dem Stamm. Sie lagen weit verstreut im Garten und auf der Straße. Der Baum war schwer verletzt, er mußte gefällt werden.

Heute ist von diesem einst so schönen Mammutbaum nur noch sein Baumstumpf zu bewundern.

Abb. 121: Eine ganze Schulklasse umringt den riesigen Baumstumpf (Aufnahme Oktober 1994).

Mit den Fischern auf den See hinaus

Zwei Buben erleben den Felchenfang

O Herr, laß mich fangen einen Fisch
soooo groß,
und so groß sei Deine Gabe,
daß ein Mann wie ich keinen Grund zum Lügen habe.

Seit Menschen am Bodensee leben, holen sie einen Teil ihrer Nahrung aus dem Wasser: sie fischen – mit der Hand, mit Speeren und Pfeilen, mit Angeln, Weidenreusen und Netzen. Der Beruf der Fischer war schon immer schwer und gefahrvoll. Viele Stunden mußten die Männer auf dem Wasser zubringen – bei Sturm und Regen, bei glühender Hitze. Reich konnten sie auch nicht werden. Die ersten Ruderboote aus Lärchen- oder Tannenholz fuhren langsam, und mit den alten Baumwollnetzen brachten die Fischer selten einen Fang heim, der sich lohnte. Bei klarem Wetter oder hellen Vollmondnächten blieb das Netz oft leer, weil es die Fische sehen konnten. Dann war die ganze Arbeit umsonst. Viel Zeit brauchten die Fischer, um die teuren Netze zu pflegen. Diese wurden an hohen Stangen aufgehängt, getrocknet und geflickt.

Nun sollt ihr erfahren, wie zwei Buben aus Stuttgart mit ihrem Großvater den Felchenfang erleben.

Es ist Sommer. Die Sonne scheint von morgens bis abends auf die Stadt herunter, alt und jung freut sich daran. Unten am Fischbacher Bootshafen sitzen die Fischer in der Abenddämmerung beisammmen und schwatzen miteinander, auch der Fritz und der Josef. Und worüber? Natürlich über das Wetter und über den Fang, den sie am Morgen gemacht haben.

„Wieviele Kisten hast Du gehabt, Josef?" – „Fünf heut', so könnt's bleiben!" – „Das sind ja 300 Stück, merk' dir den Platz! – Eigentlich haben wir's doch heute einfach mit dem Felchenfang. In einer Stunde sind die Perlonnetze eingeholt, und trocken sind sie auch gleich! Früher brauchten wir manchmal 10 Stunden für die 150 Felchen, die wir täglich fangen durften."

„Oh, ich weiß noch gut, was das für eine Schufterei war, mit dem Zugnetz – bis wir diese nasse schwere Baumwolle endlich aus dem Wasser hatten! Wenn ich denke – einer zog hinten mit ganzer Kraft, einer vorne – die reinste Sklavenarbeit war das!" – „Und wenn wir Pech hatten, hing kein einziger Felchen im Sack! Immer wieder mußten wir das Zugnetz im Kreis ausfahren, stundenlang – oft den ganzen Tag. Einmal sind wir den See abwärts gefahren, den Fischen nach – bis Überlingen. Der Otto hat immer wieder gerufen: 'Fang' i's net – verjag' i's doch!' Wenigstens sollten die anderen auch keinen Fisch kriegen! Dann war's dunkel, und wir mußten in einem Heuschober übernachten."

„Weißt du noch, Fritz, was wir für Boote hatten nach dem Krieg 1945? Eisenboote aus rostigen Stahlplatten, von der Bodanwerft in Kreßbronn gebaut. Schwerfällig waren die! Sie kamen nur langsam voran. Mein Vater hat damals selbst eine Kajüte aufgebaut – einen fürchterlichen Kasten, aber wenigstens hatten wir einen trockenen Platz auf dem Schiff!" – „Ja, manchmal denk ich auch noch dran, wie wir das Zugnetz in diese Boote hereingezogen haben. Es kam soviel Wasser mit, daß wir hinterher wie wild pumpen mußten!" – „Und das mit der Handpumpe, sonst wäre der Kahn untergegangen! Mit der Zeit wurden das die reinsten Rostkübel."

„Ich bin richtig froh, daß ich jetzt so ein leichtes glattes Kunststoffboot habe – da bleibt nichts mehr dran hängen. Habe ich dir übrigens schon meine neuesten Netze gezeigt, Josef? – Mal sehen, ob der Fang damit besser wird!" – „Bestimmt! – Paß nur auf, daß kein Schiff drüber fährt!"

„Kannst du dich erinnern, Josef, das Föller Rösle hat das erste Kunstfasernetz gestrickt – damals im Winter 1953/54. Ihr Vater war schon alt und konnte das Zugnetz nicht mehr verkraften, deshalb benutzten sie kleinere Schwebnetze aus Baumwolle. Als sie hörten, daß man mit neuartigen Perlonnetzen bessere Fänge machen kann, kauften die Fölls das Kunstfasergarn und fingen an zu stricken." – „Ja, ich weiß – mit dem Brettle. Es muß eine Höllenarbeit gewesen sein. Wochenlang saßen sie bis in die Nacht hinein über den Maschen – das Rösle und ihre Mutter, manchmal auch der Vater. Stück um Stück haben sie danach die Teile zusammengenadelt, bis das erste Netz schließlich fertig war. Sie hängten es an ihre alten Schwebnetze an, und tatsächlich waren dann im neuen Kunstfasernetz dreimal soviel Fische." – „Ja, wir haben es mit Neugierde verfolgt, aber nachmachen wollte das keiner." – „Na ja, wer hat schon Lust, 200 Quadratmeter Netz zu stricken?"

Während die Fischer ihren Erinnerungen nachhängen, merken sie gar nicht, daß zwei Buben den Weg heruntergerannt kommen. „Opa, Opa – wir haben eine Überraschung für dich", ruft der Kleine noch ganz außer Atem und schwenkt dabei ein blaues Papier in der Hand. „Micha hat sein Freischwimmerzeugnis", sagt der ältere Bub zu seinem Großvater, „jetzt können wir beide schwimmen, und du mußt dein Wort halten und uns zum Fischen mitnehmen!" „Bitte, Opa", bettelt der Kleine, „du hast es versprochen!" Der Fischermeister versucht ein ernstes Gesicht zu machen. Er ist sehr stolz auf seine Enkel, wenn er es auch nicht zeigen will. Die Buben wohnen in Stuttgart und freuen sich immer sehr, wenn sie die Ferien am See verbringen dürfen. „Ja, wenn das so ist", meint er, „versprochen ist versprochen, ich stehe zu meinem Wort!"

Mit lautem Freudengeheul stürmen die zwei Brüder davon, um ihrer Oma die Neuigkeit zu erzählen. In dieser Nacht können sie lange nicht einschlafen. Ob es sehr schaukeln wird im Boot? Ob sie mal ans Steuer dürfen? Und wird Opas alter Wecker auch wirklich um halb fünf Uhr rasseln? Endlich, endlich fallen ihnen doch noch die Augen zu.

Abb. 122: Das „Föller-Rösle" (Rosina Deeg) in jungen Jahren beim Ausladen gefangener Felchen.

Abb. 123: Einholen der Netze, Herausnehmen der Fische und Netzablage auf einer Stange.

Inzwischen zieht die Morgendämmerung herauf. Als der Wecker losscheppert, sind Peter und Micha sofort wach. Sie springen aus dem Bett – so schnell wie noch nie – und ziehen ihre Kleider an. Ohne Murren schlüpfen sie dann in das Ölzeug, das schon bereit liegt: Gelbe Gummistiefel, Mäntel mit Kapuzen, Schwimmwesten – trotz Freischwimmerzeugnis! Die Oma lacht, als sie in der Küche erscheinen. Michas Mantel reicht bis auf den Boden, seine Ärmel hat er dreimal umgeschlagen. Peter steckt fast bis zum Hals hinauf in Onkels Hose. Die beiden Fischermeister, Opa und Onkel Herbert, machen schon das neue weiße Boot bereit zur Abfahrt. Auch sie tragen wasserdichte Kleidung, schwarze Latzhosen und schwarze Stiefel. „Bringt die leeren Kisten aus der Fischküche", ruft der Großvater, „und zwei Eimer, ja, und vielleicht noch die Wanne!" In der blauen Kajüte stehen schon Netzständer, Feuerlöscher, Werkzeug und Verbandskasten bereit. Auch ein Bootshaken zum Anlegen liegt auf dem Boden, daneben ein Seil mit dem Anker. „Schaut mal her", sagt Onkel Herbert, „das ist mein Kompaß – er zeigt die Richtung an und hilft uns, daß wir jederzeit heimfinden. Und hier seht ihr das Nebelhorn. Wenn wir in Not sind, können wir damit um Hilfe rufen." Micha bläst kurz hinein. „Wie eine Trompete", sagt er. „Opa, darf ich dein Fernglas umhängen?" fragt Peter. Das wird erlaubt. Aber nun müssen alle Mann an Bord. Es geht los. Der Motor tuckert schon. „Bringt auch was mit", ruft die Oma ihnen nach, und „Petri Heil!"

Es ist noch grau und dunstig auf dem Wasser, aber am Himmel zeigt sich schon ein bißchen Morgenröte. „Pssst, seid still!" flüstert der Opa, „und schaut mal hinüber zu meinem alten Boot. Seht ihr den weißen Fleck in der Dämmerung? Es ist eine Ente, die dort seit gestern brütet. Sie hat sechs Eier mitten ins Ankerseil gelegt, wir dürfen sie nicht stören. Das Boot können wir erst wieder benutzen, wenn die Jungen ausgeschlüpft sind – vielleicht in drei Wochen." Die Buben recken ihre Hälse. „Das neue Boot ist auch viel schöner", sagt Peter.

Die Männer schalten jetzt die Positionslampen ein, vorne am Bug und hinten am Heck ein weißes Licht, rechts an Steuerbord ein rotes, links an Backbord ein grünes. Aus dem Frühnebel tauchen auch die Lichter von anderen Fischerbooten auf, von Hagnau her, von Uhldingen und Langenargen – und alle steuern auf die Seemitte zu. Die Brüder sitzen in der Kabine. Sie sehen hinaus auf das dunkle Wasser, das immer wieder an den Fenstern hochspritzt. Der Dieselmotor dröhnt laut in die Stille hinein. Micha hält sich die Ohren zu; er guckt ängstlich zu den Männern hinüber, die Fahrt kommt ihm gespenstisch vor. Am Heck wirft die Schiffsschraube eine schäumende weiße Wasserfontäne hoch. Auf dem See bleibt eine helle Spur zurück.

Peter verläßt schon bald die Kajüte, er möchte beim Großvater am Steuer stehen. Er ist ein neugieriger Junge und will immer alles ganz genau wissen.

„Heute morgen sind schon viele Fischer auf dem See, gell Opa." „Ja, ja – wenn alle da wären, auch die von Österreich und der Schweiz, wären wir zusammen 170 Fischer. Vor 100 Jahren waren es bei uns am württembergischen Seeufer – also zwischen Kreßbronn und Fischbach – nur zehn, bei meinem Großvater schon sechzig und heute sind es noch ein paar mehr. Die holen schon was raus!" „Aber dann gibt es ja bald keine Fische mehr im Wasser!" „Du hast recht, es würde traurig aussehen da unten im Wasser, wenn wir immer nur herausholen und nichts hineingeben würden. Es ist viel Leben im See, auch wenn wir es nicht sehen: Die winzigen Schwebetierchen, Plankton sagt man, die großen und die kleinen Fische; einer lebt vom anderen. Wir müssen dafür sorgen, daß alles erhalten bleibt und gepflegt wird." „Mußt du die Fische denn füttern, Opa?" Großvater lacht. „Das wäre viel Arbeit – die füttern sich selber, und Felchen mögen nur Plankton oder ab und zu mal ein paar Mücken, die auf dem Wasser tanzen. Aber jetzt paß auf: Ich erzähle es dir genau. Onkel Herbert soll den Motor drosseln, damit ich nicht so laut reden muß!"

„Siehst du", fährt der Großvater fort, „dort drüben liegt Langenargen. Da gibt es ein großes Haus, in dem Fische gezüchtet werden. Man nennt es Bruthaus. Die Männer, die dort arbeiten, sind die Fischzuchtmeister. Wenn es Dezember geworden ist, wollen die Fische ihre Eier ablegen, das nennt man laichen. In dieser Zeit prüfen die Fischereiaufseher, ob die Eier reif sind. Danach bestimmen sie die Tage, an denen wir Fischer die Netze setzen sollen. Wir holen dann die Felchen aus dem Netz und streifen vorsichtig mit Handschuhen die Eier aus dem Fischbauch heraus in einen Eimer. Von den Fischmännchen geben wir Samenmilch dazu und vermischen alles. So werden die Eier befruchtet. Die Eimer bringen wir hinüber nach Langenargen ins Bruthaus. Früher gab es sogar ein Bruthaus im Schloßhof von Friedrichshafen. Der Fischzuchtmeister leert die befruchteten Fischeier, Rogen sagt man, in große Glasgefäße, damit er alles gut beobachten kann. Die Eier dürfen nicht zerdrückt werden, deshalb läuft von unten ganz langsam Wasser durch die Gläser." „Und aus den Eiern schlüpfen dann die Fischchen", sagt Peter. „Ja, nach sechs oder sieben Wochen. Eine Weile leben sie noch von ihrem Dottersack, dann dürfen sie durch einen Schlauch in ein großes, rundes Becken schwimmen, das mit Bodenseewasser gefüllt ist. Der Fischzuchtmeister sorgt dafür, daß das Wasser mindestens 4 Grad kühl ist, ähnlich wie der Seeboden. Felchen lieben kaltes Wasser; sie sind Kaltbrüter. Ihr glaubt nicht, wieviele winzige Fischchen in dem großen Becken herumwuseln! Es wimmelt nur so!" – „Sind es 100?", fragt Micha, der inzwischen aus der Kajüte gekommen ist. „Von wegen! Nicht 100 oder 500, auch nicht 1000! – In einem Becken sind schon über 100.000, und im ganzen Bruthaus sind es Millionen!" Den Buben steht der Mund offen vor Staunen! „Ja", sagt der Großvater, „und an einer Stelle im Wasserbecken sammeln sich besonders viele Fischkinder – das Wasser sieht dort ganz dunkel aus!" „Gibt's da vielleicht was zu essen?", fragt Peter. „Du hast recht, am Beckenrand ist ein Futterautomat angebracht. An kalten Tagen öffnet sich dort regelmäßig nach der Uhr eine Klappe, und etwas Futter fällt heraus. Es ist sehr fein gemahlenes Plankton aus dem Kühlhaus. Auch Fischmehl, Minerale und Vitamine sind mit dabei, denn genau wie die Menschenbabys sollen auch die Fischkinder schnell groß und kräftig werden. Wenn es nicht stürmisch oder kalt ist, holt man ihnen frisches Plankton aus dem See. Das Becken muß immer sehr sauber sein, denn die Fischchen sind empfindlich wie die Menschenkinder. Ein Filter hält das Wasser rein, der Schmutz kommt in die Kläranlage." „Da haben die Männer aber viel Arbeit mit dem Bruthaus!" „Oh ja, es ist ja nicht nur ein Becken für die Felchen dort, sondern noch 18 große und 7 kleine Rundbecken für andere Fische, für Hechte, Barsche und Zander, auch einige Langstrombecken für die Aale und Forellen. Ich werde den Herrn Göppinger fragen, ob er euch ausnahmsweise mal hineinläßt in das Bruthaus. Dann könnt ihr sehen, wie sorgfältig die Fischchen gepflegt werden. Immer müssen sie die richtige Wassertemperatur haben – die Warmbrüter z.B. brauchen warmes Wasser, 14 Grad oder mehr. Die Fischkinder wachsen sehr langsam. Nach sechs Wochen sind sie erst $1^1/_2$ cm groß. Nun werden die Jungfische wieder durch einen Schlauch in große Bottiche hineingeleitet." „Und dann?" „Dann holt ein Auto die Behälter ab und fährt sie zum Wasser. Mit einem Kran werden sie aufs Boot gehoben und weit hinausgefahren. Ja, und hier draußen läßt man die winzigkleinen Fischkinder in die Freiheit schwimmen, während das Boot langsam dahinfährt. Ausgeschlaucht werden sie – so nennt man das. Der Brutmeister mit seinen zwei Gesellen und der Fischereiaufseher sorgen dafür, daß die Fischchen gleichmäßig auf der württembergischen Seeseite verteilt werden." „Aber wenn jetzt die großen Fische kommen?", wirft Peter ein. „Die Forelle könnte auftauchen, sie ist ein Kaltbrüter und ein Raubfisch, der immer Lust auf Beute hat. Auch der Barsch schwimmt überall herum. Richtig schlimm wird's aber erst bei Kälte. Da stirbt das Plankton manchmal ab, und die Kleinen verhungern. Sie sind schon sehr hilflos – von 100 Millionen Felchenkindern, so schätzt man, bleiben nur 3 Millionen am Leben. Jetzt wißt ihr, warum wir so viele Fische ins Wasser geben müssen!"

„Die Warmbrüterfischchen", ergänzt Onkel Herbert, „leben noch gefährlicher als die Felchenkinder im See draußen. Sie werden in der Nähe des Ufers ausgesetzt, weil das Wasser da wärmer ist. Aber dort sind nicht nur hungrige Enten und Schwäne, sondern da schwimmt auch der gefräßige Hecht herum. Der läßt nichts mehr los, was drinnen ist in seinem Maul. Genauso macht es der gierige Barsch, und ein ganz gefährlicher Räuber ist die Trüsche. Sie frißt schon in der Laichzeit viele Eier weg."

„Gell, Opa, der große schwarze Vogel frißt auch Fische?" „Du meinst den Kormoran; oh ja, den fürchten die Fischer, weil er viel Schaden anrichtet. Stellt euch vor, der Kormoran kann 40 Meter tief tauchen. Er kommt selten alleine, meist bringt er noch 5 oder 6 „Kollegen" mit. Sie suchen die Netze, stürzen sich hinein und holen mit ihren langen Schnäbeln die Felchen heraus." „Waren sie bei dir auch schon, Opa?" „Schon oft, Michael. Diesen Winter sind sogar zwei Kormorane in meinem Netz hängengeblieben und haben mir die Maschen zerrissen."

„Da fällt mir gerade noch etwas ein", sagt Onkel Herbert wieder. „In China, wo es auch viele Kormorane am Meer gibt, haben sich die Fischer etwas Besonderes ausgedacht: Sie fangen die Vögel und richten sie ab. So wie der Hund seinem Herrn das Stöckchen bringt, müssen die Kormorane den Männern Fische aus dem Wasser holen. Und damit sie ihren Fang unterwegs nicht schlucken können, legt man ihnen einen Ring in den Hals. Natürlich bekommen sie eine Belohnung, wenn sie dem Fischer die Beute abgegeben haben." „Einen Fisch", sagt Peter. „Ja, aber nur einen kleinen!"

Die Sonne steigt immer höher. Das Wasser kräuselt sich und glitzert silbern. Klar und durchsichtig ist die Luft, nur hoch am Himmel zeigen sich ein paar Wölkchen.

Schon lange verfolgen die Möwen das Schiff und schreien und kreischen. Von der Schweiz herüber weht ein warmer Wind. „Das ist der Föhn", sagt der Großvater, „er kommt weither, von Afrika. Und er ist ein großer Zauberer. Seht nur, wie er – hokuspokus – den Säntis und die anderen Schweizer Berge ganz nahe zu uns heranholt. Sogar die Häuser und Almhütten könnt ihr heute deutlich erkennen. Aber er ist auch manchmal heimtückisch – dieser Föhngeselle – und bringt uns ganz plötzlich Sturm. Ich traue ihm nie so recht."

Nun sind sie schon weit draußen. „Darfst du auch in die Schweiz fahren, Onkel Herbert?" „Wir dürfen zu allen Ufern hin", erklärt der Onkel, „aber wenn das Wasser flacher wird und weniger als 25 m tief ist, müssen wir umkehren. Dann gehört es nur noch dem Anliegerland, also den Fischern, die dort wohnen. Das gilt auch für die Schweizer und die österreichischen Fischer, wenn sie ans deutsche Ufer kommen."

„Gleich sind wir da", sagt der Großvater. „Kannst du die Fische denn sehen?", will Micha wissen. „Nein, aber horcht mal an dem kleinen Kasten, den ich um den Hals trage – es ist mein Peilgerät." Tatsächlich können sie Piepstöne hören, während der Fischer das Gerät hin und her dreht. Die Buben sind hellwach. „Nimm das Fernglas, Peter. Man kann jetzt schon die Boje sehen, die unser Schwebnetz trägt. Erkennst du die rote Fahne an der Boje? In ihrem Mast ist ein kleiner Sender eingebaut; der schickt die Signale und zeigt damit an, wo unsere Netze sind. Die Boje ist nicht mehr am selben Platz wie gestern. Oft treiben die Schwebnetze bis zum nächsten Tag 4 km weiter. Der Fischermeister Müller hat seine Netze einmal ganz verloren. Nach einem schweren Sturm waren sie verschwunden. Tagelang haben wir beim Suchen geholfen, aber sie sind nie mehr aufgetaucht. „Paßt auf", sagt Onkel Herbert, „ich stelle nun den Motor ab, es geht an die Arbeit!" Zuerst holen sie die Boje ins Boot herein. „Da steht ja dein Name drauf, Opa." „Natürlich, das ist Vorschrift für alle Fischer!"

Onkel Herbert nimmt den Netzhaken, das ist eine Metallstange, und steckt sie im untersten Loch des Netzständers ein. Dann fängt er an, das erste Netz einzuziehen. Er faßt es mit der rechten Hand, streift es an der Bootswand entlang und steckt es nacheinander, Stück um Stück, an den Netzständer. Da kommt auch schon der erste backsteingroße Schwimmer aus Styropor. Er ist mit einer Schnur an der Fangleine angebunden und hilft das Netz oben zu halten. „Wenn die Fische nicht tief schwimmen", sagt Onkel Herbert, braucht die Schnur am Schwimmer auch nicht so lang zu sein, aber mindestens einen Klafter tief – das sind zwei Armlängen – muß das Netz schon im Wasser hängen. Die anderen Boote könnten es sonst zerreißen. Sieh mal, Peter, da ist bereits der zweite Schwimmer. Du darfst die Schnur abbinden und aufwickeln." Micha möchte damit spielen und das Styropor im Wasser tanzen lassen. Aber jetzt sieht er den ersten Fisch. „Er lebt, Opa – er lebt, schmeiß ihn wieder ins

Abb. 124: Vater und Sohn beim Einholen der Schwebnetze.

Wasser!“ Aber der Opa löst den Felchen aus dem Netz und tötet ihn mit einem kräftigen Schlag auf den Nacken. Dann legt er den Fisch in die Kiste. „Es muß sein“, tröstet er Micha. „Du weißt ja, wenn wir keine Fische verkaufen können, haben wir bald kein Geld mehr!“ Noch einmal 9 Felchen zappeln in den Maschen. Dann kommt das zweite Netz an die Reihe, das dritte, das vierte. Die Männer arbeiten schnell und schwitzen schon in der heißen Sonne. Nach einer Stunde holen sie den letzten Fisch heraus. Peter hat mitgezählt – es sind 24 große Felchen.

Abb. 125: Zwei Fischer auf dem See beim Ausnehmen der Fische.

„Darfst du die alle behalten, Opa?“ „Ja, was im Netz ist, gehört mir. Es können 5 Fische sein oder 200. Wenn es allerdings noch mehr sind, darf ich morgen nur drei Netze auslegen. Ab und zu gibt es auch einen Seefeiertag, das heißt einen Tag Ruhe für die Fische.“

Micha hat aufmerksam zugehört. „Opa, wie wissen die Fische eigentlich, daß sie ins Netz hineinmüssen?" „Oh, da sind große Schilder unten im Wasser: 'Nur für Felchen!' steht darauf – oder: 'Nur für Hechte!'" Peter sieht den Großvater an und muß lachen. „Habt ihr noch nie etwas von Fischerlatein gehört?", fragt Onkel Herbert.

„Opa, da kommt ein Motorboot auf uns zugerast!", ruft Micha jetzt aufgeregt. Der Großvater hat es längst gesehen. „Keine Angst, das ist das Kontrollschiff von der Fischereibehörde. Es wird gleich langsamer werden. Dreimal in der Woche prüfen sie, ob wir die richtigen Netze benutzen und ob auch sonst alles in Ordnung ist."

Das Boot dreht bei, und ein Mann steigt zu ihnen herüber. Opa begrüßt ihn freundlich. Es ist der Herr Göppinger aus Langenargen. „Na ihr jungen Fischermeister, habt ihr schon gelernt, wie's geht? Mit den leichten Perlonnetzen muß sich euer Opa nicht mehr so plagen wie früher mit dem Zugnetz aus Baumwolle. Klusgarn nannte man es auch." „Bei mir hieß es Schindergarn", sagt Onkel Herbert, „weil uns die Arme weh taten vor lauter Ziehen und Heben – und weil wir es jeden Samstag und Sonntag auseinanderwickeln und aufhängen mußten zum Trocknen und Flicken. Ein richtiges Dickicht war vor dem Haus von all den aufgehängten Netzen." Herr Göppinger kontrolliert noch die Maschenweite – 44 mm muß sie sein. Dann verabschiedet er sich und besteigt wieder sein Schiff. Die Aufsichtsbeamten winken noch einmal und fahren ab.

Peter steckt seine Hand durch die Maschen. „Wie bei Omas Einkaufsnetz", sagt er, „nur nicht so klein." „Früher waren die Maschen auch kleiner", meint der Großvater, „und deshalb blieben eine Menge kleine Felchen im Netz hängen. Wir mußten jeden Fisch ans Meßbrett halten, und war er kürzer als 30 cm, kam er ins Wasser zurück. Es hätte sonst Strafe gekostet! Aber nun ist's genug. Ihr könnt euer Brot essen, dann fahren wir heim. Die Oma wird schon warten."

Die Brüder packen ihr Frühstück aus; sie geben auch den Möwen etwas ab. „Fische hätten die bestimmt lieber", sagt Peter. Der Großvater nickt. „Vor ein paar Jahren ist die Oma noch mitgefahren und hat schon auf dem Boot die Felchen aufgeschnitten und ausgenommen. Was glaubt ihr, wie die Möwen auf das Eingeweide gewartet haben! Aber heute dürfen wir das Wasser nicht mehr damit verschmutzen."

Das Boot gleitet in der hellen Sonne heimwärts. Jetzt ist mehr Leben auf dem See als am Morgen. Die Fähre zieht an ihnen vorbei, rechts schaukeln ein paar Segelschiffe und warten auf Wind. Ein Lastkahn, mit Kies beladen, kommt entgegen und will in die Schweiz hinüber. Auch einen Ausflugsdampfer sehen sie, er fährt zur Insel Mainau. Die Buben sind schläfrig geworden. „Komm, Peter, du darfst mal ans Steuer", sagt Onkel Herbert. Gleich ist alle Müdigkeit verflogen. Es macht Spaß, so schnell über den See zu flitzen. Schon erkennen sie die Schloßkirche am Ufer und den alten Kirchturm von Fischbach, der spitz in den Himmel ragt.

„Mach einen kleinen Bogen, Herbert", sagt der Opa, „wir wollen noch schnell im Schilf nach unserem Stellnetz sehen." Beim Näherkommen taucht plötzlich ein riesiges offenes Fischmaul aus dem Wasser auf. Der kleine Micha schrickt zusammen. „Um Gottes Willen – ein Krokodil!“, schreit er entsetzt. „Du Esel, des ischt doch en Hecht!“, platzt Peter heraus. Die Männer lachen, daß das Boot wackelt. Peter hat recht. Es ist wirklich ein Hecht. Er zappelt zwischen ein paar Brachsen und ist über einen Meter lang. „So eine Überraschung“, freut sich der Opa, und holt den Hecht mit dem Kescher, dem Stangennetz, heraus. Er kommt in die Wanne, die der Onkel sofort mit Wasser füllt. „Ich hatte schon mal so ein Prachtstück im Stellnetz“, sagt der Opa, „er wog 30 Pfund. Wir brachten ihn nach Hagnau ins Aquarium, wo ihn dann viele Leute bewundern konnten.“ Vom Hecht weiß Onkel Herbert auch noch eine Geschichte. „Ich war sehr jung damals. Eines Mittags – wir holten gerade unser Zugnetz ein – kam der Otto, auch ein Fischermeister, mit seinem Boot zu uns hergefahren. Er hatte einen schlechten Fang gehabt und wollte mit uns Mittagspause machen. Wir zogen und zogen – und als endlich der Sack hochkam, saß in den Maschen ein schöner Hecht. Ich griff nach ihm – schwupp – machte er einen mächtigen Satz aus dem Netz heraus. Aber er landete nicht im Wasser, wie er gedacht hatte, sondern mitten in Ottos Boot. Der Otto war begeistert und mochte den Hecht nicht mehr hergeben.“

„Der Hecht ist nicht der größte Fisch im Bodensee“, sagt der Opa jetzt, „sondern der Wels. Er lebt unten am Grund, wo Flüsse in den See münden. Weißt du noch, Herbert, wie 1991 an der Schussenmündung der gewaltige Wels im Trappnetz lag? 72 Pfund war er schwer und fast 2 m lang. Mit seinem mächtigen plattgedrückten Kopf und den langen Barthaaren sah er aus wie ein kleines Ungeheuer. Schade, daß die Weller nur noch sehr selten vom Schlamm hochsteigen, sie fürchten heute das schmutzige Flußwasser.“

Inzwischen hat das Boot wieder seinen kleinen Hafen in Fischbach erreicht. Alle helfen mit, den Anker festzumachen. Die Oma ist schon mit dem Anhänger da. „Jetzt gibt's Arbeit in der Fischküche“, sagt sie: „Abschuppen, ausnehmen, waschen, filetieren.“ Und die Buben fragt sie: „Na, war's schön? Habt ihr was gelernt?“ „Wir haben einen riesengroßen Hecht in der Wanne“, ruft Micha laut. „Ich durfte das Boot steuern“, sagt Peter stolz, „und heute abend will ich dem Opa beim Netzeauslegen helfen. Micha kann ja hier bleiben.“ „Ich will auch mit“, wehrt sich Micha.

Es ist halb 7 Uhr abends. Der Großvater hat nachgegeben und die Buben noch einmal mit hinausgenommen. Eine halbe Stunde fahren sie schon. Onkel Herbert zeigt nach Westen: „Da liegt Konstanz, die kleine Spitze ist das Münster.“ Micha kann es nicht glauben. „Der kleine Strich soll ein Münster sein?“ „Aber ja“, erwidert Onkel Herbert, „weißt du nicht, daß die Erde eine Kugel ist? Auch unser See wölbt sich ein wenig. Paß nur auf, je näher du kommst, desto größer wird die Kirche.“ Nun haben sie etwas zum Schauen und zum Nachdenken. Sie sprechen nicht mehr soviel wie am Morgen. Die Mäntel haben sie ausgezogen – es ist zu schwül. Kein Lüftchen regt sich auf dem Wasser. Am liebsten würden sie jetzt schwimmen und tauchen wie die Fische!

Abb. 126: Voll Stolz zeigt Fischermeister Glönkler seinen Enkeln den größten Fisch des heutigen Fanges: ein Spiegelkarpfen!

„Da vorne springt etwas aus dem Wasser hoch!", ruft Peter plötzlich. „Da, Opa, – schon wieder!" „Ja, das ist ein Felchen. Er hat genau wie ihr manchmal Appetit auf einen Leckerbissen, und er weiß, daß heute viele Mücken über dem Wasser schweben. Schnell springt er heraus, schnappt sich ein paar Mücklein und verschwindet wieder im Wasser. Nun wissen wir, daß dort noch mehr Fische sind – ein ganzer Schwarm wahrscheinlich. Er hat sie verraten, deshalb nennen wir so einen Springfisch auch 'Verräter'!" „Fahren wir zu ihm hin, Onkel Herbert?" „Wenn ihr noch mehr Verräter seht, ja!" Peter nimmt das Fernglas. „Jetzt wird's spannend", sagt er.

Opa stellt den Netzständer hoch, ganz dicht an die Bootskante. „Wir fahren langsam geradeaus weiter; Onkel Herbert wird zuerst die Boje mit der roten Fahne ins Wasser setzen. Ihr wißt doch, was da im Mast eingebaut ist?" „Der Sender!", rufen die Buben wie aus einem Mund. „Peter, du kannst mir den Netzhaken mit dem ersten Netz vom Boden reichen!" Der Großvater beugt sich über die Bordwand und taucht die Stange mit dem Netz kurz ins Wasser. „Ein feuchtes Netz sinkt schneller und läuft mir auch besser durch die Hände", erklärt er seinem Enkel. Schnell steckt er nun den Haken in das oberste Loch des Netzständers. Mit der linken Hand zieht er ein Stück Netz heraus und schüttelt es leicht, ehe er es ins Wasser gleiten läßt. Peter sieht, wie der Wind die leichten feinen Maschen aufbläht – dann verschwinden sie in der Tiefe. Die Bleischnur, die unten am Schwebnetz hängt, zieht alles mit ihrem Gewicht hinunter. Flink greift der Opa wieder eine Handvoll Netz, lockert es und läßt es hinab, während Onkel Herbert in Sekundenschnelle einen Schwimmer an die obere Leine bindet. Peter merkt, daß die Schnur von den Schwimmern länger ist als am Morgen. „Du hast gut beobachtet", lobt ihn der Großvater, „6 Klafter ist unser Maß heute abend, das sind 10 Meter. So weit hängt die Schnur im Wasser, dann erst kommt das 7 Meter hohe Netz." „17 Meter geht es also hinunter", hat Peter flink ausgerechnet.

Wieder kommt ein Stück Netz ins Wasser, wieder wird ein Schwimmer angebunden und in hohem Bogen hinausgeworfen. Im Nu ist die Stange leer. Opa legt sie auf den Boden. Peter reicht den zweiten Netzhaken hoch. Micha gibt Onkel Herbert die Schwimmer aus der Kiste, damit er alle 20 Meter eine Schnur anbinden kann. „Ihr seid schon recht gute Gehilfen", meint der Großvater, „dann sind wir auch schnell fertig."

Er ist unruhig geworden. Immer wieder schaut er zum Himmel hinauf. Der leichte Wolkenschleier, der ihm schon am Vormittag aufgefallen war, wird dichter und fahlgrau. „Wir müssen uns beeilen", ruft jetzt auch Onkel Herbert, „das Wetter schlägt um!"

Sie fahren etwas schneller. Weil keiner Zeit hat, am Steuerrad zu stehen, lenkt der Onkel mit seinem Fuß einen Steuerarm, der am Boden festgemacht ist. Es dauert nicht lange, dann haben sie schon das letzte Netz auf dem Ständer. Acht Netze sind heute aneinandergeknüpft, vier gehören dem Opa und vier Onkel Herbert. „Wie lang ist eigentlich ein Netz, Opa?", fragt Peter. „120 m und 7 m hoch, das weißt du ja schon." „Dann sind ja unsere Netze im See einen Kilometer lang!" „So ist es", nickt Onkel Herbert, „die Schwimmer hinter dir zeigen die ganze lange Bahn an. Die Fische schwimmen nun rechts und links an den Netzen entlang, und immer wieder verfängt sich einer in den Maschen. Nur die kleinen können sich befreien und hinausschlüpfen."

Plötzlich ist die Sonne verschwunden. Der warme Föhnwind ist wieder da und wird stärker und stärker. Er treibt die Wellen jetzt höher hinauf und läßt das Boot in Bewegung kommen. „Ihr bleibt in der Kabine auf dem Boden sitzen!", sagt der Opa streng. „Daß mir ja keiner über die Seite 'naushängt! Bleibt mittschiffs! Und die Schwimmwesten anlegen, aber schnell!" Micha bekommt Herzklopfen, er möchte nach Hause. „Schau mal – die orangenen Blitze überall am Ufer", sagt Peter, „das sind die Lichter von der Sturmwarnung!"

In Windeseile beenden die Fischer ihre Arbeit. Ein heftiger Windstoß läßt das Boot schaukeln. Micha ist schneeweiß im Gesicht. „Mir ist so schlecht", jammert er, „ich muß spucken!" Onkel Herbert reicht ihm einen leeren Eimer. „Hab keine Angst", tröstet er den Bub, „wir kommen gut nach Hause, ein Weststurm wäre viel schlimmer!" Nun wird es immer dunkler. Der See sieht plötzlich sehr gefährlich aus. Das Wasser schäumt und tobt. Vor ihnen schaukelt ein anderes Fischerboot. Es verschwindet zwischen den hohen Wellen, taucht wieder empor und wieder steil hinab – auf und ab – auf und ab! „In dem Boot da vorne möcht ich nicht sitzen, wo's so schaukelt!", sagt Michael. Wieder rollt eine hohe Welle heran. Wasser spritzt herein und sprüht ihnen wie Staub ins Gesicht. „Gib die Kanne, Herbert, wir müssen schöpfen", ruft der Großvater, „und mach die Lampen an!" Nun klatscht auch noch ein Regenguß herunter und trommelt auf das Kabinendach.

Hinter ihnen ertönt ein Nebelhorn. „Das ist das Notsignal von einem anderen Boot", sagt Onkel Herbert, „vielleicht ist der Motor bei denen ausgefallen. Dann müssen sie rudern wie früher euer Urgroßvater. Aber die Wasserschutzpolizei wird sicher gleich kommen und sie abschleppen." „Warum fährst du nicht schneller, Opa?", brüllt Peter gegen den Wind. „Wir müssen vorsichtig fahren und auf die anderen Boote achtgeben", ruft der Großvater zurück. Micha legt sich der Länge nach auf den Boden. Er ist patschnaß und zittert vor Angst. „Lieber Herrgott, laß uns nicht versaufen", betet er. Plötzlich klirrt es. Scherben prasseln auf den Boden. Eine Welle hat mit voller Wucht die Fensterscheibe eingedrückt! Peter blutet. Ein Glassplitter steckt in seiner Hand. „Bleib am Steuer, Opa", schreit er tapfer in den Regen, „ich weiß schon, wo der Verbandskasten steht!" Jetzt hat Onkel Herbert auch die Sturmlaterne angezündet. Sie wirft einen flackrigen gelben Lichtschein auf das Wasser. Noch ein paar mal fahren sie an Fischerbooten vorbei. Eines wird mit dem Seil abgeschleppt. Ein großes Rettungsschiff zieht es hinter sich her. „Den Josef hat's heute erwischt", ruft Onkel Herbert zum Opa hinüber.

Allmählich taucht, noch undeutlich, das Ufer aus dem Dunkel auf. Micha glaubt, sie kommen nie mehr heim – jede Minute ist für ihn wie eine Ewigkeit. Die Männer sind ganz ruhig. Sie haben schon schlimmere Unwetter erlebt. Wie ein Fels in der Brandung steht Opa hinter dem Steuerrad – fest und sicher. „Wir müssen bei jedem Wetter auf den See", sagt er. Eine halbe Stunde später steigen alle wohlbehalten an Land. Sie triefen vor Nässe, Opas Fischerstiefel laufen fast über. Aber Gott sei Dank, es ist gut gegangen.

Die Buben sehen blaß und erschöpft aus, doch nicht lange, dann lachen sie schon wieder. Sie haben ihr Abenteuer gehabt. Die Oma empfängt sie mit einem warmen Abendessen. „Für euch mutigen Fischerknechte habe ich mein bestes Kretzerfilet gemacht", sagt sie, „dazu gibt es neue Kartoffeln und ein Buttersößle mit viel Peterling. Aber zieht euch zuerst um." Bald sitzen alle am Tisch. Jetzt merken die Buben, wie hungrig sie sind. Mhhh..., sie schöpfen und mampfen. Selten hat ihnen ein Essen so gut geschmeckt! Die Oma freut sich. „Denkt ihr auch dran, wem ihr diese leckere Mahlzeit zu verdanken habt?" „Opa und Onkel Herbert", rufen die Buben gleichzeitig. „Und der Oma", sagt Michael. „Und all den anderen Fischerkameraden, die genau soviel Mühe und Arbeit haben wie wir!", schließt der Opa. „Euer Erlebnis erinnert mich an ein altes Fischergebet aus Frankreich; das paßt heute abend auch für euch", sagt die Großmutter:

„Herr, gib acht auf uns,
denn das Meer ist groß
und unser Boot so klein."

SAGEN AUS DER HEIMAT

Die Sage von der treuen Wendelgard

Der totgeglaubte Graf von Buchhorn – Eine Geschichte von ehelicher Liebe und Treue

„Hallo, Tante Margret!", ruft Kathrin fröhlich ins Telefon, „hast du noch Karten für das Heimatspiel auf der Uferstraße bekommen?" „Ja, sogar sehr gute Plätze. Grüß Vati und kommt nicht zu spät!" Am Abend dieses warmen Sommertages im Jahre 1984 sitzt Kathrin erwartungsvoll in der vordersten Reihe. Immer mehr Besucher füllen die Plätze auf der Wiese unterhalb des kleinen Musikpavillons. Vor der breiten Freitreppe ist die Kulisse für das Freilichtspiel aufgebaut.

„Das stellt die Stadtmauer der alten Stadt Buchhorn dar", erklärt Vati. „Von den Türmen konnte man den ganzen See überblicken. – Die schönste Kulisse heute abend ist aber doch unser Bodensee." Tante Margret nickt zustimmend und blättert in einem kleinen Heftchen. Kathrin liest auf der Titelseite:

Frau Wendelgard – ein Spiel von Eduard Eggert

Sie kennt die Sage noch nicht genau. Tante Margret erzählt Kathrin rasch noch die Handlung. „Schau, das ist ein Bild von den Proben für die Aufführung, die wir gleich sehen werden. Und diese Bilder hier sind vor fünfunddreißig Jahren gemacht worden, also im Jahr 1949. Damals führte man das Spiel zum zweiten Mal auf. Die allererste Vorstellung fand im Jahr 1924 statt.

Bei der letzten Aufführung war ich noch ein junges Mädchen, gerade ein paar Jahre älter als du heute bist. Der schlimme Krieg war erst vier Jahre zu Ende und Friedrichshafen noch eine Trümmerstadt. Die Bürger feierten auf dem großen Schulhof zwischen Pestalozzi-Schule und Gymnasium mit den Kindern das erste Seehasenfest. Außerdem fanden die Bodenseefestspiele statt, mit den Aufführungen „Frau Wendelgard" und „Iphigenie auf Tauris". Festlich gestimmt saß ich auf der Zuschauertribüne, die fast an der gleichen Stelle stand wie heute. Damals waren alle Leute froh und dankbar, daß es in ihrer Stadt endlich wieder etwas Schönes zu sehen gab. Ich glaube, allen war ganz feierlich zumute, als sich in der Abenddämmerung das Schiff der Frau Wendelgard, mit dem roten Bischofskreuz auf dem weißen Segel, vom See her langsam dem Ufer näherte." Kathrin hat aufmerksam zugehört, aber nun wird sie doch ein bißchen ungeduldig.

Endlich beginnt das Spiel. Sie ist ganz Auge und Ohr und weiß nicht, wo sie zuerst hinschauen soll. Grafen und Edelleute versammeln sich, vornehme Damen, Zofen und Diener, Knechte und Mägde, die wunderschöne Frau Wendelgard, deren wallender Schleier von einem kostbaren Stirnband festgehalten wird. Da ist der vor Aufregung stotternde Schultheiß mit seinem BuchhornVolk, Bettelmusikanten und Spaßmacher in buntem Treiben.

Der Beifall will nicht enden. Auf dem Heimweg hat Kathrin noch viel zu fragen. Zu Hause holt Tante Margret ein fast neues Buch mit dunkelgrünem Umschlag aus dem Regal. Auf der Titelseite sind die Umrisse der Stadt Friedrichshafen zu erkennen. „Das ist unser neues Heimatbuch", sagt sie und reicht es Kathrin. „Auf der Seite 73 kannst du die Wendelgardsage nochmals nachlesen."

Kathrin liest:

Im Jahr 913 waren wieder einmal die Ungarn in Schwaben eingefallen. Udalrich V., der nach der Auflösung der alten Gauverfassung als der erste Graf von Buchhorn (Comes Buchhornensis) auftrat und daher den Beinamen „der Buchhorner" erhielt, zog gemeinsam mit zwei anderen schwäbischen Grafen, den Brüdern Erchanger und Berchtold vom Hohentwiel, in den Kampf. Irgendwo am Inn gelang es den drei Grafen mit ihrer vereinigten Streitmacht, die Ungarn zu stellen und zu besiegen. Der tapfere Udalrich fiel dabei allerdings den Feinden in die Hände und wurde in die Gefangenschaft abgeführt. Udalrichs Kampfgenossen aber glaubten, er sei gefallen und überbrachten seiner Gattin Wendelgard in Buchhorn die Nachricht von seinem Tode. Schon bald stellten sich dort auch die ersten Freier ein und bewarben sich um die Hand der schönen jungen Frau. Aber Wendelgard, die eine Enkeltochter des Kaisers Heinrich I. war, hielt ihrem Gatten auch übers vermeintliche Grab hinaus die Treue und lehnte alle Anträge ab. Und so begab sie sich schließlich nach St. Gallen, wo sie neben der frommen Klausnerin Wiborada oberhalb des Wasserfalls der Steinach an einem abgeschiedenen Platz sich eine Zelle erbauen und von Bischof Salomon den Schleier reichen ließ. Das karge Dasein einer Klausnerin fiel ihr nicht leicht, denn sie hatte bis dahin ein Leben im Wohlstand geführt und mochte Süßigkeiten und Naschereien besonders gern. Als Wiborada ihr eines Tages einen Holzapfel gab, biß Wendelgard begierig hinein. Da das armselige Äpfelchen jedoch gallensauer war, warf sie es weg und rief: „Wenn Gott alle Äpfel so sauer gemacht hätte, dann hätte die Eva nie wegen eines Apfels gesündigt."

Jedes Jahr einmal fuhr Wendelgard über den Bodensee, um in der Buchhorner Kirche im Kreise ihrer Getreuen und ehemaligen Diener feierlich einen Jahrtag zum Andenken ihres Gatten zu begehen. So geschah es auch anno 919. Als sie nach der Messe Almosen an die Armen verteilte, drängte sich plötzlich ein zerlumpter Bettler durch die Menge und verlangte von ihr ein neues Gewand. Sie stellte ihn zunächst wegen seiner unverschämten Forderung zur Rede, erfüllte dann aber doch seinen Wunsch. Plötzlich schloß der Mann Wendelgard in seine Arme und küßte sie. Empört rief sie aus: „Jetzt erst erfahr' ich, daß mein Gemahl Ulrich nimmer am Leben, da ich solche Frechheit von einem Bettler erfahren muß!" Diener stürzten sich auf den Unbekannten und wollten ihn zu Boden schlagen, doch der wehrte sie ab: „Verschont mich mit euren Faustschlägen“, rief er, „ich habe deren in der Gefangenschaft genug erduldet. Schaut her und erkennet Graf Udalrich, euren Herrn!“ Und er zeigte Wendelgard eine alte Narbe, an der sie ihn als ihren Gatten wiedererkannte. Da war der Jubel groß, und nach der Totenmesse wurde ein Gottesdienst für die Lebenden gefeiert.

Auf der Konstanzer Bischofssynode forderte Udalrich dann vom Bischof seine Gemahlin zurück. Der Beschluß der Versammlung lautete: „Älter ist das Gelübde, das Wendelgard ihrem Gemahl getan; deshalb soll sie ihm zurückgegeben werden, der Schleier aber werde in den Schränken der Kirche aufbewahrt, damit Frau Wendelgard, wenn je ihr Gemahl sterben sollte, denselben als Witwe wieder anlege.“

Das glückliche Paar gelobte, seinen nächsten Sohn dem heiligen Gallus zu weihen. Wendelgard starb aber schon bald darauf bei der Geburt ihres Sohnes Purchart. Das Kind mußte aus dem Leib der toten Mutter herausgeschnitten werden. „Es wurde hernach in dem warmen Bauch eines frischgeschlachteten Schweines zur Reife gebracht“, berichtet ein Chronist. Nach einigen Jahren führte Udalrich, getreu seinem Gelübde, den Jungen nach St. Gallen „und legte ihn dort auf dem Altar der Kirche nieder“. Als „Zugabe weihte er dem Kloster Grundstücke und Zehnten“. Purcharts Erziehung oblag nun den Mönchen, die ihn „den Ungeborenen“ nannten. Später wurde er dank seiner außergewöhnlichen Geistesgaben Abt von St. Gallen.

Kathrin läßt das Heimatbuch sinken. Nach einer Weile liest sie weiter:

„Die Geschichte der Frau Wendelgard ist die einzige aus Buchhorn überlieferte Sage. An dieses Hohelied ehelicher Liebe und Treue erinnert auch heute noch die Wendelgardstraße, die sich im Stadtgebiet nördlich der Bahnlinie von der Riedleparkstraße bis zur Allmandstraße erstreckt.“

„Schön“, sagt sie und blättert dann noch ein wenig im Buch herum. „Und ich weiß auch, wo die Wendelgardstraße ist – da wo man jetzt in die Musikschule geht.“ „Ja, das war unser Häfler Gymnasium“, fügt Tante Margret hinzu, „wo ich und viele andere vor mir schon zur Schule gegangen sind.“ „Schöne große Kastanienbäume stehen auf der einen Straßenseite“, sagt Kathrin, „es sind genau siebzehn, wir haben sie einmal gezählt.“

Die Glocke von Hofen

Das stumme Erz des Heidengotts kommt zum Klingen – Segen für wallfahrende Frauen

In der Nähe des Klosters Hofen stand früher eine Kapelle mit einer Glocke, die gar wundersam tönte und bei schönem Wetter bis nach Arbon, ja manchmal bis nach Rheineck vernommen wurde. Keine Glocke von allen rings um den See hatte lieblicheren Klang. Von weither kam das Volk gewallfahrtet zu der Kapelle, besonders aber die neuvermählten jungen Frauen. Diese kamen am dritten Tage nach der Hochzeit, verhüllten Hauptes, mit einer Freundin; sie beteten zur heiligsten Jungfrau, opferten eine Kerze und ließen den Mesner das Glöcklein läuten. Es bestand der Glaube, daß diese wallfahrenden Frauen niemals ein stummes oder taubes Kind, wohl aber lauter gesunde Nachkommen erhalten werden.

Mit der Glocke aber hatte es folgende Bewandtnis: Ein Abt des Klosters Weingarten, zu dem die Propstei Hofen gehörte, beschloß, dort eine Kapelle zu stiften. Als man begann, den Grund auszuheben, stieß der Spaten kreischend an hartes Metall. Zum Vorschein kamen ein hoher, eherner Dreifuß, der mit mancherlei Zieraten versehen war; daneben lagen Messer, Beile und heidnische kupferne Opfergefäße. Auch ein armlanges gegossenes Bild, das den Kriegsgott mit Schild und Schwert darstellte, wurde aus der Erde gezogen. Was von den gefundenen Gegenständen künsterlischen Wert hatte, kam in die Sammlungen des Klosters. Die schmucklosen Kessel aber, die Schüsseln und Schalen gab der Abt zum Einschmelzen als Speise für das Glöcklein der neuen Kapelle. Die Mönche waren höchlich erstaunt und erfreut; sie hielten es für ein halbes Mirakel (ein kleines Wunder), daß der vor Zeiten hier angebetete Heidengott gleichsam das Erz zu der Glocke liefern mußte.

Das Kirchlein wuchs empor, und bald hing auch die Glocke, blank und wohlgeformt, in der Werkstatt des Gießers zu Buchhorn. Als dieser, wohlgelaunt ob des gelungenen Gusses, mit dem Hammer zum ersten Male die Glocke anschlug, um ihren Klang zu prüfen, erstarrte er beinahe vor Schrecken: die Glocke gab keinen Ton, so stark er auch klopfen mochte. Es gab nur ein Geräusch, wie wenn man an Leder oder Blei schlüge. Gern hätte der Glockengießer dies verheimlicht, aber die Kunde von der stummen Glocke drang in das Volk, das in Scharen herbeiströmte. „Die Glocke hat den Satan im Leib wegen der heidnischen Opferschalen, in denen vor alters den Götzen Blut dargebracht wurde", hieß es. Die einen rieten nun, die Glocke alsogleich in den See zu werfen, bevor sie Unglück bringe; aber andere befürchteten, der böse Glockengeist könnte dann zornig die Wasser aufwühlen und unheilbringend über die Ufer treiben.

Da erinnerte man sich, daß im Thurgau drüben ein Franziskanermönch lebte, der über die bösen Geister Macht hatte und sie zu bannen vermochte. Den ließ der Propst des Klosters kommen. Als der Mönch seine Beschwörungsgebete über die Glocke sprach und sie mit Weihbrunn besprengte, merkte er gar bald, daß er es mit einem schlimmen Fall zu tun hatte. Neun Stunden lang rührte sich nichts, denn der listige Geist tat, als wäre er nicht in der Glocke. Am anderen Morgen aber hörten ihn die Nachbarn des Gießers lachen und mit einer erzenen Stimme schreien, so laut wie der Hirsch röhrt im Walde. Der Franziskaner betete immer flehender zum Herrn und beschwor den Geist noch dringender; er machte dazu oftmals das heilige Kreuzeszeichen über die Glocke und besprengte sie reichlich mit geweihtem Wasser. Endlich entfuhr der Geist der Glocke; zischend und heulend wie ein Sturmwind entwich er in der Luft. Nun wurde die Glocke mit Rosen bekränzt, auf einen Wagen geladen und in feierlichem Zuge vor das Kirchlein geleitet. Dort weihte sie der Propst in Anwesenheit des Abtes und einer großen Volksmenge auf den Namen der allerseligsten Jungfrau Maria. Als die Glocke hochgezogen war und im Turme hing, sang sie von Stund an Gottes und St. Mariens Lob in alle Weiten. Am schönsten aber erklang ihr Geläute Jahr für Jahr zur Mette in der Heiligen Nacht.

Rosa von Tannenburg

Ritterzwist in Raderach – Rosas mutige Tat

„Mama, Mama, wir machen morgen einen Ausflug!" – Laut jubelnd lief Peter, ein fröhlicher Drittkläßler, seiner Mutter entgegen. „Wohin soll's denn gehen?", fragte diese neugierig. „Unsere Lehrerin hat nur gesagt, daß wir zu einem Ort nahe bei Friedrichshafen wandern, und daß wir uns etwas anschauen, was viele, viele Jahre alt ist, und daß da einmal etwas passiert ist, und da hören wir eine Geschichte darüber, wenn wir ganz in der Nähe angekommen sind!", sprudelte es aus dem Buben heraus. Er und seine Klassenkameraden konnten es in der Tat kaum bis zum nächsten Morgen erwarten.

Munter marschierte die Schar früh am Morgen los, die Sonne schien, die Vögel zwitscherten, und alle waren gespannt, wo es wohl hingehen würde. Von der Ailinger Schule aus wanderten sie nach Westen durch Felder und Wiesen, bis sie in einen kühlen Wald kamen. Am Ende des Waldes machte der Weg einen großen Bogen. Hier forderte die Lehrerin die Schüler auf, doch einmal zu schauen, ob sie etwas Besonderes entdecken könnten. Die Kinder blickten sich um, sahen aber nur einige Häuser auf einer Anhöhe. Ein altes stattliches Fachwerkhaus fiel ihnen besonders auf. „Ich glaube, das ist eine Wirtschaft!" „Dort oben hat es aber viele Kastanienbäume." „Von da hat man sicher eine schöne Aussicht!", riefen die Kinder durcheinander. „Ihr habt alle recht", meinte die Lehrerin, „dort, wo ihr das große Haus seht, wollen wir hinwandern." Geheimnisvoll fügte sie hinzu: „Das Wichtigste aber verrate ich euch erst, wenn wir in den Keller des Gasthauses hinuntersteigen. Mehr sage ich jetzt noch nicht!" – Da waren sie aber gespannt, und in kürzester Zeit hatten sie das Oberraderacher Gasthaus erreicht. „So, jetzt machen wir es uns erst einmal auf der Treppe bequem, und dann möchte ich euch erzählen, was eine alte Sage von diesem Ort berichtet!"

„Es war in uralter Zeit, vor gut 800 Jahren, da stand auf einem hohen, mit Tannen bewachsenen Hügel das ansehnliche Schloß Tannenburg." „Aha, und da sind wir jetzt", rief unser kleiner Peter vorwitzig dazwischen, „hier war einmal die Tannenburg?" „Nein", lächelte die Lehrerin, „nicht ganz, hier war einmal die Fichtenburg. Die Tannenburg befand sich in der näheren Umgebung, genau weiß man die Stelle nicht mehr."

Auf dieser Tannenburg, fuhr sie fort, lebte einmal der Ritter Engelbert mit seiner Frau Mathilde und seiner Tochter Rosa. Der Ritter war oftmals unterwegs auf Kriegszügen mit dem Herzog von Schwaben. Eines Tages kehrte er zurück, am Arm schwer verwundet. In der Zwischenzeit war die Frau des Ritters gestorben. Seine Tochter Rosa, die ein gutes Mädchen war, pflegte den Vater, so gut sie konnte.

Als sie eines Abends am Kaminfeuer saßen, fragte Rosa den Vater: „Warum kommen wir eigentlich nie mit dem Ritter Kunerich von der Fichtenburg zusammen, er ist doch unser Nachbar?“ „Das ist eine lange Geschichte“, antwortete der Vater nachdenklich, „ich kann dir nur soviel sagen, daß dieser Ritter nicht gut auf mich zu sprechen ist. Beim vorletzten Kriegszug wurde er vom Kaiser getadelt, während ich ausgezeichnet wurde. Deshalb ist er neidisch auf mich und haßt mich auf den Tod. Jetzt, da ich verwundet bin, habe ich so ein ungutes Gefühl, ich kann es nicht erklären.“

Während sie noch so saßen, hörte man plötzlich Kettenrasseln und Schwerterklirren im Schloßgang. Ehe sie sich's versahen, stürmte eine wilde Schar Bewaffneter in den Raum, allen voran Ritter Kunerich. Seine Augen blitzten böse, und er rief: „Nun will ich es dir heimzahlen!“ Er nahm Ritter Engelbert gefangen, der sich wegen seiner Verwundung kaum wehren konnte. Obwohl Rosa weinte und flehte, schleppte der finstere Ritter ihren Vater auf die Fichtenburg und ließ das verzweifelte Mädchen zurück.

Viele Wochen hörte Rosa nichts von ihrem Vater. Da beschloß sie, auf ihre Weise nach ihm zu suchen. Um in das Schloß des bösen Ritters Kunerich gelangen zu können, verkleidete sie sich als Köhlermädchen und schwärzte ihr Gesicht mit Holzkohlen. Dann verkaufte sie an der Schloßpforte Waldbeeren. Ein anderes Mal bot sie der Torwärterin Pilze an. Und tatsächlich: Eines Tages fragte die Torwärterin, ob Rosa nicht bei ihr als Dienstmädchen arbeiten wolle. Gerne nahm Rosa das Angebot an – wußte sie doch, daß sie nun wenigstens in der Nähe ihres geliebten Vaters war.

„Ja, und was hat das nun alles mit unserer Wanderung zu tun?“, meldete sich wiederum Peter ungeduldig. „Das wirst du gleich hören, warte noch einen Augenblick“, meinte die Lehrerin.

Rosa arbeitete nun bei der Torwärterfamilie des Schlosses Fichtenburg. Der Torwärter war zugleich Kerkermeister. Seine Frau hatte für die Gefangenen zu kochen. Beide ahnten nicht, daß ihr neues Dienstmädchen von der Tannenburg kam und gar keine Köhlerstochter war.

Eines Tages schickte die Torwärterin Rosa in den Turm, um den dort eingesperrten Gefangenen das Essen zu bringen. Rosas Herz fing an zu klopfen – würde sie wohl ihren Vater wiedersehen? – Tatsächlich, als sie die Tür aufschloß und durch die Gitterstäbe Wasser und Brot hineinreichte, wollte ihr das Herz zerspringen: Krank und einsam lag ihr Vater auf dem Strohsack. – Ritter Engelbert indes erkannte seine Tochter nicht. – Rosa überlegte von nun an Tag und Nacht, wie sie ihrem armen Vater wohl Hilfe bringen und ihn befreien könnte.

Zur Torwärterfamilie hatte Rosa ein gutes Verhältnis. So oft sie neben ihrer Arbeit im Haushalt Zeit hatte, spielte sie mit den Kindern auf dem Hof vor dem Schloß.

Eines Tages waren auch die drei Kinder aus dem Schloß dabei. Das Spielen mit Rosa machte auch ihnen großen Spaß, denn sie dachte sich immer etwas Lustiges aus.

Mitten im Hof befand sich ein tiefer Brunnen, um den die Kinder übermütig herumsprangen. Rosa und das Kindermädchen vom Schloß paßten auf. Der vorwitzige Bub des Schloßherrn, es war der Sohn vom bösen Ritter Kunerich, wollte sich um alle Welt nicht fangen lassen. Er kletterte auf den Rand des Brunnens und rannte im Kreis umher, während die beiden Dienstmädchen, nichts Böses ahnend, dem bunten Treiben der anderen zusahen. Plötzlich verlor der Junge das Gleichgewicht und fiel mit einem lauten Aufschrei in den Brunnen hinein. Rosa stürzte erschrocken zu der Unglücksstelle. Als sie in den Brunnen schaute, sah sie jedoch, daß der Bub wie durch ein Wunder an einem Eisenhaken hängengeblieben war. Dieser hatte den Todessturz des Buben aufgehalten.

Was tun? Eilig nahm Rosa den Eimer vom Ziehbrunnen zur Hand: „Rasch, laß mich mit dem Eimer an der Kette hinunter, ich will versuchen, den Kleinen zu retten. Aber sei vorsichtig, drehe das Rad nur ganz langsam!" Das Kindermädchen setzte den Hebel des Ziehbrunnens in Bewegung, während Rosa versuchte, das Gleichgewicht zu halten. Wackelnd und ächzend senkte sich der Eimer in die Tiefe, und Rosa klammerte sich mit aller Kraft an der Kette fest. Das vermoderte und glitschige Mauerwerk des Brunnens ließ sie erschaudern.

Nach bangen Minuten, die ihr wie eine Ewigkeit vorkamen, gelangte sie zu dem jämmerlich schreienden Eberhard. Kurz entschlossen packte sie den Jungen. „Hochziehen", schrie sie zu dem Kindermädchen hinauf, „rasch, zieh uns hoch!" – Der schwere Eimer bewegte sich knarrend, Stück um Stück, in die Höhe, und Rosas Herz schlug laut bis zum Hals. Sie wußte, daß unten der tiefe Brunnen gähnte, wo das schwarze Wasser ihnen den Tod bringen würde, wenn die Kette nicht hielt. – „Schnell, zieh hoch!", rief Rosa nochmals, und langsam kamen sie dem Tageslicht näher. Der Junge in ihrem Arm war vor Angst ohnmächtig geworden, aber Rosa hielt ihn fest, so fest, als ob er ihr eigener Bruder wäre.

Inzwischen waren die Schwestern von Eberhard laut schreiend ins Schloß gerannt und hatten dort der Mutter berichtet, was Schreckliches geschehen war. Diese rannte die Treppe hinunter und kam gerade beim Brunnen an, als Rosa sich blaß und zitternd vom Eimer auf den Brunnenrand hinüberrettete. Sie drückte der Mutter den Buben in die Arme, und alle weinten vor Glück über die gelungene Rettung. „Kind", sprach die Schloßherrin zu Rosa, „du hast meinem Sohn das Leben gerettet und dein eigenes dabei aufs Spiel gesetzt. Ich weiß gar nicht, wie ich dir danken soll. Warte, bis mein Mann zurück ist, wir werden dir dann ein fürstliches Geschenk für deine mutige Tat aussuchen." Rosa aber dachte insgeheim nur an ihren Vater. Vielleicht konnte sie um sein Leben bitten, denn alles Gold und Geld bedeutete ihr nichts, solange der Vater im Gefängnis saß.

Als Ritter Kunerich nach einigen Wochen vom Kaiser Urlaub erhielt und auf sein Schloß zurückgekehrt war, wurde ihm als erstes von dem schrecklichen Unglück und der mutigen Tat des Torwärter-Dienstmädchens berichtet. Sogleich ließ er Rosa zu sich rufen und befragte sie nach ihren Wünschen: „Wenn es in meiner Macht steht, erfülle ich dir jeden!" Da sagte Rosa stolz: „Nicht Gut und Geld wünsche ich mir, sondern gebt mir meinen Vater zurück und das, was uns beiden zusteht. Ich bin Rosa von Tannenburg!" Da fiel es dem Ritter Kunerich wie Schuppen von den

Augen! Natürlich, das war ja die kleine Rosa, die Tochter des Nachbarn, die er damals beim Überfall auf ihren Vater schmählich beiseite gestoßen hatte. Und dieses Mädchen hatte die Frechheit besessen, auf sein Schloß zu kommen? Und nun forderte sie die Freiheit seines Erzfeindes? „Nie und nimmer", schrie Ritter Kunerich wütend, „werde ich dir diesen Wunsch erfüllen!" Doch sogleich bestürmten ihn seine Frau und seine Freunde und ermahnten ihn, sein vorher gegebenes Versprechen zu halten. Auch der kleine Eberhard, dessen Leben Rosa gerettet hatte, zeigte sich erschrocken über die Hartherzigkeit seines Vaters.

Da konnte der finstere Ritter nicht anders – er mußte Rosas Herzenswunsch erfüllen. Und wie er noch die Schlüssel des Kerkers aus der Tasche zog und mit Rosa hinunter ins Turmgefängnis stieg, wurde ihm mit einem Mal ganz leicht ums Herz. Er selbst führte den Ritter Engelbert in die Freiheit. Dessen Erstaunen und Freude war unfaßbar, vor allem, als er hörte, welch edle Tat seine Tochter vollbracht hatte.

Sogleich wurde ein großes Fest gefeiert, und von nun an lebten die beiden Ritter als friedliche Nachbarn nebeneinander. Zum Dank für die geglückte Rettung seines Sohnes ließ Kunerich später noch eine Kapelle erbauen.

Mucksmäuschenstill und mit großen Augen hatten die Kinder der Erzählung gelauscht. „Und das ist alles hier geschehen?", fragte Peter erstaunt. „Ja, die Sage berichtet es so. Wir wollen nun zuerst in den Keller hinuntersteigen und uns den Brunnen ansehen." „Aber warum ist der Brunnen im Keller, er war doch in der Mitte des Schloßhofes, haben Sie gesagt!", wunderte sich ein anderes Kind. „Das Schloß ist im letzten Jahrhundert abgebrochen worden. Später hat man auf dem früheren Schloßhof, teilweise mit Steinen des alten Schlosses, dieses Gasthaus erbaut. Deshalb befindet sich der Brunnen in einem Keller", erklärte die Lehrerin.

Aufgeregt kletterten die Schüler unter Anleitung der Wirtin die steile Kellertreppe hinunter. Die Frau zündete eine Lampe an und ließ diese langsam an einem endlos langen Seil in den Brunnen hinab. „Seht ihr ganz unten den Haken, an dem der Bub hängengeblieben ist?", fragte die Lehrerin, und alle Schüler schauten gebannt in den Brunnenschacht, wo in der Tiefe schwarz und unergründlich das Wasser lag. Das vermoderte Gemäuer hatte über Jahrhunderte hinweg standgehalten. Den Kindern lief es eiskalt den Rücken hinunter, als die Wirtin gar ein Steinchen in den Brunnen warf. Erst nach längerer Zeit hörten sie es in das Wasser plumpsen. Jetzt wurde den Kindern klar, in welcher Gefahr sich der Rittersbub und seine Lebensretterin befunden hatten. Der Brunnen war damals 57 Meter tief!

Immer wieder wurde die Lehrerin mit Fragen bestürmt, sie soll dies und das noch genauer erklären. „Es ist eine Sage", meinte sie, „und ein bißchen davon ist immer wahr. Alle Sagen, auch die um diesen Brunnen, lassen sich nach Jahrhunderten nicht mehr auf ihre Wahrheit überprüfen. Übrig bleiben für euch die sichtbaren Tatsachen: Es gibt in Raderach den tiefen Brunnen und eine Kapelle, in der ein altes Votivbild die ehemalige Burg zeigt. Die Kapelle ist wie das Gasthaus aus den Steinen der abgebrochenen Burg erbaut worden. Von der früheren Schloßkapelle ist seither nichts mehr zu sehen. Seit einigen Jahren gibt es außerdem eine Fichtenburgstraße in Oberraderach und eine Tannenburgstraße in Unterraderach. Dadurch wird auch die Sage von Rosa von Tannenburg bei groß und klein in Erinnerung gehalten. Den Brunnen habt ihr nun gesehen, und die alte Kapelle, die sich unterhalb des Gasthauses befindet, schauen wir noch an. Aber jetzt wollen wir erst einmal vespern!", rief die Lehrerin die Kinder fröhlich in die Gegenwart zurück.

Die Schüler machten es sich im Schatten der alten Kastanienbäume bequem. Ihre Augen aber schauten rundum, ihre Blicke streiften die Hügel und Wälder, und in Gedanken kehrten sie immer wieder in die Vergangenheit zurück...

Die Sage vom Gehrenmännle

Ein schweres Schicksal im Schwedenkrieg – Der Namenlose hilft den Ailingern

„Daß ihr ja nicht ins Gehrenmännlesloch geht!", warnten uns unsere Eltern, wenn wir als Kinder durch Felder und Wiesen streiften und in der Gegend um Ailingen allerlei versteckte Plätzchen aufsuchten, wo wir ungestört spielen konnten.

Wenn wir im Sommer vom Gasthaus „Adler" aus an die Reinachmühle zum Schwimmen gingen, kamen wir immer an einem Verbotsschild vorbei. Darauf stand: „Lebensgefahr! Zutritt verboten". – Dort begann ein Weg, der zu dem geheimnisumwitterten Ort führte.

Oftmals bestürmten wir die Eltern, uns doch zu sagen, was es denn mit diesem Gehrenmännlesloch auf sich hätte. Ja, da war dann die Rede von einer Höhle, von einem Hund mit tellergroßen Augen, der dort auf einer Goldkiste säße und einen Schatz bewache und von einem Männle, das vor vielen hundert Jahren in der Höhle gewohnt habe. „Erzähl' weiter", baten wir unseren Vater, „hat der Hund das Männlein gefressen, als es den Schatz holen wollte? Und dürfen wir deshalb nicht hin, weil der Hund immer noch dasitzt und den Schatz bewacht?" „Nein", beschwichtigte uns Vater, „in Wirklichkeit ist es so: Heute dürft ihr nicht mehr ins Gehrenmännlesloch, weil diese Sandsteinhöhle neben der Rotach einstürzen könnte, euer Leben wäre in Gefahr. Aber ich will euch erzählen, was von diesem Ort seit altersher berichtet wird – es ist eine Sage, und ihr wißt ja, daß eine Sage immer auch ein Körnchen Wahrheit enthält. Hört gut zu!" Gespannt verfolgten wir die Erzählung:

Einstmals, vor langen Jahren, lebte am Gehrenberg, dort wo sein Osthang gegen das langgezogene Teuringer Tal abfällt, das Gehrenmännle. Es besaß ein kleines landwirtschaftliches Anwesen mit ein paar Kühen und mehreren Morgen Feld und Wieswachs. Mit seinem Weib und seinen Kindern hauste es zufrieden und glücklich; es verwaltete sein Hauswesen gut und war in allem recht schaffig.

Da kam eine lange, schreckliche Kriegszeit. Die Schweden hausten furchtbar im Land und durchzogen sengend und brennend auch die Gegend um den Bodensee und um den Gehrenberg. Unser Bäuerlein war in seiner luftigen Höhe mit den Seinen lange Zeit unbehelligt geblieben. Wenn sie eine Gefahr ahnten oder wenn eines von ihnen von ihrem versteckten Auslug eine fremde Gestalt den Berg heraufkommen sah, flüchteten sie eiligst in den großen Bergwald, wo sie schon längst ihre wichtigste Habe versteckt hatten und wo sie immer die Nächte verbrachten.

Eines Tages aber nahte das Unheil auch den Bauersleuten. In aller Frühe war es gewesen, sie hatten die Nacht wieder im Wald verbracht, dankten ihrem Schöpfer, daß er sie gnädig bewahrt hatte und wollten sich gerade ihrem Hause vorsichtig nähern. Das Weib war mit den Kindern vorausgegangen, der Mann blieb noch eine Weile zurück, um an ihren einfachen Lagerstätten im Walde etwas auszubessern. Auf einmal schreckte er auf, laute Hilferufe drangen an sein Ohr. Eine Bande wilder Soldaten hatte aus einem Hinterhalt Frau und Kinder überfallen und ins Haus geschleppt. Hier sollte das Weib den wilden Gesellen Geld geben und Essen und Trinken verabreichen. Weil sie aber nichts im Hause hatte als einen kleinen Vorrat an Mehl, ermordeten die Soldaten Frau und Kinder, zündeten das Haus an und warfen die Toten in die Flammen. Die Unholde lagerten sich dann bei der Stätte ihres Frevels und trieben allerlei Kurzweil, als ob nichts geschehen wäre. Als sie endlich abgezogen und die Flammen gänzlich niedergebrannt waren, wagte sich der Mann an den Ort des Jammers. Er suchte die verkohlten Überreste seiner Lieben zusammen und beerdigte sie unter einem hohen Fichtenbaum, der weit in das Land hinausschaute. Dann machte er sich in seinem Waldversteck ein Bündel zusammen und zog fort von der Stätte des Grauens.

Lange irrte der Bauer in der Gegend umher, schließlich folgte er dem Lauf der Rotach nach Süden. Als er längere Zeit durch das enge Flußtal gewandert war, stutzte er auf einmal: Ein Fuchs war aus der linksseitigen Felswand gefahren und doch war nirgends ein Fuchsloch zu sehen. Da teilte das Männlein die dichten Brombeerranken, die wie ein Vorhang an der steilen Uferböschung herabhingen. Zu seinem Erstaunen gähnte vor ihm eine dunkle, tiefe Felsenhöhle, die er wegen des grünen Pflanzenbehangs vorher nicht hatte bemerken können. Langsam und vorsichtig tastete er sich in den Raum vor; er war unbewohnt. Das gefiel dem kleinen Männchen; es legte sein Bündel nieder, begann sich alsogleich aus Binsen, Schilf und Laub ein notdürftiges Lager zu bereiten und blieb hier wohnen.

Als ihm der kleine Vorrat an Lebensmitteln ausgegangen war, wagte der Einsiedler sich wieder an die Wohnstätten der Menschen heran. Er kam nach Ittenhausen, nach Berg, zur Reinachmühle und auch nach Ailingen und Lottenweiler. Überall trug er seine Dienste an und gern gab man ihm Arbeit und Essen. Wenn die Leute das fremde Männchen fragten, wie es heiße und woher es denn komme, sagte dieses immer nur, es habe seinen Namen vor Schrecken vergessen und es komme vom Gehrenberg. Daher hießen es die Leute eben nur „Gehrenmännle“. Am Abend verschwand das stille Männchen immer wieder, kein Mensch wußte, wohin.

Da schlichen ihm einmal einige Burschen nach. Die hatten nämlich bemerkt, daß der sonderbare Fremdling in der Höhle seine Unterkunft hatte. Dem Männchen war es gar nicht recht, daß sein Aufenthaltsort bekannt geworden war. Eines Tages, als es zum Reinachmüller zum Viehhüten hätte kommen sollen, trat es seinen Dienst nicht an. Man schickte einen Müllerburschen nach der nahen Höhle, aber der fand vom Gehrenmännle keine Spur mehr. Es war aus der Gegend verschwunden und man sah und hörte nichts mehr von ihm. Aber lange noch redeten die Leute in der Umgebung von dem seltsamen Männchen, und seine ehemalige Wohnhöhle heißt heute noch „'s Gehrenmännlesloch“.

Die Sage von den Galleyengeistern

Rache der Ettenkircher Bauern an den Schweden

An einem kalten Herbstabend war es, da fanden sich am wärmenden Kachelofen in der Eggenweiler Wirtschaft einige Bauern zum Dämmerschoppen ein, recht zufällig, ohne daß man es ausgemacht hatte. Der Wirt war zugleich Bürgermeister von Ettenkirch, und bei ihm konnte man immer Neues erfahren. Auch diesmal gab es rund um Haus und Hof vieles zu erzählen, der eine wußte dies, der andere wieder anderes. Plötzlich fiel das Stichwort „Galleyen", und schon war auch die Rede von den „Galleyengeistern".

Das sei doch bloß eine Sache für ängstliche Gemüter, meinte ein Bäuerlein vom nahen Hirschlatt, der ein kleines Anwesen mit ein paar Kühen und einigen Morgen Feld und Wieswachs umtrieb und öfters als Taglöhner bei Nachbarn aushalf. Er gehe diesen Weg den „Galleyen" entlang beinahe täglich, oft sogar zur mitternächtlichen Stunde, habe aber noch nie etwas von Geistern bemerkt.

Sein Tischnachbar, der „gschtudiert" war und sich, wie man im Dorf wußte, in der Dorfgeschichte ringsum auskannte, wußte freilich einiges von den „Galleyengeistern" zu erzählen, die da in der Flur Galleyen auf halbem Weg zwischen Eggenweiler und Hirschlatt ihr Unwesen trieben.

Diese Geister, so sagte er, das sind erschlagene schwedische Soldaten, die keine Ruhe finden können, weil sie die Leute gar so arg geschunden und bei ihren Durchzügen an Haus und Fluren so viel Schaden angerichtet haben.

Das ist eine schreckliche Zeit gewesen, als die Schweden im Lande hausten und sich alles untertänig machten, was ihnen in den Weg kam. Angst und Schrecken gingen ihnen voraus, am ganzen See entlang und auch im Schussen- und Argental. In Eggenweiler haben sie mehrere Häuser niedergebrannt. Der Schrecken darüber ist den Leuten so in die Knochen gefahren, daß ein Teil der Bewohner des Hirschlatter Pfleghofs über den See nach der Schweiz in das Augustiner-Mutterkloster Kreuzlingen floh. Bei Buchhorn haben die Schweden das Kloster Hofen und das Frauenkloster Löwental in Brand gesteckt, so daß die Nonnen in Bregenz Unterschlupf suchen mußten. Und in Eriskirch, wo die Schussen in den Bodensee einmündet, haben sie auch die Wallfahrtskirche „Zu unserer lieben Frau" verwüstet.

Nicht genug damit! In Brochenzell drüben über dem Wald wurde das Schloß und in Langenargen die Burg niedergebrannt, auch das Kloster Langnau im Argental und die Burg Gießen bei der Zollbrücke blieben nicht verschont.

Als die Schweden oder vielleicht auch die Kaiserlichen, die nämlich nicht viel besser waren – er wisse es selbst nicht mehr genau, meinte der Erzähler –, wieder einen Überfall in das Hinterland machten, um für sich Nahrung und Getränke und für ihre Pferde Futter zu beschaffen, da flüchteten die Bewohner von Hirschlatt und Eggenweiler, die sich von Haus und Gütern nicht trennen wollten, in die umliegenden Waldungen oder versteckten sich in den hohen Waldbäumen. Vorsorglich mußte ein Posten von einer Riesentanne aus die Umgebung beobachten. „Die Stunde ist günstig und der Feind hat sich", so meldete der Beobachter von seinem versteckten Auslug, „in einen ordnungslosen Haufen aufgelöst, so daß man jeden einzelnen Soldaten erschlagen kann!" Man wagte sich an eine kleine Rotte, die zurückgeblieben war, weil sie im Keller eines Hauses etwas Wein gefunden hatte, zwar nur einen Eimer voll, aber doch genug, um sich zu besaufen.

Da geschah es dann, daß Mann für Mann dieser Rotte mit dem Dreschflegel erschlagen oder mit alten Heugabeln jämmerlich erstochen wurde, so daß kein einziger Soldat mit dem Leben davonkam. – Seitdem gehen, so endete der Erzähler, die Galleyengeister um, und wer um Mitternacht den Weg passiert, um den ist es geschehen!

Unser Hirschlatter Bäuerlein hatte schon lange eine Gänsehaut bekommen, und eiskalt lief es ihm den Rücken hinab. „Wenn das wahr wäre", dachte er kleinlaut vor sich hin. Als er dann auf die Uhr sah, die schon auf die Mitternacht zuging, da hatte er es plötzlich eilig mit dem Heimgehen, zudem wollte er es in dieser stockfinsteren Novembernacht auf nichts ankommen lassen. Eilenden Fußes ging er also in Richtung Hirschlatt. – Wie, hatte es dort, wo der Feldweg in den Wald einbiegt, nicht geraschelt? Klopfenden Herzens blieb er stehen, zum Glück konnte er einen Dachs ausmachen, der von der nächtlichen Jagd kam und seinem Bau zustrebte. Das war nochmals gutgegangen!

Kaum einige Schritte weiter – ihm blieb beinahe das Herz stehen! – starrten da von der Riesentanne nicht zwei Lichter auf ihn? Er machte sich Mut, das sei doch bloß eine Wildkatze oder eine Waldeule! Plötzlich ein windartiges und mit hellen Pfeiftönen verbundenes Rauschen in der Luft, das vielleicht von Ungetieren stammen mochte, die in einem ausgehöhlten Baumstamm ihre Behausung hatten. Kein Zweifel, das mußten die „Galleyengeister" sein, die in dieser Nacht umgingen, denn die Mitternachtsstunde war schon angebrochen. Der Spätheimkehrer wagte keinen Schritt weiter, ein Zittern am Leib befiel ihn und eine Angst, pure Angst um sein Leben. „Mein Gott, hilf mir, die bösen Galleyengeister! Hilfe! Hilfe!"

Aber seine Rufe verhallten ungehört im Wald. In seiner Angst schlug er nun einen großen Bogen um die böse Tanne. In seinem ganzen Leben hatte er den Weg nach Hirschlatt noch nie so schnell zurückgelegt. Schweißgebadet rettete er sich mit einem letzten Sprung in den heimischen Hof, von Frau und Kindern bemitleidet, denen er keuchenden Atems von den ausgestandenen Ängsten berichtete.

Als er anderntags in der Nachbarschaft von seiner nächtlichen Begegnung mit den „Galleyengeistern" erzählte, da fand seine Geschichte wenig Glauben. Vielleicht habe er doch etwas zu tief in das Glas geschaut, ja, so sei es wohl gewesen!

Die Sage vom Göhrenlöchner

Der ruhelose Feldmesser von Kluftern

In diesem Jahr war der Winter schon früh eingekehrt. Vor einigen Tagen hatte es zum ersten Mal geschneit, und einige Schneefetzen bedeckten noch Felder und Wege. Auf den kahlen Bäumen hockten aufgeplusterte Amseln, und ab und zu schwang sich eine schwarze Krähe krächzend durch die Luft. Graue Schneewolken hingen schwer am Himmel und kündeten eine frühe Nacht an.

Der elfjährige Johannes hatte am Nachmittag seinen Freund Max in Immenstaad besucht. Nun wollte er wieder nach Kluftern zurückfahren. Als er aus der Tür trat, bemerkte er plötzlich, daß es viel zu spät war.

Eigentlich hätte er schon zu Hause sein müssen – „vor Einbruch der Dunkelheit", hatte Mutter gesagt – nun war es schon dämmrig. Aber er hatte sich nicht von seinem Freund Max trennen können. Als er zum Fahrrad lief, spürte er die Eiseskälte im Gesicht. Er zog die warme Mütze über die Ohren, schlug den Anorakkragen hoch und schlüpfte in die Handschuhe. „Tschüß, bis morgen", rief er Max zu und dachte bei sich: „Jetzt muß ich die Abkürzung an der Ziegelei vorbei nehmen."

Eine Weile fuhr er auf der Immenstaader Straße entlang in Richtung Kluftern. Es hatte begonnen, leise und dünn zu schneien. Die Flocken wirbelten ihm ins Gesicht und trafen hin und wieder seine Augen. Die Sicht wurde schlechter. Johannes trat kräftig in die Pedale und erreichte bald die Abzweigung an der Ziegelei. „Gott sei Dank", dachte er, „nun ist es nicht mehr weit." Zwar wurde das Fahren beschwerlicher und die Dunkelheit nahm zu, aber Johannes kannte den Weg genau. Bald war er am Spielplatz und fuhr dann am Wald entlang in Richtung Kluftern. Hier rollte sein Rad fast wie von selbst, denn es ging bergab.

Johannes lehnte sich tief über den Lenker. Da, was war das? Äste knackten – etwas Dunkles huschte über den Weg. Er bremste. Das Rad schleuderte hin und her, und er stürzte seitwärts in den verschneiten Graben.

Starr vor Schreck lag er am Boden – aber es blieb alles still. Kein Geräusch mehr, und auch der Schatten war verschwunden. Vorsichtig krabbelte Johannes aus dem Graben und zerrte sein Fahrrad wieder auf den Weg. Rasch schwang er sich auf den Sattel. Er hatte nur einen Gedanken: „Weg von hier!"

Das verbogene Schutzblech klapperte laut. Aber das kümmerte den Buben nicht. Es war ihm in dieser Dunkelheit unheimlich zumute, und er wollte so schnell wie möglich nach Hause.

Kurz darauf stand er durchgefroren vor der Haustüre. „Kind, wir haben uns schon Sorgen gemacht", sagte der Großvater, als er öffnete. „Bei Dunkelheit solltest du nicht mehr unterwegs sein." Noch ganz außer Atem erzählte Johannes dem Großvater von seinem Mißgeschick.

Beim Abendessen sagte der Großvater schmunzelnd: „Früher hätten die Leute gesagt, der Feldvermesser habe dich in den Graben gestoßen." „Der Feldvermesser?", fragte Johannes erstaunt. „Ja, kennst du die Geschichte nicht, die sich die Alten im Dorf erzählen?", meinte da der Großvater, und er begann zu berichten:

Vor langer Zeit geschahen in dieser Gegend, vor allem aber in der Nähe des Lipbachs, in der Nacht immer wieder seltsame Dinge. Man erzählt sich, daß Leute, die in der Dunkelheit zwischen Ittendorf und Kluftern unterwegs waren – vielleicht kehrten sie von einem Feste heim –, unvermutet eine schauerliche Stimme „Hopp! Hopp!" rufen hörten. Manche wurden von einer unsichtbaren Macht in den Eschengraben gestoßen. Andere berichteten, sie wären die halbe Nacht durch den Wald geirrt, ohne wieder herauszufinden.

Für alle diese Spukgeschichten war nach der Meinung der Leute ein Mann verantwortlich, der zu Anfang des letzten Jahrhunderts in der Umgebung von Kluftern gelebt hatte und ein Feldvermesser gewesen war. Damals gab es nur wenige, die es verstanden, Karten und Pläne anzufertigen und zu lesen. Immer wenn ein Grundstück neu vermessen werden sollte, rief man den Feldvermesser, der die Felder und Waldstücke mit Ketten einer bestimmten Länge ausmaß. Seine Gehilfen spornte er zur Arbeit an mit dem Ruf: „Hopp! Hopp!"

Dieser Feldvermesser muß ein übler und unehrlicher Bursche gewesen sein, denn er begünstigte jene Bauern, die ihm zu seinem Lohn, der sehr gering war, noch Wein, Kirschwasser und Fleisch gaben. Die armen aber, die sich solche Geschenke nicht leisten konnten, benachteiligte er.

Doch nach seinem Tod wurde der habgierige Feldvermesser für seine Unehrlichkeit bestraft. Er konnte im Grab keine Ruhe finden. Jede Nacht zur Geisterstunde zwischen zwölf und eins war er an der Kreuzmark beim Eschenbrückle oder an anderen Stellen des Waldes anzutreffen, wo er mit den ahnungslosen Wanderern seine bösen Scherze trieb.

„Ja, dann war's vielleicht der Feldvermesser, der mich in den Graben gestoßen hat?", fragte Johannes. „Nein, mein Junge!", lachte der Großvater, „meine Geschichte ist ja noch nicht zu Ende. Hör nur zu, wie's weitergeht!"

Eines Nachts war ein Mühlenkutscher mit seinem Fuhrwerk unterwegs von Immenstaad nach Kluftern. Er war ein unerschrockener Mann und kannte die Geschichten, die man sich im Dorf erzählte. „Ich werd's ihm zeigen", dachte er, als er in der Dunkelheit durch den Wald fuhr.

An einer Wegbiegung mußte er die Pferde anhalten, denn ein umgestürzter Baumstamm versperrte ihm den Weg. Der Kutscher sprang vom Bock und machte sich daran, das Hindernis mit ganzer Kraft zu beseitigen. Da hörte er plötzlich eine schauerliche Stimme rufen: „Wo soll ich den Grenzpfahl hinstecken?" Der Kutscher erstarrte zunächst vor Schreck, jetzt hatte er nicht mit dem Spuk gerechnet. Beherzt rief er dann aber in die Dunkelheit: „Wo du ihn hergenommen hast!" Er hörte das Echo seiner Stimme, ein unheimliches Rauschen, und dann war es still. Rasch sprang der Kutscher auf sein Fuhrwerk und lenkte es nach Kluftern. Das war das letzte Mal, daß irgendjemand einen Spuk erlebte! Der Mühlenkutscher hatte den Geist des Feldvermessers erlöst; er hatte ihm auf seine Frage eine Antwort gegeben.

„Gott sei Dank!", rief Johannes, der den Worten des Großvaters gespannt zugehört hatte. „Wie hat der Feldvermesser wohl ausgesehen?", wollte Johannes noch wissen. „Einmal im Jahr kannst du ihn sehen", lachte der Großvater, „dann läuft er mit seiner schwarzen Kette durchs Dorf. Man nennt ihn den Göhrenlöchner, vielleicht deshalb, weil er in der Feldflur Göhren gelebt hat. Zur Fasnetszeit tragen viele Narren hier in Kluftern die Maske und das Häs (Gewand) des Göhrenlöchners, und nun kennst du auch seine Geschichte", schloß der Großvater seine Erzählung.

Quellen und weiterführende Literatur

Allgemeine Literatur

Bibliographien

Einen sehr guten Gesamtüberblick zur regionalgeschichtlichen Literatur – auch für Friedrichshafen mit den Stadtteilen – bietet:

- Elmar L. Kuhn: Literaturverzeichnis zur Regional- und Lokalgeschichte des Bodenseekreises: Eine Auswahlbibliographie nicht nur für den Geschichtsunterricht (Geschichte am See: Materialien zur Regionalgeschichte, 35), 3. ergänzte Aufl. Friedrichshafen 1987.

Eine vollständige Literaturerfassung für Friedrichshafen entsteht seit Herbst 1992 im Stadtarchiv Friedrichshafen; der Abschluß der wichtigsten Erfassungsarbeiten ist Ende 1996 zu erwarten. Teile der thematisch gegliederten EDV-Dateien können von historisch aktiven Einrichtungen und von Schulen bei konkretem Bedarf vorab angefordert werden.

- Friedrichshafener Bibliographie: Literatur zur Geschichte der Stadt und ihrer Industrie sowie zu den Nachbargemeinden Eriskirch, Meckenbeuren, Oberteuringen, Immenstaad, Teil 1: Sachthemen in Friedrichshafen, Teil 2: Topographie in Friedrichshafen, Teil 3: Nachbargemeinden, Teil 4: Personen und Familien in Friedrichshafen und den Randgemeinden, bearb. von Georg Wieland ab 1992 (wird laufend erweitert).

Bezirks- und Kreisbeschreibungen

Wichtige Informationen für die Stadt und ihre Stadtteile bieten die Bezirks- und Kreisbeschreibungen:

- Beschreibung des Oberamts Tettnang, hrsg. von Johann Georg David von Memminger. Stuttgart/Tübingen 1838 (mit detaillierten Gemeindebeschreibungen).
- Beschreibung des Oberamts Tettnang, hrsg. vom K. Statistischen Landesamt, 2. Bearb. Stuttgart 1915 (mit sehr präzisen geschichtlichen Abrissen für den ganzen Bezirk und die einzelnen Gemeinden und Orte).
- Der Kreis Tettnang und die Stadt Friedrichshafen, Hrsg.: Konrad Theiss und Hermann Baumhauer, Redaktion: Manfred Thier (Heimat und Arbeit). Aalen 1969.
- Franz Xaver Conrad Staiger: Meersburg am Bodensee [...]. Konstanz 1861, darin S. 234-246: Kluftern, S. 248-249 und 255-257: Oberraderach.
- Ludwig Heizmann: Die Gemeinden der Amtsbezirke Konstanz, Stockach und Überlingen in historischer Darstellung. München-Kolbermoor 1935.
- Überlingen und der Linzgau am Bodensee, Redaktion: Hans Schleuning (Heimat und Arbeit). Stuttgart/Aalen 1972.
- Der Bodenseekreis, Hrsg.: Bernd Wiedmann, Redaktion: Josef Klocke u. a. (Heimat und Arbeit). Stuttgart/Aalen 1980.

Stadtgeschichte von Friedrichshafen

- Friedrich Adolf Rief: Buchhorner Urkunden und Regesten, in: Schriften des Vereins für Geschichte des Bodensees 18 (1889), Anhang.
- Friedrich Adolf Rief: Die Geschichte des Klosters Hofen und der Reichsstadt Buchhorn, in: Schriften des Vereins für Geschichte des Bodensees 21 (1892), S. 111-163 (1. Teil), und 22 (1893), S. 13-78 (2. Teil).
- Otto Hutter: Buchhorn – Friedrichshafen: Das Werden der Stadt. Friedrichshafen 1939.
- Württembergisches Städtebuch, hrsg. von Erich Keyser (Deutsches Städtebuch, Bd.4/2). Stuttgart 1962, S. 352-356: Friedrichshafen.
- Ulrich Paret: Die Stadt Buchhorn – Friedrichshafen, in: Der Kreis Tettnang und die Stadt Friedrichshafen (s. oben Kreisbeschreibungen), S. 69-98.
- Fritz Maier: Friedrichshafen: Heimatbuch, Band 1: Die Geschichte der Stadt bis zum Beginn des 20.Jahrhunderts. Friedrichshafen 1983. Band 2: Die Geschichte der Stadt vom Beginn des 20. Jahrhunderts bis zum Ende des Zweiten Weltkrieges. Friedrichshafen 1994.
- Von Grethaus und Salzstadel zur Kreissparkasse: Texte und Bilder zur Buchhorn-Friedrichshafener Stadtgeschichte, zusammengestellt von Elmar L. Kuhn zu einer Ausstellung der Kreis-

sparkasse Friedrichshafen (Geschichte am See: Materialien zur Regionalgeschichte, 25). Friedrichshafen 1985 (mit wichtigen Quellen und Informationen zur allgemeinen Stadtgeschichte).
- Buchhorn, Hofen und Friedrichshafen in alten Abbildungen: 1150 Jahre Buchhorn, 900 Jahre Kloster Hofen, hrsg. von der Stadt Friedrichshafen zum Stadtjubiläum 1988/89, Auswahl und Erläuterung der Abbildungen: Georg Wieland. Friedrichshafen 1988.
- Kirchen in Friedrichshafen: Geschichte und Kunst, Hrsg.: Siegfried Tann u. Bernd Wiedmann, Texte von Erich Legler, Fritz Knauß, Elmar L. Kuhn, Leopold Neff, Lutz Tittel, Georg Wieland. Friedrichshafen 1989.
- Lebenszeiten, Lebensorte: Erinnerungen an Friedrichshafen 1900-1930, zusammengetragen und bearbeitet im Arbeitskreis „Erzählte Geschichte" der Städt. Volkshochschule Friedrichshafen, Leitung: Elvira Fesseler (Schriftenreihe des Stadtarchivs Friedrichshafen, Bd.3). Friedrichshafen 1993.
- Elmar L. Kuhn: Friedrichshafen in der Weimarer Republik. Friedrichshafen 1986, mit 24 S. Literaturverzeichnis.
- Michael Holzmann: Friedrichshafen im 3. Reich. (maschinenschriftl.) München 1984.
- Gerhard Raichle u.a.: Die „ausgesperrte" Geschichte: Beiträge zur Geschichte der Arbeiterbewegung und des Nationalsozialismus in Friedrichshafen (Geschichte am See: Materialien zur Regionalgeschichte, 26). Friedrichshafen 1985.

Geschichte der Stadtteile

Neben den oben schon genannten Bezirks- und Kreisbeschreibungen sind an spezieller Literatur zu nennen:

- 1200 Jahre Ailingen. Festschrift, Hrsg.: Gemeinde Ailingen, Redaktion: Sepp Bucher und Peter Schnell. Friedrichshafen 1971.
- Josef Wieland: Geschichte der Gemeinde Ailingen 1825-1936, Hrsg. von der Ortsverwaltung Ailingen, Bearbeitung für den Druck: Georg Wieland. Friedrichshafen-Ailingen 1995.
- Georg Wieland: Der Stadtteil Ettenkirch, in: Festschrift zum 100jährigen Jubiläum der Musikkapelle Ettenkirch, hrsg. vom Musikverein Ettenkirch e.V., Redaktion: Franz Hobe u.a. Schierling 1983, S. 46-63.
- Heinrich Weißmann: Geschichte des Dorfes und der Pfarrei Kluftern im Linzgau. Neudruck der Ausgabe Überlingen 1948, mit Ergänzungen von Wolfgang Sigg und Dieter Holderried. [Friedrichshafen 1984].
- Konrad Beiter: Raderach in Geschichte und Sage, in: Bodensee-Chronik 19 (1930), S. 26-27.
- Dieter Holderried: Die Pfarrei Bergheim in Vergangenheit und Gegenwart, hrsg. vom Kath. Pfarramt Bergheim. Markdorf 1985; darin S. 79-85: Raderach

Quellen und Literatur zu den einzelnen Geschichten

Bisher noch nicht veröffentlichte Quellen sind im nachfolgenden Verzeichnis *kursiv* gesetzt. Das Verzeichnis enthält zur Vertiefung der behandelten Themen auch manche Titel, die bei der Bearbeitung der Geschichten und bei der redaktionellen Durchsicht nicht oder nur am Rande herangezogen worden sind.

Bodan und Mainau beim Eiskönig

- Friedrich Beran: Die Landschaft, in: Der Bodenseekreis (s. allg. Literatur), 1980, S. 29-57.
- Franz Hofmann: Die geologische Vorgeschichte der Bodenseelandschaft, in: Schriften des Vereins für Geschichte des Bodensees 99/100 (1981/82), S. 35-67.
- Adolf Koch: „... tausend Jahre sind wie ein Tag...". Ein Bericht über die Entstehung der Bodenseelandschaft, in: Leben am See: Heimatjahrbuch des Bodenseekreises 4 (1986), S. 85-96.

Pfeilspitze, ein Junge aus der Steinzeit

- Oscar Paret: Württemberg in vor- und frühgeschichtlicher Zeit (Veröffentlichungen der Kom-

mission für geschichtl. Landeskunde in Baden-Württemberg, Reihe B, Bd.17). Stuttgart 1961.
- Hans Reinerth: Pfahlbauten am Bodensee, 12. Aufl. Überlingen 1980.
- Gudrun Schneider: Vor- und Frühgeschichte, in: Der Bodenseekreis (s. allg. Literatur), 1980, S. 93-106.
- Dieter Kapff: Wo das Wasser Balken hat. Die Pfahlbauten. Vom Zauber einer romantischen Idee, in: Leben am See: Heimatjahrbuch des Bodenseekreises 1 (1983), S. 171-181.
- Helmut Schlichtherle und Barbara Wahlster: Archäologie in Seen und Mooren. Den Pfahlbauten auf der Spur. Stuttgart 1986.

Aufregende Ereignisse im Leben des Keltenjungen Bussu-Marus

- Alfred Holder: Alt-celtischer Sprachschatz, 3 Bde. Leipzig 1896-1913.
- Die Kelten in Baden-Württemberg, hrsg. von Kurt Bittel u.a. Stuttgart 1981.
- Dieter Kapff: Die keltischen Viereckschanzen sind den Archäologen nicht mehr heilig, in Schwäbische Heimat 45 (1994), S. 376-389.
- Heiligtümer und Opferkulte der Kelten, hrsg. von Alfred Haffner (Sonderheft der Zeitschrift Archäologie in Deutschland). Stuttgart 1995.

Auf einem römischen Gutshof

- Friedrich Hertlein, Oscar Paret u. Peter Goeßler: Die Römer in Württemberg, 3 Bde. Stuttgart 1928-1932.
- Die Römer in Baden-Württemberg, hrsg. von Philipp Filtzinger u.a. Stuttgart/Aalen 1976.
- Ulrich Paret: Leben am See in römischer Zeit. Wichtige Funde in Friedrichshafen warten noch auf die Wissenschaft, in: Leben am See: Heimatjahrbuch des Bodenseekreises 4 (1986), S. 98-108.

Der Alemanne Otbert und sein Enkel

- Rainer Christlein: Die Alemannen. Archäologie eines lebendigen Volkes. Stuttgart/Aalen 1978.
- Otto Hutter: Buchhorn – Friedrichshafen (s. allg. Literatur), 1939, S. 15-22.
- Fritz Maier: Friedrichshafen. Heimatbuch (s. allg. Literatur), Bd.1, 1983, S. 61-66.

Schreckensbotschaften am Grafenhof

- Michael Borgolte: Buchhorn und die Welfen, in: Zeitschrift für Württ. Landesgeschichte 47 (1988), S. 39-69; behandelt S. 54-60 die Grafen von Buchhorn und die Anfänge ihres Frauenklosters.
- J[oseph] Zeller: Zur ältesten Geschichte des Frauenklosters Hofen (Buchhorn), in: Württembergische Vierteljahrshefte für Landesgeschichte NF 22 (1913), S. 51-75.
- Wilfried Setzler: Hofen, in: Die Benediktinerklöster in Baden-Württemberg, bearb. von Franz Quarthal u.a. (Germania Benedictina, Bd.5). Ottobeuren/Augsburg 1975, S. 303-308.

Buchhorn wird Reichstadt

- Karl Otto Müller: Die oberschwäbischen Reichsstädte. Ihre Entstehung und ältere Verfassung (Darstellungen aus der Württ. Geschichte, Bd.8). Stuttgart 1912, S. 11-29 u. 216-229.
- Elmar L. Kuhn: Von Grethaus und Salzstadel (s. allg. Literatur), 1985, S. 66-78.
- Andrea Bräuning: Zur Entstehung des mittelalterlichen Buchhorn (Friedrichshafen) – Ergebnisse der Vorbereitung des „Archäologischen Stadtkatasters", in: Denkmalpflege in Baden-Württemberg: Nachrichtenblatt des Landesdenkmalamtes 23 (1994), S. 76-88.

Beat Obser rettet Buchhorn

Über den versuchten Raubüberfall liegen widersprüchliche chronikalische Berichte vor. Die glaubwürdigste Überlieferung, eine chronikalische Aufzeichnung aus Buchhorn selbst, ist abgedruckt bei:

- Friedrich Adolf Rief: Buchhorner Urkunden u. Regesten (s. allg. Literatur), 1889, S. XV-XVI.

Andere Versionen finden sich u.a. bei:

- Josef Würdinger: Ritter Hans von Rechberg und der Bund um den See, in: Schriften des Vereins für Geschichte des Bodensees 5 (1874), S. 165-169.

- Paul Beck: Ueberrumplungsversuch der Reichsstadt Buchhorn i.J. 1454, in: Diöcesan-Archiv von Schwaben 19 (1901), S. 112.

Über das Leben Rechbergs berichten am ausführlichsten:

- Hugo Bazing: Streitsache Werdenberg-Sargans gegen Ulm u. Genossen wegen Brechung von Ruggburg, in: Württ. Vierteljahrshefte für Landesgeschichte 9 (1886), S. 253-262 (mit Schilderung des Überfalls auf Manzell 1452).
- Theodor Schön: Hans von Rechberg, in: Litterarische Beilage des Staats-Anzeigers für Württemberg 1895, S. 59-64, 72-79, 92-96, 108-111, 137-144, 156-160 (S. 140-141: Anschlag auf Buchhorn, Zerstörungen in Oberteuringen).
- Erhard Waldemar Kauter: Hans von Rechberg von Hohenrechberg: Ein Zeit- und Lebensbild. Zürich 1903 (S. 82: Anschlag auf Buchhorn).

Hintergrundinformationen zum Niedergang des Adels im Spätmittelalter bietet:

- ‚Raubritter' oder ‚Rechtschaffene vom Adel?': Aspekte von Politik, Friede und Recht im späten Mittelalter, in: Arbeitsgemeinschaft für geschichtl. Landeskunde am Oberrhein e.V., 339. Protokoll über die Gochsheimer Arbeitstagung vom 21.-23.10.1994. Beiträge von Michael Rothmann u.a.

Aufruhr in Eriskirch

- Max Messerschmid: Wie Eriskirch an die Reichsstadt Buchhorn kam, in: Mitteilungsblatt Eriskirch Nr.15 vom 22.4.1977 bis Nr.27 vom 15.7.1977.
- Elmar L. Kuhn: Von Grethaus und Salzstadel (s. allg. Literatur), 1985, S. 93-109.
- Elmar L. Kuhn: Ein Dorf und seine Kirche. Herbst des Mittelalters am Bodensee, in: Die Pfarrkirche Eriskirch. Spätgotik am Bodensee, hrsg. von Elmar L. Kuhn u.a. (Kunst am See 17). Friedrichshafen 1986, S. 107-113.

Das verschwundene Silberfäßlein

- *Das Buchhorner Gredbuch Hemmerlis von 1486/87 blieb durch den Rechtsstreit um das verschwundene Silberfäßlein im Stadtarchiv Augsburg als Beweismittel erhalten. Im Stadtarchiv Friedrichshafen befindet sich eine vollständige Reproduktion, darin u.a. Blatt 73-77, 85-87, 127-128 Aufzeichnungen zum Rechtsstreit Hemmerlis.*

Das Gredbuch Hemmerlis ist ausgewertet bei:

- Max Messerschmid: Das Wirtschaftsleben der Reichsstadt Buchhorn, in: Schriften des Vereins für Geschichte des Bodensees 97 (1979), S. 73-129; darin S. 86-124 Auswertung des Buchhorner Gredbuchs von 1486/87, S. 123-124 Bericht vom verlorenen Silberfäßlein.
- Elmar L. Kuhn: Von Grethaus und Salzstadel zur Kreissparkasse (s. allg. Literatur).

Der Bauernkrieg am Bodensee

- Adolf Waas: Die Bauern im Kampf um Gerechtigkeit 1300-1525. München 1964, 2. Aufl. 1976; enthält vollständige Faksimiledrucke der 12 Artikel vom März 1525 (nach einem Ulmer Druck von 1525) und des Weingartner Vertrags vom 22.4.1525 (nach einem Augsburger Druck von 1525).
- Elmar L. Kuhn: Der Bermatinger Haufen [im Bauernkrieg], in: Bermatingen: Heimatbuch zur 1200-Jahr-Feier 1979, hrsg. von Erika Dillmann. Konstanz 1979, S. 81-104.
- Der Seehaufen im Bauernkrieg: Eine Quellensammlung, zusammengestellt u. hrsg. von Hildegard Kuhn-Oechsle u. Elmar L. Kuhn (Leben am See: Materialien zur Regionalgeschichte, 11), 2. Aufl. Friedrichshafen 1982.
- Elmar L. Kuhn: Der Bauernkrieg am See: Der Seehaufen, in: Seegründe: Beiträge zur Geschichte des Bodenseeraumes, hrsg. von Dieter Schott u. Werner Trapp. Weingarten 1984, S. 19-52.
- Erhebung des gemeinen Mannes 1524/25: Südwestdeutschland, Franken, Thüringen (Die deutsche Frage im Unterricht, Reihe für Politik, Geschichte, Deutsch, Heft 3), Hrsg.: Landeszentrale für politische Bildung Baden-Württemberg. Stuttgart 1984.
- Der Bauernkrieg im südlichen Oberschwaben: Materialien zu einer Unterrichtseinheit, zusammengestellt und hrsg. von Günther Biegert u.a. (Geschichte am See: Materialien zur Regional-

geschichte, 34). Friedrichshafen/Ravensburg 1986.
unv. Nachdruck in: Der Bauernkrieg im südlichen Oberschwaben (Materialien zur Landeskunde und Landesgeschichte, Heft 4), Hrsg.: Oberschulamt Tübingen. 1986.

Im Sommer 1584: Buchhorn brennt

Eine Geschichte des Buchhorner Spitals ist noch nicht geschrieben. Grundinformationen bieten jedoch:

- Otto Hutter: Buchhorn – Friedrichshafen (s. allg. Literatur), 1939, S. 118-119.
- Fritz Maier: Friedrichshafen. Heimatbuch (s. allg. Literatur), Bd.1, 1983, S. 122-123.
- Max Messerschmid: Spital von Buchhorn wird im Jahr 1427 erstmals urkundlich erwähnt: Altersheim für Kranke und Bedürftige – Von Badern, Chirurgen und Hebammen – 1892 wurde das Karl-Olga-Krankenhaus gebaut, in: Schwäbische Zeitung, Ausg. Friedrichshafen, Nr.127 vom 6.6.1975.
- fm [Fritz Maier]: Das Spital vom „Heiligen Geist" und das Alte Pfarrhaus: Zeugen der Jahrhunderte – Ein Kapitel Buchhorner und Friedrichshafener Stadtgeschichte, in: Schwäbische Zeitung, Ausg. Friedrichshafen, Nr.168 vom 25.7.1987.

Zu den Stadtbränden in Buchhorn, so auch zum Brand der Spitalecke im Jahr 1584, gibt es keine spezielle Veröffentlichung. Einzelheiten über die zerstörten Häuser und die Lage des Hauses von Steinmetz Sailer finden sich bei:

- Friedrich Adolf Rief: Buchhorner Urkunden und Regesten (s. allg. Literatur), 1889, S. 59.
- Ludwig Baur: Geschichte des kirchl. Pfründewesens in der Reichsstadt Buchhorn, in: Freiburger Diözesan-Archiv 54 (1926), S. 110-111.

Zum Feuerschutz in Buchhorn informieren:

- Friedrich Adolf Rief: Die Geschichte des Klosters Hofen und der Reichsstadt Buchhorn (s. allg. Literatur), 1892/93, 1. Teil, S. 129-130 (Wächter), 154-155 (Feuerschutz).
- Otto Hutter: Buchhorn – Friedrichshafen (s. allg. Literatur), 1939, S. 115-118: Die Torwache, Feuerlöschordnung.
- Festschrift zum 125jährigen Jubiläum der Freiwilligen Feuerwehr Friedrichshafen, Redaktion: Peter Buck. Friedrichshafen 1984, S.28-32: Brandschutz einst und jetzt.

Die Schweden in „Gustavsburg"

- Max Messerschmid: Buchhorn – Hofen im Dreißigjährigen Krieg, in: Schriften des Vereins für Geschichte des Bodensees 89 (1971), S. 23-47.
- Georg Wieland: Eine Steuerliste als Zeugnis aus dem Dreißigjährigen Krieg. Kriegsbedingte Veränderungen in vier Ämtern der Landvogtei Schwaben (Fischbach, Dürnast, Wolketsweiler und Ringgenweiler), in: Schriften des Vereins für Geschichte des Bodensees 98 (1980), S. 13-110.

Ein großer Tag für die Hofener

- Wilhelm Ritter: Schloß Friedrichshafen, das ehemalige Kloster Buchhorn-Hofen. Friedrichshafen 1935 (enthält eine detaillierte Aufarbeitung der Baugeschichte).
- Wilfried Setzler: Hofen, in: Die Benediktinerklöster in Baden-Württemberg, bearb. von Franz Quarthal u.a. (Germania Benedictina, Bd.5). Ottobeuren/Augsburg 1975, S. 303-308.
- Klaus Wendler: Die Schloßkirche zu Friedrichshafen a.B. (Schnell-Kunstführer Nr.1089), 2. Aufl. München/Zürich 1983.
- Georg Wieland: Geschichte und Ausstrahlung der Schloßkirche: Vortrag im Rahmen der Jubiläumsveranstaltungen 300 Jahre Grundsteinlegung der Schloßkirche; im Graf-Zeppelin-Haus Friedrichshafen […] 30.6.1995. vervielf. 8 Bll.

Das schlimme Ende einer Wallfahrt nach Eriskirch

- *Kath. Stadtpfarramt St. Gallus in Tettnang, Sterberegister Bd.1 (1637-1747); hierzu Abschrift von Alex Frick: Die Totenbücher der Kathol. Pfarrei Tettnang von 1700 bis 1789 (maschinenschriftl.), 1980, im Kreisarchiv Friedrichshafen.*

– Petra Sachs: Unsere Liebe Frau von Eriskirch. Zur Pfarrei und Wallfahrtsgeschichte, in: Die Pfarrkirche Eriskirch. Spätgotik am Bodensee, hrsg. von Elmar L. Kuhn u.a. (Kunst am See 17). Friedrichshafen 1986, S. 90-106.

Eine aufregende Reiterprozession

– Gebräuche im ehemaligen Kloster Weißenau, hrsg. von Markus Rist, in: Schriften des Vereins für Geschichte des Bodensees 49 (1921), S. 101-176; darin S. 129-133 Schilderung der jährlich am Fest Kreuzauffindung (3.5.) stattfindenden Heilig-Blut-Prozession von Weißenau nach Manzell nach der 1640 von Abt Johann Christoph Härtlin abgefaßten Handschrift „Consuetudines Monasterii Minoraugiensis ...".
– e.: Die Weissenauer hl. Blutprozessionen nach St. Christina und Manzell, in: Diözesanarchiv von Schwaben 24 (1906), S. 65-71; Schilderung nach der vom Weißenauer Sekretär Franz Reinhard 1711 verfaßten Handschrift „Historia de s. Christi sanguine Minoraugiensi".
– Gebhard Spahr: Geschichte der Weißenauer Heiligblutreliquie, in: Weissenau in Geschichte und Gegenwart: Festschrift zur 700-Jahrfeier der Übergabe der Heiligblutreliquie durch Rudolf von Habsburg an die Prämonstratenserabtei Weißenau, hrsg. von Peter Eitel. Sigmaringen 1983, S. 59-88.
– Georg Wieland: Seelsorge im Zeichen des Doppelkreuzes: Die Pfarreien des Stifts Weißenau, in: 850 Jahre Prämonstratenserabtei Weißenau: 1145-1995, hrsg. von Helmut Binder. Sigmaringen 1995, S. 235-275.

„Im Auftrag des Kurfürsten!" Bayerisches Salz bringt unverhofften Wohlstand nach Buchhorn

– Max Messerschmid: 200 Jahre Salzstadel in Friedrichshafen, in: Schriften des Vereins für Geschichte des Bodensees 79 (1961), S. 52-106.
– Elmar L. Kuhn: Von Grethaus und Salzstadel zur Kreissparkasse (s. allg. Literatur).
– Lorenz Maier: Salzstraßen in Bayern, in: Salz macht Geschichte: Aufsätze, hrsg. von Manfred Treml, Wolfgang Jahn u. Evamaria Brockhoff (Veröffentlichungen zur Bayerischen Geschichte und Kultur, 29). Augsburg 1995, S. 280-287.
– Jean-Claude Hocquet: Der bayerische Salzhandel mit der Schweiz, ebd., S. 323-331.
– Eberhard Knapp: Zustände und Begebenheiten im letzten Halbjahrhundert der Reichsstadt Buchhorn, 1. Hälfte: 1752 bis 1773, in: Schriften des Vereins für Geschichte des Bodensees 34 (1905), S. 3-17; der 2. Teil (1773-1802) ist nicht erschienen.
– Johannes Leidenfrost: Die Lastsegelschiffe des Bodensees: Ein Beitrag zur Schiffahrtsgeschichte (Bodensee-Bibliothek, Bd.11). Sigmaringen 1975.

Buchhorner Wein

– Gebhard Spahr: Wein und Weinbau im Bodenseeraum: Geschichte · Kunst · Kultur; Vortrag auf der Veranstaltung der Gesellschaft für Geschichte des Weines am 25. April 1970 in Überlingen (Schriften zur Weingeschichte, Nr.23). Wiesbaden (1970).
– Gebhard Spahr: Geschichte des Weinbaus im Bodenseeraum, in: Schriften des Vereins für Geschichte des Bodensees 99/100 (1981/82), S. 189-229.
– Noch fünfzehn Torkel im Bodenseeraum, aufgestöbert und beschrieben von Willy Stingl, Hrsg.: Kur- und Verkehrsverwaltung Meersburg. Singen 1981.
– Ulrich Sautter: Weine & Winzer: Region Bodensee, mit Texten von Erika Dillmann. Konstanz 1995.
– *Das schöne Herbstlied „Bunt sind schon die Wälder" wurde 1782 vom Graubündner Johann Gaudenz von Salis-Seewis (1762-1834) gedichtet und 1799 vom Ostpreußen Johann Friedrich Reichardt (1752-1814) vertont.*

Unheil oder Segen?

– Eberhard Gönner und Max Miller: Die Landvogtei Schwaben, in: Vorderösterreich: Eine geschichtliche Landeskunde, 2., erweiterte u. verbesserte Aufl., hrsg. von Friedrich Metz,

Freiburg 1967, S. 683-704; im gleichen Band mehrere Beiträge zu den Reformen unter Maria Theresia und Joseph II.
- Franz Quarthal und Georg Wieland, in Zusammenarbeit mit Birgit Dürr: Die Behördenorganisation Vorderösterreichs von 1753 bis 1805 und die Beamten in Verwaltung, Justiz und Unterrichtswesen (Veröffentlichung des Alemannischen Instituts Freiburg i.Br., Nr.43), Bühl/ Baden 1977, bes. S. 377-386 (Oberamt der Landvogtei Schwaben in Altdorf) u. S. 488-497 (Zollämter in der Landvogtei Schwaben).
- Hans Magenschab: Josef II.: Revolutionär von Gottes Gnaden. 4. unveränd. Aufl. Graz 1989.
- Lorenz Mikoletzky: Kaiser Joseph II.: Herrscher zwischen den Zeiten, hrsg. von Günther Franz. (Persönlichkeiten und Geschichte, Biographische Reihe, 107). Göttingen 1990.
- Der Josephinismus: Bedeutung, Einflüsse und Wirkungen, hrsg. von Helmut Reinalter (Schriftenreihe der internat. Forschungsstelle ‚Demokratische Bewegungen in Mitteleuropa 1770-1850', 9). Frankfurt 1993.
- Georg Wieland: Bauernbefreiung in Baden und Württemberg: Die Umsetzung der Agrargesetze in die Praxis in Beispielen aus dem Bodenseeraum, in: Seegründe: Beiträge zur Geschichte des Bodenseeraumes, hrsg. von Dieter Schott u. Werner Trapp. Weingarten 1984, S. 73-102. ausführlichere Fassung: Wandel im ländlichen Raum vom 18. zum 19. Jahrhundert: Von festen Herrschaftsbindungen und Wirtschaftsordnungen zur freien Marktwirtschaft, in: Geschichtstreff: Beiträge zur Geschichte der Bodenseeregion, hrsg. von Oswald Burger u. Elmar L. Kuhn (Geschichte am See: Materialien zur Regionalgeschichte, 30). Friedrichshafen 1986, S. 111-212.

Antonia wird Dienerin im Kloster Löwental

- Matthias Erzberger: Die Säkularisation in Württemberg von 1802-1810: Ihr Verlauf und ihre Nachwirkungen. Stuttgart 1902 (unv. Neudruck Aalen 1974).
- Karl Otto Müller: Das Kloster Löwental zur Zeit seiner Aufhebung (1806), in: Schriften des Vereins für Geschichte des Bodensees 61 (1934), S. 80-127.
- Max Messerschmid: Der Ausverkauf des Klosters Löwental, in: Schriften des Vereins für Geschichte des Bodensees 82 (1964), S. 128-137.
- Georg Wieland: Katholische Pfarreien, Kirchenstellen und Kirchengebäude im heutigen Stadtgebiet Friedrichshafen: Dokumentation von den Anfängen bis zur Gegenwart, in: Kirchen in Friedrichshafen (s. allg. Literatur), 1989, S. 231-396; darin S. 348-355, 391: Ehemalige Pfarrei St. Johannes der Täufer und der Evangelist in Löwental.

Wie aus Buchhorn und Hofen Friedrichshafen wurde

- Max Messerschmid: 175 Jahre Friedrichshafen: Buchhorn unter bayerischer Verwaltung. Wie aus Buchhorn und Hofen Friedrichshafen wurde (Schriftenreihe des Stadtarchivs Friedrichshafen, Bd.1). Friedrichshafen 1986.
- Georg Wieland: Von „Friedrichs-Hofen" zu „Friedrichshafen": Vorgeschichte und Folgen der historischen Entscheidung des Königs Friedrich von Württemberg, in: Leben am See: Heimatjahrbuch des Bodenseekreises 5 (1987), S. 321-329.

Das Dampfboot „Wilhelm". Beginn der Dampfschiffahrt auf dem Bodensee

- Karl Heinz Burmeister: Vom Lastschiff zum Lustschiff: Zur Geschichte der Schiffahrt auf dem Bodensee. Konstanz 1992.
- Eberhard Graf Zeppelin: Geschichte der Dampfschifffahrt auf dem Bodensee 1824-1884, in: Schriften des Vereins für Geschichte des Bodensees 14 (1885), S. 39-79.
- Friedrich Pernwerth von Bärnstein: Die Dampfschiffahrt auf dem Bodensee und ihre geschichtliche Entwicklung, 2 Bde. Leipzig 1905, 1906.
- Werner Deppert: Mit Dampfmaschine und Schaufelrad: Die Dampfschiffahrt auf dem Bodensee 1817-1967. Konstanz 1975.

– Max Messerschmid: Das Dampfboot „Wilhelm" 1824-1848. Beginn der Dampfschiffahrt auf dem Bodensee, in: Schriften des Vereins für Geschichte des Bodensees 93 (1975), S. 119-147.
– Elmar L. Kuhn: Schiffahrt und Verkehr im württembergischen Bodenseegebiet im 19. Jahrhundert, in: Zeitschrift für Württ. Landesgeschichte 49 (1990), S. 269-280.

„Auf de schwäb'sche Eisebahne" von Friedrichshafen nach Ravensburg

– Intelligenz-Blatt für das königl. Oberamt Ravensburg und die Umgegend, Jahrgänge 1846 und 1847.
– Albert Mühl und Kurt Seidel: Die Württembergischen Staatseisenbahnen. Stuttgart/Aalen 1970, S. 43-44: Bau der Südbahn, S. 125 u. 186: Maffei-Lokomotiven.
– Kurt Seidel: Als die Bahn an den See kam: Eine eisenbahngeschichtliche Betrachtung zur Strecke Ravensburg-Friedrichshafen, in: Leben am See: Heimatjahrbuch des Bodenseekreises 6 (1988), S. 315-322.

Empörung in Kluftern

– Rainer Wirtz: Die Revolution im Seekreis 1848/49, in: Seegründe: Beiträge zur Geschichte des Bodenseeraumes, hrsg. von Dieter Schott u. Werner Trapp. Weingarten 1984, S. 103-127.
– Citovics, Tamara: Zwei Geistliche in der Revolution von 1848/49: Kaplan Pfahler aus Tettnang und Pfarrer Uhlmann aus Kluftern (Geschichte am See: Materialien zur Regionalgeschichte, 7), 2. erw. Aufl. Friedrichshafen 1985;
gekürzt auch in: Geschichtstreff: Beiträge zur Geschichte der Bodenseeregion, hrsg. von Oswald Burger u. Elmar L. Kuhn (Geschichte am See: Materialien zur Regionalgeschichte, 30). Friedrichshafen 1986, S. 501-521.
– Bernd Caesar: Johann Baptist Uhlmann: Klufterner Pfarrer in den Revolutionsjahren 1848 und 1849. Hrsg.: Arbeitskreis Heimatgeschichte Kluftern e.V. (Klufterner Hefte, Nr.1). Engen 1995.

Die Friedrichshafener Ereignisse der Revolutionsjahre 1848/49 und das Schicksal des vom Oktober 1848 bis Juli 1850 auf Hohenasperg inhaftierten Seeblatt-Redakteurs und Republikaners Carl Ignaz Schabet behandeln:

– Max Messerschmid: Das Revolutionsjahr 1848 in Friedrichshafen und im Oberamtsbezirk Tettnang: Der Jahresablauf; Die Bürgerwehr, Aus Anlaß der 30. Jubiläumsmesse hrsg. von der Internationalen Bodensee-Messe Friedrichshafen GmbH. Friedrichshafen 1979.
– Fritz Maier und Georg Wieland: 150 Jahre Zeitung in Friedrichshafen: 1844-1994 150 Jahre Friedrichshafener Heimatzeitung; 1945-1995 50 Jahre Schwäbische Zeitung. Friedrichshafen 1995; darin S. 9-34 zur Gründung und Entwicklung der Zeitung unter Carl Ignaz Schabet.

Geschichten über König Wilhelm II.

Die erzählten Episoden aus Friedrichshafen und Oberraderach sind sicher verbürgt:

– *Überlieferung in der Familie Ernst Dietrich, Friedrichshafen (So ein Prachtstück).*
– *Erinnerungen von Frau Mathilde Schwarz († 1986), Friedrichshafen (Dr König kauft ei).*
– Konrad Beiter: Raderach in Geschichte und Sage, in: Bodensee-Chronik 19 (1930), S. 26-27 (Das Huhn, das goldene Eier legte).

Weitere Anekdoten und Hintergrundinformationen zu dem volkstümlichen König finden sich bei:

– Eberhard Gönner: König Wilhelm II. (1891-1921), in: 900 Jahre Haus Württemberg: Leben und Leistung für Land und Volk, hrsg. von Robert Uhland. Stuttgart 1984, S. 341-362, mit Literaturhinweisen S. 745-746.
– Anni Willmann: Der gelernte König: Wilhelm II. von Württemberg; Ein Porträt in Geschichten. Stuttgart 1993.

Wie die Fischbacher die Bodenseegürtelbahn feierten

– *Schilderung der Bahneröffnung in Fischbach am 2.10.1901, „von ame Seehaase, der zueglueget hot,*

wie d'Fischbacher g'festet hond", im heimatgeschichtlichen Nachlaß von Josef Störkle (†), Fischbach.
- Die Bodenseegürtelbahn auf badischem Gebiet. Karlsruhe 1901.
- Johann Hansing: Die Eisenbahnen in Baden: Ein Beitrag zur Verkehrs- und Wirtschaftsgeographie (Stuttgarter Geographische Studien, Reihe A, Heft 16/17). Stuttgart 1929.
- Erster Dampfzug Überlingen – Friedrichshafen, in: Schwäbische Zeitung, Ausg. Friedrichshafen, Nr. 231 vom 6.10.1961.
- Max Messerschmid: Bodensee-Gürtelbahn vor 75 Jahren vollendet, in: Schwäbische Zeitung, Ausg. Friedrichshafen, Nr. 228-229 vom 1. – 2.10. 1976.

„Kindermarkt" in Friedrichshafen

- Otto Uhlig: Die Schwabenkinder aus Tirol und Vorarlberg (Tiroler Wirtschaftsstudien, 34. Folge), 2.Aufl. Innsbruck und Stuttgart 1983.
- Otto Uhlig: Bis 1915: Markt der Schwabenkinder: Ein Spiegel sozialer Not in den Berggebieten, in: Leben am See: Heimatjahrbuch des Bodenseekreises 2 (1984), S. 245-254.
- Othmar Franz Lang: Hungerweg: Von Tirol zum Kindermarkt in Ravensburg. München 1989; Taschenbuchausgabe (dtv junior) ebd. 1993.
- Norbert Steinhauser: Die „verkauften Kinder": Auf dem Kindermarkt in Friedrichshafen (Die Welt der Schule im Museum), hrsg. vom Oberschwäb. Schulmuseum Friedrichshafen. Friedrichshafen 1985.

Der Aufstieg des ersten „Zeppelins"

- Elmar L. Kuhn: Die Industrialisierung des Bodenseeraums: Früher Start, goldene Zeiten und Sackgassen, Dritte-Welt-Szenarios und Rüstungskonjunkturen, in: Seegründe: Beiträge zur Geschichte des Bodenseeraumes, hrsg. von Dieter Schott und Werner Trapp. Weingarten 1984, S. 167-209.
- LZ 1. Das erste Luftschiff des Grafen Zeppelin. Eine Dokumentation, bearb. von Hans Georg Knäusel, Hrsg.: Luftschiffbau Zeppelin GmbH und Zeppelin-Metallwerke GmbH. Friedrichshafen/Garching 1975.
- Hans G. Knäusel: LZ 1: Der erste Zeppelin; Geschichte einer Idee 1874-1908. Bonn 1985.
- Hans von Schiller: Zeppelin: Wegbereiter des Weltluftverkehrs. Bad Godesberg (1966).
- Zeppelin: Ein bedeutendes Kapitel aus der Geschichte der Luftfahrt, hrsg. von der Zeppelin-Metallwerke GmbH, 5. Aufl. Friedrichshafen 1983.
- Lutz Tittel: Graf Zeppelin – Leben und Werk (Schriften zur Geschichte der Zeppelin-Luftschiffahrt, Nr.3). Friedrichshafen 1985.

Das Unglück von Echterdingen

- Lutz Tittel: Die Fahrten des LZ 4 1908 (Schriften zur Geschichte der Zeppelin-Luftschiffahrt, Nr.1). Friedrichshafen 1983.

Wir wollen einig sein und stark !

- Gerhard Raichle: Die Arbeiterbewegung in Friedrichshafen, in: Die „ausgesperrte" Geschichte (s. allg. Literatur), 1985, S. 7-24.
- Martin Schmolze: Der 1. Mai in Friedrichshafen 1908-1932, ebd., S. 25-124.
- Elmar L. Kuhn: Von der Revolution zum „deutschen Oktober": Arbeiter-Bewegung in Friedrichshafen 1918 bis 1923, ebd., S. 125-254.
- Hendrik Riemer: 75 Jahre Metallarbeitergewerkschaft in Friedrichshafen: Von der Gründung der DMV-Geschäftsstelle 1910 bis zum Streik in der Zahnradfabrik AG 1959, masch. vervielfältigt, 1987.
- Wolfgang Glaeser: Metaller am See: Zur Geschichte der Gewerkschaften in Oberschwaben bis 1933, hrsg. von der IG Metall Verwaltungsstelle Friedrichshafen. Freiburg 1993; bes. S. 49-54: Die Anfänge der Gewerkschaftsbewegung in Friedrichshafen.
- Die Anfänge des Christlichen Metallarbeiterverbands in Friedrichshafen (1912/14): Aus den Erinnerungen des LZ-Arbeiters August Maier, eingeleitet und bearbeitet von Georg Wieland, erscheint in: Schriften des Vereins für Geschichte des Bodensees 114 (1996).

Das doppelte Dienstmädchen

Die geschilderte Episode ist verbürgt in folgenden Zeitungsberichten:
- Seeblatt, Nr.120 vom 24.5.1916.
- Lindauer Tagblatt für Stadt und Land, Nr.122 vom 26.5.1916.

Hintergrundinformationen zur Ernährungslage im Ersten Weltkrieg vermittelt:
- Raimund Hug: „Friedrichshafen am Bodensee grüßt Karl Liebknecht in Berlin ?“: Lebensbedingungen und politischer Protest in einer süddeutschen Stadtgemeinde 1914-1918 unter besonderer Berücksichtigung der Lebensmittelversorgung und ihrer sozialen Perzeption durch eine bürgerliche Zeitung [Seeblatt]; Ein lokalhistorischer Beitrag zur Sozialgeschichte des Ersten Weltkrieges. Mag.arb. Universität Konstanz, 1990.

Wir wollen Brot und Frieden!

- Elmar L. Kuhn: Industrialisierung in Oberschwaben und am Bodensee (Geschichte am See: Materialien zur Regionalgeschichte, 24), 2 Bde. Friedrichshafen 1984; in Bd.1, S. 315-431: Zeppelin und die Folgen: Die Industrialisierung der Stadt Friedrichshafen, S. 408-421: Die Revolution.
- Elmar L. Kuhn: Von der Revolution zum „deutschen Oktober“: Arbeiter-Bewegung in Friedrichshafen 1918 bis 1923, in: Die „ausgesperrte“ Geschichte (s. allg. Literatur), 1985, S. 125-255.
- Elmar L. Kuhn: „Von den Zinnen des Schlosses weht das Banner der Revolution“: Vor 70 Jahren: Revolution in Friedrichshafen, in: Leben am See: Heimatjahrbuch des Bodenseekreises 6 (1988), S. 342-352.

Im alten Schulhaus

- *Erinnerungen von Maria Stopper, Friedrichshafen, und anderen älteren Mitbürgern.*
- Gisela Frey: Das alte Schulhaus (Die Welt der Schule im Museum), hrsg. vom Oberschwäb. Schulmuseum Friedrichshafen. Friedrichshafen 1985.
- Gisela Frey: Schulfreud, Schulleid durch alle Zeit: Geschichten und Bilder zum Schulmuseum Friedrichshafen; Allen großen und kleinen Kindern gewidmet. Friedrichshafen 1992.

Aufregung um eine Schulprüfung

- *Erinnerungen und Auskünfte verschiedener älterer Personen aus Friedrichshafen (Lehrer und ehemalige Schüler), erfragt und zu einer einzigen Prüfungsgeschichte zusammengefaßt von Gisela Frey.*

Im Luftschiff „Graf Zeppelin“ rund um die Welt

- Max Geisenheyner: Mit „Graf Zeppelin“ um die Welt: Ein Bildbuch [zur Weltfahrt 1929]. Frankfurt 1929.
- Hugo Eckener: Im Zeppelin über Länder und Meere: Erlebnisse und Erinnerungen. Flensburg 1949.
- Erich Rackwitz: Reisen und Abenteuer im Zeppelin: Nach Erlebnissen und Erinnerungen des Dr. Hugo Eckener. 2. verb. Aufl. Neuenhage bei Berlin 1958; schildert S. 125-170 die Weltfahrt vom 2.-22.8.1929.
- Douglas Botting: Die Luftschiffe (Geschichte der Luftfahrt). Amsterdam 1981.

Der standhafte Bürgermeister

- *Auskünfte von Dr. Walter Schnitzler und Elisabeth Wieland geb. Schnitzler, Friedrichshafen, 1986.*
- Flaggenstreit trübte die Einweihung des Hafenbahnhofs: Das Hakenkreuz überschattete das festliche Ereignis am 7. März 1933 – Trübe Ahnungen, in: Schwäbische Zeitung, Ausg. Friedrichshafen, Nr.55 vom 7.3.1958.
- Fritz Maier und Michael Holzmann: Wie die Nationalsozialisten in Friedrichshafen „ans Ruder“ kamen, in: Schwäbische Zeitung, Ausg. Friedrichshafen, Nr.23 vom 29.1.1983.
- Vor 50 Jahren eingeweiht: Der neue Hafenbahnhof: Wahrzeichen und Baudenkmal der Stadt, Nachdruck einer Gedenkschrift des Friedrichshafener „Seeblatts“ vom 4.3.1933 mit einer historischen Ergänzung. Friedrichshafen 1983.

– Raimund Hug-Biegelmann: Vor 60 Jahren begann die nationalsozialistische Gewaltherrschaft: Als das Friedrichshafener Rathaus braun wurde; Ein Rückblick auf die Jahre 1923 bis 1933, in: Schwäbische Zeitung, Ausg. Friedrichshafen, Nr.24 vom 30.1.1993.

Über Schnitzlers Amtszeit als Stadtschultheiß und Bürgermeister (1920-1933) informieren:

– Mit dem Schicksal der Stadt aufs engste verbunden: Zum Tode von Altbürgermeister Johannes Schnitzler, Ehrenbürger der Stadt, in: Schwäbische Zeitung, Ausg. Friedrichshafen, Nr.179 vom 6.8.1957.
– Elmar L. Kuhn: Kommunalpolitik in Friedrichshafen in den 20er Jahren, in: Geschichtstreff: Beiträge zur Geschichte der Bodenseeregion, hrsg. von Oswald Burger u. Elmar L. Kuhn (Geschichte am See, 30). Friedrichshafen 1986, S. 578-624.

Im Kampf gegen die Lüge

– Deutsche Widerstandskämpfer 1933-1945: Biographien und Briefe, [Hrsg.:] Institut für Marxismus-Leninismus beim Zentralkomitee der SED, Biographien von Luise Kraushaar unter Mitarb. von Hans Drees u.a., Redaktion: Karl Heinz Biernat u.a. Berlin 1970, Bd.1, S. 229-231: Fridolin Endrass.
– Ehrenbuch der Opfer von Berlin-Plötzensee. Berlin 1974, S. 96: Fridolin Endraß.
– Helmut Esters und Hans Pelgers: Gewerkschafter im Widerstand. Bonn 1983, S. 77-84: Die Untergrundarbeit der Molt-Gruppe im süddeutschen Raum.
– Gerhard Raichle: Fridolin Endraß, in: Die „ausgesperrte" Geschichte (s. allg. Literatur), 1985, S. 256-273, mit Literaturverzeichnis.
– Hermann Wichers: Deutsche Sozialisten im Schweizer Exil 1933-1940. Zürich 1994.
– Walter Wagner: Der Volksgerichtshof im nationalsozialistischen Staat (Quellen und Darstellungen zur Zeitgeschichte, 16/3). Stuttgart 1974; 2. Aufl. München (in Vorbereitung).
– Hannsjoachim W. Koch: Volksgerichtshof: Politische Justiz im Dritten Reich. München 1987.
– Fritz Endemann: Nationalsozialistische Strafjustiz in Stuttgart, in: Schwäbische Heimat 42 (1991), S. 303-313.
– Widerstand als „Hochverrat" 1933-1945: Die Verfahren gegen deutsche Reichsangehörige vor dem Reichsgericht, dem Volksgerichtshof und dem Reichskriegsgericht; Mikrofiche-Edition, hrsg. vom Institut für Zeitgeschichte München, bearb. von Jürgen Zarusky u. Hartmut Mehringer. München 1994, mit 2 Registerbänden.

Zur zweiten in Friedrichshafen, insbesondere bei der Firma Dornier, aktiven Widerstandsgruppe (mit Artur Göritz in Manzell, Josef Steidle und Lilo Herrmann in Stuttgart) liegen weitere Veröffentlichungen vor. Josef Steidle (1908-1938) war gebürtig aus St. Georgen bei Friedrichshafen.

Der Apfel als Briefumschlag

Mit dem KZ-Außenlager Friedrichshafen/Raderach befassen sich folgende Darstellungen:

– Gerlinde Helms und Sonja Glatthaar: Der Zweite Weltkrieg in Friedrichshafen am Bodensee, Schülerwettbewerbsarbeit um den Preis des Bundespräsidenten (maschinenschriftl.), 1982/83, S. 6-7 u. 26: Zeugenaussage von Wladyslaw Hudy [aufgenommen in Krakau 1969].
– Oswald Burger: KZ-Häftlinge im Dienst der Rüstungsindustrie in Friedrichshafen, in: Südschwäbische Nachrichten Nr.4/1983, S. 9-11.
– Oswald Burger: Liebe im KZ: Aktenspuren der Unmenschlichkeit, in: Leben am See: Heimatjahrbuch des Bodenseekreises 4 (1986), S. 270-272.
– Adam Puntschart: Die Heimat ist weit ..., 1983 (s. unten Sklavenarbeit beim Stollenbau); darin S. 113-121: Georg Grünberg: Eine SS-Karriere.
– Willy Müller: Im KZ in Friedrichshafen und Überlingen: Autobiographische Notizen, in: Die „ausgesperrte" Geschichte (s. allg. Literatur), 1985, S. 275-281.
– Raimund Hug-Biegelmann: Friedrichshafen und die Wunderwaffe V 2: Das ehemalige Wehrmachtsgelände bei Raderach und die Luftschiffbau Zeppelin GmbH, in: Leben am See: Das Jahrbuch des Bodenseekreises 11 (1994),

S. 302-316; behandelt S. 313-314 auch das KZ Friedrichshafen/Raderach.
- Manfred Dieterle-Jöchle: Vergangenheitsbewältigung in der Provinz: Die Nachgeschichte der KZ-Außenlager von Dachau in Friedrichshafen und Überlingen [bis Febr. 1994]; Abschlußarbeit Journalisten-Weiterbildung am Fachbereich Kommunikationswissenschaften der Freien Univ. Berlin. (Geschichte am See: Materialien zur Regionalgeschichte, 52). Markdorf 1996.

Über Zwangsarbeiter in Friedrichshafen informieren:
- Georg Wieland: Vom Leben der Zwangsarbeiter und Kriegsgefangenen in Friedrichshafen 1939-1945, in: Leben am See: Das Jahrbuch des Bodenseekreises 12/1995 (1994), S. 250-259.
- Joop van Driel: Teils unter Zwang fort: Erinnerungen des niederländischen Zwangsarbeiters Joop van Driel, Mit einem Vorspann von Georg Wieland, ebd., S. 240-249.
- Christa Tholander: Die Ernährung der Fremd- und Zwangsarbeiter in Friedrichshafen, ebd., S. 260-268.
- Christa Tholander: „Lesen halte ich nicht für erforderlich": Russische Kinder als Arbeiter in Rüstungsbetrieben während der NS-Zeit, in: Leben am See: Jahrbuch des Bodenseekreises 13/1996 (1995), S. 188-195.

Sklavenarbeit beim Stollenbau

- Adam Puntschart: Die Heimat ist weit ...: Erlebnisse im Spanischen Bürgerkrieg, im KZ, auf der Flucht, hrsg. von Oswald Burger (Leben in der Region, 2). Weingarten 1983, mit Literaturverzeichnis S. 161-167.
  Teilnachdruck in: Leben am See: Heimatjahrbuch des Bodenseekreises 2 (1984), S. 116-126.
- Nationalsozialismus in Überlingen und Umgebung: Materialien; Arbeitsgruppe Regionalgeschichte, zusammengestellt von Oswald Burger u.a. (Geschichte am See: Materialien zur Regionalgeschichte, 22). Friedrichshafen 1984.
- Oswald Burger: Zeppelin und die Rüstungsindustrie am Bodensee, in: 1999: Zeitschrift für Sozialgeschichte des 20. und 21. Jahrhunderts, Heft 1/1987, S. 8-49; Heft 2/1987, S. 52-87.
- Oswald Burger: Auf den Spuren eines KZ: Materialien zu einer Fahrradtour: Das KZ in Überlingen, in: arbeitskreis regionalgeschichte: Mitteilungen Nr.4, September 1981, S. 2-24.
- [Reinhard Ebersbach]: Verdrängung und Vergegenwärtigung: Zur Geschichte des Überlinger KZs [Ansprache bei der Einweihung des Mahnmals in Überlingen am 25.11.1984], in: Glaserhäusle: Meersburger Blätter für Politik und Kultur 8 (1985), S. 26-28.
- Gisela-Felicitas Köhns: Seine Häftlingsnummer sagt er noch immer auf deutsch: Wassilij Sklerenko floh 1945 aus dem Überlinger Stollen – Ein Wiedersehen nach fast 50 Jahren – Heute Freund unter Freunden, in: Südkurier, Ausg. Ü(berlingen), Nr.247 vom 24.10.1992.
- Volker Schwenk: „Ich bin ein Gefrorener": Wassili Sklarenko begegnet im KZ Überlingen seiner Vergangenheit, in: Schwäbische Zeitung (Zeit & Welt), Nr.276 vom 28.11.1992.

Von jugendlicher Begeisterung zur großen Enttäuschung

– Erinnerungen von Ruth Maskow-Mehlmann, Oberteuringen (1985 niedergeschrieben).

Allgemeine Daten und Ergänzungen sind verschiedenen Veröffentlichungen entnommen; an weiterführender Literatur sind insbesondere zu nennen:

Schule im Nationalsozialismus:
- Gisela Frey: Schulfreud, Schulleid durch alle Zeit: Geschichten und Bilder zum Schulmuseum Friedrichshafen; Allen großen und kleinen Kindern gewidmet. Friedrichshafen 1992; darin S. 48-57: Schule in der NS- und Nachkriegszeit.

Flakhelfer aus den Schulen:
- Jungen von der Flak: Schüler u. Soldat, (Zusammenstellung: Heinz Riediger). Albstadt-Ebingen [1993].
- Hans-Dietrich Nicolaisen: Gruppenfeuer und Salventakt: Schüler und Lehrlinge bei der Flak, 2 Bde. Büsum 1993, bes. Bd.1, S. 125-140: Lancaster gegen Zeppelin-Fabrik: Der Tod kam nach Schnetzenhausen; in Bd.2 Herkunft der Flak-

helfer, darin u.a. Abschnitte über die Gymnasien Aalen, Ebingen und Friedrichshafen.

Zerstörung der Stadt 1943-1945:
- Josef B. Kessler: Vor 40 Jahren: Die Zerstörung Friedrichshafens: Ein Flakhelfer von damals berichtet, in: Leben am See: Heimatjahrbuch des Bodenseekreises 2 (1984), S.109-115.
- Freitag, 28. April 1944: Friedrichshafen: Untergang einer Stadt; Ein Bericht von Josef B. Kessler. [2. erweiterte Aufl. 1985].
- Heute vor 40 Jahren ging Friedrichshafens Altstadt in einem Inferno von Bomben und Feuer zugrunde, in: Schwäbische Zeitung, Ausg. Friedrichshafen, Nr.99 vom 28.4.1984, Sonderbeilage. 6 S.
- Friedrichshafen vor 50 Jahren: Eine Stadt in Schutt und Asche; Sonderbeilage der Schwäbischen Zeitung Friedrichshafen vom 27.4.1994. Redaktion und Texte: Anton Fuchsloch. 12 S.
- Ansprachen zum Gedenken an die Zerstörung der Stadt Friedrichshafen im Zweiten Weltkrieg: bei der Gedenkfeier am 28. April 1994 im Hugo-Eckener-Saal des Graf-Zeppelin-Hauses, hrsg. von der Stadt Friedrichshafen zum 50. Jahrestag des Kriegsendes am 29. April / 8. Mai 1945 / Bernd Wiedmann, Hans Dinger. (Forum FN – Themen der Zeit, Heft 41). Friedrichshafen 1995.
- Raimund Hug-Biegelmann: Friedrichshafen im strategischen Luftkrieg 1943-1945, in: Schriften des Vereins für Geschichte des Bodensees 113 (1995), S. 47-69.
- Raimund Hug-Biegelmann: Friedrichshafen im Luftkrieg, mit Beiträgen von Werner Dettmar, Josef Hammer, Werner Jauß und Irmtraud Permooser. Friedrichshafen (erscheint im Herbst 1996).

Kriegsende:
- Walter Bärlin: Die Übergabe der Stadt Friedrichshafen [an die Franzosen am 29.4.1945] und ihre Vorgeschichte / Von Walter Bärlin, früher Bürgermeister der Stadt Friedrichshafen / Aufgezeichnet 9.4.1946, in: Freudenstädter Heimatblätter Bd.XVI, Nr.4 (April 1985), S. 2-3.
- Max Hilsenbeck: Die letzten Tage: Vor fünf Jahren Übergabe der Stadt Friedrichshafen, in: Schwäbische Zeitung, Ausg. Friedrichshafen, Nr.66 vom 29.4.1950.
- Max Hilsenbeck: So waren die Stunden der Besetzung: Aus Erinnerungen und Aufzeichnungen, in: Schwäbische Zeitung, Ausg. Friedrichshafen, Nr.110 vom 13.5.1955, IBO-Beilage, S. 4-7.
- Fritz Maier: Am 29. April 1945 öffneten mutige Bürger die Panzersperren und bewahrten Friedrichshafen vor dem totalen Untergang, in: Schwäbische Zeitung, Ausg. Friedrichshafen, Nr.98 vom 27.4.1985.
- Anton Fuchsloch: Die zerstörte Stadt sollte „bis zum letzten Haus“ verteidigt werden Mutige Männer verhinderten „das letzte Gefecht“: Friedrichshafen am 29. April 1945 kampflos übergeben, in: Schwäbische Zeitung, Ausg. Friedrichshafen, Nr.98 vom 28.4.1995, S. 4-5.
- Ernst Näher: Die Bodenseeflotte wird interniert: Mutige Rettung von elf Schiffen im April 1945, in: Leben am See: Heimatjahrbuch des Bodenseekreises 3 (1985), S. 169-174.

Nachkriegszeit:
- Max Hilsenbeck: Zwischen gestern und morgen: Ein Querschnitt durch fünf Schicksalsjahre, in: Aufbau und Leistung in Friedrichshafen, Sonderbeilage der Schwäbischen Zeitung, Ausg. Friedrichshafen, Nr.85 vom 23.7.1949.
- Erich Waldbaur: Schweizer Kinderhilfe nach 1945: Hilfsbereitschaft und Zusammenarbeit machten das Unmögliche möglich, in: Leben am See: Heimatjahrbuch des Bodenseekreises 3 (1985), S. 175-185.
- Max Grünbeck: 1949: Friedrichshafen im Wiederaufbau; Bürgermeister Dr. Grünbeck zur Jahreswende 1949/50: Ein erschöpfender, aufschlußreicher Tätigkeitsbericht, Sonderdruck der Schwäbischen Zeitung Friedrichshafen aus den Nrn.1, 2 u. 3 vom 3., 6. u. 7.1.1950.
- Friedrichshafen im Wiederaufbau, in: Das neue Heim 8 (1961), Heft 4, S. 1-24.
- Josef B. Kessler: Wiederaufbau aus Trümmern: Unkonventionelle Methoden, Einsatzbereitschaft, unbändiger Wille, in: Leben am See: Heimatjahrbuch des Bodenseekreises 3 (1985), S. 155-159.

- Martina Goerlich: Der Wiederaufbau der Altstadt von Friedrichshafen: Planungen, Wettbewerbe, Projekte 1940 bis 1956. Tübingen 1992, vervielfältigt, mit umfangreichem Quellenteil; S. 39-40: Quellen- und Literaturverzeichnis.
- Karin Ohlhauser: Demontage und Neuordnung der Friedrichshafener Industrie 1945 bis 1950: Die Beispiele Luftschiffbau Zeppelin, Maybach Motorenbau, Zahnradfabrik Friedrichshafen und Dornier, Wiss. Zul.Arb. Univ. Konstanz 1993. Meersburg 1993.
- Georg Wieland: Friedrichshafen und seine Industrie in der Nachkriegszeit: Die Jahre 1945-1955 im Überblick, in: Schriften des Vereins für Geschichte des Bodensees 113 (1995), S. 71-104.

Das erste Seehasenfest in unserer Stadt

- Zeitungsberichte vom Juli 1949.
- Karin Gellwitzki: Das Seehasenfest in Friedrichshafen und seine Bedeutung für das Sozialgefüge der Stadt, Zulassungsarbeit an der PH Weingarten (maschinenschriftl.), 1963.
- Elisabeth Schmäh: 25 Jahre Seehasenfest. Friedrichshafen [1973].

Das Naturereignis des Jahrhunderts: Die Seegfrörne 1963

- *Dokumentation zur Seegfrörne 1963, angelegt von Gisela Frey, Friedrichshafen.*
- Friedrich Meichle: Seegfrörne und Eisprozession in Vergangenheit und Gegenwart, in: Schriften des Vereins für Geschichte des Bodensees 81 (1963), S. 145-170.
- Werner und Willy Häusler: Seegfrörne 63: Das Tagebuch vom großen Eis, 3. Aufl. Leutkirch/Konstanz 1963; vgl. auch die Beilage zum Südkurier Konstanz, Februar 1963: Die Chronik vom großen Eis.
- Werner Dobras: Wenn der ganze Bodensee zugefroren ist ...: Die Seegfrörnen von 875 bis 1963. Konstanz 1983.

Stadtjubiläum am Seehasenfest

- *Festdokumentation beim Seehasenfestausschuß.*
- Zeitungsberichte vom Juni 1976.
- Stadt Friedrichshafen: Leistungsdaten 1949-1977. Friedrichshafen (1977); behandelt S. 207-208 die mit Sarajewo 1972, St. Dié 1973 und Peoria 1976 vereinbarten Städtepartnerschaften.

Mehr als hundert Jahresringe

- fm [Fritz Maier]: Das Kurhaus von 1872: eine „Perle der Stadt": Aber eine Stadthalle war es trotzdem nicht: Die Vereine bevorzugten Wirtshäuser – Nach 39 Jahren mußte es dem Kurgarten-Hotel weichen, in: Schwäbische Zeitung, Ausg. Friedrichshafen, Nr. 40 vom 16.2.1980.
- Fritz Maier: „Diese Bäume zu fällen, wäre ein nichtwiedergutzumachender Barbarenstreich", in: Schwäbische Zeitung, Ausg. Friedrichshafen, Nr.181 vom 7.8.1980.
- Dokumentation Graf Zeppelin-Haus Friedrichshafen, Hrsg.: Stadt Friedrichshafen, Redaktion: Volker Geiling. Friedrichshafen 1985.
- Unser Graf-Zeppelin-Haus, in: Schwäbische Zeitung, Ausg. Friedrichshafen, Nr.241 vom 17.10. 1985, Sonderbeilage.

Mit den Fischern auf den See hinaus

- *Protokollbücher des Württ. Fischereivereins ab 1891, Langenargen.*
- *Chronik der württ. Berufsfischer (Album Göppinger), Langenargen, niedergeschrieben 1974/75.*
- Andreas Göppinger: Aus alten Protokollbüchern des Fischereivereins, in: Langenargener Geschichte(n) 3 (1988), S. 98-105; weitere Beiträge des Autors zu Fischerei-Themen am Bodensee ebd., S. 94-97, 106-109.
- Hans-Ulrich Wepfer: Aus der Geschichte der Bodenseefischerei, in: Schriften des Vereins für Geschichte des Bodensees 99/100 (1981/82), S. 145-164.
- Bodenseefischerei: Geschichte – Biologie und Ökologie – Bewirtschaftung; Zum 100jährigen Jubiläum der Internationalen Bevollmächtigten-Konferenz für die Bodenseefischerei, hrsg. von Benno Wagner u. a. Sigmaringen 1993.

Die Sage von der treuen Wendelgard

- Michael Borgolte: Buchhorn und die Welfen, in: Zeitschrift für Württ. Landesgeschichte 47 (1988), S. 39-69; behandelt S. 53-55 die älteste Überlieferung der Wendelgardsage, niedergeschrieben um 1050 vom St. Galler Mönch und Chronisten Ekkehard IV.
- Henriette Schmidt: Wendelgard: Eine Erzählung für junge Mädchen. Stuttgart 1891.
- Fritz Maier: Friedrichshafen. Heimatbuch (s. allg. Literatur), Bd.1, 1983, S. 73.

Die Glocke von Hofen

- Anton König: Alte Sagen aus der Buchhorner Heimatgeschichte: Die treue Frau Wendelgard; Die Glocke von Hofen, in: Schwäbische Zeitung, Ausg. Friedrichshafen, Nr.124 vom 24.12.1948.
- fm [Fritz Maier, nach Anton König]: Das wundersame Glöcklein, das vom Leibhaftigen besessen war: Eine vergessene alte Heimatsage aus Hofen, nach 40 Jahren zu Weihnachten wieder ausgegraben, in: Schwäbische Zeitung, Ausg. Friedrichshafen, Nr. 298 vom 24.12.1988.

Rosa von Tannenburg

- [Christoph von Schmid]: Rosa von Tannenburg: Eine Geschichte des Alterthums für Aeltern und Kinder / Erzählt von dem Verfasser der Genovefa. Reutlingen 1824. Erstausgabe, seither in zahlreichen Ausgaben neu aufgelegt, 1847 auch in englischer und französischer, 1860 und 1864 in italienischer Übersetzung.
- Christoph von Schmid: Rosa von Tannenburg. Die Geschichte eines heldenhaften Ritterfräuleins. Köln 1957. Bisher letzte Buchausgabe.

Die Sage vom Gehrenmännle

- Sepp Bucher: Die Sage vom Ailinger Gehrenmännle, in: 1200 Jahre Ailingen (s. allg. Literatur), 1971, S. 69-70.

Die Sage von den Galleyengeistern

- Sepp Bucher: Mitternächtliche Begegnung mit dem Galleyengeist. Eine Sage aus dem Dreißigjährigen Krieg, in: Schwäbische Zeitung, Ausg. Tettnang, Nr. 280 vom 5.12.1978; ähnlich schon in Nr. 299 vom 28.12.1974.

Die Sage vom Göhrenlöchner

- Theodor Lachmann: Sagen und Bräuche am Überlinger See, neu bearb. von Mathilde Maier und Karl Sättele, 2. Aufl. Weißenhorn 1976, S. 67-68.

Bildnachweis

Allgäuer Zeitungsverlag, Kempten
– Abb. 19 (aus A. Weitnauer: Allgäuer Chronik, Bildband, 1982)
Beck, Otto, Dr., Otterswang
– Abb. 25
Bodenseebibliothek, Friedrichshafen
– Abb. 58 (aus Seeblatt 1848)
Burger, Oswald, Überlingen
– Abb. 97, 98*, 99, 101
Deeg, Rosine, Fischbach
– Abb. 122*
Diesch, Dr. Bruno, Friedrichshafen
– Abb. 4*
Dietrich, Ernst, Friedrichshafen
– Abb. 62*
Dornier-Archiv, Immenstaad
– Abb. 28* (DWM 98/65493), 119* (DWF 22560/18)
Endraß, Maria, Friedrichshafen
– Abb. 89*, 92
Europäische Verlagsanstalt, Frankfurt
– Abb. 73 (aus 75 Jahre Industriegewerkschaft, 1966)
Foto Bockelmann, Langenargen
– Abb. 106*, 107*, 108*
Foto Koch, Rorschach
– Abb. 105*
Foto Siegfried Lauterwasser, Überlingen
– Abb. 100
Foto-Designer Thomas Weiss, Ravensburg
– Abb. 67* (aus der Sammlung Peter Scherer)
Glönkler, Erwin, Friedrichshafen
– Abb. 126
Göppinger, Andreas, Langenargen
– Abb. 123*, 124*, 125*
Harder, Siegmund, Markdorf
– Abb. 1
Hauptstaatsarchiv Stuttgart
– Abb. 45* (E 221 Bü 3930)
Haus der Bayerischen Geschichte, Augsburg
– Abb. 31, 32, 36
Hopfenzitz, Haymo, Friedrichshafen
– Abb. 78*
Kienzle, Dr. Thea, Friedrichshafen
– Abb. 112*
Kreisarchiv Friedrichshafen
– Abb. 7, 17, 35*
Kur- und Verkehrsverein Meersburg
– Abb. 41 (aus W. Stingl: Noch 15 Torkel im Bodenseeraum, 1981)
Landesbibliothek Stuttgart
– Abb. 6* (HB V.7, Bl.627r)
Landesbildstelle Württemberg, Stuttgart
– Abb. 21* (61400), 50* (53290), 52* (53287), 61* (19571), 70* (51817), 86* (25805)
Landesdenkmalamt, Außenstelle Tübingen
– Abb. 24, 29*, 57*, 65*
Lanz, Max H., Leonberg-Eltingen
– Abb. 51*
Maskow-Mehlmann, Ruth, Oberteuringen
– Abb. 103
Messerschmid, Dieter, Friedrichshafen
– Abb. 46
MTU-Archiv Friedrichshafen
– Abb. 95* (81/4658-3), 118* (18712/14a)
Müller, Anna, Friedrichshafen
– Abb. 90*
Neher, Philipp, Fischbach
– Abb. 96*
Schneiders, Toni, Lindau
– Abb. 23
Schulmuseum Friedrichshafen
– Abb. 38, 81*, 82, 83, 102, 104*, 121
Staatsarchiv Ludwigsburg
– Abb. 9* (E 166 I Bü 3742), 34* (E 234 II Bü 2431)
Stadtarchiv Friedrichshafen
– Amtsdrucksachen: Abb. 56, 59, 60
– Fotoarchiv Hättig: Abb. 109, 110, 114, 116, 117
– Fotosammlung: Abb. 10 (Aufn. Schrei 1995), 13, 18, 47, 55, 63, 69, 75, 78, 79, 80, 87, 88, 93 (Aufn. Magnus 1995), 111, 113
– Kartensammlung: Abb. 39 (ergänzte Ausschnitte aus den Erstdrucken der württ. Flurkarten SO 8126/27 und 8226/27), 42
– Postkartensammlung: Abb. 64, 71, 85
Stadtarchiv Ravensburg
– Abb. 27
Stadtarchiv Stuttgart
– Abb. 40
Stiftung Archiv der Parteien und Massenorganisationen der DDR im Bundesarchiv, Berlin
– Abb. 91* (Zentrales Parteiarchiv der SED, NJ 1301, Bd.13, Bl.192)

Strähle-Luftbild, Schorndorf
– Abb. 37* (38525), 77* (7331), 84* (7348), 120* (38529)
Van der Gaag, Arie, Bunnik/Niederlande
– Abb. 94*
Verein für Geschichte des Bodensees, Friedrichshafen
– Abb. 5 (aus SVG Bodensee 1889), 12 (SVGB 1979), 115 (SVGB 1963)
Verlag Gessler, Friedrichshafen
– Abb. 11 (Beilage zum Seeblatt 1903), 66 (Seeblatt 1903), 74 (Seeblatt 1916), 76 (Originalblatt im Verlagsarchiv)
Verlag Schreiber, Esslingen
– Abb. 43 (aus 12 Werkstätten von Handwerkern, um 1991)
Verlag Theiss, Stuttgart
– Abb. 2 (aus Die Kelten in Baden-Württemberg, 1981), 3 (aus Die Römer in Baden-Württemberg, 1976), 54 (aus A. Mühl / K. Seidel: Die Württ. Staatseisenbahnen, 1970)
Verlag Thorbecke, Sigmaringen
– Abb. 14-16 (aus Jacob Murers Weißenauer Chronik des Bauernkrieges, 1975), Abb. 26, 30 (beide aus Weißenau in Geschichte und Gegenwart, 1983)
Verlag Ueberreuter, Wien
– Abb. 44 (aus Die Habsburger: Ein biograph. Lexikon, 1988)
Wasserburg am Inn, Städt. Museum
– Abb. 33
Zeppelin-Museum, Friedrichshafen
– Kunstbestand: Umschlagabb.*, Abb. 8, 20*, 22*, 48, 49*, 53*
– Archiv der Luftschiffbau Zeppelin GmbH: Abb. 68, 72

Von den mit * markierten Abbildungsvorlagen liegen im Stadtarchiv Friedrichshafen Fotoabzüge oder Reproduktionen vor.

Der Nachdruck aus den württ. Flurkarten SO 8126/27 und 8226/27 (thematisch ergänzte Erstdrucke um 1830) in Abb. 39 erfolgt mit Genehmigung des Landesvermessungsamtes Baden-Württemberg.

Personenregister

Zur Unterscheidung zwischen echter Überlieferung und erzählerischer Phantasie macht das Register drei Kategorien von Personennamen kenntlich:

– normal gesetzt die Namen authentischer Personen, die im historisch überlieferten Kontext erscheinen,
– normal gesetzt, aber durch ein Sternchen * abgehoben, die Namen von Personen, die zur angegebenen Zeit wirklich gelebt haben, aber frei in den Erzählungszusammenhang einbezogen sind,
– *kursiv gesetzt die frei erfundenen Personennamen.*

Wo – meist erfundene – Personen des 13. bis 20. Jahrhunderts nur mit Vornamen erscheinen, sind sie nicht ins Register aufgenommen. Bei den historisch verbürgten Personen wurden, soweit möglich, fehlende Vor- und Nachnamen in eckigen Klammern ergänzt.

Orte, Länder und Gewässer

Sachregister für Buchhorn, Hofen und Friedrichshafen

Erfaßt sind Örtlichkeiten und wichtige Sachbegriffe für die Kernorte Buchhorn, Hofen und Friedrichshafen. Nachweise zu den 1910-1937 eingemeindeten Wohnplätzen der Kernstadt Friedrichshafen sind nicht im Sach-, sondern im Ortsregister enthalten: Allmannsweiler, Fischbach, Jettenhausen, Löwental, Manzell, Meistershofen, Rupberg, St. Georgen, Schnetzenhausen, Seemoos, Trautenmühle, Waggershausen, Windhag. Gleiches gilt für die 1971-1972 eingegliederten Stadtteile Ailingen, Ettenkirch, Kluftern und Raderach und ihre Teilorte.

Schriftenreihe des Stadtarchivs Friedrichshafen

Noch lieferbar:

Band 3:
Lebenszeiten, Lebensorte: Erinnerungen an Friedrichshafen 1900-1930, zusammengetragen und bearbeitet im Arbeitskreis „Erzählte Geschichte" der Städt. Volkshochschule Friedrichshafen, Leitung: *Elvira Fesseler.*
1993. 272 Seiten mit 2 Farb- und 147 Schwarz-weiß-Abb., 1 S/W-Faltkarte, Baubestand in Friedrichshafen 1912/15' und 5 farbige Stadtgebietspläne um 1925.

ISBN 3-926162-73-2, DM 29,50

Einzelveröffentlichungen des Stadtarchivs Friedrichshafen

Noch lieferbar:

Buchhorn, Hofen und Friedrichshafen in alten Abbildungen: 1150 Jahre Buchhorn, 900 Jahre Kloster Hofen, hrsg. von der Stadt Friedrichshafen zum Stadtjubiläum 1988/89, Auswahl und Erläuterung der Abbildungen: *Georg Wieland.*
1988. 12 Farbreproduktionen (30 x 40 cm) und Textheft 19 S.

ISBN 3-926162-69-4, DM 25,--

Friedrichshafen in Diktatur, Krieg und Besatzungszeit 1933-1950: Vorabdruck aus der 3. erweiterten Auflage der Geschichten aus Buchhorn und Friedrichshafen: Historisches Lesebuch für die Jugend der Stadt,
vorgelegt vom Arbeitskreis für Heimatgeschichte an den Friedrichshafener Schulen, Leitung: *Norbert Steinhauser.*
1994. 72 S., zahlr. Abb.

ISBN 3-926162-89-9, DM 7,50

Vertrieb im Buchhandel und über das Stadtarchiv Friedrichshafen, Katharinenstraße 55, D-88045 Friedrichshafen, Fax 07541/23696, Tel. 07541/31408.